本书属于国家社科基金重大项目“我国残疾人事业发展的理论与政策研究”（09&ZD060）的阶段性成果，并获得曾宪梓先生设立的助残研究基金资助，特此鸣谢！

《中国残疾人事业发展研究系列》
编委会

中国残疾人事业发展研究系列

郑功成　杜　鹏　主　编

国际视角下的残疾人事业

Comparative Disability Policy: International Experience

谢　琼　主编

人　民　出　版　社

文字编辑:薛岸扬
责任编辑:洪　琼

图书在版编目(CIP)数据

国际视角下的残疾人事业/谢 琼 主编. -北京:人民出版社,2013.4
(中国残疾人事业发展研究系列)
ISBN 978-7-01-011708-9

Ⅰ.①国… Ⅱ.①谢… Ⅲ.①残疾人-社会福利事业-研究-世界
Ⅳ.①D586.9

中国版本图书馆CIP数据核字(2013)第024501号

国际视角下的残疾人事业

GUOJI SHIJIAO XIA DE CANJIREN SHIYE

谢 琼　主编

人民出版社 出版发行
(100706　北京市东城区隆福寺街99号)

北京市文林印务有限公司印刷　新华书店经销

2013年4月第1版　2013年4月北京第1次印刷
开本:710毫米×1000毫米 1/16　印张:31.25
字数:490千字　印数:0,001-2,000册

ISBN 978-7-01-011708-9　定价:75.00元

邮购地址 100706　北京市东城区隆福寺街99号
人民东方图书销售中心　电话 (010)65250042　65289539

总　　序

郑功成

在当代世界，一个重要的共识是：残疾是人类发展进程中付出的社会代价，残疾人是人类多样性的具体表现，残疾人权利具有普遍性和特殊性，残疾人事业既是人道主义事业，更是社会正义事业。对残疾人权利的保护和实现程度，往往构成一个国家人权保障和社会文明程度的衡量标尺。因此，研究残疾人事业是当代理论工作者应当承担的一份责任，推进残疾人事业发展无疑是各级政府的一项重大使命。

中国的残疾人事业在近三十年间得到了快速发展，无论是在残疾人领域的法制建设与政策推进方面，还是在残疾人权益的具体落实方面，均取得了很大的成就。然而，还必须看到，目前的残疾人事业更多的是基于同情而不是基于平等，是基于人道而不是基于正义。尽管人道主义是各国残疾人事业必要的共同基石，但这一事业若不能上升到基于正义的平等并被法制所规范，残疾人的权利仍将很难得到全面保障，残疾人要想正常地融入社会仍会异常艰难。因此，残疾人事业的发展依然任重而道远。

记得 2007 年 12 月 1 日在中国人民大学举行的"首届中国残疾人事业发展论坛"上，我说过残疾人事业与每个人都将有关，关注残疾人事业就是关注我们自己。因为天有不测风云，人有旦夕祸福，各种不确定的致残因素还在增长而不是减少，人口老龄化及其导致的老年致残进程还在加快而不会终止，残疾的风险其实是我们共同面临的风险。不过，无数事实也证明，残疾风险通过各种预防措施又是可以避免和减轻的。我们可以用残疾与所有人有关的消极说法来提醒政府、社会、公众重视残疾人事业，却必须用有效规避残疾风险的积极行动来使残疾远离我们自己，逐步向零出生缺陷、零工伤与健康的老龄化社会迈进。在未来发展进程中，必须将减少残疾现象、减轻残疾程度和保障残疾人充分享有平等权益，作为残疾人事业发展的持之以恒的追求目标，并围绕着这一目标来设计我们的制度安排，完善相应的政策措施。

《中国残疾人事业发展研究系列》正是在残疾人事业迅速发展和急切需要理论研究成果指导的背景下，由中国人民大学残疾人事业发展研究院于2007年开始组织实施的重大理论建设工程。它由《中国残疾人事业发展报告》、《中国残疾人社会保障制度》、《国际视角下的残疾人事业》、《中国残疾人事业典型案例》、《中国残疾人事业发展战略》五本著作组成，是关注残疾人事业的理论工作者与残疾人工作者近几年深入调研和探讨的结晶。

衷心感谢香港著名实业家曾宪梓先生，在他的支持下，中国人民大学残疾人事业发展研究院自2007年成立后才能够有效地组织全国一些力量，在短短数年内为推进我国残疾人事业理论与政策发展作出一些实实在在的贡献。由于同是第十届全国人大常委会委员，我有幸和曾先生同组审议法律和参议政事，先生总是自谦，却对我嘉勉有加。在2007年4月召开的全国人大常委会上，曾先生对我说，希望支持我开展有关民生问题的研究，我敬佩先生，但感到使用他的善款责任太大，未敢应承；到同年8月份的常委会上，曾先生再次提出支持开展有关公益事业，并诚挚地说自己第二年（2008年全国人大换届年份）就将因年龄与身体原因从全国人大常委会委员的岗位上退下来，这样就不能时常和我见面了，希望我提出想法，这份支持民生事业之情迄今仍让我感动。当我提出可以考虑支持残疾人事业发展时，先生虽然以往基本上是做教育、科技与贫穷领域的公益慈善，但经过考虑后表示同意我的想法，并嘱咐尽快拿出方案。这样，就有了一个曾宪梓助残研究基金。正是在这样一个基金的支持下，我们才能够于2007年12月创设“中国残疾人事业发展论坛”（每年一届）并召开多次残疾人理论会议，才能每年设立若干残疾人研究项目并资助数十位专家开展残疾人事业研究，才能通过奖励等措施来激励一批青年学子积极投身残疾人调研与志愿助残活动中，才能编辑、出版这样一套残疾人研究系列著作。中国的残疾人事业发展研究，正是自2007年起才开始在理论学术界有组织地推进。因此，在中国残疾人事业发展进程中，有曾宪梓先生一份特殊的功劳。

感谢本系列著作的各位作者，以及为编辑出版这一系列著作作出贡献的编委会成员。

在该系列著作即将先后付梓之际，我期望这一理论建设工程能够为促进我国残疾人事业的健康、蓬勃发展作出有益的贡献，并祝愿残疾人事业理论与政策研究自此真正走向繁荣！

2010年12月8日于北京

目　录

上篇　综合篇

中篇　欧美篇

下篇　亚澳篇

上篇　综 合 篇

第一章　国际残疾人事业的发展趋势*

残疾人问题是与人类社会共生共存的。随着社会的发展和科技进步，人们虽然可以在一定范围、一定程度上控制残疾的发生，或减少残疾程度，但不可能完全消灭这种状况。因此，残疾人生存、生活状况的改善，残疾人事业的发展，是衡量社会进步与文明程度的重要标志。

各国的残疾人政策与服务在发展进程中各有偏重，但更多的是存在着共性，如残疾人从社会隔离到社会融合，对待残疾人从偏见歧视到平等对待，从社会排斥到全面参与，各国残疾人事业在发展中进步。

一、国际残疾人事业发展的趋势

国际残疾人事业发展中的趋势，体现着共同的价值追求和残疾人事业的发展方向，在实践中主要表现在以下几个方面。

（一）理念的转变：从个体模式到社会模式

个体模式的理论解释是个人责任论，即某个人的残疾是由于其个体的原因造成的，个人要为之负责。社会模式的理论解释是社会责任论，即认为某个人的残疾是由于社会原因导致的。社会在结构上、制度上存在问题使得某些个人受损，因此，即使其直接后果是由某些个人来承担的，但社会应该为受损的个人承担责任。20 世纪 50 年代，美国社会学家戈夫曼及一些学者在研究关护精神病患者的庇护所后，针对将残疾人封闭起来进行供养和照顾而产生的弊病而提出了“回归社会理论”。权利理念亦从无到有，逐步发展。到 20 世纪 80 年代以后，“平等、参与、共享”的新理念已逐渐为人类社会普遍接受。

---

* 作者：孙树菡，中国人民大学教授、残疾人事业发展研究院副院长。

（二）立法的发展：从保护到反歧视、权益保障

人类社会既然无法避免残疾现象的发生，善待残疾就是善待人类自身。对残疾人权利的特殊保护是由社会正义所决定的。第二次世界大战以后，残疾人立法得到较快发展。1948 年公布的《世界人权宣言》规定："残疾人有接受社会保障的权利。"此后各国纷纷立法保障残疾人的权益。联合国及有关国际会议其后通过了一系列纲领性文件。1970 年公布了《弱智人权利宣言》，1975 年公布了《残疾人权利宣言》，规定残疾人有基本生活权利、政治权利、康复权利、劳动权利、受教育权利，以及人格尊严、平等待遇的权利。这被认为是继种族解放、妇女解放、民族解放之后人类的又一次解放运动。1982 年联合国大会第 37 届会议《关于残疾人的世界行动纲领》更是强调了：残疾人与健全人权利平等的原则是指每个人的需求都同等重要，然而，社会对残疾人的态度可能是残疾人参与社会和取得平等权益的最大障碍。决定残疾对于一个人日常生活影响的主要因素是环境，社会有必要认清和消除妨碍这些人充分参与社会生活的各种障碍。社会规划必须以这些需求为基础，所有资源必须以确保每个人有平等的参与机会的方式加以使用。有关残疾人问题的政策应确保残疾人可享用所有的社会服务。各国在立法方面，也都是从关爱、保护性立法到反歧视、伸张权利以及福利性立法，逐步强调要达到"充分参与和平等"的目标。

已经有大约四十个国家实施了残疾人歧视法，这些残疾人歧视法律有力地促进了残疾人的人权、尊严和平等。例如，澳大利亚联邦议会 1992 出台的《澳大利亚残疾歧视法》适应了当时国际上正在蓬勃开展的消除歧视并促进残疾人在各个领域都能获得平等机会的运动，旨在尽量减少对残疾人的各种歧视。

韩国 1981 年颁布了《身心障碍者福利法案》，1989 年修订，更名为《残疾人福利法》，成为残疾人福利工作的指导法律。1990 年颁布《残疾人就业促进职业康复法》，后经过了数次修订，规定了国家与地方政府在残疾人就业促进中的责任；明确了雇用者应该遵守政府相关政策，把促进残疾人就业作为自身责任。

加拿大政府认识到了残疾人可能面临的障碍，为保障残疾人可以完全融入社会生活的各个方面，通过了各种相关的政策、法规改善残疾人的状况。如 1986 年通过了专门保护残疾人和其他弱势族群就业权利的法律《平等就业法》，此外还有《盲人权利法案》等，在《建筑规范法》、《公司所得税法》、《教育法案》等法律法规中，也都包含了多项残疾人权益保障的条款。各省也都制定了本地区的相关法律，例如《安大略残疾人支持计划法案》等。

美国的残疾人职业康复工作就开始于20世纪20年代。1920年美国制定的《职业康复法》成为联邦政府向残疾人提供职业康复服务的主要法律依据，也是世界上第一部专门针对残疾人就业方面的法律。1954年颁布的《职业技术康复法案》将联邦与州政府的出资比例由1920年法案规定的1∶1上升到3∶2，对各州职业康复服务经费数额的确定改为以州人口和平均收入为依据，对精神障碍与智障者服务的补助也大幅增加，并规定了资金的用途、使用方式和范围。1965年职业康复法案的修正案将联邦和州政府的出资比例调整为3∶1，到1968年，新的职业康复法案修正案将联邦政府的出资比例再次调整为80%。1975年制订并实行“州和联邦职业康复计划”。1998年颁布《劳动力投资法》，运用联邦和地方政府提供的有限资金解决有劳动的残疾人职业培训和就业安置，把以前分散的联邦培训计划如工作培训、成人教育、职业康复计划等，转变成一个综合协调的一站式服务体系。并且建立了全美范围内的劳动力网络。1990年6月美国国会通过的《1990年美国残疾人法》，为残疾人提供了一系列的保护措施，保证了残疾人在就业、公共交通、电讯服务等领域享有同健全人平等的权利，虽然对于这部法律的实施效果众说纷纭，但是很多学者认为这部法律在促进美国残疾人由依赖别人生活开始走向独立生活，促进残疾人就业方面起到了积极作用。

日本职业康复有非常健全的法律体系，主要法律有《障害者基本法》、《障害者就业促进法》、《人类资源开发促进法》等。

以色列国会于2008年7月4日批准了《残疾人权利公约》，承诺由公约赋予的残疾人权利在以色列受到广泛认同和保护。1998年2月23日《残疾人平等权利法案》被以色列议会通过，为以色列政府维护残疾人居民的义务创造了一个新的责任体系。法案尊重残疾人的自由和自尊，维护他们平等、积极参与社会活动以及生活各个方面的权利，而且法案为残疾人的特殊需要提供帮助，以最大程度的维护个人独立，自由以及人格尊严。2007年12月以色列议会修订《禁止诋毁法》。根据修正过的法律，嘲笑或侮辱残疾人的障碍，无论是心理、精神层面（包括认知能力）还是身体方面的障碍，无论是短暂或长久障碍均被认为是违法的。

第二次世界大战之后，英国按照贝弗里奇报告开始建设福利国家，英国议会于1944年通过了《残疾人（就业）法案》，该法案要求雇主雇佣一定数量的残疾人，并为残疾人就业提供必需的准备；同时，政府开始设立康复中心，开设职业训练课程，对那些照顾残疾人的社会工作者给予补贴。同年的《教育法案》规定，应当对有特殊教育需求的儿童给予特殊教育。1946年英国议会通过了《国家保障服务法案》，规定在对残疾人提供医药服务的同时，地方当局医药部门要提供医疗器械和所需帮助，以保证残疾人能够继续独立住在自己家里。1948年，《国民互助法案》制定了一些适用于残疾人的财政规定，如地方当局有向永久性障碍病人、受伤致残和先天性残疾者提供食宿服务的责任。1970年的《慢性病和残疾人法案》规定通过向残疾人提供适当的服务，使残疾人在社区中获得更多的生活权利。1983年颁布的《精神健康法案》对精神疾病残疾人提供从评估、治疗到权利的保护。1995年颁布了《反残疾歧视法案》，旨在结束许多残障人士面对的歧视问题，覆盖了从相关定义、就业、其他领域的歧视（货品、设施及服务）、康复、教育到公共交通等各个方面。2005年4月重新修订《2005年反残疾歧视法案》获国会通过。2006年12月，政府通过了残疾人平等责任计划，要求在公共组织和机构中的工作人员考虑到自己工作对残疾人的影响，并采取措施消除对残疾人不平等的现象。2007年10月1日起正式生效的《精神能力法案》认为任何人都应该被认为有为自己作出决定的能力。同时也为那些确认丧失做决定能力的人提供保护。政府2004年的白皮书《公正对待所有人》中提出成立一个新的机构——平等和人权委员会。

（三）医学模式：从单纯救治到三级预防

1.医学模式的发展

早期的残疾医学模式是单纯的、抢救性的救治。20世纪70年代，医学模式由生物—医学模式逐步发展到生物—心理—社会—医学模式。医疗方式也由简单的“头痛医头，脚痛医脚”而转变为全方位的医疗方式。

2.预防为主的理念

随着医学模式的发展变化，人们逐渐认识到：每个人都可能面临“残疾风险”。残疾风险的大小因年龄、性别、社会经济状况等个体因素和社会发展水平、制度与政策、环境等多种因素的不同而不同，但残疾又有很多是可以预防的。残疾预防包括三级预防：一级预防又称初级预防或病因预防，即首先找出各种致残的危险因素，再去采取预防措施，这是最重要最积极的防残措施；二级预防即在残疾形成和发展过程中限制（或逆转）由残损所造成的残疾，早发现、早诊断及早治疗，是防残中不可或缺的措施；三级预防即通过康复功能训练、假肢矫形器及辅助功能用品用具使用、康复咨询、支持性医疗及护理、必要的矫形替代性及补偿性手术等措施防止残疾后出现残障。

3.致残原因

导致残疾的主要原因可归纳为三大方面，即遗传和发育致残、外伤和疾病致残、环境和行为致残。世界卫生组织残疾预防与康复专家委员会报告认为，在发展中国家，营养不良、传染性疾病、围产期保健质量低下和意外事故（包括暴力伤害）占发展中国家伤残病例的70%左右；在发达国家，营养不良，传染病和围产期保健质量低下已不是致残的重要原因，但意外事故造成残疾数目日益增多，在年轻人当中尤甚。① 世界卫生组织同时还认为，利用现有的技术至少可以使50%的残疾得以控制或者延迟发生。因此，各国都加强了残疾预防干预手段。例如，当代欧洲疾病残障伤害预防模式是现代生物医药与疫苗接种，现代公共卫生，全球公共卫生，健康管理与健康促进，人口政策、计划生育、初级卫生保健与社会发展五种模式。②

（四）康复模式：从医疗康复到提升能力的全面康复

人类社会对康复的认识经历了一段漫长的历史时期，才逐渐认识到：生命抢救过来之后，“疾病”可能稳定下来或继续发展，人们从事日常生活活动和工作的能力是会打折扣的。如果能在抢救生命、治疗疾病的同时，将保护功能、恢复功能的措施一起开展，则不少人不仅疾病将得以恢复，而且能回归家庭，回归社会进行工作和生活，使其生活质量全面提高。经由认识上的不断深入，“康复”逐渐为人们所认识。康复不仅仅是治疗后针对残损部位的矫形或安装辅助器械，而是通过教育康复、职业康复、社会康复，逐渐发展到提升能力的全面康复。

早在20世纪70年代末期，世界卫生组织（WHO）就已指出，预防、保健、治疗、康复四位一体是现代医学的基本构成。随着康复医学的发展以及残疾三级预防理念的深入，很多国家在康复服务中都遵循个性化的“全面康复”的理念：运用医学康复、教育康复、职业康复及社会康复等手段，依靠社会帮助和残疾人自身力量，从社会的角度推进和保证医学康复、教育康复和职业康复的进行，维护残疾人的尊严和公正待遇，创造条件使残疾人在交通、住房、医疗、教育、经济、家庭生活、婚姻、娱乐、法律等各方面与健全人平等地享有权利，充分参与社会生

---

① 参见《世界卫生组织残疾预防与康复专家委员会报告技术报告第668号之五“残疾预防”》，（WHO，日内瓦．1981），《中国康复》1996年第12期。

② 参见［美］E.W.伊瑟莉娅：《健康的哨兵：美国疾病预防控制中心的历史》，李立明译，中国协和医科大学出版社2005年版。

活,实现其自身价值。例如,澳大利亚联邦康复中心提供的职业康复服务的目标在于帮助残疾人选择就业、获得就业以及保持就业。它所提供的职业康复服务的第一步是评估残疾人的职业康复需求;第二步是发展和管理个性化的康复项目;第三步是与残疾人雇员一起制订书面的康复计划,详细设定达到共同目标的步骤;第四步是与残疾人雇员一起努力最大化他们的参与能力和就业能力。该中心为残疾人提供了涉及职业康复的一整套服务,主要包括:初始康复评估、功能教育、就业能力评价、身体训练评价、职业评价、就业指导、工作场所评价、劳动力市场分析、上岗培训、搜寻就业服务、招聘服务、重返岗位项目服务、早期干预服务、重返工作计划、工作场所工作再设计、伤害预防、人体工程学评估、风险评估、就业前功能评估、以家庭为基础的人体工程学评估、手工作业培训、办公室人体工程学培训、向雇员提供的工作站人体工程学服务、向监督者提供的工作站人体工程学服务、雇员援助服务、缓解就业压力的心理咨询服务、工作能力评价、工作能力报告、商业服务的工资评估。

(五)社会工作:由供养和照顾向全方位的社会化服务发展

在残疾人服务中,由于残疾人权利本位理念的发展,由过去的供养和照顾工作模式,逐渐向全方位的社会化服务模式转变。各国强化政府的财政责任,同时政府与社会团体及其他非政府组织在残疾人服务中携手合作。采取各种综合措施来克服实现残疾人权利的障碍。加强义务教育、住房以及无障碍环境建设,为残障人士及有特殊需要者提供进入社会的公共设施条件,使其更容易、更便利进入工作场所及其他社会活动场所,而非"工作场所(社会活动场所)适合残障人士",减少他们就业以及融入社会的障碍。例如,为保障残疾人同健全人一样享受旅游带来的乐趣的权利,澳大利亚在残疾人无障碍旅游方面采取了很多有效措施:澳大利亚旅游委员会和国家信息通信网等面向澳大利亚的全体残疾人提供有关旅游、艺术、体育、设备租赁和交通服务等方面的大量免费信息;出版了许多查询目录和旅游指导手册,向残疾人士提供大量无障碍旅游的指导信息;向残疾人士提供无障碍地图。此外,澳大利亚为残疾人提供各类无障碍旅游交通:无障碍航空交通、无障碍铁路交通、无障碍公共汽车和长途汽车交通、无障碍水路交通和无障碍出租车;提供无障碍旅游膳宿,并开展多种无障碍旅游活动项目。

最近二十年,肢体残疾的人参加运动和娱乐活动的机会大大增加。而在公共娱乐和文化场所方面的建设也有了很大的发展。例如,很多国家都建立了专门为盲人、聋哑人、伤残人、病人和弱智者提供服务的图书馆。主要包括盲人图书馆、残疾人学校（如聋哑学校）图书馆、残疾人福利企业的图书馆、医院病员图书馆（室）、弱智者玩具图书馆等。为了更好地为残疾人服务，图书馆通常需要提供必要的条件保证，如提供残疾人特殊需要的设施（自动门、专用电梯、轮椅道等，和设备（放大阅读器、音像录放设备等），配备经过特殊培训的人员，建立全国性的合作服务网络等。政府拨款和社会各界的资助是开展好这一特殊服务的有力保证。

随着网络在人们生活中的重要性加剧，残疾人对电子沟通无障碍的要求也愈发强烈。互联网作为一种新的社会交往方式消除了他们在社会交往中的物理和态度上的障碍，为他们创造了更多的教育、社会参与和就业的机会，改善了残疾人社会隔离的状况。但另一方面，无法接触网络及其他新兴信息技术的残疾人面临着"数字鸿沟"（digital divide），造成了对他们的又一重障碍。对于电子沟通无障碍的研究由此兴起。联合国于2006年12月13日通过的《残疾人权利公约》要求缔约国作出承诺，采取措施，"促使残疾人有机会使用新的信息和通信技术及系统，包括因特网"；"促使在早期阶段设计、开发、生产、推行无障碍信息和通信技术及系统，以便能以最低成本使这些技术和系统无障碍"①。而在这之前，已有许多发达国家对网络等电子设备的无障碍技术制定了规范。1999年W3C（World Wide Web Consortium 互联网联盟）成立了 Web Accessibility Initiative（WAI 网络无障碍促进小组），从事网络无障碍的研究，起草了网络无障碍的标准、指导性原则。并于1999年5月5日发布了网页内容无障碍规范1.0版（Web Content Accessibility Guidelines 1.0）。② 这个规范被认为是无障碍网站开发的国际标准，其中明确建议在网站开发过程中，应该遵守无障碍的原则，现在WCAG已经成为各个国家和地区本国相关法律制定的基本依据。

我国近年来也在加快推进残疾人社会保障体系和服务体系建设的步伐。

当然，还可以概括出其他一些共同特色，但上述趋势已经表明了国际残疾人事业的发展方向。

---

① 联合国:《残疾人权利国际公约》,http://www.un.org/chinese/disabilities/convention/convention.htm,2007-11-19。

② 参见万维网官方网站,http://www.w3.org/TR/1999/WAI-WEBCONTENT-19990505。

二、国际残疾人事业发展的差异性

在看到国际残疾人事业发展中的共性的同时，还应当看到，由于国情的不同与发展的差距，各国残疾人事业发展中又呈现出一些差异性。这种差异性体现在责任重心与体系结构及发展水平差异上。

（一）责任重心的差异

在不同的社会保障模式以及不同的经济发展阶段中，各国政府对残疾人事业承担的责任也有不同：福利国家政府承担更多的责任，包括财政支持；实行社会保险制度的国家中，一些国家是采取与其他人同样的制度，但也有些国家不仅实行普适的社会保险制度，同时还针对残疾人的特殊需求增加相应的保障项目。例如瑞典残疾人社会保障制度主要的内容（全民共享的社会保险等制度除外）：（1）老年残疾人和残疾儿童福利。老年人都享有基本退休金，有专为不便乘坐一般公共交通的老人与残疾人提供的特殊交通服务，不按正常公共路线走，经常开到乘客家门口。养老院和当地市政福利提供的家庭服务满足护理需求。瑞典为残疾儿童和残疾儿童的抚养人提供各种福利津贴，主要包括儿童养老金、抚养儿童津贴、家属津贴。1964年，美国政府专门制订了为老人和低收入的身体残疾者提供住宅的计划，这种住宅在结构上便于残疾人使用。联邦政府规定，州政府根据残疾儿童的医疗费和各个家庭的情况，提供必要的经济援助。英国的Every Disabled Child Matters（EDCM，每个残疾儿童都重要）机构指出，现有的残疾人生活津贴（Disability Living Allowance，DLA）覆盖范围还有待扩展，因为截至2006年2月，仅有32.7万的16岁以下儿童享受了该津贴，这个数量还不到英国残疾儿童总数77万人的一半。EDCM要求就业和退休保障部（Department for Work and Pensions）简化申领程序，提高DLA的申请通过率。荷兰对残疾人专门设立了家庭补贴和失业津贴保障项目。根据《全民寡妇和孤儿年金法》，16岁以下的儿童享受全部孤儿年金，但是残疾孤儿，享受期可延长到27岁。在日本，20岁以上的重度残疾每月8.28万日元（重残每月另补助特殊照料费2.65万日元），中度残疾每月6.62万日元；20岁以下的残疾人给予家庭补助，重度残疾每月5.09万（重残每月另补助特殊照料费1.443万日元），中度残疾每月3.39万日元。但如果达到一定收入就不能领。（2）康复保障。瑞典向残疾人免费提供假肢等辅助器具，免费提供医疗康复服务、职业康复训练等康复服务。瑞典极为重视社区在为残疾人提供医疗与康复等方面的作用。(3)教育保障。瑞典对残疾儿童推行全面融合的全纳教育,发放教育津贴,包括生活津贴和学习津贴,免交学费。美国于1975年公布了94—142公法,即《所有残疾儿童教育法》。这个法律后来进行了若干次修订,如1986年的《残疾人教育修正法》。1990年,美国通过了《残疾人教育法》的第二次修正,也称101—476公法,即著名的IDEA。1997年,美国的特殊教育法完成了第三次修正,此次法案仍然保留《残疾人教育法》(*Individuals with Disabilities Education Act*)。2005年,在IDEA法律下,有20万以上符合条件的婴幼儿和他们的家庭接受了早期干涉项目,有650万的儿童与青少年接受了致力于满足他们个人需要的特殊教育及相关的服务。美国还于2004年颁布了《残疾个体教育促进法案》(*Individuals with Disabilities Education Improvement Act of 2004*)。英国在1988年通过的《教育改革法案1988》(*the Education Reform Act*)中制定了全国统一的国家课程(National Curriculum),并于1995年颁布了《残疾人歧视法》(*Disability Discrimination Act*),并于2001对其进行了修改,颁布了《特殊教育需要和残疾法》(*the Special Educational Needs and Disability Act*),随后又公布了"每个孩子都重要"(Every Child Matters)儿童绿皮书,从而极大促进了英国儿童享受教育的权利与全纳教育。英国学校的特殊教育已基本形成了以董事会为监督,以特殊教育协调人为龙头,以学习支持小组和课程支持小组为支柱的管理和教学体系,从而最大限度地满足特殊儿童的教育需要。(4)就业保障。《瑞典禁止在就业中歧视残疾人法》禁止对残疾人直接或间接的歧视。为了鼓励雇主雇佣残疾人,瑞典政府为那些雇佣残疾人就业的雇主提供补贴,并向雇主提供改造环境的资助,以便残疾人工作。政府还积极创建各种工厂和企业解决残疾人就业问题。美国政府很重视残疾人就业,颁布了一系列促进残疾人就业的法律法规,如1973年的《职业康复法案》强制要求所有的行政机构以及那些每年从联邦政府获得2500美元以上的合同的承包商针对残疾人采取积极的反歧视行动。包括鼓励雇主积极雇佣那些虽然身有残疾但是符合要求的劳动者。

1990年的美国残疾人法案(ADA)禁止雇主、州和地方政府,就业机构和劳动工会在申请就业程序上、雇用、解雇、提升、补偿、工作培训以及其他的就业情况下对符合条件的有残疾的个体产生歧视。这个法案要求,如果正常的事务操作不含有过度的艰辛,雇主应对有资格的残疾申请人或者雇员身体或精神上的损失给予合理调节。

美国政府重视残疾人就业还表现在2001年的财政年度预算中，美国国会批准劳动部新设残疾人就业政策办公室（ODEP）。原总统残疾人就业委员会的计划和人员均合并入这一新机构。总统2002年财政年度预算建议再增加2003万美元，并在ODEP增加十个专职职位。美国劳动部认为，重要的不仅在于使残疾人得到培训和获得技术上的帮助，而且使他们有能力成为社区中活跃的公民。

美国劳动部为残疾人专门设立了网页，介绍有关这一新机构的计划。其中包括：技术支持资料；帮助残疾人了解关于他们在劳动场所中的权利；美国残疾人法；有效的面试技巧；残疾人的招聘和雇佣；以及其他有关残疾人就业的信息；职业调解网络；帮助残疾人了解劳动场所的调解情况；一项面向全国的新服务将雇主与安置就业的专业人员联系起来，后者可以确定在公司所在地区哪些残疾人候选人有资格参加工作。并且建立了一个有关安置残疾人就业的数据库，欢迎雇主们与该机构取得联系。2003年美国劳工部与中小企业管理局签署《战略联盟备忘录》以帮助残疾人创办小企业，增加残疾人在小企业中的就业机会。

英国的残疾人社会保障与服务体系则更加侧重残疾人福利的观点。在英国，虽然社会保险是社会保障体系的基本组成部分，但为残疾人和病患者提供的大量补贴项目，构成了社会保障预算的第二大部分。这些补贴项目几乎涉及残疾人社会生活的各个方面，按照其相关领域可以归纳为九个大类，包括生活津贴、特殊群体津贴、健康和独立生活方面的津贴、雇佣与就业方面的帮助、住宅与房屋方面的支持、交通方面的帮助、工伤和职业病和军队津贴、与工作收入相关的津贴等。其中，重要的津贴项目主要涉及残疾生活津贴、残疾看护津贴、连续护理津贴和独立生活津贴。此外，英国政府还针对残疾人群体提供了积极的康复、教育、就业等方面的支持和帮助。

发展中国家由于经济发展的不平衡，仍是以家庭为主要责任者，一些国家政府随着经济的发展而加大了政府在残疾人保障中的责任，一些国家采用社会化的工作方法，社会力量、民间资本不断投入残疾人康复、教育、培训等事业，残疾人组织积极开展社会募捐，残疾人工作更加融入社会。还有一些发展中国家经济社会发展水平整体较低，残疾人社会保障问题严峻。

（二）具体的残疾人项目发展不平衡

在残疾人教育方面，一些国家仍然沿用对残疾人实施单独的特殊教育制度，但越来越多的国家已经采取融合性的“全纳教育”。

在残疾人医疗方面，虽然有不少国家已实行残疾三级预防制度，但还有很多国家依旧是以治疗为主的模式。

在残疾人康复方面，不少国家实行机构康复与社区康复相结合的集医疗康复、教育康复、职业康复、社会康复于一体的、提升残疾人能力的全面康复，但仍有很多国家由于经济发展水平以及康复资源的严重短缺而停留在康复的“初级阶段”——一般性医疗康复。

在残疾人就业方面，尽管很多国家都在法律上作出了保障残疾人就业权益的规定，但仍有不少国家缺乏对残疾人就业的保障。

在无障碍设施方面，越来越多的国家和民众认识到：残障，很多是社会造成的，因此要积极构建物理的、信息的无障碍设施，使更多的残疾人参与社会活动，融入社会。但在一些发展中国家，这项工作才刚刚起步。

再以残疾人社会保障体系及服务体系为例，当一个国家的国民温饱问题解决后，社会的公平及正义就突出成为亟待解决的问题。经济发展要求政府要合理分配财富，使每个人都有公平的发展机会，社会才能健康和谐发展，残疾人社会保障体系及服务体系的建立愈发显得紧迫与必要。

综上所述，国际残疾人事业伴随着人类社会的发展而发展，伴随着人类文明的进步而进步，它在发展中所呈现出来的大趋势已经不可逆转。中国的残疾人事业在快速发展进程中，可以肯定，中国的残疾人随着社会经济的发展，将会真正无障碍地融入社会，真正享有平等、体面、尊严的生活。

第二章 《残疾人权利公约》及对中国的影响*

2006年12月13日,第61届联合国大会通过了《残疾人权利公约》(以下简称《公约》)。这是人类历史上首部为保护残疾人权利而专门制定的具有法律约束力的国际公约,是国际社会为保护和促进残疾人人权而作出的最新努力。《公约》明确规定了残疾人参与政治、经济、社会和文化以及公民生活等各个方面的权利,强调缔约国有责任和义务保障和促进残疾人在与其他人平等的基础上切实享有各项人权、尊严和自由。

2007年3月30日,《公约》正式开放签署当日,我国即签署了该公约。2008年6月26日,十一届全国人大常委会第三次会议批准《公约》,同年8月31日,《公约》对我正式生效。《公约》第35条规定,各缔约国承诺:在该公约对其生效后两年内,及其后至少每四年向联合国秘书长提交一份报告,说明为履行本公约规定的义务而采取的措施。作为缔约国,我国于2010年8月31日向联合国递交了首份履约报告。

一、《公约》的意义

(一)《公约》的诞生是人类文明进程的最新结晶

早在20世纪80年代,"联合国残疾人十年(1983—1992年)"期间,一些国家就曾建议制定一部保护和促进残疾人权利的国际公约,由于受当时经济社会发展条件和国际残疾人运动发展水平的限制,联合国未能就此问题达成广泛一致。然而,制定《残疾人权利公约》的呼声一直没有停止,包括中国在内的许多国家和个人为此付出了不懈努力。

---

* 作者:段小蕾,中国残疾人联合会。

人类社会发展进入21世纪,随着国际社会对残疾人问题认识的深化和共识增多,制定《残疾人权利公约》的议题被再次提出,并引起国际社会的普遍重视。2001年10月第56届联合国大会上,墨西哥总统福克斯提出的制定《公约》的动议获得通过,由此正式启动了《公约》制定进程。历经五年的广泛磋商,《公约》于2006年在第61届联合国大会正式通过,成为新千年第一个国际人权公约,也是历史上谈判时间最短的人权法案。

(二)《公约》使联合国人权保障法律体系更趋完整

《残疾人权利公约》(2006年)与《公民权利和政治权利国际公约》(1966年)、《经济、社会、文化权利国际公约》(1966年)、《消除一切形式种族歧视国际公约》(1965年)、《消除对妇女一切形式歧视公约》(1979年)、《禁止酷刑公约》(1984年)、《儿童权利公约》(1989年)共同构成联合国核心人权公约体系。

《公约》的诞生使得联合国人权保障法律体系更加完整,以国际法的形式确认,占世界人口10%以上的残疾人与妇女、儿童、少数民族等其他弱势群体一样需要特别的保护和关注,确保人类社会对自身多样性更为包容,对人类大家庭平等共同发展更为重视。

(三)《公约》侧重于强调政府和社会推动残疾人各项权利的实现

《公约》并没有为残疾人提出新的人权。在《公约》之前既有的国际人权公约中,残疾人的平等权利与其他社会群体的权利一样在书面上得到承认。然而,国际社会逐渐认识到,实际上残疾人这一群体仍然处于被边缘化的地位,其权利并没有得到有效保护。空洞的权利口号是无意义的,有必要制定一部具有法律强制力的国际公约敦促各国政府和社会创造条件促进残疾人权利的实际实现。

《公约》并不是对已有各项人权的简单重复,它的着重点在于强调政府和社会的责任和行动。《公约》规定,各缔约国有采取切实措施保护和促进残疾人各项人权的法律责任和义务,并且提出了促进残疾人权利实现的具体途径和措施要求。《公约》特别指出,各国在促进经济社会发展的政策和措施中要将残疾人问题纳入主流,资源短缺不能成为将残疾人边缘化的借口。

(四)《公约》将残疾人人权保障和推动社会发展二者有机结合

《公约》对残疾人一些权利的实现引入了逐步完善的表述,承认权利的实现是一个发展的过程。世界上80%的残疾人口生活在发展中国家,其中许多人还处于绝对贫困状态。在《公约》谈判过程中,各国逐步形成共识:残疾人的公民及政治权利与残疾人的经济、社会、文化权利必须平衡共同发展。《公约》不能仅仅成为宣誓权利的平台,必须能够切实推动改善生活在广大发展中国家的数量庞大的残疾人的实际状况。残疾人的各项权益在社会发展中才能得以实现,同时,残疾人权益的实现也是人类社会进步的重要组成部分。

在中国等发展中国家的推动下,残疾人的生存权和发展权得到重视。最终出台的《公约》既是法律文件,又是政策文件;既对缔约国有法律约束力,又为各国改善残疾人状况、保障残疾人人权提供了政策指导和行动框架。这使《公约》的实际影响力和历史意义更为深刻和长远。

二、《公约》对中国残疾人事业的影响

中国是世界上最早倡议并积极推动联合国制定关于残疾人权利的国际公约的国家之一,也是首批签署《公约》的国家之一。中国为《公约》的出台作出了重要贡献。同时,中国参与发起和制定以及实施《公约》的过程也是中国残疾人事业发展与国际残疾人运动发展相得益彰的过程,是中国残疾人人权保障融入国际人权机制的过程,是中国社会加快进步的过程。《公约》对中国残疾人状况的改善和平等权利的实现,对全社会人权意识的提升,对中国的社会进步和国际融合都有着深远的影响。

(一)中国残疾人权益保障融入国际人权机制,处于国际监督之下

我国首批签署《公约》,向全世界做出了履行《公约》责任和义务,切实保障残疾人权益的庄严承诺。作为有强制力的国际法,《公约》敦促缔约国政府采取切实措施履行公约,保护和促进残疾人权利,并且要定期向联合国条约机构提交履约报告,接受审议。中国签署和批准《公约》标志着中国残疾人人权保障融入了国际人权机制,处于国际监督之下。是否信守国际承诺、履行国际义务,关系到我国是否是负责任的大国的国际形象问题。国际社会的履约监督机制必然会对国内残疾人工作起到推动作用。

(二)《公约》促进了中国政府部门及残疾人组织的协调合作

在我国,国务院残疾人工作委员会负责实施《公约》,包括协调有关部门和地方各级政府采取履行《公约》的行动。国务院残疾人工作委员会包括 38 个部委和人民团体,是中国政府协调、制定、指导、监督残疾人工作政策、规划和实施的机构,其成员部门均承担有保障残疾人权益的任务,根据职责分工制定和实施本部门涉及残疾人权益保障的相关工作规划。

履行《公约》是缔约国政府的义务，是各政府部门不可推卸的责任。履约需要各政府部门通力合作、协调一致，并不是单一部门的工作。一定程度上，履行《公约》的义务使得各政府部门对保障残疾人权益有更强的责任感，在工作中必须比以前更多地考虑到残疾人这一群体的利益和诉求。

除人大和政协对政府的履约工作进行执法检查外，残疾人及其代表组织受邀参与监督政府残疾人权益保障和履约工作的全过程。这一履约监督机制一定程度上增强了民间社会特别是残疾人个人和组织表达利益诉求的话语权，赋予残疾人和残疾人组织维护自身权益新的法律依据。

（三）《公约》巩固和扩大了中国在国际残疾人事务中的影响力

中国的残疾人事业经历了几个发展阶段。从20世纪80年代中期开始，中国政府积极参与联合国“残疾人十年”活动，引入国际残疾人运动发展最新理念，成立残疾人组织，制订和实施国家残疾人工作行动计划等，开启了完整意义上的中国残疾人事业。20世纪90年代初，中国残疾人事业开始在国际上产生更大的影响，标志事件是1992年中国政府积极倡导和参与发起了“亚太残疾人十年”活动。到20世纪90年代中后期，中国开始在多个国际场合呼吁制定《公约》，并且积极争取各方支持，是最早倡议联合国制定《公约》的国家之一。2000年3月中国召集的“世界残疾人非政府组织领导人会议”通过的《北京宣言》在国际上引起巨大反响，对联合国启动《公约》制定进程起到了积极的推动作用。

不同于其他国际人权公约，中国参与发起和制定《残疾人权利公约》，并参与其谈判全过程，而其他针对特定群体人权保护的国际公约均是由他人制定，我国后来加入。中国在《公约》文本形成，以及协调和促成各方达成妥协等方面发挥了建设性作用，为《公约》的出台作出了重要贡献。在《公约》制定过程中，东西方不同人权观的碰撞贯穿始终，中国等发展中国家所倡导的残疾人的生存权和发展权等关切在《公约》中得到具体体现，使得《公约》对人权的关注更为全面、均衡，中国政府所倡导的人权的真实性和普遍性原则得到国际社会的广泛认同。

《公约》生效后，中国积极参与联合国召开的缔约国大会，并发挥作用和影响，在全球、亚太地区及东北亚次区域，围绕《公约》的推广和实施开展国际交流与合作，继续保持了我通过《公约》谈判在国际残疾人事务领域确立的地位，为我国残疾人事业的发展创造有利的国际环境和机遇。中国残疾人事业的国际交流与合作有了新的平台。

事实上，中国倡导和参与《公约》制定以及履行《公约》的过程，不仅顺应了国际残疾人运动和人权保障事业的发展趋势，也一定程度上影响了其内容和发展方向。中国的积极姿态和实质性贡献显著提升了中国在残疾人权益保障方面国际规则制定的话语权，巩固和扩大了中国在国际残疾人事务领域的影响力，是中国残疾人事业全面融入国际社会的过程。

（四）《公约》加快了中国残疾人事业和人权保障事业的发展

中国在参与国际残疾人事务、融入国际残疾人人权保障机制的过程中，不断借鉴和吸收国际新理念和有益经验，很大程度上促进了国内残疾人事业和人权保障事业的发展。

（1）中国首次参与人权领域国际文件谈判的全过程，对国际残疾人运动的发展趋势，对国际人权保障理念有了更加深刻的了解。“禁止基于残疾的歧视”等理念进入中国并且写进了中国法律，融入了中国政府的执政方针。

（2）我国广大残疾人自身权利意识不断觉醒，主张权利，主动参与。随着《公约》在中国的广泛传播，权利理念和社会模式残疾人观逐步深入人心，广大残疾人的权利意识进一步觉醒。他们在看待自身残疾和障碍时，不再是自我贬低、自省、自怨自艾或者是认命的态度，而是更多地认同自身价值，主张平等权利，积极参与社会生活，要求社会环境的改变来减少或消除自身实现权利的障碍。

（3）社会对残疾人平等权利的意识提升到新高度。《公约》制定和履行的过程伴随着平等、参与、共享现代文明社会残疾人观在中国不断传播的过程。政府、媒体及社会各界通过不同渠道和方式，利用助残日、残奥会等契机宣传《公约》精神。《公约》对提升全社会尊重和保护残疾人权益的意识，推动中国社会和谐与进步起到了积极的作用。

（4）《公约》在强调残疾人各项平等权利的同时，也为各缔约国政府切实保障残疾人权益、实现残疾人发展提供了一个行动指导框架，对我国制定相关政策措施有很大的借鉴意义。社区康复、融合教育等理念和做法在中国得到推广和实践，对改善残疾人状况、促进残疾人事业发展起到了实效。

（五）《公约》促使国内相关法律法规体系加快完善并与国际理念接轨

《公约》还在谈判制定过程中时，我国就启动了《中华人民共和国残疾人保障法》的修订，多部相关法律法规也开始制定。中国残疾人权益保障的法律法规体系加快了建设和完善的步伐。以《公约》精神为代表的国际残疾人运动最新发展阶段的理念和宗旨在我国相关法律法规的修订和制定中得到具体体现和落实。

2008 年 4 月十一届全国人大常委会第二次会议审议通过了新修订的《中华人民共和国残疾人保障法》，在中国法律中第一次引入“禁止基于残疾的歧视”概念，突出“以残疾人权利为本”的理念；进一步强化了政府和社会为保障残疾人权利的实现所承担的责任与义务；明确提出国家保障残疾人享有康复、教育、就业、社会保障、参与社会生活等各项权利；充实了为残疾人平等参与社会生活创造无障碍环境的内容；强化了侵害残疾人的权益所应承担的法律责任。《公约》的宗旨、原则以及具体条款对我国《残疾人保障法》的修订有很大影响，突出体现在新修订的《残疾人保障法》对“以权利为本”理念的吸收，标志着我国残疾人事业从福利保障型到权益保障型的根本转变。

2007 年国务院出台了《残疾人就业条例》。《精神卫生法》立法工作正在积极进行中，该法有望今年内正式出台。即将出台的《无障碍环境建设条例》、《残疾预防和残疾人康复条例》对残疾人的康复和无障碍等方面的权利做了更为明确和具体的规定。在这些与残疾人有关的新的法律法规制定中，都注意吸收《公约》精神，借鉴《公约》条款，与国际残疾人运动的理念接轨。

（六）结合履约使中国政府采取更加积极的行动来改善残疾人状况

结合履行《公约》的义务，充分考虑到《公约》原则和具体条款，在国家经济和社会及残疾人事业发展框架内，中国政府近几年来采取了一系列重大措施和行动发展残疾人事业，对残疾人状况的改善起到了很大的推动作用。

（1）采取了一系列国家行动计划促进残疾人事业发展。2008 年 3 月，国务院发布了《关于促进残疾人事业发展的意见》，全面阐述了促进残疾人事业发展的重要意义和指导思想，提出了当前和今后一个时期的目标任务、指导原则和一系列重大措施，对发展残疾人事业作出全面部署，是中国政府关于残疾人人权保障和残疾人事业发展的纲领性文件。

“国民经济和社会发展五年规划纲要”将残疾人事业纳入经济与社会协调可持续发展的国家战略。《中国残疾人事业“十二五”（2011—2015）发展纲要》制定了一系列改善残疾人平等参与社会生活的物质条件和社会环境的任务目标。

国务院于 2010 年 3 月下发《关于加快推进残疾人社会保障体系和服务体系建设的指导意见》，明确要求到 2015 年，建立起残疾人“两个体系”基本框架，使残疾人基本需求得到制度性保障，残疾人生活状况进一步改善。到 2020 年，残疾人都能得到基本公共服务,人人享有基本生活保障,人人享有基本医疗保障和康复服务,残疾儿童少年全面普及义务教育,残疾人文化教育水平明显提高,就业更加充分,参与社会更加广泛,普遍达到小康水平。

(2)开展全国残疾人抽样调查和状况监测。继1987年进行首次全国残疾人抽样调查之后,2006年中国实施了第二次全国残疾人抽样调查,摸清了残疾人的基本情况和基本需求,为制定发展残疾人事业、保障残疾人权益的法律政策和发展规划提供了科学准确的依据。在全国残疾人抽样调查的基础上,建立了全国残疾人状况监测系统,对残疾人状况进行跟踪监测,力图及时、准确地掌握残疾人状况的变化情况。

(3)2011年颁布实施《残疾人残疾分类和分级》国家标准。该标准参照有关残疾 、伤残国际标准,结合中国经济社会发展实际,对残疾类别和级别的划分作出比较科学合理又切实可行的规定。

以上有关残疾人的政策措施,都体现了《公约》精神,呼应了《公约》的要求,是我国政府履行《公约》的具体举措,也是《公约》对我国残疾人工作促进作用的现实体现。中国政府所采取的一系列举措,为残疾人带来实实在在的利益,使他们的状况不断改善,权益得到更好保障。

三、我国履行《公约》面临的问题和挑战

(一)《公约》原则和条款与我国国内法律法规和政策相协调的问题

国际法与国内法的协调和兼容是缔约国面临的首要问题。尽管自《公约》启动制定进程以来,我国的相关法律法规的制定和修订都注意吸收和体现《公约》精神,然而法律体系的完善是一个长期而复杂的过程,要保证所有相关法律法规的条款都能够与《公约》的宗旨和原则相一致是一个很大的挑战。另外,在所有公共政策中也要充分考虑到残疾人的需求和发展,这要求各政府部门和各级地方政府都切实负起责任,在实际行动中将残疾人问题主流化。

(二)国际理念本土化问题

《公约》是国际社会在原则一致基础上,通过谈判和各方妥协最终达成共识的产物。《公约》作为国际公约和国际残疾人运动的最新理论与实践发展成果,能否在中国真正发挥效力,很大程度上取决于其宗旨和原则能否与中国的具体国情,以及中国的传统和社会文化相结合、相兼容。中国传统文化中,扶弱济困

的优良美德源远流长，然而对残疾的偏见和无知等糟粕和愚昧思想也同时存在，尚未被彻底摒弃。另外，“人权”概念在中国被官方接受和明确提出不过是近二十年的事，民众对一些国际化的人权理念还没有清晰的认识，更谈不上深刻的理解。中西方在意识形态上的差别也是不可否认的。这些因素都对《公约》本土化的问题构成挑战。

（三）进一步提升全社会尊重和保护残疾人平等权利的意识问题

尽管近些年来，随着经济社会的发展，随着中国的国际交往更为广泛深入，随着信息传播手段的丰富和宣传力度的加大，社会对《公约》精神和现代文明社会残疾人观的认识程度不断加深，但是对残疾人的偏见和歧视还普遍存在，尤其是在偏远落后地区，侵害残疾人权益的情况还不断发生。需要继续加强对全社会包括残疾人群体和公共政策制定者，权利意识的教育，使人权观念和平等理念真正被社会所广泛理解、接受和践行。

（四）非政府组织（NGOs）和残疾人组织（DPOs）的角色问题

即非政府组织和残疾人组织在履行《公约》和保障残疾人权益中发挥更大作用、扮演更重要角色的问题。“Nothing about us without us”是目前国际残疾人运动最响亮的口号，意即“我们的事我们要参与”，“没有我们的参与不要为我们做任何决定”。公民社会和残疾人群体在相关事务中，特别是在与其切身利益息息相关的公共政策决策中，应该有更多的参与机会，有更强的话语权。残疾人参与决策本身也是其基本权利之一。

（五）实现残疾人平等权益是发展中的问题

残疾人平等权益的实现是发展中的问题，不可能一蹴而就，残疾人事业的发展无法超越经济社会总体发展水平。中国是发展中国家，目前我国残疾人权益保障仍处于初级阶段，水平较低。要真正实现残疾人的各项权益，需要各方共同付出长期艰苦的努力。

国际残疾人运动的最新发展趋势和《公约》所倡导的精神，与中国残疾人事业发展的总体方向一致，与中国政府以人为本、科学发展观、建设和谐社会、尊重和保障人权的执政理念相契合。随着经济社会不断发展，随着国际社会对人类共同发展和人权保障的愈加重视，随着中国残疾人的权益保障逐步融入国际人权机制，《公约》所秉承的以权利为本的理念必将在中国得到更广泛具体的践行；中国政府为履行《公约》所采取的切实措施必将改善残疾人平等参与社会生活的环境，进一步促进我国残疾人各项权益的实现。

第三章 残疾人长期护理制度的国际比较*

人口老龄化导致失能老年人数量的增加,再加上工业化和城市化进程的加快而产生大量的后天致残人口,日益成为现代国家和社会制定长期护理政策的重要动力。纵观全球,几乎所有的发达国家都诞生了与长期护理相关的制度,制定和实施了一些相关的政策。这些政策已经成为社会卫生和福利服务体系的重要组成部分,理所当然地成为这些国家社会进步与文明的一个重要标识。

世界卫生组织早在 20 世纪 90 年代初就预测指出,①2005 年全世界在总体上将进入老龄化世界,到 2025 年除非洲外,其他各地区均进入老龄化时代,其中北美洲、欧洲地区 65 岁及以上的老年人口将占总人口的 20%,人口老龄化呈现加剧的态势。由此可见,21 世纪的全球将进入一个不可逆转的老龄化时代。正如有见识的学者所言,长期护理问题将是 21 世纪各国政府和学术界一个重要的研究主题。②

一、长期护理

所谓长期护理(Long-Term Care,国际上简称 LTC),根据美国健康保险学会的定义,就是指:"在一个比较长的时期内,持续地为患有慢性疾病和功能性损伤的人提供的护理。它包括健康服务、社会服务、居家服务、运送服务或其他支持性的服务。"WHO 认为,长期护理的目的在于"保证那些不具备完全自我照料

---

* 作者:戴卫东,安徽师范大学历史与社会学院教授。

① 参见[澳]哈尔·肯迪格等编:《世界家庭养老探析》,刘梦等译,中国劳动出版社 1997 年版,第 39 页。

② 参见(Ame.)Bengtson, V.. "Beyond nuclear family: the increasing importance of multigenerational bonds". *Journal of Marriage and the Family*, 2001, 63, pp.1–16。

能力的人能继续得到其个人喜欢的以及较高的生活质量"①,而不是解决特定的医疗问题。一般而言,长期护理的对象是慢性病患者和残疾人,而老年人在这两类人群中占据较大的比例。事实上,真正需要长期护理服务的是那些因患各种疾病或身体残疾而全部或部分丧失活动能力的人,明显的以失能老年人居多。从广义角度来说,凡是失能的人都可以称为残疾人,只是残疾的程度不同而已。

WHO 强调,长期护理为"由非正规护理者(家庭、朋友或邻居)和专业人员(卫生和社会服务)进行的护理、照料活动体系",可见,长期护理包括非正规与正规两类支持性服务体系。后者可能包括广泛的社区服务(即公共卫生、初级保健、家庭保健、康复服务和临终关怀)、私人疗养院以及临终关怀院,也指那些暂停或逆转疾病和残疾状况的治疗。② 无论非正规与正规两类服务体系的名称叫什么和具体服务内容是什么,依据接受长期护理服务的地点,我们都可以将上述所有形式的服务划分为家庭照料、居家护理、社区护理以及机构护理。

部分政策制定者曾经担心,如果制度性提供的正式护理服务多了将会削弱家庭参与护理照料的非正规服务活动。研究表明,事实并非如此。当提供适当的正式护理时,非正式护理照料仍然能够保持它关键的角色。③ 而且,有充分的证据表明,长期护理服务产业的发展促进了家庭代际的良性互动和老年人、残疾人社会关系网络的维系。④ 这样的一个结果为长期护理服务成为现代社会福利体系的重要组成部分奠定了基础。

如果以著名的美国社会政策学家威廉斯基和黎鲍克斯的残补型社会福利和制度型社会福利来划分的话,那么我们可以得出两点结论:一、发展中国家和欠发达国家绝大多数推行了完全以家庭责任和市场机制为主的残补型长期护理模式;二、大多数发达国家实行的是个人、家庭、政府与市场相结合的制度型长期护理模式。显然,在人口老化、残疾风险增加的年代,长期护理问题已经在全球演变成一个日益严重的社会风险。毋庸置疑,那种完全依赖家庭和市场的残补型模式则不可能解决一个国家或地区的长期护理问题。众所周知,资金来源在长期护理模式中占据极其重要的地位,因为它直接影响到护理服务提供的规模、途

---

① WHO.*Home-Based and Long-term Care*, *Report of a WHO Study Group*. WHO Technical Report Series 898. 2000. Geneva: World Health Organization.

② 参见世界卫生组织主编:《积极老龄化政策框架》,华龄出版社 2003 年版,第 19 页。

③ 参见 WHO.*Long-Term Care Laws in Five Developed Countries: A Review*. 2000. Geneva。

④ 参见裴晓梅、房莉杰主编:《老年长期照护导论》,社会科学文献出版社 2010 年版,第 4 页。

径以及质量等方面。观察各发达国家的长期护理实践,主要筹资方式有税收支付、社会保险支付以及商业保险支付等。[①] 其中,20 世纪 70 年代就实行长期护理商业保险的国家以美国为代表;英国、奥地利、瑞典以及挪威等国家完全由财政一般税收来支付残疾人长期护理费用开支;而荷兰、以色列、德国、日本以及韩国则采取社会保险筹资方式来分担长期护理费用。实际上,在实施保险方式筹资的国家,也有部分护理救助资金来自于政府的财政负担。

二、长期护理制度发展过程比较

(一)美国残疾人长期护理制度的诞生

在长期护理商业保险诞生之前,美国的长期护理支付资金的渠道主要来源于老年医疗照顾计划(Medicare)、低收入家庭医疗救助计划(Medicaid)、私人健康保险和自付。1965 年 7 月颁布的 Medicare 是一个覆盖 3500 万美国老年人和 600 万永久失能的年轻残疾人,任何年满 65 岁的老年人,以及残疾人都有资格参加这一计划。但是,Medicare 不负担长期护理费用。Medicaid 是美国联邦政府和各州政府共同资助的医疗计划,面向低收入人群提供的医疗救助包括手术及预防性健康和牙科服务、住院及门诊费用、药品费用、检查费用以及护理机构的护理费用等。私人健康保险中的"蓝十字"(Blue Cross)主要承保被保险人住院期间的食宿费、护理费和日常用品费,"蓝盾"(Blue Shield)计划只提供门诊服务费用的保障,商业团体险(Commercial Insurance)主要承保急性疾病的医疗费用(包括急性护理费用的补偿)。由此可见,美国长期护理商业保险出台前,公立、私营医疗保障计划对长期护理费用的支付主要表现在三个方面:低收入家庭,重症(住院)特别护理,以及急性护理上。其中,来自财政税收支付的 Medicaid 承担了美国主要的长期护理费用。因此,建立与积极支持长期护理商业保险的发展势在必行。

20 世纪 70 年代美国诞生了长期护理商业保险,但开始很长一段时间都没有得到广大消费者的认可。到 20 世纪 80 年代为了减轻 Medicaid 巨额的财政负

---

① 如果以艾斯平—安德森的"福利资本主义的三个世界"理论来细分制度型长期护理模式,那么,笔者认为,长期护理商业保险制度属于盎格鲁—撒克逊的"自由模式"福利制度,税收支付长期护理制度应归类斯堪的纳维亚的"民主模式"福利制度,而长期护理社会保险当为欧洲大陆的"保守模式"福利制度。

担，美国政府相继实施了一些方案力促长期护理保险，然而购买率依然很低。直到 20 世纪 90 年代，随着美国政府医疗保障体系改革的推进和相关法规政策的出台，长期护理保险才得以快速的发展。

（二）英国残疾人长期护理制度的发展

1911 年英国通过《国民保险法令》，法令规定在某些工业部门中实行失业救济、残疾津贴和医药补助，在交纳保险费用后，享有领取保险津贴的权利，这也是英国关于残疾人权益保障的首次立法。1944 年，英国议会通过了《残疾人（就业）法案》，该法案除了有促进残疾人就业的规定外，还要求政府开始设立康复中心，开设职业训练课程，对那些照顾残疾人的社会工作者给予补贴。1946 年，在《国民保险法》中将残疾人给付内容具体分为残疾补助、丧失工作能力补助、严重残疾津贴、残疾生活津贴和残疾照顾津贴。

1970 年英国颁布的《慢性病和残疾人法案》规定，通过向残疾人提供适当的服务，使残疾人在社区中获得更多的生活权利，这项法律承认了残疾人的社会权利，因而被称为“残疾人宪法”。[①] 1995 年颁布的《反残疾歧视法案》可以说是英国残疾人权益保护上最重要的一个法律文件。2005 年 4 月新的反残疾歧视法案——《2005 年反残疾歧视法案》（*Disability Discrimination Act 2005*）获国会通过，这是对《1995 年反残疾歧视法案》的修订和延伸。

进入 20 世纪 90 年代以来，英国残疾人津贴法案经历了几次重大改革。1992 年开始实行残疾生活津贴和残疾工作津贴；1995 年以丧失行为能力补贴替代疾病补贴和病残补贴；以 1998 年的《福利新合同：为残疾人提供补助》废除了严重伤残津贴，由一项年龄在 16 岁至 19 岁之间、不需满足缴费记录的丧失工作能力的人享有的补贴取代；2001 年废除残疾工作津贴，改为残疾人税收抵免；2007 年 10 月 18 日欧洲法庭作出一项判决，残疾生活津贴（护理部分）、残疾人看护津贴以及护理津贴应向从英国移民至欧洲经济区其他国家的残疾人支付，而不应仅向居住在英国的国民支付。

（三）奥地利残疾人长期护理制度的发展

1993 年，奥地利颁布了关于长期护理的两个法案，即《联邦长期护理法案》和《省级长期护理法案》，前者覆盖对象为占总人口比例 90% 的所有享受退休养

---

① 参见刘翠霄：《各国残疾人权益保障比较研究》，中国社会科学出版社 1994 年版，第 47—48 页。

老金的人,后者是剩余的10%人口。残疾人不例外地被覆盖。

这两个法案存在两个弊端:一是奥地利的社会医疗保险的支付对象是急症住院患者,而患者的长期护理服务费用则不包括在内。这直接造成了大量需要长期护理的人只能利用急症住院服务。由于急症住院服务的成本远远高于一般的长期护理服务,因此,改革现有的长期护理法律体系、扩大长期护理服务以减少利用急症住院服务的呼声越来越高。二是奥地利的长期护理服务地域性比较明显。长期护理服务由社会福利机构提供,各省自行决断。由于各省的税收基准不同,长期护理服务的水平和标准也各不相同,倘若没有联邦财政的帮助,各省之间很难实现平等。

鉴于上述弊端,为了使长期护理的两个法案相互联系,奥地利国会在1994年1月通过了《长期护理津贴法案》(*The Long-term Care Allowance Act*,简称LCAA),将上述两个法案进行了有效的整合。

(四)荷兰残疾人长期护理制度的发展

荷兰于1967年通过了有关长期护理的法案《特别医疗支出法案》,该法案的出台在欧洲国家中属于较早的社会政策。法律规定,以社会保险的方式来实行老残人口长期护理服务的费用支付,并作为卫生保险立法的一个组成部分,倾向于支付在机构中接受长期护理服务的被保险人。由于机构护理的费用不断增长,20世纪80年代荷兰政府不得不进行了一系列改革,将居家护理和家务帮助等服务纳入法案规定的服务范围。从1980年开始,居家护理成为法律规定的主要长期护理服务形式之一。有学者的实证研究指出,居家护理不仅成本低而且取到意想不到的良好效果。① 1989年荷兰开始推行的《家务帮助促进法》进一步规定,原有的机构服务扩展到包括机构护理、居家护理和家庭照料三项内容。

(五)以色列残疾人长期护理制度的发展

在20世纪70年代末,以色列就颁布了一个《护理津贴法》,授权政府向没有收入而且需要别人长期照料的残疾人发放护理津贴。随着失能的老年人和残疾人的增加,国家财政支付护理津贴的负担日渐加重。于是,1986年经国会讨论通过了《国家保险法》"第61号法案",即长期护理保险法,并于1988年4月开始生效。该法案正式界定了政府的法律责任,反映了政府为失去独立生活能

① See I.G.Pryce, Jean Preston. "Community care for 20 psychiatrically disabled older men". *Soc Psychiatry Psychiatr Epidemiol*, 1988, 23, pp.166-174.

力的老残人口寻求法定资源分配的承诺。

（六）德国残疾人长期护理制度的发展

在德国，医疗保险只承担与疾病医疗相关的费用，不负担病人长期护理的支出。那些需要长期护理服务的人只能自付服务费用，或是在消耗了所有个人和家庭资源后求助于社会救济。面对此种情况，在经历了多年的立法探讨之后，终于在 1994 年，德国通过了覆盖全民的《长期护理保险法》，成为继养老保险、医疗保险、事故保险、失业保险四大险种之后的“第五大支柱”险种。德国长期护理保险是逐步实施的，即 1995 年 1 月 1 日开始缴纳护理保险费。同年 4 月 1 日起，开始提供与家庭医疗有关的保险给付和服务，这是第一阶段；第二阶段从 1996 年 7 月开始提供与规定医疗机构有关的保险给付和服务。

（七）日本残疾人长期护理制度的发展

日本的卫生和福利省在 1989 年颁发了《促进老年人健康和福利服务的十年战略计划》，即所谓的“黄金计划”。该计划的目的是促进为残疾、脆弱的老年人提供居家照护服务，为此为照顾老残的家庭成员也给予帮助。“黄金计划”的实施结果增加了护理机构和人员的数量，但只能满足老残人口需求的 50%。① 1994 年，日本国会通过“新黄金计划”扩大对居家失能老年人的各种服务。然而长期护理体系发挥的作用很有限，政府意识到要改变这种状况就必须进行长期护理体制的改革。于是，1995 年日本政府提出了“关于创设护理保险制度”的议案，试图通过改革将护理制度由原来的面向弱势群体老残人口的公共护理服务的社会福利制度转变为一种社会保险制度，以减轻政府在社会保障方面的财政压力。经过了近三年的讨论，通过政治的斡旋，达成了三政党的合意，终于在 1997 年 5 月和 12 月分别在众议院和参议院获得通过，1998 年日本政府颁布了《长期护理保险法》，1999 年 12 月国会也通过了《长期护理保险法案》并决定立即实行。2000 年 4 月 1 日起日本开始实施长期护理保险制度，10 月 1 日起，日本国民开始缴纳第一个月的长期护理保险费。

（八）韩国残疾人长期护理制度的发展

在韩国，2008 年以前缺乏对一般老残人口的护理设施，主要针对享受最低生活保障的老年人进行无偿护理和使用专门护理设施，其他需要长期护理者必

① See Sakamoto, S. “Development Process of Health, Medical and Welfare Policies for Elderly Care”. In S. Sakamoto and T. Yamawaki (eds.), *Development of Process of Health, Medical and Welfare Policies for Elderly Care*, pp.9-29. Tokyo: Keiso Shobo. 1996.

须有偿使用。由于有偿设施的费用负担很大，民间痴呆专门医院的入院费用更是昂贵的惊人，中产阶级都很难负担。老龄化程度的加重，健康保险对财政的负担也在不断增加。2001 年 5 月 28 日，长期护理保险被正式提出。在韩国保健福祉部的健康保险财政指导对策中，保健福祉部希望通过“导入为痴呆、中风、重度精神疾病等慢性疾病老残人口的长期医疗保险及扩充长期护理设施”来达到改善健康保险制度的目的。2002 年 7 月保健福祉部的国务会议报告（老残人口保健福祉综合对策）中提出要构建和实施老残人口的长期护理公共制度体系。下一步就是 2004 年 3 月 22 日，长期护理制度实行委员会及实务企划团开始分阶段工作。第一阶段为 2005 年 7 月至 2006 年 3 月，在光州、南区、水原、江陵、安东、夫余、北济州郡等地区试点；第二阶段为 2006 年 4 月至 2007 年 3 月，由第一阶段的 6 个试点区扩大到釜山北区、全罗南道 8 个；第三阶段为 2007 年 5 月至 2008 年 6 月，试点再扩大到富平区、大邱南区、青州、益山、河东等 13 个市郡区。在试点期间，2006 年 9 月通过听证会，10 月颁布法案。2007 年 4 月 2 日韩国国会全票通过“长期护理保险法”，4 月 27 日该法公布。2008 年 7 月 1 日，韩国“长期护理保险法”正式生效。

三、长期护理制度内容比较

综观各国残疾人长期护理制度的实践，除了以保险方式筹资和财政一般税收负担的不同之处外，长期护理制度的具体内容，各国也体现出自己的特色，表现在以下各个方面。

（一）责任机构

美国的 Medicaid 责任部门是联邦、州和地方政府共同举办，其费用平均 55%来自联邦政府的财政收入，45%来自州财政。由于各州收入水平不同，联邦政府支付的幅度大约为 50%—77.5%。① 长期护理保险则由各商业保险公司承保。

英国残疾人生活和护理津贴发放的责任机构是工作和年金部，该机构的伤残和护理服务处，负责提供残疾护理服务和各种津贴的管理，例如伤残生活津贴和护理津贴。奥地利残疾人长期护理由劳动、卫生和社会事务部制定法律和实

① 参见毛安群：《美国医疗保险制度剖析》，中国医药科技出版社 1994 年版，第 54—58 页。

施有关政策。

荷兰长期护理保险是由卫生、福利和体育部负责。以色列的国家保险部负责长期护理保险的运行。德国的护理保险绑定医疗保险，归卫生和福利部负责。日本的长期护理保险由市政府负责实施。韩国的保健福祉部起草了长期护理保险法案并负责试点与推广。

（二）覆盖对象

如前文所述，美国 Medicaid 主要面向低收入家庭需要长期护理津贴的老残人口，而长期护理商业保险则向所有投保人开放。英国的残疾人护理津贴主要针对65岁以上因病或因残需要长期护理服务的人。奥地利国民中3岁以上的人口都有资格领取长期护理津贴。

荷兰和德国的长期护理保险的覆盖对象包括几乎所有年龄段的人。以色列妇女在60岁、男性在65岁开始享受护理保险服务。由于甄别原则，享受护理服务主要是低收入和中低收入的老年人，高收入老年人只能去选择私人护理保险公司提供的服务。日本规定，40岁以上的全体国民都要参保，其中65岁及以上的国民为第一号保险者，40—64岁的医疗保险加入者为第二号保险者。韩国参加护理保险对象为65岁以上的老人或不到65岁的老年性疾病（如痴呆、中风等）患者中因行动不便，需要长期护理的人。

（三）资金来源

美国的护理津贴来自联邦、州政府财政一般税收，护理保险由投保人自愿参与。英国的残疾人津贴全部来源于政府的财政收入。奥地利残疾人的护理服务费用绝大部分由政府支付，个人只要支付机构服务的费用。

（1）荷兰参加长期护理保险者收入的9.6%用于缴纳保险费，但由雇主和雇员分担，其中，雇主承担大部分，雇员负担其余部分。

（2）以色列的雇主和雇员每月各缴纳工资的0.1%作为护理保险基金。1990年4月，法律规定雇主缴费率减少到雇员工资的0.04%，为了使0.1%的缴费率不降低，政府补偿0.06%的缴费率。从2011年4月1日开始，长期护理保险法案规定，雇主和雇员的缴费率合计为0.23%，其中，雇主缴费上升到工资总额的0.09%，雇员缴费增加到工资的0.14%。以色列政府再补缴工资总额的0.02%充实护理保险基金。

（3）德国护理保险基金筹集在不断增加。1994年，雇员收入的1%必须用于护理保险，从1996年7月1日起，有缴纳保险费义务的成员，其收入的1.7%为护理保险费，由雇员和雇主各承担一半。从2008年年初起，保险费率提高到1.9%。

(4)日本被保险者所缴纳的保险费占保险费总额50%(第一号保险人每月从退休金中扣除26美元保险费，第二号保险人的保险费由雇主与雇员分担工资的0.9%)，另外由公费负担50%。公费中，中央政府占25 %，都道府县和市町村各占12.5 %。低收入者可以减免。

(5)韩国国家财政承担保险费预算收入的20%，医疗救助人的长期护理费用由国家和地方财政共担；个人负担设施服务费的20%，居家服务费的15%，低收入者减免1/2，最低生活受助者免费。

(四)基金管理

属于残疾人的长期护理津贴资金，一般都来源于各国中央政府和地方政府的财政税收，因此这部分资金的管理均为中央和地方的财政部门，如美国、英国以及奥地利等国。

荷兰的《特别医疗支出法案》规定，国家卫生、福利和体育部下辖的卫生保险协会承担规范护理保险公司的运营责任。以色列的国家保险部负责长期护理保险基金的管理。德国医疗保险基金与护理保险基金分账管理，委托医疗保险机构投资运营，给予服务费用。日本由市町村决定各地保险费的额度，征收、管理保险费。韩国同德国相似，保险基金由国家健康保险机构统一集中管理。健康保险费、护理保险费统一征收，独立核算。

(五)受益资格

美国残疾人要领取长期护理津贴，必须符合各州的低收入家庭的审查条件。投保长期护理商业保险，只有达到保险公司的理赔条件才能获得产生护理费用的补偿。在英国，各种残疾人可获得的财政补贴主要取决于两个因素：收入和储蓄情况以及过去向国民保险计划缴纳保险金的情况。但是，残疾生活津贴、护理津贴是非调查型的，申请人收入和储蓄情况不会影响获得这些补贴的资格，只要申请人患病或为残疾人就能领取这些非调查津贴。奥地利残疾人获得护理津贴的资格是：需要至少6个月照顾的ADL和IADL失能者；每月需要至少50个小时的帮助者；失明、失聪者、不能离开轮椅者自动获得受益资格。奥地利对申请者不进行生计审查。

荷兰采用全面评估的方式确定申请者的长期护理需求，包括检查申请人的健康总体状况、失能状况、心理和社会功能、家庭和环境情况、是否得到正规和非正规的护理服务以及能否得到持续照料的可能性，无生计审查。以色列的长期护理服务申请人要符合下列条件：一是需要不间断照护的 ADL 失能者，二是每天需要至少两小时他人照护的单独生活者，三是每天至少需要 1.5 小时帮助才能生活下去的人。以色列对申请人进行生计审查，获得最高受益水平者其收入不得超过个人工资均值，或夫妇工资均值的 1.5 倍。

德国申请护理服务的人必须是 ADL 有两项或以上失能，或者每天需要至少 1.5 小时的援助，无生计审查。日本长期护理保险法规定，要对申请者进行一项 85 个问题的回答测试，专业人员认为申请人有 ADL、认知能力和感觉能力有困难的才够格，无生计审查。韩国的护理保险受助人要经过等级判定委员会根据申请受助人的身心状态及需要照料的程度来认定，在六个月内生活不能自理时，被判定为长期护理的受助者。

（六）资格分级

英国残疾护理津贴是从 1975 年开始实行，旨在为 65 岁及以上疾病者或伤残提供帮助和照顾。照护划分为两个等级：低档，仅需要在白天或夜间进行经常的帮助或看护，或者在透析时需要陪伴；高档，整个白天和夜间都需要帮助和看护。奥地利长期护理法案将失能程度划分为 7 个级别，1 级的残疾人每月需要 50—74 小时的护理服务，7 级的残疾人需要护理服务的时间则每月超过 180 小时。

以色列长期护理保险法案规定，按申请人每天需要护理时间以 2.5—6.5 小时分为 2 级。荷兰长期护理方案则按具体情况提供不同的护理服务。德国长期护理由轻到重分为 1、2、3 级，护理级别不同，接受护理服务的时间和享受的护理补贴标准也不一样。日本护理服务分为要支援 1、2，要护理 1—5，共 7 级，由居家护理、专门机构护理两种方式。韩国长期护理等级由最重度、重度到中重度划分为 1 级、2 级和 3 级，认定分数依次是 95 分以上、75—95 分之间和 55—75 分之间。

（七）服务提供

应该说，残疾人长期护理服务的供给是长期护理制度重中之重。因为离开了他人的帮助，残疾人就难有独立与尊严的生活质量。无论是先领取津贴再由申请人购买护理服务或家人照料，还是直接提供护理服务再由保险方式支付费用，这对残疾人来说都是相当重要的。有关国家的长期护理服务提供，如表 1 所示。

表1 有关国家残疾人长期护理服务的提供

	津贴	服务	机构护理	居家护理	社区护理	政府	NGO	营利组织
美国	√	√	√	√	√	√	√	√
英国	√	√	√	√	√	√	√	√
奥地利	√		受益者自己选择类别或组合	√	√	√		
荷兰	√	√	√	√	√	√	√	
以色列	无服务时津贴	√	√	√	√	√	√	
德国	√	√	√	√	√	√	√	√
日本	边远或山区	√	√	√	√	√	√	√
韩国	同日本	√	√	√	√	√		

(八)待遇支付

美国各州经济发展水平不一样,因而各州残疾人护理津贴标准也不一致。长期护理商业保险投保者,根据其日常生活能力丧失及认知能力障碍,日给付金额50—500美元/天。[①] 英国残疾人护理津贴现行两个等级的受益标准分别为:较低等级43.15英镑/周,较高等级64.50英镑/周。[②] 2011年,奥地利长期护理津贴标准无论申请人的收入和资产状况,由失能1级的154.20欧元/月到7级的1655.80欧元/月不等。[③]

荷兰对因病或因残者的护理保险给付,根据失能的程度,一般在150—500欧元/年。以色列护理保险方案颁布时对保险给付分为两种水平:一是针对高度身体残疾需要依赖别人帮助完成日常生活的老年人,可以享受100%的护理津贴;二是针对生理功能完全丧失的老年人,可以享受150%的护理津贴。2003年9月对此规定进行了修改:前者为50%/月的保险给付,后者为100%/月。

德国的长期护理保险现金给付数量依据护理等级而不同,在2010年,1级为225欧元/月,2级为430欧元/月,3级为685欧元/月。至于机构护理的保险

① 参见荆涛:《长期护理保险——中国未来极富竞争力的险种》,对外经济贸易大学出版社2006年版,第41页。

② 来源:http://www.direct.gov.uk/en/DisabledPeople/FinancialSupport/Attendance Allowance/DG_10012442。

③ See“Austria Long-term Care”,www.oecd.org/dataoecd/61/13/47877397.pdf.网站下载。

给付则从1级的1023欧元/月到3级的1510欧元/月不等。另外,还有一个特殊条件的补偿,即针对有认知障碍的参保人依据残障程度给予1200—2400欧元/每年的额外赠予。

日本居家护理每月利用限度(日元):要支援为61500;要护理1为165800;要护理2为194800;要护理3为267500;要护理4为306000;要护理5为358300。机构护理每月利用限度(日元):特别护理老人院为5万至6万;老人保健机构为7万。其中,10%则由被护理人员自付。

韩国中央政府负担长期护理保险参保人费用的20%,国家和地方政府共同负担长期护理补助费用。个人负担设施利用费用的20%,居家服务费用的15%。低收入阶层的个人负担金额为设施服务的10%,居家服务费用的7.5%。对于边远地区或近岛居民缺乏长期护理服务供给,可以给予现金津贴,标准为150000韩元(约合84欧元,126美元),每年调整一次,但不随通货膨胀和工资的浮动而相应变化。

(九)质量监管

对长期护理服务的供给体系进行质量监管是该制度中的最重要的一环。为此,各国都建立了一套有自己特色的监管体系。

美国的长期护理质量保障体系具有惩罚性,对不服从规章制度的护理机构和护理人员进行惩罚。政府和社会保障部门及服务提供商之间是监管与被监管的关系。此外,美国还有一些补充措施。如1978年美国颁布的《老年人法案》修正案规定,每个州必须建立长期护理监察员计划。长期护理监察员是在护理院、寄宿照料之家、辅助生活机构一级类似养老机构入住老残人口的法律保护人。美国还有一个做法,就是收集更多关于健康和长期护理质量的数据,建立质量评估标准。美国的养老院每年都要接受一次质量检查和审核。

英国2000年的护理标准法案规定,由中央政府出资支持三个半自治机构(社会护理检查委员会、一般性社会护理委员会、卓越社会护理研究所),它们拥有较高的独立性,负责检查各地长期护理服务的质量。2006年4月,政府对监管程序做了变更,规定可以在任何时间检查任何成人社会护理服务,而且每项服务至少每三年检查一次。

在奥地利,则是由各省政府依法对地方发展和扩大社区与机构服务作出计划和安排,联邦和省政府依法改善人力资源培训状况和工作条件。

在荷兰,卫生保健体系的代表定期对服务提供进行正规化的检查;服务提供者内部也设立质量控制机制以便评估所提供的服务。同时,法律规定每一个提供服务的机构必须有消费者协会,帮助促进质量保证。此外,研究机构还研发了一些用于检查和规范的结构性工具,联邦政府负责制定价格和质量标准以强化长期护理服务的规范。

以色列的国家保险所采用两种方式监督长期护理服务,一是通过对居家老残人口的简单访谈来检查其是否受到了适当种类和数量的服务,了解受益者的满意度;二是对服务机构的审查,包括护工的工资支付情况,以确保机构支付了工资协议涵盖的所有社会待遇。两种监督方式每年进行一次。

德国长期护理服务质量监控体系的责任主要由服务提供者和疾病基金组织,并由各省承担剩余的监管职责。2001 年的《长期护理质量保障法》规定,服务提供者对质量结果负责,每个服务提供者都有一个正式的长期内部质量改善系统。疾病基金组织必须通过与服务提供者签订合同来确保受益者能够获得高质量的护理服务。德国《教育改革法》在 2003 年实施,对老年护理员推出了一套国家标准,其中就包括老年护士和家庭护理助理制度。老年护士要经过三年的培训才能上岗。

在日本,长期护理的监管在中央、县和市三级政府展开。中央政府负责制定政策,对地方长期护理项目开展进行监督。县政府负责发放许可证,以及质量检查工作。市政府负责计划和管理保健与老年人福利项目。县政府的质量检查工作每年进行一次,还有护理人员的培训责任。另外,日本政府还采取了一些补充措施,譬如,在服务供应商之间开展竞争,促进第三方评估制度,以及社会福利专家认证和护工认证的认证制度。

韩国长期护理保险的资金筹集及分配由中央政府直接管理,但是,担当服务体系组织与提供的护理管理(Care Management,CM)职能没有被公认,所以,服务连接体系的介入无法全部展开。目前 CM 系统体现了平等性和系统开放的功能,但没有做到专业化水平。韩国政府也在积极努力地寻求长期护理服务的质量监管体系的科学化设计。

四、长期护理制度的效果比较

(一)受益人口

在美国,已经签署了长期护理保险合同的占总人口 5%,且最近几年的销售量明显增加,年增长率已达到15%—20%。其他需要长期护理服务的人由Medicaid提供帮助,所需费用的60%则由政府财政支付。①

2008年,英国有2.9%的成年人接受了各类长期护理服务,而OECD国家该比例的平均水平为2.3%。② 长期护理保险的第一份保单于1991年在英国出售以来,至今已有大约15家保险公司销售此类产品,但所销售的保单总数量还不到4万份。可见,受益长期护理保险的人数不多。

在奥地利,1998年长期护理制度受益的对象大约为324000人,占总人口的3.9%,其中61岁以上的老年人占83%,占61岁以上人口的17%。③ 2008年,65岁以上老年中有24%在家里接受了护理服务。2009年,5.3%的人口(435000人)领取了护理津贴,大约有0.9%的人口(70000人)接受机构护理服务,1.4%的人口(115000人)接受了居家护理服务,大约有3%(250000人)的人口接受了非正规的家庭照料服务。④

2008年,荷兰65岁以上老残人口中大约有6.7%接受机构护理服务,12.9%的人则享受居家护理服务。⑤ 2007年,以色列65岁以上老残人口中大约有20%接受机构护理服务;截至2010年12月,以色列受益长期护理保险的人口有143912人。⑥ 据可获得统计数据显示,2006年德国65岁以上老残人口中大约有7%接受居家护理服务,这个人口中有3.7%接受机构护理服务。⑦ 在日本,2006年65岁以上老残人口中大约有9.8%接受居家护理服务,有3%接受机构护理。⑧ 截至2009年,韩国有1.1%的65岁以上老残人口在机构接受护理服务,有2.1%接受居家护理服务。⑨

---

① See "CLASS Act-A national long-term care insurance progran", http://diesmart.com/elder-law/long-term-care-insurance/class-act-a-national-long-term-care-insurance-progran, California,访问时间2011年8月22日。

② See "United Kingdom Long-term Care", http://www.oecd.org/dataoecd/3/1/47908664.pdf.网站下载。

③ 参见裴晓梅、房莉杰:《老年长期照护导论》,社会科学文献出版社2010年版,第11页。

④ See "Austria Long-term Care", www.oecd.org/dataoecd/61/13/47877397.pdf.网站下载。

⑤ See "Netherlands Long-term Care", http://www.oecd.org/dataoecd/61/44/47877903.pdf.网站下载。

⑥ See "Israel Long-term Care", www.oecd.org/dataoecd/61/0/47877779.pdf.网站下载。

⑦ See "Germany Long-term Care", http://www.oecd.org/dataoecd/54/59/47891361.pdf.网站下载。

⑧ See "Japan Long-term Care", http://www.oecd.org/dataoecd/54/36/47891458.pdf.网站下载。

⑨ See "Korea Long-term Care", http://www.oecd.org/dataoecd/61/40/47877789.pdf.网站下载。

（二）费用支出

根据 OECD 在 2011 年 5 月最新公布的统计数据，上述各国老残人口的长期护理费用占该国 GDP 的比重如表 2 所示。长期护理费用包括国家财政、保险费支付以及个人付费等。

表 2　各国长期护理费用支出占 GDP 的比重

	美国（2007）	英国（2010）	奥地利（2008）	荷兰（2008）	以色列（1999）	德国（2008）	日本（2007）	韩国（2008）
占 GDP 比重（%）	1%	2.2%	1.3%	3.5%	0.36% *	1.3%	1.2%	0.3%

注：* 此处数据来源于裴晓梅、房莉杰：《老年长期照护导论》，社会科学文献出版社 2010 年版，第 42 页。无最新数据可以获得。

美国在 2007 年长期护理的费用比 OECD 国家平均水平低 0.5 个百分点，其中，公共护理费用占 GDP 的 0.6%（OECD 国家该比例为 1.2%），私人护理费用占 GDP 的 0.4%（OECD 国家该比例为 0.3%）。据估计，到 2050 年美国长期护理费用开支占 GDP 比重至少要翻一倍。2010 年，英国的长期护理方案中家庭照料、居家护理以及机构护理的费用占 GDP 的 2.2%，到 2050 年时将上升到 4.3%。① 奥地利在 2008 年与长期护理相关的医疗服务开支占 GDP 的 0.6%，与长期护理相关的社会服务费用占 GDP 的 0.7%。

2008 年荷兰长期护理服务支出的费用占 GDP 比重为 3.5%，其中，1.2%的开支是与医疗相关的长期护理服务。同年，德国用在长期护理服务上的开支占 GDP 的 1.3%（其中 0.9%来自公共财政支出），预计到 2050 年该比例要翻一番。日本在 2007 年花费在长期护理上的支出占 GDP 的 1.2%，其中，1.1%的支出用于公共护理服务，私人护理服务支出占 0.1%。预计日本的公共护理服务支出增长最快的年份在 2006—2025 年。韩国在 2008 年，占 GDP 比重为 0.3%的长期护理费用开支中有 0.2%用于与长期护理相关的医疗服务上，0.1%用在长期护理的社会服务上，公共财政负担最大。这些开支不仅包括长期护理保险费，而且包括在护理院的国民健康保险费。

① See "Care of the old'to cost a fifth of GDP", http://www.thisismoney.co.uk/money/pensions/article-1724130，访问时间 2011 年 8 月 23 日。

（三）生命质量

随着长期护理津贴和长期护理保险制度的建立与完善，这些国家残疾人的生命质量有了较大程度的提高。可以从人均寿命延长（如图 1 所示）和民众反应良好等角度来证明这一观点的正确性。以色列出生人口的预期寿命在 1990 年男、女分别为 75 岁、78 岁，2000 年则为 77 岁、81 岁，到 2007 年增至 79 岁、82 岁。① 德国护理保险制度的建立，有效地解决了老病残人士的护理问题，保险费的征收，使护理费用有了稳定的收入来源，从而减轻了需护者及其亲属的经济负担，提高了需护者的生活质量。在日本，护理保险的实施改善了老年人与子女之间的亲情关系，实施不到一年，在日本社会获得了 85%的民众支持率。韩国长期护理保险虽然实施才一年多，但与保健福祉部（2007 年）的预期效果基本吻合，即通过一些非专门性的家庭疗养机构提供计划性的专门护理和看护服务，老年人的身体健康状况有很大的好转，死亡率下降。

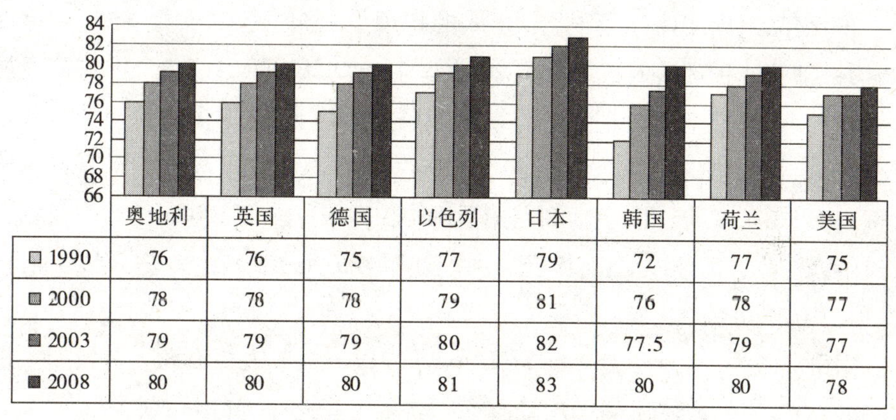

	奥地利	英国	德国	以色列	日本	韩国	荷兰	美国
1990	76	76	75	77	79	72	77	75
2000	78	78	78	79	81	76	78	77
2003	79	79	79	80	82	77.5	79	77
2008	80	80	80	81	83	80	80	78

图 1　各国人口寿命变化趋势

资料来源：世界卫生组织网站：《世界卫生统计》（2005 年、2010 年）。

（四）经济负担

各国残疾人长期护理制度的实施，减轻了政府医疗保险的高额支出和个人的经济负担。以色列的长期护理保险实行“半市场化”运作，目的在于提高服务质量，增加弹性、创新性，减少国家在福利服务中的直接提供角色。日本护理保险实施后，老残人口从普遍性的住院护理转移到社区和家庭来护理，减少了新建

① 参见世界卫生组织：《2009 年世界卫生统计》。

福利设施的费用。而且,“社会性入院”现象得到了有效缓和,以免医疗保险基金支出的居高不下。中央财政节省资金达 4 万亿日元,大部分保险对象享受到了应有的护理服务。

此外,接受护理者的个人及家庭的经济压力也减轻了。如德国护理保险制度推出后,医疗费用飞速上涨的势头得到了遏制。资料显示,1997 年,德国人均医疗支出是 2753 美元,而到 2001 年下降至 2412 美元。以色列、日本和韩国对低收入者长期护理保险费的减免以及德国对符合条件者的保险费豁免政策,也都体现了公平原则。

(五)就业岗位

据估计,2006 年美国解决了 430 万人在长期护理岗位正式就业,占整个就业人口的比例为 2.2%(OECD 卫生统计,2010)。而同期 OECD 国家该比例仅为 1.5%。

2009 年,英国估计有 550 万非正式的护理员上岗,其中,女性 330 万,男性 220 万。非正式护理员人数为英国 20 岁以上人口总数的 11.7%。正式护理员大约有 97500 人在各地社区从事长期护理服务,可能还有更多的护理员分散在各个机构。正式护理员人数占英国 20—64 岁人口总数的 0.27%(OECD 国家该比例为 1.5%)。2006 年,奥地利在接受机构护理服务的每 1000 个 65 岁及以上人口中,就有 16.7 个护工;而接受居家护理服务的每 1000 个 65 岁及以上人口中,护工为 11.8 人。

据研究报告,2009 年荷兰每 1000 个 65 岁以上老残人口有 8.2 名长期护理人员,而 OECD 国家该比例平均只有 6.4 名护工。同年,韩国该项比例为 3.3。虽然没有确切数据说明以色列长期护理员规模的大小,但是,2007 年以色列 65 岁以上老残人口中大约有 20%接受机构护理服务,从中也可以看出长期护理服务解决了相当一部分人就业。德国在 2007 年,65 岁以上每 1000 个老残人口有 3.6 个护工为其服务。同年,日本该比例为 5.4,比德国要高。

(六)护理产业

各国老残人口的长期护理产业规模,可以从每 1000 个 65 岁及以上人口的平均床位数量来衡量。再结合每 1000 个 65 岁及以上人口的平均护工数量,一般来说,单位床位数量和单位护工数量越多,就表明该国护理产业的规模越大,如表 3 所示。

表3 各国每1000个65岁以上人口的护理床位数量 单位:张

	美国(2008)	英国(2008)	荷兰(2008)	以色列(2008)	德国(2007)	日本(2008)	韩国(2009)
护理床位	42(共160万张)	56	69.5	42	48	26.3(机构护理)	14(2010年稳步提高)

资料来源:http://www.oecd.org/dataoecd。

据德国保险公司的估算,护理保险法的颁布不久为护士增加了两 万个新的就业岗位,也为护士建立自己的家庭护理机构铺平了道路。近几年,德国青年学生申请接受护理教育的人数呈直线飙升。另据日本有关资料统计,①仅在2000年财政收入中有4.2亿日元就来自护理产业,并对日本以5%速度上升的失业率起到了缓解作用。

五、评价和启示

(一)各国长期护理制度的评价

从长期护理保险制度的实施效果可以看出,推行该制度的各国在个人、家庭和政府三方面都获得了实惠。之所以各国都能取得良好的经济社会效益,是因为各国长期护理保险制度都体现了下列一些特点。

1.制度特点

(1)保障范围较广。美国Medicaid护理津贴虽然要经过家计审查,但面向65岁及以上所有低收入老残人口家庭。而长期护理商业保险则面向所有消费者。并且,美国政府也在采取措施力促长期护理保险的销售量,如争取解除对长期护理合作计划在其他州的禁令;提高长期护理险免税额;允许一定年龄(如50岁或以上)的消费者用401年金账户资金购买长期护理险;政府加大监控力度,严厉打击为获得Medicaid保障而转移资产的行为;等等。这些措施都将大大促进长期护理险的发展。如前文受益人口所述,英国和奥地利的长期护理制度保障面也大大超过了OECD国家该方面的平均水平。

荷兰长期护理制度的保障面,从参保对象、受益人口、单位护工人数以及单位护理床位数量等方面都是全球标准最高的,超过其他OECD国家。德国的护

① 参见王莹:《日本的看护保险制度》,《社会》2003年第11期。

理保险制度几乎覆盖了全体国民，而日本国民护理保险也覆盖了大部分国民，即40岁以上国民。与荷、德、日相比，以色列和韩国的保障面要低些①，在韩国，只有一级、二级和三级的患者才有资格申请护理服务，目前该制度目标是覆盖3%左右的所有65岁以上老残人口。

(2)护理服务全面。各国无论是政府还是NGO组织或营利组织提供的长期护理服务内容都比较全面。服务内容既有专业护理也有非专业护理；服务时间既有规定时长也有全天候24小时，如日本规定服务时间有2—3小时、3—4小时、4—6小时、6—8小时等，每个时间段都分轻度、中度和重度三个级别，每个残疾程度的服务地点又分一般规模的医疗机构、小规模的诊所及老残护理保健设施，以此来计算各类服务需求提供的价格体系；②服务机构有安养院、成人日间护理中心、辅助生活所和家庭照料等。

(3)合理利用资源。美国商业护理保险根据投保人接受护理服务的费用，审定理赔的等级。英国长期护理服务的给付分两个级别。奥地利则分为七个等级。以色列的长期护理服务保险支付标准是两个级别。德国分三级护理等级，日本居家护理由原来的六级增加为现在的七个等级，不同的等级规定不同的服务时间和服务方式。另外，日本护理保险还规定了每半年审核一次护理对象，就是为了避免健康好转者不降低等级和康复者仍占用资源的现象出现。韩国也分三个级别。各国长期护理制度给付的分级措施都是为了不浪费有限的护理服务资源，降低政府的财政负担。

(4)重视居家护理和社区护理。几乎所有实施长期护理服务的国家都很重视这个做法。这从表1中就可以看出。它既适应了老年人离不开熟悉环境的心理需求，也便利了老年人的护理场所，还避免了住院和护理机构的高昂费用问题。如日本，2006年长期护理保险制度改革中将原来居家护理的六级中的“要支援”分为“要支援1”和“要支援2”，就是为了强调家庭预防的功能，向申请护理服务者提供“家庭预防护理”、“家庭预防康复”、“家庭预防访问”和“预防福利器具出租”等护理预防服务。美国的护理业相当发达，但也仅有1/5老人住

① 参见戴卫东：《以色列长期护理保险制度及评价》(《西亚非洲》2008年第2期)和《韩国老年长期护理政策新动向》(《中国卫生事业管理》2008年第1期)。

② 参见[日]住居广士主编：《日本介护保险》，张天民等译，中国劳动社会保障出版社2009年版，第110—115页。

进专业机构护理,另 4/5 的被保险老人则是在家中或社区接受各种护理服务。① 至于各国老残人口接受长期护理服务的类别,从前文"受益人口"可见,接受居家护理(和家庭照料)的比例大大超过机构护理。

(5)以服务为主的给付方式。各国长期护理制度的给付方式基本上以实物(护理服务)为主。如荷兰只提供护理服务。其他国家的护理津贴给付方式处于辅助地位,也就是说,领取护理津贴只有在规定的条件下才会发生。如日本和韩国严格禁止现金给付,除非是边远或山区服务难以到达地区的被保险者才可以获得现金;以色列也规定,只有当地没有护理服务提供时,才可以申请支付津贴。事实上,正是这种服务为主的给付方式刺激了各国护理产业的迅速发展。

(6)体现社会公平。残疾人事实上都是每个国家或地区的弱势群体,为老残人口建立长期护理服务制度让其享受有尊严的生活的做法本身就是彰显了社会公平的理念。部分国家以社会保险方式来解决老残人口长期护理服务的筹资,也体现了权利与义务对等的公平价值取向。此外,一些国家对低收入的老残人口基本护理需求又进一步地采取了保障措施。不管是崇尚自由主义的美国还是信仰儒家文化的日本、韩国等,都注重对低收入的、生活陷入困境的老人提供保护,实行免费的护理服务。

2.制度缺陷

尽管各国长期护理制度具备了上述多个方面的优点,并产生了明显的积极社会效果,但经过分析发现长期护理制度还是存在着一些争议之处。

(1)部分国家受惠条件过于苛刻。美国老年人和低收入家庭可以申请 Medicare 和 Medicaid,中产阶层可以投保长期护理商业保险,但介于低收入和中产阶层之间的人群由于承受能力有限而没有任何健康保险和长期护理保险提供的保障。

虽然长期护理对象主要是老残人群,但其他年龄段的人也有这方面的需求,因此,对享受长期护理服务的人群进行严格限制有违人性化。以色列、韩国的受惠面就很狭小,日本对第二号保险者接受护理服务也限制在 15 种疾病范围之内。

(2)多支柱的长期护理服务体系有过度市场化的倾向,福利成分淡化。从

① 参见荆涛:《长期护理保险——中国未来极富竞争力的险种》,对外经济贸易大学出版社 2006 年版,第 95 页。

实施长期护理的国家实践来看，福利流失现象比较严重。以色列的“半市场化”运作方式，日本政府、社会福利法人、NPO 等非营利组织、营利企业等多支柱体系，韩国服务体系组织与提供的 CM 机构，在老年长期护理服务提供上基本上走“准市场化”的道路。美国则是完全市场化与护理津贴相结合的方式。在这方面，德国做得相对较好，法律规定，私人护理保险的最大保险税额不得高于社会长期保险税额；无收入或收入微薄的配偶只支付 50%的税额便可被承保；私人护理保险的给付与社会护理保险一样；等等。可见，市场化与福利性可以并行不悖，营利企业或组织也应有承担社会责任的义务。

(3)长期护理服务的基础设施供给不足。各国长期护理制度的出台，一方面极大地促进了本国长期护理产业的发展，另一方面由于人口老龄化程度的加重等因素的作用而产生了护理服务的基础设施供不应求的难题。如 2006 年年末，韩国老人护理设施的满足率在首尔为 37%，釜山为 54%，大邱为 53%，大城市较低，地区间的差异很大。① 这说明单靠中央政府难以周全，地方政府应积极配合，设立负担较少的小规模护理设施(10—15 人)、老人护理共同生活家庭(5—9 人)等，将经营不善的中小医院转换为护理设施，最大限度地利用废弃的学校、儿童福利设施、宗教设施等。以色列也存在护理设施不足的现象，有的地区还没有起步。可见，长期护理服务的基础设施不足表现在两个方面：一是护理服务的基础设施的总量不足，二是地区间的护理服务设施的差异性较大，有的地区护理服务的基础设施受地方政府预算和财政赤字的困扰甚至出现了严重的不足状态。

(4)专业性人力资源不足，服务质量不高。为了提高护理工作人员的技能，英国《护理标准法案》制定了目标：每个机构内一半的工作人员都要符合国家职业资格特定标准，这是一套职业能力的总体评价标准。以色列家庭护理人员中部分人缺乏正规的教育，特别是缺乏护理老年人的培训。此外，护理保险法对护工的教育水平、培训、技术等也没做具体的规定。② 在美国，普遍的观点是，养老院的照护质量是在从“普通”到“不好”(有个别例外)的范围内，很多人认为，他

① 参见元弼朝：《韩国老人护理保险的批判性检验》，《社会保障研究》2008 年第 1 期，中国劳动社会保障出版社。

② See Stessman J. “The Long-Term Care Insurance Law after twelve years: Problems and solutions”, *Social Security*, 2001, No.60, pp.8-30, Bitahon Soziali (in Hebrew).

们宁愿选择死亡，也不愿意住在养老院里。① 据韩国保健福祉部预计在2008年需要约4.8万名护理师，但缺口3.4万人。2009年以后，需要持续性地每年培养4千—5千名护理师。为了提高护理服务工作人员的质量，韩国努力重新设立护理师制度，参与护理师教育的机构有大学附属的终身教育院（330所左右）、家庭志愿院教育机构（36所）、女性人力开放中心（52所）、看护教育中心（47所）、大学红十字看护教育院（63所）、看护协会（16所）等。②

（二）国外长期护理制度对我国的启示

为了应对人口老龄化下的老残人口长期护理问题，一些国家先后实施了长期护理津贴制度和保险制度，将老年人长期护理由"处置"服务转变为"契约"服务，实现了社会公平和权利与义务的相结合。尽管其中还存在一些问题和争议之处，但瑕不掩瑜，各国长期护理制度产生的积极社会效果有目共睹，更何况各国长期护理制度正处在不断改革和完善之中。国外长期护理制度的实践对我国应该有所启示。

1.建立高龄重度残疾人的护理津贴制度

重度残疾人中必然的是老年人占绝大多数。从规模看，在2035年以前，我国60岁及以上的残疾老人，每5年的增加量都在700万以上，尤其是2020—2030年，每5年的增加量都在1000万以上；到2050年，残疾老人的规模达到1.03亿人，是2010年的2.5倍。2030年，高龄残疾老人占整个残疾老人的23.2%，到2040年，就上升到30.7%，2050年达到43.3%，高龄残疾老人的规模是2010年的4.3倍。在平均增长量上，60岁、65岁和80岁及以上的残疾老年人平均每年分别增长154.4万、146.5万和85.7万人。③ 一般来说，重度残疾老年人在高龄残疾老年人中占较大比例。根据测算，80岁及以上残疾人、重度残疾人分别为986.98万人、364.21万人，则80岁及以上重度残疾人占高龄残疾人的比例为36.9%。④ 高龄重度残疾老年人问题不仅仅是老年人个人和老年人家庭的问题，而是一个综合性的社会问题。在我国部分经济发达地区，如浙江、

---

① See AARP. "Beyond 50: A Report to the Nation on Independent Living and Disability". Washington, DC, 2003.

② 参见元弼朝：《韩国老人护理保险的批判性检验》，《社会保障研究》2008年第1期，中国劳动社会保障出版社。

③ 参见丁志宏：《我国老年残疾人口：现状与特征》，《人口研究》2008年第4期。

④ 参见戴卫东：《我国重度残疾老年人状况及其社会保障》，《中国卫生事业管理》2010年第3期。

上海和北京等地，已经采取了残疾人护理津贴的措施。但这只是地方政府的进步行为。在我国 GDP 总量不断上升的今天，借鉴西方国家应对人口老龄化的积极政策，国家和中央政府理应制定高龄重度残疾人的生活津贴和护理津贴制度，负担起相应的财政责任。

2.展开我国长期护理保险立法的大讨论

据“六普”发布数据显示，①我国 60 岁及以上人口占 13.26%，比 2000 年人口普查上升 2.93 个百分点，其中 65 岁及以上人口占 8.87%，比 2000 年人口普查上升 1.91 个百分点。其中，农村老龄化水平超过城镇。目前，我国已有 21 个省区市成为人口老年型地区，整体上进入了人口结构快速老龄化阶段。家庭结构小型化和妇女就业率提高已经成为明显的不争事实。另据全国老龄办统计，全国 60 岁以上的老人中大约有 3000 多万以上需要不同程度的照料护理，其中失能的有 940 万，农村就占 700 多万。由此，我国大陆应该向我国台湾地区学习，借鉴各国长期护理保险制度的经验，开展长期护理社会保险立法的大讨论，倡导发挥社会保险资金的互济功能，采用德国的模式，把长期护理保险交给社会医疗保险管理。

3.着手基础设施的建设和护理员的培训工作

未雨绸缪，在长期护理保险启动前，护理服务的基础设施的建设和护理服务人员的培训应该先行一步。这直接涉及长期护理服务的进展顺利和护理服务的质量。实行社会保险制解决的是资金来源问题，而服务提供及质量满意度则是该制度的根本所在。英国、德国、日本和韩国在这方面的经验和努力，值得我们学习和思考。等这些基础工作落实之后，下一步就是要建立长期护理服务的质量监控体系。

4.试点先行

在经济发达且人口老龄化严重的城市，如北京、上海，进行长期护理社会保险的试点以摸索经验（北京市已拟定试行养老护理保险，即在养老保险中支付特定的长期护理服务费用），然后在时机成熟的时候，逐步推广到其他城市和农村地区。这一点，韩国做得较好。对低收入或特困、有长期护理需求的老年人，实行低费或免费的护理服务，以实现社会公平。具体做法可以参照美国、奥地

① 参见国家统计局网站：《2010 年第六次全国人口普查主要数据公报（第 1 号）》，2011 年 4 月 28 日发布。

利、德国、日本和韩国的实践。

5.筹资与支付机制

除了个人缴费之外，企业为职工缴费，国家为城乡居民承担一定比例的缴费，来解决老年长期护理的高额费用支付。允许民间服务机构（包括 NGO 组织和营利组织）介入，提高服务质量；接受服务的个人自付一定费用，防止过度消费护理服务的现象，减轻政府的负担。

6.实行接受护理服务的甄别和等级制度

在申请护理服务时，要实行甄别制度。不符合条件的申请者，予以拒绝。对符合的护理需求者，按照重、中、轻度规定不同的护理服务时间和不同的护理服务内容。设置这些制度的目的是防止资源的浪费。要鉴定申请者的护理等级，就要建立护理等级的鉴定人员培训制度。国外采取的一般是医生、护士、社会福利师以及社会工作者等组成的等级评估机构。另外，根据中国的国情，以提供长期护理服务为主，只有在偏僻边远地区和护理服务机构缺乏地区，才允许以现金支付形式存在。

7.重视家庭和社区在长期护理服务中的作用

除了考虑利用家庭和社区的资源降低护理服务的成本之外，老年人和残疾人在“熟人社会”里接受长期护理服务也有利于提高他们的生命质量，因为老年人的精神赡养在晚年更为重要。在儒家文化传统的我国，家庭成员之间的亲情照料更值得大力提倡，这有利于家庭的和睦和社会的发展。

参考文献

世界卫生组织主编：《积极老龄化政策框架》，华龄出版社 2003 年版。

［日］住居广士主编：《日本介护保险》，张天民等译，中国劳动社会保障出版社 2009 年版。

周弘：《国外社会福利制度》，中国社会出版社 2004 年版。

裴晓梅、房莉杰主编：《老年长期照护导论》，社会科学文献出版社 2010 年版。

李迎生：《残疾人社会保障理论与实践研究》，华夏出版社 2008 年版。

荆涛：《长期护理保险——中国未来极富竞争力的险种》，对外经济贸易大学出版社 2006 年版。

中国残疾人联合会维权部编：《国外残疾人立法选编》，华夏出版社 2008

年版。

广州市社会科学界联合:《残疾人社会保障研究》,广东人民出版社 2004 年版。

WHO(2000).*Long-Term Care Laws in Five Developed Countries:A Review.Geneva.*

Hillel Schmid(2005)."The Israeli long-term care insurance law:selected issues in providing home care services to the frail elderly",*Health and Social Care in the Community*,Vol. 13,No.3.

Ulrike Schneider(1999)."Germany social long-term care insurance:Design,implementation and evaluation".*International Social Security Review*,Vol. 52,No.2.

Joshua M.Wiener,Laurel Hixon Illston,Raymond J.Hanley(1994).*Sharing the Burden:Strategies for Public and Private Long-term Care Insurance.*The Brookings Institution Washington,D.C.

Naoki Ikegami,John Creighton Campbell(2002)."Choices,Policy Logics and Problems in the Design of Long-term Care Systems".*Social Policy and Administration.* Vol. 36,No.7.

Tadashi Fukui,Yasushi Iwamoto(2006)."Policy Options for Financing the Future Health and Long-Term Care Costs in Japan".*National Bureau of Economic Research*,No.8.

Takako Tsutsui,Naoko Muramatsu(2005)."Care-Needs ertification in the Long-Term Care Insurance System of Japan".*International Health Affairs.* Vol. 53,No. 3 March.

Philippa Webb(2003)."Legislating for Care:A Comparative Analysis of Long-term Care Insurance Laws in Japan and Germany".*Social Science Japan Journal*, Vol. 6,No.1.

Schnepper,Jeff A.(2001) *Can you afford long-term care*? USA Today;Nov; 130,2678;Academic Research Library.

Lakdawalla,Darius and Tomas Philipson(2002)."The Rise of Old-Age Longevity and the Market for Long-Term Care".*American Economic Review* Vol.92, Number 1.

Wiener,Joshua,Jane Tilly and Susan Goldenson.(2000)."Federal and State Initiatives to Jump Start the Market for Private Long-Term Care Insurance". *The Elder Law Journal* 8(1).

Jeffrey R. Brown, Amy Finkelstein (2004). *The Interaction of Public and Private Insurance: Medicaid and the Long-Term Care Insurance Market.* December.

第四章　残疾人特殊教育的国际比较*

特殊教育(Special Education),是指根据特殊儿童的身心特点和教育需要,采用一般或特殊的教学方法和手段,最大限度地发挥受教育者的潜能,使他们增长知识、获得技能、培养良好的品德,增强他们适应能力的一种教育。特殊教育是整个社会教育活动中重要的组成部分。特殊儿童有广义与狭义之分,特殊教育也相应地有广义与狭义之分。广义的特殊儿童是指与正常儿童在各方面有显著差异的各类儿童,这些差异可表现在智力、感官、情绪、肢体、行为或言语等方面,既包括发展上低于正常的儿童,也包括高于正常发展的儿童以及有轻微违法犯罪的儿童。狭义的特殊儿童专指残疾儿童,即身心发展上有各种缺陷的儿童。对广义特殊儿童进行的教育就是广义的特殊教育,包括对天才(超常),品德不良(少年犯罪),智力落后(低常),视力残疾,听力残疾,肢体残疾,言语语言残疾,精神残疾,多重残疾,学习障碍者等的教育。对狭义特殊儿童进行的教育就是狭义特殊教育,亦称缺陷教育、残障教育、治疗教育,指对有生理或心理发展有缺陷的儿童、少年的教育,不包括天才教育和品德不良儿童、少年的教育。①

特殊教育发展是提高教育的整体水平不可或缺的组成部分。残疾儿童也是社会的一个重要部分,其受教育程度关系到整个社会的受教育水平。发展特殊教育有利于提高整个社会的整体教育水平,彰显教育平等权利和促进社会文明程度的提高。

---

* 作者:陈云凡,湖南师范大学公共管理学院讲师。

① 参见朴永馨:《特殊教育辞典》,华夏出版社 2006 年版,第 42 页。

一、特殊教育的国际上的发展

据联合国统计,全世界有5亿至6亿残疾人,其中1.5亿是0—14岁残疾儿童。[①] 虽然由于各种原因,较多残疾儿童被排除在教育体系之外,但是目前世界各国对特殊教育对象认识不断提高,并采取各种措施推进特殊教育的发展,努力提供残疾儿童的教育程度。

(一)残疾人受教育权利理念不断发展

社会的进步使得有特殊需要者的教育在各国受到了越来越多的关注。在1936年国际教育局在国际公共教育大会第五届会议上通过了《特殊学校的组织》,建议各国开办免费特殊学校,为有特殊需要的儿童提供教育。在1960年,在联合国教科文组织和国际教育局召集的国际公共教育大会第23届会议上又通过了题为《弱智儿童的特殊教育的组织》的建议。在1989年,联合国通过的《儿童权利公约》倡导创设条件保障每一个儿童的受教育权利。联合国教科文组织在1992年和1993年期间召开了五次区域性的特殊需要会议,会议主题均为"特殊需要儿童的教育之政策、规划和组织"。在1994年在西班牙萨拉曼卡市召开了世界特殊需要教育大会,会议通过了《萨拉曼卡宣言——关于特殊需要教育的原则、方针和实践》,并通过了《特殊需要教育行动纲领》,以指导各国实施《萨拉曼卡宣言》,这标志特殊教育发展进入新的发展阶段,特殊教育发展进入全纳教育发展阶段。特殊教育发展衍生出了法制性、公平性、零拒绝、回归性和最少限制性五大普遍认可的原则。

(1)法制性原则。世界各国逐渐把特殊教育纳入了法治轨道。一方面,国家对每个成员都负有"生存照顾"的义务,保障每个公民的受教育权自然成为国家的义务和责任,国家成为发展特殊教育的主导者和责任人。另一方面,特殊教育的发展需要法律强有力的保障。从20世纪开始,尤其是第二次世界大战以后,大多数国家都有保障残疾人的生存权、发展权以及其他包括平等受教育权在内基本人权的法律制度,使特殊教育得到合法的平等地位。

(2)公平性原则。公平性原则包括横向公平和纵向公平。横向公平原则指

① See United Nations: *World Population Prospects: the* 2010 *Revision Population Databases*, 2011, p.21.

同等条件的残疾人应该享受同样的教育对待，不能存在性别、地域种族方面的歧视。纵向公平原则指不同条件的人应该得到不同的照顾，残疾人应该得到比非残疾人更多的支持，而残疾程度严重的残疾人应该得到比残疾程度轻的残疾人更多的支持。

(3)零拒绝原则。“零拒绝”的理念已经得到了法律上的认同，产生于20世纪中叶的美国。所谓“零拒绝”即不能拒绝，指各种教育机构不能以任何理由、任何形式拒绝残疾儿童接受教育，而且必须努力为残疾儿童创造接受教育及相关服务的条件，无条件地满足残疾儿童的各种教育需求。

(4)回归性原则。指特殊儿童回归到正常儿童中去，即通过特殊教育与正常教育的有机融合，充分利用二者各自的教育职能挖掘残疾儿童的发展潜能，使之尽可能地接近或达到正常儿童的发展水平，并使之摆脱人为的隔离回到正常儿童中间，共同学习与生活。

(5)最少限制性原则。所谓“最少限制”环境是指加强教育的适当性，保证残疾儿童接受正常教育的权利和义务，尽可能地减少对残疾儿童的限制，创造适合其回归主流的环境。①

(二)特殊教育对象范围不断扩大

特殊教育发展的初级阶段，教育对象以身体残疾儿童为主，主要满足残疾儿童的特殊教育需要。随着对特殊教育需要的认识不断的加深，特殊教育不仅包括残疾儿童教育需要，而且还包括受到社会排斥的群体教育需要。OECD 将有特殊需要的儿童分为三类：第一类是残疾儿童(Disabled Children)，主要指身体方面存在障碍的儿童。第二类是学习障碍儿童(Learning Handicapped Children)，主要指学习方面存在困难的儿童。第三类儿童是出于社会发展环境处于劣势儿童，主要以移民和社会弱势群体为主。② 在表1中选取了比利时、德国和美国三个国家特殊教育对象的划分，从表中可知：(1)特殊教育对象在横向和纵向范围都在扩大。在横向范围已经包括医学和社会定义上的儿童，既包括从医学上定义的身心存在障碍的儿童，也包括从社会上定义社会融入遇到障碍的儿童。在纵向范围上医学上的程度和范围定义包括更大，如弱视、外形缺陷、矫正教学和旅行家庭都包括在内。(2)特殊教育需要是在一个社会融入的理念

① 参见肖非：《美国特殊教育立法的发展——历史的视角》，《中国特殊教育》2004年第3期。

② See OECD: *Students with Disabilities, Learning Difficulties and Disadvantages: Statistics and Indicators*, Paris: OECD, 2005, p.30.

下开展。在社会融入的教育理念下开展特殊教育,不仅对第一类儿童的教育形式产生影响,如融入教育兴起,而且对于那些容易遭受社会排斥的第二类和第三类儿童促进作用较大,如开展对于哪些旅行家庭以及不会说本国语言的儿童的资助。

表1　特殊教育对象的分类

国家	第一类	第二类	第三类
比利时	心理障碍、生理障碍、视力障碍、听力障碍、疾病等	情感或行为障碍、学习严重困难、矫正教育等	不会说荷兰语言、被少年法庭安置儿童、旅行家庭儿童等
德国	部分或者全部丧失视力、部分或者全部丧失听力、语言障碍、生理障碍、智力障碍、多重障碍、疾病、孤独症	学习困难、行为失调、矫正教学等	旅行家庭儿童、不会说德语的儿童
美国	智力迟钝、听力损伤(包括耳聋)、语障、弱视(包括失明)、严重的情绪紊乱、外形缺陷、自闭症、外脑创伤以及其他身体伤害	情感障碍和学习严重困难	弱势学生

数据来源:OECD:*Students with Disabilities, Learning Difficulties and Disadvantages: Statistics and Indicators*, Paris:OECD,2005,pp.273-274。

(三)特殊教育普及化程度总体不断提高

无论是低收入国家还是高收入国家都积极推进特殊教育发展,使残疾儿童特殊教育教育程度不断提高。据世界卫生组织在2011年发布的《世界残疾儿童2011年报告》显示:(1)特殊教育普及程度在不断提高。在调查的51个国家中,在60岁以上,平均教育年龄为3.89,有32.3%的残疾人初级中学毕业;在50—59岁年龄阶段,平均教育年龄为4.91,有37.6%的残疾人初级中学毕业;在18—49岁年龄阶段,平均教育年龄为6.23,有53.2%的残疾人初级中学毕业,如表2。从初级中学毕业率和平均教育年龄两项指标可知,特殊教育在不同年龄阶段存在差异性,特殊教育普及程度与年龄成反比,即年龄越高,该年龄阶段残疾人教育程度平均水平就越低。(2)高收入国家残疾人受教育程度要高于低收入国家。在18—49岁年龄阶段,高收入国家有69.0%残疾人初级中学毕业,平均教育年龄为7.59;低收入国家只有47.8%残疾人初级中学毕业,平均教育年龄为5.67。在50—59岁年龄阶段,高收入国家有52.0%残疾人初级中学毕业,平均教育年龄为5.96;低收入国家仅有30.8%残疾人初级中学毕业,平均教育年龄为4.22。在60岁以上,高收入国家有46.5%残疾人初级中学毕业,平均教育年龄为4.60;低收入国家仅有21.2%残疾人初级中学毕业,平均教育年龄为3.21。(3)男性残疾人受教育程度要高于女性残疾人。在51个国家中,男性残疾人中有50.6%初级中学毕业,其中高收入国家有61.7%的男性残疾人初级中学毕业,低收入国家有45.6%的男性残疾人初级中学毕业。女性残疾人中只有41.7%初级中学毕业,其中高收入国家有59.3%的女性残疾人初级中学毕业,低收入国家只有32.9%女性残疾人初级中学毕业。从数据可知,男性残疾人和女性残疾人在受教育程度上存在差异。男性残疾人受教育程度要高于女性,尤其是在发展中国差异非常大。(4)残疾人受教育程度要低于非残疾人受教育程度。对残疾人与非残疾人受教育程度比较,无论是从所有国家的平均水平,还是从高收入国家或低收入国家进行比较,残疾人的受教育程度要低于非残疾人的受教育程度,在发展中国家尤为明显。

表2　残疾人和非残疾人教育状况比较

		低收入国家		高收入国家		所有国家	
		非残疾	残疾	非残疾	残疾	非残疾	残疾
男性	初级中学毕业率	55.6%	45.6%	72.3%	61.7%	61.3%	50.6%
	平均受教育年龄	6.43	5.63	8.04	6.60	7.03	5.96
女性	初级中学毕业率	42.0%	32.9%	72.0%	59.3%	52.9%	41.7%
	平均受教育年龄	5.14	4.17	7.82	6.39	6.26	4.98
18—49岁	初级中学毕业率	60.3%	47.8%	83.1%	69.0%	67.4%	53.2%
	平均受教育年龄	7.05	5.67	9.37	7.59	7.86	6.23
50—59岁	初级中学毕业率	44.3%	30.8%	68.1%	52.0%	52.7%	37.6%
	平均受教育年龄	5.53	4.22	7.79	5.96	6.46	4.91
60岁以上	初级中学毕业率	30.7%	21.2%	53.6%	46.5%	40.6%	32.3%
	平均受教育年龄	3.76	3.21	5.36	4.60	4.58	3.89

数据来源:World Health Organization,*World report on disability* 2011,2011,p.231。

二、国外特殊教育制度历史沿革

与普通教育相比，特殊教育是一门年轻的学科。由于受到社会生产力和科学发展水平的限制，在文艺复兴之前，人们对残疾人的认识存在误区，残疾儿童生存权都难以保障，更谈不上接受教育了。直到文艺复兴时期，人文主义思潮的盛行改变了人们对残疾人的看法，对残疾人的态度从遗弃到同情再到帮助他们回归社会。而特殊教育也正随着人们对残疾儿童态度的变化而经历了一个从无到有、从小到大、从不重视到重视的过程。可以说，文艺复兴是特殊教育发展的阶段性标志，以文艺复兴为界限，可以将特殊教育发展划分为前特殊教育阶段和现代特殊教育形成与发展阶段。

（一）前特殊教育发展阶段

前特殊教育发展阶段是指特殊学校产生之前的历史时期，也就是特殊教育的发源地欧洲从原始社会晚期、奴隶社会早期到封建中世纪中期文艺复兴运动兴起这一阶段。在这一阶段没有专门的特殊教育，但是对残疾人的认识和态度经历了遗弃—嘲笑—同情—帮助他们回归社会的改变，为特殊教育的出现奠定了基础。

人类树立起对残疾人的正确态度经历了漫长而曲折的过程。在欧洲奴隶社会，以古希腊为代表的奴隶制国家对残疾人采取的是遗弃、灭绝的态度和做法。① 斯巴达是古希腊最具代表性的奴隶制城邦国家。斯巴达人为了对付奴隶们的反抗和暴动将全民编入军队，斯巴达教育的唯一目的是通过严酷的军事、体育教育将本民族的贵族子弟训练成体格健壮的武士。因此，斯巴达的儿童一出生就受到严格挑选，凡是身体虚弱或有残疾的儿童将被抛入峡谷或弃之荒野，任其死去。而在古罗马，父亲对子女具有生杀大权，通常婴儿在出生的第八天会举行正式的仪式，根据孩子的健康情况决定这个孩子能否成为家庭成员，如果是残疾或畸形的可以直接抛弃；即使成为了家庭成员，之后如果发现孩子健康或智力方面有缺陷，父亲同样有权抛弃或处死自己的孩子。可见，这一时期残疾儿童没有最基本的生存权利。

从奴隶社会末期到中世纪以来，残疾人被认为是恶毒精神的表现，是上帝的

① 参见朴永馨：《特殊教育概论》，华夏出版社 1991 年版，第 31 页。

惩罚。当时认为盲童、智力落后儿童和肢体残缺儿童等残障儿童是“魔鬼缠身”。在中世纪封建社会的初期和中期，虽然残疾人的生命权未像奴隶社会那样被剥夺，但他们的社会权、发展权、教育权是被剥夺的。他们在社会上是没有地位的，并且受到许多非人的对待如被巫师随意摆弄用来驱魔，禁止参加社会活动，还有许多人沦为贵族戏弄的对象。① 法国著名文学家雨果创作的长篇小说《巴黎圣母院》中所描述的长相丑陋的卡西莫多就形象地反映出当时残疾人低下的社会地位和被封建贵族、教堂僧侣玩耍取笑的命运。

中世纪宗教传教布道过程中，由于受基督教、伊斯兰教等教义的影响，救济弱者，收容残疾人也时有发生。例如在基督教的经典《圣经》中描述了很多这样的故事。像《新约》(*New Testament*)、《马太福音》(*Matthew*)中有“治好手臂枯萎的病人”、“治好两个瞎子”、“治好各种病人”的故事；《马可福音》(*Mark*)中“耶稣治好瘫痪病人”、“治好伯赛大的瞎子”；《路加福音》(*Lnke*)中也有不少类似的记载。这一阶段，世人尤其是一些信仰宗教的传道士以及医生和教师对残疾人持着同情的态度，也有不少教会收容残疾儿童。

这一阶段没有真正意义上的特殊教育，但对残疾人认识的变化为特殊教育的产生奠定了基础。最开始由于生产力的极端低下，为了种族繁衍，只能优胜劣汰，抛弃生理上有缺陷的残疾人。随着生产力的发展，养活残疾人已经不成问题，残疾人开始有了最基本的生存权，但是因为科学技术落后，人们不能正确认识残疾原因，导致残疾人受到遭了许多非人的对待。再后来对致残原因有所了解，开始同情残疾人，集中收养残疾人。可见，对残疾人的认识是随着生产力的发展和科学技术的进步而变化的。

（二）现代特殊教育产生与发展阶段

现代特殊教育是随着经济社会发展以及残疾人的认识而不断发展的。现代特殊教育的发展可以划分萌芽、产生、发展和成熟四个阶段。

1.萌芽阶段：14 世纪至 17 世纪中叶

国外特殊教育的萌芽阶段指的是从 14 世纪欧洲文艺复兴运动兴起到 17 世纪中叶特殊教育学校产生之前这一阶段。这个时期所发生的深刻变革为特殊教育的产生奠定坚实的思想基础。这一时期还没有正规的系统的特殊教育体系，但是思想的解放、自然科学尤其医学和解剖学的发展以及教育学的发展大大促

① 参见朴永馨：《特殊教育学》，福建教育出版社 2007 年版，第 31 页。

进了特殊教育的产生，在这一时期不少人进行了特殊教育的个别实践，揭示了残疾人教育的可能性。而人类理性光芒照耀下的科学进步与博爱、平等的思想是特殊教育产生的直接思想基础。①

首先，倡导教育平等思想。在该阶段，许多人文主义者和思想家将教育平等作为社会建构的理念。如英国思想家莫尔在他的代表作《乌托邦》一书中构想建立的社会“应该给所有儿童以良好的教育”。世界著名教育家夸美纽斯的《大教学论》鲜明地提出教育的民主性和公平性的思想。他在书中写道“所有城镇乡村的男女儿童，不论富贵贫贱，都应该进学校”②，并批驳了批驳儿童智力迟钝不易学习的观点。

其次，自然科学的发展为特殊教育的出现奠定了科学基础。自然科学的发展为人们正确认识残疾产生的原因提供了客观条件。文艺复兴时期生理学、生物学发展起来，发现了人体的血液循环并提出了有关学说。解剖学的研究直接揭示了身体器官的生理构造和功能。瑞士医学教授菲普拉特杰尔在 1614 年出版的《观察》和其去世后出版的《医学实践》中把精神病人与弱智人区别开来。法国医生皮内尔等人进一步明确了精神病人与智力落后者的区别。自然科学的这些研究成果都为人们正确地理解身体器官功能缺陷的原因提供了科学依据，揭穿了中世纪神学所散布的缺陷是“魔鬼精神缠身”，剥夺其人权的邪恶学说的本质，为特殊教育的创立奠定了科学基础。

最后，特殊教育的个案探索。教育残疾人的实践揭示了残疾人受教育的可行性。正规的特殊教育学校产生于 18 世纪，但早在 16 世纪就有个别残疾儿童教育的文字记载。意大利文艺复兴时期百科全书式的学者卡尔丹诺(Girolamo Cardano)在著作《论精神》中分析了耳聋的病因，认为聋是一种疾病，并对其进行了较科学的分类，并提出需要组织专门教学。16 世纪西班牙聋人教育先驱性人物庞塞，尝试教聋儿阅读和书写，同时让聋儿用手指出文字所代表的事物，并将书写和发音联系起来。博内特，进行了大量聋童教学实践，教聋童书写，教字母语音音值，发明单手手指字母。他还撰写了《关于字母的变形和教聋哑人说话的艺术》，书后附的手指字母表，是最早公布的利用手指字母帮助聋人学习语言的论述。在同一时期，英国成立了盲人兄弟会，教育人定向行走的方法，利用

① 参见刘全礼:《个别教育计划的理论与实践》，中国妇女出版社 1999 年版，第 56 页。

② 夸美纽斯:《大教学论》，傅任敢译，人民教育出版社 1979 年版，第 32 页。

盲人在无视觉条件下定向行走的优势求得独立生存的途径。伊塔德从1799年开始对从巴黎郊外阿维龙森林发现的野孩子维克多进行了为期五年的教育实验。他用精心设计的教学技术教维克多说话,直立行走,使用工具,以及与他人互动。并写下了他的教学技术和他的理论以及维克多的进展的详细报告。这些技术仍然被许多现代特殊教育使用。伊塔德的探索对后来智力落后教育影响深远。

2.产生阶段:18世纪至19世纪

现代意义的特殊教育最早以聋校的形式出现。1770年法国人莱佩在巴黎创办世界上第一所聋校;标志着特殊教育的产生,莱佩被称为手语教学体系鼻祖。自此之后,特殊教育学校得到迅速发展,1784年法国人阿羽伊在法国巴黎创办世界上第一所盲童学校,因毕生对盲人教育的奉献,在法国享有"盲人之父"的尊称。1837年法国精神科医生谢根(1812—1880年)在巴黎创办智力落后儿童学校,是世界上最早的此类学校之一。1778年德国人海尼克在莱比锡聋校创立了纯口语教学体系,他被称为口语教学体系创始人。1864年美国加劳德特在华盛顿建立了世界上第一所聋人高等教育机构。

这一阶段特殊教育呈现出如下特点:第一,教学形式以个案探索为主,探寻特殊教育的可能性和可行性;第二,教育主体为私立教育,那时候还没有兴起以国家为主体的特殊教育;第三,教育者多为医生和神职人员,他们出于研究需要或对残疾人的人道关怀,为残疾人提供一些教育;第四,教育性质具有慈善性和养护性,而不是专业的,用科学的理论为支撑的教育;第五,教学对象为较重的残疾儿童;第六,教育方法和手段不完善。

在这一时期,对残疾人的认识主要停留在医学生物模式阶段。残障儿童界定比较注重明显的器官或组织损伤,在病因学上重视生物学因素的致残作用,在对策上没有从社会、心理角度寻找方法和策略。

3.发展阶段:20世纪初以来至20世纪六七十年代

20世纪以来,随着科技文化水平的提高,义务教育普及,特别是自然科学、社会科学的发展使人们对生理、心理、行为的差异看法趋于科学化。这一时期,各国举办了一些特殊学校,残疾儿童主要安置在隔离的特殊学校、教养院。在这一时期,对残疾儿童认识仍然属生物医学模式,即注重明显的器官或组织损伤;在病因学上重视生物学因素的致残作用;残障儿童界定比较注重器质性损伤以及在对策上没有从社会、心理角度寻找方法和策略。

在特殊教育的发展阶段即特殊教育追求形式阶段,特殊教育的特点主要是:

(1)追求平等,追求教育机会均,特殊教育的范围扩大,由残疾程度较重的发展到各种类别残疾儿童。(2)特殊教育办学主体发生了变化,办学主体多样化,形成以国家办学为主,个人组织、机构也办学的局面。(3)特殊教育形式多样化,残疾儿童既可以到特殊学校就学,残疾程度较轻的儿童也可以到普通学校就学。(4)各国相继颁布了有关特殊教育法律法规,重视立法在发展特殊教育中的作用。这些措施虽然的确给予了残疾人平等接受教育的权利,却有点流于形式,没有全面考虑到残疾人的特殊性和特殊需要,许多隔离的做法也不利于残疾人融入社会,这些也间接地损害了残疾人的权益。

4.成熟阶段:20世纪中期后至今

这一时期,经济和科学飞速发展,对残疾人致残的原因已经有了非常科学的认识,并且形成了一套科学诊断残疾人残疾种类、程度的标准,在医学上,不但治疗和促进残疾人康复的水平大大提高,更加重视通过优生优育,对产妇进行产前检查等手段预防残疾。对残疾人的态度也从单纯的同情渐渐转为人道主义关怀并帮助他们回归正常的社会生活,政府也越来越重视残疾人的权益保护,出台了法律保护残疾人的受教育权和参加社会活动等权益,还大力发展残疾人公共事业,如在城市建设中必须遵循残疾人无障碍设施等。这一阶段,对残疾儿童的认识属于生物—社会—心理(医学)模式阶段。从20世纪70年代开始,对残疾认识跨越生物(医学)模式,走上更为科学、客观的生物—社会—心理(医学)模式阶段。特点如下:(1)轻微感官损伤儿童也被纳入残疾儿童序列:多动症、情绪行为异常、学习障碍等。(2)在病因上由只考虑生物因素转向注重生物因素同时,注重心理、精神和社会因素,特别一些文化因素、经济因素、家庭因素等。(3)在对特殊儿童的本质认识上更科学,认为是共性和特性的统一。(4)在对策上,倾向于用综合的方法进行教育和干预。

这一阶段特殊教育状况是,科技、医学、心理学、教育学等学科进一步发展,对残疾现象认识、对特殊教育认识的加深,20世纪80年代开始出现"正常化"运动,所谓"正常化"是指第二次世界大战后北欧国家所倡导的一种特殊教育思想。旨在向隔离式教养院中儿童提供正常的生活。主张将受教养者安置到正常社会环境中学习和生活,对后来"一体化""回归主流"等思想的形成产生了深刻影响。之后又出现了"一体化"、"回归主流""融合"以及20世纪90年代"全纳教育"等特殊教育思潮,一体化含义与"回归主流"相似,主张把残疾儿童放在普通学生中进行教育,形式有多种。始于20世纪六七十年代。回归主流是实施特殊教育的一种思想体系。融合教育就是要打破教育中存在的等级,希望改革以技术官僚性质、从上而下的学校管理体制;消除特殊教育与普通教育的相互隔离、缺乏合作的二元体制,通过学校改革与资源重组,建立整合的、公平的学校体制;特殊教育与普通教育应该"重新组合、建构、融合为一个统一的教育体系以满足所有儿童的学习需要"①。这些思潮都主张特殊儿童更多地与普通学生在一起受教育,适合不同需要的特殊教育形式应运而生。

在特殊教育的成熟阶段,特殊教育特点有:在教学过程,注重特殊儿童需要鉴别;在教学理念上注重早期干预和倡导正常化、一体化、回归思想;在教育内容上注重生活技能的培养。

(三)简要评论

在现代特殊教育的产生和发展阶段,特殊教育经历了从无到有、范围从小到大、从个案探索到普遍实施、从隔离教育到回归社会等变化。

第一,从无到有。起初残疾人又叫残废,人们虽然对残疾人怀着同情的心情,但是对残疾人的能力是持否定态度的,很多人甚至认为残疾人是社会的负担。随着对残疾人越来越关注,有人提出残疾人是可教育的,并开始尝试进行残疾人教育。

第二,特殊教育范围从小到大。范围的扩大包含了两层意思:一是特殊教育对象范围扩大,从最初是只有聋童教育到后来渐渐地出现了盲人教育和智力障碍儿童教育;二是特殊教育主体范围扩大,最初是以宗教团体为主,渐渐扩大到政府和社会都兴办残疾人教育。

第三,特殊教育从个案探索到普遍实施。特殊教育的兴起最初是个别对残疾人教育感兴趣的牧师、教师或医生进行一些尝试性探索,他们的教育成果让人们看到了残疾人的可教育性,于是有人开设残疾人学校,把残疾人教育推而广之。

第四,最开始的特殊教育都是把残疾儿童和正常儿童隔离的,有专门的特殊学校,这样能照顾到残疾儿童的特殊性和特殊需要,但是这种隔离式教育使得残疾儿童难以融入社会,不利于残疾儿童的社会化。于是又兴起了让残疾人回归主流等多种教育方式。

---

① 邓猛、肖飞:《隔离与融合:特殊教育范式的变迁与分析》,《华中师范大学学报(人文社会科学版)》2009年7月。

三、国外特殊教育的制度架构

现代特殊教育从产生到发展和成熟,特殊教育制度框架日趋成熟。虽然由于历史和国情等原因,各国特殊教育制度发展路径不同,但是在特殊教育的教育形式、教育模式和教育过程方面都表现一定的共性。

(一)国外特殊教育的形式

特殊儿童的教育形式可以根据特殊儿童的成长阶段和受教育程度的不断提升分为三个主要阶段即特殊儿童的早期教育、特殊儿童的基础教育和特殊儿童的高等教育。

1.特殊儿童的早期教育

广义的早期教育主张及早地(从出生到入小学前)对特殊儿童进行教育和培养。特殊儿童在先天上就与正常儿童存在差距,需要比正常儿童更长的时间接受教育和培训。早期教育主要指对学龄前缺陷儿童提供治疗、补偿性教育和功能康复训练,使残障儿童在学前期能与普通儿童一样,得到全面发展和对特殊教育需要的满足,是特殊教育体系的基础。

早期教育也受到融合教育的影响,要求打破以往的隔离式教育,在正常学习环境中接纳特殊儿童。在这种理念的指导下,学前教育逐渐向一体化方向发展。所谓一体化教育,就是在同一个教育机构或教育环境中,对正常儿童和特殊儿童共同进行的教育。这种教育一方面提供适应正常儿童和特殊儿童需要的共同性教育;另一方面则为特殊儿童提供满足他们特殊需要的支持和帮助。表 3 选取美洲国家特殊教育儿童在不同教育阶段中的人数比例,从数据可知,美洲国家比较重视残疾儿童学前教育,在统计的 13 个国家中,有 8 个国家为残疾儿童开办了学前教育,而美国、哥斯达黎加、巴西和智利的学前阶段残疾儿童占学前教育人数的比例都高于 OECD 国家中位数水平。

表 3　美洲国家特殊教育儿童在不同教育阶段中的人数比例

国家	义务教育	学前教育	初级中学	中级中学	高级中级中学
伯利兹	0.95	—	0.96	—	—
巴西	0.71	1.52	0.71	0.06	—
智利	0.97	1.31	1.17	1.34	—

续表

国家	义务教育	学前教育	初级中学	中级中学	高级中级中学
哥伦比亚	0.73	0.86	0.84	0.52	N/A
哥斯达黎加	1.21	4.39	1.01	1.48	N/A
圭亚那	0.15	N/A	0.22	N/A	N/A
墨西哥	0.73	0.53	0.98	0.26	—
尼加拉瓜	0.40	0.64	0.4	—	—
巴拉圭共和国	0.45	N/A	0.45	N/A	N/A
秘鲁	0.2	0.94	0.30	0.02	N/A
乌拉圭	1.98	—	1.98	—	—
美国	5.25	7.38	7.39	3.11	3.04
加拿大	2.89	—	2.19	3.8	3.21
OECD 国家中位数水平	2.63	0.98	2.43	3.11	1.37

数据来源：World Health Organization，*World report on disability* 2011，2011，p.235。

2.特殊儿童的基础教育

基础教育是对受教育者实施最初阶段的科学文化知识教育。基础教育的年限，多是指小学和初中阶段。《义务教育法》规定，中国的基础教育就是指从小学到初中的九年义务制教育。从另一种角度来看，所谓基础教育是指为今后的专业教育、职业教育打好基础的教育阶段。它是与高等教育、专业教育、职业教育相对而言的教育。因此，有些经济发达的国家和地区把高中教育也列入基础教育的范畴。根据表 3 数据可知，在美洲，残疾儿童在义务教育阶段和初级中学阶段接受教育在各国都占到了一定的比例，只是呈现了一定的差异性，在这两阶段残疾儿童占的比例除美国和加拿大高于 OECD 中位数水平外，其他美洲国家都低于 OECD 中位数水平。在美国和加拿大，基础教育已经扩展至中级中学和高级中学，而且残疾儿童的比例都高于 OECD 中位数水平。这说明残疾儿童受教育水平与国家经济社会发展水平是密切相关的，在发达国家，残疾儿童受教育水平普遍较高，而在发展中国家，残疾儿童受教育水平较低。

3.残疾青年的高等教育

随着社会经济发展的要求、教育民主化思想的发展和残疾青年自身的发展要求越来越多的残疾青年开始进入高等教育殿堂。残疾青年接受大专或本科学历教育在世界各国已经比较普遍，但更高层次的硕士、博士教育，在发展中国家仍属罕见。但是在北欧等发达国家残疾青年的高等教育已经早有先例。在丹麦,高等院校的在接受残疾学生的时候其安置方式是完全融合的一体化教育。残疾学生在接受高等教育时,为了完成其学业有权向所在院校提出必要的特殊教育支持,为他们提供这种补偿性措施是其所在院校的职责。① 在美国,有6%的残疾人进入商业性、职业性和技术性学校;13%的残疾人接受两年制的大学课程教育,8%的残疾人接受四年制大学教育。②

(二)特殊儿童教育的模式

特殊儿童教育和正常儿童一样也需要按照基本的教育规律,即循序渐进和因材施教的原则,在教育模式上的选择尤其体现了这些基本的教育规律。特殊学生的学校教育是特殊教育的主要阶段,也是直接关系到特殊学生能不能学习到科学文化知识和基本劳动技能,融入到正常人的社会生活中去的必要环节。目前主要的特殊教育模式主要分为三种:特殊教育班模式、特殊学校教育模式和普通学校教育模式,如图1。从图1可知,根据OECD的国家的平均水平,特殊教育学校依然占的比例最大,其次为普通学校,最后是特殊教育班。三种模式在不同的国家分布存在较大的差异,基本上可以分成三种情况:(1)特殊教育班占较大的比例,如日本和韩国;(2)特殊教育学校占较大比例,如比利时、捷克、法国、德国、匈牙利、新西兰、斯洛伐克、土耳其等国;(3)普通学校占较高的比例,如美国、加拿大、英格兰、西班牙、墨西哥等国。

1.特殊教育班模式

特殊教育班是指残疾少年、儿童可作为普通小学或中学的学生,固定在某一个小学或中学中同年级的某一个班,作为这个班的一名成员,参加这个班的集体活动和某些科目的学习。但某些科目的学习必须到学校所设立的特殊教育班去,由特殊教育班的老师讲授这些知识。这种特殊班通常由10—15个学生组成,特殊教育班的教师必须受过特殊教育专业训练,采用个别教学的方法,有针对性地进行。特殊班可以使残疾儿童、少年增加与正常儿童、少年的日常交往,有利于互相了解;特殊班的教师也可以进行有效的个别教学;特殊班还为残疾儿童、少年创造了适合他们的学习环境和可以达到最大可能发展的环境,有利于全校同学正确地认识人与人之间的关系;特殊班也为特殊教育学的研究提供了重

---

① 参见杨民:《世界特殊教育研究》,辽宁师范大学出版社2004年版,第248—250页。

② See Newman L et al. *The post-high school outcomes of youth with disabilities up to 4 years after high school: a report of findings from the National Longitudinal Transition Study-2 (NLTS2) (NCSER 2009-3017)*. Menlo Park, SRI International, 2009.

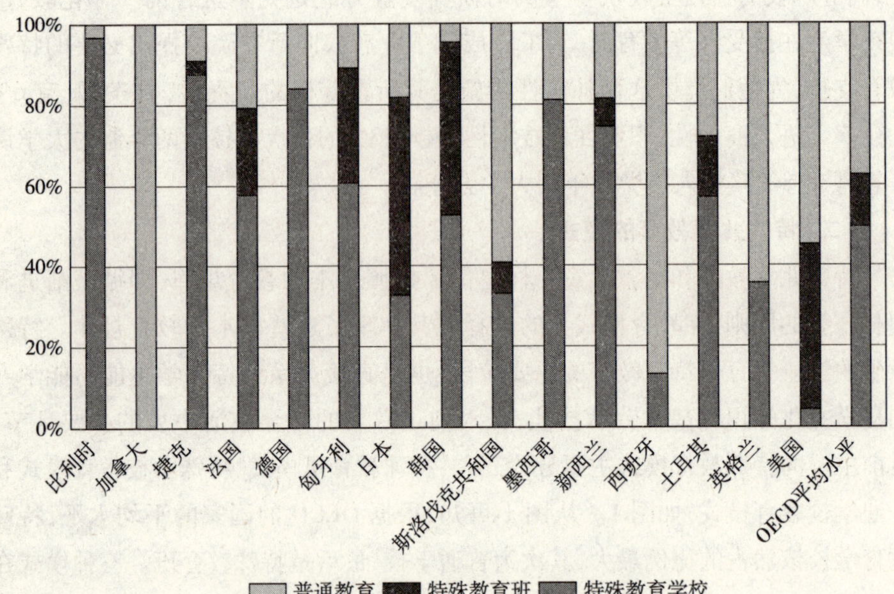

图1 OECD主要国家残疾儿童受教育状况

数据来源：OECD：*Students with Disabilities, Learning Difficulties and Disadvantages: Statistics and Indicators*, Paris: OECD, 2005, p.109。

要的研究场所。

2.特殊教育学校模式

特殊教育学校主要是针对不同类型的特殊儿童，尤其是较严重的残疾儿童成立专门的特殊教育学校。它分为有半日制、全日制、寄宿制等多种形式。特殊学校有经过系统培训的特殊教育师资和比较齐全的教学设施，适合重度残疾儿童的教育。但是特殊学校的学生由于长期生活与学习在相对隔离的环境中，有碍他们的社会化和正常化，毕业后，很难适应社会生活和与普通人进行交往。目前而言特殊学校依然是一种很重要的特殊教育模式。例如丹麦的特殊学校和特殊班级的学生占所有小学和初中生的1.25%。自1990年至今特殊班级和特殊学校的学生增长了1/3，增长的原因是被诊断为有严重情感问题的儿童数量的剧增。①

3.普通学校教育教育模式

普通学校教育模式主要受全纳教育思想的影响，主张改变了以往将残疾儿童

① 参见钱小龙、邹霞：《丹麦特殊教育的发展概况》，《中国特殊教育》2004年第4期。

隔离在特殊学校或特殊班的教育形式，让残疾儿童在普通学校接受教育。普通学校应兼顾学生之间的不同需要，顺应不同的学习类型和学习速度，通过适宜的课程、学校组织、教学策略、资源利用即社区合作，确保面向全体学生的教育质量。

当前特殊教育的主要模式已经从特殊学校开始往一体化的全纳模式转变，各国家各地区都鼓励有特殊教育需求的学生尽可能地在主流学校学习，以提高特殊学生的教育水平，是他们能够更好地融入到生活中去。如丹麦在 1969 年议会通过决议案，从法律角度规定实施一体化教育，并对教育领域已开展的一体化教育时间起到保障和促进作用。丹麦的一体化教育体系是一个严格、复杂的过程产物，这一过程应确保：在对儿童个体能力做周密考虑的基础上，所有儿童都能从教育中获益，任何儿童都不应该被隔离在普通学校环境之外。①

（三）特殊教育的过程

特殊教育作为一种特殊教育行为，其教学的过程也和普通教育一样有一个循序渐进的过程，同时由于其教学对象的特殊性又表现出自身独有的特点。总的来说特殊教育的实施过程主要分为：特殊教育需求评估、提供个别教学方案、表现评估、融合教育四个主要阶段，同时又辅以教师培训和资格审核这个必不可少的过程。

1.特殊教育的需求评估

特殊教育的一个首要环节就是确定其对象也就是对有特殊教育需求的儿童进行识别。这就需要有一个规范的特殊教育需求评估体系。特殊教育的需求评估是在特殊儿童接受教育之前对其身心情况、缺陷类型和程度做一个全面的评估以指导后续的教学方案提出。一般评估小组的成员包括家长、常规学校的教学教师、相关医疗单位代表等，也可以直接是专门的评估小组。比如在台湾这样的评估就是由直辖市/县政府下辖的鉴定委员会进行，其成员包括特殊教育专家、临床医学专家、专科医师、社会工作者、康复医师、语言治疗师及教育行政人员等各方面人士。评估内容则涵盖特殊儿童的身体状况、心理健康程度、缺陷类型、语言能力等。

2.制定个别教学方案

在通过特殊教育需求评估以后，已经确认学生有特殊需求，便需要为这些学生提供针对性的个别教学方案。个别教学方案包括有关儿童的学业成绩及功能

① See Christine O'Hanlon, *Special Education Integration in Europe*, London: David Fulton Publishers, 1993, pp.26-39.

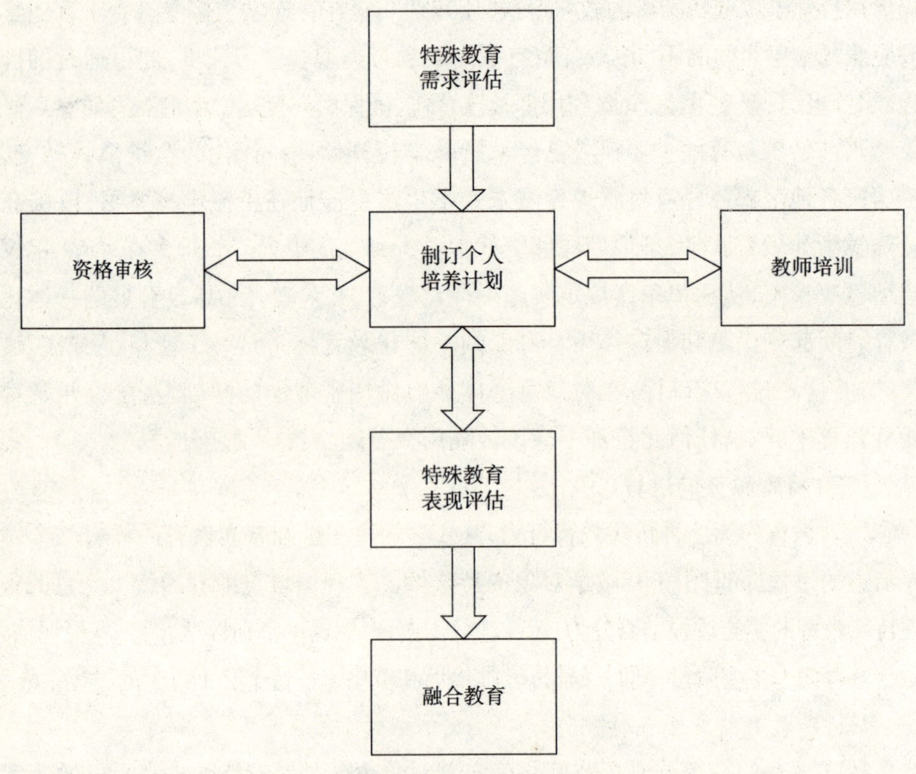

图2　特殊教育过程

表现、为儿童设定的目标以及描述儿童需要的计划和服务。同时每个特殊儿童的个别教学方案都需要定期的检查评估，根据对象的最新状况作出适当的调整。如在美国加州，个人教学方案每年检查一次；英格兰则要求每年至少两次；中国台湾地区有规定每学期一次。

3.特殊教育表现评估

特殊教育表现评估主要是对接受特殊教育的学生的学业成绩进行测试和评估以决定该学生能否毕业。特殊教育对象的表现评估主要有两种方案：一种是采用和普通学生相同的评估体系；另一种替代方案则是针对特殊学生的情况采用一套与普通教学评估体系不同的方案。在美国加州，接受特殊教育的学生可以由个人教学方案小组推荐，参加替代评估。

4.融合教育

特殊教育的目的在于帮助特殊儿童克服身心缺陷重新融入到正常的社会生活中去。接受特殊教育的学生接受一系列的特殊教育的目的也在于最终能够自立于社会，因而融合教育就成为特殊教育的一个必不可少的环节。融合教育就是根据特殊学生的状况，在不损害特殊学生和普通学生任何一方需求的情况下，尽可能地安排其在主流普通学校接受教育与普通学生融合。融合教育在很多国家和地区早在20世纪70年代便开始推行，在美国加州和加拿大安大略省不仅通过法例规定了融合教育而且有关当局还为融合教育提供相关的津贴和奖励，可见其政府对融合教育的重视程度。①

5.特殊教师资格认证和培训

特殊教师作为特殊教育的一个重要因素，往往直接决定着特殊教育的质量乃至成败。特殊教学教师除了应该具有普通教学资格外，还需要接受特殊教学的培训取得相关资格。在美国，任教核心科目的特殊教育教师必须符合"高资历"定义的规定，即最低限度持有学士学位、取得州政府发出的特殊教书教师正式证书。② 特殊教育教师的培训工作则一般有政府相关部门指定教育机构或院校来完成。特殊教师需要通过相关培训，并完成一定时间量的特殊教学才能获得相应的特殊教学资格。

四、国外特殊教育评价和启示

国外特别是发达国家的特殊教育整体呈现蓬勃发展的趋势，保护残疾人受教育权利，促进残疾人融入社会已经成为各国特殊教育发展的主要目标。本部分首先对特殊教育的发展进行一个评价，然后对特殊教育发展的规律进行总结。

（一）特殊教育发展评价

特殊教育发展评价主要包括对特殊教育发展观念、特殊教育的对象、特殊教育办学形式与特殊教育举办者的发展变化进行评估。

1.特殊教育观念的变化

特殊教育起源于欧洲，盛行在美洲，早期的特殊教育是文艺复兴运动导致的科技革命和理性时代的产物，与18世纪高涨的社会生产力和人道主义精神有密切关系。特殊教育观念源起于人性解放，人权自由的文艺复兴思想，体现了上层

① 参见黄凤仪：《选定地方的特殊教育》，（香港）立法会秘书处资料研究及图书馆服务部，2006年，第10、24页。

② 参见黄凤仪：《选定地方的特殊教育》，（香港）立法会秘书处资料研究及图书馆服务部，2006年，第8页。

建筑保障人权的政治意蕴。对特殊教育的理解经历了医学、生理学、社会学、组织学以及哲学的视角转化,这一转换也体现了特殊教育的学科范式的变迁。[①]特殊教育与西方宗教平等、博爱、仁慈精神有着密不可分的关系,欧洲人道主义带有浓厚的宗教色彩,因此最早创办特殊教育学校的多是一些富有怜悯和慈悲之心的牧师、医生以及教师。随着教育和科学的发展,特别是20世纪80年代以来,一些经济发达国家特殊教育的迅速发展主要是受人本主义和教育民主化思想的影响。自由、平等、人权、价值、个性、解放等的人本主义思想已经成为特殊教育的内在要求。教育公平要求社会平等、公平的接受特殊教育对象是教育民主化的具体体现。

2.特殊教育范围的扩大

世界各国的特殊教育都是从发展盲、聋、哑教育起步,然后逐渐发展到弱智教育和其他特殊儿童的教育。教育对象也是从视觉、听觉障碍开始逐渐扩大到智力、行为异常以及肢体障碍等类别。特殊教育经历了从隔离到融合的发展阶段,早期的特殊教育主要是从医学/生理学视角来解释,残疾人被认为是生理和心理有缺陷的一类人,在社会中被认为是异质的,非正常的一类人,对待这一类人采取的是特殊的隔离性质的教育。随着人本主义思潮的兴起,人性解放,保障人权的呼声高涨,特殊教育突破以往人性的禁锢、隔离,获得了发展的契机。融合成为特殊教育新的时代要求,所有人无论种族、性别、经济状况以及学习能力都应该接受主流教育。平等、接纳残疾人、回归主流、创造最少受限制环境成为特殊教育新的教育原则。

3.特殊教育的一体化

世界特殊教育明显地向三个一体化的方向发展:一是特殊教育与普通教育的一体化;二是学校教育、家庭教育与社会教育的一体化;三是医疗康复、教育训练与社会就业的一体化。

特殊教育与普通教育的一体化,或特殊教育的普通化思想最早是在20世纪60年代起源于北欧的斯堪的纳维亚半岛。到20世纪70年代以后,在美国和加拿大得到广泛的传播。其基本的含义主张让每一个特殊儿童,尤其是身心障碍儿童尽可能回归到主流社会生活、学习和工作。目前,特殊教育与普通教育一

① 参见邓猛、肖非:《隔离与融合:特殊教育范式的变迁和分析》,《华中师范大学学报》2009年7月。

体化已成为许多国家特殊教育立法的主导思想之一和发展特殊教育的指导思想。

特殊教育是一个涉及学校、家庭和社会的系统工程。学校教育、家庭教育和社会教育的一体化是世界特殊教育发展的特点之一。它充分地体现出特殊教育中的早期教育原则和协同教育原则。

把医疗养护、教育训练、劳动就业三者密切地结合起来,保持残疾儿童的身心健康,使他们掌握一定的知识,具备从事某一适合他们身心特点的职业能力,成为一个残而不废的能为社会作出一定贡献的公民。

4.政府财政责任规范化

许多国家特殊教育的兴起都是发自于民间,但政府的干预和宏观调控对促进特殊教育的发展起到了重要作用。政府对特殊教育的干预和调控主要表现在立法和财政两大方面。在立法方面,政府制定的一系列特殊教育法律和法规,并不断完善和修订,提高法律的效力和公信力。在财政方面,政府作为特殊教育机构责任人之一,是特殊教育机构经费来源之一,机构通过政府财政拨款以保证其正常运行。国家在加大对特殊教育经费投入的同时,逐渐完善政府的财政制度,对特殊教育实行专款专用,建立并完善特殊教育救助制度,鼓励多渠道的社会募捐,规范政府财政行为,保证经费的“进”与“出”公示透明。

(二)政策启示

特殊教育的发展本身对特殊教育科学和特殊教育教育对象的认识不断提升的产物。为促使特殊教育按规律办事,又需要政府通过立法和财政手段进行保障。

1.改变传统观念,科学认识特殊教育

传统智力观建立在心理测量学和心力认知理论基础上,它仅局限于学业智力,这对于身心发育不健全的人来说,他们的认知能力、理解能力、逻辑思考能力等存在缺陷,智力的判断结果无疑是低下的,就此判断残障人士就是无用之人是不科学的,也不公平。这种理论只能应用于学业成就测量,分数的高低可以通过训练获得,不具有推广性,这对于特殊对象是不公平的。科学的认识应该是从多角度来认识特殊教育,学习能力只是一方面,不能简单地从一元角度来断定特殊对象的一生。加德纳的多元智力理论,沙洛维和梅耶的情绪智力理论,斯腾伯格的三元智力理论以及之后的成功智力理论深化了智力概念的内涵。特殊教育对象与常人相比确实存在差异,但并不表明其人生要比常人失败,他们也是具有主观能动性的，他们同样可以成功。[①] 每个个体都具有一般智力和多元智力，追求成功的过程就是在一般智力和多元智力之间寻找平衡。特殊对象的一般智力是存在缺陷，但是这不影响其他智力发挥作用，在不断的自我平衡以及自我努力中，其他智力不断弥补一般智力的不足，他们的智力能够得到激发和应用，从而取得成功。

2.坚持多元化，杜绝“隔离”和“一体化”两种极端

在特殊教育早期，特殊教育的模式主要采取得是隔离，残疾人被认为是异常的，不符合社会主流的人，他们在专门的教育机构接受教育。早期的特殊教育对象主要指的是聋哑盲人，根据身心缺陷的不同进行不同的分类，并安排在不同的班级由专业的教师进行教学。这种隔离教育模式忽略了残疾人的个性特点，剥夺了这部分群体表达权利的自由。隔离以及圈养式的教育方式不利于残疾人获得健康的身心发展，也不利于其社会化。在隔离式的环境中，他们的抗逆力性弱，标签效应和烙印效应是残疾人无法摆脱的社会和心理压力，抗拒和倒退不利于其成功的社会化。

特殊对象作为社会人，其各方面都受到社会的影响，其生存和发展都在社会中进行。很大一部分的残障人士可以克服身心的障碍获得与正常人一样的生活，对这样一部分人隔离式的教育无疑是不利于其正常的生存和发展的，他们需要回到社会，进入普通的学校，接受正常的教育。这种融入的教育模式，应根据残疾人的身心残障的大小以及个人的意愿来进行的，对于残障影响较小的则安排进入普通学校，由普通老师教学，接触普通的学生。而残障已经影响到正常生活的那一部分人则要求进入专门的学校进行学习。对于这一部分人也不能一味的隔离，同样需要回归主流，而回归主流首先需要社会接纳，社会的接纳是他们成功走向社会的基本前提。生活常识、生活技能以及人际交往等方面的知识更多的需要他们亲临其境，亲身体会，他们也需要获得与正常人一样与社会，与人正常的交往。社会的接纳，环境的创造，多元化的教育模式是他们所需要的，隔离是保护也是伤害，一般化和高度统一同样不利于特殊对象的发展。适当的隔离，可能的融合，灵活性的选择，创造更多的最少受伤害的环境，才是特殊教育可取之路。

---

① 参见邓猛、肖非：《隔离与融合：特殊教育范式的变迁和分析》，《华中师范大学学报》2009年7月。

到目前为止，回归主流是世界特殊教育发展的主流和方向。但各国由于基础文明的水平不同，实行情况也不一样，尤其是涉及一些很具体的教育、教学问题时，如影响上课纪律、教学质量、增加办学经费等一系列具体的现实问题时，看法也不一致。如何正确理解和实行特殊教育与普通教育的一体化，还需要进一步地探讨。全纳性教育是在“回归主流”基础上的又一更高层次的特殊教育新概念，从“特殊教育”到“全纳性教育”，特殊教育的对象也在不断地发生着变化。

3.规范政府责任，强调政府的包容性服务

立法方面，政府是主导，法律是特殊教育能够顺利进行的有力保证，政府不仅要制定一系列特殊教育法律法规，还要规范法律的制定程序，监督以及执行，保证法律能够充分发挥其规范社会，惩治不法行为的作用，为特殊教育营造良好的法制环境。

财政方面，政府要加大对特殊教育的投入，并规范各级政府财政拨款程序，政府的财政拨款需公正透明，特别是对款物的运用和分发都要经过严格的审批和公示，规范财政人员以及机构财务人员对款物的运用情况，每一级预算都要有理有据，保证拨款用到了实处。

政府作为特殊教育的推动者，应明确政府的职能，政府有责任为特殊教育保驾护航。政府的宗旨是为人民服务，残疾人是弱势群体，政府更应该给予其更多的关注和保护。特殊对象不被社会认可，受到社会的排挤和侮辱，政府作为社会的权威，应包容和接纳残疾人，并作为整个社会的表率，这将对改变社会刻板印象具有重要影响。政府应规范自身的行为，切实向残疾人提供包容性服务。①包容性服务包括接纳残疾人，向其提供的特殊教育服务应覆盖所有的特殊教育学校，普通学校的特殊教育班，社会的特殊教育中心和照顾残疾儿童的家庭保证所有的残疾孩子能接受与普通孩子同等水平的教育。

4.推动立法，提高特殊教育制度保障

在生产力低下的古希腊和古罗马时期，人们对残疾人采取的是漠视，杀戮，灭绝态度，无所谓教育。直到文艺复兴时期，在启蒙运动“自由、平等、博爱”思想的推动下，冲破了传统观念对残疾人认识上的束缚，残疾人才开始被社会接纳

① 参见王建年：《包容教育，特殊教育的发展方向——澳大利亚，新西兰特殊教育考察感想》，《广东教育》2003年第3期。

和关注。随着人权保障思想的深入人心,以法治国的兴起,世界各国才逐渐把特殊教育纳入法制轨道。从世界范围内来看,特殊教育立法初期主要是 20 世纪英、美、日等少数发达国家涉及残疾儿童教育法令,但特殊教育立法发展十分缓慢。美国在特殊教育立法方面走在世界前列,在一般教育立法中涉及了特殊教育的条款,另外还有一些对世界有重大影响的专项特殊教育立法。在美国特殊教育立法中,确立了"零拒绝","非歧视性评估","正当程序","最少受限制的环境","个别化教育计划"等原则和制度,影响了各国特殊教育及其立法的迅速发展,保障了残疾人平等的受教育权。英国则早在 1944 年制定的教育法中就对特殊教育作出过规定,在 1976 年提出了"特殊教育需要的概念",取消传统分类的建议,这对英国和国际上的特殊教育产生了重大的影响。在韩国,1977 年《特殊教育振兴法》就对不同类型的残疾儿童作了相应的规定。

立法是特殊教育发展的基础,但是在发展中国家,立法的数量和质量还有待提高,比如在中国,虽然自古就有"扶助病残"的传统,但特殊教育及其立法却远落后于西方发达国家,目前我国的特殊教育立法主要有:1982 年宪法的相关规定,1986 年《中华人民共和国义务教育法》的相关规定,1990 年《中华人民共和国残疾人教育法》明确规定了残疾人的受教育权,1994 年《残疾人教育条例》作为我国第一部残疾人教育专项立法,对残疾人教育作了详细的规定,1995 年《中华人民共和国教育法》以及 1996 年《中华人民共和国职业教育法》作了社会机构应接纳残疾学生的规定。虽然这些立法极大地推动了我国特殊教育的发展,但是还是存在特殊教育立法层次低,体系不完备;可操作性差;制度不健全等的问题。

特殊教育立法要始终坚持以人为本,教育平等,因残施教,扶助和保护原则。立法中应给予特殊教育对象人性化的关怀,人作为法治的最高价值,是一切制度设置和运行的出发点和归宿。立法中应给予特殊教育对象人性化的关怀,应给予其在教育上特殊的扶助和保护,保证其接受到平等的受教育权,既保证起点的平等,又保证在"实质平等"上允许不同形式的教育。针对残疾人不同的特点实行不同形式的教育,保证每个特殊教育对象都接受到适合的教育。在制度层面,应建立对特殊教育学校的设置,师资保障,教育基金保障以及特殊教育对象评估等的基本制度。在目前很多国家都采用"特殊"与"普遍"相结合的学校以及班设置,在最少受限制的原则下,对一般残障对象采取普遍的教育模式,入班学习,对特殊的残障对象则采取特殊的教育模式,专门的机构,专业的教育。建立师资保障制度,保证特殊教育的师资数量并提高师资水平。建立教育基金保障制度,保证国家和政府提供稳定的教育资金,规范社会筹集资金的方式。建立特殊对象评估制度,规范特殊教育对象的鉴定和评估程序,保证鉴定结论的公正性、客观性和系统性。

第五章　OECD 国家残疾人就业和社会保障关系的比较*

全世界有五亿多残疾人，占世界总人口的 10%。残疾人就业问题是一个引起世界各国和国际组织广泛关注的世界性问题。国际劳工组织和联合国是推动残疾人就业发展的最有贡献的机构。1944 年国际劳工组织发布的《就业建议书》指出无论残疾的原因是什么，都应当向残疾人提供康复和就业指导、提供培训和再次就业的机会。1952 年国际劳工组织通过的《社会保障最低标准公约》要求国家的社会保障部门向残疾人提供补贴以及适当的工作机会。1983 年国际劳工组织发布了《残疾人职业康复和就业公约》。联合国在 2006 年 12 月通过了《残疾人权利公约》的原则性规定中高要求为残疾人提供平等的、无障碍的环境，并且确保残疾人的教育、康复和就业，维持他们的生活水平并融入社会。目前国际上已经形成共识，推动残疾人就业是改善残疾人福利，促进残疾人社会融合的最有效的手段。

一、引　言

残疾人就业事业的发展本身也是推动人类社会在 21 世纪发展进步的重要因素，残疾人人力资源是一种重要、但是一直被忽视的宝贵资源。20 世纪 60 年代，美国经济学家舒尔茨和贝克尔建立了“人力资本理论”，指出人力资本是蕴涵于人身上的各种生产知识、劳动与管理技能以及健康素质的存量总和，也就是人力资本的三个主要内容是知识、技能和健康，这些内容全都可以通过投资（包括时间和金钱）来获得。残疾人具有与正常人不同的人力资本，管理者应当充

---

* 作者：杨俊，中国人民大学残疾人事业发展研究院副教授。

分认识到这个特殊群体所具有的创造性，从而可以发现在某些领域中雇用残疾人的成本低于非残疾人（Hise 和 Phaedra，2008）。一个明显的例子就是残疾人员工相对于非残疾人员工的跳槽的概率要低很多，能更长久地为企业作贡献，这无疑显著降低了企业人力资源管理的成本，从而提升企业的绩效。当然并不是在任何领域中残疾人都具有人力资源的优势，所以需要管理者从最大化开发人力资源的角度对残疾人就业潜能进行充分的发掘。OECD 国家的政府已经开始认识到具有部分就业能力的残疾人对于劳动力市场所能够作出的贡献，并开始关注他们能够参与哪种形式的就业，而且开始加大对企业的约束和管理，使企业也认识到雇用残疾人的积极作用（OECD，2009）。

（一）残疾人社会保障制度的概念和内容

残疾人社会保障制度是一个宽口径政策体系，指为了改善残疾人福利而制定的社会政策，既包括残疾人就业促进政策，也包括残疾人福利保障政策。残疾人就业促进政策的目的主要是为残疾人创造更多的就业机会，例如规定用人单位雇用残疾员工的强制比例和为残疾人提供就业培训和就业信息的服务；而残疾人福利保障政策的目的首先在于保证残疾人的基本生活，然后通过提供康复（主要是报销康复费用）来恢复残疾人的健康水平，从而为维持残疾人的就业能力提供保证。残疾人就业显著地受到残疾人社会保障制度影响。可以用图 1 来表示。

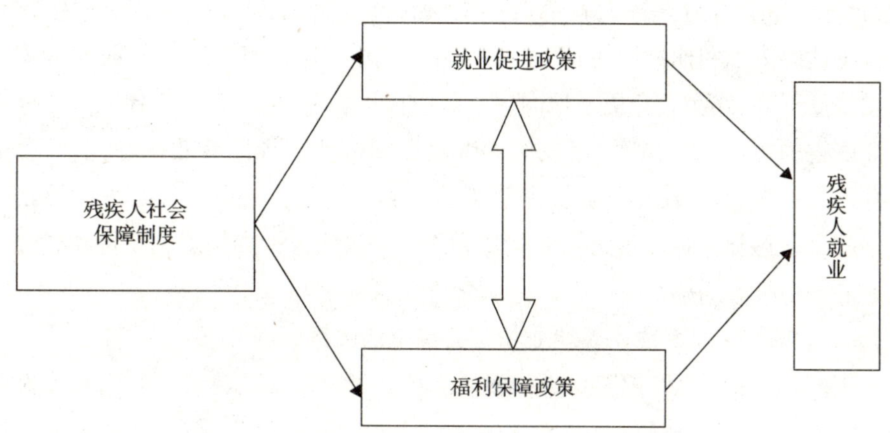

图 1 残疾人社会保障制度内容与就业的关系

残疾人就业促进政策和福利保障政策之间是有明显的区别的，除了在个别具体政策上有交叉的情况外，两者在影响残疾人就业的方面有不同的目标，在影响残疾人就业的先后问题上有明显的区别。当残疾事件发生以后,首先是福利保障政策发挥作用,为残疾人提供康复和基本生活待遇;然后当残疾人康复完成后,就业促进政策为残疾人提供培训,提供工作机会。然而在一些具体的政策上,可能存在两种类型政策的交叉和重叠。例如强制企业安排残疾人按比例就业并征收残疾人就业保障金的政策就是如此,一方面该政策通过对企业未能足额雇用残疾员工的过失征收惩罚性的残疾人就业保障金有助于推动雇主雇用更多的残疾人,为残疾人提供就业机会,所以这个政策是一个就业促进政策;另一方面,针对那些有过失的企业征收的残疾人就业保障金可以用于发放残疾人福利待遇和补贴残疾人康复费用,这样这个政策也属于残疾人福利保障政策。更有一些政策就是直接将两种类型的政策混合,例如用残疾人保险基金的资金来支付残疾人就业培训的费用。

在大多数情况下,就业促进政策和福利保障政策对于残疾人就业的积极影响是相互加强的,但是有时两者之间也存在冲突。残疾人就业需要开发残疾人的人力资本。人力资本有三个类型:知识、技能和健康。就业促进政策可以提升残疾人的就业信息和就业技能,而福利保障政策可以改善残疾人健康,两者都是促进残疾人人力资本维持和提升的,两者互相促进共同改善残疾人的就业状况。但是有时候个人会在是长期领取福利保障待遇,还是参与就业之间所面对的矛盾和选择使得两类政策之间存在潜在的矛盾。例如,如果残疾人福利保障待遇很"慷慨",那么部分残疾人就会选择不参与再就业,这时残疾人就业促进政策的效果就因为福利保障政策而"大打折扣"。另一方面如果残疾人福利保障待遇大幅度下调,残疾人会更多地倾向于就业促进政策,这时有可能导致就业促进方面严重的"人满为患",拥挤效应导致就业促进政策难以有效推行,反而会增加残疾人的失业率,使得就业促进政策的效果被淡化。所以如何合理设计就业促进政策和福利保障政策之间的关系和协作是残疾人社会保障制度推动残疾人就业的一个核心问题。

(二)OECD 国家残疾人就业和社会保障的关系

OECD 国家非常重视残疾人的就业和社会保障制度的建设。各国都有专门的残疾人就业促进法律和名目繁多的残疾人社会保障制度,但是一个引人生疑的问题是尽管 OECD 国家残疾人社会保障制度发展速度很快,但是残疾人就业这个对于残疾人而言至关重要的问题却没有同步的改善。2005 年 OECD 国家残疾人就业率平均水平仅为 43%,而非残疾人就业水平为 75%,两者之间在过去的20年中一直都维持了如此巨大的差距。而且残疾人就业更多是采用非正式的临时工的形式,由于就业质量差,就业不稳定导致残疾人的经济状况不断恶化。数据显示,20世纪90年代期间残疾人群体与劳动者群体的相对收入比为88%,而这个比值在21世纪初期下降到85%,有些国家和地区下降的幅度甚至达到20%(OECD,2009)。这种巨大的反差令人困惑,为什么即使经济不断发展,残疾人社会保障水平不断提升,但是残疾人社会保障对于残疾人的就业的积极作用却如此有限?这个问题成为理论界对于残疾人就业和社会保障关系思考的重要课题。

对于上述问题的思考要从残疾人社会保障制度对于残疾人自身的就业选择的影响入手进行分析:残疾人社会保障福利是从社会公平的角度出发对残疾人群体进行的收入再分配福利,这种收入再分配为受益者提供了福利性的现金或实物补贴,这是残疾人社会保障制度对残疾人效用的保障功能,也是残疾人社会保障制度的根本目标。但是这种收入再分配对各类残疾人的行为选择将产生重要的调整功能。如果残疾人社会保障福利水平的提高将削弱残疾人增加劳动供给和创造社会财富的积极性,那么过高的社会保障福利水平将会损害经济产出的效率,这会降低残疾人社会福利的最大可能水平。针对残疾人的社会保障制度,残疾人保障福利水平和残疾人就业之间的关系就是残疾人社会保障研究的重要课题,这个研究在国际上引起了广泛的关注。但是文献研究发现目前学术界对残疾人社会保障的国际比较偏重于定性研究,本报告研究发现已有的文献中多是从文化比较和法律比较的角度入手,对于残疾人社会保障的社会福利效应的研究方面尚有待进一步深入。本研究试图填补这个方面的空白。本研究将通过搜集和整理OECD各国残疾人社会保障福利和残疾人就业状况的数据,结合各国的经济发展特征数据和人口发展特征数据建立计量经济学研究模型进行定量分析,为理解残疾人社会保障和就业之间的关系提供经验证据。

(三)本报告的研究范围和研究内容

本研究主要考察30个OECD国家残疾人就业与社会保障的关系,包括澳大利亚、奥地利、比利时、加拿大、捷克、丹麦、芬兰、法国、德国、希腊、匈牙利、冰岛、爱尔兰、意大利、日本、韩国、卢森堡、墨西哥、新西兰、荷兰、挪威、波兰、葡萄牙、斯洛伐克、西班牙、瑞典、瑞士、土耳其、英国、美国等国家。

本报告将从定性和定量两个方面进行分析。(1)在定性研究方面,主要是总结和归纳各国关于残疾人的界定、残疾人就业现状、与残疾人就业相关的社会保障项目,通过国际比较,总结各国残疾人就业与社会保障的现状和问题,为认识 OECD 国家残疾人就业和残疾人社会保障制度安排提供直观的描述分析。(2)在定量研究方面,则是以 OECD 国家 1999 年和 2005 年的样本数据为分析依据,主要包括各国宏观经济数据、残疾人口数、残疾人就业数据和残疾社会保障开支相关数据,从定量分析的角度研究 OECD 各国残疾人就业与社会保障关系,重点研究残疾人就业与残疾社会保障开支的关系、残疾津贴领取率和残疾发生率的影响因素等,为更准确地分析 OECD 国家残疾人就业和社会保障的关系提供明确的实证研究依据。

(四)本报告的研究思路和结构安排

本报告的研究思路是:针对残疾人就业与残疾人社会保障的复杂关系,本书采取定性分析和定量分析相结合的方法,首先从定性分析的角度,介绍 OECD 各国对于残疾问题的认识,并给出 OECD 残疾人就业和残疾人社会保障的典型特征描述,从直观上描述 OECD 残疾人就业和残疾人社会保障的现状和问题。其次,为进一步考察相关社会保障因素对残疾人就业的影响程度,本文在定性分析的基础上,以 OECD 国家残疾人就业率等指标为因变量,构建计量模型,对 1999 年和 2005 年 30 个 OECD 国家残疾人就业与社会保障的关系进行了定量研究,评估了残疾人就业率、残疾津贴领取率、残疾发生率等变量的影响因素。

本报告由四部分组成。第一部分为引言,介绍选题的背景,阐释了研究的内容和研究的基本方法,界定了相关概念,并对已有的研究进行了综述,评价现有研究存在的问题与不足,陈述本文的研究思路、研究方法和结构。第二部分对 OECD 国家残疾人就业与社会保障比较进行定性分析,通过典型国家的分析介绍 OECD 国家残疾人就业和社会保障的互动关系,着重分析各国残疾人就业和社会保障的制度现状、特征及问题。第三部分对 OECD 国家残疾人就业与社会保障进行定量分析,具体为 OECD 国家残疾人社会保障制度与残疾人就业的影响,以及残疾人就业率、残疾津贴领取率、残疾发生率等变量的影响因素,分别构建两期面板数据分析中的固定效应模型、最小二乘法回归模型等,从定量的角度分析 OECD 国家经济、人口、社会保障等方面的变量对残疾人就业的影响。第四部分在前文分析的基础上,探讨 OECD 国家残疾人社会保障对我国残疾人社会保障制度以及残疾人就业事业发展的启示。

二、OECD 国家残疾人就业和社会保障关系的定性分析

OECD 国家残疾人社会保障制度的发展目标主要是通过不断完善残疾人社会保障制度，降低残疾发生率，最大限度地消除已发生残疾对个人和社会的负面影响，并通过就业保障政策来促进残疾人劳动力市场的发展，高效地实现残疾人社会融合，实现残疾公民社会福利的最大化。

OECD 国家都将发展残疾人社会保障制度推动残疾人就业当做最重要的公共政策来重视。政府对残疾人的帮助分为三个方面：提供收入补偿，加强无障碍设置建设和改善就业状况。(1)政府会通过社会保障制度对那些由于生理上残疾而无法获得合适工作的公民提供了多种形式的福利补贴，例如残疾人生活和医疗救助，残疾人社会保险和残疾人社会福利等。这些是最直接、最基本的措施，通过收入转移制度，将资源转移给那些真正需要收入补贴的伤残公民，获得了被广泛肯定的收入再分配效果，也体现了一个国家对于国民基本生存权的尊重和保障。(2)政府通过大量的公共投入修建各种公共环境的无障碍设施(如盲道)，并强制企业和公共服务机构提供无障碍环境，这些能帮助残疾人更好地适应社会生活，而不是封闭在自己的住所或者医疗机构中，这为残疾人融入社会，甚至参与正常就业提供了最重要的基础条件。(3)对于有就业能力的残疾人，政府通过立法防止残疾人就业歧视、提供康复服务、加强职业技能训练、建立残疾人"庇护工厂"和强制企业接纳残疾人就业等多种方式尽可能保证他们获得工作机会，重新融入到社会中，"残而不废"已经成为当代发达的 OECD 国家对于残疾人问题理解的基本态度。

从 20 世纪 90 年代初期开始，OECD 国家就开始重视残疾人就业与残疾人社会保障的问题。本报告对大量的文献和数据资料进行了整理和研究，针对 OECD 国家残疾人就业和社会保障相关的多个方面的问题进行了定性分析，分析结论汇报如下。

(一)残疾人发生率

残疾的发生率一直在不断增长。从 2000 年至今的 10 年中，有超过半数的经济合作与发展组织国家的残疾福利领取率出现了显著的增长。2007 年 OECD 国家中工作年龄人口的人群中大约有 6%的人领取了残疾人福利，每年中那些领取了残疾人福利的申请者重新再返回到工作和就业岗位的比例低于 2%

(OECD,2009)。在大多数残疾人福利领取者中,残疾人事实上所表现出的功能就相当于是一种更高水平的提前退休的养老金。

而且残疾人福利与失业保险待遇这两种制度之间存在"替代效应"。残疾人福利领取人数不断增加的同时,申请失业保险福利的人数下降了,部分国家失业率的下降完全转化为残疾人领取率的提高,这说明这两种福利制度存在明显的替代效应。为了提高就业率,政府通常会将失业保险的申请条件设置得更为严格,但是残疾人福利则缺乏有效的改革机制而表现得更加"慷慨",因此出现了这种替代的结果。以卢森堡为例,近年来领取失业保险下降的人数基本上等于领取残疾人福利增加的人数(OECD,2009),这种趋势令人震惊。而且相对以前更高的福利申请拒绝率也说明有越来越多的人希望加入到残疾人福利申请者的行列中来。

(二)残疾人就业与津贴申请

OECD 国家为了推动残疾人就业普遍提供了残疾人就业相关的立法。残疾人就业立法的类型分为德国模式和美国模式。其中德国模式是严格规定各用人单位必须按在册职工的一定比例(德国目前是 6%)吸收残疾人就业。而美国模式则更强调依靠市场,要求各单位平等对待残疾人,让残疾人获得就业机会,例如美国《美国残疾人法案》明确要求雇工 15 人以上的企业应当向残疾人提供平等的就业机会,禁止在工作申请、雇佣、晋升、培训、薪酬、社会活动等方面歧视残疾员工(杨鹏飞,2007;杨鹏飞,2008)。但是研究发现残疾人反就业歧视法对于那些已经得到工作的具有部分劳动力的残疾人而言是有好处的,但这个法案在某种程度上妨碍了新的残疾劳动者进入劳动力市场(OECD,2009)。残疾人就业政策的规定和限制更有可能被用于保障那些已经就业的残疾人的福利和生活待遇,而无法惠及处于失业地位正在积极寻找就业机会的残疾人。

残疾人从福利制度的退出重新回到就业岗位的比例是很低的,残疾人福利有永久性特征。一旦成为残疾人福利领取者,几乎就不再可能回到劳动力市场上,数据显示每年除了死亡和转为享受退休金外只有不到 2%的人退出福利制度,其中也只有一部分重新回到劳动力市场。这种情况和残疾人康复和就业整合政策的缺陷有很大关系,大多数国家残疾人福利开支中只有 4%—7%的比重是用于残疾人就业方面的,而且长期维持在如此低的水平之上。

事实证明,激励领取残疾人救助的申请者再次回到劳动力市场的相关措施可以产生巨大的福利效果。OECD(2009)中介绍这些措施主要包含:(1)对于残疾福利享受资格的周期性检查;(2)允许福利领取者获得合理水平的就业收入而不会降低他们原来能够得到的残疾人福利待遇水平;(3)承诺如果他们不能够顺利进入劳动力市场并重新就业时可以继续享受福利的权利。这些措施促进了他们积极参与再就业的积极性,在极大的程度上改善了福利领取者的工作积极性。

正是由于上述的原因,尽管残疾人福利对于残疾人就业存在潜在的积极作用,但是实际上残疾人福利水平对于国民的实际劳动参与率的关系是很不明显的。有证据显示即使两个国家的残疾人福利水平类似,但是福利领取规模存在显著不同。例如 2005 年意大利的残疾人开支占 GDP 的比重为 1.7%,残疾人津贴领取率(劳动年龄阶段的领取福利的残疾人的数量占总人数的比重)为 3.2%;而斯洛伐克共和国 2005 年残疾人开支占 GDP 的比重也是 1.7%,但残疾人津贴领取率为 6.3%,是意大利的一倍以上。

而认为残疾人津贴的高水平导致更多的国民倾向于申请残疾人津贴的观点在一些 OECD 国家导致了降低残疾人津贴水平,以减少残疾发生率的做法。但是残疾人待遇水平下降的效果是模糊的,它不一定能减少残疾人发生率,提高国民整体的就业水平,而可能会增加其他福利津贴计划的需求。OECD(2003)发现在某些国家残疾人津贴水平的下降确实减少了残疾人津贴申请率,但是有可能增加其他津贴(例如失业津贴)的申请率。这说明当残疾人津贴待遇下降的时候,部分国民就会选择相对待遇更高的失业津贴来“替代”残疾人津贴,结果是劳动年龄人口的就业仍然没有上升,部分国民的身份仅仅是从“伤残者”变化为“失业者”。例如波兰从 2002 年到 2007 年中残疾人津贴领取率下降了 25%,而同期的失业津贴申请率也大幅度提升。但是西班牙的情况则相反,同一时期中西班牙的失业率大幅度下降的同时并没有带来残疾人津贴领取率的提高。

OECD(2007)的调研也显示失业率增加并不导致残疾津贴领取率的显著增加,但是残疾人待遇申请条件的提高则与更高的失业水平相关联。综上所述,很明显残疾人津贴待遇水平不是决定部分国民是否“选择离开正常人群”的唯一因素,必然还有其他因素也能起到关键性作用,这就使得单纯从残疾人待遇水平方面来看国民是否“选择离开正常人群”程度的发生变化是无法得到清晰一致的结论。

(三)残疾人就业与残疾人社会保障

残疾人社会保障对残疾人就业影响的“二重效应”使得大多数国家残疾人

就业的综合效果很不明显。残疾人社会保障待遇一方面为残疾人提供基本生活补贴和康复以及培训的费用,这样有助于残疾人更好的就业,这是积极效应;另一方面,OECD 国家高水平的残疾人福利待遇使得残疾人就业的积极性大幅度削弱,出现了福利替代就业的消极效果(下文中的实证研究显示,随着残疾开支占国内生产总值的比重,残疾发生率显著增加)。残疾人社会保障对就业影响的两个方面的"净效应"决定了政策的执行效果。

很明显,目前 OECD 国家中残疾人社会保障对就业影响的消极效果是超过积极效果的,所以尽管拥有工作对于社会容纳和整合来说是基础性的,但是对于患病者和残疾人来说就业机会是有限的。较高的残疾人就业率和具体的就业政策的关联度不大,尽管各国在发展和拓宽就业一体化方面已经加大了努力,但是残疾人的就业水平依然没有得到改善(OECD,2009)。

数据显示 1999 年 OECD 国家残疾人的平均就业率为 43. 2%,而经过多年的发展后,2005 年国家残疾人的平均就业率仍然处于 43%左右;而同一时期中正常人的就业水平有明显的增加,1999 年 OECD 国家正常人的平均就业率为 70. 7%,而 2005 年则提升到了 73. 7%,增加了三个百分点。以挪威为例,尽管有着较好的整体经济状况和劳动力市场环境,但是与该国在残疾人职业康复和就业培训方面的大量投资相比,其残疾人就业情况仍然差强人意(OECD,2006)。国家针对残疾人的特殊就业计划在决定残疾人就业率方面影响不大,但是在部分国家这样的计划对重度残疾人的就业起到了至关重要的作用(OECD,2003)。

残疾人社会保障的管理模式对于就业影响非常重要。残疾人康复和残疾人就业支持在某些国家是分割运行的,例如卢森堡,当康复部门和就业支持部门之间的信息沟通补偿,协作能力不良的时候就会出现问题。康复部门是上游部门,康复的方式和效果对于下一个阶段的就业支持有直接的决定作用,所以康复部门应当与就业支持部门信息沟通,资源共享才可以更好地实现"以提升再就业能力为导向的康复过程"。而在实际中,如果康复部门和就业支持部门之间的联系不畅通,合作关系薄弱化就会出现"易康复、难就业"的不良情况。这样的典型案例发生在卢森堡和西班牙,残疾津贴开支一直处于比较高的水平,各个负责康复和就业支持的部门之间薄弱的合作关系是两国残疾人失业率增加的原因之一。很多 OECD 国家已经开始重视管理模式的问题,通过推行经办机构之间的一体化操作使其在管理残疾人福利工作方面的效率显著得到提高,这种一体化包括将具有类似功能的公共事业单位进行合并,建立用于管理改善和创新的公共基金和其他很多用于加强政协管理机构联系的措施等。很多OECD成员国家使用的"一站式"(one-stop-shop)管理流程取得了很大的成绩。(OECD,2009)

而且,需要加强残疾人社会保障制度设计来解决个人从病假离职转为长期残疾的程度。数据显示长期请病假的人更有可能加入到长期的残疾人福利者中。在很多的经济合作与发展组织国家中存在着比较大的长期病假比重。经过了相当长的病假离职期以后50%—90%的人会成为领取残疾人福利者,总体而言,病假离职程度和残疾人福利领取程度之间有非常显著的正相关的统计关系,两者之间的相关系数超过了0.6。所以减少病假离职能够降低劳动者成为长期的残疾人的概率,政府的早期和及时的病假管理干预是非常重要的。政府建立疾病信息控制和管理数据库,及时监控病假申请的情况,这种早期的监控措施可以在一定的程度上防止那些次患有较轻微疾病症状的劳动者最后转化为残疾人的长期福利领取者(OECD,2009)。

政府需要加强对雇主责任的监督和管理,以降低残疾的发生水平。企业的消极做法严重影响了残疾人就业发展的进程,一些雇主通过把一部分欲裁减的员工转化为长期的病假离职者,并最终转化为残疾人福利领取者而实现某种程度和形式的早期退休,以此来达到企业自身发展的目的(OECD,2009)。但是这种发展的代价是更大的社会福利成本,从整个经济系统比较而言,企业的这种行为是无效率的。为了杜绝这种情况的发生,监管部门需要去强化雇主在病假离职待遇方面的缴费责任,并且针对该企业过去的病假离职发生的情况进行相应的奖惩。

(四)残疾人就业收入状况与财政负担

残疾人对福利津贴的高度依赖性是造成残疾人收入水平长期无法提高的重要原因。残疾人的个人收入主要依赖于他们的工作状态(OECD,2003),无法参与正规就业导致残疾人收入低下,例如从1996年到2006年波兰残疾人就业率从24.8%下降到17.6%,同一时期中残疾人的收入水平明显下降(OECD,2006)。

而且贫困问题(特别是相对贫困)更容易发生在残疾人群体中,这可能是因为残疾人津贴对残疾人就业的消极作用所致。一方面,由于伤残者对津贴的偏好,导致其实际就业程度很低;另一方面,很多国家的残疾评估程序和残疾津贴制度都与是否就业有显著的关系,当伤残者就业的时候就会大幅度削减其福利待遇,这其实形成了"贫困陷阱",即使伤残者就业也会因为其福利待遇的相应下降而无法改善其实际的生活境况，这点在澳大利亚、卢森堡、西班牙和英国这四国的体现很明显(OECD,2007)。

由于残疾人无法通过就业获得正常的工资收入，一味地依赖福利待遇使得残疾人基本生活水平可以得到保证(消除了绝对贫困的问题)，但是与社会的平均生活水平而言总是有很大的差距，这就是导致残疾人中相对贫困广泛的根本原因。典型的例子就是澳大利亚，该国残疾人的就业率过低导致残疾人的收入状况不断下降。2005 年 OECD 国家的平均残疾人就业率 43.1%，而澳大利亚的残疾人就业率只有 39.8%；2005 年 OECD 国家平均的残疾人与正常人的相对就业率(残疾人就业比重与正常人就业比重之商)是 58.5%，而澳大利亚的相对就业率只有 50%。

残疾人对福利的高度依赖性所造成其过低的就业水平导致财政的负担不断增加。OECD(2003)通过对 1990 年 19 个 OECD 成员国残疾人就业状况的调研发现这些国家中残疾人的就业率普遍较低，因此福利津贴在残疾人收入保障方面发挥了重要作用。由于残疾群体的大规模劳动力市场排斥和残疾群体对医疗津贴的广泛依赖性导致 OECD 国家社会保障体系开支压力巨大，2005 年 OECD 国家平均的残疾人社会开支占 GDP 的比重为 2.3%，其中瑞典的水平最高为 5.6%，墨西哥的水平最低为 0.068%，日本的水平为 0.7%，而韩国的水平为 0.56%。总体而言，残疾人社会开支水平占 GDP 的比重随着国家的财富水平(用人均 GDP 为代表)的提高而呈现增长的趋势。

对数据进行相关分析显示，残疾人社会开支水平与残疾人的发生率之间的相关性很明显，其相关系数为 0.5036；而残疾人社会开支水平与残疾人就业之间的相关性就弱一些，其相关系数为 0.2009。OECD 国家中残疾人福利开支占国家社会开支的比重平均为 10%，在部分国家甚至达到了 25%的高水平。而且由于残疾人福利有持久性的特点，所以在未来支出比重有进一步提高的可能性(OECD,2009)。

(五)残疾人就业与经济增长

经济增长并不必然带动残疾人就业。这来自两个方面的原因：首先是经济增长所带来的“替代效应”。随着经济的高速增长，一个国家劳动者的工作质量和工作形式发生明显的改变，越是经济发达的国家，对于劳动者就业所需要的人力资本的要求就会越高，也就是就业需要的技能和素质的要求越高，而且国内劳动力市场的竞争也越激烈。这样的条件下残疾人在就业的时候由于自身的竞争弱势更容易被正常劳动者所“替代”。其次是经济增长形成的“收入效应”，随着经济的发展，国民的生活质量明显提高，相应地残疾人福利待遇也水涨船高，由于申请成为残疾人以后的福利待遇很优厚，所以增强了国民对于残疾人待遇的需要，同时也减少了残疾人通过自身努力再就业的积极性。

这种替代形成了很显著的残疾人劳动力市场的排斥，使得更多的残疾人依赖原来残疾人津贴。最典型的例子来自丹麦、芬兰、爱尔兰和荷兰这四个国家。其中丹麦和芬兰的残疾人对于残疾人津贴的依赖非常强烈，而爱尔兰即使在过去有较高水平的经济增长，残疾人的就业率却一直在下降，荷兰的情况更严重，由于该国残疾人就业水平低，更多地依靠政府提供的福利使得政府在疾病和残疾津贴方面的巨额开支成为财政的巨大挑战（OECD，2008）。

而来自澳大利亚、卢森堡、西班牙和英国四国的数据显示，当经济增长低迷的时候，残疾人津贴领取率是呈现增长的趋势的，而当经济复苏或者积极增长的时候，残疾人津贴领取率却没有对应的下降趋势（OECD，2007）。这说明残疾人津贴领取率有棘轮效应，很容易提升，而要使之下降却非常困难。而且更有证据表明虽然经济高速增长背景下政府对于残疾人就业事业给予了更多重视，但是实际上残疾人的就业情况并没有增加而且甚至表现出了下降的趋势（OECD，2009）。

更严重的问题是随着经济的不断发展，教育和就业市场的竞争压力导致更多人罹患精神问题残疾，精神问题残疾人的就业能力难以提升。资料显示残疾人群体的结构随着时间而发生了很大的改变，现在与精神健康相关的疾病导致的残疾福利申请的数量大幅度地上升了，从 OECD 国家的平均水平来看，最近时期中新增加的残疾福利领取者中精神问题致残的人占到总领取者的 30%以上，与十多年前相比，精神问题导致的残疾人数量几乎翻了一倍，而分年龄段的残疾人统计数据显示精神残疾更多是发生在较为年轻的残疾人群体之中。精神方面疾病的残疾人的就业水平要比患有其他类型疾病的残疾人要低 30%—50%（OECD，2009）。这可能与在生产的诸多部门中对劳动者技能要求日益提高有很密切的关系，单纯的体力劳动在现代生产过程中所占的比重在不断下降，这使得那些因为精神方面疾病而无法掌握一定的技术能力的残疾人很难从事正常的工作。

三、OECD国家残疾人就业和社会保障关系的定量研究

在上一章定性分析的基础上，本章将利用研究过程中所搜集到的大量的OECD国家的宏观数据（具体数据资料和来源见本报告的附表）进行定量研究。首先是以OECD国家1999年和2005年的样本数据为分析对象进行描述统计研究，主要包括各国宏观经济数据、残疾人口数、残疾人就业数据和残疾社会保障开支等相关数据。其次利用计量经济学进行推断因果研究，通过建立实证分析模型研究OECD各国残疾人就业与社会保障关系，重点研究残疾人就业与残疾社会保障开支的关系、残疾津贴领取率和残疾发生率的影响因素等，为更为准确地分析OECD国家残疾人就业和社会保障的关联提供明确的实证研究依据。

（一）OECD国家社会经济发展、残疾人就业和社会保障情况的描述统计分析

1.OECD国家的社会经济发展情况

关于各国的社会经济发展情况主要考察四个发展指标。人均国内生产总值，反映国家的经济发展水平。经验告诉我们经济发展水平高的国家有更雄厚的经济实力来推动本国的残疾人社会保障的发展。社会支出比是指一国总的社会支出占该国国内生产总值的比例。社会支出水平的高低能从宏观层面看出一国政府对公共事业的财政支持程度，在残疾人事业的发展方面尤其如此。国民失业率能从整体上反映一个国家的经济运行情况，并且我们依据一国国民整体的失业率的数据能够看出残疾人就业发展的状况和前景。人类发展指数，该指数从动态上对人类发展状况进行了反映，揭示了一个国家的优先发展项，为世界各国尤其是发展中国家制定发展政策提供了一定依据，从而有助于挖掘一国经济发展的潜力。

（1）人均国内生产总值。研究数据库收集了共30个OECD国家按10亿欧元计价的60个（1999年和2005年）GDP数据，人均国内生产总值是用一国GDP比上该国总人口得到，其分布情况如图2所示。数据库内OECD人均GDP的平均值1999年为约2263欧元，2005年为约2988欧元；1999年各国人均GDP数值多数集中在2000欧元到3000欧元的区间，2005年各国人均GDP数值多数集中在3000—4000欧元的区间，百分比分别为53.3%和50%。

（2）社会支出比。根据图2，我们可以看出，1999年社会支出占GDP的比重

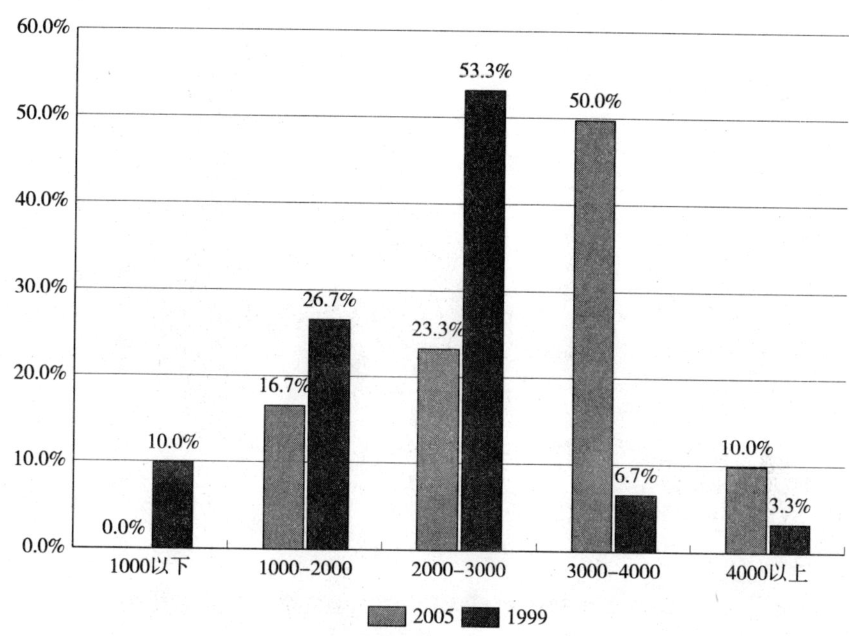

图 2　2005 年和 1999 年 OECD 国家人均国民生产总值

在 10%以下的有两个国家，相应的比例为 6. 7%；比重在 10%—20%和 20%—30%的国家均有 14 个，所占比例均为 46. 7%；2005 年的这三个比例段所对应的国家数目的比例分别为 6. 9%、34. 5%和 58. 6%。两个年份大部分国家的社会支出占 GDP 的比例在 10%—30%的范围内。

（3）国民失业率。从表 1 可以看出，1999 年和 2005 年的国民失业率均集中在 5%—10%的范围内，国家的比例分别为 43. 3%和 50. 0%；在失业率为 10%—15%的范围内，1999 年在此范围内的国家比例为 16. 7%，而 2005 年仅为 6. 7%，后者比前一年份低了 10 个百分点；失业率处于较高阶段的 15%—20%的国家比例，两个年份具有较为相近的水平。

（4）人类发展指数。人类发展指数（HDI，Human Development Index）是由联合国开发计划署在《1990 年人文发展报告》中提出的用以衡量联合国各成员国经济社会发展水平的指标，它弥补了单纯地使用国内生产总值指数的不足。人类发展指数从动态上对人类发展状况进行了反映，揭示了一个国家的优先发展项，从而为客观评价各国的发展水平提供了科学的依据，也为本研究提供了重要的研究变量。

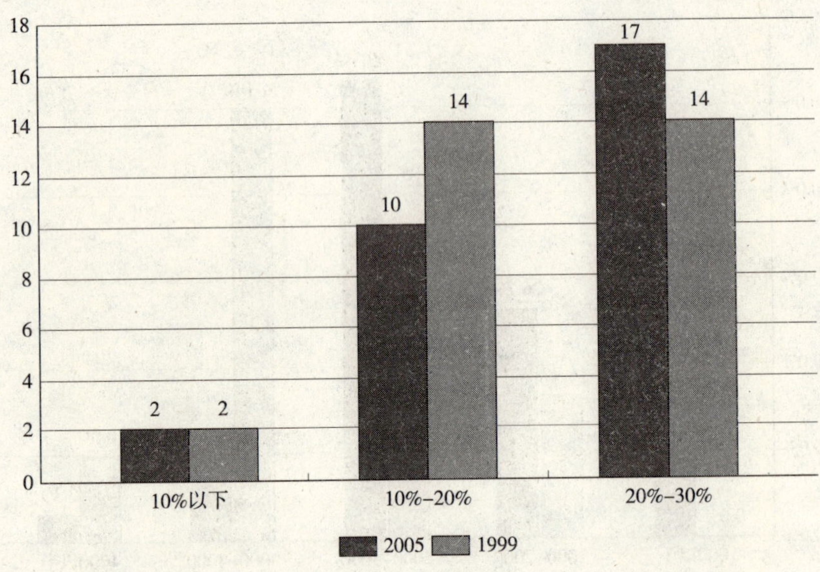

图 3　2005 年和 1999 年 OECD 国家社会支出占 GDP 的比重

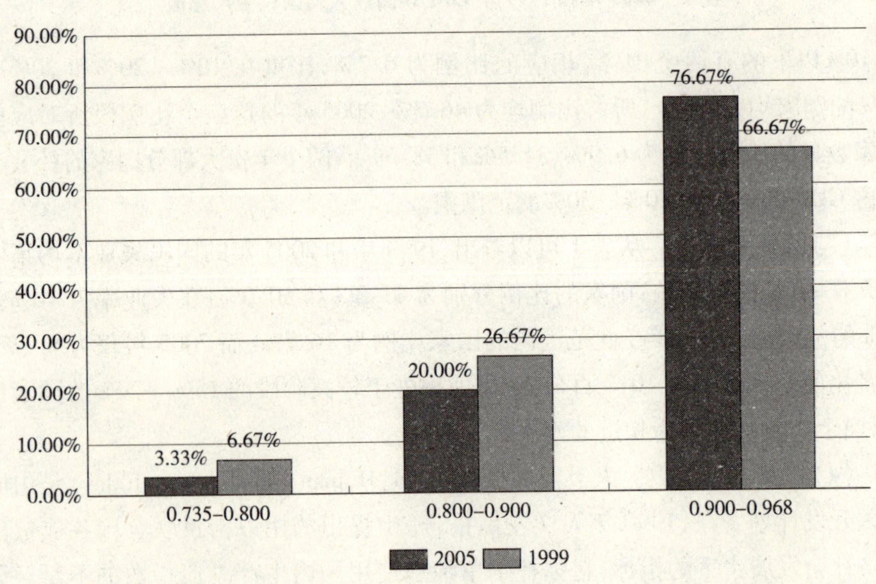

图 4　2005 年和 1999 年 OECD 国家人类发展指数分布

表1　2005年和1999年OECD国家国民失业率比例分布

国民失业率	2005年		1999年	
	国家个数	百分比	国家个数	百分比
5%以下	11	36.7%	10	33.3%
5%—10%	15	50.0%	13	43.3%
10%—15%	2	6.7%	5	16.7%
15%—20%	2	6.7%	2	6.7%

人类发展指数为从0—1之间的一个数值。通过对数据库中30个OECD国家1999年和2005年两个年份的数据分析得出：大部分国家的人类发展指数处于0.900—0.968之间，两个年份的国家比分别为66.67%和76.67%；只有个别国家的人类发展指数处于0.735—0.800之间。两个年份对照比较可以得出，2005年OECD国家中人类发展指数处于0.900—0.968之间的国家比例要高于1999年。并且从单个国家数据两个年份的比照，每个国家的人类发展指数在2005年都要高于1999年。OECD国家中总体上有较高的人类发展指数，并且该指数从1999年到2005年有整体提高的趋势。

2.OECD国家的人口发展情况

关于各国的人口发展情况主要考察三个发展指标。经济活动人口（15—64岁人口），这一指标能反映一国劳动力市场状况。85岁以上老年人口比重，这个指标能反映一个国家的老龄化程度。因为老年人口在健康方面相对是一个弱势群体，所以老年人口在一国总人口中的比重对一国残疾人口的多少会有某种影响。出生时的预期寿命，这个指标反映了一个国家的社会发展水平，预期寿命的延长在一定程度上反映出该国公民的生活质量。

（1）经济活动人口。根据数据库里的数据我们得到图5，简单来说，两个年份各国经济活动人口占总人口的比例较多的集中在65%—70%，比例均为83.3%。而经济活动人口比在70%—75%的范围内，2005年的比例和1999年相应的比例分别为13.3%和3.3%，前者比后者要高十个百分点，这可以反映出全球范围内各国的老龄化现象。

（2）85岁以上老年人口比重。从下图中可以看出30个OECD国家在1999和2005两个年份85岁以上老年人口比重分别集中在1%—25%的比例区间，相应的百分比分别为70%和56.7%，这个统计结果再次验证了OECD国家整体上

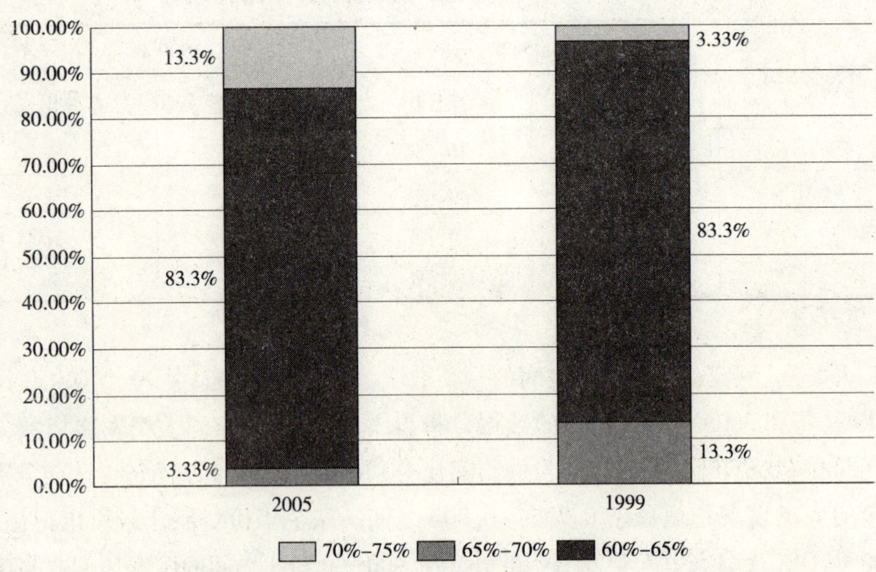

图 5 2005 年和 1999 年 OECD 国家经济活动人口比

的老龄化现象。一般来说,老年群体中残疾的发生率要高于年轻群体,85 岁以上老年群体中的残疾人已经没有就业的可能性,该群体也同样分享国家针对残疾人指定的特殊权益和待遇,那么从有限的各种保障待遇的角度看,85 岁以上老年人口比重有可能影响到有能力就业的残疾人对权益的享受,因此 85 岁以上老年人口比重也应该成为反映社会保障待遇和残疾人就业情况的重要变量。

(3)出生时的预期寿命。这个指标反映了一个国家的社会发展水平,预期寿命的延长在一定程度上反映出该国公民的生活质量。从下面的数据分析表可以看出,1999 年和 2005 年两个年份相比较,OECD 国家的大部分国家人口出生时预期寿命均有提高的趋势。其中,处于 80—88 岁的年龄区间内,1999 年 30 个 OECD 国家中仅有日本(出生时预期寿命为 80. 5 岁)一个国家,在 2005 年处在该年龄区间的国家有 10 个,两个年份此年龄区间的国家比例由 3. 3%上升为 33. 3%。从统计数据来看,每个国家的人口预期寿命都有所提高。

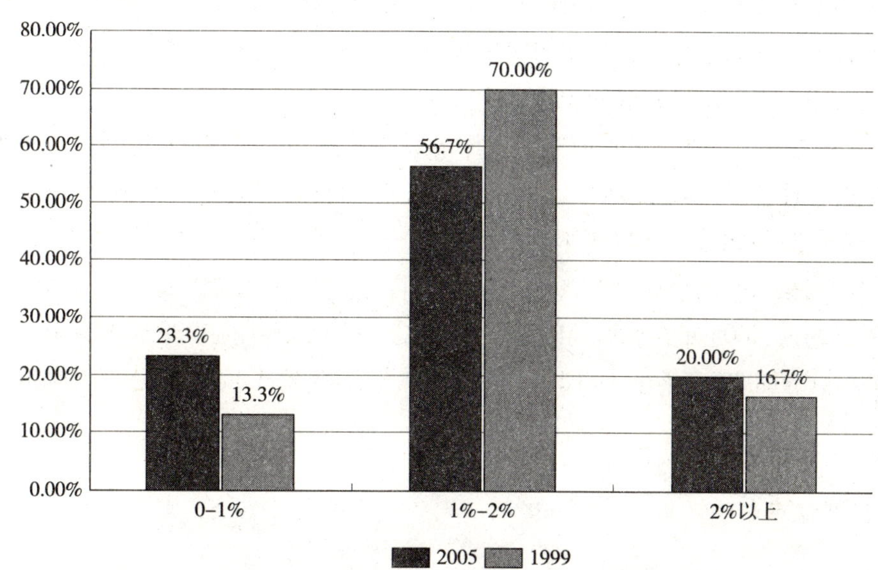

图6　2005年和1999年OECD国家85岁以上老年人口比

表2　2005年和1999年OECD国家人口出生时预期寿命比例分布

出生时预期寿命	2005年		1999年	
	国家个数	百分比	国家个数	百分比
69—75	2	6.7%	7	23.3%
75—80	18	60.0%	22	73.3%
80—88	10	33.3%	1	3.3%

3.OECD国家的残疾人人口特征和就业情况

关于各国的残疾人口就业情况主要考察三个发展指标。残疾发生率，这个指标反映了一个国家残疾人口占总人口的比重，一国残疾人口的多少对一国残疾人开支有着直接影响，所以残疾人发生率的作用尤为关键。残疾人就业率，这个指标反映了一个国家的残疾人的就业水平，残疾人就业对于残疾人群体本身而言，由良好的就业环境和积极的就业政策带来的较高的残疾人的就业率，无论是从精神层面还是从物质层面对残疾群体都会有积极的正向影响，因此残疾人就业率的高低在一定程度上反映出该国残疾公民的就业质量和整体生活质量。残疾人津贴领取率，反映了某个国家残疾津贴项目的实施程度，一国残疾人服务状况如何和残疾人政策的实施情况相联系可以从残疾津贴的领取率来看，一般来说较高的领取率意味着该国的残疾政策的实施较为富有成效，同时残疾津贴的领取率也反映残疾人群的权益保障情况。

(1)残疾发生率。依据研究数据库的相应数据，我们简单地得到残疾人发生率的统计情况，如图7所示，整体上看来，30个OECD国家在1999年和2005年两个年份内的残疾人发生率均集中10%—20%的比例区间内，该区间内两个年份的国家的比例分别为63%和50%。我们观察到，在残疾人发生率为20%以上的区间内，2005年在此区间的国家百分比为23%，相应的1999年的百分比为10%。这表明2005年度OECD国家残疾人发生率处于较高程度的国家数目增多。

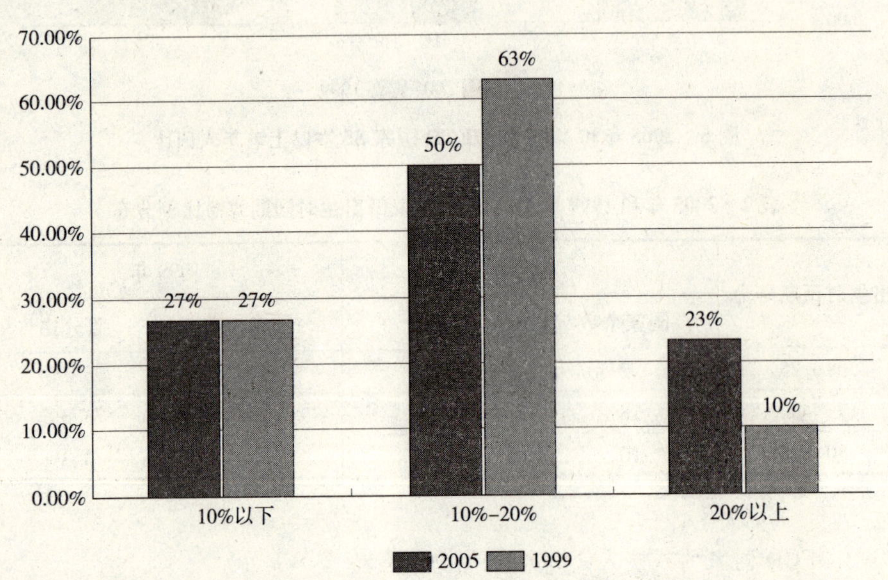

图7　2005年和1999年OECD国家残疾发生率

(2)残疾人就业率。如图8所示，在这两个年份残疾人就业率在40%—50%的比例区间内的国家数量最多，1999年和2005年两个年份在此区间内所占的百分比分别为50.0%和39.3%；在就业率为50%—60%的区间内，1999年和2005年两个年份相应的国家数目所占的百分比大致相当，分别为20.8%和21.4%。

(3)残疾人津贴领取率。残疾人津贴的领取率是指残疾津贴领取人数占20—64岁人口总数的比例，是解释残疾人社会保障状况的一个重要指标。如图

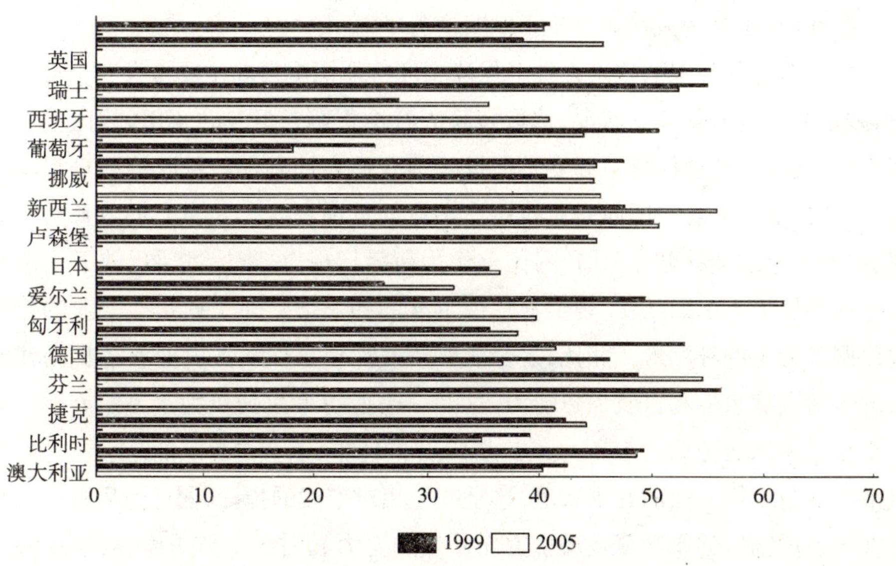

图 8　2005 年和 1999 年 OECD 国家残疾人就业率

9 所示，OECD 各国残疾津贴的领取率处于较低的水平。其中处于 5%以下的国家比例较大，而残疾津贴领取率在 10%—15%的比例区间内的国家数目较少，1999 年和 2005 年两个年份国家分别仅为 1 个和 3 个。

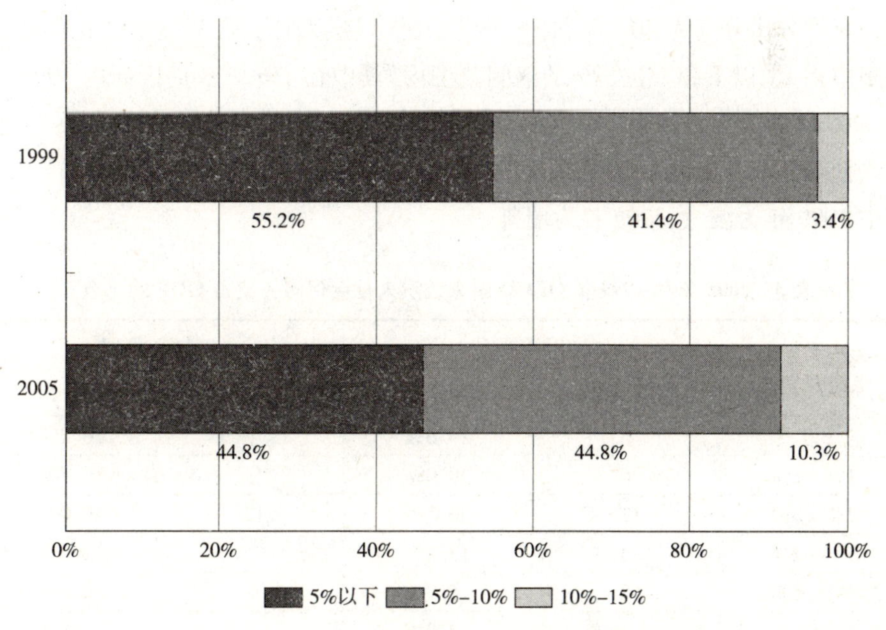

图 9　2005 年和 1999 年 OECD 国家残疾津贴领取率

4.OECD 国家的残疾人社会保障制度特征

关于 OECD 各国的残疾人社会保障制度特征情况目前主要考察三个特征变量:残疾人社会保障开支状况,选取残疾人社会保障总开支占 GDP 的比重为考察变量,残疾人社会保障总开支是衡量一国残疾人社会保障状况的最直观的指标,从总体上反映着一国政府对残疾人事业的重视程度。残疾人现金补贴的情况,选取残疾现金补贴占 GDP 的比重作为衡量指标,该指标主要反映了一国残疾人社会保障支出的结构,现金补贴占主导的补贴形式对于残疾人就业的作用与以服务为主的补贴形式相比,是否能够较好地促进残疾人就业或者提高残疾人的生活保障水平和自我保障能力,这是一个值得考察的较为重要的方面。第三个变量是激活劳动力市场的开支占 GDP 的比重,该变量反映的是一国总体在激活劳动力市场方面的开支状况,这是一个相对宏观的指标,同样能反映一国政府在为公民创造的积极就业环境方面做出的努力和财政支持力度,对于残疾人就业方面的社会保障状况而言同样是一个较为重要的考察指标。

(1)残疾人社会保障开支占 GDP 的比重。根据所构建的研究数据库提供的数据,我们得到下面的统计表格。表 3 较为详细地描述了各国残疾人社会保障开支的状况。总体上看,1999 年和 2005 年两个年份 OECD 各国残疾人社会保障开支占 GDP 的比重较多的集中在 2%—3%的区间范围内,两个年份相对应的国家百分比分别为 40. 0%和 36. 7%。其次残疾人社会保障支出的比例较多的集中在 1%以下和 1%—2%的区间范围内,其中在 1%—2%的区间内 1999 年和 2005 年两个年份的国家百分比分别是 16. 7%和 20%。在所统计的数据中,残疾人社会保障开支占 GDP 比重在 5%以上的国家在两个年份中分别只有一个。其中 1999 年为波兰,2005 年为瑞典。

表 3　2005 年和 1999 年 OECD 国家残疾人社会保障开支占 GDP 的比重

残疾人社会保障开支比	2005 年		1999 年	
	国家个数	百分比	国家个数	百分比
1%以下	6	20. 0%	6	20. 0%
1%—2%	6	20. 0%	5	16. 7%
2%—3%	11	36. 7%	12	40. 0%
3%—4%	4	13. 3%	3	10. 0%
4%—5%	2	6. 7%	3	10. 0%
5%以上	1	3. 3%	1	3. 3%

(2)残疾人现金补贴占 GDP 的比重。从下图中可以较为清晰地看出在 1999 年和 2005 两个年份中 30 个 OECD 国家残疾人现金补贴占 GDP 的比重情况。具体而言,较多的国家残疾人现金补贴的比重处在 2%—3%的水平,1999 年和 2005 年的国家百分比分别是 41.4%和 34.5%;其次是残疾现金补贴比在 1%—2%的水平,两个年份的在该区间内的国家百分比分别是 20.7%和 34.5%。

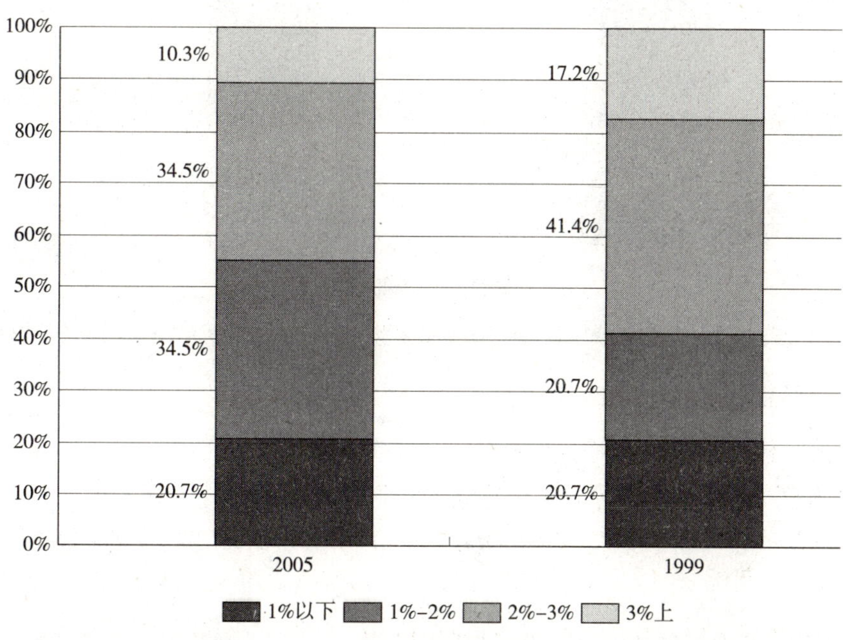

图 10　2005 年和 1999 年 OECD 国家残疾现金补贴占 GDP 的比重

(3)激活劳动力市场开支占 GDP 的比重。下图较为清晰地反映了 1999 年和 2005 年两个年份 30 个 OECD 国家激活劳动力市场的开支占 GDP 的比重情况。总体上看两个年份相差不大。其中比重为 0—1%的区间范围内 1999 年和 2005 年两个年份的国家百分比分别为 76.9%和 84.6%,在此区间的国家占大多数;而在 1%—2%的比例区间的国家百分比分别是 23.1%和 15.4%,但从百分比上看,OECD 国家残疾人 2005 年激活劳动力市场开支总体补贴情况不如 1999 年。

(二)残疾人就业和社会保障之间实证关系研究

下面利用上述描述统计数据,建立四个实证模型,分析变量之间的推断因果

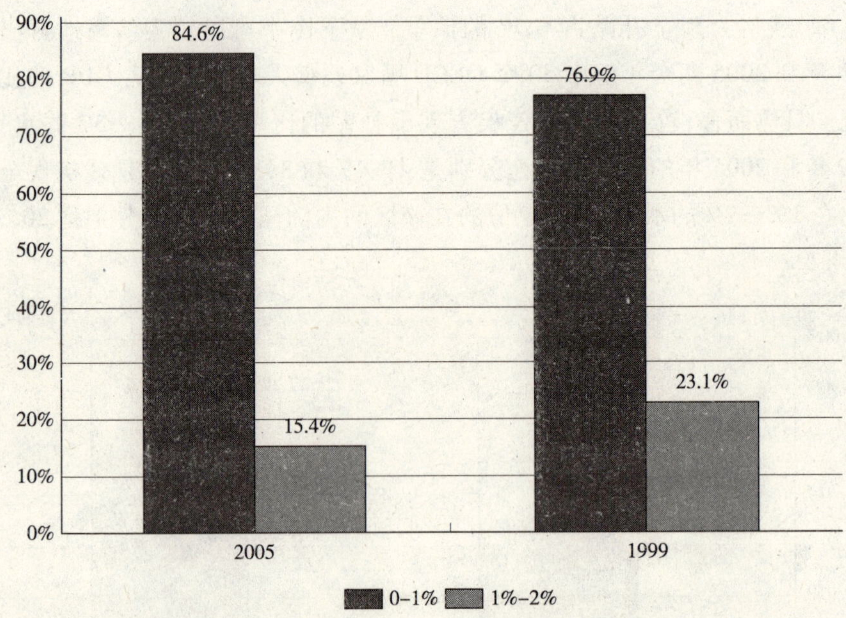

图 11　2005 年和 1999 年 OECD 国家激活劳动力市场开支占 GDP 的比重

关系，并对推断结果进行显著性检验。

实证模型 1：残疾人社会保障开支对残疾人就业影响模型

为反映残疾社会保障开支对残疾人就业率的影响，建立如下实证模型：

$$DE_{it} = \alpha_i + \beta_1 \cdot DEG_{it} + \beta_2 \cdot DEG^2{}_{it} + \beta_3 \cdot DN_{it} + \beta_4 \cdot GDP_{it} + \beta_4 \cdot TER_{it} + \varepsilon_{it}$$

其中：

DE 代表各国残疾人口的就业率（单位：%）；

DEG 代表各国残疾开支占该国国内生产总值的比例（单位：%）；

DEG^2 代表各国残疾开支占该国国内生产总值比例的二次项；

DN 代表各国残疾人口的数量（单位：人）；

GDP 代表各国国内生产总值（单位：10 亿欧元）；

TER 代表各国国民整体就业率（单位：%）；

i 是 OECD30 个成员国的国家代码，取值范围为 1—30；

t 是各观测值的年度时间代码，取值范围为 1999 年和 2005 年。

表 4　实证模型 1 中变量的描述统计特征

变量名称	样本数	均值	标准差	最小值	最大值
国家代码	60	15. 5	8. 72	1	30
年份	60	0. 5	0. 50	0	1
残疾人就业率	52	43. 13	8. 72	17. 6	61. 3
残疾开支占 GDP 比重	60	2. 37	1. 32	0. 1	5. 6
残疾开支比重二次项	60	7. 35	7. 371	0. 01	31. 36
国内生产总值	54	773. 0	1759. 1	8	12364
国民整体就业率	60	92. 82	3. 65	81. 96	98. 07

模型变量的观测数均为 60 个(其中变量残疾人的就业率的观测数为 52 个,各国的国内生产总值的观测数为 54 个)。1999 年和 2005 年两个年份中 30 个 OECD 国家中,残疾人的平均就业率为 43. 13%,其中 2005 年波兰残疾人就业率最低,为 17. 6%;2005 年冰岛残疾人就业率最高,为 61. 3%。

表 5　实证模型 1 中回归结果汇报

变量	估计系数和显著性
残疾开支占国内生产总值的比重	19. 09 *
	(2. 73)
残疾开支占国内生产总值的比重的二次项	-2. 31 *
	(-2. 57)
残疾人口的数量	0. 00
	(1. 22)
各国国内生产总值	-. 0012
	(-0. 17)
国民整体就业率	0. 943 *
	(2. 03)
R-square	0. 574
样本数量	47

注:括号中为估计量的 t 值。“ * ”表示该估计值在 95%置信水平上条件显著。

最终的回归结果显示,在控制了各国残疾人口的数量及各国国内生产总值之后,残疾开支占国内生产总值的比重及其二次项都通过了变量显著性检验,并且他们的偏回归系数估计值前者为正,后者为负,所以在保持其他条件不变的前提下 OECD 国家残疾人的就业率与残疾开支占国内生产总值的比重之间存在着倒“U”形的关系，即存在着一个经验的最优残疾开支占国内生产总值的比重值使得残疾人就业率实现最大化，根据计算可知这一经验最优值在 4. 131%左右。

依据这一最优经验值，结合样本变量统计情况，通过对比我们可以看出，1999 年瑞典(4. 896%)、挪威(5. 049%)、波兰(5. 642%)，2005 年瑞典(5. 602%)的残疾开支占国内生产总值的比重大于最优经验值，其他国家在两个年份的残疾开支占国内生产总值的比重均低于推算的最优经验值，尤其是 1999 年土耳其(0. 370%)、墨西哥(0. 078%)、韩国(0. 359%)，2005 年土耳其(0. 21%)的残疾开支均处于较低水平。由此可以得出，少数国家在残疾开支方面面临着收缩残疾开支的政策选择，而大多数国家在残疾开支方面的投入偏低，故需要加大残疾开支的投入力度，提高残疾人就业水平。

实证模型 2：残疾人开支水平的因素分析

为反映残疾社会保障开支的影响因素的趋势和水平，建立如下实证模型：

$$DEG_{it} = \alpha + \beta_1 DP_{it} + \beta_2 RER_{it} + \beta_3 AGDP_{it} + \beta_4 OLD_{it} + \varepsilon_{it}$$

其中：

DEG_{it} 代表各国残疾开支占该国国内生产总值的比例(单位：%)；

DP_{it} 代表各国残疾人数量占该国 20—64 岁人口的比重(单位：%)；

RER_{it} 代表各国残疾津贴的领取者占该国 20—64 岁人口的比重(单位：%)；

$AGDP_{it}$ 代表人均国内生产总值的数量(单位：1000 欧元)；

OLD_{it} 代表各国 65 岁以上人口数量(单位：人)。

表 6　实证模型 2 中使用的变量的描述统计特征

变量名称	样本数	均值	标准差	最小值	最大值
残疾开支占 GDP 比重	60	2. 37	1. 32	0. 1	5. 6
残疾发生率	60	14. 22	6. 18	3	32. 2
残疾津贴领取率	58	5. 62	2. 68	0. 1	12. 3
各国人均国内生产总值	60	2625. 5	1068. 8	780. 5	6880. 3
各国 65 岁以上人口数量	60	5108. 8	7697. 0	32	36752

模型变量的观测数均为 60 个(其中变量残疾津贴领取率的观测数为 58 个)。1999 年和 2005 年两个年份中 30 个 OECD 国家中，各国残疾开支占国内生产总值的比重的平均值为 2. 37%，其中 1999 年和 2005 年墨西哥残疾开支占

国内生产总值的比重最低，均为 0.1%；2005 年瑞典和 1999 年波兰的这一开支比例最高，均为 5.6%。

最后的回归估计结果见表 7。最终的回归估计结果显示，在参与回归的预测变量中，所有变量对 OECD 国家残疾开支都有影响，并且这种影响在统计学上是显著的。4 个变量中有 3 个变量系数为正，表明这 3 个变量对 OECD 国家残疾开支的影响是正向的，系数越高，变量越重要，其影响程度越大；有 1 个变量系数为负，表明这一个变量对 OECD 国家残疾开支的影响是负向的，系数越低，变量越重要，其影响程度越大。

残疾津贴领取率的增长情况对 OECD 国家残疾开支的影响最大，残疾津贴领取率越高的国家，残疾开支占国内生产总值的比重越大，平均而言，残疾津贴领取率每提高 1 个百分比，残疾开支占国内生产总值的比重上升 0.23 个百分比；残疾发生率对残疾开支具有显著稳健的正向影响；各国人均国内生产总值对残疾开支有显著的正向影响，说明人均产值越大，残疾开支的投入力度也会加大；各国 65 岁以上人口比重对残疾开支有负向影响，而 65 岁以上群体又是残疾的多发群体，可以推断老年残疾人口因残疾等原因退出就业市场之后，会向其他保障计划转移，如国家普惠型老年保障制度或老年退休制度。

表 7　实证模型 2 中回归分析结果

变量	估计系数和显著性
残疾发生率	0.0457 *
	(2.20)
残疾津贴领取率	0.234 *
	(3.63)
各国人均国内生产总值	0.0002 *
	(2.40)
各国 65 岁以上人口数量	-0.000 *
	(-4.22)
R-square	0.5703
样本数量	58

注：括号中为估计量的 t 值。“ * ”表示该估计值在 95%置信水平上条件显著。

实证模型 3：残疾人津贴领取水平的分析模型

为分析残疾津贴领取所受到的影响因素的趋势和水平，建立如下实证模型。

$$RER_{it} = \alpha + \beta_1 DP_{it} + \beta_2 AGDP_{it} + \beta_3 DEG_{it} + \beta_4 DER_{it} + \varepsilon$$

其中:

RER_{it} 代表各国残疾津贴的领取者占该国 20—64 岁人口的比重(单位:%);

DP_{it} 代表各国残疾人数量占该国 20—64 岁人口的比重(单位:%);

$AGDP_{it}$ 代表人均国内生产总值的数量(单位:1000 欧元);

DEG_{it} 代表各国残疾开支占该国国内生产总值的比例(单位:%);

DER_{it} 代表各国残疾人口的就业率(单位:%);

ε 为随机误差项。

表 8 实证模型 3 中使用的变量的描述统计特征

变量名称	样本数	均值	标准差	最小值	最大值
残疾津贴领取率	58	5.627	2.68	0.1	12.3
残疾发生率	60	14.225	6.18	3	32.2
各国人均国内生产总值	60	2625.5	1068.8	780.5	6880.3
残疾开支占 GDP 比重	60	2.376	1.32	0.1	5.6
残疾人就业率	52	43.13	8.72	17.6	61.3

模型变量的观测数均为 60 个(其中变量残疾人的就业率的观测数为 52 个,各国残疾津贴领取率的观测数为 58 个)。1999 年和 2005 年两个年份 30 个 OECD 国家中,残疾人津贴领取率的平均值为 5.63%,其中 1999 年韩国残疾津贴领取率最低,为 0.1%;1999 年匈牙利残疾津贴领取率最高,为 12.3%。最后的回归估计结果如下所示:

表 9 实证模型 3 中回归分析结果

变量	估计系数和显著性
残疾发生率	0.1147 *
	(3.10)
各国人均国内生产总值	0.0001
	(0.08)
残疾开支占国内生产总值的比重	1.207 *
	(6.73)
残疾人就业率	-0.049 *
	(-2.14)

续表

变量	估计系数和显著性
R-square	0. 6089
样本数量	52

注:括号中为估计量的 t 值。“ * ”表示该估计值在 95%置信水平上条件显著。

最终的回归估计结果显示,在参与回归的预测变量中,其中三个变量对 OECD 国家残疾津贴领取率有影响,并且这种影响在统计学上是显著的。三个变量中有两个变量系数为正,表明这两个变量对 OECD 国家残疾开支的影响是正向的,系数越高,变量越重要,其影响程度越大;有一个变量系数为负,表明这一个变量对 OECD 国家残疾开支的影响是负向的,系数越低,变量越重要,其影响程度越大。

OECD 国家残疾开支的增长情况对残疾津贴领取率的影响最大,OECD 国家残疾开支越高的国家,残疾津贴领取越高,这显示一国残疾津贴制度越慷慨,就越会增加残疾群体对残疾津贴的依赖度;残疾发生率对残疾津贴领取率具有显著的正向影响,残疾发生率越高的国家,残疾津贴的领取率也随之越高;各国残疾人就业率对残疾津贴领取率有负向影响,残疾人就业率越高,残疾津贴领取率越低,这说明残疾人就业状况的改善,具体表现为残疾人就业率的提高会减少残疾人士对残疾津贴制度的依赖度,相比在残疾津贴方面的残疾支出而言,各国对残疾人就业的投入会收到更好的效果。

实证模型 4:OECD 国家残疾发生率影响因素分析

为反映残疾发生率的影响因素的定量关系,现建立如下实证模型:

$$DP_{it} = \alpha + \beta_1 AGDP_{it} + \beta_2 EPT_{it} + \beta_3 DEG_{it} + \beta_4 DER_{it} + \beta_5 LE_{it} + \varepsilon$$

其中:

DP_{it} 代表各国残疾人数量占该国 20—64 岁人口的比重(单位:%);

$AGDP_{it}$ 代表人均国内生产总值的数量(单位:1000 欧元);

EPT_{it} 代表各国 85 岁以上老年人口占总人口的比重(单位:%);

DEG_{it} 代表各国残疾开支占该国国内生产总值的比例(单位:%);

DER_{it} 代表各国残疾人口的就业率(单位:%);

LE_{it} 代表各国人口出生时的预期寿命(单位:岁);ε 为随机误差项。

表 10　实证模型 4 中使用的变量的描述统计特征

变量名称	样本数	均值	标准差	最小值	最大值
残疾发生率	60	14. 22	6. 18	3	32. 2
各国人均国内生产总值	60	2625. 5	1068. 8	780. 5	6880. 3
85 岁以上老年人口比重	60	1. 511	0. 79	0. 2	5. 9
残疾开支占 GDP 的比重	60	2. 371	1. 32	0. 1	5. 6
残疾人就业率	52	43. 132	8. 72	17. 6	61. 3
出生时的人口预期寿命	60	77. 738	2. 95	69	87. 4

上述模型变量的观测数均为 60 个(其中变量残疾人的就业率的观测数为 52 个)。1999 年和 2005 年两个年份中 30 个 OECD 国家中,残疾发生率的平均值为 14. 22%,其中 1999 年韩国残疾发生率最低,为 3. 0%;2005 年芬兰残疾发生率最高,为 32. 2%。

表 11　实证模型 4 的回归分析结果

变量	估计系数和显著性
各国人均国内生产总值	-. 00036
	(-0. 63)
各国 85 岁以上老年人口占总人口的比	1. 988 *
	(2. 68)
残疾开支占国内生产总值的比重	1. 911 *
	(3. 41)
残疾人就业率	0. 092
	(1. 10)
出生时的人口预期寿命	-0. 123
	(-0. 26)
R-square	0. 3240
样本数量	52

注:括号中为估计量的 t 值。“ * ”表示该估计值在 95%置信水平上条件显著。

最终的回归估计结果显示,在参与回归的五个预测变量中,其中三个变量的系数为正,并且其中两个变量的这种影响在统计学上是显著的,表明这三个变量对 OECD 国家残疾开支的影响是正向的,系数越高,变量越重要,其影响程度越大。另外两个变量中的系数为负,表明这两个变量对 OECD 国家残疾开支的影响是负向的,系数越低,变量越重要,其影响程度越大。

OECD 国家残疾开支占国内生产总值的比重对残疾发生率的影响最大,残疾开支占国内生产总值的比重越高的国家,残疾发生率就越高;各国 85 岁以上老年人口占总人口的比重对各国残疾人发生率有显著的正向影响,即 85 岁以上老年人口占总人口的比重越大,残疾发生率越高,平均而言,85 岁以上老年人口占总人口的比重提高一个百分比,残疾发生率将提高 1.99 个百分比;残疾人就业率对残疾发生率也存在正向影响,残疾人就业率的提高并不会降低残疾的发生率,这反映了在残疾人就业的不良状况反而会增加残疾发生率;另外,各国人均国内生产总值对残疾人发生率有微弱负向影响,这说明各国人均国内生产总值越大,即各国经济发展水平的改善,残疾发生率越低;同时各国出生时的人口预期寿命越长,即一国人口预期寿命的延长反映一国整体人口状况的改善,残疾发生率越低。

四、OECD 研究的启示和建议

(一)OECD 国家残疾人就业与社会保障关系研究对中国的启示

(1)客观认识残疾人是一种特殊的人力资源。残疾人具有与正常人不同的人力资本,管理者应当充分认识到这个特殊群体所具有的创造性,从而可以发现在某些领域中雇用残疾人的成本低于非残疾人。所以需要政府和企业管理者从最大化开发人力资源的角度对残疾人就业潜能进行充分的发掘。政府应当认识到具有部分就业能力的残疾人对于劳动力市场所能够作出的贡献,并开始关注他们大多能够参与哪种形式的就业,而且开始加大对于企业的约束和管理,使企业也认识到雇佣残疾人的积极作用。

(2)经济增长并不必然带动残疾人就业。这来自两个方面的原因:首先是经济增长所带来的"替代效应"。其次是经济增长形成的"收入效应",随着经济的发展,国民的生活质量明显提高,相应地残疾人福利待遇也水涨船高,由于申请成为残疾人以后的福利待遇很优厚,所以增强了国民对于残疾人待遇的需要,同时也减少了残疾人通过自身努力再就业的积极性。

(3)过高的残疾人社会保障福利待遇对残疾人就业有"二重效应"的影响。一方面,为残疾人提供基本生活补贴和康复以及培训的费用,这样有助于残疾人更好的就业,这是积极效应;另一方面,OECD 国家高水平的残疾人福利待遇使得残疾人就业的积极性大幅度削弱,出现了福利替代就业的消极效果。但是国家针对残疾人的特殊就业计划即使在决定残疾人就业率方面影响不大,但是在部分国家这样的计划对重度残疾人的就业起到了至关重要的作用。

(4)残疾人对福利津贴的高度依赖性一方面是造成残疾人收入水平长期无法提高的重要原因;另一方面其过低的就业水平导致财政的负担不断增加。一方面,由于伤残者对津贴的依赖,导致其实际就业程度很低;另一方面,很多国家的残疾评估程序和残疾津贴制度都与是否就业有显著的关系,当伤残者就业的时候就会大幅度削减其福利待遇,这其实形成了“贫困陷阱”,即使伤残者就业也会因为其福利待遇的相应下降而无法改善其实际的生活境况。而且由于残疾群体的大规模劳动力市场排斥和残疾群体对医疗津贴的广泛依赖性导致 OECD 国家社会保障体系开支压力巨大。

(5)残疾人社会保障的管理模式对于就业的影响的至关重要。残疾人康复和残疾人就业支持在某些国家是分割运行的,在实际中由于缺乏康复部门和就业支持部门之间的联系补偿,合作关系薄弱化就会出现“易康复、难就业”的不良情况。而且激励领取残疾人救助的申请者再次回到劳动力市场的相关措施事实证明可以产生巨大的福利效果。这些措施促进了他们积极参与再就业的积极性,在极大的程度上改善了福利领取者的工作积极性。

(二)中国与 OECD 国家残疾人就业的对比及建议

与 OECD 国家残疾人相比,我国残疾人就业有一个明显的差异,也就是我国残疾人就业率远高于 OECD 国家,但是我国残疾人收入水平却远低于 OECD 国家的平均水平。具体对比见表 12。

表 12 中国残疾人收入和就业率对 OECD 国家的对比

2005 年	残疾人比重	正常人收入	残疾人收入	收入比	就业率
城镇	25%	11321	4864	43%	39%
农村	75%	4631	2260	49%	80%
全国平均				47%	70%
OECD 国家				85%	43%
差距				−38%	+27%

上述数据显示了我国目前残疾人就业和收入状况与 OECD 国家平均水平的

差异，在就业率方面我国残疾人的平均就业率高于 OECD 国家平均水平 27 个百分点，而残疾人相对收入水平（残疾人相对于正常人的收入比重）却比 OECD 国家的平均水平要低 38 个百分点。这种巨大的反差可能来自两个方面的原因。一方面是我国的残疾人福利保障待遇相比 OECD 国家要低很多，这点可以从两者在残疾人相关社会开支占 GDP 的比重上的差异来解释，例如 2002 年我国含残疾人福利在内的民政福利支出为 25 亿元，只占当年 12 万亿的 GDP 的 0.023%，考虑到残疾人领取的最低生活保障待遇等福利，①这个比重也不会超过 GDP 的 0.2%。同一时期 OECD 国家残疾人福利开支占 GDP 的比重平均为 2.32%，几乎是我国水平的 10 倍，过低的福利保障待遇影响了我国残疾人相对收入水平的提高。

另一方面的原因可能来自我国残疾人就业质量不高的原因。例如 2005 年中国就业的残疾人中在国家机关和事业单位工作的比例不超过 0.73%，工农业技术人员和管理者的比重不超过 3.7%，而超过 77%的残疾人从事的是农、林、牧、渔、水利业的生产工作。就业质量低与残疾人教育水平低是有直接关系的。2006 年残疾人第二次全国普查显示 15 岁及以上残疾人的文盲率高达 43%，具有高中和大学学历的残疾人数量仅为 500 万人，仅占残疾人总量的 6%。

造成中国与 OECD 国家残疾人就业和收入问题如此大差距的原因主要由于中国目前在制度政策、资源配置和文化认知三个方面存在的社会排斥现象严重，导致了中国残疾人就业质量低、就业模式落后的现状（潘光丽，2007）。中国残疾人就业率低，就业结构不合理（张新瑾，2008），和各级政府和用人单位的责任不明确有直接关系，目前在立法、服务体系和社会服务观念等问题上与发达国家有很大的差距（徐芳芳和朱妍君，2010）等都是解释这一差异的原因。

所以为了提升中国残疾人就业质量必须首先破解严重的社会排斥问题，需要建立政府层面的责任体系，利用公共投入来加大残疾人教育和培训投入（陈方正和王玮，2007），开发公益性岗位的同时，要明确用人单位的雇主责任，要求企业切实履行社会责任，从多方面促进残疾人就业问题的解决（赵晓芳，2009）。

① 中国低保待遇水平相对很低。2010 年全国城市低保对象共有 2300 多万人，农村低保对象 5100 多万人，总计为 7400 万人。全年城乡低保资金支出将超过 900 亿元，2010 年中国的 GDP 水平为 39.8 万亿，低保开支占 GDP 的比重为 0.23%。

参考文献

孔娟:《加拿大的社会福利》,《社会福利》2002 年第 10 期。

孔娟:《澳大利亚的社会福利》,《社会福利》2003 年第 5 期。

郑功成:《社会保障学》,中国劳动社会保障出版社 2005 年第 7 期。

沈培建:《加拿大的残疾人平等就业实践及其启示》,《中国残疾人》2007 年第 3 期。

中国残联教育就业部:《国外残疾人就业立法情况概述》,《中国残疾人》2007 年第 4 期。

李莉、邓猛:《近现代西方残疾人社会福利保障的价值理念及实践启示》,《中国特殊教育》2007 年第 6 期。

杨鹏飞:《残疾人就业立法何以参照德国模式》,《社会观察》2007 年第 8 期。

杨伟国、陈玉杰:《美国残疾人就业政策的变迁》,《美国研究》2008 年第 2 期。

林广华:《西欧三国残疾人保障制度的特点及其对我国的启示》,《中国发展观察》2008 年第 3 期。

杨伟国、代懋:《中国残疾人就业的政策支持》,《教学与研究》2008 年第 3 期。

杨中强:《国内外残疾群体就业政策措施分析与思考》,《管理现代化》2008 年第 3 期。

廖娟:《残疾人就业政策:国际经验及对我国的启示》,《人口与经济》2008 年第 6 期。

徐建:《OECD 成员国的残疾人就业政策及其启示》,《黑龙江对外经贸》2009 年第 6 期。

赵永生:《澳大利亚残疾人福利政策》,《社会福利》2009 年第 8 期。

Blanck, Peter David (1996), "Implementing the Americans with Disabilities Act: 1996 follow-up report on Sears," *Roebuck and Co. Spine* 21(13): 1602–1608.

Bound, J(1989), "The health and earnings of rejected disability insurance applicants", *American Economic Review*, Vol. 79, pp.482–503.

Bound, J and Burkhauser, R V(1999), "Economic analysis of transfer programs for people with disabilities", in Ashenfelter, O and Card, D(eds), *Handbook of labor economics*, Vol. Amsterdam: Elsevier Science.

Bound, J and Waidmann, T (1992), "Disability transfers, self-reported health, and the labor force attachment of older men: evidence from the historical record", *Quarterly Journal of Economics*, Vol. 107(4), pp.1,393–419.

Brian Bell and James Smith (2004), "Health, disability insurance and labour force participation", *Bank of England* 2004.

Gruber, J (2000), "Disability insurance benefits and labor supply", *Journal of Political Economy*, Vol. 108(6), pages 1,162–183.

Lakdawalla, D, Bhattacharya, J and Goldman, D (2001), "Are the young becoming more disabled", *NBER Working Paper No.*8247.

Nickell, S.J.andBell, B (1996), "Changes in the distribution of wages and unemployment across the OECD", *American Economic Review*, Vol. 86(2), pp.302–308.

OECD (1992), *Employment Policies For People With Disabilities: Report By An Evaluation Panel*, 1992.

OECD (2003), *Coping with the Pension Crisis—Where Dose Europe* Stand OECD Statistical and Analytical Information on Ageing, 2003.

OECD (2003), Disabilityprogrammers in need of reform, 2003.

OECD (2003), *Transforming Disability into Ability-Policies to Promote Work and Income Security for Disabled People*, 2003.

OECD (2007), "New Way Of Addressing Partial Work Capacity", in OECD Thematic Review On Sickness, *Disability and Work Issues Paper And Progress Report*, 2007.

OECD (2007), *Thematic Review On Reforming Sickness And Disability Policies to Improve Work Incentives-Country Note: Denmark*, 2007.

OECD (2008), *Employment Outlook, 2008.*

OECD (2009), *Employment Outlook 2009: Tackling the Jobs Crisis, 2009.*

OECD (2009), *Sickness, Disability and Work Keeping On Track In The Economic Downturn High-Level Forum, Stockholm*, 2009.

研究数据附表

附表 1 OECD 国家社会经济发展数据

国家英文名称	国家中文名称	人均 GDP①		社会支出比②		国民失业率③		人类发展指数④	
		1999	2005	1999	2005	1999	2005	1999	2005
Australia	澳大利亚	2628.0	3416.7	17.0	17.1	7.0	5.1	0.936	0.962
Austria	奥地利	2701.1	3352.8	26.9	27.2	3.7	5.2	0.921	0.948
Belgium	比利时	2528.8	3204.9	26.0	26.4	8.7	8.1	0.935	0.946
Canada	加拿大	2713.5	3507.5	16.7	16.5	7.6	6.8	0.936	0.961
Czech	捷克	1431.2	2036.6	19.5	19.5	8.7	8.0	0.844	0.891
Denmark	丹麦	2693.5	3321.4	26.6	27.1	5.2	4.9	0.921	0.949
Finland	芬兰	2369.6	3069.0	25.7	26.1	10.2	8.4	0.925	0.952
France	法国	2429.0	3055.5	29.0	29.2	11.8	8.9	0.924	0.952
German	德国	2513.8	3137.9	26.3	26.7	8.5	11.3	0.921	0.935
Greece	希腊	1703.2	2492.8	19.2	20.5	12.0	9.8	0.881	0.926
Hungary	匈牙利	1131.2	1695.9	21.1	22.5	7.0	7.2	0.829	0.874
Iceland	冰岛	2863.2	3500.9	15.4	16.9	1.9	2.7	0.932	0.968
Ireland	爱尔兰	2601.2	3883.2	14.1	16.7	5.8	4.4	0.916	0.959
Italy	意大利	2419.8	2835.1	23.3	25.0	11.5	7.8	0.909	0.941
Japan	日本	2424.2	3031.2	16.1	18.6	4.9	4.6	0.928	0.953
Korea	韩国	1504.7	2134.2	6.3	6.9	6.6	3.9	0.875	0.921
Luxembourg	卢森堡	4907.5	6880.3	20.4	23.2	2.4	4.5	0.924	0.944
Mexico	墨西哥	920.7	1241.8	5.7	7.4	2.6	3.6	0.79	0.829
New Zealand	新西兰	2692.8	3510.4	20.5	20.9	3.5	5.1	0.913	0.943
Netherland	荷兰	1992.5	2471.7	19.6	18.5	6.9	3.8	0.931	0.953
Norway	挪威	2980.1	4730.6	23.6	21.6	3.2	4.7	0.939	0.968
Poland	波兰	999.6	1378.6	21.6	21.0	12.8	18.0	0.828	0.87

① 人均国内生产总值由各国当年国内生产总值比总人口数得到，以 1000 欧元为单位，以 2000 年国际欧元实际汇率计价，各国国内生产总值和总人口数，数据来自 OECD 社会经济数据库。http://www.oecd.org/document/24/0,3343,en_2649_34637_2671576_1_1_1_1,00.html#data。

② 社会支出比：一国所有社会支出占该国当年 GDP 的比重，单位：%，数据来自 OECD 总数据库 http://stats.oecd.org/Index.aspx? QueryName=254&QueryType=View。

③ 国民失业率：指 15—64 岁年龄段人口的整体失业率，单位：%。

④ 数据来自 http://hdr.undp.org/en/。其中 1999 年的数据来自 *Human Development Report 2001*；2005 年的数据来自 *Human Development Report 2007/2008*。

续表

国家英文名称	国家中文名称	人均GDP		社会支出比		国民失业率		人类发展指数	
Portugal	葡萄牙	1611.3	2063.0	18.3		4.6	8.1	0.874	0.897
Sl-Republic	斯洛伐克	1040.4	1617.4	18.5	16.6	16.4	16.2	0.831	0.863
Spain	西班牙	1982.4	2737.7	20.3	21.2	15.7	9.2	0.908	0.949
Sweden	瑞典	2580.1	3229.8	29.8	29.4	7.2	7.8	0.936	0.956
Switzerland	瑞士	3012.4	3573.4	18.6	20.3	3.1	4.5	0.924	0.955
Turkey	土耳其	780.5	1084.1	13.2	13.7	7.9	10.5	0.735	0.775
UK	英国	2424.9	3268.4	19.1	21.3	6.0	4.7	0.923	0.946
United states	美国	3302.8	4183.3	14.5	15.9	4.3	5.1	0.934	0.951

附表2　OECD国家人口发展指标

国家英文名称	国家中文名称	15—64岁人口比①		65岁以上人口比		85岁以上人口比		出生时预期寿命②	
		1999	2005	1999	2005	1999	2005	1999	2005
Australia	澳大利亚	66.8	67.3	12.3	12.9	1.3	1.5	78.7	80.9
Austria	奥地利	67.6	67.8	15.5	16.2	1.8	1.6	77.7	79.4
Belgium	比利时	65.7	65.6	16.7	17.2	1.8	1.7	77.9	78.8
Canada	加拿大	68.1	69.2	12.5	13.1	1.3	1.5	78.5	80.3
Czech	捷克	69.4	71.1	13.8	14.1	1.2	0.9	74.3	75.9
Denmark	丹麦	66.8	66.1	14.9	15.1	1.8	1.8	75.9	77.9
Finland	芬兰	66.9	66.7	14.8	15.9	1.5	1.6	77.2	78.9
France	法国	65.1	65.1	15.9	16.5	2.1	1.9	78.1	80.2
German	德国	67.8	66.9	16.8	19.2	2.0	1.7	77.3	79.1
Greece	希腊	67.9	67.3	16.3	18.3	1.3	1.3	78.0	78.9
Hungary	匈牙利	68.0	68.8	14.9	15.7	1.3	1.2	70.7	72.9
Iceland	冰岛	65.1	66.2	11.5	11.7	1.2	1.3	78.9	81.5
Ireland	爱尔兰	66.5	68.3	11.3	11.1	1.1	1.1	76.1	78.4

① 这里的人口比重均指该年龄段人口数占总人口的百分比，单位：%，数据来自OECD总数据库http://stats.oecd.org/Index.aspx? QueryName=254&QueryType=View。

② 单位：岁，数据来自：Society at a Glance 2009：OECD Social Indicators-OECD 2009-ISBN 9789264049383。

续表

国家英文名称	国家中文名称	15—64岁人口比		65岁以上人口比		85岁以上人口比		出生时预期寿命	
Italy	意大利	68.0	66.5	17.4	19.3	2.1	2.1	78.2	80.3
Japan	日本	68.5	66.1	16.7	20.2	1.8	2.3	80.5	82.3
Korea	韩国	71.7	71.7	6.9	9.1	0.4	0.5	74.3	77.9
Luxembourg	卢森堡	66.8	67.3	14.3	14.1	1.5	1.3	77.0	78.4
Mexico	墨西哥	60.9	63.5	4.6	5.2	0.4	0.4	72.2	75.6
New Zealand	新西兰	67.9	67.5	13.5	14.2	1.4	0.3	77.2	79.8
Netherland	荷兰	65.5	66.4	11.7	12.0	1.2	5.9	77.9	79.2
Norway	挪威	64.7	65.6	15.4	14.7	1.9	2.1	78.1	79.8
Poland	波兰	68.0	70.3	12.0	13.2	0.9	0.9	72.8	75.2
Portugal	葡萄牙	67.8	67.4	16.1	17.0	1.4	1.4	75.2	77.7
Sl-Republic	斯洛伐克	68.5	71.5	11.4	11.7	1.0	0.8	72.8	74.2
Spain	西班牙	68.4	68.8	16.6	16.7	1.7	1.9	78.1	80.5
Sweden	瑞典	64.2	65.3	17.8	17.3	2.3	2.5	79.3	80.5
Switzerland	瑞士	67.4	68.0	15.7	15.9	2.0	2.0	78.6	81.3
Turkey	土耳其	64.4	65.7	5.3	5.9	0.3	0.2	69.0	87.4
United K	英国	65.0	66.1	15.8	16.0	1.9	1.9	77.2	79.0
United states	美国	66.0	67.1	12.5	12.4	1.5	1.7	76.5	77.9

附表 3　OECD 国家残疾人特征数据

国家英文名称	国家中文名称	残疾人发生率①		残疾人就业率②		残疾津贴领取率③	
		1999	2005	1999	2005	1999	2005
Australia	澳大利亚	12.8	20.0	41.9	39.8	4.2	5.4
Austria	奥地利	13.0	12.8	48.9	48.3	4.9	4.6
Belgium	比利时	10.9	18.4	38.6	34.4	4.8	6.0
Canada	加拿大	16.1	11.5	41.8	43.7	4.3	4.3
Czech	捷克	20.2	20.2		40.9	6.8	7.1
Denmark	丹麦	18.6	19.9	55.7	52.3	7.4	7.2
Finland	芬兰	22.9	32.2	48.4	54.1	10.0	8.5
France	法国	15.8	24.6	45.9	36.3	4.0	4.9
German	德国	18.1	11.2	52.4	41.0	4.2	4.6
Greece	希腊	8.2	10.3	35.0	37.5	4.2	4.6
Hungary	匈牙利	11.4	11.3		39.2	12.3	12.1
Iceland	冰岛	5.6	6.9	49.0	61.3	4.9	6.1
Ireland	爱尔兰	10.9	11.0	25.7	31.9	5.2	6.3
Italy	意大利	7.1	6.6	34.9	36.0	3.2	3.2
Japan	日本	8.4	5.0			1.9	2.0
Korea	韩国	3.0	4.6	43.9	44.7	0.1	1.5
Luxembourg	卢森堡	16.4	11.7	49.7	50.2	7.2	4.9
Mexico	墨西哥	7.0	9.0	47.2	55.4	0.7	0.7
New Zealand	新西兰	20.0	20.0		45.0	2.4	3.8
Netherland	荷兰	18.8	25.4	40.2	44.5	9.4	8.3
Norway	挪威	16.7	16.4	47.1	44.7	7.7	10.3

① 此处的残疾人发生率分为两部分：1990s 是指一国残疾人数占 20—64 岁人口的比重，数据来自 *Transforming Disability into Ability*：*Policies to Promote Work and Income Security for Disabled People OECD 2003*；2000s 的残疾人发生率是指一国残疾人数占该国 16—64 岁人口的比重，取自 Eurostat，2003.单位：%。

② 残疾人就业率指残疾群体中，处于工作年龄段（20—64 岁）的就业残疾人口占残疾人口总数的比例，单位：%，数据来自 OECD 总数据库 http://stats.oecd.org/Index.aspx? QueryName = 254&QueryType = View。

③ 残疾津贴领取率是指残疾津贴领取人数占一国 20—64 岁人口的比例，单位：%，数据来自 OECD 总数据库 http://stats.oecd.org/Index.aspx? QueryName = 254&QueryType = View。

续表

国家英文名称	国家中文名称	残疾人发生率		残疾人就业率		残疾津贴领取率	
Poland	波兰	14.5	9.3	24.8	17.6	9.2	7.2
Portugal	葡萄牙	19.0	20.1	50.2	43.5	6.5	4.7
Sl-Republic	斯洛伐克	8.2	20.2		40.4	6.7	6.3
Spain	西班牙	11.3	8.7	27.0	34.9	3.1	3.8
Sweden	瑞典	20.6	19.9	54.6	51.9	8.2	10.8
Switzerland	瑞士	14.6	9.7	54.8	52.1	3.7	5.4
Turkey	土耳其	7.5	12.5				
United K	英国	18.2	27.2	38.0	45.3	7.0	7.0
United states	美国	10.7	10.4	40.4	39.9	4.7	5.9

附表 4　OECD 国家残疾人社会保障制度相关开支特征数据

国家英文名称	国家中文名称	残疾总开支比①		残疾现金津贴比②		激活劳动力市场开支比③	
		1999	2005	1999	2005	1999	·2005
Australia	澳大利亚	2.6	2.4	2.1	1.9	0.4	0.4
Austria	奥地利	2.6	2.4	2.5	2.1	0.5	0.6
Belgium	比利时	2.9	2.3	2.0	1.9	1.2	1.2
Canada	加拿大	1.0	0.9	1.0	0.9	0.4	0.3
Czech	捷克	2.5	2.4	2.3	2.2	0.2	0.2
Denmark	丹麦	3.8	4.3	2.6	3.0	1.9	1.6
Finland	芬兰	4.1	3.8	3.3	2.9	0.9	0.9
France	法国	2.1	1.9	1.6	1.7	1.2	0.9

① 残疾开支占国内生产总值比重反映了 OECD 各成员国的残疾开支水平,此处的残疾开支是指与残疾相关的社会总开支水平,包括现金和实物形式的福利开支,是用以衡量 OECD 各成员国残疾人社会保障投入力度的重要指标数据来自 OECD 总数据库 http://stats.oecd.org/Index.aspx? QueryName=254&Query Type=View,单位:%。

② 残疾现金津贴比是指一国残疾开支中以现金形式支付的残疾津贴占该国国内生产总值的比例(In percentage of Gross Domestic Product,At constant prices(2000)in national currency,数据来自 OECD 总数据库 http://stats.oecd.org/Index.aspx? QueryName=254&QueryType=View,单位:%。

③ 激活劳动力市场开支比是指一国用于激活劳动力市场的公共开支,不仅仅是针对残疾人,而是面向全体国民(Public expenditure on active labour market policies % of GDP),单位:%。

续表

国家英文名称	国家中文名称	残疾总开支比		残疾现金津贴比		激活劳动力市场开支比	
German	德国	2.0	1.9	1.5	1.3	1.2	0.9
Greece	希腊	0.9	0.9	0.8	0.8		
Hungary	匈牙利	2.6	2.8	2.4	2.6	0.4	0.3
Iceland	冰岛	1.9	2.7	1.2	1.7		
Ireland	爱尔兰	1.3	1.6	1.2	1.5	0.8	0.6
Italy	意大利	1.7	1.7	1.6	1.7		0.6
Japan	日本	0.8	0.7	0.6	0.6	0.3	0.2
Korea	韩国	0.4	0.6	0.3	0.4	0.4	0.1
Luxembourg	卢森堡	3.4	3.3	2.8	2.3		0.5
Mexico	墨西哥	0.1	0.1	0.1	0.1	0.1	
New Zealand	新西兰	4.0	3.6	3.8	3.4	1.5	1.3
Netherland	荷兰	2.6	2.9	2.6	2.9	0.5	0.4
Norway	挪威	5.0	4.4	4.1	3.6	0.6	0.7
Poland	波兰	5.6	2.7	5.5	2.7	0.2	0.4
Portugal	葡萄牙	2.3	2.5	2.2		0.6	0.7
Sl-Republic	斯洛伐克	2.3	1.7	2.1	1.5	0.3	0.3
Spain	西班牙	2.3	2.5	2.2	2.3	0.8	0.8
Sweden	瑞典	4.9	5.6	3.5	3.7	1.8	1.3
Switzerland	瑞士	2.8	3.3	2.1	2.5	0.6	0.8
Turkey	土耳其	0.4	0.2	0.3	0.2		
United K	英国	2.5	2.4	2.3	2.0	0.2	0.4
United states	美国	1.1	1.3	1.1	1.3	0.2	0.1

中篇　欧 美 篇

第六章　瑞典的残疾人福利制度*

瑞典位于斯堪的纳维亚半岛东南部，东临波罗的海，东北与芬兰毗连，西与挪威接壤，南部与丹麦隔海相望。在自然地理上属于北欧。面积约45万平方公里，拥有890万人口，是个典型的地广人稀的国家。瑞典科技发达，工业生产技术先进，对外贸易活跃，特别是商船产量位居世界前列，是个外向型经济十分活跃的工业化国家。

瑞典是世界上最平等的国家之一，也是世界上贫困水平最低的国家之一，在联合国"人类发展指数"排行榜上一直名列前茅。其社会福利体系以高税收和高生活水平著称，教育免费，医疗保健费用低廉，育儿机构普遍，街道整洁……与欧洲大陆的其他国家相比，瑞典的社会保障制度具有更强的"普遍性"和建立在普遍性基础上的"高水平性"。残疾人基本上被纳入福利保障体系，在享受普通国民应当享有的各种福利保障待遇的同时，还受到特殊的保护与扶持，真正地实现了"一般保障"与"特殊保障"相结合。正因为如此，有人称瑞典为"残疾人的天堂"。

一、瑞典残疾人福利制度的发展

（一）瑞典社会保障制度的发展

瑞典是福利资本主义的"橱窗"。"瑞典模式"或者说"中间路线"背后的驱动力是社会民主党和工会，其平等主义有着悠久的历史。1938年，由工人和雇主联合会双方达成的《萨尔斯巴登协议》(*Saltsjöbaden*)是瑞典社会福利保障体系构建过程中的一个重要里程碑，为延续至今的劳资关系定下了基调，体现了合

---

* 作者：谢琼，中国社会科学院欧洲研究所博士后、副教授。

作和相互尊重的精神。

瑞典福利保障制度萌发于19世纪中期颁布的《济贫法》,赋予了公民接受救济的权利。1901年,工伤保险首次立法,1913年议会又通过了《老年和残疾年金法》,成为瑞典社会保障发展史上第一个比较完备的社保项目法规。之后的1934—1939年期间,瑞典政府又相继制定了《失业保险法》、《家庭补贴法》和《妇女就业法》等法律法规,形成了以社会保险为主体的社会保障体系。

20世纪40年代起,在英国《贝费里奇报告》的直接影响下,瑞典社会政策有了重大突破,并朝着"福利国家"方向发展。一方面进一步确立起"公民权利、普遍性和统一性"的福利国家原则;另一方面又新增加了大量的社会福利项目。1955年通过的《社会救助法案》取代了《济贫法》;20世纪60年代,完善福利标准,实行年金"指数化",并制定科学的分类标准。至此,瑞典作为当时世界最富有的三个国家之一,几乎无人失业,福利水平持续提高,让每个人"从摇篮到坟墓"都能享受福利。

1973年的石油危机标志着瑞典福利水平持续提高的终结。20世纪70年代以来,瑞典开始对现有社会福利项目进行调整和改革,意在寻求新的筹资方式和资金来源,充分发挥社保项目的作用和效率,而使瑞典的社会福利体制更加适应新形势发展的需要。两翼政党虽然在争斗中对一些福利项目作了削减和调整,但基本结构没有改变。

尽管瑞典人为维持自己所珍视的社会福利体系仍然缴纳很高的税款,但瑞典已不再是世界上课税最重的国家。现在,"瑞典模式"依然是"橱窗",只是不像以前那样照顾到一切。"瑞典模式"可分为两个部分:一是由养老保险、失业保险等组成的社会保险制度,二是由政府提供的各种免费和低费的社会服务和公共消费项目,如教育、托儿所、老年住宅等。

(二)瑞典残疾人福利制度的发展

瑞典虽然没有一部综合性的残疾人保障法,但有关维护残疾人权益的规定都体现在了各相关法律之中,包括以上提到的有关社会保障的一系列法律,残疾人的生活、医疗、教育和工作都能在法律上获得保障,并随着从"摇篮到坟墓"福利制度的不断完善,瑞典残疾人的各项权利不断得到更可靠的保障。

1977年由瑞典国会通过后又历经无数次修改的《工作环境法》(*the Work Environment Act*,AML)要求雇主改善工作环境,并在每个工作场所采取妥当的措施对某些雇员减轻工作强度和进行职业康复,使重病和残疾雇员尽可能地回到工作岗位。

1982年制定和实施的《社会服务法》，对国家为残疾人提供哪些社会服务、如何申请社会服务、提供社会服务的部门和机构等均做了明确规定。该法的受益人不仅仅是残疾人，也包括儿童、老年人等。

联合国于1993年发布的《联合国残疾人机会均等标准规则》，希望全球关注残疾人对平等权利和机会均等的渴求。该准则已成为瑞典残疾人政策的奠基石。

1994年，瑞典颁布了作为其他法律补充的《特定功能障碍人士援助服务法》（LSS），旨在为各种残疾人士提供更多独立生活的机会，确保他们拥有平等的生活条件，全面参与社会生活，是一部人权法。根据此法规定，援助的形式可以是日常生活的个别援助、咨询、提供享受特殊服务的住房、或为有残疾儿童的家长提供帮助。该法仅适用于特定的残疾人群体。不属于该法保障范围的人群可根据《社会服务法》向其所在的市政当局寻求帮助。同时，根据此法，残疾人获得了个别援助的权利。对于有广泛残疾的人群，这代表了一种革命。他们所获得的援助开创了他们过去不曾有过的机会，他们可以自己决定日常生活中的各项事务以及在家管理他们的学习和工作。

1994年通过的《残疾人巡视官法》，建立了由残疾人巡视官任主席并主管工作的特别咨询委员会，主要对和残疾人权利和利益相关的事务进行监督，并确保残疾人全面参与社区生活和享有平等的生活条件。按照《残疾人巡视官法》的规定，如果有人由于残疾而遭受冷遇、遭受其他不公平待遇或尊严受到侵犯，那么残疾人巡视官在必要时应该主动与主管当局、商业机构、社会团体以及其他机构进行商议。对残疾人事务负有履行职责的主管当局、县政务会和市政当局则应在残疾人巡视官的指导下，将活动信息提供给残疾人巡视官，并听从残疾人巡视官的指示参与审议。

1998年制定的《残疾补贴和护理补贴法》对哪些人可以依法获得残疾补贴和护理补贴、申请和审批程序，审批机关及其责任，申请人遭拒绝时的行政救济和司法救济等均作了明确规定。

瑞典国会于2000年正式通过残疾政策全国行动计划——《从病人到公民》，并以此作对全国残疾人工作具有指导性意义的法律文件，力图为残疾人倾力打造全方位无障碍社会，使其从更高层次上像普通人那样生活。根据这一计划，瑞典将争取用十年的时间在尽可能多的方面建立一个在行动自由、信息的获取、人与人之间的交往、文化生活等社会各个领域,对包括残疾人在内的所有的人都不存在障碍的无障碍社会,今后,在瑞典,“不应该再有楼梯能阻碍轮椅的进入,不应该再有傲慢的歧视态度,不应该再有妨碍问题解决的愚昧无知”。由此,瑞典朝一个普遍可融入的社会迈进了一步。

瑞典政府也参与了联合国的工作,即制定《残疾人权利公约》,该公约于2006年12月正式通过,瑞典政府于2008年批准了联合国《残疾人权利公约》。这项公约具有法律效力,增强了对残疾人人权的尊重。和其他批准此公约的国家一样,瑞典承诺确保其国家法律不得含有任何歧视残疾人的条款。

此外,瑞典《社会服务法》、《规划和建筑法》、《反歧视法》等法律条文中也都有关于残疾人权益保障的规定。如《反歧视法》反对因性别、变性身份、民族、宗教、残疾、性取向或年龄因素引起的任何歧视行为,《禁止歧视和其他侮辱儿童和学生的法案》,也适用于幼儿园和智障学生的特殊学校。

二、瑞典残疾人福利制度的参与主体

(一)国家与中央政府

国家的主要职责是制定与颁布法律法规,制定残疾政策的指导原则,提供财政资助,同时对残疾人福利保障状况进行监督。政府机构对一些特定部门负有一种国家责任,这些部门包括教育、健康护理和就业,他们的任务是推进特定部门的发展步伐并确保符合既定的政策。

政府部门中,社会保险局负责与残疾人有关的各种社会保障和福利事务,包括参加保险、提供补贴等。国家特殊教育署负责协调政府对特殊需求教育的扶持政策,以帮助学生达到教育目标。全国卫生福利委员会负责社会服务、卫生和医疗服务、环境健康、传染病防治和流行病学研究。全国住房建筑规划委员会负责城乡规划、土地和水资源管理、建筑和住房事务以及已建环境中的通行便利设施和住房改造等。残疾人政策协调局直接向政府报告工作进展,负责落实和监督残疾人政策国家行动计划的实施,协调和积极推进残疾人政策,努力促进社会发展,保证所有人(包括残疾人)都能平等参与社会生活。健康福利委员会是国家的健康咨询监督机构,对健康保健和社会服务负责。瑞典健康保健技术评估委员会通过对医疗、社会和伦理角度的新建和已建的项目进行评估,并有效利用各种健康服务资源。公共交通署和道路管理局负责残疾人交通工具的提供和各种特殊交通、道路事务以保证残疾人在公共交通中的畅行无阻和机会平等。致力于消除歧视以确保每个人都享有平等权利和机会的平等问题巡视官帮助残疾人解决各种歧视问题。

面对社会上形形色色的歧视，瑞典的残疾人除了可以根据有关法律条文通过司法途径向法院起诉当事人外，还可以求助于平等问题巡视官办公室（The Office of the Equality Ombudsman）下设的残疾人事务监察专员办公室（残监办）。瑞典残监办是根据瑞典特有的议会监察专员制度设立的一级政府权力机构，其宗旨是保证残疾人享有与其他人同样的权利，促使他们完全融入社会，能像其他人一样生活、学习和工作。根据这一宗旨，残疾人只要认为他们在任何一个方面受到社会不公正的对待，都可以向这个机构提出书面投诉，让它来为自己讨取公道。

此外，政府还通过其他途径推进残疾人研究事业发展，如建立各类为残疾人提供服务的国家级组织。如瑞典有声图书和盲文（TPB）图书馆、瑞典辅助技术研究院（SIAT）、易读中心、独立生活研究员（ILI）等。瑞典有声图书和盲文图书馆完全由政府出资，与地方图书馆合作，为视觉残疾者提供印制和有声书籍，也提供有关有声图书和盲文方面的建议和信息以及面对大学生的特殊服务。瑞典辅助技术研究院是一所研究针对残疾人的辅助技术和优化通行的国家级机构，拥有一个收藏了与残疾服务和辅助技术等有关的 13000 本图书、报告和影片以及 250 种期刊和杂志的图书馆，是北欧最大的特种图书馆，向全部国民开放。此外，研究院每年用瑞典语（部分用英语）出版 40—60 种报告、书籍、小册子和影片。易读中心经瑞典政府和议会授权，向存在阅读障碍的人士提供经过简化的通俗文本，还出版图书和新闻通讯，将公共信息和其他信息改编成易读资料。独立生活研究院是一个致力于研究推动消费的政策，涉及残疾人的选择自由、自主决定、自尊和尊严等议题的政策研究中心，提供信息和培训资料，为瑞典以及国外各种残障人士制定服务方案。

（二）地方政府

省议会负责健康医疗工作。290 座自治市政府负责教育和社会服务等问题，对以公共支持和服务形式为人们提供基本保障的工作也负有主要责任，包括提供个别援助服务、当地交通服务、房屋和机动车改造、充当精神障碍者的个人代表等，以便各类残疾人能过上独立而又积极的生活。国家为这些服务提供拨款。此外，为残疾人生活提供服务，照顾好社区内的每个残疾居民是也是地方政府的义务。有功能性障碍的残疾人，可住在提供24小时服务的社区残疾人康复中心，也可选择住在家里，由地方政府指定专门服务人员帮助他们料理生活。雇佣服务人员的费用一般都由政府出，有时也根据受照顾人的经济状况收取一定的费用。

(三)残疾人组织

各类残疾人组织对瑞典残疾政策起了重要的作用。50多年以来，它们一直在影响着政策的方向，并且与所有层面的瑞典政策制定者建立了良好的合作。其中多数组织隶属于瑞典残疾人联合会(HSO)，该联合会对官方政策很有影响力，他们通过表达会员的需求和提出改革方案，帮助反映公众意见。算上其他残疾人组织及其各地的分支机构，瑞典约有2000多个残疾人组织，参加的人数达47万，占全国人口的5%。多数组织根据成员的残疾性质而建立，儿童和家庭是许多组织的重点关注对象。这些组织的领导人一般都由残疾人担任，由于他们具有残疾人保障方面的经历与经验，国家在制定相关政策时经常要听取他们的意见。约50家残疾人组织接受国家资助帮助残疾人开展活动。

(四)雇主

雇主的责任主要表现在预防性职业康复方面。1990年，政府建立了“工作生活基金”，目的在于资助雇主，使其改善工作环境，减少因病不能工作的情况，促进对重病和残疾雇员的职业康复。1991年春季，瑞典政府通过了一项关于《工作环境法》的修正案，要求雇主在每个工作场所采取妥当的措施对某些雇员减轻工作强度和进行职业康复，使雇主在残疾人的康复和使他们回到工作岗位方面扮演积极主动的角色。《国家保险法》也规定雇员患疾病四周之后，雇主须采取职业康复措施直到确信他能重新有效地工作。正进行职业康复的人将得到全额的补助。据统计，在瑞典，共有80%的雇员得到职业卫生服务，包括在工作环境上采取预防措施以及按需要进行职业康复等。

三、瑞典残疾人福利制度的内容

将残疾观点主流化到整个瑞典社会之中，而不仅仅局限于健康护理和社会服务等部门是瑞典社会残疾人政策的制定理念。瑞典残疾政策具有鲜明的公民观点，其长期主要目标是确保残疾人对他们的日常生活有权利和影响，即残疾人必须有平等机会行使他们作为公民的权利并履行他们的义务。因此，政策的覆盖面非常广泛,以建立一个在尽可能多的领域都可以让尽可能多的公民融入的社会。这是一种为避免需要为特定人群提供特别解决方案的方法。

总之,瑞典残疾人政策的首要目标一直是确保残疾人对自己的日常生活有支配权和影响力。为实现这一目标,目前的工作重点已从社会和福利方面转移到民主和人权领域。目前,瑞典的残疾政策目前主要集中在三个方面:去除全面参与和完全平等参与社会的障碍;防止和打击歧视;促进残疾男性和女性之间的平等。

(一)残疾人教育

瑞典的教育体制有义务教育和非义务教育组成,九年义务教育包括各种常规义务教育、特殊义务教育和针对有学习障碍学生的教育项目,非义务教育则包括学前教育、高中教育(含聋哑高中)、高等教育成人教育等。瑞典对残疾人教育十分重视,《教育法》规定,不管居住在瑞典何地,无论是否有任何残疾,所有儿童享有同等的教育权利,各方面要为学校中需要特殊帮助的儿童提供帮助。通过普及基础教育,发展特殊教育和政府的特别扶助等有效手段,保障残疾人人人都享有教育的权利和机会。

(1)基础教育。瑞典法律规定,实行全民免费教育。从小学到大学,甚至读硕士、博士学位学费都由国家负担。残疾人教育的重要原则是残疾儿童、青年和成人有权,也应当获得同社会中其他人平等的教育培训机会,这就意味着绝大多数残疾人都能参加普通教育项目或隶属于普通学校的特别班接受正常教育,对听力和语言障碍的学生也同样如此。对于有听力障碍和功能性障碍的高中生,国家教育财政支持机构还向其提供专门的学习津贴,以帮助其解决由于残疾造成的种种资金问题。同时,许多高中为行动不便的残疾青年预留专门名额,以保证他们能跟其他社会成员一样接受教育。

(2)特殊教育。瑞典根据残疾类别和残疾程度,重视发展特殊教育,专设瑞典特殊教育学院负责监督和发展残疾人特殊教育事业,为地方政府、学校领导和教师提供支持,提供特别培训的教师、辅助设备和助手,帮助其针对残疾学生的需要调整学校的教学环境。该学院还负责编写教材。瑞典有不少的特殊学校,其中有六所聋哑学校,还开办了聋哑高中。聋哑人有权将手语作为第一语言,有权以其自己的语言接受教育,允许他们用手语和其他人进行接触交流。瑞典也有智力残疾儿童学校,它们通常为普通中学的附属学校。是否入学普通学校或智力残疾儿童学校取决于家长。全国约有1%的儿童入学智力残疾儿童学校。

(3)高等教育。瑞典残疾人享有和普通人一样的高等教育权利,高校有义务接纳合格的残疾学生就读,也有义务为他们创造适宜的学习条件和环境,帮助他们掌握应有的知识和技能,获得合适的学位。许多残疾人高中毕业后还可以进入特殊成人高教院校,学校提供适合残疾人学习的各种便利设施和条件,由经过专门训练的老师任教,并通过组织各种参观和访问,使残疾学生更多地了解社会,也让社会更多地了解残疾人,教育经费主要源于政府拨款。

(4)特别扶助。在瑞典,普通教育主要由当地政府负责,残疾人教育则由国家提供特别资助。国家成立的援助服务委员会专门为残疾人教育提供支持。在瑞典有四所普通高中专为有严重行动障碍的学生开设特别班。这些特别班提供特殊教育并根据学生的具体需要提供护理。政府通过瑞典特殊教育支持处为这些特别班的学生提供护理专款。该委员会也为残疾人在成人高中和大学阶段的学习或在高中毕业后进行其他形式的教育提供个人化切实帮助,并且不收费。瑞典还建立了不少的特殊教育援助中心,瑞典特殊教育学院也负责援助中心的工作,这些援助中心针对不同种类的残疾提供相关的帮助,全国的特教老师和残疾学生都可以在这些中心咨询有关专家。许多残疾人在学习上存在差距,但他们都有机会参加由各级政府、学习协会或成人高中组织提供的各类学习补习和其他教育活动。

在以上教育政策支持下,瑞典残疾人中完成高中学业的比例略高于非残疾人,但完成高等教育的比例恰好相反,不过,现在越来越多的残疾学生走进了大学。

(二)残疾人就业

所有的人(包括残疾人在内)都有平等的权利获得一份工作,所以,瑞典就业政策的目标是“全员就业”。这一目标包括促进残疾人在公开的劳动力市场的就业,以及为得不到就业机会的残疾人创造条件。为了实现这一目标,瑞典通过出台并实施《残疾人就业促进法》,推进残疾人就业,政府职责中也明确规定,国家有责任通过其劳动力市场服务机构方便求职者找到稳定的工作。为了让残疾人享有同正常人一样的工作权利,瑞典政府制定了一系列劳动力市场政策措施,这些措施包括:职业鉴定,岗位培训以及在就业评估中心进行深入的职业指导;在劳动力市场培训中心进行职业培训;对愿意接受残疾人就业的雇主支付一定的补贴;被雇主雇佣的残疾人还可以得到一些特殊照顾,如获得机动车和工作帮手补贴,获得特殊的技术辅助器械,被安排在特殊工作场所,等等。此外,瑞典对残疾人就业人数没有规定任何限额,还为需要特殊帮助的残疾人提供长期保护性就业措施。

首先,公共就业服务机构与可以接受康复训练的残疾求职人员签订行动合同并实施康复训练。当计划项目完成时,参加康复训练的残疾人接受评估,公共就业服务机构根据评估结果为其提供寻找工作的帮助,并为已就业的残疾人提供跟踪性后续服务。瑞典全国约有320个就业服务中心,其中40个专为残疾人和就业困难的失业人员提供服务。其次,政府还着力于劳动者素质技能的提高,采取切实措施增加就业岗位以及必要的扶持措施。1980年瑞典政府要求就业能力发展学院和就业服务中心联合负责帮助有职业性残疾和其他困难的就业人员,在基础技能、工作能力和工作场所适应性方面进行培训。培训时间一般在六个月,参加者可以获得培训补助金,数额与就业补助金相等。另外,瑞典还推行实习培训项目、助推就业项目及发放相应的补助等形式来推进残疾人和困难失业人员的劳动技能提高。

2006年,瑞典引入了残疾人参与劳动力市场的新模式,将残疾人参与劳动力市场的活动分为三种状态:评估认定型、临时发展型就业和长期保障就业型。其中,评估认定由国家劳动部的就业服务部门组织进行;临时发展型就业清晰地瞄准公开劳动力市场;长期保障则主要提供给那些需要长期在机构就业的患有严重残疾的残疾人。

据统计,瑞典大约有10%的求职者属于心理或生理残疾的残疾人。每月约有相当于劳动力总量2%的人得到就业方面的服务和补贴,其中超过一半人在公开市场得到工作,其雇主取得政府的工资补助,其他人则在公共部门的服务业中得到保护性的就业或培训。

瑞典残疾人保护性的就业主要由政府所有的莎姆豪(Samhall)集团公司来完成,建立于1980年的Samhall的主要任务是保障特殊群体就业,目前在全国250多个地方设有分支机构,为残疾人提供工作,创造职业能力康复的机会,以便在正常的市场上找到工作。同时,作为国际工作能力组织(Workability International)的会员单位,Samhall在全球还有130多个姐妹公司,致力于为残疾人提供工作和就业方面的服务。

瑞典Samhall公司建立之初整合了370家由市政府、省政府以及国家劳动部等机构经营的各种福利企业、庇护工场、官方工作中心和家庭作坊等,共拥有员工27000名员工,其中有21400人都患有不同残疾。最初,政府以可能提供的最大工作量(以工作时数计算)为依据提供补贴,到20世纪90年代则转为和最小需求量挂钩的固定补贴,Samhall雇佣的残疾员工数量因此经历了由1980年的21400人逐渐增加到1990年的最大值30400人继而又逐步下降到,2011年的22000人的过程,非残疾员工的数量和比例也在持续下降,1980年为5400人,而2011年为1800人。目前,该公司共有员工20000多人,其中残疾人占90%以上,这些残疾人中的40%为存在发展障碍的精神、智力和患有多种残疾的重度残疾人。Samhall公司每年有70亿克朗的收入,其中约46%的收入来源于企业自身的销售,其余的54%则来源于国家补贴。经过几十年的发展,Samhall提供的产品和服务已由原来简单的工厂制造发展到现在包括制造、集装、仓库保管、后勤、土地及物业维修、清洁及老年人服务等在内的10000多个种类,且逐渐以服务业为主。

国家对Samhall的要求主要有:一是残疾雇员中至少有40%就业特别困难的人;二是每年有6%的雇员(1993年的要求为3%,2000年提高到5%,2010年提高至6%)能够在普通劳动力市场上找到工作,同时新招的一些残疾人作为补员,让其流动,作为培训的一个场所;三是要有经济效益,并且不得在工作紧缺时解雇残疾人。该公司一方面为在普通劳动力市场上很难就业的残疾人提供就业机会。同时要培养符合普通劳动力市场需求的劳动力,而且后者比前者更需要优先。截至目前,一共有25000名残疾人在Samhall工作一段时间后离开去为其他雇主工作。

除了对Samhall集中就业特殊扶助以外,瑞典政府对分散就业的残疾人也同样采取一系列就业补贴。瑞典残疾人就业补贴分为对残疾人的补贴和安置就业补贴两种。政府可以为刚找到工作的职业性残疾人员提供工作辅助用品补贴,用于添置残疾人员在工作时所需使用的辅助设备,如聋哑人的语言翻译器、盲人的读音器等。补助也可用于资助残疾人开办自己的企业。这些活动基本上由职业能力测试所来承办。

安置残疾人到正常的企业就业,政府要付给雇主一定的补贴性工资,使带有医疗残疾、严重或慢性精神疾病或运动机能障碍的失业人员也可以以照顾性就业形式获得公共部门的工作。瑞典的建筑和规划法对工作场所有具体要求,《工作环境法》规定企业必须对工作环境和工作方式进行必要调整,使之同样适合残疾人的需要。当企业为残疾雇员改善工作环境,或者提供辅助设施和护理人员时,政府会对其提供就业安置补贴。企业安排专门人员为职业残疾人员提供特殊帮助时，政府可以将补贴用来支付残疾人护理工的工资。政府补贴也可以直接支付给雇主，由其负责提供方便残疾雇员工作的条件。

对于工作场所歧视残疾人员的行为，瑞典的《反歧视法》明令禁止，并由残疾人调查官负责监督法律的遵守情况，并可代表残疾员工提起诉讼。

（三）残疾人康复

20 世纪 80 年代，为了缓和不断增加的疾病保险和残疾养老金计划的开支，瑞典政府对康复政策开始进行持续改革，并着力发展职业康复。1988 年康复调查委员会组建，引入了早期疾病的预防及治疗措施，成为减少长期疾病社会开支的重要方式，同时规定职业康复活动是综合社会保险体系的一部分，也明确了相关政党在提议、合作和提供资金方面的法律责任，此举的结果是职业康复的开支和受益人大幅增加。

瑞典残疾人的康复主要包括医疗康复、社会康复和职业康复三个方面。医疗康复的目标是尽快重建病人的功能性能力，由 1982 年《卫生和医疗保险法》规定并取决于由相关省议会运行的公共健康服务。社会康复由市政当局负责，主要依据《社会服务法》提供服务，其最终目的是保证所有市民能够参与社会活动并在社会中发挥积极作用。职业康复的目标是通过重复训练和成人职业训练重建雇员进入劳动力市场的能力。

康复的最终目标是帮助遭遇疾病的个人通过有报酬的就业恢复工作能力和养活自己的能力，三种康复相互联系，主要依赖于雇主和相关社会保险局。雇主在康复方面的义务是尽可能地帮助雇员通过各种努力继续职业生涯。如果员工生病超过四个周，或是在最近 12 个月内至少生病四次，且员工个人提出要求，那么雇主有责任对其进行工作能力的评估。雇主也有责任使康复措施在自己工作场所可以方便实施，包括工作场地的转换、工作职责的变化，工作时间、培训、教育以及根据现在工作场所进行的必要调整。同时，雇主还有义务与社会保险机构沟通调查康复的可能性，因此必须努力推进雇主、雇员、工会、相关社会保险机构和其他公共机构（如就业服务机构）之间的合作。社会保险机构则在建立基于康复需要、医疗评估和雇员的愿望之上康复计划，调查评估工作能力，提供资金支持和积极的康复措施以及协调康复过程中的诸多事务方面负有责任。

由于康复是多方面的，也是多部门的，综合康复一直是瑞典政府所追求的实施的康复目标和方法，为此，政府各层级的机构和组织也都积极展开合作，为综合康复创造条件。第一个法律意义上允许的康复领域的合作项目被发起于

1993年,由国家社会保险局和省议会健康照料服务机构共同资助,各地方负责具体实施。从1994年开始,市政社会服务机构也加入提供资金支持;另外,国家就业服务部门和国家劳动力市场协会也加入了合作项目,但不提供资金支持。真正的综合康复项目于1998年开始实施,由上述五个机构共同负责,即国家社会保险局、省议会健康照料服务机构、市政社会服务机构、国家就业服务部门和国家劳动力市场协会共同负责,并组建了一个由专家和当局管理者组成的特别指导委员会,其主要任务是支持项目的领导者并在政府机构作出决策前审核项目建议书。整个康复项目的目标人群是16岁到64岁有着不同健康问题的市民;最终的目标是通过有效利用各种资源改善个人健康状况并促进国家经济的发展。康复项目的目的在于通过各方合作找到解决种种复杂的个人或群体健康问题的康复方法。①

目前,瑞典也实现了医疗和残疾人康复的有机结合。有关法律规定,地方政府和社区有义务为公民提供医疗和康复服务。瑞典的卫生保健系统由九个地区医院、70个县级医院和1000多个初级医护中心承担,20岁以下患者免费接受治疗,成年患者按入院级别负担约4%的费用,但一年内最多自付医药费为1800克朗。

瑞典在残疾人康复方面还有一些款项补贴,如康复现金福利、特殊津贴、工作相关康复服务提供、改善工作条件辅助津贴、康复和治疗补贴、工作往返路费补贴等。其中,只有参加职业康复的被保险人才能享受康复现金福利,此现金福利可以被全额支付,也可以按75%、50%或25%的比例支付。从1998年1月1日开始,全额康复现金福利的支付水平达到了疾病津贴工资支付的80%。特殊津贴主要用来支付由康复治疗活动所产生的旅行等额外费用。

作为康复的技术支持,辅助设施的作用是帮助残疾人应对日常生活、保健和治疗中部分问题,使残疾人自己独立完成诸如吃、穿、行等基本日常事务和上学、交流、参加普通社会事务等活动,充分融入社会或实现自己的个人价值。为此,瑞典各省市都建立有政府建立的公益性专业辅助技术服务机构——辅助器具服务中心,中心设置有像医院接诊室一样的评估室、分专题收集各种不同差异辅助器具产品的展示和适配室以及像生产工厂一样配备了各种设备和产品零部件的

① Ulla Sandström (ed.). Inter-organizational integration for rehabilitation in Sweden-variation in views on long-term goals. http://www.ncbi.nlm.nih.gov/pmc/articles/PMC1393277/.

辅助器具改制车间等,有取得辅助器具处方权的专业人士(由医生、护士、治疗师经过培训)为残疾人和有需要的人提供辅助技术的后续支持,同时开展辅助器具适配的评价、适应性改造、专业人员培训、采购和配送等服务。

(四)残疾人的社会保险

瑞典作为高福利国家,其社会保障制度相当完善,包括养老、医疗、失业、工伤等社会保险制度,社会救助制度和为诸如儿童、老人、残疾人等特定群体提供补贴和服务的社会福利服务制度。自1901年建立工伤保险制度以来,社会保险经历了上百年的发展和完善,管理体制比较统一,按照行政区划分级设立社会保险分支机构。各项社会保险不但覆盖全部人口,而且涵盖各个方面和层面。在一般的社会保险项目中,只要残疾人符合保障条件,都和普通人一样享有保障待遇。进入21世纪以来,瑞典社会保险费约77%来自雇主、22%来自国家预算,个人缴付只占1%左右。社保费用维持在GDP的20%左右(不包括失业保险),个人消费支出的大约20%—25%来源于社会保险。社保费用中,约一半用于老年人,四分之一用于病人和残疾人,五分之一用于家庭、儿童和失业人员,行政管理支出和其他支出约占5%。

1.养老保险

公共年金是瑞典社会保障制度的核心部分,2003年以前主要包括老年年金、残疾年金和遗嘱年金等项目,且各项目都由“基本年金”和“补充年金”两个部分组成。其中,“基本年金”部分由雇员和雇主缴纳的社会保险税以及国家的“转移支付”来分摊,而“补充年金”则全部由雇主为雇员交纳的社会保险金建立的年金基金来负担。

残疾年金(disability pension)由保障性年金和收入相关性年金组成,待遇享受者必须是在残疾时就已参加年金计划,并且工作能力经认定已减少25%以上的劳动者。已缴费满三年的残疾人可以获得保障性残疾年金,但只有在瑞典居住40年以上并且没有享受其他收入相关性待遇的居民能领取全额保障性残疾年金,未满40年居住期限的,每少居住一年就减少2.5%的残疾年金收入。收入相关性年金的获得者须在给定期限内在瑞典有至少一年的工资收入,两者均可以实现海外支付,但支付范围只限于居住在欧盟和欧洲经济体内的成员国以及瑞士的瑞典居民,有时可扩大到加拿大。

2003年养老制度改革后,残疾年金被疾病补偿(sickness compensation,适用于30—64岁)和行动补贴(activity compensation,适用于19—29岁)所替代。

当劳动者的工作能力、体力或精神状况持续受疾病影响达到90天以上,并且在可以预见的未来其劳动能力还会继续降低,就可以申请疾病补偿(sickness compensation)。疾病补偿同样分为收入相关性补偿和保障性补偿。从2008年7月1日开始,临时性的疾病补偿被取消,根据过渡性政策的规定,在此之前已经获得疾病补偿申请的劳动者可以继续领取到2012年年底。全额的与收入相关的疾病补偿是设定收入的64%,设定收入是由社会保险局估算的如果劳动者继续工作可以赚到的收入;根据工作能力降低程度的不同和赚取收入能力的不同,雇员可以申请全额疾病补偿、75%、50%和25%的疾病补偿;低收入或没有收入的人可以直接申请保障性补贴,2009年的保障性疾病补偿为102720瑞典克朗,相当于基准额的2.4%。所有津贴的额度在每年的一月份根据基准物价作出调整。疾病补偿没有时间限制,但当医生确诊该病人已经达到残疾时,疾病补偿就会转为残疾津贴。

行动补贴是由社会保险局向由于疾病和残疾造成的行动不便或行动障碍的人提供的补贴。领取行动补贴的人可以参加各种对疾病治疗和残疾康复其积极作用的活动,也可以用来提升自己的工作能力,包括上成人教育课程、参与社会活动、体育活动、医疗康复以及任何跟疾病和残疾有关的各种活动。有特殊需要者还可以申请额外的特殊补贴,但每一项申请都要得到相关部门的调查和评估。2010年获得行动补贴的30岁以下的年轻人数为6100人,是1994年的三倍。

2010年瑞典享受疾病和行动补贴的人数、比例及金额如表所示。

表1　2010年瑞典享受疾病和行动补贴的人数、比例及金额

年龄	总人数(人)	疾病和行动补贴获得者(人)	占比(%)	平均金额(瑞典克朗)
	5983522	489450	8.2	98534
16—19	501855	3055	0.6	36278
20—24	607559	15982	2.6	76774
25—34	1103680	27832	2.5	86530
35—44	1258220	56415	4.5	90229
45—54	1211917	120107	9.9	97973
55—59	566502	92918	16.4	105145
60—64	610364	141256	23.1	113214
65	123425	31885	25.8	58396

资料来源:瑞典统计局,http://www.scb.se/Pages/TableAndChart____306608.aspx。

2.医疗保险

瑞典的医疗保险制度主要由医疗待遇（Medical Benefit）和现金待遇（Cash Benefit）两个部分组成。医疗待遇部分，劳动者个人不用缴费，病人可以自由选择到公立医院或政府认可的私立医院就诊，地方政府负担全部医疗费用。现金待遇部分雇员不缴费，由雇主缴纳薪资总额的 8.64%，自雇职业者则按收入的 9.61%缴纳。生病期间，所有雇员和自雇者都可以享受最高数额为原来工资 80%的疾病待遇（Sickness Benefit），前两周由雇主支付，而从第 15 天开始一直到第 364 天的由国家支付，如果雇员患有严重疾病，则还可以继续延长待遇享受期。延续 550 天后，疾病待遇的数额下降至 75%。退休后最多只能领取 180 天的疾病待遇。当雇员获得上文所提的疾病补偿（Sickness Compensation）时，便可考虑以疾病补偿代替疾病待遇（Sickness Benefit），并继续享受医疗待遇。失业者也可以享受就业时 80%工资收入的疾病待遇。2010 年，每天的疾病待遇最大额为 845 克朗，而每年的最大额为 318000 克朗。

3.工伤保险

工伤保险覆盖全体劳动者。雇员无需为工伤保险付费，但自雇者和雇主分别需按公开收入和薪资总额的 0.68%缴费。与残疾人有关的工伤保险制度有临时性残疾待遇（Temporary Disability Benefits）和永久性残疾待遇（Permanent Disability Benefits）组成。临时性残疾待遇期限和标准与疾病待遇相似，劳动者可以享受最高数额为失去的工资的 80%的待遇，前两周由雇主支付，而从第 15 天开始一直到第 364 天的由国家支付，如果雇员患有严重疾病，则还可以继续延长待遇享受期。延续 550 天后，疾病待遇的数额下降至 75%，退休后最多只能领取 180 天的待遇。永久性残疾待遇标准根据劳动能力丧失的程度不同而略有区别。100%丧失劳动能力的可获得 100%的原工资收入，2010 年为 318000 克朗；劳动能力丧失度在 6.7%—99%间的，待遇支付按照评估等级支付。永久性残疾待遇的支付需和养老保险中提到的疾病补偿（Sickness Compensation）待遇相协调，待遇金额按照物价指数和综合工资的变动每年调整一次。

4.失业保险

失业保险制度由选择性的失业保险基金项目和强制性的失业保险制度组成，两个部分都由雇主缴纳的社会保险金来筹集资金，待遇则分成基本津贴和与收入挂钩的收益两个部分，前者适用于达到劳动年龄但未满足失业保险基金缴费年限的非自愿失业者，后者则适用于已参加了失业保险的劳动者。失业的残疾人还可以同时申请残疾津贴。

（五）残疾人津贴

瑞典残疾人除了同其他公民一样可以享受医疗保险、养老保险、失业保险等社会保障以外，还可以获得特别社会补贴，主要有残疾津贴和照料津贴两种。

1.残疾津贴

因残疾而需要帮助或额外支出、年满19岁并已停止领取儿童津贴的瑞典残疾人或长期病人可以申请领取残疾补贴。申请时只需要出示医生开具的证明患者在处理日常生活、工作和学习等事务方面有障碍的文件。65岁以后还需要额外帮助和支出的残疾人可继续申请残疾补贴。

残疾津贴的数额依据残疾程度所需要的帮助和所花费的额外支出有所不同，一般会是基准额的36%、53%或69%。2010年的残疾补贴标准为（2010年基准额为42400瑞典克朗）

表2　瑞典残疾津贴领取比例与数额（2010年）

36%	15264瑞典克朗
53%	22472瑞典克朗
69%	29256瑞典克朗

残疾津贴实行每月发放制。如果申请者居住在瑞典以外的欧盟国家，则最长可领取12个月的残疾津贴；若居住在欧盟成员国以外的地方，则只能领取最长6个月的残疾津贴，等回到瑞典后可以再次申请。居住在瑞典但在其他国家工作的残疾人，如果想继续领取残疾津贴的话，在外工作的时间不得超过12个月。若瑞典残疾人工作在欧盟国家，则可以向工作地政府申请残疾津贴。

领取残疾津贴的残疾人有义务告知社会保险局自己的生活状况，并提供身体状况和生活环境发生变化时的信息。

根据残疾津贴的规定：

（1）盲人和有运动性视觉障碍的残疾人每年可获得29256瑞典克朗残疾补贴，相当于基准额的69%。享受全额疾病补偿（适用于30—64岁）或行动补贴（适用于19—29岁）的残疾人只能获得15264克朗的残疾补贴，相当于基准额的36%。聋人和有听觉障碍的残疾人也只能享受相当于基准额的36%的残疾补贴。

(2)若残疾人需要更多特殊的援助或额外开支的服务则可以申请更高额的残疾津贴,但这种特殊的援助至少是每天两个小时以上的;另外,若需要更加特殊的照料和长期监护,还可以提请社会保险局进行评估。额外开支的用途必须是和本人残疾直接相关的开销,而且这些开销是中央政府、市政府以及省议会负责的各项项目所不能覆盖的,同时,这些开销也不是大多数人所必需的。根据规定,额外支出可以发生在以下领域:租赁或购买特殊治疗仪器、照料器械(包括电脑和电脑软件);修建和改造治疗室;聘请特殊的医疗护理或理疗师;购买治疗残疾或维持生命的特殊药物;用于健康护理的个人用品;残疾引起的牙齿治疗;与残疾有关的必须饮食等。由于残疾所产生的其他需要,如购买诸如洗衣机、空调等家电用品、服装用品等也可以申请更多津贴。

(3)如果残疾人需要地方清洁服务,亦可以向市政当局申请津贴用于聘请私人清洁助手,最高限额由地方市政当局决定。

(4)出行补贴。瑞典法律规定,由于功能性障碍而导致乘坐公共交通工具困难的人员有权享用专门为残疾人设计的交通服务,出行服务由出租车或经过特殊改造的更大型车辆提供,并享受政府补贴。市政府负责并决定有关特殊交通服务事宜。

(5)车辆补贴。因伤痛、呼吸困难、行动不便、平衡感差等原因造成的出行或使用公共交通有严重困难的残疾人和其父母可领取轿车补贴,用于购买或者改装汽车或其他交通工具,以满足其因医学治疗、学习和工作等产生的出行需要。补贴额度随着使用公共交通的数量和花费递减。另外,每年还有 2120 克朗(相当于基准额的 5%)的车辆补贴用于日常出行。瑞典社会保险局决定与补贴有关的事宜。

(6)房屋改造补助。所有功能性残疾,例如行动残疾、视觉损伤、精神障碍和过敏症等残疾患者可以向市政府申请住房改造补助金。改造项目包括拆除门槛、安装支撑栏杆、扩宽出入口或安装自动装置和特殊电梯等。

(7)如果残疾人在由国家和省议会经营或付费的医院、养老院、护理院等福利机构接受照料,则只能领取最长期限为六个月的残疾津贴,之后,就只能在非医院或非福利机构接受照料时才能申请残疾津贴。

(8)对学生之家或特教学校的补贴。生活在学生之家或特教学校的残疾年轻人若有特殊帮助或额外开支方面的需要,也可以申请残疾津贴,但仅限于国有的特教学校、国家聋人高级中学和国家行动障碍者高级中学。

(9)其他需要的补贴和帮助。

2.照料津贴

长期持续患有残疾并且每周需要他人帮助处理基本日常生活事务(如洗漱、穿衣、吃饭、交流和移动等)在20个小时以上的残疾人可以向瑞典社会保险局申请照料津贴,20个小时以下的则应向市政府当局提出援助申请。申请照料津贴者无最低和最高年龄限制,在65岁以前获得照料津贴的老人可以继续享受津贴,但是,过集体生活和在福利机构接受照料的残疾人不能获得此津贴,除非有需要医院护理、照料孩子或其他的特殊理由。政府每年都会设置一个照料津贴的标准数额,2010年的标准为每小时252瑞典克朗,由于特殊原因需要额外补贴的最高标准为每小时282瑞典克朗。政府发放的照料津贴可完全由津贴获得者根据需要自由支配,可以雇佣一个专门的私人护理提供服务,也可以跟相关机构或组织达成照料协议,更可以使用家庭成员作为助手。照料津贴每隔一年会被重新评估一次,当津贴享受者的情况发生重大变化时,有义务提出提前评估的申请。若被照料者没有及时告知重大变化事项,因此而得到的多余津贴将被责令退回。此外,0—19岁的重度残疾人的父母因护理子女需要付出额外的劳动,承担额外的责任,需要支出更多的费用。并且可能会减少甚至没有就业收入,因此可以获得护理补贴给予补偿。

3.其他津贴

有残疾儿童的家庭,父母每年有十天的特别假期专门照顾孩子。为了减轻家人的负担,每个残疾人每年还可选择到一个地方短期居住,费用向政府报销。残疾人在境内旅游,不管是坐飞机,还是坐高速火车,都只需付相当于普通火车二等客票的价钱,超出部分全由政府负担。

(六)无障碍设施

出入不便意味着有功能性障碍的残疾人不能与其他人一样拥有参与社会生活的机会,瑞典政府致力于与其他机构和组织合作,努力使瑞典成为世界上出入通行最为便利的国家。

在进入21世纪后,瑞典政府制订了一个《从病人到公民》的全国行动计划,并经议会讨论通过,使其成为一个对全国残疾人工作具有指导性意义的法律文件。根据这一计划,瑞典将争取用十年的时间在尽可能多的方面为残疾人建立一个无障碍的社会。这里所说的无障碍社会,不仅仅要消除狭义上的限制行动自由的障碍,还要消除广义上的障碍,即在信息的获取、人与人之间的交往、文化生活等社会各个领域，对包括残疾人在内的所有的人都不应该存在障碍，向所有的人敞开大门，因为无障碍建设不仅跟残疾人有关，也跟在社会上生活的每一个人有关。

全国行动计划提出的残疾人政策目标包括：建立一个多样性的社会共同体；建立一个所有年龄阶段的残疾人都可以充分参与社会日常事务的社会；消除残疾的性别障碍，为男女残疾人提供平等的机会。为实现行动计划所确定的目标，瑞典主要作了三个方面的努力。

首先，是在公共事业部门推广无障碍设施的建设，尽快实现让所有的人在进入全国所有公共建筑和公共场所时没有任何障碍，并让所有的人在获取公共信息方面不再受到限制，如视力残疾的人可以通过语音设备获取信息。瑞典政府已在几年前颁布了相关政令，要求各级机构采取措施推行无障碍设施的建设。瑞典 14 个主要公共事业部门也都成立了专门机构负责这项工作。

其次，通过各种途径消除社会上对残疾人存在的偏见，让残疾人享有与其他人同样的权利和履行同样的义务。如瑞典议会专门通过了新法，禁止对在大学学习的残疾学生或报考大学的残疾人有任何歧视。瑞典政府教育部门也专门指示全国各教育机构提高处理残疾人问题的能力。

最后，确保所有残疾人独立生活和独立决策的权利。各级权力机构决策时，以及学校、社会福利机构和公共活动场所等公共事业部门作出决定时，必须考虑到残疾人的因素。

2007 年，瑞典政府提出一项名为“方便所有人的设计”（Design for All）的计划，旨在提高社会各个领域（包括各公共部门和私营部门）设计的适用性，尤其是在 IT 领域，增强社会的融合度。此项计划设定期限为三年，由瑞典遗产基金提供资金支持，由非营利协会 EIDD 负责，由瑞典行业设计基金会（The Swedish Industrial Design Foundation）、残疾人巡视官无障碍中心（The National Accessibility Centre of the Swedish Disability Ombudsman）和瑞典残疾人联合会（The Swedish Disability Federation）共同执行，目标是到 2010 年把瑞典建设成一个对所有人来说都更加方便、更加好的社会。

2008 年，瑞典政府又推出一项规划：如何在 2010 年年底之前实现“通行便利目标”。此目标在落实残疾人政策的全国行动计划中得到明确说明。这项工作由瑞典政府与瑞典地方机构和地区联合会（SALAR）合作展开，主要涉及三个领域：清除公共场所的障碍物；方便残疾人乘坐公共交通工具；提供符合残疾人需求的公共管理服务。2010年,政府拨款1200万瑞典克朗用于瑞典地方机构和地区联合会以及全国住房建筑规划委员会开展工作;同时,还拨款1.5亿瑞典克朗改进铁路交通系统。斯德哥尔摩是实现此目标的重要城市,每年市议会都向该项目拨款1亿瑞典克朗,其中,1000万用于改造个体育中心的出入口通道设施,500万用于改造文化场所和市府拥有的地产,方便残疾人进出。目前,此目标已在提高通行、出入街道和广场、公园和市政建筑的方便程度方面,鼓励地产业主改造房屋以方便出入,为市民和其他人士提供方便出行的信息等方面取得了明显进展,新的目标和愿景正在酝酿中。

今后,在瑞典,"不应该再有楼梯能阻碍轮椅的进入,不应该再有傲慢的歧视态度,不应该再有妨碍问题解决的愚昧无知"。

(七)残疾人服务

瑞典非常注重对残疾人的服务,人性化的居住和生活环境,非机构化护理和替代性居住方式以及良好的社会服务,为残疾人创造了幸福美好的生存环境。

1.居住环境和服务

瑞典法律规定当地政府应当对居住区进行科学规划,给居民提供良好的环境、服务和交通。保证人人都有住房,都有一个舒适的家。残疾人和老年人也不例外,从而保证残疾人可以在普通的现代化公寓居住,并获得他们需要的个人化支持。

为满足严重行动障碍的残疾人需要的特别的居住环境,各省的特别立法允许对房屋进行特别设计,要求残疾人住所的改造针对残疾人的睡眠、休息、个人卫生、烹调、饮食和行动上的特点和需要进行。同时,对于那些愿意在家享受照料的重度的残疾人,政府提供私人住房改造补贴,还可以外加个人化护理照料。要求独立居住、服务性需要不多的残疾人则可以住在自己的公寓里,可以随时呼叫服务人员。需要特别帮助的残疾人可以选择在有政府支持补贴的、配备有公用设施和护工使用的设施的普通居住区集体居住,政府根据住房的具体需要提供个人化或社会化支持以及二十四小时的护工服务。

2.良好的社会服务

1982年生效的《社会服务法》规定了瑞典当地政府的责任,强调地方政府必须使身体或智力残疾的个人能根据其需要选择生活方式,并积极参与社区生活,可以旅行和随意行动,随意出入公共场所等。

1994年实施的《特定功能障碍人士援助服务法》(LSS)是有关满足残疾人

特殊保障方案最重要的改革措施之一，其重要特点就是赋予残疾人免费获得个别援助的权利，从而扩充了残疾人的权利。此法案规定，当地政府必须给残疾人指定护理人员或给残疾人提供资助，使其可聘用护理人员。它还对残疾人其他方面的权利作了具体的规定。包括专家咨询、陪护居住服务和离家短期居住(以减轻家庭负担)，家庭式护理中心或为需要离家生活的残疾儿童和青年提供特殊服务的护理中心，以及为成人提供服务的护理中心，这些服务均免费提供，免费服务数量视残疾程度而定。

3.其他服务

1974年，瑞典议会在决议案中制定了一条原则：残疾人应当同其他人一样参加社会上的所有文化活动。为了让残疾人参加社会上的所有文化活动创造条件，瑞典各地普遍建立了帮助残疾人为宗旨的学习协会，帮助残疾人组织学习小组，一起参观学习，参观文化场所，考察和旅游。政府为此还专门为学习协会组织这样的活动提供拨款支持。瑞典的体育组织也为残疾人设计了适合其身体状况的各类体育活动，包括娱乐性和对抗性运动。

此外，瑞典政府还很重视对有声读物和盲文的出版和发行。在政府的支持下，有声读物和盲文图书馆同其他图书馆进行合作，为盲人和其他有阅读障碍的残疾人提供文学作品。此外，政府还拨款支持聋哑人的戏剧、舞蹈表演活动以及针对智力残疾人和阅读障碍的残疾人制作浅易文学和有声文学等材料，以满足各类残疾人丰富多彩的文化休闲需求。

四、对瑞典残疾人福利制度的评价与启示

第一，瑞典对残疾人的保障是基于对“人”的保障思想上的，即不把残疾人看做是与普通人不一样的另类，也不把他们看做是一个固定的特殊群体，而是让残疾观点主流化，把残疾当做一种和性别、肤色、体型等一样的正常人类生理现象，动态地认为人人都有可能成为残疾人，这种思想体现了对残疾人的理解和尊重，也全面体现了社会建设中的全民融合思想。

第二，瑞典残疾人政策覆盖面极广，通过政策的实施在尽可能多的领域让尽可能多的公民融入社会，避免了为特定人群提供特别解决方案的方法，不仅使残疾人权益得到保障，也使普通人生活更加方便。

第三，残疾人作为社会成员中的特殊群体，是权利容易受到侵犯和剥夺的群

体,对残疾人权利的尊重和保护,能反映社会的文明程度,更能彰显社会的公平和正义价值。工作重点已从社会和福利方面转移到民主和人权领域的瑞典残疾人政策,其长期主要目标是确保残疾人对他们的日常生活有权利和影响,具有鲜明的公民观点,也正是在这种基于公民平等权利的理念下,残疾人政策才可以如此完善并不断向前发展,彰显了残疾人事业发展过程中赋权理念的重要性。

第七章　挪威的残疾人福利制度*

残疾人作为社会弱势群体，其社会福利水平是一个国家社会文明进步的重要标志之一。自改革开放以来，我国残疾人事业得到了很大的发展，国家出台了很多的法律与政策保护残疾人的合法权益。但是，由于我国社会保障制度建立时间较晚，起点较低，其对于残疾人的保障理念、制度与管理方面存在不足与缺陷，残疾人的现状不容乐观。

挪威作为北欧国家，秉承了斯堪的纳维亚模式的共同特点，高税收、高福利，国家承担起为国民提供综合性的福利保障的责任。残疾人作为一个特殊群体，尤其受到挪威政府的重视，先后出台了一系列的政策方针，给予残疾人全面的保障，促进残疾人融入社会，共享社会文明的发展成果。残疾人不仅可以享受残疾津贴，而且在康复、教育、就业、无障碍环境的建设等方面有专门的政策支持以及机构负责实施。经过百年的发展，挪威日趋成熟的残疾人福利建制理念、制度和管理对于我国残疾人事业的发展有一定的指导与借鉴意义。

一、挪威残疾人福利制度的内容

（一）残疾津贴

挪威对于因为疾病、事故而导致残疾人员提供残疾津贴，其覆盖全国所有人口。依据挪威国民保险法，残疾津贴主要目的为保障由于疾病劳动能力降低而丧失赚钱能力的劳动年龄人口的收入水平在欧洲国家之中，挪威的残疾福利支出占 GNP 的 5.6%。①

---

* 作者：唐静，中国人民大学社会保障专业 2010 届硕士。

① See Sturla Gjesdal, Pia Svedberg, Jan Hagberg & Kristina Alexanderson, "Mortality among disability pensioners in Norway and Sweden 1990-1996: Comparative prospective cohort styudy", *Scandinavian Journal of Public Health*, 2009, No.8.

1.领取资格

对于领取残疾津贴有如下几个资格衡量标准：

(1)康复治疗准则：在申请残疾津贴之前必须经历综合的职业康复以及相关的治疗，这个阶段至少三年，如没有得到满意的效果才可以申请残疾津贴。

(2)功能准则：由于疾病导致的工作能力丧失水平最低为50%，年龄、能力、教育、职业背景以及工作能力也是应该考虑的因素。

(3)持续时间：申请短期的残疾津贴，病人患病应不低于三年，并将继续持续一年以上：申请永久残疾津贴，患病时间应当不低于七年。

(4)与其他经济因素的关系：在疾病开始时期，病人在最初的12个月可以申请病假。在随后的三年，病人会得到职业康复以及相关的治疗。①

挪威残疾津贴流程总览

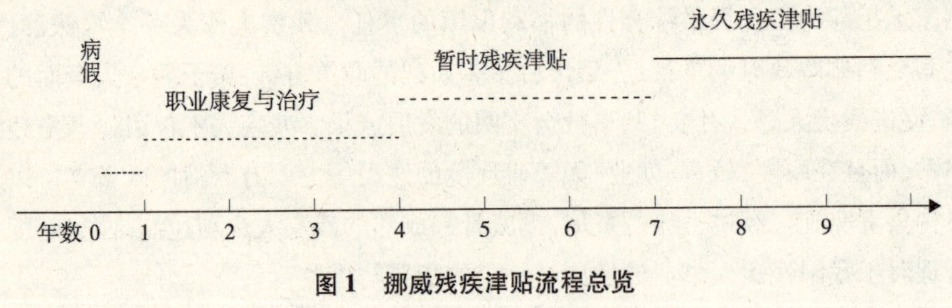

图1　挪威残疾津贴流程总览

2.残疾津贴申请的过程

第一步，应该写申请要求残疾津贴，该申请可由自己写或者其诊断医师来写。如果病人拒绝申请残疾津贴，医师应尊重其选择。

第二步，挪威地方社会保险办公室负责津贴接到申请其后的工作，负责请其治疗医师出具医学诊断证明。医师在确定病人是否有资格领取残疾津贴中发挥着极其重要的作用，具有决定权。在申请阶段，申请人通常由当地的全科医生或者心理治疗师进行相关诊治。地方社会保险办公室有时会向全科医生或者心理

① See Grigory Rezvyy Walter Schönfelder, Terje Øiesvold, Reidun Olstad and Georges Midré, "between health care and social security-psychiatric patients and the disability pension system in Norway and Russia", *BMC Health Services Research 2007*, 来源于网站 http://www.biomedcentral.com/1472-6963/7/128。

治疗师询问病人的相关情况。

第三步，背景信息调查。医疗诊断证明很重要，但是康复过程以及社会情况的评估对于最终的调查结果来说也很重要。

综合医师意见以及背景调查情况，作出病人是否可以领取职业津贴的决定。如果病人对于地方社会保险办公室的决定有异议，可以向法院提起诉讼，由法院来进行裁决。

3.残疾津贴的构成

残疾津贴的构成部分，分为两部分，基本津贴以及附加津贴。基本津贴由挪威议会每年根据当年的工资水平进行确定，在 2005 年为 9500 美元。附加津贴由病残疾前三年的工资水平来确定。如果病人失业或者一直没有收入来源，那么每年会得到由国家议会确定的特殊补充津贴。另外，残疾津贴数额的大小与残疾程度密切相关。每年的津贴的最小金额不应低于基本津贴的 1.8 倍。在 2004 年，残疾津贴的平均值为 21000 美元，相比 2005 年挪威的官方贫困线（社评工资的 50%）为 13720 美元，残疾津贴大约为其两倍。如果没有申请到残疾津贴或者残疾津贴不能够满足其基本生活，那么病人有权利申请其他福利来满足其基本生活需要，如住房补助等。①

（二）康复保障

1.挪威康复保障的基本状况

（1）再就业政策。再就业政策是挪威福利政策的核心，该政策基于在任何时候福利体系应该积极的致力于人们对于工作生活的参与。具体来说，福利政策应该积极的促进残疾人参与社会而不仅仅只是消极的资金资助。因此，在挪威许多福利政策都是以再就业为指导原则的。再就业政策有很多功能，比如，帮助人们重归工作场所；如果有需要可以为公共或私营部门提供劳动力；在挪威工作场所制定一定的道德标准；如果可能，可以节省以转移支付为形式的公共支出。②

---

① See Grigory Rezvyy Walter Schönfelder, Terje Øiesvold, Reidun Olstad and Georges Midré, "Between health care and social security-psychiatric patients and the disability pension system in Norway and Russia", *BMC Health Services Research 2007*, 来源于网站 http://www. biomedcentral. com/1472－6963/7/128。

② Bodil Landstada, b, c, Marianne Hedlundc, d, Christian Wendelborgd, e and Hildfrid Brataasc, "long-term sick workers experience of professional support for re-integration back towork", *Work*, 2009, No. 32.pp.28－29.

再就业政策对挪威福利体系产生深远影响,康复不仅仅包括治疗与医疗干预,还包括一系列的与就业有关的行动。康复的目的不仅仅是治愈,还包括帮助残疾人掌握或者改善其功能能力。康复的目标是使人们可以通过他们自己的资源和外在的支持与帮助来照顾自己或者发展自身功能。在康复中,治疗与诊断很重要,同时也应注意环境(家庭、工作环境等)信息资料的收集以及关注对环境产生的影响。

(2)挪威康复的进程。对于接受康复的人员,社会保险管理部(Social Insurance Administration)有责任有义务通过高质量和必要的服务来确保他们能够重新回归劳动力市场。社会保险管理部不直接提供这些服务但是通过国民卫生服务(National Health Service)来承担治疗的费用。

挪威拥有一个综合性的保险服务体系,而它对于国民来说是必需的。它提供多样化的福利措施,或提供医疗诊治,或提供服务或者提供资金支持。这些福利措施通过公共服务项目得以实施,需要税收体系的财政支持得以实现。

在挪威,康复是由社会保险办公室以市级为单位来组织实施的。在康复过程中第一步就是评估,通过评估来确定阻碍人们工作的主要障碍。评估的目的就是发现潜在的个人、工作相关的或者与诊断相关的与因素,这些因素可以被激活或者转移为工作能力。个人因素的评估包括由于疾病、残疾所引起的工作障碍、年龄、个人能力与资源。个人工作能力的评估包括以往的经历以及经验、劳动力市场状况、他们的个人生活处境以及一些会影响康复效果的家庭责任。诊断相关的因素指一些与疾病、伤害和残疾有关的因素。在掌握这些资料的基础之上,来选择对于每个人来说做有效的治疗方式。可以依照基层医疗国际分类(the International Classification of Primary Care)来对病人进行分类,该分类准则在挪威作为疾病诊断分类以及服务费用的标准的依据。

(3)康复津贴。在挪威,康复津贴是依照国民保险法发放的收入补偿。这种津贴针对生病超过52周的人群发放的。领取该津贴人群的工作能力由于疾病、伤病丧失50%以上,他们必须积极地参与治疗以获得重回劳动力市场的能力。该津贴领取期限只有一年,在此期间个人可参与一些职业培训项目。一年以后,如果个人仍未回归劳动力市场,他可以获得其他的津贴。①

① See Bodil Landstada, b, c, Marianne Hedlundc, d, Christian Wendelborgd, e and Hildfrid Brataasc, "long-term sick workers experience of professional support for re-integration back towork", *Work*, 2009, No.32.pp.28-29.

挪威的康复津贴在残疾津贴和任何的短期残疾津贴之前，在疾病津贴之后进行支付。针对康复，挪威提供两种不同的津贴：一种是医疗康复津贴，领取这种津贴的资格为他们可用的医疗账户已经用光并且工作能力至少丧失了一半，病人为了改善他们的工作能力必须积极的接受治疗。第二种津贴是职业康复津贴，该津贴对接受者来说是获得工作必要并且是应急有效的。康复可是上学、工作培训、工资补贴等。两种津贴都是短期的，并且都是以以前的工资为基础的，或者至少相当于工作能力减少前三年平均工资的 50%。① 康复津贴是数额为基数的 66%。年度津贴最少为基本数额的 1.8 倍。如果在 26 岁之前由于严重疾病导致工作能力减少，那么最低的津贴不能少于基本数额 2.4 倍。② 医疗康复津贴由社会保障管理局来进行管理，而职业康复津贴由劳动市场管理局进行管理。残疾人康复实施都需要健康、劳动力市场及社会保障管理局的合作。③

康复津贴在每个月的 25 日支付。如果病人没有资格领取疾病津贴，那么他可以在他不能工作之日起开始领取康复津贴，可以一直领取 52 周。26 岁以下的学生因在工作中的严重疾病导致残疾满 20 周就有权利获得康复津贴。康复津贴一周支付五天。申请者必须向当地劳动福利办公室提交申请。

2004 年，挪威有 54624 人领取了康复津贴，由于实行了较为严厉的领取条件限制，人数相比与前一年已经下降了 61209 人。大约 76%领取康复津贴为骨骼疾病或者精神病患者。④

2.挪威的职业康复体系(Vocational rehabilitation system)

(1)职业康复体系构成部分。挪威福利计划是以再就业为指导的，它特别注重残疾人的职业康复以及再就业，因此它的职业康复的项目设置、管理理念以及技术在世界上都是先进的。在挪威，劳动市场和社会保险机构合作致力于帮

---

① See Nordic Social-Statistical Committee 2007, "Social Protection in the Nordic Countries, 2005", Published by the Nordic Social-Statistical Committee(NOSOSCO).

② See Text for NAV(the Norwegian labour and welfare administration), *Content updated as of 1 January 2008*.

③ See Nordic Social-Statistical Committee 2007, "Social Protection in the Nordic Countries, 2005", Published by the Nordic Social-Statistical Committee(NOSOSCO).

④ See Bodil Landstada, b, c, Marianne Hedlundc, d, Christian Wendelborgd, e and Hildfrid Brataasc, "Long-term sick workers experience of professional support for re-integration back towork", *Work*, 2009, No.32, pp.28-29.

助在劳动力市场上的残疾人。残疾人或者找到适应他们特殊需要的工作，或者得到技术帮助中心的技术帮助。残疾人可以在特殊的工作场所获得治疗与指导。即使与劳动力市场没有关联的残疾人仍然可获得帮助使得他们的日常生活变得简单舒适。综合的职业康复体系通过提供必要和适当的帮助致力于使残疾人重回劳动力市场或者拥有一份合适的工作。在2005年，大约61190人参与了各种形式的职业康复。①

挪威的职业康复计划是为了帮助那些进入或者重新进入劳动力市场存在严重困难的残疾人。这些问题更多的是社会因素引起的，将该计划参与人分为三类人：长期疾病患者（long-term ill）、短期疾病患者和以前失业的（previously unemployed）。

该计划大多数参与者都有一些健康问题或残疾，使得他们不能继续从事他们以前的工作。在挪威，雇员可以享受12+12月的疾病津贴（该津贴在第一个12个月是按工资的全额领取，第二个12个月是按工资的64%领取），许多人甚至可以只要医疗治疗是保留他们工作能力所必需的就可以一直领取。那些已经恢复健康的可以重新进入劳动力市场，但是已经不能从事他们以前工作的人可以申请参与VR计划。事实证明，大部分参加者是长期疾病人员，长期脱离劳动力市场，这部分人也是VR主要的服务对象。对于第二类短期疾病人员在得病的12个月之内就进入VR计划，他们大多数已经丧失了从事原来职业的能力，但是仍然可以从事其他职业。第三类人并没有病史，但是他们参加VR计划比参加一般的劳动培训计划效果要好，例如有学习障碍的、行动有问题的或者吸毒人员刑满释放的人也包括其中。

当申请者被批准进入VR计划时，他们每个人会被指定一个社会工作者（caseworker）。这个阶段在书面上称为申报程序，包括潜在的合格人员等待参与合适项目的阶段。在这个阶段，人员可能仍需要找工作并领取残疾津贴。

参加者有五个项目可以选择，在一般企业的工作培训（worktraining in ordinary firms WTO）、在保护企业的工作培训（work training in protected firms WTP）、地方的就业服务机构提供的教育（AMO）、公共教育（EDU）和工资补贴（WS）五个项目。

① See Text for NAV (the Norwegian labour and welfare administration), Content updated as of 1 January 2008.

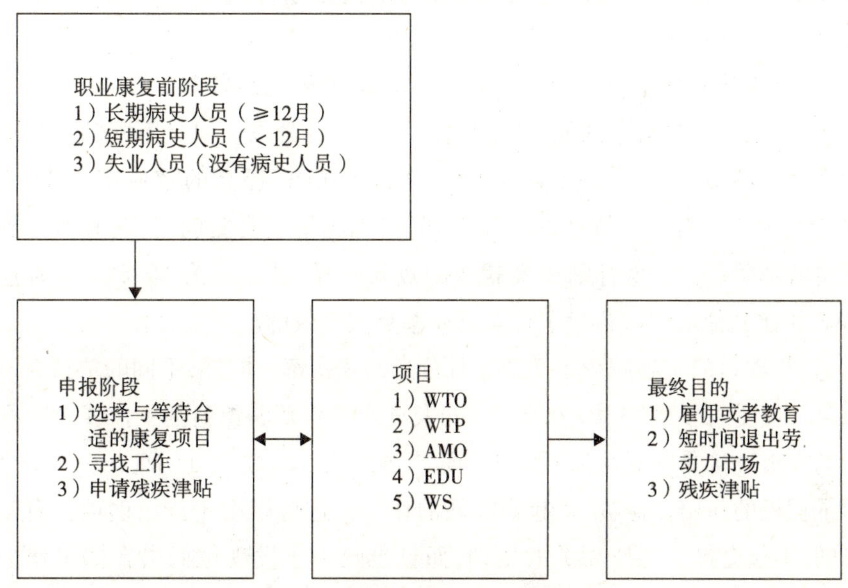

图2　挪威职业康复体系的基本结构

在 WTO 中,参加者在一般的企业在适当的监督之下从事常规性的工作。这些企业或者为国企或者为私企。这个企业应该是事先获得当地劳动市场办公室批准的,并且不影响社会工作者对参与者的指导。即便如此,我们怀疑社会工作者为了与企业维持良好的关系而不情愿安排缺乏技能的参与者。这期间,参与者会得到相当于以前工资的 64%的康复津贴。该项目的时间最长为三年。

在 WTP 中,参与者在一些专门成立的企业工作,这个企业提供包括教育和改进社会能力的职业培训。这些企业都要接受严格的监督。该培训最长时间为两年。

EDU 和 AMO 提供不同形式的课堂培训。EDU 包括所有类型私人与公共学校,而 AMO 主要是有当地的就业服务部门提供授课。AMO 的时限是十个月,对于 EDU 在 2002 年之前是没有时间限制的,但是现在有三年的时间限制。

在 WS 中,参加者在正规企业工作,但是就业办公室对于参与者的工资要提供部分的财政支持,最高不超过 60%。如果雇主提供全额的工资那么参与者的生产效率要比 WTO 参与者高,虽然两者在工作内容上是相似的。在 WS 中,雇主并没有义务去接受任何一个指定的参加者,该计划的一个目的是确保参与者在资助期过后仍然可以继续为该企业工作。这是给计划与 WTO 不同的地方。这个计划最长持续两年。①

(2)职业康复体系效果。依据 Lars Westlie 的研究结果得知:

①VR 项目对参与者的就业率提高了 8.4 个百分点。但是不同的项目对于就业率的提高效果不同。课堂授课 AMO 或者 EDU 提高的就业率为 11.7 到 15.4 个百分点。对于实战性的工作培训,培训越接近真实的工作,其所得到的效果也就越明显。资金补贴提高就业的效果明显,其比率为 30.6%,不管这样说,WS 相比其他培训项目对于提高就业率是最有效的。

②VR 项目的实施减少了 2.7 个百分点的残疾率。同样,不同的项目有不同的效果。接受再教育(AMO 和 EDU)的人员能够重新获得新的工作或者在竞争的劳动力市场接受职业培训可以避免被市场淘汰。培训项目(WTO 和 WYP)也显示了积极的作用,对残疾率起到降低的作用。这可以由于该培训项目有双重的目的,不仅会提供工作相关的培训,而且也致力于发现他们潜在的工作的特质。为所有的国民提供收入保障是福利国家的目标之一,这是无可厚非的。实际上,残疾人的增加是以其所导致的后期的经济后果为代价的。残疾率的增长的成本取决于残疾人重归劳动力市场的程度。

③所有这些理想结果的获得来源于 VR 的持续期间的延长。每个 VR 的参与者平均要延长 7.4 个月的培训期。EDU 是时间延长的主要诱因,一半以上时间的延长都是来源于该项目。WS 在该方面也带来了消极影响。

④根据调查数据显示,不同的康复项目对于不同的参与者有不同的影响。实际上,康复的效果不同源于康复前阶段。由于康复的主要目标人群为长期疾病患者,所以这部分人群在就业率以及减少残疾率方面受益最大的。与劳动力市场联系较弱的人群也获得了很好的效果。值得一提的是年龄超过 44 岁本是残疾概率风险最高的群体,但却是残疾人风险降低最高的人群。②

3.康复技术手段

在挪威的工作场所如果需要技术帮助,可以通过了两种方式来获得:一是如果需要技术帮助来解决工作中的实际问题,可以与老板或者雇主商量;二是如果

① Lars Westlie,"Norwegian Vocational Rehabilitation Programs:Improving Employability and Preventing Disability?".*Department of Economics University of Oslo.*

② Lars Westlie," Norwegian Vocational Rehabilitation Programs:Improving Employability and Preventing Disability?".*Department of Economics University of Oslo.*

在病假期或者正在接受职业康复培训期间需要技术帮助,可以向当地的劳动福利办公室申请帮助。

(1)技术支持。在挪威,公民可以获得技术支持来解决日常生活与工作中的实际问题,可以在学校、培训机构、工作场所获得相当的帮助。如果你不满26周岁,公民可以获得技术支持保持或改善功能。如果一些体育活动需要特殊的或者额外的辅助工具,那么也可以获得一定的资金补助,但不是指一般的玩具、体育用具。在一些情况下,购买电脑是可以获得补助。但是对于一般的厨房用具或家居用品,是不能够得到补助。

永久性的残疾或伤残人员可以从技术援助中心获得技术援助。如果是短期的技术援助需求,一般来说低于二年,当地政府必须为伤残人员提供这些技术帮助。依据国家保险法,伤残人员获得这些技术帮助不需要支付任何费用。技术援助中心有义务为公民解释与国民保险法规相关的疑问,他们还需要处理关于技术援助的诉讼与争议。

在申请过程中,当地政府会联系工作人员,比如心理治疗师、职业指导老师、医生等来提供相应的帮助。大部分的技术援助工具会在三周之内运送到;如果出现损坏,可以与当局或者技术援助中心取得联系,等待期一般不会超过七日;他们的日常维护是由每个使用者自己负责;当你不需要这些技术援助的时,可以与当地政府或技术援助中心取得联系,由他们来组织收回。

(2)个人交通工具津贴补助。如果你因患有永久性行动问题或者精神疾病,不方便使用公共交通工具,那么你可以获得购买个人交通工具的补贴。获得该补助者必须是真正的需要交通工具,并且通过其他方式都得不到满足。如果70岁以后出现功能性残疾,那么将没有资格获取该补助。

普通的购车补贴一般是通过减息或分期还贷的方式提供优惠,其补助的数额大小取决于家庭收入。如果收入除去要提供给孩子和配偶的那部分后,仍然超过国民保险的基本数额的六倍,则不具有资格享有购买汽车补助的。如果在这种情况下,仍然获得了补助,那么NAV将拥有对汽车的留置权。当汽车使用了十一年之后可以继续申请补贴购买新的交通工具,除非当使用者的健康状况迫切需要换一辆新的交通工具,在这种情况下可以早换。如果汽车是上班所用的交通工具,那么八年以后或者行驶了15万千米之后你就可以申请换新的。如果由于功能缺失要改造汽车或者配置一些特殊的设施,便可以得到一笔不需要收入调查的补助,并且没有上限。如果符合获得购买交通工具的补助的资格条件,则可以获得用于驾驶培训的补助。①

(三)教育保障

1.残疾人教育的历史演变

(1)教育观念的转变。20世纪20年代,在基础教育成为法定教育之时,残疾人并不包括其中,并不是该政策的受益者。直到20世纪40年代,国家才承担起对于残疾人儿童的教育责任。

20世纪40年代末期,挪威的国民教育体系进行了一次彻底大范围的改革。1951年的特殊教育法的颁布,使得残疾儿童的教育权成为现实。特殊教育学校在全国各地如雨后春笋般建立起来。特殊教育学校的教育质量不断地得到改进。教师得到培训,教学标准不断得到提高,其覆盖面已经扩张到大部分农村。

对于特殊教育机构的重组是在20世纪60年代后期开始的,平等、融合、常态化和参与为这次重组的重要原则。从20世纪70年代开始,融合一体化教育得到认可与认同。1975年颁布的一部新的教育法将融合作为一项基本原则,所有的孩子都应该在当地接受教育。该法律保留了1951年法律中的关于特殊教育机构的条款,废止了对于特殊教育机构进行管制的一些法律条例。当地市政府有责任为当地的孩子提供特殊教育负责。所有的孩子应该在他们家乡当地学校注册入学。从而将提供特殊教育的责任由国家分散到了地方政府层面。每个学校都应该成立心理服务站,而特殊教育学校应该对其角色进行重新定位,为普通学校提供支持与资源。②

1991年特殊教育的重组的主要目标就是将特殊教育体系转化成为全面一体化教育体系。残疾人儿童在普通学校接受教育。该政策使得只有1%的教育适龄儿童在特殊教育学校读书。除了聋哑学校以外,州政府管理的特殊学校在1992年都陆续关闭了。③ 1992年,以前负责特殊教育的国家机构已经发展成为地方的20个资源中心。这些资源中心为家长、老师安排课程指导,提供指导与

① Text for NAV(the Norwegian labour and welfare administration),Content updated as of 1 January 2008.

② See Monica Dalen,"The relationship between disability,genderand education in the Norwegian context",*The Education for All Global Monitoring Report*2003年第4期。

③ 来自于The Ministry of Education and Research Website.report and actionplan中"The Development of Education 1991 to 2000 National Report from Norway".

咨询服务。这些中心的主要目标为城市与学校提供地方服务。①

1998 年教育法的前两章节特别强调灵活性的教育应该对于所有的学生都适用。比如,义务教育的原则就是一个学校面对所有的学生,但是义务教育应该在同样的课程的基础上对其经过调整的适合于每个人的学生。换一种说法,灵活性教育就是对于所有的孩子,包括有特殊困难的或者有特殊才能的,都应得到依据他们能力调整的个性化的教育。20 世纪 90 年代教育改革特别关注特殊儿童的教育,其效果是积极的,但是地方政府所提供的教育服务仍有待提高。

所有关于残疾儿童教育权利的政策都是致力于保障所有的孩子法定教育权利。最早是通过专门的法律和隔离式的学校,最终走向了普通学校的融合教育。融合不融合不在于法令的强制性,而是考虑孩子的适合性。如果家长期待孩子学习有系统的沟通能力,普通班就可能无法满足其需求。最重要的是,家长有权利选择是否要孩子参与融合教育,政府也当然配合家长的选择,将融合教育的配套措施送进学校,并准许拒绝重度障碍的孩子进入普通班。②

(2)教育安置模式。①隔离型模式。隔离式教育,对于有身体缺陷或心智障碍的学生设立特殊学校,或提供特殊教育设施,为每个残疾儿童提供适合他们特点的特殊教育方法。20 世纪 90 年代之前,挪威的残疾儿童的教育由国家以及各级政府成立专门的特殊教育学校来提供。残疾人儿童的教育与正常孩子的教育相互隔离,这种教育模式出于满足残疾儿童的特殊需要考虑的,但是实践证明,该模式的教育效果并不理想,很多经过特殊教育的儿童,虽然完成了学业,但并不能很好适应社会。

②一体化教育模式。由于隔离式教育存在种种弊端,融合一体化的教育理念在国际上流行开来。挪威早在 20 世纪 70 年代的教育立法中就将融合作为一项重要的原则,并在 20 世纪 90 年代初将这种教育理念实践开来。所谓一体化教育模式,即不为残疾儿童成立专门的教育机构,而是将其纳入普通学校,与正常的孩子一样接受教育。残疾儿童的教育是由学生所属的学校提供的,更多的是在他们自己的班级进行的。学生有可能与其他也具有特殊需求的学生组成小团体进行教育。更多的模式是机构合作的模式,主要是依据孩子的能力

---

① See Merv Hyde, Stein Erik Ohna, Oddvar Hjulstadt, "Education of the deaf in Australia and Norway: A comparative study of the interpretations and application of inclusion", *American Annals of the Deaf. Washington*: *Winter 2005/2006*, p.415.

② 参见陈宝珠:《融合教育的反思》,《仁爱之声》第 57 期。

来量身定做适合与他们的教育。残疾学生融进学习的环境并参加学校的各种活动。

特殊教育针对所有适龄的学生,在高中残疾儿童一般在普通学校注册,属于普通学校的一部分,但是他们有时会在单独的班级上课学习。老师与家长、特殊教育专家、学校管理人员以及资源中心共同协作为学生提供教育。

2.残疾人教育的相关机构分析

地方健康中心需要与教育心理服务中心合作,可以在入学之前就对孩子进行诊断以判断是否需要特殊教育。教育心理服务中心需要针对孩子的特殊教育写一份专家报告,报告要包括为什么需要、需要什么类型的,多大程度上需要以及怎样得到该服务。报告中还包括没有特殊教育市政府应该采取怎样的措施来保障残疾儿童得到与其他孩子一样的教育。教育心理服务中心针对每个个体提供据具有针对性的指导,称为个人导向;提供关于组织、方法论以及改善学习环境方面的建议,提供一般性的指点和帮助,称为系统导向性工作。所以它提供的服务是广泛的。但是合格的心理师和咨询人员都比较缺乏。

随后学校根据专家报告,针对每个孩子制订教学计划,不仅要考虑教育服务中心的意见,而且要使特殊教育与普通学生的教育相适应相协调。在核心教育课程中规定,教学模式不仅适合于教育内容与主题,而且要适合年龄、每个学生以及他们不同的能力。课程的设计一定要灵活,可以使老师满足不同能力水平的学生的需要。学前教育和普通教育的老师需要接受系统的培训。培训会有一个关于特殊教育的相关问题的总体介绍。部分老师还会在特殊教育学校接受特殊培训。老师在接受过基础的特殊教育培训以后可以选择继续接受专业的特殊教育。同时也提供有关服务的课程,这些都是致力于提高在普通学校老师对于学生的关照能力。挪威的平等教育权适用于所有年级的学生。在高中教育阶段,残疾儿童可以延长教育时间以成为合格的毕业生,可以将三年延长至五年。教学大纲的设计应该使知识的获得更加容易。①

家长需要在教育心理服务中心对孩子进行鉴定之前提交书面的同意书。如果孩子要进入特殊教育学校也需要家长的同意。如果家长不满意学校提供给孩子的教育,那么他们有权利向国家教育办公室提交申诉。

国家特殊教育资源中心和其他专业机构主要是提供地方政府所缺乏的专业

---

① 信息来源于网站:http://www.acerish.org/french/documents/TypologyNorway.pdf。

方面的知识。它直接联络负责教育的市级组织，或者帮助学生解决与学校相关的问题。他主要面对小概率群体，比如视力、听力障碍及在语言表达方面存在问题；有时也面对高概率群体，主要是具有社会情感问题、阅读和书写困难或其他具有学习困难的群体。①

3.全纳教育

全纳教育，为一种教学环境或教学策略，即在教学过程面对所有的孩子。全纳教育学校的一项基本原则为所有的孩子无论怎样的情况，不管有任何困难及不同都应该在一起学习。全纳教育学校必须认识到并在教育方式和教学速度针对多样化的教育需求进行相应的调整。全纳教育必须通过合适的教育课程和组织安排、教育策略、资源的使用以及与相关组织的合作关系来确保学生的公平教育权。有特殊教育需要的儿童需得到自身的能力的最大开发并能够很好地融入社会。Manivannan(1999)指出全纳教育是一个政策与过程，该政策与过程致力于允许所有的孩子都可以参加所有的活动。它是在一种支持性的环境中聚焦于个体、平等机会以及全面参与。因此，全纳教育的成功需要各主体的努力，它不仅仅是教师、学校、员工的责任，还需要学生、家庭以及志愿者的共同努力。Bender(2002)，指出全纳教育的实现需要有一批对于国家全纳教育指导原则理解的老师以及一套针对于所有的学生的教学计划。

挪威虽然从20世纪90年代就开始通过一系列的政策法规来致力于实行全纳教育，但是效果并不尽如人意。学前儿童在日间看护机构获得服务，但是只有很少的地方设置了特殊看护中心；在小学与初中，特殊儿童的教育是在普通学校获得的，通过提供两个教师的方式进行教育活动的实施。只有0.5%的学生进入特殊教育学校。在许多城市，特别是一些大城市会设立隔离的教育机构，例如针对精神病儿或者有听力障碍的儿童。进入高中，2/3的残疾学生在普通学校接受特殊教育，1/3的参加特殊基础课程、两年基础课程或WPE计划；在成人教育中，教育组织之间有很大的不同，1/3的城市的教育在隔离的中心或机构进行，一般与社会或医学组织有关。②

根据Grace Y.Gadagbu的研究显示，从学校建筑的角度来看，许多的学校的无障碍设施并不完备。主要的公共建筑物并没有栏杆与斜坡来供残疾儿童使

---

① 信息来源于网站：http://www.acerish.org/french/documents/TypologyNorway.pdf。

② See Grace Y.Gadagbui.e "hild with disability and the classroom a liveexperience fromNorway in an inclusive educational class", *urnal of Research and Development in Education*, 2006, Vol. 6, pp.46–50.

用。比如,Winneba 大学至今都没有斜坡,旧的建筑没有,也许将来新建造的设施会将其列入规划范围之内。图书馆并不具备盲文书籍、为弱视者阅读提供方便的放大镜。许多教师也缺乏相应的能力与技能与残疾人儿童交流。虽然将对老师进行相应的培训写入特殊教育法,但实际上由于资金的不到位导致该法规只是一纸空文而已。家长、同学、教师以及社区成员并没有进行很好的合作,因此他们对于学校的融合教育的实施帮助很小。另外,有些学校领导还需要面对家长的愤怒甚至是威胁。①

事实上,学校并没有真正实践全纳教育的原则。学校的教学环境并没有进行很大的改变,在设施的使用与参与方面学生并没有得到平等的机会,以学校为中心而不是以学生为中心等都说明了这样一个事实。全纳教育仅仅只是一个只有文字而没有具体实施的政策。

4.特殊教育的财政来源

政府拨款来自于一般的财政支出,主要是为健康与文化方面提供的财政支持,各个州额外拨款是为了将州之间的差异最小化,这其中包括对于特殊学校和服务提供的资金补助。各市在计划设计与资源配置方面拥有自己的部分财政权利。对于特殊教育,并没有国家的专项拨款,由各市来承担责任,市政教育拨款的大约 20%的用于特殊教育。市属各学校的教学经费途径只要有三个:一半来源于地方税收;40%来源于中央政府拨款以及其他各种收费等。②

(四)残疾人就业

1.挪威残疾人就业基本状况

依据挪威 2007 年的调查数据显示,残疾人的就业率大约为 45%左右(在 42.5%与 46.6%之间)。相比于健康人口的就业率而言,残疾人的就业率要低 30%,但是不同的年龄阶段又会有所不同,差距主要出现在 24—60 岁这个年龄阶段。其中男性的就业率要高于女性,男性为 47.4%,女性为 43.5%。兼职在残疾人中更为普遍,48.3%的有工作的残疾人的工作方式为兼职,在总人口中该比例为 30%。残疾人的就业机构公共部门人数多于私人部门就业人数,而在公共部门中地方政府中的健康与社会服务部门又雇佣了大多的残疾人。在 2002—2006 年间,25%的失业残疾人想要一份工作。该比例在 2007 年下降到

① See Grace Y.Gadagbui.e “hild with disability and the classroom a liveexperience fromNorway in an inclusive educational class”, *urnal of Research and Development in Education*, 2006, Vol. 6, pp.46-50.

② 信息来源于网站:http://www.acerish.org/french/documents/TypologyNorway.pdf。

17%,但是无法断定这是一种趋势还是纯属偶然。①

挪威政府特别关注残疾人就业,一方面由于领取残疾津贴的人越来越多,另一方面残疾人在失业人群的比例越来越高,大多数群体的就业率是不断提高的,但是残疾人群体除外。在挪威对于残疾人就业的根本原则主要有以下三点:一是每个都有在他最佳状态的情况下参与劳动力市场;二是对于有职业障碍的残疾人必须提供努力创造更多的就业机会;三是开放的就业市场应该优于庇护的就业市场。

挪威实施支持就业计划,该计划致力于建立一个开放的工作环境,残疾人可以有机会与正常人一起工作,为其提供个性化的帮助以获得长期的成功。就业支持计划的重点是一份真正的工作和稳定的收入,其理念就是只要给予正确的培训与支持那么每个人都可以在工作生活中获得满意。

2.残疾人就业服务机构

在挪威就业支持计划以及职业康复的服务的提供主要有以下五个机构来实施的,劳动市场上的公司(AMB)——为残疾人提供有期限限制的工作场所;公共部门的就业岗位(ASVO)——主要是为具有严重残疾的人提供没有时间限制的就业岗位,工人同时领取残疾津贴;工作合作社(ASV)——职能与ASVO相同,但是存在于ASV中;就业预备培训(AFT)——该企业存在于AMB、ASV、ASVO中,为残疾人提供就业预备培训,最长期限为九个月但是可以灵活调整;就业支持计划(AB)——为在公共部门或者AMB、AFT、ASVO、ASV就业的人员提供支持以及就业辅导。虽然AMB、AB、AFT以及ASVO各个部分相互独立,每一项活动都有自己的具体规则与指导原则,但是实际上他们之间是相互合作,具有一致性的。这些所有的计划于项目适用于残疾人以及领取丧失工作能力津贴的人员。稳定的资金来源是参与者对该体系充满信心的重要保障,也是确保所有的残疾人都可以参与到该项目的前提。②

(1)AMB(劳动市场上的公司)。在20世纪50年代与60年代,主要的AMB企业是有私营组织、志愿团体与当地议会共同管理。员工的工资由私人机构、政府以及国家保险部门共同支付构成。在20世纪70年代,政府接管AMB但是当

① See Jan Tøssebro,"Report on the employment of disabled people in European countries",*Academic Network of European Disability experts*(*ANED*),VT/2007/005.

② See Michael J. Evans,"History of supported employment and vocational rehabilitation measures in Norway",来源于网站 http://www.awiph.be/fame/pdf/Le-supported-employment-en-Norvege.pdf。

地议会仍占有51的股份,所以它的所有权仍归当地议会。事实上,议会对AMB拥有100%的控股权。

在1974年,AMB雇员的第一年与第二年的工资由劳工部支付80%,随后的年月支付65%。另外,劳工部每年要向ANB支付6800英镑。

在20世纪七八十年代,该项目的目标是将人们从AMB推入开放的劳动力市场中。但是该计划并没有成功,原因在于AMB以及他们的雇员并没有足够的刺激来激励他们在劳动力市场上去寻找工作。

鉴于该体系的低成功率以及劳工高额的支付费用,挪威劳工政府在1980年进行改革以提高残疾人的正常化与整合程度。他们指出该体系对于没有参加AMB的人来说是不公平的。

因此在1993年挪威政府重新制定新的规则与法规并在当年实施,适用于每一个AMB。目前的状况是AMB将康复作为其首要的工作,其目标是对残疾人员重新招募并做相应准备使其可以重回劳动力市场。

残疾人要经过以下三个阶段:

第一阶段,评估。对个体的技能、能力进行评估,为在AMB的第二、第三阶段以及其他的雇佣机会做准备。该阶段最长持续六个月,一般来说,每个人平均持续两个月。在第一阶段,残疾人仍然接受各种福利津贴。

第二阶段,康复阶段。该阶段提供康复服务、培训来改善个体的能力以保证其能够在劳动力市场上获得工作。该阶段大约持续两年,雇员可以得到正常的工资收入,并且有可能在AMB以外的机构就业。两年的康复期结束以后,雇员可以在就业办公室的帮助下在开放的劳动力市场上获得工作。

第三阶段,如果经过第二阶段的康复,个人的能力经过评估仍然不能够在劳动力市场上工作,那么他们有可能重新进入AMB成为其永久雇员。当然,其将来的工作能力也是要持续不断地接受评估。

AMB设置了康复委员会来作为计划、执行康复服务、监督雇员的招募、培训以及就业安置的主体机构。AMB作为营利性机构,在既有的指导规定范围内有责任为员工提供高质量的康复服务。就业办公室必须对AMB雇员的招募以及就业安置、确保个体雇员积极参与就业等活动提供支持。

得到的康复企业费用以及工资补偿是固定的。在第一阶段企业只得到康复津贴,该津贴数额大于第二、第三阶段。在第二、第三阶段,AMB会获得康复津贴以及工资补偿。工资补偿数额两阶段是相等的,但是第二阶段的康复津贴高于第三阶段。

表 1　劳工部的财政补贴统计表

第一阶段	每人每年 6200 英镑	第一阶段最长六个月
第二阶段	每人每年 5300 英镑以及每个人每月 900 英镑的工资补偿	第二阶段限定为两年
第三阶段	每人每年 1800 英镑以及每人每月 900 英镑的工资补偿	没有时间限制但是个人会定期接受评估

当然,为了保证效果,在各个阶段对于 AMB 机构都有一定的比例或配额限定,例如,每个 AMB 企业至少有 50%的雇员处于康复阶段。对于评估阶段的雇员没有比例规定限制。大约有一半的残疾人会停留在第三阶段。虽然新体系的成本与旧体系一样高,但是增加了 5%—30%残疾人受益。如今又 92 家企业的 4138 家工作地点负责残疾人的职业康复。就业办公室的职责为确保 AMB 服从法规,如有违反对其进行处罚。未来 AMB 法规的发展走向为将将评估阶段缩减至两个月之内,努力将 50%康复参与人员推进劳动力市场,将第三阶段的重点放在对于 50 岁以上的人员的关注上。①

(2)AFT(就业预备培训阶段)。AFT 计划通过教育项目或者其他合适的措施来致力于帮助残疾人获得就业机会。其所面对的人群为严重残疾人员,他们在一般的支持帮助性的项目中很难受益。AFT 提供的服务有最初的评估、寻找工作技能、工作场所的参观、工作体验、就业辅导以及就业安置等。AFT 的目标为通过 AMB 的两阶段或者其他康复措施,残疾人可以重回开放性的劳动力市场。AFT 的项目的实施通常与 AMB 同时进行,通常是五个残疾人对应一个培训人员。该项目一把为九个月,在一些特殊情况可以延长到 18 个月。

AFT 为独立的股份制企业,并在 AMB、ASV 及 ASVO 中开展工作,但是其人事与财政必须是独立的。AMB 的职业分派由就业办公室来负责,所以 AFT 也需要一个康复委员会来指导其工作的开展。

参加 AFT 的雇员仍需领取津贴与补助,没有正常意义上的工资支付,但是 AFT 在津贴之外会提供相应的名义工资。AFT 每月都会从支持机构得到固定金

① See Michael J.Evans,"History of supported employment and vocational rehabilitation measures in Norway",来源于网站 http://www.awiph.be/fame/pdf/Le-supported-employment-en-Norvege.pdf。

额的财政补助，该补助并不是为股东分发红利而是维持康复机构的正常运行所必需的。目前，AFT 每月从每个支持机构得到的 750 英镑的财政补助。目前有 102 家 AFT 处于运营状态，共有 1473 家支持机构提供财政支持。

(3)AB(就业支持计划)。自 20 世纪 70 年代开始的传统的职业康复计划对于残疾人融入正常的工作生活的效果并不是很明显，对于残疾人来说仅仅具有职业技能是远远不够的，所以 AB 计划就应运而生。就业支持计划通过职业辅导来帮助具有各种就业障碍的残疾人找到并持续获得一份工作的计划。该计划在 1992—1993 年间进行了为期三年的试点。当时由劳工部组织与出资，三年期间共有 384 人得到工作机会，其中 258 人在 1995 年 7 月该计划结束之时仍拥有工作岗位。自 1996 年 1 月开始，AB 计划在劳工部的管理之下正式在全国开展起来。

AB 提供为期三年的就业支持，鼓励残疾人用最快的速度独立起来并投入到工作之中。就业办公室负责 AB 项目的职业分配，并可能为雇主提供有时间限制的工资补贴(前六个月提供 75%，后 18 个月提供 40%)，或者残疾人在此期间仍可以领取残疾津贴。AB 项目的提供者会得到一定的财政补助来支付辅导教练的工资以及该项目运营所需的费用。就业辅导人员每人需要负责五个残疾人，其每月可以得到 2400 英镑的工资。每个残疾人每年所需要花费的费用大约 5760 英镑。

该计划的与众不同之处在于就业辅导人员，他们为残疾人和雇主提供在职培训、社会技能培训、工作往返的帮助以及其他一切有利于雇佣成功的必要支持。他们在工作过程中为适应、培训及教育提供帮助。AB 不仅致力于帮助残疾人找到工作，其最后目标是帮助残疾人可以持续获得工作。①

(4)ASVO(工作合作社)。ASVO 为严重残疾人员提供一个固定的工作场所，这些严重残疾人员在开放的劳动力市场上获得工作机会几乎为零。ASVO 为股份有限公司，行政区及国家议会应为其最大的股东。在 ASVO 受雇的人员仍然可以继续接受残疾津贴，除此之外，依据 ASVO 的盈利状况可以每年从 ASVO 获得 3800 欧元的工资收入。ASVO 每年可以从每个支持单位每月获得固定的资金补贴，现在每个支持单位每年需要支付 6560 欧元。另外，ASVO 可以从当地政

① See Michael J Evans, "History of supported employment and vocational rehabilitation measures in Norway," 来源网站 http://www.awiph.be/fame/pdf/Le-supported-employment-en-Norvege.pdf。

府获得20%的资金补助。①

3.雇主的责任

对于残疾人就业,雇主应该做些什么呢?简单来讲,雇主不应该歧视残疾人。具体来讲,雇主应该应该雇佣残疾人;应该为所有的员工提够安全的工作环境;进行工作设计与假设时应该应用最为广泛的设计标准;如果需要,雇主应该调整工作安排以保证员工可以继续工作下去。无障碍与适应性应该是雇主设计工作时应考虑的原则。

雇佣残疾人需要考虑企业竞争力问题,特别是在如今全球化的时代背景之下。企业以营利为导向,追求经济利益最大化,如何让企业去雇佣残疾人,并会对工作环境作相关的调整以方便残疾人工作呢?这需要国际社会一与本国政府制定严格的法律规章来禁止雇主对于残疾人的歧视,并对法律的执行进行监管,设置完备的争议处理程序以保证残疾人的合法利益得到保护。虽然挪威政府出台很多的相关的政策,但是却没有一部总的法律来规范残疾人在职场上遭遇的歧视。目前,保障残疾人就业的权利主要法律依据为社会保险法和工作环境法。②

(五)无障碍环境建设

无障碍环境的建设,首先要对"普遍性原则"进行解释,所谓普遍性原则为产品以及环境的设计能够最大限度地应用于所有人。普遍性原则的目的为通过产品、沟通以及建筑环境的改变使人们的生活变得简单,尽可能地减少人们付出额外的代价。任何年龄任何能力的人们都应为该原则的受益者。③

2005年北欧推行 Design for all 计划,该计划进一步推动挪威的无障碍建设的发展。在住房方面,建筑标准进行了重新修正,应用最方便的设计,包括建筑规章制度以及指导方针。值得引起注意是新的修订注重电梯以及建筑的无障碍的法规的修正。另外,挪威的住房银行修正相关政策来支持新的建房标准的推行。

---

① See Michael J.Evans,"History of supported employment and vocational rehabilitation measures in Norway,"来源网站 http://www.awiph.be/fame/pdf/Le-supported-employment-en-Norvege.pdf。

② See Bernd Marin,Chistopher Prinz&Monica Queisser(eds),"How to get employment to take on greater responsibility for the inclusion of disabled people in working life?", *Tranforming disability Welfare Policies:Towards woek and Equal Opportunities*,2004,pp.333-340.

③ See Trine Hage,"Accessibility for all:effects of measures in the pubic transport field",来源于 http://www.thredbo.itls.usyd.edu.au/downloads/thredbo10_papers/thredbo10-themeD-TH-KNK.pdf。

为残疾人的出行提供方便,保障他们可以到达他们想到达的任何地方是欧洲国家对于残疾人出行无障碍的目标。为了达到这一目标有两条途径:一为交通设计应该适用最为方便的原则;二是为残疾人提供特殊的交通工具以及特殊服务保障其出行的权利。在挪威,地方议会在中央政府方针指导之下于1988年就出台了相关规定,为残疾人提供交通服务方便其出行,其服务资金的来源于税收。对于严重残疾者提供“门对门”的全程交通服务。公共道路管理局(PRA)负责公共交通的相关事务,这其中也包括了对于无障碍交通的财政补贴。目前挪威有一半的公共汽车为低地板式的,另外部分为低入口式的公交车。每年PRA要出资400万欧元用于公共交通的无障碍建设。①

(六)残疾人社会自愿者组织——以Beitostølen健康体育中心为例

挪威的志愿者团体比较发达,他们一般与政府的关系密切,得到政府的政策与财政的支持,他们影响很大,有很多拥有自己的经营实体。在1985年,志愿者团体拥有在全国占14%普通医院,21%的精神医院,35%的弱智者医疗机构,32%的青少年看护机构等。②

Beitostølen健康体育中心为众多残疾人社会组织之一,成立于1970年11月7日。其创始者为Erling Stordahl(1923—1994年),一名酷爱户外运动的并享受到其中乐趣的盲人,他希望更多的残疾人可以像他一样感受户外活动的乐趣。该机构每年大约接待700位年龄分布于6—70岁之间的残疾人。它所提供的服务主要有物理治疗、环境治疗、教育、信息服务以及组织各种活动。一般来说,成人四周、儿童二周的治疗费用是由挪威残疾社会保障体系来支付的。这些治疗还包括知道、帮助病人使其更好地参与社会。该中心不仅提供方便的生活条件,它还配备了大型体育馆,有游泳场、实验室、室内直行车室、马场、养狗场等以满足不同的兴趣爱好。③

二、对挪威残疾人福利制度的基本评价

残疾人作为社会弱势群体,应该得到平等的对待,并全面参与社会生活,享

① See Trine Hage,“Accessibility for all:effects of measures in the pubic transport field”,来源于http://www.thredbo.itls.usyd.edu.au/downloads/thredbo10_papers/thredbo10-themeD-TH-KNK.pdf。

② 参见岳松东:《中挪社会保障制度比较》,《管理世界》1991年第4期。

③ 来源于网站http://:www.bhss.no。

受社会文明进步的发展成果。挪威作为典型的福利国家之一，政府不惜财力，对残疾人提供全面且高水平的保障。其通过康复保障、教育、就业等相关的具体措施与做法，确保残疾人的平等参与、全面参与社会生活的权利得到实现，体现人性关怀，以人为本的原则，给予残疾人带去人性化的关怀与帮助，真正帮助残疾人融入社会。挪威残疾人福利制度的最大的特色是对于残疾人就业的密切关注，再就业理念贯穿于康复保障与就业保障之中，通过各种康复计划与就业计划最大限度地提高残疾人的功能水平，提高职业技能，帮助他们回归开放的劳动力市场。该政策带来的效果也是积极的，挪威的残疾人就业水平相比其他国家是比较高的。

（一）以人为本，尊重人性

挪威残疾人福利在设计之时，充分考虑人性需要，提供人性化的服务，维护残疾人的权利以及自尊需要。在各个保障模块，都需要尊重残疾人自己的选择。比如，教育心理服务中心对儿童进行能力评估鉴定需要得到家长的同意，儿童进入特殊学校接受教育也需要得到家长的同意，家长如对于学校教育不满意有提出异议的权利，充分尊重残疾人家庭的要求以及权利；多样化的职业康复体系，可供残疾人根据自己不同情况选择适合于自己的康复体系，有的职业康复项目提供专业的就业辅导人员为残疾人的生活、工作与学习提供帮助，有针对性地提出意见建议帮助其融入社会；康复过程中所需要的技术工具如出现损坏，技术援助中心必须在一周之内给予解决，以残疾人为本，维护其切身利益……所有这些政策措施闪耀着人性的光辉。

（二）融合理念

残疾人重归社会，融入社会，一直是挪威政府践行的准则。政策措施的制定以及实施的出发点都是为了帮助残疾人回归社会，防止社会排斥，在社会生活中实现自身的价值。比如在职业康复过程中为每个残疾人提供职业辅导人员，残疾人所接受不仅仅是职业技能、能力方面的帮助，还有社会技能、关于融入社会生活的各种建议与帮助；残疾人从没有教育权利到在隔离的特殊教育学校，再到如今的全纳教育，帮助儿童在正常的教育环境中接受教育，从而融入社会生活；无障碍环境的建设，accessible for all 的设计理念，保证残疾人交通、居住以及沟通的无障碍，拥有与正常人一样的生活……所有这些都致力于使残疾人享有与正常人一样的生活，享受社会发展的物质与精神文明成果，融入社会生活。

（三）政府责任重大

北欧的斯堪的纳维亚福利模式的特点为“高税收，高福利”，为国民提供全面高水平的福利保障水平。挪威也不例外，为残疾人提供给高水平津贴以及全面的服务。那么这其中政府需要成为改革变动的推动者，相关的配套政策以及法规的制定者以及执行者，财政资金的支持者。挪威政府对于残疾人康复、就业和教育承担了大部分的财政责任，为相关参与机构提供财政支持。挪威政府每年财政用于福利支出的比重占 GDP 的 30%—40%之间。一个强大的政府充足的财政资源是保障残疾人各项权利以及权益所必需的，而政府愿意承担为国民承担起提供各种福利的责任更是国民的福音。

（四）就业优先原则

挪威残疾人福利保障体系强调提升残疾人自身能力与功能，提高其职业技能，以帮助其在劳动力市场拥有一份工作。授之以鱼不如授之以渔，其康复保障指导原则即为再就业，重归劳动力市场，并制定了多种职业康复方案来供残疾人选择，提供适当的培训、安置和不间断的帮助，最大限度地恢复残疾人的能力，减少其功能损伤。不同性质的企业类型为不同伤残程度的残疾人提供不同种类的就业机会，残疾人逐渐在存在庇护的劳动力市场回归到开放的劳动力市场，用自己双手创造自己的生活。再就业不仅可以节省政府的大量财政开支，节省社保基金，更重要的是可以帮助残疾人增强参与能力，减轻家庭负担，重归社会，融入社会，实现残疾人的自我价值。数据表明，虽然挪威享受残疾津贴的人比例比较高，但是挪威残疾人再就业率也是较高的，这与健全的职业康复计划和就业政策密不可分的。

（五）积极开展全纳教育，保障孩子的平等教育权

全纳教育为当前残疾人教育发展过程中出现的全新的教育理念。挪威政府作为高福利国家的代表，积极出台各种政策措施保障该理念的落实。学校有义务为残疾儿童提供各种便利方便其读书，不得拒绝残疾儿童入学，老师经过相关的培训有责任为学生提供有针对性的多样化的教育满足残疾儿童发展的需要，充分发挥残疾人儿童的潜力。残疾孩子在普通学校与正常的孩子一起学习，一起生活，没有歧视没有忽视，利于其身心健康的发展，有助于其更好地融入社会。虽然当前挪威全纳教育的现状没有得到预想的目标，存在问题与不足，但是理念的实行需要时间，只要一直贯彻下去，理想的结果一定可以变为现实。

（六）残疾人社会组织机构发达

众多的社会团体在社会生活的各个方面发挥重要作用，充分发挥社会的力量，这是西方福利社会一贯具备的特色。挪威的社会团体众多，在1985年，志愿者团体拥有在全国占14%普通医院，21%的精神医院，35%的弱智者医疗机构，32%的青少年看护机构等。① 社会组织发达，民间的力量与资源不仅可以充分使用，残疾人也可以在众多的组织机构中选择自己满意的服务，增加残疾人选择的机会，以获得更好的服务。同时，民间社会组织的发达也可以帮助国家分担部分责任，减轻国家的负担。有时社会团体可以通过一系列的活动影响国家政策及法律的制定，推动残疾人事业的发展。社会团体的存在有利于残疾人事业积极健康的发展。

三、挪威残疾人福利体系对我国的启示

挪威的社会福利体系自从建立发展至今已经有百年的历史，作为北欧国家的代表其残疾人的相关制度已经发展得趋于完善，对于我国残疾人福利体系建设具有借鉴与启迪的意义。

（一）充分保障残疾人的权利

"平等、参与、共享"是我国残疾人事业发展的目标，保障残疾人的合法权益，保障其平等的就业权利、平等的教育权利 、平等地参与社会生活的权利，共享社会文明发展成果。残疾人的权利需要制定相关的政策法规予以维护，需要的不仅仅是综合性法律，还需要在各个方面都有专门的法律给予规范保护，残疾人各方面才会得到实质性的帮助与保护。我国在2008年修订了《中华人民共和国残疾人保障法》，这是残疾人事业发展的福音，残疾人法律事业发展又前进了一步，但是对于教育、就业、反歧视方面，要么立法层次低，要么相关的法律处于空白状态。"平等、参与、共享"，为残疾人创造更加公平的机会与友好的环境，我们还有很长的路要走。

（二）强化政府财政责任

挪威政府积极推动立法改革，承担财政责任，努力为残疾人营造一个平等、融合的社会氛围。我国社会保障支出占财政支出的比重一直徘徊于11%左右，

① 参见岳松东：《中挪社会保障制度比较》，《管理世界》1991年第4期。

虽然我们不单纯追求像北欧国家那样高的比例，但是在如今经济的持续不断发展，蛋糕做大了，无论出于人权的考虑，还是出于公平的角度，我们是时候应该将政策向社保方面倾斜，加大财政支出比例。所以，国家应该适度加大对于残疾人事业的财政支出力度，加大国家对于残疾康复、教育、就业的财政支持，加强公共基础设施的无障碍程度，为残疾人事业的发展提供财政后盾。对于积极雇佣残疾人的企业雇主，国家应该适度给予一定的税收优惠政策，而对于没有履行国家法律规定的责任的企业，应适当地给予处罚。

（三）积极促进残疾人就业

挪威政府通过康复、就业政策积极促进残疾人功能的恢复，将其能力水平发展到最佳状态，帮助其重归劳动力市场，参与社会劳动。我国政府应该依据我国残疾人的基本状况，制定康复事业发展的行动方案与路线图，提高的残疾人能力康复水平，同时应注重高新科技成果的运用；注重对于残疾人的职业培训，依据市场需求以及残疾人自身状况，与企业联手实行定向培训，提高残疾人的职业技能，并对培训的效果进行跟踪调查；对于进行创业的残疾人，政府部门应该提供各种优惠措施，为其提供一个良好的社会环境；政府机构应该积极吸收合适的残疾人就职于公共部门，为企业做好表率作用。残疾人就业关系着残疾家庭的生活水平，关系着残疾人自己价值的实现，也关系着残疾人是否可以真正融入社会。

（四）注重残疾人教育，推行全纳教育理念

挪威残疾人教育体系经历了由隔离教育向全纳教育发展的阶段，国家财政承担了大量教育成本，努力为残疾人创造一个平等的教育环境。就业对于残疾人来说很重要，教育投资提高人力资本增加了残疾人在劳动力市场上的筹码。我国 1994 年颁布了《残疾人教育条例》，保障了残疾人教育权利的实现。我国应努力推行全纳教育理念，淡化学生的残疾观念，在普通学校与正常的孩子一起学习，一起进步，加强残疾儿童与普通孩子的沟通交流，更有利于孩子融入社会生活。全纳教育的观念应当贯穿于小学到大学，每个阶段的孩子都应该可以享受到。全纳教育对于教师提出了更高的要求，需要教师经过系统的培训掌握与残疾儿童沟通交流的技巧，这可以先在条件发达的地区进行试点，然后再推广到全国范围。

（五）注重发挥社会团体的作用

我国残疾人事业发展过程中行政化现象很严重，官方色彩浓厚，影响民间社会团体的发展。政府机构应该积极地创造条件，为社会组织的发展提供空间，构建一个宽松的环境让社会团体迅速成长壮大。当前国家政府应该放松对于社会团体的审批，给予各种优惠措施，支持社会团体的发展，充分利用民智与民力，发挥社会力量，共同支撑残疾人事业的发展。

总之，挪威的高水平的残疾人保障水平，参照我国目前的经济发展水平是难以达到的，但是我们对于其先进的理念以及做法应该学习借鉴，其经验与教训可以使我们少走很多弯路。“平等、参与、共享”的理念是我们坚持的，对于财政责任政府应该尽力去承担，各个保障项目我们应该努力健全，保障水平我们应该去提高，覆盖范围我们应该去扩大，相信残疾人在逐渐健全的福利保障体系中享受越来越多的权利，其生活也会也来越精彩。

参考文献

蔡禾、周林刚：《关注弱势 城市残疾人群体研究》，社会科学出版社 2008 年版。

陈宝珠：《融合教育的反思》，《仁爱之声》第 57 期。

韩央迪：《制度的实践逻辑：发达国家残疾人社会保障制度的比较研究及启示》，《中国地质大学学（社会科学版）》2008 年第 6 期。

贺丹军：《康复心理学》，华夏出版社 2003 年版。

雷永生：《谈谈人道主义问题.》，《中国青年政治学院学报》1994 年第 4 期。

李迎生、历才茂：《残疾人社会保障理论与实践研究》，华夏出版社 2008 年版。

闫宇豪、李翔：《社会转型期残疾人就业问题探析》，《科技情报开发与经济》2007 年第 5 期。

孙光德、董克用：《社会保障理论》，中国人民大学出版社 2004 年版。

汪海萍：《以社会模式的残疾观推进智障人士的社会融合》，《中国特殊教育》2006 年第 9 期。

岳松东：《中挪社会保障制度比较》，《管理世界》1991 年第 4 期。

许琳、张晖：《从西部残疾人就业现状透视政府在弱势群体扶助中的责任》，《河南师范大学学报（哲学社会科学版）》2007 年第 6 期。

学之：《我国残疾人无障碍设施的现状》，《中国残疾人》1995 年第 1 期。

张继波、陈宁：《影响我国残疾人大众体育开展因素的分析》，《辽宁体育科技》2005年第6期。

张建伟、胡隽:《中国残疾人就业的成就、问题与促进措施》,《人口学刊》2008年第2期。

张敏杰:《社会政策及其在我国社会经济发展过程中的取向》,《浙江社会科学》1999年第6期。

郑功成:《社会保障学》,商务印书馆2000年版。

钟越:《残疾人就业问题》,《社会工作研究》1994年第2期。

Bernd Marin, Chistopher Prinz & Monica Queisser(eds). How to get employment to take on greater responsibility for the inclusion of disabled people in working life? *Tranforming disability Welfare Policies: Towards woek and Equal Opportunities*, 2004, pp.333-340.

"Bjørg Solstad Rustad, special education in Norway", 来源于网站: http://www.acerish.org/french/documents/TypologyNorway.pdf。

Bodil Landstadabc, Marianne Hedlundc, Christian Wendelborgd, e and Hildfrid Brataasc, "long-term sick workers experience of professional support for re-integration back towork", *Work*, 2009, No.32, pp.28-29.

Grace Y. Gadagbui. e "hild with disability and the classroom a live experience from Norway in an inclusive educational class", *urnal of Research and Development in Education*, 2006, Vol. 6, pp.46-50.

Jan Tøssebro, "Report on the employment of disabled people in European countries." *Academic Network of European Disability expert(ANED)*. VT/2007/005.

Lars Westlie, "Norwegian Vocational Rehabilitation Programs: Improving Employability and Preventing Disability?" *University of Oslo Department of Economics*, 2008(11).

Michael J Evans. "History of supported employment and vocational rehabilitation measures in Norway." 来源网站: http://www.awiph.be/fame/pdf/Le-supported-employment-en-Norvege.pdf。

Monica Dalen, "The relationship between disability, gender and education in the Norwegian context." *the Education for All Global Monitoring Report*, 2003.

Nordic Social-Statistical Committee 2007. "Social Protection in the Nordic Countries, 2005." *the Nordic Social-Statistical Committee*, 2007.

Sturla Gjesdal, Pia Svedberg, Jan Hagberg & Kristina Alexanderson, "Mortality among disability pensioners in Norway and Sweden 1990–1996: Comparative prospective cohort styudy", *Scandinavian Journal of Public Health*, 2009, No.8.

Text for NAV (the Norwegian labour and welfare administration), *Content updated as of 1 January 2008.*

Trine Hage, "Accessibility for all: effects of measures in the pubic transport field." 网站: http://www.thredbo.itls.usyd.edu.au/downloads/thredbo10_papers/thredbo10-themeD-TH-KNK.pdf。

Zola, 1989. "Toward the necessary universalizing of a disability policy". *The Milbank Quarterly 67.*

第八章　德国的残疾人保障制度*

德国位于欧洲中部，东邻波兰、捷克，南毗奥地利、瑞士，西界荷兰、比利时、卢森堡、法国，北接丹麦，濒临北海和波罗的海，总面积为357022平方公里。人口为8180.2万（2009年12月31日，德国联邦统计局网站），是欧盟人口最多的国家。德国是高度发达的工业化国家，经济总量位居欧洲首位，2010年德国国内生产总值达到24976亿欧元，人均国内生产总值为30377欧元。在经济、政治、文化和社会发展方面，德国都是欧洲的重要国家。

德国的社会保障制度建立于19世纪80年代，作为最早建立现代社会保障制度的国家，经过长期的发展，德国已建立了一套涵盖面广、体系完备、运行良好的社会保障制度。从制度制定伊始，德国社会保障就确立了把支持经济上的弱者、保障较大的生活风险和致力于社会机会平等看做社会国家有秩序发展的基石，避免在市场经济下出现"强权社会"，通过社会保障使个人自由和在与人的尊严相应的方式中生活成为可能的指导思想。并在制度设计中贯彻了保险原则、供养原则和救济原则等基本理念，即社会成员通过缴纳保险费和国家提供津贴的方式获得相关待遇；国家从税金中为社会作出过特殊牺牲和贡献的人提供供养机会；针对从社会保险或官方供养中获得待遇不能满足需要群体，通过社会救济的方式使其获得相应待遇。① 在此思想下，德国的社会保障制度设计主要表现在其细致完善的社会保险制度上，同时也包括了社会补偿、社会福利和社会救助。

---

* 作者：谢琼，中国社会科学院欧洲研究所博士后、副教授；乔庆梅，中国人民大学残疾人事业发展研究院副教授；戴蓓蕊，德国马普外国与国际社会法研究所助理研究员。

① 参见［德］霍尔斯特·杰格尔：《社会保险入门》，刘翠霄译，中国法制出版社2000年版，第5页。

一、德国关于残疾的界定

德国拥有一部覆盖面极其广泛、内容十分细致的《社会法》,该法典发展至今共有十二卷。《社会法》第九章第二条第一款对残疾的定义如下:“残疾是指,当人的身体功能,意识能力及精神健康处于非常可能的情况下超过六个月偏离与其年龄相称的普遍状况,并且其对社会生活的参与因此而受到损害。当这种损害可以被预料,则视为有残疾的危险。”上述表述是首个对整个德国社会法领域都适用的残疾的定义。这个定义源自于世界卫生组织的残疾人概念:当人由于法律规定的损害而无法参与各种生活领域,即视为残疾。应该通过医疗的,职业的和社会福利的措施使这种参与成为可能。六个月持续期的规定,是为了排除因临时疾病或伤痛而暂时无法参与社会生活的情况。①

德国《残疾人康复与参与法》第二条第一款将“残疾人”的法律定义描述为:“残疾人,是指他的身体功能和精神能力或视觉健康有极大的可能性会长于七个月以上偏离他特定段年龄标准的水平并且影响到其社会生活的参与。如果这个影响是可以预见的, 则所谓受残疾影响的人。” 该定义不仅有性质的描述, 还考虑到残疾人性质的影响因素时间和年龄, 体现出法律的严谨性。

德国的法律还分别从规定的待遇资格和保护性措施中去理解不同法律意义上的“残疾”。例如,《社会法》总则第十条规定,“身体、智力或者精神是残疾的人或者一个受到残疾威胁的人,不论残疾是由什么原因引起的,有权利获得必要的救济”。《社会法》第五卷第五条第一款第七项规定,“按照重度残疾人法在认可的残疾人车间或者按照盲人产品销售法在认可的盲人车间或者在家庭手工劳动的设施中工作的残疾人”有疾病保险的义务;《重度残疾人法》第一条规定:“本法中的重度残疾人,是指那些在他们的住所地、经常的居住地或者被雇用在本法第七条第一款规定的劳动岗位上,残疾至少在 50 度的人。”《劳动资助法》第五十六条规定,“联邦行政机构按照以下各款规定提供作为职业促进康复待遇的必要救济,以使身体、智力、精神残疾者保持、改善、获得或者恢复与他的功能相应的劳动能力,使残疾人最大可能的持续就业。”

① 参见[德]戴蓓蕊:《德国的残疾人社会保障》,《社会保障研究》2007 年第 2 期。

不仅如此,德国基本法还指出了残疾人权利保障的重要意义。基本法第一条第一款规定了对人的尊严的保护,第二条第一款规定了个人的自由发展权。宪法第三条第一款规定了“法律面前人人平等”的平等原则,根据这一原则,1994年德国基本法中添加了一条特殊的平等权规定,此后,任何人不应因其残疾而受到歧视对待。

总之,德国关于残疾的界定,不只是考虑到残疾医学意义上的状态,在很多情况下在考虑健康状况的同时,兼并考虑到残疾群体减退的参与社会的能力并给予相应的待遇和措施,才能实现立法上确立的使残疾人“平等、参与、共享”的目标。据统计,目前,德国的人口为7948万,其中有残疾人约670万,约占总人口的9%。

二、德国残疾人保障制度的发展

(一)残疾人保障制度的产生

德国残疾人保障政策最早可以上溯到俾斯麦政府时期。由于社会保险的产生,原则上是由于现代生产方式导致工伤事故并因此而造成残疾人数目的提高。因此俾斯麦时期的医疗和工伤保险立法可看做是最早的对残疾人的法律保护。1883年,德国颁布了世界上首部《疾病保险法》,成为现代社会保障制度诞生的标志(这其中就包括了残疾人保障的规定),也是德国最早有关残疾人保障的法律。在随后的《意外伤害保险法》和《伤残老年保险法》,分别对因职业伤害导致的残疾和对由于疾病、意外事故等导致的伤残保障进行了规定,完善了残疾人保障政策。1888年年底,老年和残疾社会保险法案提交议会审定,法案的主要内容是工人和低级职员一律实行老年和残疾社会保险,费用由雇主和工人各负担一半,国家对领取老年和残疾保险金者每人补贴50马克,退休工人的收入依原工资等级和地区等级而定,年满70岁并缴纳30年以上养老保险费者可以领取老年和残疾保险津贴。申请领取残疾保险者必须证明确实失去工作能力,并缴足5年保险费方可领取老年和残疾保险津贴。1889年5月24日,德国国会以微弱多数票通过老年和残疾社会保险法,并于1891年1月1日开始生效。三大社会保险法颁布以后,德国政府进了一步颁布一系列其他的社会保险立法,推动社会保险制度的发展。1899年,德国颁布残疾保险法,开始对残疾人提供必要的医疗服务,根据该法规定,德国将建立一项共同缴费基金,以便在各种社会保险机构之间实现财政的平衡，社会保险缴费的 2/5 将用于建立该项基金。[①] 1911 年，德国颁布了社会保险法典，将各种社会保险法整合成为一部简明的社会保险综合法。1919 年社会保险法典中雇员保险法部分进一步明确规定了"雇员保险提供不附带条件的寡妇年金和比较宽松的残疾保险"。

（二）残疾人保障制度的完善和发展

1919 年颁布的魏玛宪法第 161 条对社会保险作出明确规定：为保持健康及工作能力，保护产妇及预防因老年和疾病所导致的生活困难，联邦应该建立综合社会保险制度。魏玛宪法对德国社会保障制度的初步发展产生了直接的促进作用。1919—1932 年，德国平均每年通过 6 部社会保险立法，其中 1921 年通过 12 部，1922 年通过 21 部，1923 年通过 16 部。[②] 社会保险制度的受益对象明显扩大，被保险人的家庭成员可以得到社会保险津贴。在残疾保险中，子女津贴由第一次世界大战前的每月两马克提高到十马克。在工伤保险中，每位被保险人在遭受工伤后其子女有权领取相当于被保险人工伤保险津贴的 10% 的补贴。1923 年，德国专门颁布了《矿工保险法》，建立全国性矿工保险基金，对从事矿业工作的所有雇主和雇员提供疾病和养老保险津贴。同时，德国政府还将建立社会救助制度放在重要的位置。1919 年，对伤兵的救助责任由军方转向国家劳动部。1920 年，正式将战争伤兵的救助纳入整个社会保障体系。1924 年后相关法令推进社会救助制度的建立。魏玛共和国时期（1919—1933 年）重度残疾人法律被法典化，残疾人的保护和残疾预防被置于首要位置，这个时期确立的残疾人法的基本原则一直适用到 19 世纪 50 年代。德国法西斯上台后，政府除了在强化社会保障中央集权管理的同时，也采取一系列推进残疾人保障制度发展的措施。例如，1938 年，德国通过《手工业者养老金法》，将强制性老年和残疾保险扩大到大部分自我雇佣的手工业者；1939 年，强制工伤保险的适用范围扩大到所有的农业从业者及其妻子；1941 年，疾病保险和养老金制度的适用范围扩大到自我雇佣者如艺术工作者、家庭作坊雇员以及佣人；1942 年，废除了工伤受害者必须证明其确实受到工伤的影响方可领取工伤保险津贴的规定。[③]

---

① See Peter A. Kohler. *The Evolution of the Social Insurance, 1881 - 1981, Studies of Germany, France, Great Britain, Austriaand Swithland*. New York, 1982. p. 33.

② See Gerhard A. Ritter. *Social Welfarein Germany and Britain, Originsand Development*. New York, 1986. p. 44.

③ 参见丁建定：《德国社会保障制度的发展及其特点》，《南都学刊》2008 年 7 月。

（三）专门的残疾人保障法律的颁布与全方位保障体系的建立

第二次世界大战后，1949 年德国颁布《社会保险调整法》，废除了战时乃至战前的一些特殊法令，调整了社会保险津贴尤其是提高了养老金津贴，实行每周 50 马克（寡妇为 40 马克）的最低养老金标准，并且将残疾标准从原来的丧失收入能力 2/3 降低到 1/2。1952 年，通过了《疾病保险津贴和基本补贴提高法》。1953 年颁布《重度残疾人法》，将保护对象放宽到了盲人、聋哑人和残疾军人，并对战争伤残人员的养老金作出规定。同时，在这部法律中，还对残疾人就业政策进行了规定，确立了残疾人按比例就业的原则，规定企业单位和公共部门雇用残疾人必须达到规定的比例，否则就应当交纳残疾人就业补偿金。20 世纪 50 年代末期到 60 年代中期，伴随着福利国家建设指导思想的确立，残疾人综合型保障内容进一步完善。一方面，推进工伤事故保险和疾病保险制度的发展，强调工伤事故预防的重要性，在拓展职业病赔偿可能性的同时，扩大了康复、职业咨询的可能性，工伤事故保险津贴标准也依照工资变化情况进行调整。另一方面，逐步建立起比较完善的残疾人救助制度，实行国家补贴和个人化原则，不仅提供现金补贴而且强调实物性补贴。1974 年的《重度残疾人保障法》对残疾人法律的原则进行了修正。自此后，因果性原则（导致残疾的因素）不再适用，而代之以目的性原则，即残疾的事实存在作为决定性因素。根据这个原则，一个人身体上，精神上或意识上的残疾程度超过残疾标准规定的 50% 即被认定为重度残疾人。这部法律还将企业与公共机构残疾人最低就业比例统一为雇员总数的 6%。进入 21 世纪后，《重度残疾人失业保障法》、《重度残疾人教育与就业促进法》等陆续出台，新的残疾人保障法也在《社会法》中以单独章节出现。2001 年 6 月 19 日，德国专门规定残疾人保障的法律——《残疾人保障法》以《社会法》第九章的形式颁布，并于 2001 年 7 月 1 日以残疾人的康复与参与的名称生效，德国形成了专门性的残疾人保障法律体系。《社会法》第九章规定了残疾人医疗、职业和福利津贴待遇等各个方面，以更快、更有效、更经济和更持久地实现上述目标。此后的 2006 年，《残疾人平等法》出台，规范了公法领域队残疾人的平等对待。2008 年的《普遍平等对待法》又规范了民事领域对残疾人的平等对待，2009 年批准实施的《联合国残疾人权利公约》更是将残疾人权利保护上升到了人权维护范畴。一系列的残疾人保障法关注的不再仅仅是对残疾人或面临残疾风险的人提供照料，而且要保障他们自主地参与社会以及减少他们在获取平等机会上存在的障碍，为残疾人或有残疾危险的人创造更好的生活。但是，在实践中，德国残疾人康复、保障等事务仍然沿袭了以前的做法，由医疗保险经办机构、联邦劳动局、工伤保险经办机构、法定养老保险经办机构、残废军人福利机构、青年保护部门和社会救济部门等不同的部门分别负责残疾人保障的不同方面。①由于每个经办机构仍主要根据自己领域的特殊法律规定决定保障待遇，所以残疾人法律仍然处于分散状态。

三、德国残疾人保障制度内容

（一）残疾人教育

（1）开设残疾学生就读的学校和专门的服务项目。在德国，所有的儿童三岁时都享有上幼儿园的权利。德国针对残疾儿童专门开办有许多的特殊学前班，而且，如果残疾儿童需要额外的特殊照顾，有权根据社会援助计划享受康复福利。当儿童六岁以后，开始四年的基础教育和四到九年的中级教育。德国的主流中等学校分为四种：普通中学、实科中学、文理中学和综合中学。除了主流学校，在德国还有许多特殊学校供大部分残疾儿童入学。特殊学校根据残疾的不同类别进行分类，虽然许多寄宿学校也为身体有残疾的学生提供实科中学和综合中学的文凭，但特殊学校通常只提供普通中学的文凭。在德国残疾儿童融入主流教育的程度很低。2002 年，在特殊学校学习的儿童有 429440 人，而在主流学校接受特殊教育的儿童却只有 65804 人。在大多情况下，只有初等学校向残疾儿童开放，且大多仅向身体残疾的儿童开放。在中等学校接受残疾儿童的例子就更为罕见了。为了那些学习有障碍的学生，流动工人的孩子或其他种族和语言背景的孩子日益被分配到特殊中学学习。德国学校的法令只在特定的区域里有效，所有十六个地区中学的法令都规定了一些关于综合教育的程序性条款作为一般目标，但没有一所学校的法令给残疾儿童提供了进入综合教育的权利。如果一个残疾学生被接受进入主流学校，他有权利在法定的健康保险和社会援助计划之下接受医疗和社会康复援助（如专业帮助、心理治疗、同化协助、专用通道等）。因此，学校通常必须提供（特殊教育）教师，残疾儿童的其他所需也被德国的社会安全保障体系所涵盖。同样的情况也适用于残疾大学生。

（2）采用“双元制”残疾人职业教育形式。德国的职业教育非常发达。对于

① 参见乔庆梅：《德国残疾人保障：内容、经验与启示》，《人文杂志》2008 年 6 月。

残疾人群体,德国主要采用"双元制"职业教育形式。所谓"双元制"职业教育,是指残疾人学生在企业接受实践技能培训和在学校接受理论培养相结合的职业教育形式,它不同于学校制形式,可以称为部分学校制职业教育形式。接受双元制培训的学生一般必须具备普通中学或实科中学毕业证书之后,自己或通过劳动局的职业介绍中心选择一家企业,按照有关法律的规定同企业签订培训合同,得到一个培训位置,然后再到相关的职业学校登记取得理论学习资格,这样他就成为一个"双元制"职业教育模式下的学生,他具备双重身份:在学校是学生,在企业是学徒工;他有两个学习受训地点:培训企业和职业学校。按照职业教育法及其他法律的规定,职业教育经费主要来源渠道是由联邦、州政府和企业,职业学校的经费由地方和州政府共同负担。

(二)残疾人就业

德国政府在促进残疾人就业方面采取了积极的措施,收到了很好的社会效果。

(1)以通过参加工作促进社会融入为理念。"完全融入主流社会是彻底解决残障人士问题的唯一方法,而融入社会的最好途径就是工作并通过工作参与社会生活",在这样的理念引导下,联邦政府和各州政府制定了许多不断促进融合的措施。为了能让更多的残疾人通过工作参与社会生活,德国法律规定企业单位和公共部门雇用残疾人必须达到规定的比例,否则就应当交纳残疾人就业补偿金。除此之外,还规定企业在招聘时不可以歧视残疾人;在换岗或解聘残疾人时要接受残疾人代表机构的检查,并公开其决定;企业有义务为残疾人提供方便的工作场所,包括改造进出入通道和工作场所设施等。①

(2)专门保护重度残疾人就业。达到或超过福利部门认定的残疾标准的50%的残疾人可被认定为重度残疾人。在德国,重度残疾人占残疾人总数的一多半,是残疾人群体当中的多数群体,也是残疾人群体中的相对弱势群体,正是因为如此,德国联邦议会才数次立法并不断修改法令,对重度残疾人的权利保障、教育和就业等作出精益求精的规定。除对企业有吸纳重度残疾人就业的最低比例外,还对重度残疾人有特殊的辞退保护,以强化重度残疾雇员的劳动关系状况。为了保护重度残疾雇员的利益,《社会法》还规定,在至少有五个非暂时工作的重度残疾雇员的雇佣单位,要选出一个委任人和至少一个代表。《社会

① 参见谢琼:《德国如何解决残疾人就业》,《中国社会报》2009年6月22日。

法》第十一章还专门规定了为重度残疾人提供劳动与职业附带服务的一体化专业服务，以为重度残疾人中长期失业者或就业能力不足的特殊群体参与劳动和融入劳动力市场打开方便之门。

（3）多管齐下促进残疾人就业。①按比例就业。在德国，按比例就业原则最早在20世纪50年代被提出，当时规定残疾人在私人企业中应达到雇员总数的6%，公共机构要达到10%；若雇主未能遵守此规定，则每月需要支付50马克的补偿费。1974年，《重度残疾人保障法》将此比例统一为雇员总数的6%。2004年，又下降为5%，同时建立了补偿缴费的等级制，即雇用位置超过20个的企业，补偿缴费根据完成比例在每月105欧元到260欧元之间浮动，对小企业则有所减轻。具体浮动标准为：年平均完成率在3%—5%之间的，每月105欧元；年平均完成率在2%—3%之间的，每月180欧元；年平均完成率低于2%的，每月260欧元。②职业培训和职业介绍服务。职业培训和职业介绍服务旨在帮助残疾人保持其现有工作而不被解雇或获得新的工作，主要内容包括工作介绍、就业培训和工作变动援助、职业训练、再培训以及为获得相应的学习课程所需要的认证，根据不同的残疾状况所需要的培训以及参加培训前需要采取的一切必要措施，以及旨在使残疾人获得合适的工作或实现自雇等其他形式的就业和职业提升所需的援助。德国劳工局为残疾人求职提供免费服务，建立从能力评估、提出职业选择建议、制定培训方案到针对性培训的一整套规范流程。培训方案必须具有职业前途，培训方法必须适合各类残疾人的特殊情况，培训内容应尽量广，培训目标是尽量使残疾人具有职业能力。与此同时，对雇主进行经济资助，雇主可以试用残疾人，看其是否适合企业需求，此间由劳工局进行经济资助，残疾人在试用期内还可以得到培训费，培训期限是两周到半年。这种做法成效显著，一般试用期后都固定雇用。政府的经济资助在其中发挥着很大作用。此外，在一些就业服务中，职业服务机构还可以承担残疾人食宿的费用，这部分费用由政府财政和失业保险基金等承担。据统计，2007—2008年度，约72%的有残疾的申请培训岗位者接受了职业培训，其他有残疾的申请者则接受了替代性服务，如为其就业提供的准备服务等。③福利工厂。德国拥有大量的集中吸收残疾人就业的福利企业，政府对福利工厂提供税收优惠支持。近年来，福利工厂接受雇残疾人数量呈增长趋势。2006年，德国共有福利工厂701个，共雇用残疾人268048人，与1996年的176504人相比，增长了52%。残疾人参与福利工厂劳动的目的不仅是为了促进就业能力，还提高了工作能力。

（三）残疾人康复

在德国，康复被视为促使残疾人进入社会的一个措施，任何一个先天残疾或由于遭受某种危害致残从而需要特殊帮助的人都有权利享受康复，包括由于战争、意外事故、职业伤害、疾病乃至身体状况的退化等原因而致残的人，都可以得到其需要的康复和帮助，而不管造成伤残的原因是什么。[①] 因此，关于康复的法规对于德国社会中残障者的法律地位有着特别重要的意义，其立法目的在于鼓励残疾人自我决定和平等参与到社会中；另外也致力于防止和消除歧视。伤残康复在德国社会保障中占有重要的地位，它作为残疾人融入社会的重要手段与措施，存在于每一项社会保险制度之中。主要内容包括工伤康复、疾病伤残康复和青少年和儿童残疾康复。

（1）残疾人工伤康复。德国工伤康复制度有着严密的组织和服务系统。有专门的案例经理人和伤残经理人为工伤者的医疗和康复需求提供专门的服务。案例经理人负责劳动者受到工伤之后在获得医疗、康复中的组织工作，伤残经理人负责实施工伤者的医疗和康复等专业化更高的技术性工作，两者的配合保证了工伤医疗和康复的顺利进行。除了有专业的工伤康复服务人员外，德国还有完善的康复设施，包括九家从属于同业公会的事故救治医院、两家职业病医院和大约二百家康复诊所从事工伤医疗和康复工作，还有大约八百家医院与同业公会在工伤的救治和康复中有合作关系。

德国的工伤康复包括医疗康复、职业康复、社会康复。医疗康复是为了帮助职工恢复健康。在德国，对工伤事故的治疗提供最良好的医疗条件。医疗康复方面的主要措施包括：急救、门诊和住院治疗、家庭护理、提供药物和辅助用品。当工伤事故发生后，工伤职工首先被送往工伤保险医院或就近的医院进行急救，排除生命危险。经急救后，伤者被送到专门的工伤保险医院，继续接受治疗。[②] 对工伤医疗的全过程区别于一般性的医疗过程，实行的是由一位医生负责对受伤害人员进行检查、诊断和采取医疗措施。医生同时要把工伤者的情况通过填写表格的形式，报告同业公会，以避免雇主对事故隐瞒不报。医生填写的报告，也为同业公会了解工伤情况、进行统计分析提供了信息资料。[③]

职业康复的目的是帮助工伤职工重新回到工作岗位。德国职业康复的一

---

① 参见乔庆梅：《德国伤残康复：理念、实践与启示》，《河南社会科学》2009 年第 1 期。

② 参见付德团：《德国工伤保险》，《中国劳动保障》2008 年第 5 期。

③ 参见冉维：《德国工伤保险制度述评》，《天津社会保险》第 5 期。

个特点是在医疗康复进行之中即开始提供职业康复，同业公会负责职业康复的专门人员，根据伤残者的身体能力、喜好和以前的职业，将其伤残后的潜在素质与其实现再就业的愿望合理结合，综合运用包括医学治疗、运动治疗、语言训练、假肢安装、体能测试、职业指导、职业培训等手段，恢复工伤人员的劳动能力，使其重返工作岗位。同业公会还帮助那些不能完全恢复过去劳动能力的人寻找新的合适的工作，对转业人员提供再就业前的准备，进行继续教育、培训。

社会康复是帮助工伤职工重新回到社会，享受正常的社会生活。包括由同业公会出资设计并改建适合工伤残疾人员的住房，为工伤职工购买改建的汽车提供补贴，给工伤职工提供社会教育和心理咨询、家政劳动帮助、专门的康复运动、参加残疾人体育运动的路费补助等。

（2）疾病伤残康复。德国的疾病伤残康复分为两个部分：一部分是劳动者疾病伤残康复；另一部分是非劳动人口的疾病伤残康复。前者主要针对由于疾病而丧失劳动能力的劳动者，目的在于通过康复使其重返劳动岗位；后者主要针对非就业人员，如家庭妇女等，目的是要通过康复，减少长期待遇支付，恢复伤残者正常参与社会的能力。德国劳动者因病致伤残的康复费用由养老保险基金承担，医疗保险基金承担治疗过程中医疗，康复的费用和那些非劳动者因疾病伤残而需要康复的费用。无论是劳动者还是非劳动者，不管其致残原因如何，都能够得到所需的康复，包括药物治疗、物理治疗、运动治疗、语言康复和职业康复等服务，甚至包括患者食宿费用，这些都体现了以患者为本的思想和制度理念。

（3）青少年和儿童伤残康复。青少年和儿童伤残康复是德国伤残康复的重要组成部分，德国21岁及以下的先天或后天残疾儿童和青少年都可以得到康复治疗，康复治疗的内容主要包括学前特殊教育、交流能力培养、在庇护学校培养并提高其独立生活能力、帮助其参加社会文化生活等。

（四）残疾人社会救助

社会救助的首要任务是确保受救助者享有的符合人类尊严的生活。德国传统的社会救助内容主要是生活费用救助（以承担宿费和生活费为基础并确保受助者社会文化需求的最低生存条件）和特殊生活条件救助（针对特殊生活群体给予的暂时性补贴或临时救助，包括对残疾人的护理救助、盲人救助、残疾人的社会整合救助等）。随着德国社会保险制度的完善和覆盖群体的广泛，以及社会救助制度和失业制度的接轨改革和社会救助制度本身分层次的制度设计,[①]对残障、丧失工作能力人士的保障除了社会保护更带有人道主义价值的规范性理念设计,救助水平也稳定提高。改革后,社会救助的任务为在没有其他康复机构承担康复义务和残疾人的配偶、子女或者父母没有经济收入的情况下,向残疾人提供参与救济和生活费救济。其中提供参与救助是重要内容。参与救助通过强调适应环境帮助的残疾人社会救助,以使残疾人能够或容易参与社会生活,能够从事适当的职业或者其他工作,或者使他们能够独立照顾自己,但是在特殊情况下也可以提供救济。例如,《社会法》第九章第五十五条第一款规定的是残疾人参与社会生活的权利。这些福利措施应使得残疾人的参与社会生活成为可能、得到保障、或者能尽量不依赖于护理。不过,医疗康复权、劳动生活参与权或生活保障应先于适应环境帮助而实现。适应环境帮助应该达到预防可能的残疾危险、减轻或消除已经存在的残疾及其影响、帮助残疾人进入社会生活的目的。适应环境帮助仅在这种帮助有希望得以实现时才予以提供,还应使残疾人能够尽可能地不依赖于护理。与护理保险相区别之处在于,适应环境帮助的社会救助以改善目前状况为目的,并且仅在有希望改善时才提供。护理措施则根据《社会法》第十一章的规定,不管有无改善独立生活能力的可能都要予以提供。

适应环境帮助的社会救助包括了个人发展帮助——其主要属医疗教育领域,为儿童和青年而设,以及与医疗保险相对应的医疗福利待遇。除此之外还有职业促进措施,如职业教育救助和为残疾人开设的专门工场。为了残疾人能够进入广泛的一体化项目中,社会救济机构必须尽早为各种单项帮助措施的实施制定总体规划。这个领域的其他福利待遇包括盲人救助和护理救助。根据《社会法》第十二章第七十二条规定,盲人在不具有其他法律中规定的福利待遇的情况下,仍享有由眼盲状况所决定的多种救助权。盲人的其他权利,如社会救济权,应先于盲人救助并算作是盲人救助。由于总是存在财政缺口,护理救助需要通过社会救济措施来补充。如同护理保险中的规定一样,家庭护理优先于医院护理。不过残疾者有《社会法》第十二章第九条第二款规定的选择权,其希望在护理院得到照料的要求会被考虑,原则上只要要求合理就会得到满足。

---

① 2004—2005年,德国施罗德政府推动社会救助制度改革之后,原有的失业救济和原有的社会救助合并为“失业金Ⅱ”,同时社会救助由原先的接受待遇群体的均质一体,转化成为接受待遇群体的分化多元,原先的目标“单元化”转化成为现在的目标“多元化”。

（五）残疾人社会保险

从设立医疗保险开始到目前涵盖五个方面的保险内容，德国的社会保险制度框架还是内容已非常成熟。德国社会保险标准模式已从初创阶段的以劳工为主要的保障对象，以预防劳动伤害为主，依据工作所得的一定比例来决定缴费和给付水平，强调自治管理的重要性，具有法定强制、自我管理、职业取向和待遇同缴费关联等基本特征；经历了"工资劳动者—全体劳动者—全民"的路径扩展，到成熟阶段待遇给付不再完全依赖于劳动工资，"职业取向"也变得不再重要，社会保险更加注重制度体系的综合性，注重衡量个人对国家生产贡献大小的"所得关联"，①从而更多地体现出了普遍性、社会性和福利性特征。正因为此，残疾人的社会保险待遇更多地具备了福利保障性质。作为社会保护和社会道义体现的重要体现，现有社会保险制度框架下任何一项社会保险基金都有可能对某一部分特定的残疾人康复、社会参与支持等负责。如《社会法》规定，法定医疗保险提供残疾人的医疗康复福利；如果健康损害是由工伤或者被认定的职业病引起，则法定工伤保险在整个参与领域提供福利。社会护理保险必须向医疗康复提供预先的措施，以减轻直接的护理需求。避免或减轻护理需求的康复措施的首要责任由医疗保险承担。但是，在法律规定的前提下，残疾人有针对康复机构的要求权。

（六）残疾人津贴

（1）货币津贴。德国残疾人福利津贴种类繁多，根据不同残疾人群体的不同残疾等级和不同残疾致因，分别由不同的社会保险基金负责，主要有疾病保险待遇、工伤保险待遇、战争伤残赔偿、一般伤残待遇或残疾人过渡津贴，这些津贴主要以现金为主，目的是要保证所有的残疾人在接受医疗援助时具有足够的经济来源以满足其生活开支。一般而言，劳动者伤病治疗期间的疾病保险待遇相当于其工作收入的70%，自雇者的待遇则相当于其工作时保险费缴费基数的70%。当治疗结束仍然不能恢复劳动能力而必须享受残疾人过渡性津贴的，则由养老保险基金负责发放给受保对象残疾人津贴，津贴数额相当于该受保障对象最后一个月工资收入净额的68%，如果有需要抚养或赡养的人，这一津贴则达到其最后一月工资收入净额的75%。一般情况下，残疾人在接受职业援助期间，也可以享受同等额度的过渡性津贴。参加了失业保险的劳动者，在疾病或伤

① 参见杨一帆：《对德国社会保险制度与政策的回顾和评析》，《保险研究》2010年第7期。

残康复期间内，可以享受到失业保险基金或由联邦就业机构支付的过渡性津贴。对于之前没有参加过工作而第一次接受职业训练的年青残疾人，如果有需要，他们同样会享受到一笔来自联邦就业机构的培训津贴。在残疾人接受康复或职业训练之后，能进入工作领域的，由就业援助机构进行劳动能力鉴定并为其介绍相关工作，如果仍然不能进入劳动领域，那么就按照不同的致残原因由养老保险机构、或者工伤保险机构、或者战争赔偿机构等不同的部门按月发放给他们伤残待遇。

(2)间接津贴。除直接的货币津贴之外，德国残疾人还可以享受到诸多间接的津贴，如重度残疾人可以申请领取残障金，以作为对由于残疾而导致的在社会中处于劣势地位的补偿，这种待遇通常是以特定的健康状况的存在为条件，主要包括：税收优惠、免费的公共交通、减额的车辆使用税、特殊的停车设施，以及电视和广播许可费免除等。对于重度残疾人，他们可以在对他们最便利的战争赔偿办公室申请领取重度残疾人证，作为领取残疾人保障金的证明。不管何种原因致残的残疾人，都可以向其便利的战争赔偿办公室提出申请，收到申请后，战争赔偿办公室会进行取证以确定该申请者是否具有享受上述待遇的资格。对于有资格享受这些待遇的残疾人，战争赔偿办公室会在他们的残疾证上作出相应的登记，如，如果一个人的残疾人证上被标注了字母G，则表示他“在道路交通中有明显的行动限制”，可以享受免费乘坐公共交通的权利，或者减免车辆税。为了保障残疾人最大限度地独立和自主地安排自己的生活，需要照护的残疾人还可以申请定期的或一次性的津贴来代替上述各种非货币待遇，目的是保证残疾人能够安排并支付他们自身所需要的服务，并可以一次性地把这笔津贴支付给为残疾人提供各种服务的机构。由此看来，在享受残障金方面，德国法律实际上是给了残疾人自主预算的权力，他们可以根据自己的情况申请享受上述诸如免费交通、车辆税减免等非货币待遇，也可以申请一次性津贴或定期津贴来替代上述待遇，以满足自身的实际需要。这样就兼顾了残疾人的多样化需求，而不是千篇一律地为所有残疾人都提供某项待遇却不管其需要与否。同时，残疾人福利的可及性和服务的主动性，是德国残疾人保障和福利的又一特征，如有资格享受免费交通的残疾人，在符合国家规定、需要由他人陪护出行的条件下，陪护人员也可以免费乘坐公共交通车或长途旅行车。为保证残疾人了解应该享受何种待遇，各城市都成立了联络服务中心，以加强各机构间的紧密合作，保证残疾人很快知道自己享受待遇的标准、服务的内容以及如何获得这些服务，并帮助残疾人及时完成待遇申请。

此外，部分残疾人权利可通过《联邦福利法》、《联邦流行病法》、《赔偿法》以及《纳粹追责补偿法》得到支持。区域战争赔偿办公室和地方战争赔偿办公室负责对受伤的军人或因战争遭受伤害的人提供医疗康复、职业康复和社会康复的资金支持。另外，在德国，还有视同重度残疾人的规定，即法律规定残疾程度在50%以上的为重度残疾人，而残疾程度在30%—50%之间的残疾人在特定的条件下（这种条件一般是指当一个残疾人不被作为重度残疾人对待时难以找到合适的工作或无法保持现在的工作），可以被视同为重度残疾人，享受除额外年假和免费交通之外的重度残疾人保障待遇。

（七）残疾人社会服务

在德国，任何残疾或面临着身体、精神和心理残疾危险的人，不管致残原因如何，都有权利获得各种社会服务的帮助，包括避免残疾、消除残疾或降低残疾程度，防止状况恶化或减轻残疾负面影响的一切服务，这些服务旨在帮助残疾人，使他们的活动范围变得更安全，帮助他们找到适合并符合他们兴趣和能力的工作。因此，德国残疾人服务包括了多方面的内容。

（1）医疗和康复服务。包括牙医，药物，包扎材料，各种治疗——包括物理治疗、运动治疗、语言障碍矫正、职业康复、假肢，外科整形和其他任何需要的改造、修复、辅助器具置换的资助和对这些辅助器具使用的训练，工作强度承受测试等。对于有需要的患者或残疾人，在门诊治疗和康复诊所中还可以享受医疗康复援助，食宿费用亦由相关社会保障基金或待遇承担。

（2）就业援助和职业介绍服务。就业援助和职业介绍服务旨在帮助残疾人保持其现有工作而不被解雇或获得新的工作，主要内容包括工作建议、工作介绍、就业培训和工作变动援助，课程补习、职业训练、再培训以及为获得相应的学习课程所需要的认证，根据不同的残疾状况所需要的培训以及参加培训前需要采取的一切必要措施（如盲人学习所需要的盲文资料等），以及旨在使残疾人获得合适的工作或实现自雇等其他形式的就业和职业提升所需的援助。在残疾人就业服务中，其兴趣爱好、择业倾向和先前的工作经验、当前的劳动技能状况以及劳动力市场的整体状况等各种因素都会被考虑在内。在一些就业服务和援助中，职业服务机构还可以承担残疾人食宿的费用。如当某一残疾人的身体状况和残疾程度使他参加某种培训时不方便居住在其家庭内，或者当其所接受的康复措施要求他必须寄宿在康复或培训中心时，则可以享受免费的食宿待遇。

(3)残疾人社会参与服务。包括残疾人学前特殊教育,旨在培养残疾人人际交流能力的措施,提高残疾人在庇护机构独立生活能力的措施以及帮助他们参与社会活动和各种文化生活的措施和服务。通过这些服务和措施,使得残疾人能够与其他人一样获得适合其自身条件的教育,提高其在社会中的交往和活动能力,减少他们参与社会的障碍。

(八)无障碍设施

无障碍自由在残疾人平等对待法中的意思是,残疾人应能够无特殊难度并且基本不需要他人帮助而进入和利用最普遍的生活领域。为确保残疾人在日常生活中的各种权利不受损害,德国政府于 1998 年颁布并实施的《残疾人保障法案》针对残疾人社会生活中的无障碍设施建设作了具体规定。各联邦州根据法案要求并结合实际,由市政府、交通公司和残疾人协会等社会各方力量共同协商、制定出该市的具体条例。这部法案涵盖了各种生活细节,例如,宾馆、机场、大型商店、加油站、公厕等公共设施都必须有明显的残疾人专用标志;餐馆不可因残疾人可能打扰其他客人而拒绝其进入;杂货店的货架高度要使坐在轮椅上的顾客可自由取下货物,否则要调低货架高度或由商店雇员提供协助服务;等等。这项法案对公共场所的规定尤为具体,如果违反规定遭到投诉,商家往往要赔上一大笔钱。该法案除了规定不作为的惩罚条款,也规定因提供残疾人无障碍设施而导致成本增加,可以申请减税,最高年度减税额是 1.5 万欧元,从而保证残疾人与健全人一样,融入社会、平等参与社会生活,成为社会一种公德和时尚。

(1)方便残疾人出行的交通设施。公共场所的入口处都修建了无障碍通道或在台阶旁修建了轮椅升降装置,有些没有无障碍设施的老楼都经过改建达到残疾人能通行自由的标准。所有电梯门口和升降开关都有盲文。公共交通都预留有轮椅位置,公共巴士装备有车身悬挂调节装置,在残疾人候车区,可以调节车身使车门高度和站台高度持平,方便轮椅进出。火车站设有轮椅使用的车厢和专用电梯,适合轮椅上下车的站台设施。有些行动有特别困难的残疾人(如盲人)在出行前只需打个电话到附近的残障人士服务机构,就能在最快的时间里享受到免费接送服务。为方便残疾人乘车,德国在地铁车站设有盲人专用道路(盲道),以便引导其到达站台上车,同时盲道还具有防滑作用,色调与其相邻地面有明显区别,道路路面粗糙,可使盲人凭脚下感觉就能进站上车。另外,所有公共交通设施都设盲人信息设备,在车站修建无障碍道路,车辆采取加大车门、通道尺寸,方便残疾人进出和使用。

(2)人性化的生活服务设施。德国人性化设施随处可见。不管是商场、剧院还是图书馆,每一个公共场所都有残疾人专用的卫生间。商场每个楼层都有专门的残疾人更衣室,残疾人专用更衣室都设在更衣区的第一间,上面贴着有人坐在轮椅上的专用标志。残疾人驾轮椅不转向就可进入。它的高与一般更衣室无异,但宽都达到 1.4 米,是前者的两倍。门是宽阔的推拉门,有左右两扇。底部和上部都留有 20 厘米左右空隙。残疾人更衣室内可以使轮椅 360 度转动。更衣室外设有两面可以转动方向的大镜子,方便残疾人看前后试衣情况。同时,室内墙上还设有轮椅固定器与防滑扶手,这样方便他们借助扶手,“站”起来试衣。除了公共设施上的考虑,德国人还为残疾人提供了周到的服务:娱乐场所、文化场所、购物场所都为方便残疾人参与提供了条件,如坐轮椅残疾人可以不排队直接入场;德国每个州都设有专为聋哑人服务的电话转换系统,以方便他们与外界交流,公共场所配有手语翻译,根据聋人需要随时提供服务;电视新闻和重大比赛的转播也配有手语解说。

(3)个性化服务。德国残疾人保障法律明确提出,“德国境内不应当有任何一个人有被忽视和被排斥的感觉”。基于此,德国对残疾人的认识是以人为本和以权利为本的理念,这就是承认残疾人是权利享有者,他们能够而且应当像其他社会成员一样决定自己的生活。不仅是对残疾人生活的关照,还有以平等心态对人的尊重和支持。德国居民出行依赖汽车,德国交通法、促进融合法、社会保障法等法律都对残疾人驾驶机动车作出了规定。依据交通法,德国专门制定了残疾人驾驶机动车的具体规定,总的原则是:残疾人只要部分肢体功能正常,精神上正常,有一定的视觉功能就可以驾驶汽车。残疾人在提出驾证申请前,经由指定的医学评估委员会对该残疾人的伤残情况进行评估,确定该残疾人是否可以独立驾驶车辆,以及需要驾驶经怎样改装的车辆。一般情况下残疾人都可以拿到驾照,并能获得一种特殊的车牌。有这种特殊车牌的汽车可以享受种种特权。德国所有停车场都为残疾人的车辆预留了停车位,其他车辆不得入内。即使在市中心,拥有残疾人车牌的车辆也不必担心找不到车位。

四、来自德国的启示

德国残疾人保障是全面而多样的,它几乎存在于社会保障系统的所有项目之中,保障内容涵盖了康复、就业、教育、保险、福利、救助、社会服务、无障碍设施等残疾人社会生活的方方面面。从德国全面的残疾人保障和福利服务内容和特点来看,可以得出如下启示。①

(一)赋予残疾人平等的“社会人”资格以及平等的社会保障权利

德国残疾人保障法律中明确提出:德国境内不应当有任何一个人有被忽视和被排斥的感觉,这就是为什么任何一个残疾人或面临致残危险、从而需要特殊帮助的人都有权利得到康复的原因,而不管他们为什么致残。2001 年生效的德国《社会法》第九章“残疾人的社会参与和康复”不再仅仅关注为残疾人或面临残疾风险的人提供照料,而且要保障他们自主地参与社会和减少他们在获取平等机会上所存在的障碍,从而赋予残疾或有残疾危险的人尽可能独立和自我负责地处理自己的事情的权利。由此可见,保障残疾人平等自主地参与社会是德国残疾人福利保障的最根本目标。结合我国残疾人保障制度的建设和发展,也应当将这一思想贯穿其中。残疾人是人类社会发展不可避免的现象,残疾的多样性是人类社会发展多样性的集中体现。我们必须明确,残疾人首先是“人”,他们同样属于人类社会,具有人的社会属性,应当和健全人一样平等、自由、自主地参与一切社会活动,分享社会文明的进步成果。因此,我国的残疾人保障制度建设和发展,应以保障残疾人的社会权力为目标,赋予他们正常的生存空间,赋予他们正常的“社会人”身份,只有解决了残疾人的社会融入和社会参与,才能真正实现残疾人对经济发展和社会文明进步的共享。理论上讲,残疾人保障本来就应当属于国民保障系统的必然组成部分。将“残疾人保障”单独提出,一方面表现了由于残疾人群体不同于一般社会成员的特殊性而使得针对残疾人的社会保障项目应当有不同的安排;另一方面也说明,我国针对残疾人群体的社会保障和福利内容已经远远落后于整个社会保障体系的发展,使残疾人从理应惠及全体国民的社会保障中分离了出来,人为地将残疾人置于了社会保障制度之外。《中华人民共和国宪法》第四十五条明确规定:“中华人民共和国公民在年老、疾病或者丧失劳动能力的情况下,有从国家和社会获得物质帮助的权利。国家发展为公民享受这些权利所需要的社会保险、社会救济和医疗卫生事业。”这就说明,无论任何人,只要是中国公民,就有享受社会保障的权利,而不管他是否残疾。因此,建设残疾人保障,提高残疾人福利待遇,首先应当消除对残疾人的歧视,给残疾人以“社会人”待遇,视他们为正常和必要的社会组成成员,给他们提

① 参见乔庆梅:《德国的残疾人保障:内容、经验与启示》,《人文杂志》2008 年第 6 期。

供平等地参与社会的条件、平等地享受保障的权利，这是完善残疾人保障乃至促进残疾人事业大发展的前提和基础。

（二）遵循残疾人福利的便利可及性和服务主动性原则

残疾人福利的可及性和服务的主动性可以视为德国残疾人保障和福利服务的又一基本出发点，如在申请现金津贴的残疾人，可以任意选择其感觉最便利的战争赔偿办公室以保证他们通过最便捷的方式获得帮助；对于那些有资格享受免费交通的残疾人，在符合国家规定、需要由他人陪护出行的条件下，陪护人员在陪护过程中也可以免费乘车，包括短途公共交通和长途旅行；对于那些没有相应的社会保障基金承担责任的残疾人，社会援助和青年福利机构会在他们所有的康复和援助领域中发挥作用。为保证残疾人较容易地了解应该享受何种机构提供的何种待遇，避免残疾人处于不利的地位，德国各城市都成立了联络服务中心，以加强各机构间的紧密合作，帮助残疾人完成待遇申请，并保证残疾人能够在申请提交 14 日之内知道自己享受待遇的标准、服务的内容以及如何获得这些服务等。由此可见，德国社会保障对于残疾人的支援和帮助是现实而便利的，为了促进残疾人能够融入社会、参与社会，他们遵循了主动服务的原则，通过建立完善的法规和设施，为残疾人提供他们各自所需的帮助和支持。与德国相比，我国的残疾人保障和服务无疑是落后的：根据第二次抽样调查，我国 8296 万残疾人中，城镇 16 岁以上残疾人参加养老保险的比例仅为 27. 87%、参加医疗保险的比例为 36. 83%、参加工伤和失业保险的比例分别仅为 1. 11%和 1. 35%，农村 16 岁以上残疾人参加养老保险的比例为 1. 95%、参加新型农村合作医疗的比例为 29. 39%、参加工伤保险和失业保险的比例分别仅为 0. 1%和 0. 07%，但由于我国社会保障、包括残疾人保障正处于建设和完善时期，这为从制度建设伊始就树立正确的理念和观念提供了便利，以避免制度运行过程中出现“亡羊补牢”的被动局面。由于残疾人群体的社会弱势地位，他们在自身诉求表达中存在更多的障碍和不畅，这就要求社会保障制度建设和待遇提供过程中树立主动服务的观念，从残疾人的需求出发，为他们提供符合其需求的保障和服务。

（三）残疾人保障建设应当遵循全面保障和满足特殊需求相结合的原则

残疾人的多样性决定了他们所需要的服务和保障方式、内容的多样性，残疾人的弱势性又决定了他们需要社会提供的全面保障，甚至包括衣、食、住、行、医等个人和社会生活的方方面面。从德国残疾人保障看，不但形式和内容多种多样，而且兼顾了不同的需求，上至耄耋老人，下至蹒跚学步的孩童，都可以得到其需要的保障。如对于老年残疾人，不但有医疗、康复服务，而且有护理保险待遇解决其长期生活照顾的需要，对于残疾儿童，则有政府埋单的各式特殊教育，对于需要配备辅助器械或需要进行生活环境无障碍改造的残疾人，则由相应的社会保障基金或政府出资为其配备所需的辅助器械或对其居住场所进行无障碍改造。因此，残疾人保障的全面性决定了各种保障方式的特殊性，各种特殊的、满足不同残疾人需要的保障内容综合起来，又构成了全面而完整的保障网。残疾群体残疾类型多种多样，其保障需求多种多样。《中华人民共和国残疾人保障法》第六章"社会保障"对残疾人保障进行了规定，2008 年 3 月 28 日，中共中央、国务院《关于促进残疾人事业发展的意见》对残疾人生活保障、康复和医疗亦作了前所未有的详细规划。但残疾人保障到底包括哪些内容，应当为需求各异的残疾人提供哪些福利和服务，需要在社会保障制度建设中进行细致而周详的考虑，保障内容也应当包括生活保障、康复服务、医疗保健、护理照料、生活环境改造等多项内容。同时，应当考虑借鉴德国的经验，将残疾人就业政策与社会保障政策结合起来，这因为：第一，社会保障尤其是社会保险与就业具有天然的联系，社会保险的劳动者核心化常将众多难以就业的残疾人排除在制度之外，只要解决了就业问题尤其是正规就业，残疾人参加社会保险的问题自然而然能够得到解决。第二，因为残疾人就业是其正常参与和融入社会的最主要和最重要的途径，就业问题的解决，残疾人自我价值得到实现和认可，使他们更有信心融入正常的社会生活。

从某种意义上讲，残疾人的保障程度反映了一国社会保障的发展程度；残疾人对社会文明发展的分享程度反映了一个国家社会文明的进步程度。我国残疾人口规模约相当于德国全部人口的数量，残疾人保障的完善和健全，不仅仅关系到 8296 万残疾人的生存发展，更为全国 2.6 亿残疾人家庭人口解除了后顾之忧。因此，残疾人保障不是一项可有可无的工作，而是直接惠及我国 1/5 人口的伟大工程，更是建设社会主义和谐社会的必要组成部分。德国作为社会保障发展完善的典型国家，他们的具体做法不一定适合我国的国情，他们的保障水平、保障内容也不是我们短期内能够达到的，但他们的理念、他们的精髓却是值得我们借鉴的。

第九章　英国的残疾人福利制度*

在世界范围内，残疾人福利大致经过了以下发展阶段：人类社会早期的孤立、隔离、遗弃阶段；"文艺复兴"时期的人道主义关怀阶段；工业革命以后残疾人社会工作初创时期；20世纪初期以来，"保障残疾人生活帮助他们回归社会"的理念被社会接受阶段；第二次世界大战以后国际社会参与残疾人利益保护，"平等、参与、共享"成为残疾人工作的新的理念，残疾人社会工作进入新的发展时期。可见，随着社会的发展和文明的进步，社会对残疾人的认知逐渐发展，残疾人事业逐渐得到重视，许多国家不仅关心残疾人的生活、维护残疾人的合法权益，更是尽力使残疾人能以平等的权利和均等的机会充分参与社会生活，实现自我价值。

英国是世界上较早建立社会保障体系的国家之一，也是世界上第一个宣布建立福利社会的国家，其社会保障制度的发展经历了漫长的过程，残疾人福利制度发展得也较为完善。

一、英国残疾人福利制度的框架

英国现行社会保障制度的基础是众多复杂的补贴方案①，具体内容和种类很多，国内国外学者对此有不同的分类，但总体而言，按照其性质可将其分为三大子系，即社会保险、社会补贴和社会救济。社会保险也称贡献给付（Contributory Benefits），是英国社会保障体系的基本组成部分，分有社会保险捐和无捐两类，内容包括养老金、工伤保险、医疗保险、失业保险等；社会补贴制度：

---

* 作者：岳晨，中国人民大学社会保障专业2008届硕士。

① 参见［英］内维尔·哈里斯：《社会保障法》，北京大学出版社2006年版，第155页。

主要包括子女津贴、住房补助、家庭补助、病残看护补助等，只要符合项目要求即可向有关当局提出申请，不需要缴费，同时补助的数额基本采取统一标准；社会救济制度：主要面向特殊困难群体，不需要缴纳捐税，但领取的人需要经过严格的资格审查。此外，英国的大部分地区的社会服务需要交费，但如果申请人负担不起，政府可根据审计检验的结果为其减免部分费用甚至全部费用，具体分为老年人社会服务、残疾人社会服务以及儿童社会服务等项目。①（详见表1和表2）

表1　2001年英国部分无捐社会保险项目一览表②

类别	项目名称	项目条件
失业	低收入失业津贴（Jobseeker's allowance income-base）	25岁以上，家庭收入低于一定标准；如果已婚或有子女，津贴标准可根据情况适当上调
年金	无捐退休年金（2001年改为80岁以上年金）（Non-contributory Retirement Pension）	60岁以前到达英国，居英10年以上，年龄在80岁以上，没有领取养老金资格的人
	战争残疾年金和战争遗属年金	给付伤残军人或致残的贫民以及阵亡军人的寡妇，有伤残等级确定年金数额
疾病与伤残	护理津贴（Attendance Allowance）	提供给照顾65岁以上老人或需要照顾的残疾人的家人或专业人员
	残障生活津贴（Disability Living Allowance）	付给5—65岁的残疾人，根据残疾人需要照顾的情况确定金额
	残障工作津贴（2001年改为残疾人税收抵免）	每周工作16个小时以上且个人储蓄不超过一定数额的病人或残疾人，津贴数量根据申请人情况而定
	残障看护津贴（Invalid Care Allowance）	付给16—65岁之间，每周从事全日制护理工作35小时以上的人
工伤	工伤致残收益（Industrial Injuries Disablement Benefit）	区分为"致残"和"致病"两类，其中致残根据伤残等级给付
	收入减少津贴（Reduced Earnings Allowance）	同上

① 参见周弘：《国外社会福利制度》，中国社会出版社2005年版，第103—106页。

② 根据周弘：《国外社会福利制度》，中国社会出版社2005年版，第103—106页资料整理而来。

表 2　2001 年英国主要社会补助项目一览表①

类别	项目名称	项目条件
收入补贴	收入援助（Income support）	16 岁以上，因疾病、伤残等原因无法工作且个人储蓄不超过一定数额（个人储蓄在一定限额内越多补贴越少），收益情况根据多种因素确定
	工作家庭税收信贷（Family Credit）	提供给有小孩的低收入家庭，父母每周至少工作 16 小时以上。津贴数量根据家庭收入、孩子数量以及父母工作时数来确定
	减免地方社会服务税（Council tax Benefit）	合住在公屋中的贫困者只缴纳个人的地方税
家庭补助	儿童收益（Children Benefit）	16 岁以下的儿童，在校学生可到 19 岁；一般不适用于按照“移民条例”进入英国的移民家庭
	单亲收益与单亲儿童收益（One parent Benefit and Child Benefit）②	同上
	监护人津贴（Guardian's Allowance）	由于儿童父母双亡或一方死亡而承担照顾责任的人
住房补助	住房补贴（享受租金折扣或享受房租津贴）（Housing Benefit）	参照申请人的收入、家庭、储蓄，当地房租与住房状况计算

英国的残疾人福利由多个部门配合共同负责。其中，负责大多数残疾人社会保障福利（除房屋津贴和地区税收）的政府部门是工作和年金部（Department for Work and Pension，DWP）。改革、教育和技能部（Department for Innovation，Universities and Skills）负责管理和推动实施残疾人教育，并负责残疾学生津贴的发放。各地方政府管理“直接支付”（Direct Pay）项目，让残疾人管理和支付自己的护理和服务费用而不是直接从当地政府获得，同时也负责当地交通优惠计划和无障碍设施。此外，英国教育部门、法律部门、医疗机构也会提供相应残疾人福利。

虽然英国社会保体系要缴纳保险费的险种都对残疾人作出了某些优惠政策，但是对于大多数残疾人而言，因为残疾和疾病导致其在生命的任何阶段都不能工作或者工作时间不足因而无法得到缴费性补贴。同时，残疾不可避免地导

① 根据周弘：《国外社会福利制度》，中国社会出版社 2005 年版，第 103—106 页资料整理而来。

② 2001 年已经并入“失业津贴”和“收入援助”。

致额外花费,即使取得相同数额相同的收入残疾人的生活也更为困难,而且残疾人的收入通常低于健全人。因此英国政府在制定残疾人福利制度时,更多的提供了一系列补贴和其他帮助以支持残疾人的生活,如看护津贴、残障生活津贴、残障护理津贴、丧失工作能力补贴、残疾补贴等。总的来说,残疾补贴有三个主要目标:第一是作为收入替代的一种方式,这属于传统的贝弗里奇模式(Beveridge model),包括法定病假工资、丧失工作能力补贴、残疾人收入补助。第二是以从20世纪70年代来推行的看护津贴和残疾生活津贴为主,这些津贴支付残疾人因残疾而需要花费的与生活相关的额外费用。第三是工伤保险方案和战争养老金方案通过额外收入的方式为在工作地点或军队所发生的伤残和疾病提供了某种程度的补偿,获得该补贴的唯一依据是丧失工作能力和残疾的起因。①

此外,英国政府针对残疾人提供了积极的康复、教育、就业等方面的支持和帮助,特别是布莱尔政府上台后,提出建立以工作观为核心的社会福利制度,该观点也渗透到残疾人工作的各个方面。这些津贴和制度也是本文接下来主要讨论的内容。

二、英国残疾人福利制度的法律支持②

西方国家社会保障制度中的一个特征是立法先行,这个特征也表现在英国残疾人福利制度中。针对英国残疾人福利制度,英国政府制定了很多法律条文,从总体权益到各个福利项目的实施,都赋予了残疾人法律上的权利。

(一)1995年之前英国残疾人权利保障

20世纪初,随着英国进入垄断资本主义阶段,英国政府加强了对经济和社会的干预,开始在社会保险各个领域立法规范。1911年通过的《国民保险法令》规定,在某些工业部门中实行失业救济、残疾津贴和医药补助,在交纳保险费用后,享有领取保险津贴的权利,这也是英国关于残疾人权益保障的首次立法。

第二次世界大战之后,英国按照贝弗里奇报告开始建设福利国家,英国议会于1944年通过了《残疾人(就业)法案》,该法案要求雇主雇佣一定数量的残疾

① 参见[英]内维尔·哈里斯:《社会保障法》,北京大学出版社2006年版,第387页。

② 本章第四节至第八节内容如无特别说明,均根据英国政府官方网站 http://www.direct.gov.uk/en/DisabledPeople/index.htm 内容翻译整理而来。

人,并为残疾人就业提供必需的准备;同时,政府开始设立康复中心,开设职业训练课程,对那些照顾残疾人的社会工作者给予补贴。同年的《教育法案》规定,应当对有特殊教育需求的儿童给予特殊教育。1946 年英国议会通过了《国家保障服务法案》,规定在对残疾人提供医药服务的同时,地方当局医药部门要提供医疗器械和所需帮助,以保证残疾人能够继续独立住在自己家里。1948 年,《国民互助法案》制定了一些适用于残疾人的财政规定,如地方当局有向永久性障碍病人、受伤致残和先天性残疾者提供食宿服务的责任。

1970 年的《慢性病和残疾人法案》规定通过向残疾人提供适当的服务,使残疾人在社区中获得更多的生活权利,这项法律承认了残疾人的社会权利,因而被称为"残疾人宪法"。① 1983 年颁布的《精神健康法案》(*The Mental Health Act* 1983)对精神疾病残疾人提供从评估、治疗到权利的保护。该法规定精神病患者可以在家中和社区中得到护理和治疗,严重的精神病人需要到医院进行评估和治疗,但是只有在满足该法案规定的严格标准后才能被强制留在医院。

(二)1995 年以来英国残疾人权利保障

1995 年颁布的《反残疾歧视法案》(*Disability Discrimination Act*,1995)可以说是英国残疾人权益保护上最重要的一个法律文件。《反残疾歧视法案》旨在结束许多残障人士面对的歧视问题,覆盖了从相关定义、就业、其他领域的歧视(货品,设施及服务)、康复、教育到公共交通等各个方面,残疾人的各项权利被更细化的确定和落实下来,并且有了充分的法律依据。在该法案中,残疾被定义为:有生理或精神方面的损伤并对其进行日常活动能力产生了实质性的长期的不利影响。过去罹患符合法案定义的"残疾"的人也同样受到该法案保护。

增进残疾人权益的立法发展是一个持续的过程。2004 年 10 月 1 日,1995 年《反残疾歧视法案》中要求企业或其他组织采取合理步骤改建残疾人获取服务过程中被视为障碍的物理特征的细则正式开始执行,企业和其他组织(被称为服务提供者)以及商店、餐馆、娱乐中心必须取消、改变或者提供合理的手段避免那些残疾人无法进入或者对残疾人来说进出十分困难的建筑物的物理特征,为残疾人建立无障碍环境,这包括以下措施:设置坡道以代替台阶;对视力受损的残疾人提供更大的、更明确的标记;改进厕所或盥洗设施等。

---

① 参见刘翠霄:《各国残疾人权益保障比较研究》,中国社会科学出版社 1994 年版,第 47—48 页。

2005年4月新的反残疾歧视法案——《2005年反残疾歧视法案》(*Disability Discrimination Act*, 2005)获国会通过,这是对《1995年反残疾歧视法案》的修订和延伸。修订和延伸的内容包括:将交通运输工具对残疾人的歧视定义为违法行为;方便残疾人租赁房屋以及进行与残疾相关的改建;确保25人及以上的私人俱乐部不对残疾人歧视;确保反歧视法案覆盖所有的公共部门活动;要求公共机构为残疾人促进和建立平等的机会;拓展了"残疾人"的定义,将保护范围扩大到艾滋病、癌症、多发性硬化症的患者,同时明确精神病残疾人不需要有临床认可这一条件。

2006年12月,政府通过了"残疾人平等责任计划"(Disability Equality Duty, DED),指出为残疾人创造平等的机会是所有公共机构和组织的法定责任。"残疾人平等责任计划"要求在公共组织和机构中的工作人员考虑到自己工作对残疾人的影响,并采取措施消除对残疾人不平等的现象,同时建立公众对残疾人日常生活的积极态度,这意味着残疾人可以得到更好的就业机会且不会受到歧视(如使用公共服务时)。该计划几乎涵盖了所有公共组织和机构(从决策制定者到公共服务提供商),包括图书馆、医院、学校、国民医疗保健机构、警察部门、中央和地方各级政府。这项计划由平等和人权委员会负责实施。

《精神能力法案》(*The Mental Capacity Act*)从2007年10月1日起正式生效,该法案致力于保护那些因为认知困难或精神疾病或其他原因而无法为自己作出决定的人,向护理者和医生提供了在何种情况下什么人能决定采取相应措施的详细规定。该法案认为任何人都应该被认为有为自己作出决定的能力,只要有能力就应该尽量让人们为自己作决定,直到有证据表明他们丧失了这种能力。公众监护办公室(The Office of the Public Guardian,OPG)为那些丧失作决定能力的人提供保护。

联合国(UN)在残疾人权利方面设立一个《国际人权公约》。2006年12月,该公约草案正式通过了联合国大会的审批,并于2007年3月30日正式开放供签署。人权公约是一条国际法,其中制定了公约签署国在保护人权方面的责任,它为残疾人权利保护提出了一个国际认可的标准,同时公约签署国也有责任定期向联合国汇报其在保护残疾人权利方面采取的措施,这将有助于国际社会残疾人权利工作的改进。英国是第一批签署该公约的国家,并且按照该公约的要求积极推进残疾人事业。

（三）负责残疾人事务的机构

英国的残疾人福利由多个部门配合共同负责。其中，负责大部分残疾人事务的部门是工作和年金部。工作和养老金部由两个重要部分组成：一是伤残和护理服务处，负责提供残疾护理服务和各种津贴的管理，例如，伤残生活津贴和护理津贴；二是求职中心，该中心致力于通过各种手段促进就业，并处理初次津贴申领，帮助那些已工作或即将开始工作的残疾人。

残疾人权利委员会（the Disability Rights Commission）是一个非政府部门的公共机构，独立于政府部门以外，其是在1995年《反残疾歧视法案》的指导下，由1999年颁布的《残疾人权利委员会国会法案》（*Disability Rights Commission Act*, 1999）批准成立的，它致力于消除残疾人歧视，为残疾人促进机会均等，鼓励对待残障人士的好的作法，检查《反残疾歧视法案》和《残疾人权利委员会法案》的执行情况。残疾人权利委员会已于2007年9月28日撤销，并由2007年10月1日正式成立的平等和人权委员会（the Equality and Human Rights Commission）接替。

政府2004年的白皮书《公正对待所有人》（*Fairness For All*）中提出成立一个新的机构——平等和人权委员会，以结束针对残疾、年龄、宗教或信仰、种族、幸被或性取向等方面案的歧视和折磨。2007年，平等和人权委员会在三个部门——残疾人权利委员会（Disability Rights Commission）、种族平等委员会（Commission for Racial Equality）、平等权利委员会（Equal Opportunities Commission）合并的基础上成立。政府认为单一的委员会会带来更多的好处，这样使许多平等人权方面的专家在一起工作便于提供信息和建议；帮助企业更好地了解人权平等方面的事务，这可能节约法院和法庭的资源；更好地处理歧视问题，因为有些当事人可能受到多方面的歧视，同时个人、企业、自愿组织和公共部门只用联系一个部门，更加方便；给老年人更强大的政府机构处理年龄歧视问题。

残疾人问题办公室（the Office for Disability Issues）旨在协调所有政府部门（包括健康、教育、就业、交通、贸易等）的残疾人政策，更好地使残疾人接受各项服务。残疾人问题办公室将和残疾人以及残疾人群体或组织一起就残疾人平等问题展开充分合作。平等2025年（Equality 2025）是该办公室的一个计划，通过向政府提供建议以争取在2025年取得残疾人充分平等。

三、英国残疾人福利制度的财政支持

英国社会保障体系为残疾人和疾病患者提供了大量的补贴项目，构成了社会保障预算的第二大部分，仅次于养老金方面的支出。① 这些补贴项目涉及残疾人生活的各个方面，不仅数量庞大，而且相互之间的联系十分复杂，为了缩减庞大的残疾人财政补贴支出，历届英国政府都对补贴结构进行一系列的改革。

20 世纪 90 年代以来，残疾人补贴经历了几次重大改革：1992 年开始实行残疾生活津贴和残疾工作津贴；1995 年以丧失行为能力补贴替代疾病补贴和病残补贴；以 1998 年的绿皮书《福利新合同：为残疾人提供补助》（*A New Contract for Welfare：Support for disables people*）为标志（该绿皮书有一部分被写入了《1999 年福利改革和养老金法》（*Welfare Reform and Pension Act 1999*），废除了严重伤残津贴，由一项年龄在 16 岁至 19 岁之间、不需满足缴费记录的丧失工作能力的人享有的补贴取代；2001 年废除残障工作津贴，改为残疾人税收抵免；最新的一项变革是欧洲法庭于 2007 年 10 月 18 日作出的判决，残疾生活津贴（护理部分）、残疾人看护津贴以及护理津贴应向从英国移民至欧洲经济区其他国家的残疾人支付，而不应仅向居住在英国的国民支付。目前尚不清楚这一判决会对这些福利制度产生什么影响，但可以肯定的是英国政府对残疾人补贴的改革将继续进行下去。

（一）英国残疾人补贴项目

涉及残疾人的财政补贴非常广泛，几乎覆盖了所有残疾人需求，按照其涉及的领域，可以归为九个大类。

（1）主要生活津贴：这类津贴属于非调查型津贴，只要符合相应条件，收入和储蓄情况都不会影响申请资格。这类津贴有三种：残疾生活津贴、丧失工作能力津贴、残疾人看护津贴。残疾生活津贴是向 5—65 岁因疾病、残疾或者重病不能自由行动或者照顾自己的人提供。丧失工作能力津贴是向因病或残疾而不能工作者每周支付的津贴，该津贴支付额取决于申请者不能工作的时间长短。残疾人看护津贴是向 65 岁及以上因为疾病或残疾需要个人护理的人提供的免税

① See K.Rowlingson and R.Berthoud，"Disability，Benefit and Employment"，*DSS Research Report* No.54（London：HMSO，1996），p.17.

津贴。

（2）健康和独立生活方面的津贴：这类津贴主要是满足残疾人在家独立生活所需的照顾和护理支出，主要有直接付款、独立生活所需设备支持、救助设备和服务的增值税减免、独立生活基金。直接付款由当地政府负责，通过向那些需要护理和帮助的残疾人支付一定数额的资金让他们选择和安排自己的护理，而不是直接接受当地政府提供的社会服务。独立生活基金是用来帮助那些严重伤残人士用于支付个人和家庭的照顾，使他们能自己独立生活而不是一直居住在护理院中。对于那些专门为残疾人士设计、改装的商品和服务可以申请增值税减免，以减少残疾人的支出。

（3）雇佣与就业方面的帮助：这类津贴主要是针对残疾人在求职和工作过程中产生的其他支出的补贴，以保障残疾人的生活。包括工作计划、就业补助。工作计划是为残疾人在工作方面提供实际帮的计划，这包括为残疾人购买工作所需特殊设备，或对其因无法使用交通工具上下班而需要人帮助而产生的额外交通费用补助。就业补助是对重新从事全职工作的残疾人支付的补助，领取此项津贴的残疾人必须申请一定补助——包括丧失工作能力补贴或严重伤残津贴（这项福利现在已经不能申请了）且至少 26 周之后才重新从事全职工作。

（4）与工作收入相关的津贴：这类津贴是在残疾人就业后，因残疾产生额外支出或者收入低于正常雇员，为保障残疾人正常生活而提供的帮助。主要包括工作税收抵免、收入支持。工作税收抵免是针对那些在工作但是工资很低的人提供，以提高其收入，如果该申请人家庭中有残疾人会得到额外补助。收入支持是向 16—60 岁之间、工作或每周工作平均不到 16 小时的低收入残疾人提供，津贴数额受申请人储蓄、工资多少的影响。

（5）特殊群体支持：该类补助是向特定人群体提供的扶助资金，包括儿童税收抵免、扎实起步生育补助、盲人津贴等。英国税法规定，如果家中有仍在全日制教育的儿童或者年轻人，其父母或者监护人可以得到儿童税收抵免，如果需要照顾残疾儿童，则可以得到额外补助。扎实起步生育补助是一个帮助新生婴儿的一次性补助，如果父母是残疾人可以申请该项补助。

（6）住宅和房屋方面的支持：残疾人购买或租赁房屋、因残疾需要安装特殊设备或做出适应性调整可以获得一定支持。这包括财产税、房屋及财产税减免、残疾人设施补助、电视牌照折扣。如果房屋或住宅满足残疾人生活的条件且达到其他相应标准，则残疾人在购买该住宅时税收可下调一个等级。伤残设施补助是一个地方性补助,以帮助残疾人支付所居住房屋改造的费用以继续在那里生活。此外,在地方政府进行了登记的盲人购买电视牌照时可获得50%的折扣。

(7)交通方面的帮助:这些帮助是向因残疾而在交通工具上有特殊需求的残疾人提供的,包括蓝色徽章泊车计划、移动工具计划、汽车消费税(汽车税)的豁免、社区及公共交通。蓝徽章计划为那些有严重步行困难的残疾人提供停车的补助。移动工具计划可以帮助残疾人免费或者低价租赁或购买一辆机动轮椅或踏板车,或者帮助获得较高等级的残疾人生活津贴(行动部分)的残疾人从汽车消费税计划中免税购买汽车。同时,地方政府可能会开展残疾人的士预约计划,方便残疾人出行,并对残疾人使用有轨电车、公交车等交通工具作出一定的优惠政策。

(8)教育方面:主要包括向接受高等教育的残疾学生提供的残疾学生津贴,该津贴可以用于其购买专业设备以及非医疗性个人援助。

(9)工伤和职业病和军队津贴方面:在英国残疾人福利体系中,对于因工致残的雇员或因战致残的军人,会提供一些额外的补助措施或者待遇相对优厚的补助项目。在工伤和职业病方面,主要有工伤残疾补助。在军队津贴方面,主要有战争伤残抚恤金以及武装部队补偿计划。战争伤残抚恤金是对在战争时期或者由于2005年4月6日之前在英国的武装部队服务时由于战争受伤或致残的人士提供支付,武装部队补偿计划是向2005年4月6日之后因为在武装部队服务而受伤或得病的人士提供支付。此外,英国还设立了经常照顾津贴,向已经申请工伤残疾补助和战争伤残抚恤金且因为残疾需要每天照顾和护理的人提供帮助。

(二)英国残疾人补贴的负责机构

在英国,不同类型的残疾人财政补贴是由不同的政府办公室和部门负责。主要负责部门有以下几个。

1.工作和年金部(Department for work and pension)

工作和年金部的重要组成部分之一伤残和护理服务处负责各种伤残津贴,例如伤残生活津贴和护理津贴,它利用各地的残疾福利中心和位于黑泽(Blackpool)的总部管理和审查申请工作。工作和养老金部的另一部分求职中心(Jobcentre Plus)致力于帮助人们得到工作以及处理初次申领津贴。

2.皇家税务局和海关(HM Revenue & Customs)

皇家税务局和海关负责税收抵免,这是用以帮助残疾人日常生活费用的转移支付。残疾人以及照顾残障人士者(例如父母),可以从税收抵免中得到额外支持。

3.改革、教育和技能部(Department for Innovation,Universities and Skills)

进入学院或大学学习的残疾人可以享受由改革、教育和技能部负责的残疾学生津贴。

4.当地政府(Local Councils)

当地政府管理“直接支付”项目,该项目可以让残疾人管理和支付自己的护理和服务费用而不是直接从当地政府获得,同时当地政府也负责向残疾司机和乘客提供的蓝色徽章计划以及一些交通优惠计划。

5.其他负责部门

因为津贴种类繁多,因此还涉及一些其他政府部门,例如,负责汽车税的驾驶执照和车辆牌照局等。

各项津贴的具体负责部门如下:

表3　英国残疾人津贴项目及负责机构①

财政补贴	负责机构
残疾生活津贴残疾 (Disability Living Allowance)	特别就业中心,社会保障办事处和救助中心的残疾和护理服务处
护理津贴 (Attendance Allowance)	同上
丧失工作能力补贴 (Invalid Benefit)	特别就业中心,社会保障办事处和救助中心
直接付款 (Direct Payments)	地方政府
设备、处方和往返医院 (Equipment, prescriptions and hospital travel)	全科医生/当地社会服务
特殊设备和服务的增值税免除 (VAT exemptions on equipment and services)	皇家税务局及海关/商品供应商
独立生活基金 (Independent Living Fund)	独立生活(1993)基金会/当地社会服务

① 资料来源:根据 http://www.direct.gov.uk/en/DisabledPeople/FinancialSupport/index.htm 内容翻译整理而来。

续表

财政补贴	负责机构
就业计划 (Work schemes)	残疾人就业顾问
就业补助金 (Job Grant)	特别就业中心和特别就业办公室
工作抵税 (Working Tax Credit)	皇家税务局和海关
收入扶助 (Income Support)	特别就业中心、社会保障办事处
儿童税收抵免 (Child Tax Credit)	皇家税务局和海关、求助中心
扎实起步生育补助 (Sure Start Maternity Grant)	特别就业中心、社会保障办事处
财产税 (Council Tax)	地方政府
房屋及财产税补贴 (Housing and Council Tax Benefit)	同上
残疾人设施补助 (Disabled Facilities Grants)	地方政府的房屋署
电视牌照折扣 (Television Licence Discount)	电视牌照管理机构
蓝色徽章泊车计划 (Blue Badge Parking Scheme)	地方政府的交通运输部门
行动计划 (The Motability Scheme)	行动计划管理机构和交通工具供应商
交通工具免税 (Vehicle tax exemption)	驾驶执照和车辆牌照办事处
残疾人交通折扣 (Disabled Persons Railcard)	全国铁路局及地方铁路公司
社区及公共交通 (Community and Public Transport)	地方政府
残疾学生津贴 (Disabled Students'Allowances)	地方教育主管部门
工伤残疾补助 (Industrial Injuries Disablement Benefit)	特别就业中心、社会保障办事处
经常照顾津贴 (Constant Attendance Allowance)	特别就业中心,社会保障办事处和救助中心的残疾及护理服务处
战争伤残抚恤金 (War Disablement Pension)	荣民工程处和救助热线

(三)津贴的领取条件

在英国,各种残疾人可获得的财政补贴主要取决于两个因素:收入和储蓄情况以及过去向国民保险计划缴纳保险金的情况。

部分补贴受申请人收入和储蓄情况的影响,申请人必须接受收入调查(means-testing),并且在收入和储蓄低于规定标准的情况下才能获得津贴,包括收入扶助、住房福利、财产补贴税、残疾人设施补助。部分补贴是非调查型的,申请人收入和储蓄情况不会影响获得这些补贴的资格,只要申请人患病或为残疾人就能领取这些非调查津贴(因为这些补贴满足了特定需求),这些津贴包括残疾生活津贴、护理津贴、丧失工作能力津贴。

此外,一些补贴,如丧失工作能力补贴的领取,取决于申请人国民保险计划缴费情况,只有交纳了一定保险费的国民才有资格获得。

(四)部分重要残疾人津贴

1.残疾生活津贴(Disability Living Allowance)

残疾生活津贴由行动津贴和护理津贴合并而来并于 1992 年 4 月开始推行。该津贴是一个免税津贴,用于补贴年龄在 65 岁以下因身体或精神残疾而需要护理的人。津贴由两个独立的部分——护理部分(a care component)和行动部分(a mobility component)组成,申请人根据自己的情况和相应评估可以申请其中一项津贴或者两项同时申请,这两部分的支付金额都根据残疾对申请人生活的影响程度分为不同等级。如果领取人在满 65 岁后还有护理需求或(和)行动困难的情况,可继续申请享受此项津贴。

(1)护理部分申请条件以及费率等级。

要获得护理部分津贴,申请者必须需要护理或监护以确保安全,包括在洗澡、吃饭、使用厕所、沟通交流时需要帮助;需要看护以避免自己或他人陷入实质性危险;在透析的时候需要有人陪伴;16 岁或以上无法自己准备熟主餐等。此外,如果申请人满足这些条件,即使其独自居住且没有人提供所需要的照顾,其也可以获得残疾生活津贴护理部分。

根据残疾的严重程度和对日常生活的影响,护理部分的津贴分为三个等级:

最低等级:在白天需要帮助或看护,或不能自己准备主食;

中等等级:在白天或夜间需要经常性帮助或看护,或需要有人陪伴做透析;

最高等级:在白天和黑夜都需要一直或不间断的帮助或看护。

各部分的支付额见下表。

表 4　英国残疾生活津贴护理部分支付水平①

护理部分	每周支付水平（英镑）
最高等级	64.50
中等等级	43.15
最低等级	17.10

（2）行动部分申请条件以及费率等级。

要得到行动部分的津贴，申请人必须无法行动或者需要帮助才能移动，包括：严重残疾导致行动困难，即使穿戴或使用平常使用的辅助工具或器具也同样如此；不能或基本无法行走，或没有腿或胳膊；失明程度或失聪程度严重以致需要出门时有人陪护；有严重神经缺陷以致行动有问题；行走会威胁生命或者对健康产生严重影响；走在陌生之处需要他人指导和（或）看护。

根据残疾程度不同，行动部分津贴有两种等级：

较低等级：外出需要帮助或看护；

较高等级：有其他更为严重的行动困难。

具体费率见表 5。

表 5　英国残疾生活津贴行动部分支付水平②

行动部分	每周支付水平（英镑）
较高等级	45.00
较低等级	17.10

（3）医学检查（Medical Examination）。

残疾生活津贴强调自我评估，在申请该津贴时通常不需要医学检查，但部分人仍将接受医学检查以衡量病情的影响程度。进行医学检查的目的一是确定是否有领取资格，二是确定领取行动部分或护理部分津贴，或者两者同时领取，三是确定津贴等级。

参与医疗检查的相关人士和机构代表有：工作和年金部的残疾和护理服务

① 资料来源：http://www.direct.gov.uk/en/DisabledPeople/FinancialSupport/DG_10011925。

② 同上。

处(DCS),它负责处理残疾生活津贴申请;医疗服务机构——代表DCS组织医疗检查;决策者——DCS机构中非医疗机构人士;医疗检查的负责医生(the Examining Medical Practitioner)。

此外,为了缩减社会福利开支,严格残疾津贴领取条件,减少不必要的浪费,英国工作和年金部发起了领取恰当津贴等级计划——"Right Payment Programme",该计划旨在确保每一个申请人领取当与其残疾状况相适应的津贴等级。除了申请津贴时申请人要接受医学检查外,在固定期限结束后重新申请津贴时也有可能再次接受医学检查,以确定是否需要调整津贴等级。

(4)对其他福利的影响。

不论申请人在工作还是失业或在接受培训,只要符合条件就能领取伤残生活津贴。如果领取人即将开始工作或返回工作岗位,只要照顾和(或)流动性需求没有改变,则领取的残疾生活补助将保持不变。但是如果领取人因为开始或返回工作或训练导致其照顾和(或)流动的需求发生改变,领取人必须向工作和年金部报告以便进行重审,如果重审作出新的决定可能导致享有的伤残生活津贴增加或减少。

2.残疾看护津贴(Attendance Allowance)

残疾看护津贴是从1975年开始实行,旨在为65岁及以上疾病者或伤残者提供帮助和照顾。《1995年社会保障补贴法》规定,该津贴是一种不需要财产调查、非缴费型的补贴。

(1)领取护理津贴的条件。

残疾看护津贴申请者应是65岁以上(65岁以下申请残疾生活津贴)、在身体或者(和)精神上因有残疾需要照顾者,这包括:在清洗(进出浴室或淋浴)、穿衣、吃饭、使用厕所、沟通时需要帮助;需要看护以避免给自己或者他人造成实质性危险,例如,需要有人留意健康状况或者饮食;需要有人陪伴作透析。

(2)残疾看护津贴的支付额。

残疾看护津贴的支付额取决于残疾对申请者的影响程度,有两种支付等级:

较低等级:仅需要在白天或夜间进行经常的帮助或看护,或者在透析时需要陪伴;

较高等级:整个白天和夜间都需要帮助和看护。

具体费率见表6。

表6　英国残疾人护理津贴支付水平①

护理津贴	每周支付水平（英镑）
较高等级	64.50
较低等级	43.15

此外，领取残疾看护津贴的人有权利领取其他补贴：如住房福利、财产税抵免、养老金税收抵免。

3. 丧失工作能力补贴（Incapacity Benefit）

随着《1994年社会保障（丧失工作能力）法》的通过，1995年4月，丧失工作能力补贴替代了原来的疾病补贴和残疾津贴开始试行。丧失工作能力津贴是向那些年龄在65岁以下因病或残疾而不能工作的人支付以保证其生活正常进行。津贴申请者要接受个人工作能力测试（Personal Capability Assessment），并且要满足一定的国民保险金缴纳条件，通过者不论家庭状况怎样都可每周领取一定补助额。

（1）津贴的三种形式。

丧失工作能力补贴根据丧失工作能力的时间长短可以分为三种形式：在患病或残疾的最初28周，大多数雇员有资格领取金额更高的法定病假津贴（Statutory Sick Pay），在此期间，相关部门会对申请人全科医生所开具的诊断书进行审查认可并进行"职业测试"（确定雇员是否丧失从事原职业的能力）；那些没有资格领取法定病假津贴但有充足国民保险交费记录的雇员可以在这一时期领取较低费率的定额短期丧失工作能力补贴。法定病假津贴和短期丧失工作能力补贴在28周结束后，申请人要接受"全部工作测试"（确定雇员是否能够从事其他工作），如果该测试认为申请人丧失所有工作能力，则被转移到较高费率的短期无工作能力补贴。12个月以后，申请人仍无劳动能力则需转移到长期丧失工作能力津贴，如果申请人在45岁之前丧失工作能力或原来领取病假工资，在领取该项补贴每周基本数额的同时还有权领取年龄附加补助（age addition）。② 原则上讲，如果申请人在此后的"全部工作测试"中都被认为丧失工作能力，则申请人

① 资料来源：http://www.direct.gov.uk/en/DisabledPeople/FinancialSupport/AttendanceAllowance/DG_10012442。

② 参见[英]内维尔·哈里斯：《社会保障法》，北京大学出版社2006年版，第393页。

可以一直领取此项津贴直到退休。

现行支付率见表7。

表7　英国残疾人丧失劳动能力津贴支付水平①　　单位:英镑

丧失劳动能力津贴	每周支付金额	超过国家养老金的年龄的金额
短期(低支付率)	61.35	78.05
短期(高支付率)	72.55	81.35
长期基本支付率	81.35	—

(2)领取人条件。

要领取丧失工作能力津贴,首先要满足以下条件:丧失工作能力,或法定病假津贴已经结束或者无权领取,或是自雇者或失业,或正在领取法定产假津贴(Statutory Maternity Pay)并且因为失去工作能力没有回到工作岗位,或在领取国家法定养老金(State Pension)的法定年龄前生病。同时,申请人还必须:缴纳符合条件的国家保险金,因为疾病或者残疾至少连续4天不能工作(包括周末和法定节假日)或在连续的7天中有两天或以上无法工作;或者年龄在16岁至20岁之间(或25岁以下但在即将20岁时正在接受至少三个月以上的培训和教育)、在过去28周内因为残疾或疾病而无法工作,或在20岁之前因为疾病或残疾无法工作(或25岁以下但在即将20岁时正在接受至少三个月以上的培训和教育)。

如果申请人已经在国外生活或工作,在满足以下条件的情况下也可以申请该津贴:过去缴纳了足够的国家保险费(National Insurance Contributions),或虽然在国外工作但是雇主是英国公司并且缴纳了52周的国家保险费。如果没有缴纳足够的国家保险费在以下条件下也可以申请:20岁以下(或者25岁以下但在即将20岁时正在接受至少三个月以上的培训和教育),现在居住在英国且在申请之前一年中有26周居住在英国,或者在军队服役或者工作生活在欧洲经济区中(the European Economic Area)。

(3)个人工作能力评估(Personal Capacity Assessment)。

除了严重的疾病或残疾外,丧失工作能力津贴申请人一般都要求接受个人

① 资料来源:http://www.direct.gov.uk/en/DisabledPeople/FinancialSupport/IncapacityBenefit/DG_10016082。

能力评估(Personal Capacity Assessment),有时申请者还有可能要求接受医疗检查以判断工作能力。

个人工作能力评估是领取丧失工作能力最主要的评估,会有接受了专门训练的残疾分析专家(Approved Disability Analyst)负责评估,他们将会向负责该项补贴的工作和年金部(DWP)提交一份报告,同时申请人的全科医生也被要求提交一份医疗报告,确认申请者是否有资格领取该项津贴。

(4)在领取丧失工作能力补贴的同时工作。

领取丧失工作能力津贴的人通常都是因为残疾或疾病而不能工作,但是他们也可以在一定的范围内做特定类型的工作,这就是所谓的“许可工作”(Permitted Work)。“许可工作”是一项福利安排,当地政府和为残疾人安排工作的公共组织会建立或联系一些社区性的或采取保护措施的特殊工厂为领取该津贴的残疾人设计一些工作,它可以让残疾人从中学到一些新技能的同时领取一定工资,实现自我价值,有助于他们树立积极健康的生活观。此外,许可工作还可以在医生监督下作为治疗辅助手段,帮助残疾人更好地恢复和融入社会。想要得到许可工作的津贴领取人必须先向当地的特别就业中心及特别就业中心办公室咨询,但不需要得到医生的许可或者通过医疗测试,其在得到特别就业中心许可后在相关组织的安排下进行工作。

“许可工作”有三种形式:不限定工作周期,每周收入可以达到甚至超过20英镑;平均每周工作16个小时以下,在52周的时期内每周获得88.50英镑或以上的收入;平均每周工作16个小时以下,只要疾病或者残疾情况被认为足够严重而达到了领取丧失工作能力津贴的最低要求。

“许可工作”不是一项免税工作,同时,该项工作所取得的收入也可能影响与收入相关的一些补贴,如收入扶助、住房福利、财产税抵免。但是有能力进行这些特定工作并不影响申请人被视为不能工作,所以申请人仍有权领取丧失工作能力津贴。

4.税收减免

(1)财产税减免。

为使残疾人更好地独立生活,减轻经济负担,英国政府对残疾人居住的符合一定条件的房屋采取税收减免政策,将税收等级降一个级别。这些条件包括:该房屋必须是至少一个残疾人的主要居住地;有特别的厨房或浴室以满足残疾人需要;有一个满足残疾人需要并主要被其使用的房间(除浴室、厨房、厕所);有额外的空间存放残疾人使用的轮椅。这里的“残疾人”是指完全的、终生的残疾，可以是儿童或成人。

(2)增值税抵免。

增值税抵免是指对那些面向残疾人提供的商品和服务免收增值税(英国目前的增值税率为17.5%)，这项政策也在全欧盟执行。这些商品和服务应指：用于商业目的、可以为大量人获得、向居住在医院或护理院的人提供以作为他们的医疗或手术治疗手段或者任何形式的护理手段。零增值税的商品包括：轮椅、一些医疗和手术器具(如假肢)、电动或机械式可调节病床、椅子或轮椅升降机、为残疾人设计的电脑硬件或软件、为让残疾人日常生活更方便的电子装置和设备、为残疾人设计或调整的交通工具；零增值税的服务有：维修、保养及安装残疾设备、对装置和设备的调整工作以方便残疾人使用、改建残疾人住宅、租用残疾设备等。

(3)电视牌照折扣。

如果是在地方政府登记过的盲人在申请电视牌照时可享受50%的折扣。

(4)交通工具税减免。

对领取最高等级的残疾生活津贴行动部分津贴或战争养老金的残疾人免收交通工具税，但该交通工具必须以该残疾人的名义购买并且只能被残疾人使用。

(5)铁路车票折扣。

残疾人可以领取一个车票优惠证(Railcard)，凭该证在购买有轨电车票时，可以享受三分之一的优惠。

(6)公共汽车和其他当地交通工具。

地方政府向残疾人提供免费证，确保其在乘坐汽车或其他当地交通工具的时候免费。

5.其他补贴

(1)连续护理津贴(Constant Attendance Allowance)。

连续护理津贴是向那些已经获得工伤残疾补助和战争伤残退休金的、需要日常护理和照顾(如家庭护理或吃饭护理)和100%残疾(经过医疗检验)的残疾人士提供的津贴，视残疾的情况和需要照顾的程度该项津贴有四种不同的支付率(见表8)。

表8 英国残疾人连续护理津贴支付水平① 单位:英镑

连续护理津贴	每周支付水平
特殊支付率	105.40
中间支付率	79.05
正常最高支付率	52.70
部分时间支付率	26.35

(2)独立生活津贴(Independent Living Fund)。

独立生活基金是用来帮助那些严重伤残人士,使他们通过专业人士或相应机构的照顾,能够在家中独立生活而不是居住在护理院中。

独立生活津贴可以向护理机构或个人护理用于支付其为个人或家庭提供的以下服务:洗澡、如厕、清洗和穿衣;做饭及购物;洗衣、清洁和其他家居任务;社交活动或工作中的个人护理。但是该项津贴不能用于:雇佣居住在家中的配偶、父母或其他亲属充当个人护理;包括暖气、衣物在内的家庭开支;对外的洗衣费;育儿;园艺;轮椅或其他设备和家具;改建住宅;护理除自己以外的其他人;汽油和其他旅行支出;私人医院或住宅服务费;理发店或手足护理(除非必须);按摩、理疗、水疗费用。

申请该项津贴的条件包括:申请时在16—65岁之间;已经获得每周至少200英镑的社会服务支持,包括直接支付和(或)得到的来自当地政府的服务;领取最高等级的残疾生活津贴护理部分津贴;独自生活或者与不能完全提供所需护理的人一起居住;有住院的危险或者目前正在住院但希望离开并独立生活;至少在未来六个月的时间能独立生活,并且所领取的残疾津贴总额不超过每周785英镑(目前);得到收入支持计划的帮助,或获得国家养老金信贷且储蓄低于18500英镑,或满足类似的调查;居住在英国。

政府会开展一些调查和评估,并根据申请人的实际需要的护理确定支付金额,申请人的其他补贴和收入也会影响支付金额,该项津贴的最高支付金额为每周455英镑。

① 资料来源:http://www.direct.gov.uk/en/DisabledPeople/FinancialSupport/OtherBenefitsAndSupport/DG_10016192。

四、英国残疾人福利制度：医疗康复支持

英国1995年颁布的《反残疾歧视法》在对残疾进行定义时明确提出，残疾人是指生理上或精神上有损伤，并且这种损伤将对其日常生活能力产生实质性的、长期的、不利影响的群体。也就是说，英国定义的残疾人有两类：生理残疾人和精神残疾人，因此英国残疾人医疗康复也包括对身体残疾人和精神残疾人的医疗康复两部分。在英国国民健康服务体系下，大多数医疗康复都是免费的，此外根据残疾人的实际情况，一些付费的治疗、服务或项目会降低费用标准。一般来说，英国残疾人的治疗及其在医学意义上的康复是由国民保健服务系统提供的，康复和日常照料则依赖于大量的社区服务以及慈善机构和社会工作者。

（一）生理残疾人的医疗康复

在英国，医疗康复的目的是使残疾人最大限度地恢复行动能力或适应残疾带来的改变，从而使其在生活、工作、教育方面能够尽量独立。

英国残疾人的医疗康复有两种形式，一是“集中式康复”，即建立康复中心和康复医院集中对残疾人提供良好的医疗康复。英国各个地方都建立了康复中心，里面配备了各种训练器具，以及织机、编机、厨房等设备和用品，指导残疾人进行适应日常生活的训练，同时，康复中心还组织舞会、体育比赛等活动，不仅帮助残疾人恢复生理机能和生活能力，还尽量丰富残疾人的精神生活。二是“分散式康复”，即社区康复，残疾人在自己居住的社区或家庭接受医疗康复，这不仅使残疾人得到了医疗康复服务，还可以得到教育和职业方面的康复，使残疾人更好地适应新的生活，现在这种模式已经成为英国医疗康复的发展趋势。

通常，生理残疾康复包括以下方面：

听力保健和服务：国家卫生服务体系会安排听力治疗师向超过16岁的听力残障人士提供独立的支持和沟通训练计划，对听力残障人士及与其生活的人进行培训和辅导。社会服务部门将提供一些帮助，如手语的翻译；读唇班；由自愿组织或当地政府举办的社交俱乐部。

视力照顾和服务：当地政府可委托一个志愿组织来提供社会服务，包括：对视力残障人士及其家属提供帮助；在室外或者独立在家生活所需的沟通技巧的培训；对住宅作出必须的改建及设备安装；发声书籍的获取；学习盲文。同时，对不能离家的残疾人，可以安排配镜师或验光师到残疾人家中提供免费视力检查

及其他相关服务。

说话及语言治疗：说话及语言治疗师（Speech and language therapists）向有交流障碍及吃东西喝水（咀嚼、吮吸、吞咽）有困难的人提供发音或者吞咽食物的帮助。部分说话及语言治疗师在医院、初级护理处、社区、学校或者病人家中工作，也部分可能在私人医院或者自愿组织中工作。

理疗（Physiotherapy）：理疗可以帮助患者解决关节问题、胸部疼痛、移动困难、无法掌握平衡或控制四肢等问题。理疗师运用运动（exercise）、电疗（electrotherapy）或徒手治疗（manual therapy）等方式让残疾人从胸部感染中恢复或减少疼痛，或帮助他们在中风之后恢复活动能力，以增进患者的活动能力以及独立生活能力。

（二）精神残疾人的医疗康复

精神问题在任何时间以不同方式影响生活，这些包括焦虑症、抑郁症、精神分裂症、自我伤害和痴呆症等。英国一直很重视精神残疾人的治疗康复以及权利保护工作。颁布于1983年的精神健康法案对有精神问题的人的评定、治疗以及权利都作了详细的规定。1995年的反残疾人歧视法案确定了精神残障人士也属于残疾人，并且在2005年对《反残疾歧视法》进行修订时对残疾的定义作出了调整，去掉了精神疾病必须是“临床认定”（clinically well-recognized）的条件，赋予了精神残疾人在医疗服务和社会服务方面很重要的权力。2007年10月1日，精神能力法案（The Mental Capacity Act）正式生效，该法案的致力于保护那些因为有学习障碍、精神疾病或其他原因而无法自己做决定的残疾人。

对于精神上有损伤的残疾人，首先会经过一个精神健康评估（Care Programme Approach Assessment），评估包括以下方面：个人历史（以前的患病和治疗情况）、社会历史（包括家庭情况、收入以及职业）、疾病症状、医生认为需要的治疗时间、健康和社交方面的需求。之后，会按其症状的轻重缓急，转到医院的门诊部、短期住院部、中期疗养部或长期疗养部治疗。一般来说，精神病人入院治疗需要经过本人及家属的同意，但是在该病人会对自己或者他人产生实质性危害时，在满足一定条件的情况下可以强制其入院治疗。

如果病人病情得到控制，选择出院进行康复，他将在社区接受进一步的治疗和康复，这时会有一个专业小组应用各种技巧和不同方法提供医疗和日常生活方面的帮助。

（三）社区服务和社区工作者

残疾人在医院或康复中心集中治疗之后，如果要离开医院回到自己的家中会需要日常生活护理或者社区医疗护理。英国残疾人治疗康复更多的是借助社区和社区工作者的力量，这些社区服务将根据残疾人的收入调查（means-test）情况决定是否免费。

1.社区服务

在英国，所有的护理机构都是由社会护理监察委员会（the Commission for Social Care Inspection）管理和监督的，这能保证所有的护理工作都达到一定标准。此外，护理机构会对所有到残疾人住宅进行家庭护理的雇员进行安全检查和监督，以确保残疾人安全。

对生理残疾人而言，要取得相应的社区照料和服务，第一步是进行当地政府社会服务机构负责的健康和社会照料评估，也被称为“需求评估”（assessment of need）。在评估中，会为每一个残疾人指定一个职业治疗师，职业治疗师检查申请人的个人需要并同其商量，以便在需要的时候提供正确的服务，包括卫生保健、医疗设备、在家需要的照料。评估将确定该申请人最重要的需要以及如果不满足这些需要其可能面临的风险。之后，当地卫生和社会服务机构将根据这项评估与申请人协商后确定其需要的一系列帮助，并写出一份书面帮助计划，包括从私人组织和自愿机构得到的各种服务。如果申请人不愿意直接从社会服务机构中取得这样的帮助，可以申请直接付款，这样申请人可以获得一些津贴用于支付自己选择的所需的各项服务。直接支付仅满足普通需求，如果申请人需要更高级的护理可以自己补足差额部分。

对精神残疾人而言，如果其选择在社区接受进一步的治疗和康复，相关部门将成立一个专业社区精神健康小组对精神残疾人提供日常的基础照顾或者在有需要时提供医疗帮助，小组成员包括：全科医生（General Practitioner）（他将负责了解该残疾人情况，进行相关治疗，并且在有必要时将其转给其他专家，例如精神病治疗师）、社区精神健康护士、精神科社会工作者、精神病顾问、健康访问者（Health Visitor）、临床心理学家等。在残疾人需要和几个社区精神健康小组成员接触时，会从小组中选出一位护理联络员（Care co-ordinators），有时也被称为关键工作者（Keyworker）或个案管理员（Case Manager），由他负责与残疾人和其他小组成员进行沟通，并向残疾人提供一份护理计划（Care Programme Approach）。

大多数人的健康需求随时间而改变，因此残疾人的护理计划应该进行定期检查。在第一次提供服务或发生显著变化的三个月后应该进行一次复审，然后每年进行一次。如果有需要，复审也可以进行得更频繁。

2.社区工作者

通过当地社会服务部门或家庭护理中心，残疾人可以找到专门的护理工作者，他们通常经过特殊培训拥有护理、急救等方面的多种技能，能在生活和医疗康复方面帮助残疾人。

在英国，有三种方式可以选择专业护理人员：一是当地的社会服务部门直接为残疾人安排一个专业看护人员；二是残疾人通过护理中心自己选择适合的专业看护人员，在这种情况下残疾人需要自己寻找护理中心并支付中心相应费用，但残疾人不作为一个独立雇主，因此不用承担雇主的相应责任；三是直接雇用一个专业看护，这会在选择专业看护人员和护理项目上赋予残疾人更多的选择权和控制权，但同时残疾人也要承担作为雇主的法律责任，这涉及税收和社会保险问题。

社区护士（Community Nurses）（也称保健访客——Health Visitors）是在社区工作的注册护士，他们可以就广泛的健康问题提供帮助和咨询。他们为生病、残疾或者有生理和心理问题的人工作，向其提供专业护理，如换药、注射，或者急救护理，同时他们还能教导家属和护理者基本的护理技巧。通常社区护士都是与全科医生一起合作，全科医生通常将病人指定给某一社会护士护理机构。如果病人出院，医院将安排一个社区护士定期访问照顾，这也是持续护理（Continuing Care）的一部分。精神病顾问通过谈话咨询的方式帮助残疾人缓解压力、了解相关情况，精神顾问也可以由社区精神健康护士、精神科社会工作者、临床心理学家、职业治疗师担任。

此外，一些慈善团体和组织也会提供相关帮助，如老年痴呆症协会、抑郁症联盟、精神健康基金会等。

（四）医疗设备和辅助工具

合适的设备和辅助物品对残疾人独立生活十分常重要，其可以满足残疾人特定的健康需求或帮助其完成特定任务。英国国民健康服务体系（the National Health Service）可以向残疾人免费提供或者低价提供这些设备和物品。

全科医生有权开出在国门保险系统许可单上的某些项目，包括：弹力袜、结肠造口术用具、一些绷带和伤口敷药、导尿管、舒压垫等。社区护士也可以提供除此之外的其他项目，如轮椅和拐杖、听力和视力辅助设备、假肢外科器具、沟通辅助设备，但这通常需要其他护士或治疗师评估确定并认可。

还有一些设备和辅助用品由当地政府的社会服务中心提供，这类用具通常可以让残疾人在家里更好的独立生活。这些用具包括：帮助准备食物或个人护理的设备；用来提升椅子、床等高度以便于残疾人使用的“家具手”（Furniture Raisers）；附加的扶手；门禁系统等。提供这类物品必须得到职业治疗师的审核。通常这些商品都免除了增值税。

此外，还有许多慈善组织向残疾人提供受过专门训练的帮助狗（Assistance Dogs）。如导盲犬（Guide Dogs）可以帮助盲人或者实力受损者（面向16岁以上人士提供）；听力犬（Hearing Dogs）可以帮助聋人避免一些危险。此外，还有一些其他的帮助狗，可以帮助残疾人取物品，控制灯的开关，当主人癫痫发作时报警等。

五、英国残疾人福利制度：教育支持

英国政府非常重视残疾人教育，不仅制定各种政策确保残疾人享受平等的教育机会，而且为此投入大量资源。英国政府教育部门针对每一阶段不同的特殊教育需求分别制定相应的政策措施，向残疾学生及其家长提供不同的帮助和支持。特别需要提出的是英国的特殊教育采取全纳性学习方法，让残疾学生回到主流学校与正常儿童在同一班级中学习，教师针对不同的个体制定不同的学习计划和教学方法，这是英国特殊教育的一大亮点。

（一）学校无障碍环境的建设

在英国，学校和当地政府不能因为学生的残疾而对其歧视，他们必须在残疾学生入学以及在学校生活各个方面采取积极措施，确保残疾学生不受歧视。各个学校在如何方便残疾学生方面可能有很大的不同，但是各个学校必须有无障碍环境规划以及为方便残疾学生学习做出的“合理的调整”。

无障碍环境规划的基本要求如下：

改善物理环境，如：通过改变灯光或涂料帮助视力残障学生；为身体残疾的学生提供电梯和坡道；为听力残障的学生改建教室等；

改进信息提供方式，如：用盲文；用大字号；用录音磁带；用象征符号等；

改善课程安排，如：改变教学计划；调整上课时间表等。

此外,学校还可以运用辅助手段或合理的调整,让残疾学生能够更好地参与,学得更快更容易。这包括提供:触摸式屏幕、易于使用的键盘;盲文翻译软件;互动式书写板;对学校交通工具作出调整方便残疾学生使用等。同时,学校也可以针对特定残疾学生做出合理的调整,比如为方便使用轮椅的学生将其课程安排在第一层楼。

(二)基础教育阶段的特殊教育

在英国,特殊教育需求(Special Educational Needs)在法律上的定义是指那些因为有认知障碍或残疾致使其在学习上或取得教育方面比其他同龄儿童困难得多的儿童所具有的在教育方面的需求。

英国特殊教育在基础教育阶段的基本原则是:必须满足残疾学生特殊教育的需求,并且确保他们受到广泛的、平衡的相关教育;在特殊教育中家长(或监护人)以及残疾学生自己的意见应该被充分考虑;有特殊教育需求的儿童通常都在普通的、主流的学校进行学习,在需要的时候也会借助外部专家;残疾学生的特殊教育需求应该每年复审一次以确保满足残疾学生的需求。

家长或监护人有权对残疾学生的学校进行选择,可以是当地政府主办的学校,如主流学校或者特殊学校,也可以是非当地政府主办的学校,如非主流特殊学校(通常由慈善团体主办)、能满足学生需求的独立学校。这些学校必须满足一些条件,如能满足学生需求、不会对该校其他学生产生严重影响、该校充分利用当地政府资源、该生达到该校要求标准等。但如果有适合的国立学校,当地政府没有权力将残疾学生送到非主流学校或独立学校学习。

1.主流学校的特殊教育

从20世纪六七十年代起,国际特殊教育界掀起了一场"回归主流"(Mainstreaming)运动,即把残疾学生全天或每天的一部分时间安置在普通学校的普通班级里接受教育。进入90年代后,人们更强调普通教育与特殊教育之间的融合,即不分学校种类,把所有的学生都就近安置在一所学校里,残疾学生可能全部时间都和普通学生在一个班级中,但残疾学生的教学主要由特教教师来负责。

英国的全纳性学习更进了一步,它强调不把学生按残疾类型分成不同类别,所有的学生都应该在一起学习并由相同的教师负责,以达到真正意义上的教育融和。残疾学生有不同的困难以及学习进度,教师不能用同一个标准要求所有的学生,也不能用同一个进度进行教学,因此全纳性学习需要教师需要根据每个学生不同的特点和学习需要对残疾学生制定个人教育计划(Individual Education

Plan)。在教学过程中,教师必须富有创造性,采用灵活多样的教学方法和个性化的教学过程,充分发挥学生的潜力,使学生得到最大的发展。

全纳性学习是一个多阶段、循环往复的过程,评估贯穿于全纳性学习的整个过程中。第一阶段是对残疾学生进行仔细评估,根据评估的结果制定教学目标;第二阶段,根据教学目标及学生现有的水平设计个人的学习课程;第三阶段,确定教学过程中应当使用的教与学的方法;第四阶段,评估学生已取得的教育成就;最后根据学生的表现重新设定教学目标,开始新一轮的循环。在初始评估中,各个学校所用的评估表格是不同的,基本上由本地区或本校教师自己编制的。但在编制评估表时基本上都参照了统一的全国教育评估指南,以避免评估的内容偏离教学大纲的要求。①

在主流学校内进行的这些活动被称为学校帮助行动(School Action),通常由教师、家长以及特殊教育需求协调者负责。如果在学校帮助行动中,残疾学生不能取得足够的进步,则可能要咨询校外人员的意见,包括特殊教育学家、语言临床医学家,这被称为特别学校帮助行动(School Action Plus)。

全纳性学习强调以学生为中心,把重心放在学习上而不是教学形式上,从而确保了学习的质量,让残疾学生得到充分发展。此外,全纳性学习淡化了残疾人身份,让残疾学生和正常学生一起在普通环境中学习,没有被歧视和被忽视,有利于残疾学生身心健康,同时也让正常学生树立健康的残疾人观。

2.特殊教育学校

如果在学校帮助行动(School Action)和特别学校帮助行动(School Action Plus)中,残疾学生都没有取得足够进步或还需要额外帮助,当地的教育机构就会对该残疾学生进行进一步的评估,重新确定该残疾学生的特殊教育需求以及帮助方法,有可能将残疾学生送到特殊学校学习(如果残疾学生家长要求,也可以经当地教育部门批准让残疾学生进入特殊教育学校学习)。

如有必要,教育机构会在评估开始后 12 周内提供一份书面报告,该报告一共有六个部分,包括残疾学生及基本信息、评估确定的特殊教育需求、应该得到的帮助、应该去的特殊学校的类型和名称、除教育方面的需求以及这些需求取得方式。该报告会事先征询家长的意见,如果家长对 2、3、4 部分有不同意的地方,

① 参见韦小满:《个人教育计划——英国的残疾人与全纳性学习》,《北京师范大学教育系学报》2001 年 4 月 5 日。

可以和当地政府相关负责人联系，或者向特殊教育需求和残疾人特殊法庭提起诉讼(the Special Educational Needs and Disability Tribunal)。同样，这份报告也需要每年进行复审，查看残疾学生取得的进步以及需求的变化，确定所提供的帮助满足该生的特殊教育需求，如果有需要应该进行调整。

此外，还有很多团体和组织可以对残疾学生父母提供帮助。包括父母合作服务(Parent Partnership Services)、独立父母支持者(Independent Parental Supporters)、教育咨询中心(Advisory Centre for Education)。

3.5 岁以下儿童的特殊教育

儿童早期的启蒙教育对其今后发展十分重要，因此英国的特殊教育专门为5岁以下儿童设立了特殊服务。如果儿童在交流、理解和认知、感官和身体发育、行为举止和同龄儿童相比有更多困难和差异，家长可以和幼儿园老师、当地政府或特殊教育需要协调员联系。如果确定儿童确有特殊教育需求，幼儿园和托儿所可以提供一个名叫早年行动计划(Early Years Action)，对需要帮助的儿童制订个人教育计划(Individual Education Plans)，采取不同的方式教育儿童以及提供额外的帮助。

如果儿童在早年行动计划中没有取得足够的进步，老师和特殊教育协调者可以提供进一步的帮助，如提供特殊教育老师或语言临床治疗师，这被称为特别早年行动(Early Years Action Plus)；或者对该儿童的情况进行法定评估，让大量专家决定对其提供的额外帮助。同样这项评估会每年进行复审以作出合理调整。

家长和儿童也可以从大量的慈善团体和组织中获得帮助，如早期援助(Early Support)、父母合作服务(Parent Partnership Services)、家庭访问服务(Home Visiting Services)、父母支持组织(Parent Support Groups)。

4.过渡计划(Transition Plan)

过渡计划概述了残疾青年在未来几年想要取得的成就以及需要什么支持使自己能够尽可能独立生活，它涵盖了生活的各个方面，如教育、就业、住房、医疗、交通和休闲活动。大多数过渡计划都是从残疾儿童九岁时开始的，当地政府的教育部门会邀请残疾儿童及其父母(或监护人)参加一个会议，通过讨论为该残疾儿童建立一个过渡计划。

在残疾儿童入学后，每个学年都要对该计划进行一次修订，所有参加支持扶助残疾儿童成年的当事人都要到场，包括：社会服务部门、医生和社区护士、教师、从事联络服务的工作人员(Connexions Service)、教育心理学家、监护人或父母,以及残疾儿童需要得到支持的其他人员。

在每年修订过渡计划前,残疾儿童都需要思考自己在学校的剩余时间想要学习什么课程或者参与什么活动,离开学校后想做什么,为未来作选择时需要的信息,自己在将来想要做的事情上有什么机会,为达到目标需要什么样的帮助。在随后进行的计划修订会议中,将按照残疾儿童的这些问题展开讨论。在修订计划以后,所有相关有都要保留一份该计划,以确保残疾学生得到承诺的帮助。

(三)高等教育

高等教育在英国是指在大学或学院进行进一步学习以取得某方面的资格,如学位(BA,BSc),或取得某项认证。

英国法律规定,大学和学院都有义务为残疾学生作出一定承诺,每个学校都应公布残疾声明(Disability Statement),并设立残疾人指导老师(Disability Advisor)或协助学习协调员(Learning Support Coordinator)帮助残疾学生取得相应帮助。一般说来,大学应在以下方面为残疾学生提供帮助:为方便残疾学生改建的宿舍和学习资料、成立专业护理小组满足残疾人的需求、成立志愿者协会在日常生活中帮助残疾人,此外学校和当地政府还会向残疾学生提供残疾学生津贴或其他经济支持。

如果有残疾、医疗需求或学习困难等问题,残疾学生可以申请额外财政帮助,包括残疾学生津贴(Disabled Students' Allowances)、进入学习基金(Access to Learning Fund)、伤残生活津贴(Disability Living Allowance)、丧失工作能力补助(Incapacity Benefit)。

1.残疾学生津贴

残疾学生津贴是向那些因为面对残疾、健康状况不好或有特殊学习困难而导致额外学习费用的学生提供,目的是使残疾学生能和正常学生在公平的基础上学习。这项津贴不取决于残疾学生收入,也不用偿还。

残疾学生要申请该项津贴,要求其所在课程必须满足:学习时间至少为一年以上的全日制课程(包括远程教学),或持续时间为一年以上且时间不会超过全日制课程两倍以上的非全日制课程(包括开放大学——Open University 或远程教学)。同时,在国民健康保险体系中获得了奖学金的学生或获得研究会或学校奖金的研究生,没有资格领取残疾学生津贴。

残疾学生津贴数额以个人需求评估为基础,申请学生将接受一项由独立评估中心的专家或者学校所在的中心医院的检查。对非全日制学生,其津贴金额受到课程“强度”(Intensity)的影响,即其和全日制学生相比在学习上花费的时间比。

表9列出了2008—2009年全日制和非全日制高等教育学生能获得的最高津贴数额(包括开放大学和远程教学)。

表9 英国残疾学生津贴支付水平(2008—2009)① 单位:英镑

津贴类型	全日制学生	非全日制学生
特殊设备	整个课程5030	整个课程5030
非医疗帮助	一年20000	一年15000(取决于课程强度)
一般残疾学生津贴	一年1680	一年1260(取决于课程强度)

这比2007—2008年的标准提高了。2007—2008年的津贴标准见下表10。

表10 英国残疾学生津贴支付水平(2007—2008)② 单位:英镑

津贴类型	全日制学生	非全日制学生
特殊设备	整个课程4905	整个课程4905
非医疗帮助	一年12420	一年9315(取决于课程强度)
一般残疾学生津贴	一年1640	一年1230(取决于课程强度)

研究生(包括开放大学和远程教学课程)可以申请单项津贴,2008—2009年的最高标准是10000英镑,2007—2008年的最高标准是5915英镑。

残疾学生津贴可以存到残疾学生账户上,也可以直接支付给服务提供者(如学校、特殊设备提供者)。

2.进入学习基金

进入学习基金向因困难需要额外经济支持的学生提供,残疾学生有权优先获得这项津贴。这里的“学生”是指:全日制高等教育学生或研究生,以及课程必须持续一年以上且完成时间不能超过全日制课程时间两倍的非全日制学生。

① 资料来源:http://www.direct.gov.uk/en/DisabledPeople/EducationAndTraining/HigherEducation/DG_070188。

② 同上。

申请人可以通过学校的学生服务部门提出申请，学校在获得补助金额上有很大发言权，他们将调查申请人的个人情况，通常是考察申请人支出和收入方面是否存在缺口。此外，学校还有权决定是一次性提供还是分期付款。

这项津贴通常是一种补助不需要偿还，但有些时候也被视做贷款。

残疾学生在满足条件的情况下也可以申请获得伤残生活津贴和丧失工作能力津贴。丧失工作能力津贴都不会对残疾学生津贴和其他贷款或补助造成影响。

（四）继续教育（Further Education）

英国政府也相当重视残疾人的继续教育，通过划拨大量资金和提供各种设施来满足残疾人的继续教育需求。

英国继续教育拨款委员会是一家政府机构，其作用在于为政府制定继续教育的政策、办学标准等，通过控制政府资金或设施的分配和发放，监控全国继续教育的质量，以确保全英国的成年人在需要的时候能获得高质量的继续教育。

继续教育拨款委员会在全英国各普通继续教育学院中推行了全纳性学习计划，18 岁以上的残疾人如果想继续受教育，提出申请后就可以免费进入继续教育学院学习。很多艺术和技术学院都属于这类学院，残疾学生可以在那里学习园艺、泥瓦匠、汽车修理、信息技术以及花卉栽培等技术。当地教育机构可以帮助残疾人选择适合自己的学习机构和课程。在继续教育中实施全纳性学习计划，使许多残疾人获得了终身受教育的机会，残疾人可以在当地教育机构的帮助下选择适合自己的学习机构和课程。

如果当地的大学不能提供适合于残疾相关的课程或者残疾学生情况比较严重，残疾学生可以申请去特殊教育大学，通常这些大学都是独立的并且能满足残疾学生的特殊需求。残疾学生可以联系当地的学习与技能委员会，他们会提供基于评估的帮助。

此外，当地政府或慈善团体也会提供在线学习和远程学习，方便残疾人在家学习。对那些失业但有潜能重新工作的残疾人，政府提供了 50 多种的基于职业的住宅培训，以满足该类残疾人的需求并帮助其重返工作。

六、英国残疾人福利制度：就业支持

1997 年英国工党上台执政时，英国的失业问题非常严重，大约有三分之一的50—65岁男性依赖于福利救济生活，同时大量弱势群体缺乏就业机会。英国工党上台以后，对非工作性福利津贴进行大幅度改革，实行积极就业政策，同时加强对弱势群体就业的支持力度，如针对残疾人制订各种帮助计划，指定相关人士对残疾人就业进行全面帮助，取得了不少成效。现在英国的就业人数是30年中最多的，失业率已经从1997年的7.2%降到现在的4.8%，①其中残疾人2004年就业率达到51%。②

（一）英国积极就业政策

英国所施行的积极就业政策主要包括四个基本措施：一是一站式服务，即各地都尽量将针对失业者的公共服务集中到一处，便于失业者全面获得这些服务；二是适时干预，即政府适时给予失业者全方位的服务，避免过早和过迟，保障劳动力市场有效地运行；三是提供因人而异的专家服务，这些专家深入了解失业者的具体情况及所有的培训机会与就业机会，然后针对个人提供全方位的咨询服务；四是平衡权利与义务以刺激失业人员再就业，英国的法律规定，没有工作但有工作能力但不积极寻找工作的人不能得到失业救济。③

同时，英国政府对一些津贴和政府机构设置也进行了一些调整。一是从1996年开始，把失业补贴更名为求职者津贴；二是从2002年4月起，把就业服务部门和求职者津贴的发放机构合并；三是于2002年成立了特别就业中心。这样把以前失业救济金单纯保证失业人员基本生活的作用扩展到了帮助失业人员积极寻找工作、尽快实现再就业上，在加强了对失业人员的管理（失业人员必须积极寻找工作并且每两个星期汇报一次求职进展，这样便于就业服务中心的工作人员进行检查督促，有效避免隐性就业现象）的同时积极促进失业人员再就业。

同时，为促进困难群体就业，新政（the New Deal）于1998年4月在英国全面启动。该计划是在政府的倡议下，由一些非营利性公司、志愿者组织以及教育培训机构共同推行。新政主要针对四部分人：18—24岁的青年人；25岁以上的失

① 参见《英国针对弱势群体的就业政策》，《北大中国经济研究中心政策性研究简报》2004年第14期（总第430期）。

② See Disabled people in Britain, Labour Market trends, Sep2005, http://findarticles.com/p/articles/mi_qa3999/is_200509/ai_n15717200。

③ 参见中国劳动保障科研网：《赴英国“促进困难群体就业”培训团培训考察报告》，http://www.calss.net.cn/calss_wai/chengguo.asp? depno=&pageno=2&radio=0。

业人员;50岁以上的失业人员;残疾人和单亲家庭。到1999年有39万青年人参加了这项计划,有近6万个雇主签字支持该计划。

(二)残疾人就业权利

1995年颁布的《反残疾歧视法案》规定,雇主因残疾而歧视雇员或求职者是违法行为。这项法案在求职或就业中覆盖的反歧视行为包括以下方面:求职申请表;面试安排;技能测试;聘用条件;晋升、调动或培训机会;与工作相关的福利,如娱乐或点心;解雇或裁员等。该法案还规定雇主应在工作场所为残疾雇员作出合理的调整,确保残疾雇员不被置于一种相当不利的工作安排或因任何身体特征无法完成的工作中。

如残疾求职者或残疾雇员认为自己在求职过程中或工作中受到不公平待遇,可以寻求多方帮助。首先,可以就自己的需要以及觉得自己受到歧视的原因与雇主进行一个非正式的会谈,提醒雇主《反残疾歧视法案》中规定的残疾人的权利及雇主的义务。如果会谈没有取得令人满意的结果,残疾求职者或残疾雇员可通过雇主内部诉讼程序提起投诉。如果仍不满意,则可以联系咨询、调解以仲裁服务部门(Advisory,Conciliation and Arbitration Service),或者在三个月内向就业法庭(Employment Tribunal)提起诉讼。特别就业法庭可以:判定投诉人所受待遇是否违法;推荐雇主采取一定措施,如雇用投诉人或改变其政策;命令雇主赔偿求职者。平等人权委员会(The Equality and Human Rights Commission)也可以在此过程中对残疾人提供相应帮助。

(三)残疾人就业服务机构及服务人员

残疾求职者和残疾雇员可以从一系列组织中取得帮助,以获得新的技能、找到工作,或保留工作,其中最重要的是"特别就业中心"(Jobcentres Plus),特别就业中心有专门的残疾人就业顾问(Disability Employment Advisers),会针对残疾人的具体情况提供单独的支持和帮助。

1.特别就业中心(Jobcentres Plus)

作为执行积极就业政策的一个重要机构,成立于2002年的特别就业中心(Job Centre Plus)合并了就业服务机构的职能与福利机构服务于劳工群体的职能。到2006年,英国各地都基本上设立了特别就业中心的办事处(jobcentre offices),所有人都可以得到就业指导帮助以及与工作及失业相关的福利救济。特别就业中心重点关注的是弱势群体的就业困难,包括那些由于伤残、老龄、缺乏技术、种族、性别以及产业衰退等因素造成的失业。

当地的特别就业中心办事处或特别就业中心工作人员将根据残疾人所处的不同阶段提供专业意见(即使其没有工作经验或很长时间没有工作),并且让其了解有权获得的利益和津贴。如因为残疾对现行的工作产生了影响,残疾人也可以从他们那里获得支持。

到特别就业服务中心寻求帮助的残疾人首先要在工作人员的指导下填写申请表,然后同工作人员进行面谈(一般不少于40分钟),工作人员将详细了解就职人员的基本情况以及其就职意愿,提供适合的工作岗位、培训或其他方面的帮助,最后求职者要和特别就业服务中心签一份合同,列明求职者希望从事的工作、为寻找工作或增加找到工作的可能性应该做的努力,特别就业服务中心应该为求职者提供的服务内容。同时,求职者要保证在领取就职者津贴期间积极寻找工作,并且每两周到特别就业中心汇报进展情况。如果求职者三个月内没有找到工作,特别就业中心工作人员将再次与其进行面谈,对就职者进行进一步的求职指导;如果求职者六个月后仍未找到工作,特别就业中心专家将再次与其面谈,对求职者做进一步分析,找出求职主要障碍,并且根据实际情况安排求职者进行必要培训或介绍他到其他项目。

2.残疾人就业顾问(Disability Employment Adviser)

在与求职者进行面谈的过程中,如果因为残疾需要额外的就业支援,特别就业中心顾问可以决定采取进一步的专业咨询服务和帮助,如一位残疾人就业顾问进行单独帮助。残疾人就业顾问会对残疾求职者进行评估,这通常在当地特别就业中心办事处或特别就业中心以面谈的形式进行,残疾人就业顾问将了解求职者的能力和工作经验,判断什么样的工作适合他,作为评估的一部分,就业顾问也可能会要求残疾人进行一些实际的任务和书面工作。评估将进行半天或更长的时间,这取决于残疾人的个人需要。然后残疾人就业顾问将和残疾人一起制定一个行动计划,帮助其求职或继续接受培训课程。就业评估并不影响申请人的残疾利益,同时参加评估也可以申请报销往返路费。

残疾人就业顾问提供的服务:就业评估,确定最适合的工作类型或培训;在合适的时候将其介绍到专门向残疾人提供一对一服务的工作准备计划(Work Preparation);将其介绍到为残疾人设计的工作计划,如工作介绍计划、WORKSTEP计划、获得工作计划(Access to Work);如果需要,将推荐一个职业方面的心理学家为其作更详细的就业评估,以确定最佳的工作或培训;工作匹配和推荐服务——向残疾人了解哪些工作符合其工作经验和技能;向残疾人提供在该地区哪些雇主加入了残疾符号(the "two ticks" disability symbol)行动的信息。

3.残疾津贴特别个人顾问(Special Incapacity Benefit Personal Adviser)

"工作之路"(Pathways to Work)已经发展成为帮助那些申请丧失劳动能力津贴的人重返工作的项目(目前仅在英国一些地区实行此项目),该项目要求设立残疾津贴个人顾问为那些申请丧失劳动能力津贴的残疾人给予意见和支持(但是不包括其他残疾津贴)。大多数特别就业中心办事处和特别就业中心都设有残疾津贴特别个人顾问。

(四)残疾人就业计划

英国政府为促进残疾人就业,进行了许多帮助计划和方案。

1.Access to Work 计划

Access to Work 计划旨在帮助即将开始带薪工作(包括自雇)或者已经在工作的残疾人,如果他们感觉到他们所从事的工作受到残疾或健康状况的影响并且这种影响可能持续 12 个月或以上,可以联系当地特别就业中心的残疾人就业顾问,顾问可以帮助联系最近的 Access to Work 中心。

Access to Work 计划可以提供多种类型的帮助:向听力残障人士提供沟通帮助;向视力残障人士提供阅读帮助;提供特殊设备(或改建现有设备)满足残疾产生的特殊需求;因不能独立往返工作产生的额外交通费用;向有认知困难的残疾人提供特殊教练。

Access to Work 也设有顾问,通常由这些顾问代表残疾雇员与雇主就如何最大限度地帮助残疾雇员达成一致,有时 Access to Work 顾问也需要获得相关专家的建议,如顾问可能请英国皇家国立盲人协会帮助完成评估并推荐适当的支持。在这种情况下,相关专家会向 Access to Work 顾问提供一份详细的书面报告,帮助顾问利用这些资料来帮助他们采取恰当的支持措施。

当 Access to Work 顾问确定了恰当的支持计划,他们将向特别就业中心申请正式批准。获核准之后,残疾雇员和雇主会收到一封信,通知核准的支持和补助程度,在雇主(或残疾自雇人士)负责安排指定的支持项目和购买必要的设备后,雇主可以向 Access to Work 计划领回一笔核准的成本补助。

残疾雇员能从 Access to Work 计划中取得津贴的数额取决于该雇员被雇用的时间、需要什么类型的帮助以及是否为自雇。Access to Work 计划在以下情况可以支付全额费用:失业并即将开始新工作;自雇人员;为某雇主连续工作了六个月以上。如已经为雇主工作六周或以上,有使用特殊设备或合理调整需求,Access to Work 计划可以支付部分费用。在这种情况下,雇主将支付 300 英镑的首期费用,之后会支付 20%或以上的费用(最高上限为 10000 英镑),特别就业中心支付其余部分(最高为 80%)以及超过 10000 英镑的所有费用。雇主和 Access to Work 顾问可以就更为精确的成本分摊比例达成一致。Access to Work 计划提供的所有帮助,有效期为三年,之后计划中心将审查残疾雇员现状和所接受的支持以确定是否继续提供该项帮助。

2.职业开始计划(The Job Introduction Scheme)

职业开始计划是特别就业中心开展的一项补助残疾雇主的计划,该计划将在残疾雇员工作后的头六周每周支付雇主一定金额,以资助该雇员取得正常工资或补贴的额外雇用成本(如残疾人从事该工作需要的额外训练)。在特殊的情况下,如果取得了残疾人就业顾问的许可,可以适当延期。

不论该工作是全职还是兼职都可以领取职业开始计划补助,但该工作必须持续至少六个月(包括领取职业开始计划补助的六周),并且这项计划不能用于政府机构和办事处提供的工作,如许可工作、WORKSTEP 或者新政提供的工作。

3.残疾人新政(New Deal for Disabled People)

残疾人新政旨在向残疾人提供建议和实际支持,以帮助人们从残疾和领取与残疾相关津贴的状态过渡到取得付酬工作的状态。这个项目是自愿的,无论加入与否,都不会对残疾人相应的福利造成影响。

残疾人新政是由来自不同机构和组织的工作经纪人(Job Brokers)在互联网上完成,每个经纪人会与不同的求职者沟通,在了解基本情况和求职意向以后,其会帮助求职者做一系列准备达成目标。NDDP 的就业经纪人可以提供的帮助包括:帮助求职者了解自己的能力和技能已确定适合的工作机会;帮助完成求职申请表;帮助安排求职面试;确定求职者是否需要培训,如果是将帮助其获得培训;提供当地招聘信息;在整个求职过程中提供帮助;在开始工作的前六个月提供帮助。他们还会与雇主保持密切联系,以确定所提供的帮助切实有效。他们还能在工作场所安排残疾雇员需要的额外支持(如特殊设备)。一些就业经纪人可以资助求职者面试的车旅费,甚至一些找工作的费用。职业经纪人理解求职者面临的所有就业障碍(例如失去残疾津贴),并且会尽力帮助求职者解决这些问题。

4.Workstep 计划

Workstep 计划是向因残疾而在求职和继续工作过程中遇到困难的人提供的帮助和支持的计划。该计划向残疾求职者提供在不同机构（小到街边小店，大到跨国机构）从事不同种类工作的机会，并且确保残疾雇员能够获得与从事同一工作的非残疾雇员一样的薪水。对已经开始工作的残疾雇员，WORKSTEP 计划将与其保持联络以确保一切顺利。此外，WORKSTEP 计划还会促进残疾雇员和雇主达成一项发展计划，确保残疾雇员获得所从事工作的必要的培训和支持。

5.准备工作计划（the Work Preparation Programme）

准备工作计划是由特别就业中心提供的非常灵活的、旨在帮助长期失业人员或长期伤残人员重返工作的计划。该计划可以提供如下帮助：找出什么最适合的工作类型、在工作环境中提供工作经验、学习新技能或更新就技能、建立自信。

该计划通常需要持续大约六个星期，但可以延长至 13 个星期或更长。在该计划结束时，计划提供者会完成一项报告交给雇员和其残疾人就业顾问（DEA），雇员和就业顾问应就就业后的发展达成一项行动计划。

6.残疾符号计划

残疾符号以两个钩为图案，并附有“支持残疾人”（positive about disabled people）字样的标志，通常出现在招聘广告或求职登记表上。

残疾符号是特别就业中心向那些对雇用残疾人采取积极态度，同意就残疾人雇用、留用、规划职业生涯等问题做出积极承诺的雇主颁发的。这些承诺包括：面试所有达到工作最低要求的残疾人并以他们的能力为准而不考虑其他因素；设立一个机制以保证在任何时候（至少一年一次）都能与残疾人雇员讨论他们是否能在工作中开发和运用自己的能力；当雇员因故残疾时尽一切努力让其能继续工作；让所有雇员对残疾有充分的认识以确保这些承诺能够实施；每年回顾这些承诺和检查所取得的成就，并计划取得更好的成果，让特别就业中心以及雇员知道这些进步以及下一步的计划。

7.求职培训（Residential training）

职业培训是促进论难群体就业的一个重要手段，学习和技能委员会（The Learning and Skills Council）负责向残疾人提供学习新技能或提高新技能的服务。此外，还有专门针对 16—25 岁的青少年求职服务的机构，将对他们求职、培训等进行相关指导。

七、对英国残疾人福利制度的评价与启示

(一)对英国残疾人福利制度的简要评价

在对英国残疾人福利制度进行了详细介绍后,可以看出英国政府十分重视残疾人福利制度的建立,其残疾人福利制度覆盖残疾人权利和生活各个方面,内容完整,体系庞大。

1.英国残疾人福利制度体系完整,法律清晰

英国在社会保障制度方面一直是立法先行,在残疾人福利制度方面也是如此。除制定纲领性的文件外,英国政府还就残疾人生活各方面进行了更细致的规定,从权利、康复、教育、就业、经济支持到生活其他方面(如购物、服务)都给予残疾人实质性的支持和帮助,构建了内容完整、体系庞大、水平较高的残疾人福利制度。

2.英国残疾人福利制度充分保障了残疾人的人权和自尊需要

英国残疾人福利制度在设计时,充分考虑到残疾人的自尊需要,在康复、教育、就业、津贴等各个方面都十分重视残疾人自己的意愿和选择。例如,在特殊教育方面,重视残疾学生自己和家长(或监护人)的意见,学生和家长可以自己选择学校种类,并且亲自参与个人教育计划的制订;在医疗康复中规定,精神残疾人有权利自己选择留在社区中或医院里接受治疗和康复,除了达到法律规定的条件外,任何人无法强制其进入医院或康复院;在护理方面,残疾人可以选择接受政府安排的服务,也可以申请"直接支付",由自己安排自己的护理。

3.英国残疾福利制度针对个体提供全面、专业服务,更好的解决了残疾人所面临的困难

英国残疾人福利制度针对个体,在残疾人生活的许多方面安排特定的"顾问"或指导者,对残疾人提供该方面全面而且专业的服务,更好地解决了残疾人面临的困难,极大地方便了残疾人的生活、学习、工作和康复。例如,在就业方面,特别就业中心会给每个残疾人安排残疾人就业顾问,对残疾人找工作、适应工作等各个环节提供专业的帮助和支持,帮助残疾人更好地就业。此外,还有帮助残疾人申请相关津贴的残疾人津贴顾问,残疾人教育协调者,残疾人康复协调者等。

4. 英国积极开展残疾人全纳性学习，充分发挥学生潜力

英国在基础教育、高等教育甚至在残疾人教育中都积极推行全纳性学习，所有的学生都组织在一起学习，由相同的教师负责，教师需要根据每个学生不同的特点和学习需要对每一个残疾学生制订个人教育计划，采用灵活多样的教学方法和个性化的教学过程，充分发挥学生的潜力，使学生得到最大的发展。全纳性学习淡化了残疾人身份，让残疾学生和正常学生一起在普通环境中学习，没有被歧视和被忽视，有利于残疾学生身心健康，同时也让正常学生树立健康的残疾人观。

5. 英国积极促进残疾人就业，取得良好效果

英国布莱尔政府上来以来推行以就业为中心的社会保障制度，这在残疾人等弱势群体方面表现得更为突出。他们认为，充分就业是实现消除贫困和不公平的关键，唯有充分就业才能保证经济繁荣建立在社会公平之上。[①] 围绕这一目标英国政府工作和年金部门的特别就业中心开展了很多针对弱势群体的行动，许多残疾人从失业领取救济金走上了工作的道路，这样一方面削减了居高不下的政府福利开支，另一方面也帮助残疾人实现自我价值。

6. 英国残疾人康复十分重视社区力量

英国残疾人康复制度十分重视社区的力量，成立了社区护理小组，由社区护士、社区健康访问者、全科医生、社会工作者等组成，向残疾人提供生活以及医疗康复方面的护理和服务，使残疾人更好的康复。

7. 英国残疾人津贴制度庞大而且结构交错，导致支出不断上涨

英国残疾人津贴种类繁多，而且结构交错，有些时候一种津贴是领取另一些或一种津贴的前提条件。二十多年前，该制度被描述成“建立在各不相同的、有时候甚至是相互冲突的且不合时宜的原则基础之上的各种规定的混合体”，这种说法现在仍然有效。[②] 而且，由于“各种不同的补贴之间缺乏内部的一致性，当前的安排根本称不上是制度”[③]。尽管历届英国政府都对残疾人津贴进行较大的改革，或削减一些项目或调整一些项目领取条件或支付水平，以试图降低津贴支出规模，但是效果并不明显。

---

① 参见《英国针对弱势群体的就业政策》，《北大中国经济研究中心政策性研究简报》2004年第14期（总第430期）。

② 参见［英］内维尔·哈里斯：《社会保障法》，北京大学出版社2006年版，第363页。

③ ［英］内维尔·哈里斯：《社会保障法》，北京大学出版社2006年版，第364页。

(二)英国残疾人福利制度对我国的启示

英国残疾人福利制度的建立从济贫法颁布起已经有四百多年的历史了,对我国正在兴建的残疾人福利制度有很大的启示和借鉴意义。

1.充分保障残疾人权利

加强残疾人保障方面的立法工作,不仅要有综合的法律,还要制定各个方面相关的法律,使残疾人权利和生活各个方面都得到实质性的保护和帮助,面对更为公平的机会和更为友善的社会环境。

2.设立针对残疾人的专门顾问

设立针对残疾人某方面的专门顾问,如就业顾问、康复顾问等,帮助残疾人更好地适应生活,得到相关的各种专业的帮助,并取得更好的就业、教育等机会。顾问可以由政府部门残疾人事务管理机构工作人员担任,也可以让慈善团体和非政府组织中相关团体工作人员经培训后担任。

3.积极推行残疾人全纳性学习

全纳性学习淡化了残疾人身份,让残疾学生和正常学生一起在普通环境中学习,没有歧视和忽视,有利于残疾学生身心健康,同时也让正常学生树立健康的残疾人观,有良好的经济和社会效应。但全纳性学习对教师的要求相对较高,要求教师能够采用灵活多样的教学方法和个性化的教学过程,这可以在有条件的地区试行,成熟以后再推广。

4.重视社区和慈善团体(非政府组织力量)

我国的残疾人工作可以充分发挥社区和慈善团体力量,积极推行残疾人社区康复,让志愿者和社会工作者对残疾人进行医疗和康复方面的照顾。此外,可以基于社区对有意愿的下岗人员进行残疾人护理培训,建立残疾人社区护理组织,对残疾人提供相关护理,这样既可以使残疾人得到照顾,也可以使部分下岗人员重新就业。

5.建立适合我国国情的残疾人福利制度

社会福利制度受国家政治、经济、文化、历史传统等多方面的影响,我们应在学习和借鉴英国残疾人福利制度先进的理念和措施的基础上,建立起适合我国国情的残疾人福利制度。同时,对于英国残疾人福利制度中已经暴露出来的一些缺陷,如残疾人财政津贴结构庞大相互交错,导致开支居高不下等问题,我们应该尽量避免。

参考文献

[英]迈克尔·奥利弗:《残疾人社会工作》,华夏出版社 1990 年版。

[英]罗伯特·伊斯特:《社会保障法》,中国劳动社会保障出版社 2003 年版。

[英]内维尔·哈里斯:《社会保障法》,北京大学出版社 2006 年版。

[英]贝弗里奇:《社会保险和相关服务》,劳动和社会保障出版社 2008 年版。

陈晓律:《英国福利制度的由来与发展》,南京大学出版社 1996 年版。

丁建定:《从济贫到社会保险:英国现代社会保障制度的建立(1870—1914)》,中国社会科学出版社 2000 年版。

丁建定:《英国社会保障制度的发展》,中国劳动社会保障出版 2004 年版。

丁启文:《中国残疾人》,华夏出版社 1990 年版。

丁启文:《构建新文明——人道原则与新残疾人观》,华夏出版社 2001 年版。

广州市社会科学界联合会、广州市残疾人联合会编:《残疾人社会保障研究》,广东人民出版社 2004 年版。

李迎生:《社会工作概论》,中国人民大学出版社 2004 年版。

刘翠霄:《各国残疾人权益保障比较研究》,中国社会科学出版社 1994 年版。

刘波:《当代英国社会保障制度的系统分析与理论思考》,学林出版社 2006 年版。

祁亚辉:《福利国家的比较研究》,海南出版社 2005 年版。

相自成:《中国残疾人保护法律问题史论》,中国法制出版社 2003 年版。

张桂琳、彭润金:《七国社会保障制度研究——兼论我国社会保障制度建设》,中国政法大学出版社 2005 年版。

郑功成:《社会保障学》,中国劳动和社会保障出版社 2005 年版。

郑杭生:《社会学概论新修》,中国人民大学出版社 2003 年版。

钟仁耀:《社会救助与社会福利》,上海财经大学出版社 2005 年版。

周弘:《国外社会福利制度》,中国社会出版社 2005 年版。

Melanie K.Jones、Paul L.Latreille、Peter J.Sloane:《残疾、性别与英国劳动力市场》(*Disability,gender,and the British labor market*),英国:《牛津大学经济学报》

2006 年第 58 期[Oxford Economic Papers 58(2006)]。

K. Rowlingson and R. Berthoud, Disability, Benefit and Employment, DSS Research Report No.54(London:HMSO,1996),17.

曹敏娜、刘荣增:《英国城市的无障碍环境建设》,《城市问题》2003 年第 1 期。

《光明日报》2006 年 12 月 2 日第四版 http://www.economicdaily.com.cn/no4/newsmore/200612/02/t20061202_152601.shtml "2006 年第二次全国残疾人抽象调查主要数据公报"。

李莉、邓猛:《近现代西方残疾人福利保障的价值理念及实践启示》,《中国特殊教育》2007 年第 6 期。

刘贤伟:《"全纳教育"呼唤中国完善特殊教育政策和教育立法》,《中国特殊教育》2007 年第 8 期(总第 86 期)。

孟万金、刘玉娟、刘在花:《英美特殊教育热点透视及启示——二论残疾儿童教育公平》,《中国特殊教育》2006 年第 11 期(总第 77 期)。

韦小满:《英国的残疾人与全纳性学习》,《现代特殊教育》2001 年第 1 期。

《英国针对弱势群体的就业政策》,《北大中国经济研究中心政策性研究简报》2004 年第 14 期(总第 430 期)。

俞会新、刘东华:《21 世纪西方社会保障制度改革趋势》,《经济纵横》2002 年第 7 期。

Community Legal Service Direct http://www.clsdirect.org.uk/legalhelp/leaflet18.jsp? section=5&lang=cn "Rights for Disabled People".

Department for Work and Pension http://www.dwp.gov.uk/lifeevent/discare/.

Directgov.http://www.direct.gov.uk/en/DisabledPeople/index.html.

Mansfield District Council ——Creating a District where People can Succeed, http://www.mansfield.gov.uk/coun_mdcstructure/policies/equalities/disability_legislation.html "Disability Legislation".

Jobcentre Plus http://www.jobcentreplus.gov.uk/JCP/Customers/WorkingAgeBenefits/Dev_008339.xml.html "Working Age Benefits".

Office of Public Sector Information http://www.opsi.gov.uk/acts/acts1995/1995050.html Disability Discrimination Act 1995.

北京市残疾人联合会,http://www.bdpf.org.cn/flwqInfo.asp? id=3808 ,《英

国、德国的残疾人机构及其运作》。

联合国关注残疾人,http://www.un.org/chinese/esa/social/disabled/。

佛山市残疾人联合会,http://www.w00.cn/xzt/xzt10/154614710.htm,《世界残疾人工作发展简介》。

中国残疾人联合会,http://www.cdpf.org.cn/。

中国劳动保障科研网,http://www.calss.net.cn/calss_wai/chengguo.asp?depno=&pageno=2&radio=0"赴英国"促进困难群体就业"培训团培训考察报告。

中华人民共和国国家发展和改革委员会就业和收入分配司,http://jys.ndrc.gov.cn/xinxi/t20051026_46795.htm,《英国社会保障制度概况》。

中国特殊教育信息网,http://www.tejiao.net/Article/ArticleShow.asp?ArticleID=95&Page=2。

第十章　法国的残疾人福利制度*

残疾人作为社会发展代价的承担者，他们所享受到的社会福利程度体现着一个社会文明进步的程度。自新中国成立以来，残疾人福利一直是党和政府关怀的重点。随着残疾人福利制度不断完善，残疾人的各种需求得到了前所未有的满足，残疾人福利获得了极大的提高。尤其是在党的十六届四中全会提出了构建包括残疾人在内的全民共享社会发展成果的主张之后，更是将残疾人福利制度的完善与建设提到了一个新的历史高度。在此背景下，如何借鉴发达国家的制度建设经验，形成适于中国国情的残疾社会福利制度安排，成为亟待解决的问题。由于现代意义上的社会保障制度是一种舶来品，发达国家尤其是西欧和北欧的国家堪称代表了当代世界社会保障发展的最高水准，法国残疾人福利制度的成功经验，可以使我国在构建残疾人福利体系的过程中避免弯路。

法国是欧盟第二人口大国，总人口仅次于德国。当下法国人口总数为六千三百多万人，其中残疾人口五百五十多万人，残疾人约占总人口的8.6%。因此，与其他欧洲国家相比法国的残疾人福利事业具有更重要的政治与社会意义。法国是欧洲福利国家体系中的一员，与世界其他地区相比，法国社会保障与福利制度发展较早，福利水平相对较高。残疾人福利制度作为福利制度体系中的一部分，同样得到较早重视与较快发展，制度体系相对完善。在欧盟社会政策与联合国残疾人权利公约（United Nations Convention on the Right of Disabled People）的积极推动下，法国残疾人福利制度朝向更为人性化与合理化的方向转变。按照考斯塔·艾斯平·安德森（Gosta Esping-Andersen）的福利制度分类观，法国与欧洲西部国家同属欧洲大陆传统模式。但与该类型中的其他福利国家相比，法国受经济、政治与社会等因素制约，福利制度体系显现出不同于他国的特点。换

---

* 作者：宋宝安，吉林大学哲学社会学院教授。

言之，虽然法国残疾人福利制度在欧洲整体社会政策发展趋势①的带动下呈现出与他国相似的发展轨迹与内容，但在具体制度设置与面临的挑战等方面仍旧呈现出独特性，如法国残疾人福利制度的设计是非常精细的，残疾人分类制度的发展包涵了一切典型因素（Marie-Louise Cros-Courtial，Mare Vericel），而残疾人福利制度碎片化、难于整合的问题在该模式内部也是非常具有典型性的。尤其在经济危机过后，经济低迷背景下的法国福利制度面临诸多挑战，成为影响社会稳定的关键因素。因此，探析法国残疾人福利制度对中国残疾人福利制度的构建具有重要的借鉴意义。

一、法国残疾人福利制度的总体框架

（一）法国社会保障与残疾人福利的发展脉络

与英国、德国等其他西欧国家相同，法国的社会保障制度也同样是在工业社会转型的过程中逐渐萌生，但法国的社会保障既不同于英国的历史悠久，也不同于德国的开天辟地，而是在西欧社会保障发展的大形势下逐步产生并形成本国特色。总的说来，法国社会保障经历了从公共救济事业到社会保障制度，从仅针对部分社会成员到几乎覆盖全体社会成员的发展历程。在这个过程中，残疾人福利逐步发展，内容逐渐丰富，并日益走上了法制化、规范化的道路。

19 世纪末 20 世纪初，在法国公共救济问题作为一种新生事物仍旧争论不休的时候，法国政府于 1905 年 7 月 14 日就建立了专门为残疾老人提供服务的救济机构。此时的残疾人救济对象非常狭窄，而且水平很低，难以满足残疾人群体需求，但表明政府在满足残疾人需求方面所应当承担的责任，推动残疾人福利事业的逐步展开。

法国社会保障制度的前身是私营行业保险，而不是英国的《济贫法》。在 19 世纪 80 年代末至 1945 年，以行业为设计保险单位，出现了一系列与各行业密切相关的险种，并逐步形成较完备的保险体系。其间，在 1933 年法国瘫痪者协会成立于巴黎十三区，先后有七万名参加者与志愿者，遍及法国 15 个大区的 95 个

① 2008 年，欧洲委员会建立了欧洲残疾学术网络专家组 ANED（Academic Network of European Disability experts）为欧洲残疾人政策制定提供科学依据与建议，该学术组织尤其支持未来欧盟残疾人行动计划发展并切实执行联合国残疾人权利公约，这必将大大推动欧洲各国残疾人事业发展。

省，为三万多瘫痪者及其家庭服务。

随着社会保障制度的最终确立以及向全国的普及，残疾人福利制度也逐步形成与发展起来。最早的具有社会意义的残疾人福利是以救济院中开展的救济工作为主要形式的。直到19世纪末，残疾照顾还是救济院的一项基本工作。随着工业机械化进程的不断深入，人们对残疾人的思想观念也发生了深刻改变。在此之前，社会将残疾人视为需要给予照顾与救助的社会弱者，福利的范畴仅限于供养、维持其基本生存所需。此阶段的残疾人福利以慈善救助的形式存在。在此之后，伴随医疗器械事业的日益发展，一种新的对残疾人的理解形成了。这种新的社会观点流行于20世纪初期，认为残疾人是需要进行康复治疗的有损伤的人。除了机械进步为残疾人康复提供技术支持外，庞大的残疾人福利需求也是促使社会残疾观发生改变的重要因素。总的来说，这一历史时期促使新残疾观点形成的重要客观因素包括工业化大生产导致工伤事故数量的激增与第一次世界大战对社会成员造成的永久性损伤。在这两大社会因素的作用下，残疾人数量迅速增长，使得残疾人福利成为一个亟须政府解决的社会问题，推动残疾人福利逐步法制化与制度化。

围绕职业事故伤残者的利益补偿问题，1898年4月8日法案进一步完善了职业事故补偿体系，在工伤事故赔偿中不再需要雇主出示责任证据，而是在鉴定伤害性质后，由雇主承担利益赔偿责任，同时建立了一个固定费率的补偿体系，使得工伤事故赔偿更具强制性与固定性，起到了保障伤残工人利益的积极作用。经过近半个世纪的发展，1946年对职业事故和疾病的风险管理转变成了社会保障体系中的内容。为改变一战伤残人员的不公平待遇，法国政府在1915年建立起战时伤残人员的职业培训体系；1916年首次将倡议战时伤残人员进入公共部门就业写入法律中；1918年3月31日通过的法律中确定了依据残疾程度设置固定补助金；1924年4月26日法案要求私营公司须雇佣一定比例的战时残疾人。上述法案的实行仅满足了战时残疾人的利益补偿需求，实现了特定残疾群体的社会权益，但对于广大工业社会发展代价的承受者——职业事故与疾病的伤残者而言，则被排斥在该福利制度之外。在残疾人联合会施加的社会压力下，基于战时残疾人需求的福利制度逐渐扩展到工伤事故牺牲者和所有残疾公民。1930年残疾人保险体系确立，并于1945年被社会保障制度进一步强化。在这一保障体系下，当工人由于疾病和事故致使其工作和生活能力显著降低时，他们就会收到抚恤金（pension）。

从法国残疾人福利的发展来看,对福利的理解与就业能力的增强紧密联系在一起。因此,在法国残疾人福利制度中的一项重要内容就是残疾人职业康复。在 1930 年的残疾人保险法中,规定职业事故伤残者享有再培训的权利;1945 年建立起了盲人培训和再培训体系,到 1949 年时该体系扩展到全体残疾人;1955 年时私营企业雇佣一定比例战时残疾人的政策被扩展到所有残疾人群体。为消除社会排斥,实现残疾人社会整合,职业整合被提上议程,并据此出台一系列法律支持并强化既有福利制度。1957 年 11 月 27 日法案以关注残疾人职业的再分类为主题;1975 年 6 月 30 日通过的法案首次采用全球化的视角与方法分析残疾人面临的社会问题,尤其是残疾人社会整合问题;1960 年精神残疾人协会全国联盟(UNPEI)成立,其职能是协调政府有关部门,为精神残疾人提供各种帮助和咨询服务。值得一提的是,法国对精神残疾人的保障制度比较完善。第二次世界大战后,由于残疾儿童数量的增加以及由此而带来的社会问题,法国政府分别于 1963 年和 1971 年制定法律,设立特殊教育和残疾儿童津贴两种津贴制度,规定每个残疾青少年都有接受教育的权利,残疾儿童既可以在普通学校就读还可以在专门设立的学校接受特殊教育。1973 年 7 月制定法律规定成年残疾人可通过家庭补助的方式得到辅助。1975 年 6 月 30 日法国政府通过《残疾人方针法》明确提出保护残疾人权益,为残疾人提供公平的就业和接受教育的机会。1981 年颁布的法规规定不得随意要求因工伤事故造成的伤残者下岗,事故责任负责人视情节轻重,追究刑事责任。1987 年 7 月 10 日法案侧重解决残疾人就业问题。1990 年年底进一步立法,规定凡 20 人以上的国营和私营企业或单位,必须按 5%的在岗人员比例安排残疾人就业,此后政府一直致力于如何为残疾人就业营造一个无障碍的社会环境,从而实现残疾人的社会整合。法国残疾人法律在 2005 年时作了重要修订,在这次修订中体现了世界卫生组织和联合国残疾人会议中所提出的新概念,这成为此后贯穿在法国残疾人政策中的主旨理念。直到 2008 年法国出台了新的政策,其中一个重要的改变就是将以往的“参与”概念替换为“全纳”(Inclusion)或“整合”(Integration),以此作为残疾人权益更为深刻的表达。

(二)法国残疾人福利框架的基本内容

与英国、德国等西欧国家相同,法国也是一个福利型国家。在第二次世界大战后建立起了制度完备、覆盖面广的“从摇篮到坟墓”的保障体系,几乎全体公民都被纳入其中,残疾人群体也不例外。除了和其他社会成员具有同样的享受最低生活保障金、最低就业金、基本疾病统保和补充疾病统保等社会福利的权利,还享受专门针对残疾人群体的社会福利。就法国残疾人福利而言,主要包括生活、康复、教育与就业四个方面。

1.成年残疾人津贴

残疾人福利的生活方面具体包括保障残疾人基本生活需求的生活补助金,便利的出行条件与环境等。早在19世纪末20世纪初,法国就已经存在对残疾人的救助行为,但将全体残疾人容括进来,并以法律的形式进行保障是在1973年。这一年法国政府制定法律规定成年残疾人可通过家庭补助的方式得到补助。随着经济发展水平的逐渐提高,残疾人家庭补助金的数量也逐步增长。然而由于经济危机所带来的经济衰退的影响,残疾人收入每况愈下,引起残疾人群体的普遍不满,残疾人团体不断举行游行示威,要求增加收入。由残疾人以及致残疾病协会组成的"不要贫穷,不要忍受"团体示威,在此形势下,法国政府承诺2008年全年成年残疾人补助金提高5%。总统萨科奇更是承诺在其任职期间将成年残疾人补助金额提高25%。

总的来说,法国残疾人福利由三大制度体系提供:一是为职业事故伤残人员提供补偿与扶持的福利制度,二是为战时残疾人提供公共服务与社会支持的福利制度,三是除这两种特殊残疾人之外的面对普通残疾人的福利制度。简单说来,如果一个残疾人是由于工作中发生的事故或职业病的缘故致残,他可以选择享受第一种残疾人福利;如果一个残疾人不是因工致残,但是其作出了某些建设贡献或有工作经历,具体标准为在过去的12个月中有至少800小时的工作经历,他就可以申请战时残疾人福利;如果一个人这两个条件都不具备,他可以申请AAH津贴,享受最低生活补助。前两项福利制度在前文中有所阐述,在此部分将重点介绍覆盖法国一般残疾公民的AAH项目。

AAH的全称是Allocation Adult Handicape,又名成年残疾人津贴(Disabled Adult Allowance)。截至2010年1月1日,AAH每月提供给待遇享受者的最高金额为68.63欧元,如果一个人接受了战时残疾人津贴或来自就业项目(Contrat D' Avenir or CI-RMA)的收入,他所享有的AAH津贴就会减少。这项援助计划由政府出资而非由社会保险制度承担。AAH津贴的申请须在满足一定条件下才可通过审批,已享受工伤津贴、老年补贴或养老金的人不具有申请资格。具体说来,AAH的申请资格为:(1)法国公民、欧盟成员国公民或为其配偶、子女者,以及持有效居住许可证明或已接收到延期居住许可的外籍人员。(2)申请者为

20 岁以上，或 16 岁以上的独立生存者，AAH 可支付其直到 60 岁，对于失能 50%—60%的残疾人，在他们 60 岁时将被转移到养老金享受者行列，AAH 资格取消。对于失能 80%以上的残疾人在他们 60 岁以后，还会继续享有数量有所减少的 AAH 津贴。(3)AAH 申请者必须接受残疾人权利和自治委员会①进行的伤残等级鉴定，对于失能比例在 50%—79%之间的申请人，只要没有从事职业行为的能力且截至申请日期前失业一年以上，就有可能享有该津贴。(4)在计算 AAH 津贴的收入时须在家庭纯收入的基础上加上或减去一定的减免和费用。计算在内的收入包括在法国取得的所有纳税收入所得以及境外合法收入，已享受到的疾病、生育和工伤津贴，从事的专业、商业、手工或农业活动取得的收入，退休金、公司股份和董事的报酬等。值得一提的是，在计算家庭纯收入时是要打一些折扣的，如将日常工作收入乘以一定百分比后得到数值计算在内。不计算在内的收入包括，残疾储蓄和支付给配偶、伴侣或 PACS② 伙伴等家庭照顾提供者的工资。截至 2010 年 5 月 31 日，只有年收入符合以下标准的人才可以享受此津贴：单人收入不超过 8,179.56 欧元；已婚、同居或 PACS 的人收入不得超过 6359.12 欧元。对于带孩子的申请者，AAH 会给每个孩子增加 4089.78 欧元。申请成功者，支付资格始于自发放审查通过通知后的下个月。当享有者再次就业时，此福利将在开始工作前的那个月末结束。

自从 2005 年 2 月 11 日以来，AAH 的两条补充条款相继出台，以满足特殊残疾人需求，弥补该制度不足。第一个补充条款用于满足独立居住的残疾人的生活所需，以帮助他们支付满足其生活所需的额外开支。享受此津贴的人须满足以下条件：丧失 80%的劳动或工作能力；接收完全的 AAH 津贴；没有从事职业活动(即没有就业)；独立居住且接受住房援助(居住在自己或租用或免费居住在其他私人住宅中)。第二个补充条件用于补偿没有工作能力的残疾人的收入。如果一个残疾人符合以下条件即可享受此津贴。被权威机构评估具有不到 5%的工作能力；60 岁以下；享有完全的 AAH 津贴；独立居住；一年以上没有工

① 残疾人权利和自治委员会除了对残疾等级进行评估外，还决定申请人享受津贴的权力、时限和金额；对残疾人工作中心进行资格认证；进行残疾工人辨识；为残疾人的照顾者提供免养老金缴费。

② 法国于 2000 年开始实施的“紧密关系民事协议”(PACS)制度，是一种两人共同生活模式的全新尝试。PACS 制度在关系的成立、解除和法律效力等方面均有别于婚姻，并没有动摇婚姻制度的稳固地位，同性恋群体通常采取此种结合方式。

作收入并且在此之后仍没有工作。如果申请者同时满足以上这两个补充条款的申请条件,可同时享受这两个条款的福利。如果津贴享有者长期住院或进入MAS/ESAT住房,福利将中止。

基于残疾人从事生产劳动和参与社会生活较其他人群所额外支出以及获取社会资源和报酬难度加大等综合方面的考虑,法国特别针对残疾人制定了专门的残疾津贴制度,即残疾人年金制度,也是残疾人福利制度的主要内容。法国残疾人权利平等法案规定,只要是残疾人,在其未成年或失业状态下,国家即有义务根据其残疾程度分别按月给予一定的津贴和补助,以保障其基本生活能够接近或达到社会平均水平。其中残疾程度达到80%以上的,每月领取不低于700欧元的津贴,而法国的最低生活保障金标准也仅有每人每月450欧元。英国政府部门经过研究和论证表明,残疾人较其他社会人群存在着超过25%的额外开支,为确保残疾人处于平等的地位,英国政府对65岁以下,行动困难或残疾程度较重的残疾人,无论其工作与否、财产和收入状况如何,只要其本人申请,都可以获得每周100镑左右的残疾生活津贴(Disability Living Allowance)。

在残疾专项津贴的基础上,法国还对残疾人设立特殊的最低生活保障、生活护理照料、住房、辅助器具适配、交通等相关单项津贴制度,以确保使残疾人具备解决基本生活和参与社会的能力和条件。如法国通过现金补贴的形式对残疾人用以消除和减轻障碍以及功能补偿方面的轮椅、假肢、助行器、导盲犬等必要性辅助器具购置及维修(包括导盲犬就医)等支出给予支持和补助,甚至对残疾人搬家也有特殊的补贴,对经济困难的残疾人在资产评估和收入审查的基础上,还单独给予生活补助津贴。在纳入一般性社会保障制度的基础上,通过残疾专项津贴以及与残疾人生活相关的各类单项补助政策的实施,基本保证了残疾人的生活不会与社会平均水平出现较大的差距。

在残疾人出行方面,为使残疾人出行更为方便,巴黎在这方面有不少创举。首先是在设施方面,巴黎市已经修建了250公里的盲人和轮椅专用道。在路口,尤其是在残疾人办事机构附近,试验给盲人设立一种音响信号,使他们安全通过马路。另外,所有新修或改造的停车场、桥梁、医院、商店、汽车站、火车站、公共厕所等地方,都开辟了残疾人专用通道。

巴黎已经选择第20路公共汽车线路,进行无障碍乘车的建设改造试验,实现汽车和站台平面连接,使残疾人、老年人、带孩子的母亲、提行李的旅行者等一切需要的乘客,在上车时不会感觉到困难。为此政府资助三家专门公司来生产底座低的,小型的专用车辆,并且为上面提到的那些特殊需要者开辟专门接送服务线路。现在,一些公共汽车还为需要帮助的人提供了上门接送服务。

巴黎市还给残疾人发了旅行卡,他们以免费,或以较低费用乘坐公共汽车、城市地铁、地区和国内高速列车。1987 年,巴黎市首先创办了一个盲人引路犬训练学校,政府捐赠了土地并且承诺负担训练费用。后来,这所学校的几乎所有管理费用,都由政府承担,还包括免费为盲人提供与引路犬的配合训练和赠送一只引路犬。

(1)紫水晶卡。成年残疾人只需根据收入情况缴纳一定的费用,便可办理一张紫水晶卡。办理条件是,有残疾证明,并在巴黎居住至少三年。持有紫水晶卡可免费乘坐巴黎独立运输公司和法国铁路公司在巴黎市区和市郊 1—8 地段的所有公交、铁路线路。此外,持有紫水晶卡还可以免费进入露天体育设施,市政管理的游泳池、花园和公园以及免费参观市博物馆的常设展览。

(2)绿宝石卡。残疾人如果在巴黎居住三年以上,也可以申请绿宝石卡。与紫水晶卡不同,持有绿宝石卡可免费乘坐巴黎独立运输公司和法国铁路公司在巴黎市区和市郊 1—2 地段的所有公交、铁路线路。此外,持该卡还可以免费进入露天体育设施,市政府管理的游泳池、花园和公园以及免费参观市博物馆的常设展览。

巴黎市政府规定,以下两种残疾人可以免费或半费乘坐巴黎独立运输公司和铁路公司在市区和郊区的各条线路:持有由巴黎大区任何一个省政府发给的国家退伍军人和战争受害管理局(ONAC)的残疾证明卡,也就是残疾人程度达到或超过 50%的人;(巴黎大区共设有八个省,巴黎市是其中的一个省。)

持有巴黎大区任何一个省政府发给的绿星失明证明卡的盲人,自己则可以享受半价票,其陪伴者可以享受免费。

2.残疾人医疗、康复

法国是实行全民医疗保障的国家,于 2000 年推行全民医疗保障体制(CMU)的改革,按照互助分担和集体融资的原则,将所有的公民纳入医疗保障体系,特别是对残疾人、低收入者等困难群体给予照顾,不仅通过政府补贴将其纳入医疗保障和补充医疗保障体系,全面满足包括残疾人在内的各类具有特殊医疗卫生需求的人员的医疗保障需求,同时还将超出单纯医疗管理范围的动态陪护、预防工伤事故、残疾预防和康复等内容引入医疗保障范围。法国医疗保险住院费用中自理部分(2010 年以前每日 16 欧元,2010 年后每日 18 欧元)对残疾人的压力，从 2010 年开始，法国将向住院的残疾人提供不低于其领取残疾津贴 30%的补助，以防止残疾人所领取的津贴被住院费用所冲销，确保残疾人能“享受”一笔真正的保证性收入。

总的来说，欧洲残疾人康复事业发展较快，水平较高，法国同样如此。尤其在经历第一次世界大战和第二次世界大战后，由于战争带来的残疾人数量猛增，使得残疾人康复成为社会主要问题。根据残疾程度的不同，可划分为不同的治疗和康复形式。对于不能工作，但可以独立生活的，可以到专门的康复机构中进行康复训练，费用由社会保险支付；对于不能工作也不能独立生活的残疾人，到医疗机构中由医护人员负责治疗与康复指导，费用同样由社会保险支付；对于重度残疾人同样由医疗机构负责治疗，费用由社会保险和政府一同支付。以精神残疾人为例，年满 20 岁的精神残疾人经医疗机构鉴定，视病情轻重程度，分为三种形式进行治疗和康复：第一种是不能工作，可以独立生活的，到康复机构参加文化娱乐活动和体育运动等，所需费用由社会保险支付；第二种是不能工作，也不能独立生活的精神残疾人，到精神病医院由医护人员负责治疗和照顾，与其父母保持联系，所需费用由社会保险支付；第三种是重度精神残疾人到医疗机构进行康复治疗，所需经费一半由社会保险支付，一半由政府支付，这种情况很少。

具体说来，法国残疾人医疗与康复内容包括以下几个方面：一是“医疗卫生卡”制度，该卡基本上可以覆盖必须缴纳的国家卫生服务中的门诊、检查、治疗、用药等一切医疗费用。只要使用这张卡，就可以享受免费医疗和健康照顾。1994 年以来，此卡覆盖的项目已扩展到住院治疗。由于有了这张“卫生医疗卡”，没有任何医疗偿付能力的市民，都有了完全的保证。政府雇用了 7400 名医务工作者为这个免费卡体系提供服务。同时，巴黎还在努力尝试帮助那些“贫困患者”。此外，残疾人在家就可以享受到医疗服务。在家住院是一种传统住院方式的变化，不是一般的家庭护理。许多家政救助协会完全可以提供医疗服务，符合条件者，都可以得到一位护士或是助理医师提供的家庭医疗护理。

二是特殊照顾。在巴黎，具有特殊需求的贫困残疾家庭可以申请获得“巴黎健康照顾卡”。由于这些人的住房条件较差，并且没有家庭医生，他们之中很多人都有这样或那样的疾病。为了他们的健康，“国家卫生中心”可以为他们作全面的健康检查，而且是免费的。如果需要看医生或购买药物，他们就可以使用“健康照顾卡”，而且不用交付医疗费用。排尿借此卡，在某种特定情况下，如急诊等，他们还可以到私人医院和公共医院看病。而在巴黎市城市管理的健康医务室就诊，凭此卡也可以免除全部费用。对于那些贫困残疾人，巴黎市政府补助金保证他们每月的最低收入。巴黎健康补助金，帮助他们支付加入一所健康补助机构所需的费用。健康补助金每月发放，补助数额为家庭月收入扣除房租后与政府规定的每月最低生活保障之间的差额。

3.残疾人教育

同大多数国家相同，法国对残疾人的教育强调以融合教育为主，他们相信绝大多数残疾人是可以在普通的学校内完成学业的。在促进残疾人社会融合、避免被孤立和边缘化的同时，残疾人的各种潜能也会得到更好的发掘和展现。对于残疾等级较轻的残疾人可以到普通学校接受教育，对于残疾较严重的青少年则需要到特殊学校接受特殊教育，如聋哑人学校、盲人学校、医疗教育学校、特殊教育学校。在那里，学校可配合文化、心理、社会和医疗等方面展开教育活动。根据残疾学生的特点，在入学年龄，教学内容及手段，考试程序等方面采取灵活的措施，而不是拘泥于现有教育规章与模式。通过较为完善的残疾人教育体系，满足了残疾青少年接受教育的需求。法国规定，所有的残疾儿童都必须在普通的教育机构进行注册并首选进入普通的学校接受教育，所有的学校必须充分考虑残疾人的因素，并提供可以使其顺利接受教育的条件。对残疾人的教学方案要根据其残疾状况及变化，采取个性化、动态化的教学。对残疾程度较重或其他特殊原因致使教师难以独立完成教学的，教育部门将为教师配备一名助手（辅导员）协助教学，必要情况下，学校也可以设立专门的特殊教育班。而一些特殊情况如自闭症、中重度智力残疾学生，可以在专门的特殊教育学校学习，但仍必须在普通学校进行注册，并由注册学校与特教学校签署合作协议，实行双重管理体制。为保证每一所教育机构都具备教授残疾人的能力，法国要求所有的师范院校都将特殊教育学科内容纳入必修课程，即所有的教师都必须修研和掌握特殊教育的知识和技能。而残疾儿童的教育选择既不能由学校决定，也不能由残疾学生家长决定，而是由残疾人权益委员会根据残疾儿童的不同情况确定，残疾儿童家长可以要求相关机构通过家访和直接接触，对其接受教育提供可行方案。此外，在强有力的法律法规的支持下，保障了残疾人享有公平的教育机会与权利。

4.残疾人就业

就业无论对于社会个体还是社会整体而言，都具有重要意义。从宏观层面讲，就业是创造社会财富与实现社会成员社会整合的有效途径；从微观层面讲，就业能带来生活收益,有利于社会个体实现自身价值,满足其需求。因此,公平合理的就业机会的提供对于残疾人获取经济收入,实现自我价值与尊严具有重要意义。法国 1987 年残疾人援助法案提出,按照集中庇护就业和适当保护就业的原则,根据残疾人的程度,采取不同的就业支持手段,中重度残疾人(残疾程度 80%以上、相当于我国的 1 级残疾人)有机会在专门的庇护工厂集中就业,庇护工场不以营利为目的,政府通过成本支持和岗位补贴的形式促进其发展;轻中度残疾人(50%—80%、2—3 级残疾人)可以通过政府和公共机构开发的公益性福利岗位实现就业;轻度残疾人(50%以下、3—4 级残疾人)在劳动力市场寻求普通工作。为保障残疾人就业权利,法国法律规定凡超过 20 人的公司,必须录用至少 1—2%的残疾人。每年的 2 月 15 日,这些企业必须向有关部门报告雇佣残疾劳动者人数情况。如果未达到要求,就要缴纳高昂的税钱。反之,如果企业额外雇佣了残疾人,则可以减少额税。2005 年残疾人权利平等法案则对按比例就业的执行作了进一步的规定,要求每个企业每年都要填报一次关于雇佣残疾人情况的调查表,交给劳动部,劳动部负责监督审核执行情况。完成 6%残疾人按比例就业任务的途径有 5 种选择:(1)直接雇佣残疾人;(2)接受残疾实习生,但是实习生比例不能超过 2%;(3)与雇佣残疾人的庇护性工场签订工作外包合同;(4)雇主与工会组织通过谈判达成协议,未来一定时间内达到雇佣残疾员工的数量及具体措施,要有书面协议;(5)缴纳残疾人就业保障金(企业规模 200 人以下的按 400 小时最低工资交纳,200—250 人的按 500 小时,250 人以上的按 600 小时;如果连续三年没有安排残疾人的,按 1500 小时最低工资标准缴纳)。随着这一政策的深入贯彻实施,已经有越来越多的企业自觉寻求和安排残疾人就业,目前,已有 55%的法国企业达到了规定的比例标准或签订同意协定,24%的企业安排了残疾人但未达到 6%,还有 21%的没有雇佣一名残疾职工或没有与残疾人庇护工场签订分包合同。2009 年,法国残疾人的失业率降至 19.3%(虽然仍远高于社会平均水平,但就残疾人本身而言,已有明显的好转)。

法国的公职部门、劳动救济中心、劳力调剂介绍所都积极为残疾人就业提供便利条件,开辟多种渠道安排有工作能力的成年残疾人就业。此外,通过采取各种措施鼓励残疾人自主择业,对于积极择业的残疾人,政府将给予个人所得税以及住房照顾等方面的优惠与照顾。如果日常生活中需要帮助,在能力所及的前提下,他们只需要支付一半的费用,剩下的由国家支付。同时,法律规定残疾人的收入不得低于正常平均工资数的 20%,不得高于各行业最低工资数的 130%。

但是随着经济走势低迷，失业问题一直困扰法国劳动力市场。残疾人失业问题尤为严重，一切扶持与保障政策在疲软的经济环境中都无法生效。在此背景下，法国政府加大对拒绝接受残疾人就业企业的惩罚力度。同时出台多项帮助残疾人就业的措施，如要求地方政府向未能就业的残疾人提供“一对一”的就业指导。到 2007 年，法国残疾人就业人口是 93 万 1 千人。法国残疾人就业的范围很广，其中 23.7%在国有企业就业，其中，在私营企业的残疾人就业者中男性占 64%，50 岁以上占 43%，工人占 52%。

5.残疾人社会服务

以残疾人出行为例，无论铁路、公路还是航空，都为残疾人提供了人性化的服务，使得残疾人如同健全人一样享受便利的生活。每列火车都在一等车厢设有专门的轮椅位置，残疾人只需交纳二等车厢的钱就可以享受一等车厢的待遇，残疾人的陪同者同样享受此待遇。车站专门的工作协调人员会引导残疾人顺利到达指定地点，同时通知目的地的工作人员做好接站准备。对于公路交通，公车一般设有自动升降板。地铁每站都有专门的电梯，便于残疾人乘坐。由法国政府资助的专门为残疾人交通出行服务的公司，专门接送残疾人出行，其费用略高于地铁票，但是环境和服务水平却非常到位。法国政府规定所有对外开放的公共设施的建设都符合残疾人需求。此外，还专门为残疾人提供其他如同健全人一样的特殊服务。总之，法国的无障碍建设较发达，社会整体助残氛围良好，较好地满足了残疾人的需求，实现了残疾人的权益。

法国将构建残疾人服务体系，发展残疾人服务业作为促进法律和政策执行的最后一道重要环节。与英国相比，法国的残疾人服务体系中政府色彩相对浓厚得的多。根据 2005 年残疾人平等权利法案，法国各个地区都普遍建立由国家公务员、地方公务员及相关医疗、心理、教师、律师等领域的专家共同组成的为残疾人提供综合性服务的组织——残疾人之家（MDPH，每个省一个，全法共有 110 多个），法国的残疾人之家既负责残疾人身份的确认和残疾评估，还要承担残疾人的福利申请和发放，同时，具体开展残疾人托养和居家护理、就业指导和援助、医疗评估及康复指导等方面的工作。如代表团考察的巴黎第 75 省残疾人之家，在 2009 年共新设立 299 个服务场所，其中可提供住宿的场所 7 个，可提供日间护理服务的场所 278 个，以及专门接收残疾人的住宅 14 个，目前，巴黎地区残疾之家设立的残疾人服务场所已经达到 2808 个。巴黎 75 省残疾人之家的日常工作中还包括实施残疾儿童家庭干预计划，开展 16—25 岁残疾青少年的残疾评估、跟踪申请及个性化方案制定，负责残疾人职业融入、培训跟踪及评估，负责残疾人社会医疗机构的定位以及残疾人日常生活项目评估和跟踪。为保证服务工作的高效，每一项服务都分别建立专业的团队，由社会工作者、专业教育工作者、医师、心理学家、护士及其他职业融入人员等组成，各项工作还同时与许多外部合作机构建立密切关系。

除残疾人之家外，根据1987年法国残疾人援助法案而设立的残疾人职业安置基金管理机构还专门负责开展残疾人就业服务工作，该机构一个重要的工作内容就是与雇主密切联系，并协助雇主开展残疾人招聘，并在残疾人受雇期间出现诸如障碍严重化等问题时，为雇主提供合理化建议和解决方案，同时提供资金和技术支持，以便保留和提升残疾人职工的工作。

除此以外，法国建立起比较健全的居家护理制度。法国要求地方政府对自理能力较差的自闭症、精神、智力和行动不便的肢体残疾人发放居家护理补偿费，并免费提供护士支持、居所改造、特殊工程等支持。居家护理产生的费用可以超过住院的费用（居家护理成本每天200—300欧元，住院成本200欧元左右），但每月最高不超过15000欧元。

6.老年残疾人社会保障

由于老年人在身体、出行以及精神意志等方面在一定程度上与残疾人具有相同的特点，因此法国将专门针对残疾人的社会保障和福利政策限定在退休年龄之前（法国60岁，英国65岁），即残疾人达到退休年龄后将不得再享受残疾人的福利待遇，而按照养老保障的政策获取相应的保障。即便如此，在确保每一个残疾人都能领取到应有的养老金之外，仍然对残疾人的老年生活保障采取了特别的措施，如第五所社会保障机构，完全致力于照顾失去行动能力的老年人和残疾人，而且法国还为此开发出了一种监督和服务机制，使得这类人群能够在家中安享晚年。

此外，最低家庭补助金（RSA）、单亲父母补助金（API）、最低收入补助金（RMI）以及住房补贴、交通补贴、儿童津贴等家庭政策和保障制度都普遍融合了残疾人的基本需求并给予特别倾斜和照顾，通过一系列的政策措施，使广大残疾人的社会保障和社会福利水平基本实现与两国经济社会发展同步，同时避免拉大与其他群体的之间差距。

1994年11月，巴黎市长与全国家庭协会巴黎分会主席，在“老年公民宪章”上签字，为的是推广三个主要的理念：尊严、相互帮助、公民权利和义务。为了实现这个目标,巴黎市已经实施了不少改革项目,来为老年人提供标准化的服务。城市的主要做法,就是尽可能使上了年纪的居民生活在自己的家中,尽可能过一种有尊严的生活。1998 年,老年人服务项目又增加了一项电话聊天内容。免费电话为上了年纪的市民与为他们服务的人员创造了随便聊天的条件,这样既能使他们得到心灵的慰藉,又可以随时了解他们的身体情况和经济情况,以便更好地为他们服务。

在老年残疾人的居住方式的选择上,除了尽量保证残疾人在家养老外,还提供其他的养老方式以满足老年残疾人的不同养老需求。一是建设老年公寓,有需要的残疾老人可以临时使用。例如在老人出院后,一时还不能在家里自理生活,他们可以选择到公寓里住上一段时间,在工作人员的照顾下,逐渐重新适应生活。二是开办公立养老院和家庭收养所。对那些已不能在家生活,或不愿在家生活的老年残疾人,市政府为他们提供公共养老院似的住所,而且一部分生活内容也是可以自理的。然而,这个公共养老体系需要一定的特殊条件,尤其是收入要达到一定的水平。如果能够完全自理的,可以自己租用一个单元独立生活。不能完全自理的,可以选择服务项目,如送饭、护理、洗澡等。巴黎市政府还选择一些愿意收养老人的家庭,给这些家庭一些补助,使老年人既能享受家的生后氛围,又能得到政府机构的系统照料,包括医疗检查和治疗。可是这样的选择和安排必须符合几个条件:那位老人不能是一个有工作收入家庭的成员,即多半可能是一位单身或鳏寡老人;而收养的家庭必须得到政府的认可。生活基本条件,双方协商后签订合同。

这样残疾老人除了在自己家生活以外,符合条件又有需求意愿的老人还可以选择以下几种方式。

一是申请集体生活。老年残疾人可以根据自己的体能、心理和财力情况,选择最合适的集体生活方式。某些养老院是专门提供给退伍军人和战争遗孀的。社会活动中心下属的为老年人提供的住房和机构共有:4278 套住房,1867 个常住床位,老年人接待所的 2541 个床位,1500 个低租金住房公司预定床位,30 个临时床位,月租金是根据老年人的收入来收取的。如果老年残疾人还想继续保持独立生活,还可以选择舒适的个人住房,这是由家庭向集体组织过渡的第一步,个人住房可以让老年人有更加安全舒适的生活条件,并保证个人的独立自主。社会活动中心给符合一定条件的巴黎老年人提供了自我管理的住房。这些住房分布在各区,并集中于一栋楼房,有一名警卫负责警戒。此外,老年残疾人还可以享受私人服务住房,这是为经济条件好的老年残疾人准备的。居住者一般成为住房的所有者并享有付费的集体服务,如餐厅服务,集体活动,房屋看管等。此外,老年残疾人还可以在家庭式住房里享受一种相对独立的集体生活,有自己的家具和像家庭一样的环境。房间里还配备了卫生设备和厨房。住户可以带自己的家具或是补充现有家具。在社会活动中心的公寓里,残疾老人既可以享受自由选择的集体服务,也可以享受专业人员提供的安全服务。

二是入住养老院。新建或现代化的养老院里都设有医疗服务的分部。但许多养老院正处于完善过程中,在一些养老院里,老人们仍然住着简陋的房屋,里面有一张床或几张床,有时还有一个公用客厅。接待所是一种新型的医疗化养老院,每间房内配备家具、卫生设备,一般是两人居住,也有单人房间。所有房间都装有求助电话铃,还装有电视和电话连接线。接待所还提供娱乐活动场所和服务:电视厅、图书馆、俱乐部、理发室、咖啡厅等。还有医生负责老年人们的医疗看护,并且有护士小组全天值班。

三是选择长期看护中心和老年人旅馆。长期看护中心由公共救济事业局管理,面向那些长期需要医疗护理的残疾老人。如果符合条件,社会救济中心将负担全部费用。这种私人接待方式结合了旅馆和有长设医疗机构的优点。依据老年残疾人的经济条件收取相应的服务费用。

四是临时接待中心和老年人旅馆,这一机构面向的是残疾程度较重的老年人。在巴黎有很多协会都有这种临时性的住房,其中一些还得到社会救助中心的认证,如第13区的老年协会,穷人兄弟会等。社会活动中心所属的住房也临时接待老年人,尤其是那些刚出院或受到精神打击的老年人,或是家里人没有空闲照看而暂时不能住在家里的老年人。每年的临时住宿期不得超过三个月。

7.其他福利

(1)残疾人娱乐和法律照顾。残疾人在娱乐方面享有以下优惠:免费观看演出,如音乐会、戏剧、电影等;免费参观一些景点、名胜古迹和博物馆的临时展览;由导游陪同免费游玩公共公园;免费乘坐塞纳河游艇;还可以免费参加一些专家和教师在大学中所作的有关历史、文学、建筑、文化等方面的讲座。但如果要进行有关艺术史、计算机和英语方面的培训或实习就需支付一定费用,而费用的多少,以申请人的收入多少为依据。

对于那些失聪和听力障碍的人,如果遇到法律方面的问题,如离婚、解雇、合同的签署等,政府委托相关人士提供咨询服务及其他所需服务。

(2)残疾人家庭照顾。巴黎市政厅为愿意在家里供养残疾孩子的家庭,每月提供费用补助。尽管残疾人通常都是由其家庭来进行护理的,但是有些情况还需要别人来做有偿照顾。因为要雇人做家庭护理,被雇者的工资就要由残疾人本人来出,但是他自己却没有足够的收入来支付这样的服务。为此,巴黎为失去80%以上自理能力,需要有人进行日常护理的残疾人,发放"照顾补偿金",作为雇人护理的补助。2000年,巴黎享受该项补助金的残疾人家庭数量达6500户。

巴黎政府为残疾人制定的福利政策多种多样,除了经济补助之外,巴黎市还为残疾人提供其他方面的服务,例如,在冬季的时候,政府直接向电力公司支付一笔费用,为残疾人减轻因取暖而增加的电费负担。还有几种日常帮助和照顾的费用,也是由政府承担的,为的是让残疾人能够在自己家里享受更自在的生活。具体说来,法国残疾人家庭照顾可以通过以下两种方式获得。

一是巴黎家居卡。该卡是巴黎市政府针对残疾人制定的一项专门的福利制度。申请取得"巴黎家居卡"的条件是:拥有残疾证明,而且在巴黎居住已经三年以上,以提交申请之前的五年时间内计算。"巴黎家居卡"使成年残疾者享受五个方面的特殊帮助:求助电话、送饭到家、家中理发、足部护理和安全工程。求助电话是一种远程紧急救助报警装置,由一个远程报警遥控器和一部交互电话系统组成。残疾人只需每年支付一定的安装费,即可享受此项服务。送饭到家是将饭菜以单独包装形式并用保温车送到残疾人家中,享受此项服务同样需要支付一定费用,而费用的多少以享受者收入多少为依据。家中理发使残疾人可在家中享受在发廊一样的服务。此项服务的有效期是一年,可以续定,只需支付少量费用。足部护理使残疾人可享受每两个月一次的上门足部护理服务。同理发服务一样,此项服务有效期也是一年,可以续定,只需支付少量费用。安全工程是为残疾人家庭提供的一种特殊服务。如果残疾人希望加强自家的防盗系统,如果符合条件并交纳少量费用,巴黎市政府将会为他们安装房门探孔、安全门锁和窗户安全挂钩等防盗安全装置。

二是绿宝石卡。凭借此卡,残疾人可以到巴黎市任何一家绿宝石餐厅吃午餐,也同样可以将其提供的早餐和晚饭带回家中食用。在巴黎的20个区一共有44家绿宝石餐厅,饭食的价格一般都比较便宜,以所缴税额高低为依据,缴纳额度不同,价格也相应地升降。残疾人需要人帮助他们打扫房间、购物、做饭等。巴黎市政府为生活不便而又独自生活的残疾人提供家政服务。家政服务需要支付一定费用,而费用的多少也是以家庭收入的数量为依据。

(3)残疾人住房照顾。分权法案将残疾人住房服务的责任交给了地方,可是巴黎成年残疾人的住房非常短缺,而且需求越来越大,因此,巴黎政府一直在想方设法得到土地,为残疾人建造更好更多的住房。巴黎市政府为残疾人改善居住条件,如在住房修缮、装修等方面给予资金援助。需要注意的是,成年残疾人和残疾儿童分别考虑,给予的补助和要求达到的条件各不相同,残疾儿童是给家庭补助,家中孩子越多补助额越高。1994 年 6 月,巴黎市政府与"地区建筑协会"和"巴黎建筑同盟"签订一项协议,保证为残疾人修建符合国家标准的、使用方便的住房,由政府提供一部分资金补助。这个文件在法国还是第一份。

对于白天工作的残疾人,巴黎市提供晚间和周末住房,对于严重残疾而不能工作的残疾人,政府在"全日中心"为他们提供住宿。同时,国家特殊医疗中心也为需要长期治疗和护理的成年残疾人提供住宿。在特定条件下,其住宿费用由巴黎市政府承担。残疾人希望进行房屋装修或改造,如果资金不足,可以提出申请,考察评估通过后,可以享受全部或部分的资金补助。巴黎市的儿童日托中心,1/3 有条件接受残疾儿童,300 名残疾儿童每天都去日托中心。此外,还有 25%的日托中心和 50%的托儿所,可以接收肢体和脑体残疾儿童。

二、法国残疾人福利制度的发展趋势

在法国残疾人福利政策的安排中,一种新的救助模式逐渐形成。关于为残疾人服务的责任划分,分权法案作了明确的规定:这项服务由国家政府和省政府共同负责。具体地说,残疾人的生活费用"由国家社会保障局"负责;医疗由"国家健康服务局"负责;教育、就业社会权利和特殊福利由省里负责,特殊教育委员会分管儿童教育,省职业技术教育委员会分管成年人的教育和就业。"巴黎省残疾人服务总体规划",已经制定了系统配套政策,保证残疾人服务的正常实施。还有一项重要工作,就是公众教育,这项工作由一些专门组织的"信息和接待中心"具体负责。巴黎市政府在这个领域承担两项主要责任:残疾居民的住房照顾和家庭生活照顾。"巴黎市福利补助"专项资金,保证残疾人的最低生活收入。为了使残疾人能够继续生活在他们自己的家里,市政府提供各种各样的资金补助,数额与给老年人的补助差不多。

法国残疾人福利制度一直处于发展变化之中。近几年,法国不断开展国际残疾人福利制度的比较研究，以期为解决法国残疾人福利制度问题提供有益借鉴。同时，随着经济与社会环境的变迁，法国残疾人福利制度势必作出调整而与之相适应。未来法国残疾人福利制度变革方向或发展趋势集中表现在以下几点。

首先，明确政府、家庭与社会在为残疾人提供福利中的地位。在法国传统福利提供模式中，家庭居于主要地位，很多服务内容都是由家庭成员，主要是妇女完成的。政府作为出资人，是残疾人福利的埋单者。因此，在传统的残疾人福利供给模式中，政府与家庭的负担是很重的，市场与社会则居于次要地位。而在未来发展中，将增强市场与社会的作用，通过各种营利性或非营利性的组织提供满足残疾人需求的服务项目。

其次，进行残疾人福利的体制改革，精简行政机构，提供高质量的援助。精简机构即合并既有的残疾人管理机构；高质量援助的实现一方面需要提高残疾人福利政策制定者的观念，另一方面需进一步改变地方负责残疾人利益和给养分配的行政职员对残疾人的看法，并对其进行训练，即在评估残疾人特殊性的基础上，如何在普遍性政策下制订符合残疾人个体差异的特殊性计划，这给地方行政人员提出很大挑战。

再次，整合现有制度，使其简化明了是一个必然趋势，法国还会继续探索标准统一与制度整合的途径。

最后，提高对在既有制度中被忽视的，同时又存在强烈需求的残疾人群体，如多重残疾人与患有自闭症、罕见障碍等缺陷的人。

三、对法国残疾人福利制度的评价

法国残疾人福利制度在长期的政治、经济、社会与文化因素的相互作用下，即在法国这一特定领域中形成了一定的制度模式、风格与精神，这些因素相交织构成法国残疾人福利制度的特征，其不仅表现在制度本身，还体现在该制度所存在的问题上。具体说来，法国残疾人福利制度具有以下几个特点。

（一）将对残疾的理解与工作适应性相结合

在法国，残疾等级的评估鉴定工作是由残疾人权利和自治委员会依据一定的准则完成的，残疾等级的确定和残疾类型的辨识对残疾人享受福利待遇紧密相关。这种由政府机构对残疾特征的认知与确定，从而建构起社会对残疾人群体的印象与残疾人对自身的认识,换言之,残疾人呈现在制度中的较为稳定的反映,可称为残疾人的"官方状态"(official status)。根据社会保障法中的界定,残疾程度的估测应基于工作、整体情况、年龄、身体和精神能力、态度和职业训练等诸多要素的剩余适应性。从这个定义中可以清楚地得知,法国对残疾的理解不仅局限于身体、精神等自然因素的损害与障碍,还将工作与谋生的能力与适应性作为更为重要的考察指标。具体考察内容为:残疾的性质和严重程度、申请者的年龄、身体和精神能力、职业培训和以前从事的职业;申请者相对于他/她所在地区劳动人口劳动能力的剩余劳动水平。总的说来,存在两种医疗估测残疾程度的方法,一是对永久部分失能程度的估测,二是对工作适应性降低程度的估测。第一种残疾测评方法仅用于战时残疾人福利分配,即根据一个人纯粹的身体失能状况与程度来确定残疾福利津贴的数额。一般说来,因伤或因病致残至少10%至30%者可享受此津贴,所使用的具体评估标准包含在 *Code des pensions militaires d' invaliditu et victims de guerre*① 中。对于授惠因工致残者的福利制度和面向普通残疾人的 AAH 项目则应用第二种测评方法,即由 COTOREP(the Commission technique d' orientation et de reinsertion professionnelle)提供的估测。

(二)残疾人组织发达

在两次世界大战期间,法国出现了残疾公民的第一次大规模联合,其中最有名的有 1921 年的 the Fuduration des Mutilus Dutravail,1929 年的 the Ligue pour I' adaption des Diminuus Physigues Autravail(LADAPT),1933 年的 the Association des Paralysus de France(APF)等残疾人组织。在法国法团主义的政治背景下,残疾人组织能够发挥残疾人利益代言的功能,积极争取残疾人合法权益,对国家社会政策的制定施加压力,推动残疾人事业发展。同时,加入进残疾人联合组织中的个体会享受到组织提供的诸多服务。总之,在组织内寻求便利与庇护是残疾人加入残疾人组织的最大动力。以精神残疾人为例,1960 年建立了精神残疾人协会全国联盟(UNPEI),这是一个精神残疾人服务机构,主要由精神残疾人父母组成,其职能是协调政府有关部门,为需要帮助的精神残疾人提供各种帮助和咨询服务。目前,各省、区、市都有相应的机构,省级组织简称 URAPEI、区级组织简称 UDAPEI、市级组织简称 APEI。全国共有 2700 个组织机构,有 7 万人

① *Code des pensions militaires d' invaliditu et victims de guerre*,法案形成于 1915 年至 1919 年,在 1977 年 8 月 1 日被修订。

在这些机构中工作。政府每年投资2600万欧元,用于对残疾人的补贴、临时帮助和服务机构的活动费用。

(三)人性化、包容性的残疾人福利理念

在法国,残疾人可以享受到细致、人性化且具包容性的服务,以消除残疾人进行正常社会活动的障碍,给残疾人及其家人创造一个“正常”的生活环境。如法国电信出台了一项“消除障碍”的服务项目,解决残疾人和朋友、家人以及社会沟通障碍的问题,并投入一系列方便残疾人使用的通信设备,如带闪灯的电话等;法国客运部门提供地铁、公交、火车以及飞机等便利;法国地区委员会着力改变运输方式、住房结构和旅游景点规划,提高残疾人使用或活动于其中的可及性和适应性;在提供辅助器具和义肢方面设有专门的财政计划;为满足视障残疾人的精神文化需求,研发并使用了音频书,借助磁带或光盘提供英文有声读物,此项免费服务非常容易获得,只要在网站上注册为会员即可;残疾人享受全国任何地方的免费邮寄服务;此外,研发并投入使用大量便于残疾人生活的设备、器材,如车尾部可升降,便于轮椅使用者上下车的残疾人迷你车,该车设有Unwin跟踪系统,确保残疾人行驶安全与便利。

(四)系统性的残疾人支持网络

在法国,政府、企业、家庭与社会形成了较为良性的互动关系。政府在残疾人福利供给中起主导作用,发起各种残疾人福利与职业康复项目;家庭作为残疾人服务的主要提供者;企业赋有保障残疾人就业权益的义务与责任,并形成了专门为残疾人提供服务的营利性组织,培养为残疾人服务的专业性人才;残疾人联合性组织为残疾人争取权益,形成各种各样以残疾人服务和去除其社会活动障碍为宗旨的社会组织;各类科研机构不断研发供残疾人使用的设备与器材,弥补残疾人功能缺陷。法国残疾人的福利供给在这一体系的支持下,不断向注重服务质量、去除排斥与消除不公平的方向深入发展。

四、法国残疾人福利制度的困境与症结

法国残疾人福利制度在长期的发展中遭遇到了难以解决的症结,主要表现在以下两个方面。

(一)残疾分类标准的不统一与适用性差

法国残疾人分类所使用的标准是基于器官或功能的异质性,如眼盲、肾功能

衰竭、心脏衰竭等,并给每一种残疾建立了永久部分残疾的等级水平。但是所有的分类标准都是不精确的,如在职业事故体系中双侧视力降低 30%等同于 3%的永久部分失能,而在战时残疾人体系中 19.5%和 50%的双侧视力下降程度分别等于 10%和 32.5%的永久部分失能。COTOREP 采用新的残疾人分类标准来确定分配诸如残疾人卡、成人残疾人津贴和第三方补偿津贴等利益。这个新尺度在一定程度上确保了战时残疾人利益补偿的公平性,但是对于其他残疾人则不适用。共同鉴定标准的缺失意味着在确定残疾等级时,不同的分类会产生不同的结论,而这会严重影响残疾人福利分配的公平性。为修复此种状况,一项新的评估残疾等级的方法在 1993 年 12 月 1 日生效了。这项新的测评方法的产生是基于 WHO(世界卫生组织)中提出的缺陷(impairment)、残疾和障碍(handicape)等概念,并主要用于测量家庭、学校和职业生活中的残疾,但却忽视了具体的医疗诊断,使得残疾等级评定缺失了重要依据。对于第二种估测残疾程度的方法,即对工作能力的估测同样存在问题。事实上,工作能力很难被定义,因为其不仅与个人的内在能力和意愿有关,还与就业环境能否提供充分、必要的就业密切相关。由此可清楚反映出工作能力和寻找工作能力之间的显著差别。由此可知,那些因为不同原因造成残疾并被描述成多种官方状态的个体们身处的实际情况是更为复杂的。法国精细的分类指标体系尚需进一步提高整合度与加强适用性。

(二)残疾人福利制度碎片化,需要进行制度整合

当前,法国残疾人福利制度面临的一个最大问题就是如何实现福利制度的整合。由前文可知,法国建立了一个细致、复杂的福利制度体系,但也因此陷入标准多样,有失公平和降低效率的困境。多样化的残疾人福利制度之所以得以共存,在于每种制度是根据残疾缘由来划定其覆盖范围。换言之,之所以存在多样化的福利制度,在于残疾人类别的多样性,如战时残疾人福利制度是以战争中的受伤者或有一定工作经历、作出一定建设贡献的人为选择对象。这似乎不是一个令人满意的制度安排,因为不同福利制度所使用的对象选取和福利分配的标准是不同的,这导致身处不同福利制度中的残疾人的待遇呈现出显著的差异,有学者担忧这会破坏残疾人康复水平和社会整合(Bing & Levy,1978)。如在三种福利制度中面向普通残疾人的 AAH 津贴被称为生存津贴,其数额能够维持接受者过上过得去的生活。而战时残疾人津贴通过国家提供的服务试图补偿其残障,而职业事故伤残者接受的津贴则试图补偿其谋生能力。显然,由后两项津贴的目的可以看出，它们的补贴数额必定明显高于普通残疾人接收到的津贴数额。因为不同津贴的目标不同，从而给制度整合带来障碍。为协调各个残疾人福利制度，法国政府早在1985年时成立一个工作小组来研究解决这一问题的途径，然而，直到今天仍然没有提出一个适宜的解决方案。

五、法国残疾人福利制度的启示与借鉴

法国残疾人福利发展依社会需求而定，随社会变革而变，呈现出一定的阶段性。其体系内容丰富、类别细致、结构复杂，既在一定程度上满足了残疾人需求，也产生了较为棘手的问题，Jamie Wingert称为欧盟国家中最难处理的，这也因此使得法国残疾人福利制度具有了典型性。尤其在经济危机过后，经济增长缓慢，更加暴露了法国残疾人福利制度的弊端。如何走出困境成为法国政府亟待解决的问题。在经济全球化日益深入的当代，社会问题也呈现出全球化的趋势，这给国家间的制度借鉴提供可能。换言之，法国残疾人福利制度设计中的进步理念和做法，中国应该在审视本国实际情况的基础上予以采纳或改进，对于其体制中存在的问题及引发问题产生的隐患因素，应给予必要警示与重视，规避同类问题的发生。总之，对法国残疾人福利制度进行深入探究必将为中国残疾人福利制度构建与完善提供必要的、有益的借鉴。

（一）法国残疾人福利制度的启示

法国是社会保障制度很健全的国家，代表了当代社会保障发展的最高水准，而且法国残疾人福利制度相对完善，因此法国的残疾人福利制度对中国具有启示与借鉴意义。现将其对中国制度建设的启示归为以下几点。

1.政府定位

法国是典型的福利国家，其基本特征是社会保障的覆盖面广，保障水平高，国家负担主要责任，成为各种福利支出的最终埋单者。此种模式产生的一个积极社会效应是广大社会弱势群体的权益在国家强势力量的保障下得到很好的实现与保障。对于陷于福利危机中的国家而言，此种模式利大于弊的时期已经过去，摆在这些国家前的主要任务是如何减轻政府负担，但是对于长期以经济发展为重心而忽视社会发展的中国而言，明确和强化政府责任是非常必要的。加强残疾人福利制度建设，扩大福利覆盖面，提高福利水平，完善福利制度与配套制度；加强政府保障残疾人权益意识，重塑残疾人福利理念，主导建设残疾人社会

组织并积极建设残疾人群体的利益表达渠道。

2.社会建设

在法国存在比较发达的残疾人社会团体,它们是与政府及其他组织进行博弈,保障残疾人权益的代言人,监督政府行为导向,对侵害残疾人利益的行为与现象进行抵制,成为残疾人这一弱势群体争取和维护其合法权益的有利工具,从而形成相对均衡的利益分配格局。与法国比较发达的残疾人社会团体不同,中国虽也存在名目繁多的社会组织,但多是名不副实的官方机构或名存实亡的无为机构,没有真正发挥出社会组织本来的作用。应当说,社会建设在某种程度上也是一场政治建设,只要明确政治改革的底线,并配以比较完善的制约和监控机制,赋予残疾人群体充分的自主性与表达权益的能力,对于形成稳定有序的社会具有重要意义。

3.法制建设

法国残疾人福利制度之所以如此有效,还在于法国形成了一整套完善的法律法规体系,以保障残疾人福利制度的规范与良性运行。在法律中赋予残疾人各项社会权益,明确残疾人权益的具体内容与侵害残疾人权益所受到的制裁。通过法律的强制力实现社会公平与正义,营造出良好的社会助残氛围,有效保障了残疾人群体权益的实现。同时法律所体现的理念随着社会的发展进步与残疾人发展的需要不断提升,从最开始的供养理念到回归社会理念再到增能理念,每一次法律理念的提升都体现着残疾人权益不断趋向成熟。从中国目前保障残疾人权益的法制建设情况来看,从抽象的法律理念到具体的法律条文以及框架体系,都需要不断提升与完善。

4.体制建设

残疾人福利制度建设是一项系统工程,不仅需要有一个完善的内部体系,还需要与其他外在子体系形成均衡的整体,只有如此残疾人福利制度才能健康、持续地运行下去。具体说来,建构社会福利制度时需要考虑的一个必要前提是经济发展与社会发展间的均衡。换言之,不能拿牺牲一方的利益来满足另一方的发展,否则代价是巨大、沉重的。以法国为例,高福利给经济发展带来消极影响,最终导致社会福利难以支撑。当然,这并非是说高福利是不好的,不断提升福利水平是人类社会发展的终极目标,但是一定要因地制宜,因时制宜地衡量福利水平与经济效益以及社会效益三者之间的关系,不能作出简单判断。此外,完善残疾人福利制度建设,借鉴国外先进经验,努力进行制度结构调整,形成稳定、连贯的制度体系。只有形成完善、均衡的体制框架与高效、精简的政府机构，并及时进行体制研究与调整，提高体制变革的反应速度，提升维护整体体制稳定的控制力，才能促成残疾人福利制度健康发展及其功能的充分发挥。

（二）法国残疾人福利制度的可借鉴之处

法国残疾人福利制度很大程度上保障了残疾人群体的基本生活，满足了残疾人的需求，有利于残疾人规避社会风险，产生安全的生活预期，有利于残疾人共享社会发展成果，实现社会整合，对于平衡残疾人群体与其他社会群体间的利益，实现社会公平具有重要意义。总的说来，法国残疾人福利制度的以下特征得以借鉴。

1.制度完善、法制健全

法国残疾人福利覆盖全国几乎所有残疾人，是一项覆盖面广、制度完善，同时有健全法制保障的体制。只要是残疾人就可以接受不同形式内容与程度的福利，保障了残疾人享受社会发展成果，实现其权益。完善的制度表现在福利制度内部设计完善与相关配套制度完善两个方面。由于社会发展是一项系统工程，仅有完善的专项福利制度难以充分发挥其功能，只有形成系统的制度体制，形成专项制度赖以存在的良性制度环境，才能使制度发挥事半功倍的效果。同时完善的法律规范福利制度运行，保障残疾人合法权益，促进残疾人福利制度健康发展。

2.政府承担主要责任

从法国社会保障实施情况来看，政府实质上承担主要和最终责任，残疾人福利更是如此。除了有社会组织提供的救助与扶持外，政府作为主要责任主体通过设立多项残疾人补贴，满足残疾人需求，并以各种公共设施、公共产品与服务的形式补偿残疾人利益，保障残疾人和健全人一样自在生活。

3.社会环境优越

所谓优越的社会环境是指在法国形成了良好的助残价值理念、政策环境与社会力量，社会成员以及社会组织都形成助残的自觉意识与内在制约机制，同时残疾人也将其应当享受的福利视为其权益，并积极争取与维护。笔者认为这种健康的社会环境对于残疾人福利制度意义重大，在某种意义上，甚至比设计完善的制度本身更为重要。然而，此种社会环境的形成需要在长期的历史积淀下，在政治与良好社会的支持下逐渐生成，而非诞生朝夕间。例如在法国有各种残疾人协会20余家，并有为数众多的代表残疾人利益的社会组织，同时政府设有

"全国残疾人咨询委员会",有关部门在制订和实施关于残疾人的计划和项目时,需听取该委员会意见。此外,无论是有形的公共设施的建设,还是无形的各种社会组织的设计都存在某种形式向残疾人开放。

对于那些想达到相同目标的国家而言,法国残疾人福利制度的优点很值得借鉴,同时该制度所表现出的弊端同样应该引以为戒。由于高昂的财政负担,在经历经济危机的冲击后,法国陷入了福利困境,从而给整个社会保障体制提出严峻挑战,亟须进行体制变革,然而社会保障结构独特的法国,难以进行英国式与德国式改革,至今仍旧徘徊在经济增长与福利保障之间。由于社会保障的刚性特征,不仅加剧了经济低迷,同时难于负担的社会保障支出成为社会矛盾爆发的导火线,从而威胁经济增长与社会稳定。同时高福利造成部分社会成员不同程度地患有"福利病",滋生懒惰与依赖。在社会保障体系以及其赖以存在的社会陷于危机的背景下,残疾人福利运行同样受到阻碍,残疾人收入大大缩减,就业机会显著减少。有鉴于此,高水平的福利制度固然好,但有一个必要的前提不能忽略,即经济与社会间的协调发展,一味追求任何一方都会危及社会良性运行,危及社会成员权益的实现。这对于正处于社会主义初级发展阶段的中国而言,尤其需要警戒。由此可知,合理的经济社会结构及其之下健康的社会保障结构,对于形成良性的残疾人福利制度意义重大。

六、对中国残疾人福利制度建设的参考价值

(一)主体建设

社会三大部门,即国家或政府,又称社会为"第一部门";市场或营利组织,即所谓的"第二部门";社会组织,则是前两者之外的"第三部门",其构成状况及其相互关系对社会建设具有结构性前提意义,既为广义的社会建设,同时又为狭义的社会建设提供了一个结构性的总体框架。从这个意义上讲,政府、企业、残疾人组织以及其赖以存在的社会成为三大主体力量。针对这三大主体的畸形发展状况,无障碍社会建设的核心议题即为调整三大主体的力量分布,明晰各自的职责权限,形成三者持续有效的互动机制。总的说来,在实现无障碍社会的主体建设过程中,政府以其无与伦比的政治权威与社会动员力将发挥重要作用,尤其在中国这样一个拥有政府主导一切传统的国家中,政府的作用显得更为关键。具体说来,首先,政府应加强自身建设,即在国家与社会关系的框架中调整其职

能界限，将引导、培育企业与社会力量作为其主要职责。其次，加强残疾人能力建设。具体说来，包括残疾人身体机能、人力资本与社会组织能力三个方面的增强与培养。政府通过投入康复工程与增大教育培训力度，增强残疾人的身体机能、知识技能与其人力资本；通过鼓励与扶持残疾人组织，提高其维权意识，增强其自组织能力与自我解决问题的能力。再次，增强企业的社会责任感。将经济伦理意识注入经济发展领域，增强企业的社会责任感。利用媒体的强势力量，提高企业在消费者群体中的社会声誉与公信力；通过给予政策上的倾斜与优惠，吸引企业吸纳残疾人就业；同时辅以严厉的法律制裁，严惩违反相关规定的企业。最后，建设社会支持环境。改变社会成员对残疾人的既有认知，提高全社会关爱残疾人的意识与责任感，给残疾人群体营造一个充满温暖与关爱的人文环境。

（二）法治建设

完善的法治环境将为残疾人无障碍就业的实现奠定坚实基础，到位的执法行为将为残疾人无障碍就业的实现提供切实保障。具体说来，在建设残疾人就业无障碍社会的过程中，亟须解决的主要问题即为立法与执法两大问题，其中执法问题由于关系到法律的最终效力，因此意义更为重大。围绕这两个方面，无障碍社会的法治建设内容如下：一方面，加强保护残疾人平等就业权的法制建设。2006 年 12 月通过的《残疾人权利公约》是联合国历史上第一个内容全面的保护残疾人权利的公约，对残疾人的权益予以特别保护，规定了缔约国政府采取措施、发展残疾人事业的法律义务，将起到引导国际社会正确认知和尊重残疾人权益的重要作用，在世界人权事业和残疾人事业发展上“具有里程碑意义”。我国已于 2007 年 3 月签署该公约，将在国内相关立法中贯彻公约的有关精神。通过与此公约进行有机衔接，同时吸收我国残疾人事业发展中成熟的、行之有效的经验和做法，并借鉴国际残疾人立法中的先进理念，尽快出台有助于切实维护和保障残疾人各项权利，促进残疾人平等、参与、共享的法律法规。另一方面，加强执法力度建设。随着市场导向就业机制的逐步建立，我国已实施相当一部分残疾人就业法律，如《中华人民共和国残疾人保障法》，《残疾人就业条例》等，但残疾人参与就业的困难和障碍并未得以消除，企业宁愿缴纳残疾人保障金，也不愿接纳残疾人就业的情况频频发生，使得残疾人就业法律及保护政策的实施情况令人担忧。有基于此，政府应加大执法力度，并配以相应机制，迫使和引导企业接纳残疾人就业。

（三）制度建设

制度建设是社会建设的基础，是实现经济社会全面发展的基本前提和根本保障，加强制度和政策创新建设是中国发展进步、迈向和谐社会的必然要求。因此，制度建设成功与否对残疾人无障碍社会能否实现具有决定意义。从中国现阶段社会变革、制度建设的实际情况来看，不断完善残疾人民主权利保障制度是制度建设的首要任务和主要着力点。具体说来，残疾人无障碍社会的制度建设主要包括以下三方面的内容：第一，功能补偿制度建设。所谓功能补偿制度，是指在社会致残观点下，社会通过建设各种制度以补偿残疾人的功能缺陷。因此，从某种意义上讲，社会就没有了残疾人。换言之，通过设立残疾人无障碍设施建设与使用制度，确保残疾人享有和健全人一样的生活便利条件，以实现物质层面的无障碍社会；通过完善、创新就业制度，为残疾人提供一个公平、合理的就业渠道，保障残疾人的就业权；通过加强残疾人教育培训制度建设，增强残疾人的竞争实力，实现"助人自助"。第二，利益表达制度建设。利益表达渠道缺失已经成为困扰中国社会和谐发展的症结之一，成为摆在政府面前亟待解决的问题。残疾人由于经济、社会、文化等方面因素的作用，往往成为社会发展中的利益受损群体。因此，加强残疾人利益表达渠道建设，形成确保残疾人意见进入政治权力话语的途径。第三，三方协商制度建设。三方协商机制是处理劳动关系时一种较为行之有效的制度安排。所谓三方协商是指政府、工会与资方三者间力量的博弈与均衡，是通过协商的方式解决劳资纠纷的机制。此制度的建立与前面所指出的社会主体建设密不可分，只有政府调整治理策略，大力培育残疾人社会组织力量，形成三方协商机制赖以存在的力量格局，才能使此制度落到实处。

总之，残疾人福利制度建设是一项综合的、系统的工程，需要将政治建设、经济建设、社会建设与法制建设相结合。就中国而言，政治建设是关键，经济建设是根本，社会建设是目标，法制建设是保障，只有综合、系统考察福利制度建设，克服以往只重形式，不究根本；只求速度，不讲长久的急功近利的做法，才能最终形成功能健全的残疾人福利制度。

第十一章　欧盟残疾人政策发展对我国的启示*

欧盟作为一个超国家部门，成立于 1957 年。自 20 世纪 70 年代以来，在其主导下，欧盟国家残疾人政策的制定和发展经历了一场由被动转向主动、由消极转向积极、由医学治疗转向社会融合又转向以权利平等为核心的反歧视革命的变革。① 从世界范围来看，这一以权利维护为政策制定目标的方向反映和代表了残疾人政策发展的趋势，对我国残疾人政策的制定和发展具有重要的研究和借鉴意义。本文将从政策制定主体及影响因素（who）、政策工具（how）和实施效果（what）等方面分别对欧盟残疾人政策和中国残疾人政策进行分析，并在此基础上提出可供我国残疾人政策发展借鉴的建议。

一、欧盟残疾人政策分析

欧盟残疾人政策的发展经历了 20 世纪 80 年代以前的职业康复阶段、1981—1985 年的停滞阶段、1986—1995 年的劳动力市场融合阶段和 1996 年以后的反歧视与权利平等阶段，②在这一历史发展进程中，虽然融入劳动力市场的努力占据了欧盟国家大部分时间和精力，但全面参与、全面融合的理念目标才刚刚被提出，维护权利平等的“战役”才刚刚打响。尽管如此，权利理念从无到有、从低到高、从理论到实践，欧盟残疾人政策的建设无疑取得了很大成绩。

---

* 作者：谢琼，中国人民大学博士，中国社会科学院博士后，副教授。

① See Leibfried, S., & Pierson, P. (2000). “Social Policy-Left to Courts and Markets?” In H. Wallace & W. Wallace (Eds.), *Policy-Making in the European Union* (pp.267-292). Oxford: Oxford University Press.

② See Waldschmidt (2009): “Disability policy of the European Union: The supranational level.” In: ALTER. *European Journal of Disability*, Research 3, pp.8-23.

第一，欧盟国家残疾人政策的发展，主要得益于欧盟（UN）的全力推动。虽然随着成员国的不断增加，不断强化的民族国家多样化对统一政策的制定提出了严峻挑战，但欧盟总是致力于引导政策制定的理念和方向，并且很好地充当了国际与欧盟成员国之间及成员国相互之间的斡旋者和协调者。在《残疾人权利公约》从制定到通过的五年中（2001—2006 年），正是由于欧盟坚持呼吁残疾人权利是人权不可或缺的一部分，这一原则才被成功地写入权利公约；同时，正是由于欧盟坚持要求欧洲政策和欧洲法院将《残疾人权利公约》付诸实践，欧盟各国残疾人政策才得到了落实并取得了长足发展。①

第二，非政府组织的残疾人运动为残疾人政策的发展提供了一股势不可当的新生力量。早在 1993 年，在一个由民间发起的“残疾人议会”上，大约 500 个残疾人组织参与者要求成立残疾人委员会，将残疾人议题提上议程，并由此确定了欧洲第一个残疾人日。② 他们要求改变决策制度并修改欧洲法律，提出了对“由社会结构障碍所造成的直接歧视、间接歧视和不平等负担”的控诉。这些诉求相对于当时的主流政策议题，明确地指出了导致残疾的社会原因，如环境污染和资本主义自由市场的经济危机等。1993 年以后，残疾人运动更加注重了战术，开始从法律的高度维护残疾人的应有权益。在残疾人论坛和西班牙国家残疾人委员会以及其他组织的努力下，欧盟委员会于 1995 年确认反歧视条款也适用于残疾人。之后，残疾人组织不断地借用法律工具维护自己的权利，并最终促成了《阿姆斯特丹条约》中第 13 条反歧视条约的通过，③奠定了残疾人组织通过合法的法律途径争取平等和全参与权利的里程碑，成为欧盟残疾人政策制定的转折点。④

第三，从以补偿性为目的到基于权利维护的政策制定，欧盟残疾人政策的发展也受到了外界权利运动发展的影响，包括 1981 年联合国举办的残疾人国际年（UN International Year of Disabled People）活动，1990 年美国通过的《美国残疾人

---

① See United Nations General Assembly（2006）.Convention on the Rights of Persons with Disabilities.Retrieved January 2007，from http://www.un.org/esa/socdev/enable/rights/convtexte.html.

② See Report of the First European Disabled People's Parliament.（3rd December 1993）.Brussels：DPI-EC.

③ See Whittle，R.（2000）.Disability rights after Amsterdam：the way forward. European Human Rights Law Review，1，pp.33-48.

④ See Priestley（2007）：In search of European disability policy：Between national and global. In：ALTER.European Journal of Disability，Research 1，pp.61-67.

法案》(*Americans with Disabilities Act*)和1993年联合国通过的《残疾人机会平等章程》(*UN Rules on the Equalization of Opportunities for Persons with Disabilities*)等。这说明,残疾人议题是各个民族和国家都关注的议题,是个国际性议题,也是整个人类的共同议题;各个国家的残疾人政策发展可以相互影响、相互促进;残疾人政策的制定和实施不仅要考虑具体国情,更重要的是要跟随国际先进理念,借鉴国际先进做法。

第四,从实施欧盟残疾人政策的工具来看,类似于文化工具和激励手段等的"软政策"远远多于立法和司法等具有强制性的"硬政策"。从1974年到2005年的30年里,欧盟只有一部涉及残疾人的基本法——《阿姆斯特丹条约》中的第13条反歧视条款——和三部涉及残疾人权益的中级法,其中只有一部对成员国有约束力(涉及工作领域的残疾人非歧视的2000/78/EC指示)。当然,在如此多样化的国家中,仅通过"软"政策传输机制是很难在欧盟层面建立起一个统一的基于权利的政策议题的。虽然成员国间可以跨国借鉴"经验教训",欧盟机构也可以在促进政策传输方面发挥积极作用,但是,联合补助政策和欧盟的扩张意味着,通过欧盟机构在欧盟范围实施统一的"硬"政策措施并不是那么容易的。

二、我国残疾人政策现状分析

与欧盟各国残疾人政策发展相比较,虽然经过几十年的发展,我国残疾人权益保障也取得了一定成就,但是,无论是政策理念、目标,还是政策方法和工具,中国残疾人政策的发展都相对滞后,还有很长的路要走,下文将以与上文同样的分析方法对中国残疾人政策发展展开分析。

第一,从发展进程来看,在中国长期"父爱式"社会管理模式的影响下,残疾人通常被看做是需要政府和社会保护的弱者,残疾人政策仅以生活救济为主。自新中国成立以来,残疾人政策也一直围绕者就业、救助、教育和康复四个方面展开。进入21世纪后,残疾人生活状况和需求满足状况开始得到社会前所未有的关注:2006年,中国残疾人联合会组织了第二次全国残疾人抽样调查,为以后残疾人政策的制定和残疾人研究提供了基本的参考和数据。2007年5月颁布的《残疾人就业条例》明确指出:"对残疾人就业实行集中就业与分散就业相结合的方针",对吸收残疾人集中就业的企业,国家给予税收优惠和政策支持;企业安排残疾人就业的比例不得低于本单位在职职工总数的1.5%，否则，根据地方有关法规的规定，按照年度差额人数和上年度本地区职工年平均工资缴纳残疾人就业保障金。2008年3月24日，中共中央国务院发布了《关于促进残疾人事业发展的意见》，从发展残疾人事业的重要性、加强残疾人医疗康复和疾病预防、保障基本生活、促进全面发展、改善服务、优化社会环境和加强管理等方面指明了残疾人事业发展的方向；4月，第十一届全国人民代表大会常务委员会通过对《残疾人保障法》的修订，强化了残疾人在政治、教育、就业、社会保障、康复和文化等多方面的权益，第一次明确提出在"制定法律、法规、规章和公共政策，对涉及残疾人权益的重大问题，应当听取残疾人和残疾人组织的意见"；6月26日，中国政府批准了《残疾人权利公约》，从文献上开始了与国际接轨的、基于权利的残疾人权益保卫战役；残疾人无障碍条例和康复条例已被提上国务院立法议程……但综合说来，目前的我国残疾人政策还是以保障残疾人基本生活的社会救助措施为主，辅之以部分就业帮助和社会服务的社会福利服务的混合体，是传统的补缺式社会福利模式，属于典型的"保守主义"政策模式，①基于权利维护理念的残疾人政策欠缺。近些年学术界提出建立普惠型的社会福利模式，倡导把救助型的残疾人政策改为福利型的，但两者的本质还是把残疾人看做需要政府财政负担的社会弱者，并没有把残疾人看做是应该独立生活的社会人，也没有真正地从满足残疾人个性化需求和保障残疾人权利的角度制定残疾人政策。

第二，就政策的制定和执行主体来看，政府是中国残疾人政策制定的主体，在其主导下，由半官方组织性质的中国残疾人联合会及其下属的各级地方联合会这一目前国内最大的代表残疾人群体的组织进行政策实施。各级残疾人联合会在推动中国残疾人政策发展和维护残疾人权益的过程中发挥了很大作用，但残疾人联合会缺乏独立性的现状又使其在维护残疾人权益方面的作用得到限制。而同时，由于缺乏法律法规的有力支持，残疾人民间组织力量薄弱、发展缓慢，残疾人政策制定缺乏社会残疾人参与。可以说，我国残疾人政策向来是由政府主导并实施的，这与欧盟国家残疾人政策发展由民间残疾人组织和残疾人运动推动的史实有完全区别。

第三，就政策工具来看，我国现行的残疾人政策也是"软政策"多于"硬政

① See Waldschmidt(2009)："Disability policy of the European Union：The supranational level."In：ALTER.*European Journal of Disability*，Research 3，pp.8-23.

策”,法律强制力欠缺。现行政策中只有一部法律层面上的《残疾人保障法》和三部国务院层次的规章,即《残疾人教育条例》、《残疾人就业条例》和《中共中央关于促进残疾人事业发展的意见》,其他的政策要么是被淹没在相关法律制度的条款中,要么就是由约束力有限的部门或地方政府制定和发布,而即使是层次相对较高的法律和规章,也在现实中因执法力度不够而大打折扣。

第四,从目前的社会政策环境和政策效果来看,中国政府正在试图建立一个以缴费型的社会保险为主体的社会保障制度,即,基于就业联动的社会保障制度。受到这一政策取向的影响,近期政府制定残疾人政策的目标便是建立与就业相关的残疾人政策,以保障残疾人平等就业的权利,2007 年 5 月颁布的《残疾人就业条例》就例证了这一取向,而这一取向仅相当于欧盟各国在 20 世纪 90 年代中期的劳动力市场融合政策定位。况且,在实践中,单薄的优惠支持与惩罚规定之后,由于缺乏详尽的、强有力的关于促使残疾人融入工作和社会的配套措施,这一场原本基于权利平等的战役又变成了企业交罚金的游戏,那些没有基本劳动能力的残疾人生活更是无从保障。

三、欧盟残疾人政策对我国的启示

每一个国家都有自己长期历史以来形成的传统和制度习惯,多样化的国情不能完全照搬别人的经验。基于东西方文化、政党制度、社会环境等多方面的差异,我国在学习欧洲残疾人制度建设方面,要对比、要扬弃。

首先,欧盟残疾人政策理念经过历史的锤炼从医学治疗发展到了权利维护,对于这一符合历史发展和时代潮流、代表残疾人政策发展方向的先进理念,我们应勇于借鉴和接受,并要不折不扣地实施,而无须再像欧盟一样一一去探索。残疾人议题是个国际性议题,也是整个人类的共同议题,跟随国际先进理念,借鉴国际先进做法有助于本国残疾人事业的发展。联合国《残疾人权利公约》于 2006 年 6 月 30 日通过,并于 2008 年 5 月 3 日获准施行,这是世界残疾人权利运动的里程碑,而由中国政府代表于 2007 年 7 月 30 日签署、并于 2008 年 6 月 26 日由全国最高立法机关通过实施的此项公约也给中国残疾人政策带来了转折契机,基于权利维护的残疾人政策制定理念将在中国开辟市场,而且,这一理念的引入可以促使中国残疾人事业向前跨一大步。

其次,提升残疾人政策的法律支持层次是残疾人权利维护和残疾人政策发展的必然途径。在欧盟，由于成员国的多样化，用具有强制力的“硬政策”来统一欧盟各成员国的残疾人政策是件非常不容易的事。但中国不同，虽然国内各地发展不平衡、存在地方差异，但制定并实施全国统一的法律政策是惯例；同时，特殊群体权益的保障必须由具有威慑力和强制力的“硬政策”特别支持也是世界惯例。针对中国目前的情况，吸取欧盟“硬政策”不足的教训，提升各项残疾人政策法律层次是当务之急。

再次，基于不同的政策形成路径，我国残疾人政策的推进，一方面要寄希望于政府当局进行自上而下的政策改良；另一方面还要培养并壮大独立的残疾人组织力量。目前，在中国，市民社会和非政府组织还很稚弱，且在短期甚或中长期内还无法像欧洲残疾人组织那样在残疾人政策发展中起到重要作用，故而，提升领导者的决策力成为中国残疾人政策发展和实施的关键，需要通过国际力量的引导和国际条约的约束、国内学术界的呼吁还有各级残疾人联合会的努力，使社会和当局认识到维护残疾人权利的重要性和必要性。另一方面，也需要壮大残疾人组织的力量，尤其是能切实代表残疾人利益的残疾人组织。虽然中国残疾人联合会及其下属的各级地方联合会在推动中国残疾人政策发展和维护残疾人权益的过程中起了很大作用，但从其目前的机构设置来看，过于官僚化，缺乏独立性，所以，中国残疾人联合会代表残疾人的力量需要加强，其组织运行需要独立化。民间残疾人组织的力量更不容忽视，他们是直接体现残疾人意愿、满足残疾人需求的中流砥柱，也是残疾人福利和服务的重要提供者，创造有利于其发展的环境是推动我国残疾人政策持续、科学发展的长远之计。

最后，从政策的实施层面来说，重视中国长期以来的文化传统，发挥家庭和社区邻里的作用是中国残疾人政策实施的关键。在欧盟残疾人政策的实施中，社会和社区扮演了非常重要的角色。各种类型的残疾人照顾机构和服务提供中心以及遍布各处的无障碍公共设施和法律明确规定的协助义务，使残疾人几乎可以按照自己的意愿独立生活。如果残疾人需要暂时或长期在家独立生活，家庭成员便可以通过服务电话预约上门服务。如果残疾人出门，不管是公共汽车、地铁还是火车，司机和服务人员有帮助残疾人乘车的特定义务，特定座位上的乘客也有让座的义务，大多数公车上都有特定的轮椅停靠空间。在目前的中国，无障碍设施刚刚开始起步，还远远不能满足需求；另一方面基于历史形成的文化传统，家庭还需在残疾人照料方面发挥作用，这个作用不同于以往的传统作用，必须由法律明确规定并且赏罚分明。

第十二章　美国的残疾人保障制度*

与其他许多国家一样,美国残疾人历史上也遭遇了很多的不幸。在历史上,美国社会中曾经将残疾看成是上帝对人的惩罚,对残疾人有着普遍的歧视。但在经历了工业革命、残疾人社会运动和民权运动等重大的社会运动和社会发展以后,当今的美国社会对残疾人的态度已经有了很大的改观。从19世纪末以来,美国逐步建立对残疾人的社会保障和各种服务体系。尤其是从1935年美国建立全国性的社会保障制度以后,对残疾人的社会保障有了较快的发展。在过去半个世纪里,以保障残疾人各种经济与社会权利为核心的美国残疾人事业发展很快。目前对残疾人的各种社会保障和社会服务几乎遍及残疾人所需要的各个领域。可以说已经初步建成了较为完善的残疾人社会保障的体系。

美国的残疾人福利政策既有与其他国家共性的一面,也有其独特性的一面。从共性的方面看,美国的残疾人事业在总体上达到了发达国家的水平,在国际上应该是居于前列。但从其独特性的方面看,美国并没有给残疾人提供高水平的服务。2006年,联合国大会通过了《残疾人权利公约》,目前已有96个国家批准该公约。但在时隔三年以后的2009年7月30日,美国常驻联合国代表苏珊·赖斯才在纽约联合国总部代表美国签署联合国《残疾人权利公约》,使美国成为第142个签署这一公约的国家,在世界上处于对签署此公约不积极的国家之列。并且迄今为止美国国会尚未批准此条约。此外,美国在鼓励残疾人就业,保障成年人就业和教育权利等方面做得较好,但为残疾人提供社会福利方面却常常表现出并不十分情愿。这些看似比较矛盾的情况,说明美国政府和社会对残疾人和残疾人社会保障的态度仍是比较复杂的,反映出美国在人权保护和自由主义理念之间复杂的摇摆:一方面要力图保障残疾人的各种经济与社会权利;但另一

* 作者:关信平,南开大学教授、社会工作与社会政策系主任。

方面又强调残疾人要自立,鼓励有能力的残疾人就业和参加缴费型的社会保险,不情愿给予残疾人过多的免费福利待遇。这种情况一方面使美国的残疾人的福利保障水平落后于其他一些发达国家;但从另一方面看,这正表现了美国社会中自由主义的意识形态和及其影响下的社会保障理念。而这种在保障平等权利基础上,强调"授人以渔"的残疾人社会保障模式也许正是我们需要认真研究和借鉴的。

总的来说,美国仍是世界各国中对残疾人社会保障问题比较重视的国家,在为残疾人提供社会保障和福利待遇方面有长期的经验,但同时也存在很多的问题,它们的经验和问题都能够对我国的政策制定提供参考。本项研究从各种渠道收集了大量的材料,分析了美国有关残疾人社会保障的各种法律,以及国内外对美国残疾人社会保障的各种研究成果。本项研究从广义上理解和分析残疾人社会保障,即不仅分析残疾人的社会保险、社会救助和社会福利,而且还比较广泛地从残疾人的教育、就业、生活照料等方面去分析美国残疾人社会保障体系。我们希望,通过较为全面地梳理和分析美国残疾人社会保障各个领域的历史、现状和特点,可以对进一步完善我国残疾人保障体系提供重要的参考和借鉴。

一、美国残疾人基本情况及残疾人保障制度概貌

经过几百年的发展,美国残疾人社会保障制度已经形成一个复杂的体系。并且在许多方面都显示出其特点。一方面,美国人口众多,残疾人规模也巨大;另一方面,作为当今世界最现代化的国家,美国对残疾人的基本权利保护确实投入了很大的关注。另外,尽管美国政府是当今世界上最有钱的政府,但它却并不包揽残疾人社会保障的财政责任。所有这些情况都基于美国社会的国情、美国残疾人的特点、美国人残疾人社会保障的基本理念以及建立之上的基本制度框架。就像这个国家的其他许多方面一样,美国的残疾人社会保障也是一个复杂的制度体系。在深入分析这个体系之前,我们先将其残疾人的基本情况和残疾人社会保障制度的概貌作一简要的介绍。

(一)美国的残疾定义及残疾人基本情况

据称,仅在美国的各种法律和官方文件中就至少有50多种关于残疾人的定义。在美国最重要的残疾人法律文件,《美国残疾人法》(*Americans with Disability Act*, ADA)中对残疾的定义是:"'残疾'指一个人:(A)具有实质性限制

了其某一方面或者更多方面的主要生命活动的身体或者精神损伤；(B)具有该类身体或者精神损伤的既往史；或者(C)被认为有该种损伤。尽管各国对残疾人的定义大同小异，但具体的测量标准有很大的不同，并因此被纳入“残疾人”的人数也就有很大的差异。同样在美国，在不同的场合对残疾人的界定标准也有很大的差异。在《美国残疾人法》(1990)中提到，“4300万美国人有一种或者多种身体或者精神残疾，并且伴随着人口老龄化的趋势，该数字还在不断地增加。”在1990年，美国总人口约为2.5亿。也就是说残疾人占总人口的比例为17.2%。照此比例计算，在当前约为3.1亿的美国总人口中，残疾人的数量应该为5330万人左右。而美国残疾人网站 Disabled World 指出，大约有14%的美国人存在着听力、视力或运动的障碍。另据美国人口普查局的资料，在2005年有19%的美国人报告其有不同程度的残疾。按此比例，当年美国残疾人数量在5400万。① 按此推算，到目前美国残疾人数量在6000万左右。相比之下，根据世界卫生组织的数据，2004年全世界65亿人口中，具有较明显或严重残疾的人约为1亿人，仅占总人口的1.5%。② 这说明美国对残疾人的标准远远宽于其他大多数国家。

美国对残疾人的界定比较宽泛，其中包括了许多只有轻微残疾的人，也包括了一些暂时丧失某种能力的人，同时也包含了因年老而丧失了某种能力的人。《美国残疾人法》对残疾人的表述是“Americans with disability”，而不是“disabled Americans”。其含义是“带有残疾的人”，而不是“残疾的人”。这种标准的表述本身就说明美国对残疾人的界定是比较宽泛的，包含了所有带有一定残疾的人，而不仅仅是“完全残疾的人”或“严重残疾的人”。在这种宽泛界定之下，被纳入其中的人数自然就会很多。

(二)美国残疾人保障制度概貌

半个多世纪以前，美国总统艾森豪威尔于1954年签署法令，将残疾人纳入社会保障体系。从此，残疾人保障便成为社会保障系统内仅次于退休保障的重要部分。根据美国社保署的最新资料，2009年约有890万人享受残疾人福利，领取的残疾金平均每月为1064美元，联邦政府为此每月支出约91亿美元，每年

① See “Disability News, Information and Resources”, from *Disabled World*, http://www.disabled-world.com/, 2011-5-8.

② See “Disability News, Information and Resources”, from *Disabled World*, http://www.disabled-world.com/, 2011-5-8.

花在这方面的经费高达千亿。① 2010年是《美国残疾人法》(*Americans with Disabilities Act*)立法二十周年,这个法案大大改善了那些需要克服巨大障碍才能全面参与生活的数百万美国残疾人的生活质量,对于全面保障残疾人权利有十分重要的意义。老布什总统在1990年7月26日签署该法案时,称这项立法"不仅给残疾人,而且给我们所有人带来意义重大的再生,因为伴随着作为美国人殊荣的,是保障其他每个美国人权利的神圣职责"②。

与其他西方发达国家一样,美国残疾人社会保障事业长期以来一直建立在传统的人道主义和当代的人权理念基础上,强调残疾人的平等权利,注重对残疾人的社会关照。但同时美国的残疾人社会保障制度也建立在其自由主义的社会福利理念和制度体系的基础上,强调残疾人的自主、自立和自由,这使美国的残疾人社会保障制度具有不同于欧洲等其他西方国家的特点。认真总结美国残疾人社会保障制度的"人道主义—人权—自由主义"三维理念基础及其建立之上的制度体系,对于我国构建和发展积极的残疾人社会保障制度具有重要的借鉴意义。同时,美国的残疾人社会保障制度是建立在"准福利国家"的社会保障制度基础上,这使得残疾人社会保障体系与其总体的社会保障之间具有更加复杂的关系。这种情况与我国当前的情况比较接近。再有,美国的残疾人社会保障体系具有政府与社会,联邦政府、州政府和地方政府共同负责和协调的制度化模式,这对我国未来残疾人社会保障制度的建构和发展也具有启发意义。

在美国,被纳入残疾人范畴的人数巨大,要求政府、企业和社会为残疾人提供各种权利保障和福利服务的范围也会很大。这客观上对维护残疾人权利和帮助残疾人的就业、教育以及医疗康复等都具有重要的意义。但另一方面我们也看到,事实上直接接受政府福利救助的残疾人数量并不是很多,仅占不到残疾人的20%。在对美国残疾人社会保障的研究中,一方面要分析美国相关法律及联邦政府和地方政府对所有残疾人的权利保护和服务,同时要重点分析对其中少数重度残疾人或困难残疾人的福利救助。

① 参见Xiao:《残疾、权利、能力、尊严:美国完善残疾人保障制度》,《美国参考》(美国国务院中文宣传材料)2010年12月6日。

② Xiao:《残疾、权利、能力、尊严:美国完善残疾人保障制度》,《美国参考》(美国国务院中文宣传材料)2010年12月6日。

二、美国残疾人保障制度的历史沿革

美国的残疾人保障事业的历史发展实际上是一部残疾人的人性化史。残疾人社会保障制度的发展经历了一个从无到有、从不完善到完善的历程。从以社会救济为主,到社会保险的建立、福利国家的全面推广及福利国家的改革,这一历程反映了世界社会保障制度的发展轨迹。在这一轨迹中,美国残疾人社会保障制度也经历着同样的历史发展和制度演变:从社会救济到社会救助的制度化;从社会救济大社会保险的建立;从社会救助和社会保险到社会福利的延伸。根据美国学者 Juliet C.Rothman 的划分,从时间上可以将美国残疾人社会保障及福利事业发展的制度演变划分为四个阶段:殖民时期、19 世纪、20 世纪早期、20 世纪五六十年代。① 为了论述的方便,本书中将美国残疾人社会保障发展的历史分为早期的历史和当代的发展两大部分。

(一)美国残疾人保障发展的早期历史

1.社会救济时期(殖民时期)

在美国的殖民时期和建国初期,残疾被认为是"上帝不悦的见证",由此导致残疾人得不到社会的承认。在这一时期,残疾人照顾主要是由家庭承担。如果残疾人没有家庭,社区将承担起照顾他们的责任。但当时对于残疾人的救济仅仅是一种纯粹的慈善行为,没有制度化的制度措施,并且救济水平低下。当时。美国人依据英国的《伊丽莎白济贫法》为残疾人提供了基本的生活保障,但除此之外几乎没有任何其他的救助。在这一时期残疾人也没有群体意识,没有有效地组织起来以争取自己的合法权益。由于当时残疾人基本上依赖家庭,一般生活于地下室或地阁楼中,缺乏与其他残疾人之间的沟通和交往,社交圈狭窄,大多处于被社会隔离的状态,对周围环境及外界信息了解甚少。所以,在这样的时代和社会背景下,残疾人个体很难通过正式或官方的渠道来维护自身的权利。

2.从早期慈善救济到社会救助的制度化(19 世纪)

19 世纪中叶是美国针对残疾人的社会政策的开端时期。② 在这一时期中,

① 参见[美]Juliet C.Rothman:《残疾人社会工作》,曾守锤、张坤等译,华东理工大学出版社 2008 年版,第 23 页。

② See David Pfeiffer, " Overview of the Disability Movement: History, Legislative Record and Political Implications", *Policy Study Journal*, Vol 21, No.4, 1993, pp.724-734.

美国经历了工业革命、独立战争和美墨战争等重大的变迁和事件，对残疾人的态度和实际的服务也有了重大的进展。首先，工业革命使得矿产业和早期的工业企业都是危险的工作场所。矿难、黑肺病、癌症等引起的残疾常常威胁着勤劳养家的男性，使他们患病和残疾的可能性大大增加。但这时对残疾人的救济仍是一种慈善行为。其次，在美国国内战争期间（1861—1865 年），许多士兵因伤致残。仅仅在受伤的盟军士兵中，就有 3 万人被截肢。照顾这些截肢者，使他们可以过上充实而有意义的生活成为摆在政府面前的一项任务。政府鼓励残疾军人回到自己的家庭，在适合自身残疾状况的岗位上工作，并且给他们提供残疾津贴。由于国内战争退伍军人的数目非常庞大，因此，到 1900 年时，这项津贴已经成为政府最大的一项财政开支。①

再有，在 19 世纪中叶，由于工业革命推动教育的发展，美国社会对年轻人接受教育提出了更高的要求。但是残疾人所面临的特殊问题使其受教育成为了一个难题，并因此而受到社会的关注。在这种情况下，如何为智力残疾、视力残疾以及听力和言语残疾等残疾人提供适宜的教育机会就成为了当时社会政策的一个重点问题。在这一背景下，美国马萨诸塞州议会成立了一个委员会研究这些问题，并于 1849 年拨款在波士顿市建立了马萨诸塞州智障儿童及青年学校，其校长就是著名的萨穆尔·格里德列·豪（Samuel Gridley Howe）。② 尽管当时残疾人学校的模式仍存在着很多问题，但当年所开创残疾人学校的实践成为了后来美国残疾人特殊教育的先导。

3.从社会救济到社会保险的建立（20 世纪早期起）

20 世纪 20 年代以后，随着残疾人开展争取自己权利的运动，美国逐步认识到了国家对于残疾人应承担的社会责任，于是有了针对工人的补偿金，职业康复服务项目也开始给某些残疾人提供援助。1920 年《美国康复法》扩大了 1916 年《国防法》的职业康复覆盖范围，所有的残疾人（不仅仅是退伍军人）都有资格获得职业康复。介入的重点是就业培训、就业咨询、就业安置和为残疾人就业所进行的就业调整。这项服务的资金由州政府和联邦政府共同承担，而且州政府还必须承担服务项目的开发和筹划。

---

① 参见［美］Juliet C.Rothman：《残疾人社会工作》，曾守锤、张坤等译，华东理工大学出版社 2008 年版，第 25—27 页。

② See David Pfeiffer, "Overview of the Disability Movement: History, Legislative Record and Political Implications", *Policy Study Journal*, Vol 21, No.4, 1993, pp.724-734.

20 世纪 30 年代,“罗斯福新政”开创了美国联邦社会福利政策的先河。被誉为美国历史上最伟大的总统之一的罗斯福(Franklin Delano Roosevelt)本身也是残疾人,他就在这一时期积极促成了一个名为“爱心纽扣”的研究小儿麻痹的组织。这一组织通过各种形式的游说活动和政治动员,使美国国会和行政机构开始逐步关注残疾人的利益问题。1935 年《美国社会保障法》把残疾人纳入了社会保障项目之中,成为了美国残疾人社会保障制度发展的一个里程碑。《社会保障法》为老人、盲人和残疾儿童(但不包括其他残疾人)提供保险和永久性的公共援助。在 1935 年的《社会保障法》中有三种主要的社会福利服务:联邦要求、各州运行的失业保险;全国性的缴费型的养老保险;以及由联邦提供补贴的公共救助。这三项福利服务中为残疾人提供公共救助。并且开始实行为贫困者和残疾者提供的医疗补助计划(Medicaid)。此外,1943 年《巴登—拉佛列特法案》进一步将职业重建服务涵盖范围扩大到精神障碍者及智障者,并成为第一个联邦与州政府为盲人职业重建服务的法案。

(二)美国残疾人权利运动的兴起和发展(20 世纪早期起)

在 20 世纪早期,美国社会中仍然存在着对残疾人的偏见和歧视。残疾人,尤其是智力残疾人被认为是社会的负担,以及对人种的损害。因此当时一些州通过立法对智力残疾人实行强制性绝育。例如,1927 年美国最高法院支持将智力残疾人绝育纳入弗吉尼亚州立法中。到 1938 年,美国有 33 个州有绝育法。从 1921 年到 1964 年,在美国有 6.3 万人因为“与基因有关的原因”而被非自愿性地绝育。20 世纪 60 年代以后,此类事件逐渐减少,但仍有 26 个州保留了因智力残疾而绝育的法律规定,其中 22 个州是强制性的。① 并且,直到 20 世纪后期,美国社会中仍有不少侵犯残疾人基本人权的事例。

同时,从 20 世纪早期起,美国兴起了残疾人权利运动,开始出现了由关心残疾人的民众建立,并致力于帮助残疾人争取权利的组织。例如,一些第一次世界大战中受伤致残的退伍军人联合起来,组织了美国盲人基金会(American Foundation for Bliind,AFB),旨在教育公众重视视力残疾问题。许多智障儿童的家长也组织起来,成立了一些组织,保护弱智儿童免受排斥。这些组织联合起来,在 1950 年建立了美国智障公民协会(National Association for Retarded Citizens,

① See David Pfeiffer, “Overview of the Disability Movement: History, Legislative Record and Political Implications”, *Policy Study Journal*, Vol 21, No.4, 1993, pp.724-734.

ARC)。同时,许多为脑损者主张权利的组织联合起来,成立了全国性的组织,并且在华盛顿特区建立了脑损者组织协会联合政府活动办公室(The Governmental Activities Office of the United Cerebral Palsy Associations)。这些组织对残疾人权利运动产生了巨大的推动作用。

第二次世界大战以后,残疾人权利运动继续发展,一些新的残疾人组织建立了起来。例如,全国盲人联合会(National Federation of Blind,NFB),美国残疾老兵组织(Paralyzed Veterans of America,PVA)等,这些组织致力于为残疾人争取各种权利,尤其是集中于残疾人的福利保障。在早期,不少残疾人组织的领导人是残疾人的父母,而不是残疾人本人。他们在为其残疾人孩子争取权利和利益的同时,也是在为自身争取利益。因为如果社会不给残疾人提供福利保障待遇,那这种责任就要由父母去承担。但后来,随着残疾人权利运动的逐步发展,尤其是在20世纪50—60年代与民权运动、妇女运动一起发展,使残疾人组织中的残疾人不断成熟,逐渐走上了领导的位置。

第二次世界大战以后的残疾人运动不仅直接为自身争取权利和福利保障待遇,而且还通过各种方式影响美国的政治进程。在20世纪70年代成立了美国残疾公民协会(American Coalition of Citizens with Disability)。这一组织在政治上比较活跃,它在卡特总统时期通过游说的方式去影响政治,但最初由于其所拥有的资源有限而未能成功。在1977年4月4日,该组织发动了一场全国性的静坐示威活动,要求卡特政府签署有关残疾人的504条款,最后获得了成功。当年4月28日,在华盛顿召开了"白宫关于残疾人士的大会",这是美国残疾人运动的一个分水岭,在此次大会上,美国政府若干部门宣布实施残疾人优惠政策,为残疾人提供各种优待。此后,美国残疾人组织对政治的影响逐渐加大。一方面是通过游说的方式影响国会的立法和白宫的政策;另一方面是通过有组织的活动而影响选举。后一方面最典型的例子是在1988年的总统大选中,布什反败为胜,最终赢得了大选,其中残疾人的选票起了很大的作用,因为共和党候选人(布什)承诺将大力推动将残疾人纳入到主流社会中。①

总而言之,在经过了许多年的努力后,残疾人权利运动终于登上了美国全国性的政治和政策决策的舞台,进入了核心的政治进程中,对美国国会的立法和行

① See David Pfeiffer, "Overview of the Disability Movement: History, Legislative Record and Political Implications", *Policy Study Journal*, Vol 21, No.4, 1993, pp.724-734.

政部门的政策制定和实施起到了重要的影响作用。在这种力量的影响下，美国对残疾人的权利保护和福利保障政策也随之而逐渐发展。

（三）当代美国残疾人保障事业的发展

1.从社会救助和社会保险到社会福利的延伸（20 世纪五六十年代）

20 世纪五六十年代西方各国广泛建立了福利国家制度，美国也开始努力扩大社会保障的范围，社会保障制度日趋完善。在这一背景下，美国政府制定了社会保险和社会救助以外的残疾人福利项目——就业、医疗、康复、生活照料以及心理、无障碍建设等。

首先，在 1950 年规定，永久性和重症残疾人可适用于社会保障法。1954 年“老年和遗嘱保险”部分内容加进残疾保险的条款，发展为“老年、遗嘱和残疾保险”。1956 年正式通过《残疾人社会保障保险法》（SSDI），为残疾工作人员及其残疾子女提供补助金。资金来源于雇员、雇主和自营业者缴纳的社会保险税，残疾保险收入税、投资收益和政府拨款只占总资金的一小部分。此外，1972 年颁布的补充保障收入（Supplemental Security Income，简称 SSI）是社会救助的福利项目，1974 年开始实行，代替了州管理的帮助老年人、失明人和残疾人的项目。福利对象是至少 65 岁的老年人、失明人、残疾人和低收入的人。资金来源于联邦政府和州政府、地方政府，但行政管理主要由州政府和地方政府负责，并由其决定接受援助的资格标准和收益水平。在一定程度上为残疾人提供了基本的生活保障。总之，美国自 20 世纪 30 年代实施罗斯福新政和 60 年代约翰逊总统推行“伟大计划”以来，作为以市场取向、低福利支出为制度特点的福利国家，美国建立了以社会保险为主、补充保障收入为辅的残疾人社会保障制度，美国的残疾人保险自成体系，已成为美国社会保障制度对象较多、作用较大的险种之一。

其次，残疾人在这一时期获得了进一步的保护，其标志是美国国内出现了大型的集体性慈善机构，接收了大部分的残疾人。但是，这些机构的目的仅仅是保全比较严重的残疾人的生命。而且，这些机构有意地对残疾的原因进行了区别，例如，把因为工业事故和战争而致残的人和其他的人分开，并给予不同的待遇。这种行为体现了社会在残疾人地位上的建构，因而导致那些由于自身原因而造成残疾的人处于边缘化和受歧视的地位。① 但是，在 20 世纪后半期美国民权运动的冲击下，人们开始用社会认识而不是个人认识来理解残疾。在这一运动的

① 参见杨俐：《残疾人权力研究》，吉林大学 2009 年博士学位论文，第 54 页。

影响下，美国在20世纪50年代到60年代出现了争取“去机构化”(deinstitutionalization)的残疾人权利运动，“要求允许那些具有严重身体残疾的人开始进入社会主流，使这一新的人群进入了不断发展的残疾人权利运动之中”①，从而大大加强了残疾人权利运动的力量。“去机构化”的残疾人权利运动的法律结果是立法机关在1963年通过了《社区精神健康中心法》，国家开始逐步取消大规模的福利机构，将残疾人融入到社区之中。这一结果在承认残疾人的尊严和发展潜力的同时，也充分反映出之前的社会建构对于残疾人权利所造成的消极影响。

再有，随着残疾人自己以及各种残疾人利益组织争取权利运动的发展，美国又相继通过了1970年《建筑物障碍法》、1973年《国家康复法》、1974年《收入补助保障法》、1975年《发展性障碍患者保护法》以及1975年《残疾儿童平等教育法》。这些法律从无障碍、医疗康复、不歧视和教育平等各个方面对残疾人进行了保护。其中，尤其应该注意的是《国家康复法》，它被认为是最早的针对残疾人的民权立法。与以前的残疾人保护立法相比，该法的目的不再是仅仅为残疾人提供或者扩展福利，而是试图建立一种残疾人全面参与和融入社会的权利模式，因而标志着美国国家残疾法律和政策发生了根本性转变。②

总之，美国在这一时期对于残疾人保护呈现出由社会保障模式向人权模式转变的倾向，这是与民众对残疾的社会认识的接受，以及残疾人主张自己权利的运动分不开的。

2.20世纪80年代以来美国残疾人社会保障的发展

自20世纪80年代以来，美国残疾人不断争取自己的权利，迫使美国政府制定了大量保护残疾人权利的立法。这些立法涉及残疾人享有的政治、经济、社会和文化各个方面的平等权利，包括1985年《精神病患者权利法》、1988年《公民权利修订法》、1988年《公平住房法》、1988年《空中运输工具无障碍法》、1990年《美国残疾人法》、1997年《机构化个体的公民权利法》等法律。其中，《美国残疾人法》最具有代表性和重要性，因为该法对于残疾人的保护，“并没有被界定为高层施舍的福利或慈善事业，他们采取了权利的形式”，“其目的在于使生

① Doris Zames Fleischer and Frieda Zames, The Disability Rights Movement: From Charity to Confrontation, Temple University Press, 2001, p.33.

② See Richard K.Scotch, From Good Will to Civil Rights: Transforming Federal Diasbility Policy, Temple University Press, 2001, p.1.

活机会平等化，给予残疾人和其他人同样进行选择的机会”①，因此，这部法律被认为是美国采取人权模式，而不是福利模式处理残疾问题的里程碑。从而使得《美国残疾人法》成为一部比较全面和完善地保护残疾人权的法律。该法案通过制定强制性的执行标准和清晰地界定联邦政府在该法案执行中的监督职责，对各种歧视行为的消除作出了明确的规定。

1992 年 1 月，《美国残疾人法》进入实施阶段。《美国残疾人法》与其他民权法律不同，跟种族、性别或宗教要求的权利不同，对残疾人，需要提供方便设施和方便的社会条件。

可以说，美国残疾人的社会保障史经历了 300 年的发展，是一场从道德化向着更加法制化、人性化发展的社会运动。从总体上看，美国的残疾人社会保障制度是一种自保公助型保障模式。其对残疾人的社会保障提供主要以保险为主、补充收入为辅。除此之外，国家对残疾人提供的资金支持是有限的，并且美国的残疾人社会保障制度高度市场化，并依各州的实际情况而有所差异。

三、美国残疾人的就业保障

残疾人的就业问题在当代各国都是残疾人问题的主要方面，在美国也不例外。并且，这两个方面的基本保障从广义上看也具有社会保障的意义。残疾人的就业保障一是残疾人的就业权利保护，二是为残疾人提供特殊就业服务

（一）《残疾人法案》中关于残疾人就业权利保护的相关规定

美国《残疾人法案》（*The ADA*）中关于就业的规定中主要涉及雇主的责任和残疾雇员的权利两个方面。在这两个方面分别以“合理调整”和“过度负担”来体现对雇主责任的要求和对雇主利益的保护。

法案规定，为使残疾人能够在雇佣机构进行工作，雇主或雇佣机构需要作出必要的调整，即“合理调整（reasonable accommodation）。合理调整是指：（1）对工作申请程序的改进或调整，使合格的残疾求职者可以获得雇主考虑的机会；（2）对工作环境的改进或调整，或对工作职位履行的通常方式或者环境的改进或调整，使雇员可以从事工作基本职责要求的内容；（3）使残疾人可以和类似情形的

① ［美］弗里德曼：《选择的共和国：法律、权威与文化》，高鸿钧译，清华大学出版社 2005 年版，第 189 页。

非残疾人一样平等享有雇佣权利和利益的改进或调整。① 合理调整通常包括以下措施:(1)使雇员使用的现有设备易于被残疾人接近和操作;(2)工作程序的调整,非全职工作日程或者对工作日程的修订,分配到其他空缺岗位,购买或者改造设备或者装置,考试、培训材料、政策的适当调整或修改,提供合格的朗读者或者口译者,以及为残疾人提供的其他类似的调整措施。②

法案规定雇主有责任和义务为残疾雇员的顺利工作作出调整,然而,任何调整都有其成本,因此,为了不至于因为"调整"而影响雇佣机构正常的生产经营,法案还通过"过度负担"(undue hardship)的界定对有义务的雇主进行合理保护。

过度负担,即某项调整措施对雇主带来重大的困难或花销。③ 按照《美国残疾人法案》的规定,如果安排一名残疾人就业所需要的调整将可能导致雇主经济上的严重不利,造成雇主的过度负担,那么该调整即超出了合理的范围,该残疾人不是适格残疾人,雇主可以对其不予雇用并不会构成法定的歧视。④ 判断某一调整是否给相关机构施加了过度负担,需要考虑如下因素:(1)调整的性质和费用;(2)设备调整所需要的费用、该设备的用工人数及设备调整所带来的耗资和资源损益;(3)该机构的资金总量、用工规模、设备的数量、类型及场地状况;(4)该机构的运转情况,包括职工队伍的组成、结构和职能分配,该机构的地理位置、管理及财务状况。⑤

此外,《美国残疾人法案》中还对反歧视等方面作了明确的规定,要求任何相关机构不得因为残疾而在工作申请程序、雇用、提升或解雇雇员、雇员赔偿、职业培训以及其他条款、条件以及优先雇用方面歧视合格残疾人。具体包括禁止在雇佣申请和审核中对残疾人单独分类,禁止在管理规则中包含歧视残疾人的条款,要求对残疾人提供平等的工资和津贴,禁止一些对残疾人的医疗检查和调查,并且要求对残疾人的医疗记录保密。同时还规定了处理歧视控告的手段,包括行政诉讼和调解等方面的具体规则。

(二)美国残疾人就业安置的主要方式

就业安置是美国促进残疾人社会融合的重要方式。从 20 世纪 40 年代,美

① ADA 条款 29C.F.R. § 1630. 2(o),转引自 http://www.ada.gov。

② ADA 条款,转引自:http://www.ada.gov/archive/adastat91.html。

③ ADA 条款,转引自:http://www.ada.gov/archive/adastat91.html。

④ 滕少艳:《美国反残疾人就业歧视法研究》,山东大学 2009 年硕士学位论文。

⑤ ADA 条款,转引自:http://www.ada.gov/archive/adastat91.html。

国就已逐渐形成了针对残疾人的就业安置模式。主要的有庇护工场、对残疾人的支持性就业以及鼓励残疾人自主就业。

（1）庇护工场。作为传统的就业安置模式，庇护工场是指对于那些具有基本自我照顾能力，但不能参加竞争性就业，需要庇护工作及有工作意愿或能力的残疾人所设立的工作场所。其适用的对象是有基本自我照顾能力的智障人士。庇护工场的特点是提供非融合式的就业训练与安置。工场的员工除了就业辅导员或相关行政人员外，大多数为智障者。其环境完全依据智障人士的状况加以规划。这是一项福利服务，机构和员工之间不存在雇佣关系。庇护工场提供多种服务，包括适当的工作，学习如何适应一般的工作要求，培养工作习惯，加强技能训练，发展其社交技巧和人际关系，发挥谋生潜能等。

（2）支持性就业。支持性就业是指残疾人在融合的环境中工作，在求职和工作过程中得到专家持续、即时的支持。支持性就业适用的对象是轻度及中、重度残疾人，其长处是残疾人在融合的环境中，有利于社会融合、有报酬、适用于任何程度的智障人士。目前，在美国支持性就业主要有四种模式：一是个人安置模式（The Individual Placement Model），通常由就业辅导员就近在社区中找到一个工作岗位，再将残疾人直接安置到该岗位上。二是小组安置模式（The Clustered Placement Model），残疾人以小组方式在相同的单位进行工作，就业辅导员对小组中的残疾人提供密集的指导与协助。三是机动工作小组模式（The Mobile Crew Model），小组由几名残疾人组成，通常在社区中担任长期的契约性服务。他们可能根据契约需要，往返于社区内不同的服务场所之间，如室内清洁、户外园艺修整等。他们的职业技能训练和工作监督由专门的就业辅导员担任。四是小型企业模式（The Enterprise Model），这种模式通常是以包工的方式承接工作，如先承包当地工厂的包装工作，然后再训练残疾人从事该项工作。美国通过支持性就业，使得人们改变了对残疾人就业的潜能和工作能力的看法，同时，也促进了残疾人的社会融入。

（3）竞争性就业（自主就业）。自主就业指的是残疾人在正常的工作场所独立工作，同工同酬，不需要就业辅导员特别的协助与支持。残疾人可经由支持性就业向竞争性就业过渡。该模式适用的主要对象为轻度的残疾人。他们拥有必要的工作技能。在适当的支持下，能够根据自己的兴趣爱好寻找合适的工作。①

---

① 参见刘春玲：《美国智障人士社会融合研究》，《中国特殊教育》2006年第9期。

（三）美国残疾人就业政策存在的不足

尽管美国对残疾人就业给予了很高的重视，采取了各种行动去保护残疾人的就业，但在一个高度竞争的社会中，作为就业弱势群体的残疾人在就业中仍存在一些问题，尤其是在全社会性的就业困难时期，残疾人的就业问题就更加严重。美国的一些研究表明，在实施了《美国残疾人法案》（*ADA*）后，残疾人的就业状况不仅没有改善，反而下降了。例如，根据美国芝加哥大学一位学者在20世纪90年代的一项经验研究，在实施《美国残疾人法案》之前的1985—1990年，被调查的男性残疾人的就业率为59.8%，而在实施了《美国残疾人法案》之后的1991—1995年，这一比率反而下降到了48.9%，下降了10.9个百分点。而这两个时期中非残疾的男性劳动者的就业参与率从95.5%下降到了92.4%，只下降了3.1个百分点。该项研究由此得出结论，认为实施《美国残疾人法案》后的五年里，其对残疾人就业的实际效果是负的7.8%。这项研究对这一现象的解释是，由于实施《美国残疾人法案》而使企业雇用残疾人的成本增大，因此导致企业减少雇用残疾人。同时，由于在《美国残疾人法案》的保护下企业解雇残疾人更加困难，因而也导致企业减少对残疾人的雇用。① 这种情况说明，至少在90年代中期美国社会中对残疾人的保护仍没有成为全社会的自觉的行动。尽管已经出台了保护残疾人就业权利的法律，但企业对残疾人就业权利保护的意识和行为仍还比较低下，不少企业想办法规避自身的责任。同时，政府对企业的支持和监管也不足。

此外，中国国务院新闻办公室2011年4月10日发表的《2010年美国的人权纪录》披露，在2007年12月至2010年10月，美国共减少750万个职位。据美国劳工部2010年12月3日公布的数据，2010年11月，美国失业率为9.8%，有1500万人失业，其中41.9%的人失业27周或更长时间。该文献同时指出，据美国劳工部2010年8月25日公布的数据，2009年，残疾工人失业率为14.5%，近1/3的残疾人只做兼职工作，有学士或以上学位的残疾人的失业率为8.3%，高于非残疾的大专院校毕业生的4.5%。2010年7月，残疾人失业率高达16.4%。2009年，2.1万多残疾人因遭受就业歧视向美国联邦均等就业机会委

① See Thomas DeLeire (2000), "The Unintended Consequences of the Americans with Disabilities Act", *Regulation*, Volume 23, No.1, pp.21-24.

员会投诉，比 2008 年和 2007 年分别增加 10%和 20%。① 这些数据都说明，在最近十年中没有充足的数据表明美国残疾人的就业得到了有效的改善。尤其是近年来由于金融危机而导致的失业高峰中，残疾人失业率明显高于普通人。这再次说明美国残疾人就业保障存在着缺陷，在美国社会中残疾人的就业仍然存在着比普通人更大的困难，美国的残疾人就业政策及其对残疾人就业权利的保护还需要进一步加强和优化。同时这也提醒我们，对残疾人就业法律保护的具体实施可能比立法更加困难。

四、美国残疾人的社会保险与社会救助

在当代社会中，社会保险和社会救助是社会保障体系中的两大主体制度，它们与社会福利制度一起，构成了当代社会保障体系的三大支柱制度体系。在美国，社会保险和社会救助均有明显的残疾人社会保障功能，但这两个方面所产生的效果又各不相同。

美国联邦政府针对残疾人的社会保险是残疾人保险项目（SSDI，又简称为 DI），针对残疾人的社会救助项目是补充收入保障项目（Supplemental Security Income，简称 SSI）。这两个项目都属于美国社会保障署（SSA）管理。这两个项目的共同特点是，它们都是向因身体或智力残疾而无法获得足够收入的个人提供收入保障，因而其受益者都必须是达到一定医学标准的残疾人，而且这两个项目度其受益者规定的标准都是一样的。同时，这两个项目都要求其受益者提供必要材料去证明他们确实因身体或智力残疾的原因而无法从事各类“有足够收入的工作”（Substantial Gainful Work）。此外，这两个项目都只提供给因残疾而无法工作达到 12 个月以上，或因残疾而导致在一年之内死亡的个人或家庭。除了这些共同之处以外，SSDI 和 SSI 分别属于社会保险和社会救助两大类不同的社会保障项目，其受益资格、待遇水平、申请程序和资金来源等方面都不同。在本章后面的内容中将分别介绍和分析这两大项目的基本情况。②

---

① 参见国务院新闻办公室，《2010 年美国的人权纪录》，中央政府门户网站，http://www.gov.cn/jrzg/2011-04/10/content_1841245.html，2011 年 4 月 10 日。

② See Joe Soss and Lael R.Keiser（2006），“The Political Roots of Disability Claims：How State Environments and Policies Shape Citizen Demands”，*Political Research Quarterly* 2006；pp.59，133.

（一）美国残疾人的社会保险

美国联邦政府的社会保险项目诞生于1935年。经过近80年的发展，已经成为相当成熟的制度。这一制度覆盖了相当一部分具有劳动能力，并且实际处于就业之中的残疾人。而对于因残疾而无法获得足够就业收入的残疾人，美国于1956年正式通过《残疾人社会保障保险法》（*Social Security Disability Insurance*，SSDI）项目。

美国的《残疾人社会保障保险法》（SSDI，或简称为DI，有时又被非正式地称为"残疾保险待遇"，DIB；或"第二章待遇"，Title II benefits①）是由工薪税支持的联邦政府的项目，由联邦社会保障署统一管理。其目的是为了给因残疾而无法正常工作的人提供收入支持。该项目对无法工作的残疾人将提供持续性的收入支持，直到其情况得到改善。而如果其情况一直无法改善的话，则将一直持续提供收入支持。此外，《残疾人社会保障保险法》是一项社会保险项目，受益条件一是过去曾经就业并参加过联邦社会保障（社会保险），并且是因为生理失能而无法继续正常工作。也就是说，参加了就业并缴纳了社会保障税的人，只有只需要证明自己是残疾人就可以申请这一项目，而无须证明自身的经济困难，这一点与（后面将要分析）"补充收入保障"项目有明显的不同。当然，由于许多因残疾而中止工作的残疾人，其家庭也处于困难之中，而残疾人社会保险项目难以满足他们所有的需要，因此许多人在申请残疾人社会保险待遇的同时也申请并获得社会救助类的补充收入保障。

社会残疾保障保险（SSDI）在结构上与其他社会保险项目类似，从业人员通过就业和交纳社会保障税保护自己和家人。如果一个人因为退休、死亡或严重的身体和心理精神损害而停止了收入，他本人、他的家属或生存的人就可以因此获得保险收益以代替失去的收入。SSDI是社会老年保障、生存和残疾保险项目的一个基本部分，通常认为SSDI是为老年人提供经济保障的退休项目，但是SSDI也为工作家庭提供了重要的社会保障。②

美国联邦政府的残疾人社会保险的经费来源是美国社会保障税，即根据美国《联邦保险缴费法》（*Federal Insurance Contribution Act*，FICA）所规定的一种工薪税（即社会保险缴费）。这项税收由在业的雇员、雇主和自雇者共同缴纳。残

① 这种称呼是出自于《美国社会保障法》第二章中对此类待遇的规定。

② 参见黄翠清：《美国的社会残疾保障福利项目SSI和SSDI》，《中国卫生事业管理》2001年第10期。

疾人受益者在其就业期间也缴纳此项税收，由美国社会保障署统一管理经费开支。当他们因残疾失能而无法工作时，就可以申请残疾人社会保险待遇，包括为维持残疾人本人及家庭所需的费用，以及因残疾而去世后对其遗属的津贴。更具体讲，残疾人社会保障保险金的发放对象主要包括（1）在残疾前至少有 20 个季度工作记录的残疾人；（2）工作记录不满 20 个季度，但残疾前有一半时间有工作记录的残疾人；（3）生活贫困的无业残疾人和盲人；（4）未婚或寡居的残疾妇女；（5）残疾孩子（其父母必须可以领取残疾人退休金）。

残疾人社会保险按月发放，其待遇标准依受益者的年龄、在业时的收入水平的不同而不同。这一项目申请的程序比较复杂，一般要等五个月，有时更长。主要原因是对残疾状况的审查比较烦琐。申请者要提供残疾的医学证明，要接受身体机能的测试，证明确实无法工作，并且还有一系列复杂的审核、听证等程序。但一旦申请者通过了审核程序后，就可以成为受益者，一直领取社会保险待遇直至去世，或者直至身体机能恢复到可以工作的水平。当身体恢复到可以工作后，往往并不马上全部取消待遇，而是有一个转化期，让受益者先工作，并保留一部分现金待遇和医疗待遇，然后根据实际情况慢慢取消其待遇。①

（二）美国残疾人的社会救助

1972 年颁布的补充收入保障（SSI）②是社会救助项目，1974 年开始实行。补充收入保障是美国政府向贫困的老年人、残疾人按月发放的生活补助。该项目的限制条件非常严格，对受助者的财产和收入限额有严格的规定。能够领取这种补助的人多数为残疾人、老年人。该计划的费用来源于联邦政府税收收入，并由联邦政府的社会保障管理署（SSA）的地区办公室主要负责管理。③ 2008 年，个人月总收入 2016 美元以下，每月领取 637 美元；家庭月总收入 2973 美元以下，每月领取 956 美元；补助经费来自国家税收。④ 根据一些统计数据，申领补充收入保障的残疾人中，妇女和有色人种的比例高于他们在普通人群中的比例。这也反映出美国贫困的一个特点：妇女和有色人种中的贫困率高于平均

① 参见美国残疾人社会保障服务网站上的“SSDI / Social Security Disability Insurance”条目，http://www.socialsecurityhome.com/ssdi.htm；以及美国联邦卫生与人类服务部健康服务中心网站上的同一条目：https://www.cms.gov/apps/firststep/content/ssdi-qa.html。

② 一些作者将这一项目译为“社会安全生活补助”，见黄苏宁：《美国社会保障及残疾人福利启示》，《中国残疾人》2009 年 3 月。

③ 参见王安：《中美残疾人福利制度对比》，http://8ok.com/bbs/200911/bmsh/6628.shtml。

④ 参见黄苏宁：《美国社会保障及残疾人福利启示》，《中国残疾人》2009 年 3 月。

比率。

美国的补充收入保障项目针对社会最困难的人群,所以历次福利改革中受到的冲击不大,项目运行一直比较稳定。但在20世纪90年代的改革中也收到一定的影响。美国社会保障制度中一直存在着对穷人比较严厉的传统,对贫困的残疾人也在一定程度上是如此。在80年代到90年代早期,一些研究者就指出,美国对残疾人的社会救助不利于有劳动能力的残疾人就业,一些人提出应减少对有劳动能力残疾人的救助。①

1996年美国国会通过了“个人责任与就业机会折中法案”(The Personal Responsibility and Work Opportunity Reconciliation Act,简称PRWORA)的福利改革法案,并得到了当时美国总统克林顿的签署批准而正式成为法律。该法律对美国的社会救助制度进行了重大的改革,旨在鼓励和支持人们努力脱离对社会福利制度的依赖,走向自食其力的道路。这一法律的颁布结束了自1935年以来联邦政府对穷人的没有限制的福利补助。它规定多数贫困家庭享受福利救济补助的时间不得超过5年;有劳动能力的成年人在接受福利补助的两年内必须参加工作;对穷人的食品券补助作了明确限制,规定有工作能力而又不抚养孩子的人在三年之内只能领到的食品券补助;对新移民在头五年内不能领取食品券,也不能领取残疾补助。②

此项改革对残疾人的社会救助也产生了一定的影响。从前主要为低收入的老年人、盲人和残疾人提供现金的国家的主要现金福利项目,如食品券和补充保障收入等项目都被砍去10%左右的资金。同时在鼓励人们参加工作方面加大刺激力度。用前总统克林顿当时的话说,这一改革的目的是恢复美国福利制度原来的宗旨:提供第二次就业机会,而不是将其作为一种生活方式。③ 在这一原则下,美国在在更大范围内引入工作测试。要求过去不能工作的被救助者外出寻找工作。这一要求扩展到了部分工作能力的残疾人,所采取的措施也越来越严厉,从减少付款到终止资格。

(三)SSDI和SSI的运行方式

与其他社会保险类的项目一样,美国的残疾人社会保障保险项目(SSDI)是

---

① See Edward H.Yelin, And Patricia P.Katz “Making Work More Central to Work Disability Policy”, *The Milbank Quarterly*, Vol. 72, No.4, 1994.

② 参见范颂九:《美国大改福利制度》,《光明日报》1996年8月26日。

③ 参见《美国“自食其力”福利制度改革成效明显》,新华网,2003年10月20日。

依据劳动力的缴费而获得受益资格,而补充收入保障(SSI)则属于社会救助类项目,其受益资格是依据个人和家庭月收入水平(包括实物收入),以及家庭总财产情况(不包括汽车、住房)。由于其受益资格所依据的条件不同,这两类项目所针对的社会保障对象也就不同。残疾人社会保障保险项目主要是面对有劳动能力和有收入的残疾人,而补充收入保障则主要针对家庭贫困的残疾人。但是这两类项目之间在保障对象方面并不完全相互排斥,而是有一定的交叉,领取了残疾人社会保障保险的人,如果家庭仍然贫困,也还可以再申领补充收入保障。

申请补充收入保障者首先要向美国社会保障管理署的地区办公室提交申请。在接到申请后,首先由州残疾审核员(state-specific Disability Examiners)去审核确定申请者是否达到了该项目规定的残疾医学标准。如果州残疾审核员认为申请者没有达到应有的标准而拒绝了其申请,申请者可以要求由另一位残疾审核员对其申请进行复审。如果再次被拒绝,并且申请者仍不服的话,还可以提请一位行政法官予以裁决。

五、美国残疾人的医疗与康复服务

残疾人在医疗照顾、援助、医疗成本等方面的医疗服务项目都要花费大量的世间和资源。并且残疾人往往有特殊的护理和医疗辅助设备的需要。所以,对残疾人提供所需的医疗照顾、医疗护理服务、援助性服务对于提高残疾人的健康、独立性和权利的维护有着重要的作用。美国残疾人的医疗和康复保障制度经历了从无到有,再到今天保障全面、多层次、人性化的医疗服务体系,促进了残疾人的身心健康发展以及社会文明的进步。

(一)美国残疾人医疗保障制度

1.美国残疾人医疗保障制度发展概况

从总体上看,美国的医疗保障制度是其整个社会保障制度中比较薄弱的环节。在19世纪,美国的医疗保健停留在“家庭手工业”的水平。医院、医生和药剂师是主要的医疗服务提供者。其中,医院是照顾贫病人士的主要场所,而高收入者则在主要家中接受医生的治疗。当时没有专门针对残疾人的医疗保障。第一次世界大战前夕美国曾提出建立健康保险,但很快就不了了之。当时主要是由于医生、药商及保险公司的反对,并且工会和商界担心来自政府福利计划的竞争,因此也不支持健康保险的改革。由于强制性疾病保险运动都未能成功,因此这个时更无法建立政府为残疾人提供医疗保障的制度。

1935年《社会保障法》中也没能纳入有关医疗保障的内容。美国政府全面介入医疗保障事务是1935年以后的事,并且对于残疾人的医疗保障也只是提供有限的、针对少数群体的医疗服务。尽管1935年《社会保障法》存在上述缺陷,但它拓展了联邦政府在卫生保健领域里的作用。《社会保障法》中的一些条款要求联邦政府向各州提供配套经费,用于母婴护理及残疾儿童的诊断和治疗。至此,残疾人医疗保障事业开始逐步发展起来。

1956年,残疾人社会保障保险(SSDI),包含了残疾人医疗服务福利项目,为因为身体或心理精神残疾不能工作的人提供医疗帮助。该项目的目的和宗旨是:为保护残疾人,防止他们因为疾病而耗尽自己的积蓄;保持家庭完整,提供儿童健康成长的机会和保障。

1960年,国会通过了《科尔—密尔斯法》(*Kerr Mills Act*,也就是《医疗援助法》,*Medical Assistance Act*),这是医疗照顾和医疗救助的前身。该法案的援助对象不仅仅限于老年人,还包括盲人和收入低但未得到公共救助的残疾人。但是,该计划的实施效果并不理想。它没有向大多数老年人及残疾人提供有效而充分的救助。

1965年,美国国会通过了医疗照顾(Medicare)和医疗援助(Medicaid)两大公共医疗保障计划,标志着美国政府全面干预医疗保障事务的开始。1965年,国会以1935年社会保障法修正案的形式通过了《老年医疗照顾计划》和《穷人医疗援助计划》。医疗照顾和医疗援助的基本目标是向老年人、残疾人和穷人。这两个计划极大地增加了卫生保健的可及性,缓解了平等就医所带来的财政压力。从而进一步完善了残疾人的医疗保障服务。① 目前,美国残疾人医疗保障服务已经形成了由医疗照顾和医疗护理两大部分组成的医疗体系,为残疾人提供着医疗补助、护理、保健等多方面的服务,给残疾人的基本生活以及身心健康发挥着重要的作用。

残疾人的医疗照顾和护理服务主要是由医疗保险、公共医疗补助制度和私人保险公司来负责提供的。以前,残疾人主要是在住宅区式的护理服务机构内接受医疗服务。现在,根据《美国残疾人法》和最高法院的裁决,倡导政府实现

---

① 参见张奇林:《美国医疗保障制度评估》,《美国研究》2005年第1期。

护理服务的机构化向社区转变。1999年最高法院作出的Olmstead决议就支持以社区为本的护理服务。为了遵循这一决议,从国家到州政府层面的各机构和组织都在尝试着开发出许多以社区为本的护理服务,探索把残疾人从养老院转移到社区接受护理服务的有效方法。

2.美国残疾人医疗保障制度的具体内容

美国残疾人医疗保障制度主要包括以下几个方面的内容。

(1)医疗保险制度。美国的医疗保险包括两个部分:第一个部分包括医院护理;第二个部分包括有医生服务、其他卫生保险、间接服务以及一些医疗设备和医疗物资的供应。其中,第二部分的保险项目是自愿选择性的。医疗保险与社会保险是紧密联系在一起的。如果一个人有资格申请社会保险或残疾保险,那么他也可以免费申请到医疗保险第一部分的保险项目。

(2)公共医疗补助制度。与医疗保险制度相比,公共医疗补助制度是一个保障残疾人基本需要的项目。它是由卫生保健财政部(HCFA)公共医疗补助部门负责管理。公共医疗补助制度开设了医院和医生服务保险两个项目,它为长期的护理项目提供保障。长期护理保险项目规定护理服务一直以来都是由疗养院提供的,但是由于法院判决和政策的改变,使政府重新调整了长期护理保险项目的提供机构,改为由家庭和社区向残疾人提供护理服务。

(3)由私人或雇主提供的医疗保险。自己有工作或其配偶有工作的残疾人通常都会享受由雇主提供的医疗保险。雇主为雇员支付医疗保险费的额度并不相同,有些保险只支付部分的医疗费用,有些则支付全部的医疗费用。各公司为雇员提供的医疗保险政策和津贴也不一样。私人企业的保险计划也会限制雇员的某些医疗保险项目,可能并不够购买所有的医疗服务保险。精神健康保险项目的物理治疗保险项目通常不被列入保险计划的保障范围。雇员配眼镜、牙齿护理、牙齿整形和其他服务的花费也不再医疗保险的承保范围之内。

(4)管理型服务计划。美国境内的大多数卫生保健保险项目都是由管理型服务计划提供的。购买了私人保险公司医疗保险的人自然成为管理型服务计划的保障对象,而且,越来越多的医疗保险制度和公共医疗补助制度的保障项目被纳入到管理型服务的范畴中。管理型服务机构通常是由私人运营的,一般情况下,这些机构都是以赢利为目的的。管理型服务队残疾人产生了很大的影响,因为这些人通常需要在长时间接受范围广泛且内容复杂的医疗服务。残疾人的医疗护理开销非常大,而管理型服务机构对卫生保健服务的管理和监控可能会限制残疾人获得所需要的服务。

(5)就业券。1999 年政府颁布实施了《就业和激励就业券法案》(*the Ticket to Work and Work Incentives Improvement Act*)。这部法案为州政府提供了一个新的既可以使残疾人参加工作又不会失去医疗保险金和公共医疗补助金的可行办法。这对解决日益高涨的卫生保健费用是非常有必要的。[①]

(二)美国残疾人的康复制度

1.美国残疾人康复制度发展概况

美国在残疾人的职业康复以及医疗康复方面投入了大量的非政府力量,形成了国家与地方政府的分权以及国家与私人、志愿机构互动互补的格局。早在1945 年,美国国家科学研究院在康复工程领域创立了第一个研究发展项目。1979 年成立了北美洲康复工程协会,并形成了通过科技和康复服务管理等社会网络体系给残疾人提供教育、技术培训和就业服务,并改善他们的生活质量的残疾人康复工程的总体目标,为残疾人医疗康复制度开启了新的篇章。

1973 年由美国国会通过的《残疾人康复法》,强调对重度残疾人进行康复治疗,以联邦康复服务署为法定主管机关,地方政府则设立职业康复机构以执行康复计划,中央补助 80%经费。并专门为残疾人提供的康复、教育和培训服务而设立了一个机构——教育康复服务管理部。所有与残疾人的教育、培训和康复有关的而服务及项目全部由教育康复服务管理部提供。该机构主要负责筹划、开发和执行与残疾人的教育、培训和康复有关的项目。

1990 年《美国残疾人法》颁布后,残疾人事业进入了一个新阶段。随着社会的进步、公众意识的提高,人们开始认为残疾人有享受公共设施、教育、就业、社会竞争、娱乐和网络通讯等正常人所享有的一切权力。因此,康复工程的总体目标变为:利用和发展现代化科技装置和康复服务等社会网络体系,给残疾人重新注入活力,创造可供他们独立生活和工作的环境和条件,让他们全方位地回归到社区中去。

2.美国残疾人康复制度的政府投资导向及运行机制

与三十年前相比,美国现在的康复工程领域科研投资,更注重残疾人急需的项目而不是单纯注重医疗条件的提高和追求高科技的发展。目前,美国有许多

① 参见[美]Juliet C.Rothman:《残疾人社会工作》,曾守锤、张坤等译,华东理工大学出版社 2008 年版,第 23 页。

资助残疾人康复科研的科研基金组织，如国家残疾人康复研究院（NIDRR），国家健康研究院（NIH），退伍军人管理部（VA）和国家科学基金（NSF）等。它们负责指导许多科研活动。为了保证科研能最大限度地满足残疾人的需要，他们采用了一系列有效的手段。现代康复技术的目标是扫除一切残疾人与正常人之间的障碍，使一切领域全方位地对待残疾人开放，让残疾人共享社会文明与进步。

六、美国老年残疾人和重度残疾人的生活照料制度

除了基本的就业和收入保障，以及医疗康复保障以外，部分老年残疾人和重度残疾人因丧失生活自理能力而需要生活照料。因此，如何向老年残疾人和重度残疾人提供生活照料保障，是残疾人社会保障制度中的又一主要内容。

（一）美国老年残疾人的生活照料

老年残疾人包括两个群体：一个是由随着年龄的增大，因身体器官自然老化而造成不能从事正常活动的老年人组成的残疾群体；另一个则是由非自然衰老因素导致残疾的老年群体，既包括在60岁之前就已经被认定的老年残疾人，也包括进入老年后因意外或其他非自然衰老因素导致的残疾老年人。对这部分残疾人需要提供生活照料。美国老年残疾人的生活照料主要分为传统的护理院、long-term care老年护理中心、家庭照顾三种形式。

1.护理院中的生活照料

传统的护理院（nursing home）受联邦、州政府的规定管辖，护理院必须满足标准，有适当的工作人员，其花名册包括管理人员、注册护士、有执照的护士、护工和其他人员。护理院可分为老年医疗照顾制度（Medicare）下的专业护理机构和医疗补助制度（Medicaid）下的专业护理机构、中介护理机构。大部分护理院属于营利性部门，部分由非营利部门和联邦、州或当地的公共机构提供。①

护理院的护理对象主要是那些有严重行为障碍，生活不能自理的老人。由于参加美国医疗保险的人住院收费很低，所以美国的医院只负责急病的抢救治疗和各种外科手术，一旦病情稳定就得立即出院或在门诊治疗，许多老人从医院出来就住进了护理院。那些需要辅助医疗生活和24小时护理照料，没有轮椅、

---

① 参见［英］苏珊·特斯特：《老年人社区照顾的跨国比较》，周向红、张小明译，中国社会出版社2002年版，第86页。

助行器或其他人的帮助不能行走,不能自己完成日常生活活动的老年残疾人住在护理院接受护理。而那些到了老年痴呆晚期阶段,需要治疗和恢复设施,患有长期或慢性病的老人,也适合选择护理院居住。

总的来说,护理院的资金来源包括私人资金、医疗救助、长期照料保险。第一,是私人资金支付。由于美国过去缺乏长期照顾保险,社会保险医疗照顾计划和私人医疗保险,按照规定均不向接受护理的对象或被保险人提供长期护理费用的保障,因此有支付能力老人必须自己支付养老机构的费用。第二是医疗救助。如果老年残疾人收入或资产太低,可以申请医疗补助制度的补助金用以支付。但医疗救助的条件极为苛刻,只有在官方规定的最低贫困线之下的救助对象才能获得此项保障。第三是长期护理保险,这是专门为老年或残疾人生活照料而设立的保险项目,近年来在美国也得到了较快的发展。拥有长期照料保险的老年残疾人可用来支付护理院的资金。

由于护理院护理的价格昂贵,很大程度上是偏医疗的照顾。所以许多老年残疾人一旦病情好转即转到一些长期老年护理中心进行长期照顾。

2.长期照护老年护理中心的生活照料

美国有很多长期照护(long-term care)老年护理中心。这些机构有不同的名称,已知的协助生活机构的称谓已有 26 种,例如:assisted living, facilities, residential care, adult day care、in-home health care, hospice organizations 等。① 老年残疾人也可以在这里得到照顾。它为这些老人的生活提供一个更为舒适、安全的生理和心理社会环境。“老人照顾中心”中有洗澡间、厨房和公共食堂。还有清扫屋子的工人和服务人员;提供交通工具,也有简单的教育和医疗设备。这些养老机构资金来源包括个人资金以及联邦政府、州政府、地方政府提供补贴。此外,宗教机构、慈善机构也对这类机构提供资金援助。

另外的养老机构还有日托照料、老年痴呆病院、老年活动社区、临终关怀、暂缓照料等。不同的养老机构,主要根据老人的身心健康程度和社交的需求而建立和划分。老年残疾人都可以在这些机构中得到照顾。

3.残疾老人的居家生活照料

这种模式是指老年残疾人在家中接受社区和社会服务机构提供的各种照料和帮助。主要形式如下:第一, 私人照料公司提供的生活照顾。20 世纪 80 年

① 参见严晓萍:《美国社区养老服务设施建设及启示》,《社会保障研究》2009 年第 4 期。

代以来大量私人诊所被纳入家庭照顾服务体系，这些机构除了提供护理和治疗外，还提供个人照顾、家务劳动、膳食、杂事料理和临时家庭照顾等服务。这种服务的支付一般来源于私人资金。① 第二，志愿者和非营利组织提供的生活照顾。美国的非营利组织发展非常迅速。一些以服务老年人为宗旨的非营利组织也为老年残疾人提供送餐服务等生活照料。② 美国的社区志愿者的人员构成和提供服务范围也是十分广泛，志愿人员中不但有专业技术人员、离退休人员、普通市民，还有政府官员和大中学生。第三，亲友提供的生活照顾，包括配偶、儿女、亲戚、朋友、邻居。他们一方面协助老年残疾人的日常生活起居，也可以帮助老年残疾人完成一些复杂的日常活动，有经验者还可评估老人的健康状况，并向相关的医护人员报告，从而尽早发现和处理老人面临的健康问题。他们还可帮助老人寻找可利用的社会资源，协调各种服务需求。

在美国，非正规护理人员提供的基本照料占全部服务数量的绝大部分，并且在其他类型的服务中，如医疗护理、感情支持、社会交往等方面也起着很大的支持作用。③ 美国退休者协会一项调查报告表明：多数身患残疾的美国老人（51%）能完全独立照顾自己，而49%需要有人来帮助他们日常的生活，比如做饭、洗澡和购物这些基本的家务活及锻炼身体，他们大多数是从家庭或其他渠道接受志愿性的不拘形式的帮助和照料。④ 此外，美国政府鼓励家庭成为照顾体系中的重要一环，但美国的家庭照顾者不享受政府提供的任何资助。如果有必要，亲友或者志愿者等非正式护理员不会或不能提供服务时，集体公寓等正规服务机构可以向他们提供支持。再有，根据医疗补助制度，家庭和社区可以把那些不愿选择长期护理院服务的低收入老年人基于自动弃权程序转交给国家，由国家向他们提供家庭帮助和个人照顾服务。对于那些收入高于最低标准但又无力承担他们自己家庭照顾费的老人，医疗补助制度规定他们只能享受教会组织、志愿者与非正式护理人员提供的服务。⑤

---

① 参见［英］苏珊·特斯特：《老年人社区照顾的跨国比较》，周向红、张小明译，中国社会出版社2002年版，第86页。

② 参见严晓萍：《美国社区养老服务设施建设及启示》，《社会保障研究》2009年第4期。

③ 参见刘腊梅、吕伟波、周兰姝：《美国老年家庭护理现状分析及对我国的启示》，《解放军护理杂志》2007年第1期。

④ 参见张巍：《美国残疾老人：自主和受助兼顾》，《老同志之友》2008年第11期。

⑤ 参见［英］苏珊·特斯特：《老年人社区照顾的跨国比较》，周向红、张小明译，中国社会出版社2002年版，第115页。

(二)美国重度残疾人的生活照料

美国1973年公布的《残障人康复法》对重度残疾人的定义:由于切割手术、眼盲、脑麻痹、胞囊纤维症、耳聋、心脏疾病、智力障碍、心理疾病、多重硬化、精神失常、肾脏病、脊髓方面的伤害以及其他长期性疾病而遭到失能,必须长时期接收多重性康复服务的人。① 美国对重度残疾人的照顾包括以下一些内容。

1.护理院照顾

护理院是重度残疾人照顾的重要内容。那些虽然不是老年人,但是由于脊髓损伤,脑外伤,脑性麻痹和其他残疾的干扰而不能独立自我照顾的重度残疾人将在护理院里接受医疗护理和生活照料。②

重度残疾人一般缺少收入来源,如果收入或资产太低,可以申请医疗补助制度的补助金用以支付护理院的长期护理费用。

2.收容所照顾

一些重度残疾人不愿意或者不需要接受护理院偏重医疗的护理服务,可通过一些公办的收容机构获得生活照料。这种收容所多由公共部门提供。如美国智障人士的生活照料就有传统美国公办的收容所照顾。但这种性质的收容所在“去机构化”,提倡智障人士与社会融合的呼声中逐渐减少。此外,对于精神失常的人,美国政府也提供经费,具体由各州政府兴办精神病院负责收容和诊治。

3.社区居所照料

重度残疾人还可选择在私营的社区居所获得生活照料。如美国智障人社区居所则专为智障人提供生活照料服务。这种居所要经州政府的社会服务主管部门的认证批准,多为私人经营的小型的、家庭似的居所,有独居或共同居住的房间,配有标准家具、家电和一些保证智障人生活舒适的设施,提供包饭膳食服务;有专门的管理人员,有的可提供日常健康护理和训练,还可提供专人做家务和洗熨以及诸如穿衣、洗澡等个人照料方面的服务。这些护理多来自个人资金支付,但符合条件的客户可申请公共辅助基金来支付居所服务的费用。③

4.家庭照料

美国国家服务根据剩余原则提供,强调个人需承担自己及家庭的照顾责任。

---

① See Barbara L.; Kornblau Grand; Blanc, Mich., “Freeing the Disabled”, *The New York Times*, September 27, 2009 Section WK.

② 参见马洪路:《中国残疾人福利》,中国社会出版社2002年版,第51页。

③ 参见陈乙南:《美国智障人士社会安置研究》,《长沙民政职业技术学院学报》2008年第1期。

因此,家庭照料也是重度残疾人生活照料服务的来源。国家对家庭照料人员不提供经济援助。

七、对美国残疾人保障制度的评价和启示

残疾人社会保障是残疾人事业中重要组成部分之一。迄今为止我国对残疾人社会保障研究还相当有限,因此是需要大力推动的研究领域。在我国残疾人社会保障研究的起步阶段中,国际比较研究具有重要的意义,它对于我们借鉴国外残疾人社会保障的制度经验、理论和相关政策制定及实施特点,帮助解决我国在建立残疾人社会保障制度及相关政策制定中的理论与实际问题具有重要的参考价值。但迄今为止我国对残疾人社会保障的国际经验及国际比较研究还很弱,急需加强。在这种情况下,本项目对美国残疾人社会保障的研究具有重要的意义。

本项研究揭示出,美国是世界各国中对残疾人社会保障问题比较重视的国家,在为残疾人提供社会保障和福利待遇方面有长期的经验,但同时也存在很多的问题,它们的经验和问题都能够对我国的政策制定提供参考。与其他西方发达国家一样,美国残疾人社会保障事业长期以来一直建立在传统的人道主义和当代的人权理念基础上,强调残疾人的平等权利,注重对残疾人的社会关照。但同时美国的残疾人社会保障制度也建立在其自由主义的社会福利理念和制度体系的基础上,强调残疾人的自主、自立和自由,这使美国的残疾人社会保障制度具有不同于欧洲等其他西方国家的特点。认真总结美国残疾人社会保障制度的"人道主义—人权—自由主义"三维理念基础及其建立之上的制度体系,对于我国构建和发展积极的残疾人社会保障制度具有重要的借鉴意义。同时,美国的残疾人社会保障制度是建立在"准福利国家"的社会保障制度基础上,这使得残疾人社会保障体系与其总体的社会保障之间具有更加紧密的关系。这种情况与我国当前的情况比较接近。再有,美国的残疾人社会保障体系具有政府与社会,联邦政府、州政府和地方政府共同负责和协调的制度化模式,这对我国未来残疾人社会保障制度的建构和发展也具有启发意义。

此外,美国残疾人社会保障制度在体系结构和许多项目的具体制度设计方面也值得我们借鉴。首先,美国的残疾人社会保障制度体系采用一般性社会保障与专门化社会保障制度相结合的方式来解决残疾人的社会保障,首先将残疾

人纳入一般性的社会保障制度中,在一般性社会保障不足的地方再设立专门针对残疾人的制度和项目。其次,美国残疾人社会保障制度比较注重各个方面的制度配合和协调,通过社会保险、社会救助与医疗康复、就业、教育、生活照料、去障碍化等设施和服务等方面的配合,构成一个较为完整的制度和服务体系。再次,美国残疾人社会保障比较注重对残疾人积极的帮助,不仅一般性地鼓励残疾人自立、增能和就业,而且还着眼于未来,帮助残疾人在网络时代获得更好的发展空间。所有这一切,都值得我们进一步深入地研究和借鉴。最后,我们也看到美国残疾人社会保障制度体系中存在的一些问题,除了制度设计中还存在的一些不足以外,更多的是在美国高度竞争和高度不平等的社会中,对残疾人权利保护和福利服务等方面还存在一些不足和困难。这些情况也提醒我们,构建和完善残疾人社会保障制度不会是一帆风顺的。要构建一套完善的残疾人社会保障制度,首先要有一个良好的社会,不仅仅是一个富裕的社会,而且还要是一个公平、平等、尊重人权、重视社会关照的社会。也许,这也是我国建立健全残疾人社会保障制度所要首先攻克的难题。

参考文献

《美国残疾人法》,http://www.ada.gov。

Barbara L.Kornblau GrandBlanc, Mich., "Freeing the Disabled", *The New York Times, September 27, 2009 Section WK.*

David Pfeiffer, " Overview of the Disability Movement: History, Legislative Record and Political Implications", *Policy Study Journal*, Vol.21, No.4, 1993.

Disability News, "Information and Resources, from Disabled World", http://www.disabled-world.com/, 2011-5-8.

Doris Zames Fleischer and Frieda Zames, *The Disability Rights Movement: From Charity to Confrontation*, Temple University Press, 2001.

Edward H. Yelin, And Patricia P. Katz, "Making Work More Central to Work Disability Policy", *The Milbank Quarterly*, Vol. 72, No.4, 1994.

Jacqueline Vaughn Switzer, *Disabled Rights: American Disability Policy and the Fight for Equality*, Georgetown University Press, 2003.

Joe Soss and Lael R. Keiser (2006), "The Political Roots of Disability Claims: How State Environments and Policies Shape Citizen Demands", *Political Research*

Quarterly 2006,59.

Juliet C.Rothman:《残疾人社会工作》,曾守锤、张坤等译,华东理工大学出版社 2008 年版。

Richard K. Scotch, *From Good Will to Civil Rights*: *Transforming Federal Disability Policy*,Temple University Press,2001.

Thomas DeLeire(2000),"The Unintended Consequences of the Americans with Disabilities Act",*Regulation*,Volume 23,No.1.

Xiao:《残疾、权利、能力、尊严:美国完善残疾人保障制度》,《美国参考》(美国国务院中文宣传材料)2010 年 12 月 6 日。

陈乙南:《美国智障人士社会安置研究》,《长沙民政职业技术学院学报》2008 年第 1 期。

范颂九:《美国大改福利制度》,《光明日报》1996 年 8 月 26 日。

弗里德曼:《选择的共和国:法律、权威与文化》,高鸿钧译,清华大学出版社 2005 年版。

龚贻生:《美国工伤保险简介》,《中国劳动》1992 年第 5 期。

国务院新闻办公室:《2010 年美国的人权纪录》,中央政府门户网站,http://www.gov.cn/jrzg/2011-04/10/content_1841245.html,2011 年 4 月 10 日。

黄翠清:《美国的社会残疾保障福利项目 SSI 和 SSDI》,《中国卫生事业管理》2001 年第 10 期。

黄苏宁:《美国社会保障及残疾人福利启示》,*Disability in China*,2009(3)。

姜秀元:《谈我国军人抚恤优待的法制化进程》,《中国军法》2004 年第 5 期。

雷子译:《残疾人在美国加油站》,《中国石油石化》2004 年第 2 期。

刘春玲:《美国智障人士社会融合研究》,《中国特殊教育》2006 年第 6 期。

刘腊梅、吕伟波、周兰姝:《美国老年家庭护理现状分析及对我国的启示》,《解放军护理杂志》2007 年第 1 期。

马洪路:《中国残疾人福利》,中国社会出版社 2002 年版。

迈克尔·英伯:《美国〈残疾人教育法〉和〈不让一个孩子掉队法案〉评析》,李晓燕、韦翠译,方彤校,《美中教育评论》2007 年第 4 期。

内维尔·哈里斯:《贝弗里奇前的社会保障》,载[英]内维尔·哈里斯等:《社会保障法》,李西霞等译,北京大学出版社 2006 年版。

苏珊·特斯特:《老年人社区照顾的跨国比较》,周向红、张小明译,中国社会出版社2002年版。

滕少艳:《美国反残疾人就业歧视法研究》,山东大学2009年硕士学位论文。

王安:《中美残疾人福利制度对比》,http://8ok.com/bbs/200911/bmsh/6628.shtml。

王珏:《美国康复工程发展与动态》,美国匹斯堡大学康复科学与技术学院。

严晓萍:《美国社区养老服务设施建设及启示》,《社会保障研究》2009年第4期。

杨俐:《残疾人权力研究》,吉林大学2009年博士学位论文。

杨柳:《美国残疾人教育法探析》,《比较教育研究》2008年第6期。

张奇林:《美国医疗保障制度评估》,《美国研究》2005年第1期。

张巍:《美国残疾老人:自主和受助兼顾》,《老同志之友》2008年第11期。

张谊:《中美无障碍环境建设问题比较研究》,《华中科技大学学报》2003年第20期。

张忠霞:《从停车位看美国的残疾人权益保障》,《今日国土》2008年第11期。

第十三章　美国非政府组织的残疾人服务*

残疾人是人数众多,特性突出又特别困难的社会弱势群体,与其他社会群体相比,更需要特别的关心和扶助。2008 年 4 月 5 日,中共中央国务院颁发了《关于促进残疾人事业发展的意见》,完整构建了残疾人服务体系框架,首次提出了"残疾人服务业"的概念,要求"积极培育专门面向残疾人服务的社会组织,通过民办公助、政府补贴、政府购买服务等多种方式,鼓励各类组织、企业和个人建设残疾人服务设施,发展残疾人服务业",①对各类社会组织、企事业和个人参与残疾人服务业发展的宏观政策作出了规定。但是,由于我国民间残疾人服务组织数量少、规模小、管理不规范、缺乏有力的政策导向支持,走社会化的发展道路,引导社会力量参与残疾人服务,在我国尚处于初期发展的阶段。仅就北京这一特大型的现代化、国际化城市而言,目前只有 174 家民办残疾人服务机构,由于专业化、规范化程度不够,加上缺乏足够的政策支持和有效的监督管理,这些服务机构在实际运行中举步维艰。② 中央的宏观政策如何转化为理论上的思考和实践上的探索,进而推动民办残疾人服务业发展,成为目前摆在理论工作者、政府决策者和残疾人工作者面前的一个重大的课题。

因此,必须研究鼓励和引导社会组织参与残疾人服务的机制、政策和管理措施。美国是非政府残疾人服务组织数量最多、服务项目最完备、服务人性化特征最突出的国家之一。研究美国非政府组织残疾人服务,借鉴其先进的管理理念和高效的服务模式,对于加快推进我国残疾人服务业发展和残疾人专项基本公共服务体系的形成,提高残疾人社会服务水平具有重要的现实意义。

---

* 作者:厉才茂,北京市残疾人联合会研究室主任。

① 中发[2008]7 号 中共中央 国务院《关于促进残疾人事业发展的意见》。

② 北京市残疾人联合会、中国人民大学残疾人事业发展研究院:《北京市民办残疾人服务组织发展调研报告》,2009 年。

本研究采取文献研究与实地研究相结合的方法。通过文献研究,初步描摹了美国非政府组织残疾人服务的发展概貌,梳理了美国非政府组织残疾人服务的发展历程和残疾人立法进程。同时,从宏观和微观两个角度,对美国非政府组织残疾人服务的制度框架进行了剖析,并站在治理的角度,从民办残疾人服务机构服务、联系、管理机关的立场,为民间残疾人服务的发展提供策略性建议。

一、美国非政府残疾人服务组织简介

美国是世界上残疾人事业发展较早的国家之一。根据美国人口统计局于2008年12月18日通报的数据结果显示,美国的残疾人口规模达到5400万,约占全国总人口的19%。在政府组织和非政府组织的共同努力下,经过90多年的演变,美国残疾人事业的重点已从最初的以提供福利为主转变为服务和保障[①]并重,形成了政府组织和非政府残疾人服务机构并行发展,协同保障的优势,构筑起了多元化、网络化的残疾人社会保障和服务体系,为残疾人提供有效的资源和网络支持。根据美国社会保障署公布的最新资料显示,2009年美国约有890万人享有残疾人福利,领取的残疾津贴平均每月为1064元,联邦政府为此每月支出约91亿,每年花在这方面的经费约一千亿。享受残疾人福利者的平均年龄是53岁,其中53%是男性。[②] 美国的残疾人社会服务体系,既包括联邦政府、州政府和地方政府三大职能部门形成的有系统、有组织的政府服务支持网络,也包括数量众多、规模不等、服务形式多样的非政府残疾人服务组织。这些民间部门虽然在组织架构上不具备政府部门的结构优势,但它们通过社会化、人性化、灵活、高效的运作方式,为满足残疾人的特殊需要,促进残疾人的社会参与和残健共融,起到了重要作用。

(一)美国非政府残疾人服务组织的界定

非政府组织,英文全称为"non-government organization",英文缩写为

① 美国的社会保障系统主要包括六大部分:失业保障、退休保障、残疾人保障、老人及残疾人医疗保障、贫困保障以及丧偶者保障。1954年艾森豪威尔总统签署法令,将残疾人纳入社会保障体系,从此,残疾人保障成为社会保障系统内仅次于老人退休保障的重要部分。经过多年的发展,残障人员每个月领取的保险金也从1969年的平均为89美元增长到2010年的1065美元。

② 美国国务院《美国参考》博客:《美国社会保障体系面面观(下):保护弱势群体》,http://blogs.america.gov/mgck/2010/08/page/2/。

"NGO",是一个多元化的概念。在学术理论界和社会服务实践中,非政府组织演绎出了接近50种的不同称谓,如第三部门、非营利组织、公民社会组织、独立部门、慈善部门、志愿者部门、免税部门、草根组织、民间组织等,这些概念并不完全相同,外延也不完全重合,但都是涵盖处于政府与市场之间的制度空间,强调相对于政府部门、市场部门而存在的第三种社会力量。在国内,根据特定目的形成的习惯,通常的代称是"民间组织"。①

在美国学术界,对于本国的非政府组织目前也没有统一的定义。根据美国国内税收法(IRC),非政府组织必须包括三个基本点:(1)出于慈善的目的;(2)不将其净收益分发给组织管理者;(3)控制某些政治行为。② 美国学术界较为公认的对非政府组织的界定,基本符合萨拉蒙教授提出的有关非政府组织的六大特征,即正规性、民间性、非营利性、自治性、志愿性和公益性。③ 同时,必须要说明的是,在美国,人们往往更倾向于使用"非营利组织"这个词来区分与政府和企业之外的"第三部门"。非营利组织这个自美国发源并向世界流传的词,其原意是指,由私人为实现自己的某种非经济性愿望或目标而发起的各种各样的社会机构或组织。其实体机构则包括医院、大学、社交俱乐部、职业组织、日托中心、环境组织、家庭咨询服务代理机构、体育俱乐部、职业培训中心、人权组织等。萨拉蒙教授把美国非营利部门机构分成两大类26小类:一类主要为会员服务兼顾公益;如社交俱乐部、行业协会、工会、各种互利组织和政党。另一类主要为公众服务;如基金会、宗教团体、各种服务中心等。第二类组织是大部分美国人心目中的"非营利部门",也是学术界重点研究的领域。④ 简单地说,非政府组织和非营利组织具有两大共同基本点:非政府性与非营利性。如果强调它跟政府机构的区别,那它就是非政府组织,如果强调它的非营利性或公益性,那么它就是非营利组织。两者都是相对于政府部门和企业部门而言。⑤ 出于行文的需要,

---

① 参见王名:《民间组织通论》,商务印书馆2009年版,第7页。

② 参见[美]贝奇·布查特·阿德勒:《美国慈善法指南》,NPO信息咨询中心主译,中国社会科学出版社2002年版,第4—5页。

③ See Michael O'Nell,"Nonprofit Nation:A New Look at the Third America", *Jossey-Bass*,2002, p.2.

④ 参见潘小松:《非营利部门在美国社会中的作用》,光明网,http://www.gmw.cn/02blqs/2003-07/07/03-C38DD441B7128FFC48256DD7001AB49B.html。

⑤ 参见中国现代国际关系研究院课题组:《外国非政府组织概况》,时事出版社2010年版,第30—31页。

本章节中将交替使用非政府组织、非营利组织、民间组织、民办机构、第三部门、社团等概念,这些概念下的组织都具有以上相同的共性。

基于上述分析,笔者尝试给出“非政府残疾人服务组织”的一个大体上的概念,即指在特定的法律系统下,独立于政府之外的,不以营利为目的、向残疾人提供各类直接的或间接的服务的协会、社团、基金会、慈善信托、非营利公司或其他法人。

(二)美国非政府残疾人服务组织的主要类型

关于美国非政府残疾人服务组织的分类,比较常见的是 Juliet C.Rothman 在《残疾人社会工作》一书中给出的分类框架,即根据服务对象的不同,将非政府残疾人服务组织分为三种类型。

1.为特定残疾人群提供服务的机构

为特定残疾人群提供服务的机构通常是有地方分会和分支机构的全国性组织。这些全国性组织在组织架构上都以总部为中心,主要负责该类残疾有关的信息发布、教育普及、政策倡导、项目开发和研究资助等;负责与同类的国际性组织的交流,确保美国的该类残疾相关的事务纳入到全球性视野之中。地方分会则主要着眼于具体项目、方案的执行,确保满足其成员的需要,分会与总部共享相同的工作使命和机构宗旨,但在具体事务操作上,如具体活动的计划、服务的提供、服务方案和项目的设计等方面享有独立性。

基于为特定残疾人人群服务的机构使命,基本上每种残疾疾患都有相对应的全国性组织,比较典型的有美国智障人士协会、美国盲人协会、美国自闭症患者协会、美国关节炎患者基金会等。值得注意的是,根据美国对“残疾”的定义①,心脏病患者、肺病患者、糖尿病患者、癌症患者、艾滋病患者等都属于残疾人,这些残疾病患者都有自己的全国性服务组织。

2.为多类残疾人群提供服务的机构

与只为特定残疾人群提供服务的组织不同,这些组织的服务对象包括多类别的残疾人群,包括致力于残疾人权利倡导的机构,如残疾人权利教育和保障基金会(Disability Rights Education and Defense Fund);为残疾人提供全面服务的机构,如独立生活中心;为残疾人提供信息服务的机构,如残疾人信息资源中心等;

① 美国对残疾的定义较为宽泛,1990 年的《美国残疾人法案》将残疾界定为在重要的日常活动中受到极大的限制。

开展残疾人研究的机构如人类政策研究中心；等等。另外，许多的这类机构都不局限于单一的服务，而是往往跨越几个服务领域，如复活节邮章社(East Seals)，其主要使命是帮助残疾人及其家庭过上更加美好的生活，但它也开展残疾人公共政策倡导工作，《美国残疾人法》的通过，该机构可谓功不可没。

3.地方性的残疾人服务机构

在美国，大部分的非政府残疾人服务组织都是地方性的，联邦层次上的并不多。源于对当地社区居民的需要和问题的回应，很多社区都成立了专门的负责向本辖区内残疾居民提供服务的地方性残疾人服务机构。这类机构在发展之初，服务人群和服务内容都较为单一，随着时间的推移，规模的壮大，服务对象和服务内容也得到拓展。由于机构本身处于社区之内，工作人员与残疾居民之间的沟通联系十分密切，对需求的捕捉也就更加敏锐，与联邦政府和州一级非政府机构相比，这些地方性的残疾人服务机构具有小型化、针对性强、反应灵敏、方便可及等特点，它们也往往更愿意提供直接的服务，机构的资金来源往往主要来自于政府的资助以及与政府机构签订服务项目收取的服务费用。① 在第三节中，将通过具体的服务案例分析，对此类残疾人服务机构作一个详细的介绍。

以上三类非政府残疾人服务组织不仅在服务对象上各有侧重，在服务内容上也大不相同，从服务手段来讲，它们有的采取直接服务的形式，有的则更加注重权利倡导，有的则从信息服务、教育研究的角度为残疾人提供支持；从服务领域来说，则是涵盖了残疾人康复、教育、就业、护理照料、信息服务、政策倡导和统计研究等方方面面，它们与美国的各级政府组织一同，为残疾人构筑起多层次的支持系统(Assistive System)，协助残疾人独立，提高其能力，最终帮助他们实现自我发展、融入社会。因此，在美国，也有人称残疾人为“受支持的群体”(Supported Group)。

另外，从产生来源看，根据世界银行采用的NGO分类方法，美国的非政府残疾人服务机构大体上可以分为两类：一类是运作型的非政府残疾人服务机构，主要是作为慈善机构产生发展而来的，如为智力残疾人提供庇护工场服务的Pear Buck中心，成立于1953年，创始人以其朋友、曾到过中国的女传教士作家Pear Buck命名该中心的名字，创始人自己的孩子就是一名智障人。又如致力于帮助

① 参见[美]Juliet C.Rothman：《残疾人社会工作》，曾守锤、张坤等译，华东理工大学出版社2008年版，第301—319页。

残疾人和低收入群体解决住房、就业和食物问题的莱恩县圣文森特·保罗社(St.Vincent de Paul Society),在100年前成立之初,就希望给教堂外的流浪者提供居住吃饭,其建立是朴素的助人思想的产物。另一类是倡导型非政府残疾人服务机构,与残疾人的权利运动密切相关,如倡导自主、独立生活的波特兰残疾人独立生活资源中心和致力于国际交流和发展活动的"活动国际"(Mobility International),成立时间都不长,残疾人自身参与活跃,自主性强。再如美国残疾人无障碍公共交通协会(American Disabled for Accessible PublicTransit, ADAPT),其使命在于实现全国范围内的无障碍公共交通。

二、美国非政府组织残疾人服务的发展历程和制度沿革

美国的非政府组织残疾人服务,从18世纪开始萌芽出现,在第二次世界大战以后繁荣壮大,发展至今,各类非政府残疾人服务组织已达数万个,遍布美国大小城市的社区内。纵观美国非政府组织残疾人服务的发展史,我们发现,实际上也是一部残疾人的人性化史,或者说是残疾人观的人性化史。这种人性化的表现,不仅存在于社会各方面对于残疾人的认识,逐步趋向于将残疾人看做是与健全人有着共同需要、共同特征的平等的人;也体现在国家的政策法规之中,政府制定的各项公共政策着力于反映并进一步挖掘残疾人的潜能,确保残疾人"机会平等、全面参与、生活独立和经济自立"①。回顾美国非政府组织残疾人服务的发展历程,离不开两大因素的推动:一是社会对残疾人的态度的转变为残疾人服务发展提供了认识基础;二是政策法规的不断完善为残疾人服务的发展提供了制度保障。

(一)态度的转变:美国非政府组织残疾人服务发展的四个阶段

美国民众对残疾和残疾人士的理解、法律定义和态度随着时间的发展发生了很大变化。② 从发展历程看,循着社会态度的转变这一线索,美国的非政府组织残疾人服务发展史大致可分为四个阶段:殖民时期和建国初期、19世纪、20世纪早中期、20世纪中后期。这长达三百多年的残疾人观的变迁史和残疾人服务的发展史,向我们呈现了美国社会对残疾人态度发生的巨大变迁,从孤立、隔绝

---

① 《美国残疾人法案》,前言。

② [美]彼得·布兰克:《美国社会和法律保护残疾人权利》,美国残疾人法16周年电子刊《残疾与能力》2006年。

逐步走向了平等、参与、共享，残疾人服务从萌芽到起步到繁荣发展。

1.萌芽阶段：从殖民时期开始至美国独立战争

在殖民时期，美国清教徒的宗教活动形塑了他们对残疾的看法，道德模型在大众对残疾人的看法中占据着主导地位。残疾被看做是上帝不悦的见证，残疾人被看做是需要照顾的人。残疾人生活在阁楼或地下室里，得不到社会的承认，也得不到任何教化的机会，家庭承担着照顾残疾人的主要责任，如果残疾人没有家庭，社区将承担起照顾他们的责任。[①] 同时，一大批英国早期殖民者将欧洲慈善活动以及相应的法律法规带到了北美殖民地。[②] 1601 年颁布的《伊利莎白济贫法》在美国同等适用，济贫法规定为没有工作能力的残疾人提供最基本的救济和赡养服务。这时候，虽然美国的非政府组织仅限于一些大学（如哈佛大学）以及与战争需求密切相关的志愿组织，专门的非政府残疾人服务机构尚未出现，但是与残疾人有关的救助和福利服务已经在一些慈善组织中广泛开展，同时在社区内，人们也尝试以志愿的形式同邻居结成组织对残疾人进行照顾，开始孕育着非政府组织残疾人服务的萌芽。

2.起步阶段：从 19 世纪早期到 19 世纪末期

整个 19 世纪，强烈的宗教信仰依然将残疾与罪过和邪恶相连，残疾仍然被看做是对不道德行为或恶行的惩罚。畸形人表演在使残疾人获利的同时，也扭曲了公众对残疾人的认知，而将残疾人定义为“异常与畸形”。[③] 到了 19 世纪末期，美国进入工业社会，生产装配线大量出现，因各类事故致残的劳工日益增加。科学技术在改变世界的同时，也在改变着人们的观念，关于残疾的缺陷模型开始兴起，残疾不再被看做是个人的罪恶，而被看做是工业文明进程中的意外后果，人们开始相信，凭借科学的力量可以使残疾发生变化或被改变，研究者们也开始尝试从科学的角度来解释精神障碍，针对残疾疾患的研究因此兴起。

这一时期，在建立了民主国家的美国，非政府组织有了快速的、多样化的发展。法国著名政治学家托克维尔在《论美国的民主》一书中描述 19 世纪 30 年代的美国时说道：“美国是世界上最便于组党结社和把这一强大行动手段用于

① See Funk R.,“From Caste to Class in the Context of Civil Rights”.In A.Gartner & T.Joe, eds., *Images of the Disabled, Disabling Images*.London: Jessica Kingsley, 1987.

② 参见王名：《非营利组织管理概论》，中国人民大学出版社 2002 年版，第 20 页。

③ 参见［美］Juliet C.Rothman：《残疾人社会工作》，曾守锤、张坤等译，华东理工大学出版社 2008 年版，第 23—26 页。

多种多样目的的国家”,托克维尔看到,在美国,除了依法以乡、镇、市、县为名建立的常设社团以外,还有许多必须根据个人的自愿原则建立和发展的社团。① 各种各样的互助社、改良运动组织、社会服务组织纷纷成立。同时,到了19世纪末期,欧洲残疾人的生活状况开始改观,德国、法国、英国、意大利相继出现了聋人学校,在巴黎,被囚禁数百年之久的精神病人被完全解放出来。② 在全美结社浪潮和欧洲残疾人服务发展的影响下,美国社会的一些有识之士开始了举办为残疾人服务的社会服务组织的尝试。1817年,牧师托马斯·霍普金森·加劳德特(Thomas Hopkins Gallaudet)在康涅狄格州哈特福德成立了最早称为美利坚聋人学校(American School for the Deaf)的聋童学校,为六名聋哑孩子提供教育;1832年,毕业于哈佛医学院的塞缪尔·格德利·豪威(Samuel Gridley Howe)在波士顿创办了美国第一所盲人学校——新英格兰盲人庇护所(后更名为帕金斯盲人学校),1840年,塞缪尔·格德利·豪威建立了第一个盲人庇护工厂,为残疾人提供工作机会,迈出了美国非政府组织残疾人服务的第一步。此外,美国国内战争造成的大量的伤残军人,引发了对伤残人士的关注,为伤残者提供康复训练与再就业服务的要求也日益强烈,伤残军人的康复训练与就业服务开始起步。起步时期的非政府组织残疾人服务的显著特点是主要面向小规模的特定的人群如盲人、聋人、伤残军人,或针对限定的地区开展服务。

3.发展阶段:从20世纪早期到20世纪四五十年代

20世纪早期,轰轰烈烈的机构化运动将残疾人从阁楼和地下室移居到大规模的、封闭式管理的慈善机构中。由于这些机构往往只针对特定类型的残疾人提供服务,服务照料的专业化和个性化水平得到了提高,残疾人康复技术和康复专业队伍因此得到了快速发展,残疾预防、残疾康复研究蓬勃开展。1919年,被全世界公认的为残疾人提供服务的先驱者组织——全国跛脚儿童协会(美国复活节邮章社的前身),在俄亥俄州的一个小镇上诞生,专门为跛脚儿童提供各种服务。与此同时,第一次世界大战造成的大量的伤残军人,也迫使政府承担起援助和救济责任,残疾人社会保障政策陆续出台,配套的职业康复服务等项目也得到开发。当时,受雇于各种工作场所的残疾人总数达到了五十多万,这些残疾人在自谋生计的同时也遭遇到种种歧视和不平等对待,于是,一些残疾人组织开始

① 参见[法]托克维尔:《论美国的民主》(上卷),董果良译,商务印书馆2004年版,第213页。

② 参见[美]Juliet C.Rothman:《残疾人社会工作》,曾守锤、张坤等译,华东理工大学出版社2008年版,第24页。

尝试团结起来，增强与雇主谈判的力量。为吸引公众对残疾人的关注，这些倡导性组织制作了大批的"海报儿童"开展募捐宣传活动，但是，这种方式在争取到了公众的同情和资金的同时，也扭曲了残疾人在美国人心目中的形象，残疾人继续被认为弱势和无助的群体。

这些自发的权利倡导活动在第二次世界大战后得到加强。第二次世界大战时期，大批残疾人占据了战时释放出的大量就业岗位，但是第二次世界大战停战的同时也宣告了这种暂时性就业的结束。开始认识到教育、就业和权利保障对于个体参与社会的重要性的残疾人，为了维护切身权益，进一步自觉地组织和团结起来，帮助残疾人争取权利的倡导性组织应运而生，肢体残疾人士联盟（the League for the Physically Handicapped）作为第一个权利倡导组织，于1935年在纽约成立，他们采取静坐的形式抗议不公平的就业待遇，为残疾人争取了几千个工作岗位。紧随其后，各类其他的残疾人也很快组织起来。这一时期，美国的非政府残疾人服务组织开始尝试推动地区、国家甚至国际范围内的残疾人的联合和服务，服务重点也从早期的关注救助和服务传送向关注发展和服务的传送和参与转变。同时，第二次世界大战后，美国的福利国家开始发展起来，政府一方面通过政府机构加大对福利对象的救助，而更多的则是通过各种各样的民间非政府组织来提供社会福利服务，非政府残疾人服务组织得到的来自政府的资金支持大大增强，加快了其发展的势头。

4.繁荣阶段：20世纪中后期至今

20世纪60年代，美国非政府组织进入快速发展的时期，美国联邦、州和地方政府成为非营利部门所依赖的重大资金来源和客户，双方通过订立合同提供服务。以联邦政府的社区精神康复中心的发展为例，政府投入的资金从1969年的1430万美元增加到1979年的14亿美元。① 这一时期开始的公民权利运动大大推进了残疾人权利运动的进程。各类倡导性的残疾人组织如雨后春笋般蓬勃发展，组织开展了一系列的残疾人权利运动，从而推动公众将问题的关注点从受到社会贬抑的残疾人个体转向残疾人生活于其中的社会本身，道德模型逐渐让位于社会模型。

残疾人的自由、赋权运动使得公众以优势的视角重新审视残疾人。特别是

① 参见扶茂松：《开放与和谐——美国民间非营利组织与政府关系研究》，上海财经大学出版社2010年版，第115页。

1962年,争取到安全康复基金的爱德·罗伯茨(Ed Roberts)带着他的人工呼吸器和轮椅来到加州大学伯克利分校就读,他和他的残障同学们一起,为争取自主独立生活的权利,于1972年成立了美国第一个"残疾人独立生活中心",勇敢地开始了独立生活的尝试。随后,独立生活的理念在全美国迅速传播,公众对残疾人的权利和形象的认知发生了巨大的改变,人们普遍认为残疾人有权利和能力掌管他们自己的生活,主张公共政策的正确目标应为残疾人创造便利的条件帮助他们行使自己的权利。

同时,让残疾人回归主流社会的呼声引发了声势浩大的去机构化运动。由于家庭功能的局限,残疾人的照顾问题就转变为社区管理的问题,一批为残疾人提供各类项目和服务的全国性、地方性非政府残疾人服务组织应运而生,在残疾人联合、政策倡导、研究等方面做了大量工作,帮助残疾人在家庭里、社区内得到妥善照顾。[①] 从1970年开始,残疾人发起了"残疾人民权运动",推动了联邦政府颁布法律,帮助残疾人独立参与社会生活的进程,残疾人各项权利的政策保障力度显著加强。在服务需求和政策保障的双重支撑下,美国的非政府组织残疾人服务实现了可持续性的体制化发展。

(二)制度的完善:美国残疾人立法实务与理念

美国的残疾人服务,除了在社会态度变迁影响下呈现出鲜明的阶段化的发展特征外,还形成了另一显著特点,即残疾人事务管理和服务的法治化。经过近两百年的发展,美国已经形成了十分完善的残疾人事务法律体系,为残疾人服务提供了长远的、稳定的制度保障。目前,美国维护残疾人权益的联邦法律主要有:美国残疾人法案、电讯法、公平住房法、航空运输无障碍法、老年人和残疾人投票无障碍法、国家选民登记法、收容者民权法案、残疾人教育法、康复法、建筑无障碍法等。这些法律保障了残疾人康复、教育、就业、无障碍环境、住房等方面的特殊需求,确保了残疾人作为国家法律体系保护的重要群体,在政治权利行使和参与社会生活的过程中,享有与健全人同等的权利,不受歧视。

1.美国的残疾人立法进程

美国的残疾人立法,始于20世纪早期对伤残劳工和伤残军人的关注。1916年,《退伍军人康复法》(*Rehabilitation Act for Veterans*)获得通过。1917年,美国

---

① 参见[美]Juliet C.Rothman:《残疾人社会工作》,曾守锤、张坤等译,华东理工大学出版社2008年版,第22—35页。

国会通过了《职业教育法案》(*Smith Hughes Act of 1917*)。法案规定,为帮助残疾劳工和退伍军人设立康复与培训计划的资金由私人部门承担,联邦政府承担管理和监督费用。1918 年颁布的《士兵康复法案》(*Soldiers Rehabilitation Act*),规定由联邦职业教育委员会主管伤残退伍军人的职业康复计划。① 此外,联邦政府为保障伤残退伍军人重新就业和独立生活还采取了一系列措施,1920 年颁布的《职业康复法案》(*Civilian Vocational Rehabilitation Act of 1920*,也称 *Smith Fess Act*)规定,为伤残军人提供职业指导、培训和技能开发服务,由联邦政府出资 50%,为联邦政府向残疾人提供社会服务提供了主要法律依据。② 1943 年《巴登—拉佛列特法案》进一步将职业重建服务涵盖范围扩大到精神障碍者及智障者,并成为第一个联邦与州政府为盲人职业重建服务的法案。

从退伍军人争取权利开始,残疾人争取权利的过程在整个 20 世纪持续进展。1935 年颁布的《社会保障法案》(*Social Security Insurance Act*)开始为老人、盲人和残疾儿童提供保险和永久性的公共援助,残疾人康复计划亦成为联邦与州政府的日常管理内容。1956 年,《残疾人社会保障保险法》(*Social Security Insurance Act*)出台,将残疾人定义为无法工作的人,把那些残疾持续 12 个月以上或预期会持续 12 个月以上、由于身体或精神残疾而无法获得工作收入的人纳入保险范围。1973 年,美国国会不顾尼克松总统的否决,通过了《国家康复法》(*National Rehabilitation Act*),以防止残疾人的歧视性待遇,并对残疾人就业作了详尽的法律规定;这一法案在 1978 年、1983 年经历了两次修正,增加了为残疾人提供由残疾人自己控制的独立生活中心,并为生活在独立生活中心和康复中心的残疾人提供相关服务的条款;并通过 1988 年出台的《公民权利修订法》对歧视残疾人行为作进一步的澄清和限制。1975 年,美国国会制定了《残疾儿童教育法案》(*Education for All Handicapped Children Act*),确保所有残疾儿童都能接受免费的、合适的公立教育,强调特殊教育和与之相关的服务要满足残疾儿童的需要;确保残疾儿童及其父母或监护人的权利受保护;帮助州和地方政府为所有残疾儿童提供教育做好准备;评估并确保为残疾儿童所做出的努力的有效性。1985 年,出台的《精神病患者权利法》(*Mental Illness Bill of Rights of 1985*),则为

---

① See Charles A.Prosser,"A Federal Program for the Vocational Rehabilitation of Disabled Soldiers and Sailors",in"Rehabilitation of the Wounded",*Annals of the American Academy of Political and Social Science*,Vol. 80(Nov. 1918),pp.117-122.

② 参见杨伟国、陈玉杰:《美国残疾人就业政策的变迁》,《美国研究》2008 年第 2 期。

精神疾病患者提供保护和权利倡导服务。1988年,出台的《公平住房法》和《空中运输工具无障碍法》,对残疾人在住房和乘飞机出行方面的特殊需求予以保障。

1990年,《美国残疾人法案》(*Americans with Disabilities Act*)颁布实施,该法案是美国历史上最为详尽的一部残疾人权利法案,是同一时期残疾人人权保障运动的结晶。法案制定了一系列的强制性的执行标准,清晰地界定了联邦政府在该法案执行中的监督职责,对残疾人在就业、服务以及环境无障碍、信息无障碍和交通无障碍等方面的平等权利,通过立法的形式加以确认,成为美国保障残疾人权益最重要的法律文件。1997年,《收容者公民权利法》(*Civil Rights of Institutionalized Persons Act*)为维护收容机构内残疾人的公平权利提供了保障。2000年的《家庭照顾者国家支持法案》(*National Family Caregivers, Support Act*)为残疾人在家庭内的照顾者提供了支持和服务。2001年的《力争自足计划法案》(*Plan for Achieving Self-Sufficiency Act*)鼓励残疾人在保有其医疗保险的同时实现积极就业,体现了由福利向就业的政策转向。

2.《美国残疾人法案》的基本立法理念

在美国,几乎所有的残疾人服务机构,无论市政府服务机构还是非政府组织,都不约而同地把1990年出台的《美国残疾人法案》作为机构服务使命的基本依据。《美国残疾人法案》之所以如此受到推崇,一方面与美国国家和人民的法治精神不无关系;另一方面,也可以看到该法案在推动残疾人事业发展、促进残疾人事务管理中具有举足轻重的地位。《美国残疾人法案》的出台,得益于残疾人、残疾人家庭成员和民权人士的共同倡导和积极推动。虽然法案直接规范的领域是残疾人就业和无障碍环境,但是它既承袭了以往残疾人立法的精粹,又包含了20世纪80年代以来世界范围和美国国内的残疾人运动所追求的主要目标,因此,法案中包含的如下理念,就成为了政府机构、社会组织和全体公民必须遵循的准则和努力的方向,也成为残疾人维护权益的制度支撑。

(1)反歧视。美国制定这项法案的目标是避免社会对残疾人采取歧视的态度和行为,使他们能够和健全人一样享受公民的权利。法案的名称充分体现了这一理念,残疾人首先是美国的国民(The American),然后才是残疾的特征(with Disability)。"残疾"标示的不是能力上的差别,而是某种特殊的需求。因此,法案相应规定了许多关于残疾人就业、公共服务的反歧视条款。

(2)平等参与和融合。最大限度地帮助残疾人参与政治、经济和社会生活,尽可能消除和减少其中的障碍，是政府的重要职责，也是社会的共同义务。因此，法案也保障了残疾人在公共设施、就业、交通、地方政府服务及通讯上的平等权益，强调了对残疾人实现"平等、参与、共享"过程中的支持。

(3)自主和独立。法案把残疾人自主选择和独立生活，确定为重要的原则，政府和社会给予合理的支持、协助和相关的服务，以提高残疾人独立自主生活为目标，残疾人的技能和天分应该被视作社会的资源和财富，有获得充分展示的机会。

3.残疾人立法与社会行动

"《美国残疾人法案》不仅仅是理论，而是实际行动"①，这是波特兰市议会副议长卡尔·霍斯蒂卡(Carl Hosticka)反复向我们强调的一点。而且这种行动在法案出台之前早就开始了，法案的出台只是更加明确了行动的理念，规范了行动的准则，加强了行动的力度。

(1)立法者在行动。《美国残疾人法案》生效不久，为了推动法案的有效实施，联邦议会就责成联邦政府出资统一在全美建立10个《美国残疾人法案》信息资源中心，设立专门的协调员和行政专员，分区域负责《美国残疾人法案》的宣传、培训和监督落实。我们参观的西北ADA信息资源中心，位于波特兰市，有8位专职人员，常年为美国西北四州包括俄勒冈州、华盛顿州、阿拉斯加州和爱达荷州进行法律信息咨询、法案执行评估和相关的培训服务。

(2)政府在行动。在《美国残疾人法案》的框架之下，政府组织既要善尽监督法案执行的职责，本身又是法案的执行者。由于法案规定个人可以起诉国家，费用由国家支付，赔偿额很高有时达上千万，使得政府非常小心，来对待残疾人及其所需的设施。

(3)社会在行动。法案要求15个人以上的企业招工时，雇主不能以身体的理由就把残疾人拒之门外，直接带动了残疾人就业岗位的增加。企业更加自觉地把为残疾人提供无障碍设施，当做应尽的义务。当然，社会的行动不仅仅局限在对法案的被动执行上，遍布各地的非政府组织残疾人服务机构以神圣的使命感践行着法案的理念。几年前，俄勒冈州高等法院缺乏无障碍设施，民间组织通过上诉人权委员会，给予了解决。

(4)残疾人在行动。残疾人自己也积极地、直接地加入到争取自身权益的

① 来源于笔者与美国15家非政府残疾人服务机构负责人的无结构访谈资料。

行动中来,并由依赖别人生活逐渐向独立生活方面发展。据统计,全美目前仅残疾人独立生活资源中心就有500个,由残疾人自己为其他残疾人提供多方面的咨询和服务。

三、美国非政府组织残疾人服务的制度框架和服务特征

制度是一个组织运行和管理的规则体系。对个体或集体行动者之间的制度化社会关系的建构与规范是任何社会都具有的特征。① 要研究美国的非政府组织残疾人服务,就不能不研究美国的非政府组织残疾人服务的制度框架。笔者认为,这一制度框架包括了两个层面:第一个层面,是宏观层面的非政府残疾人服务组织与政府的关系,表现为美国政府为了实现对非政府残疾人服务组织的有效管理所制定的一系列制度规范,主要包括法律规范和税收制度以及政府监管体制;第二个层面,是微观层面的非政府残疾人服务组织内部的组织特征。

(一)美国非政府残疾人服务组织与政府关系的制度规范

非政府组织残疾人服务是一个特殊的非营利服务领域,为残疾人提供各类服务的这些非政府组织只有信誉卓著、值得信赖才能真正发挥效力。这就需要非政府残疾人服务组织能有良好的治理,做到对公众负责,确保各种资源得到正当使用,要求既要建立可行的激励机制以鼓励非政府组织残疾人服务的发展,又要有完备的约束机制来监督、管理非政府残疾人服务组织的运作。

美国政府对非政府残疾人服务组织的管理充分体现了法治的原则,其管理制度主要表现两个方面:一是法律规范和税收制度(也是法律),二是政府监管体制。

1.法律规范和税收制度

在美国,成立非营利组织是公民的自由和权利。因此非政府残疾人服务组织的成立,和其他的非政府组织一样,并不需要政府批准和法律认可,但是也不得违反联邦宪法及相关的法律制度。但是非政府残疾人服务组织如果想获得减免税和其他优惠待遇,就需要向政府申请认定其非政府组织的法律地位,接受政府的法律管理和监控。在申请认定时,非政府残疾人服务组织都是按照公司法

① 参见[瑞典]汤姆·R.伯恩斯:《结构主义的视野》,社会科学文献出版社2000年版,第198页。

登记备案的，也就是说他们都是“公司”。但是美国没有全国统一的公司法，也没有关于非政府组织管理的专门法律①，因此，对非政府残疾人服务组织的法律规范主要是州政府的权利，以弗吉尼亚州为例，主管部门叫做“州公司委员会”（State Corporation Commission，简称 SCC），它把非政府组织归到非股份公司这个大类之下，申报时需要填写 SCC 819 表。该表很简单，只有一页，六项内容，主要就是机构名称，注册法人和公司负责人的姓名和地址，同时要附一份机构章程以及缴纳 75 美元注册费。既没有资金要求，也不管你有多少成员。

联邦政府虽然不负责非政府组织的登记注册，但是在税务问题上仍然具有管辖权，作为联邦政府部门的国内收入署（IRS）给予非政府组织免税待遇。绝大多数非政府残疾人服务组织都享受收入免税优惠。而想要成为免税的社团，就必须按照联邦税法的规定运作，符合联邦税法第 501（C）款的规定，其所要申报的内容就比较复杂。大多数非营利组织申请免税需要填写 IRS 1023 表。该表长达 30 页，除了组织名称、法人姓名地址等资料外，还要详细说明组织的活动内容。特别重要的必填项目是与避免利益冲突、防止巧立名目花钱有关，例如所有管理人员、董事和受托人的个人资料及报酬，年薪 5 万美元以上员工相互之间的亲属关系或商务往来等。另外还有对参与政治活动，包括竞选游说的限制。同时还要提交近年的财务报表，并交纳一笔申请费。年收入少于 1 万美元的申请费为 400 美元，否则为 850 美元。

合格的免税非政府残疾人服务组织不但收入不用缴纳联邦税，而且通常也可以享受州、地方和房产等税务减免优惠。个人向非营利组织捐款，捐出去的钱可以从其应缴税收入中扣减。企业的捐款，捐款额在自身年收入 3%之内的部分可以免税。另外，和所有非政府组织一样，非政府残疾人服务组织也可以在邮局取得批量邮件的邮资优惠，公益类慈善组织也可以接受私人基金会的捐赠。非政府残疾人服务组织在从事社区服务过程，还可以获得政府每年提供的 10%—80%不等财政资金，其中以 60%—70%为多；同时从事社区残疾人服务时所购买的商品，也不需交税。

2.政府监管体制

美国政府对非政府组织的监管分为联邦和州政府两个层次。联邦政府对非

① 美国管理民间非营利组织的法律规范既体现在基本的宪法原则中，也散布于联邦税法、州财产法、其他专门法，以及财政部、国税局的有关条例和规定中。

政府组织的管理主要通过国会立法来体现,并由美国国税局执行对非政府组织的监管责任。美国国税局在全国设立三级的分级管理机构,对向其申请确认免税资格的非政府组织进行有力监管。州政府是非政府组织的主要管理者,由于州政府授予非政府组织与其创立者相分离的法律地位,因此对非政府组织负有监管责任。其管理机构由州司法部以及各州设立的专门机构承担。①

政府对非政府残疾人服务组织的主要监管手段是税务监管。根据联邦所得税法和州、地方政府税法,政府对非政府组织进行免税分类管理,实行严格的激励捐赠制度,采取税收优惠和税收管制相结合的办法,如通过征收惩罚性税收和严格的税收管理来限制和规范非政府组织残疾人服务机构的活动,必须严格按照机构的章程和宗旨进行;规定非政府组织残疾人服务机构从事残疾人服务所形成的赢利或利润,必须用于残疾人服务发展的再投入,为残疾人提供服务或谋求福利。

联邦政府和州政府还对非政府残疾人服务组织实行运营监管。如一些州或地方政府要求非政府残疾人服务组织必须获得执照才能募集资金,要求递交年度守法报告,呈报经过审计的年度财务报告。同时,大部分得到政府资助的非政府残疾人服务组织必须遵守《阳光法》(*Sunshine Laws*),随时向公众公开信息,每年向公众公布年度报告并实行独立的财务审计,同时建立完善的内部审计制度以及定期和经常的内部汇报检查;理事会会议也必须对外公开,公众还可查阅其会议纪要。

美国政府对非政府残疾人服务组织的监管还体现在合同监管上。大多数的非政府残疾人服务组织的主要资金来源都是来自于与政府机构签订的服务合同。据笔者走访的15家机构负责人介绍,美国非政府组织残疾人服务机构的资金主要来自政府、捐款基金会、地方工商业、个人及收入(服务费和会员费)。在20世纪60年代以前,绝大多数非政府组织的资金来源主要是服务收费、捐赠,政府资助的比重相对较小。自20世纪80年代起,政府对非政府组织的支持有了显著增长。联邦政府在社会服务方面的支出,50%以上投向非政府组织。在政府的资助下,非政府组织残疾人服务机构得以有较为充裕的资金开展各类价格低廉或者免费的残疾人服务项目,同时也被要求严格按照合同规范提供服务,

① 参见扶茂松:《开放与和谐——美国民间非营利组织与政府关系研究》,上海财经大学出版社2010年版,第137—151页。

对资金方和公众负责。

（二）美国非政府残疾人服务机构的组织特征分析

值得一提的是，在美国众多的非政府残疾人服务组织中，绝大部分是地方性的残疾人服务机构。笔者走访过的俄勒冈州尤金市和波特兰市的15家残疾人服务机构就全部是地方性的机构，这15家机构中有九家是属于非政府组织残疾人服务机构，主要都是为残疾人提供服务，部分机构也为老年群体和其他低收入群体服务。下面就以案例分析的形式向大家介绍以地方性残疾人服务机构为主体的美国非政府残疾人服务机构的组织特征。

1.四个非政府残疾人服务机构的运作实例

（1）美好愿望工场（Goodwill Industries）。

该机构的使命是为就业困难人士，特别是智力残疾人提供就业机会。机构运作方式的步骤是：接受社会捐赠废旧物品，按能力分组安排智力残疾人整理这些回收物品，销售整理好的回收物品，对残疾人的能力再评估，向其他社会单位推荐残疾人就业。在这个步骤里有三点值得称道：一是延长了为残疾人服务的链条。简单的“捐—赠”，是一种慈善行为，Goodwill Industries不仅仅是捐与赠的中介，而是尽可能地把残疾人参与简单劳动这一培训活动加入到“捐—赠—卖”过程中，促进了残疾人的职业发展，增加了为残疾人服务的内涵；二是把推荐残疾人就业，作为机构重要使命，实现了残疾人的社会参与；三是捐赠物品成为再生资源销售时，既是环保行为，也是社会对机构的第二次赠予。据机构负责人介绍，Goodwill Industries年收入850万美元，每年介绍成功250—300名残疾人就业，就是最好的效果展示。

（2）莱恩县食品协会。

该机构是尤金市一家非营利的食品库，服务于莱恩县从海岸到山区所有地区。通过接受食物捐赠和资金捐赠，由约100个社区组织和志愿者加盟，每天为四五千名残疾人和困难人士提供食物。该机构的创意之处，一是发挥社会募捐的作用，使超市、食品店即将过期的物品通过机构和社区服务转送给需要的人；二是发挥社区组织（包括宗教组织）和志愿者的作用，组织化、社会化、志愿化程度高。

（3）美国西部独立生活中心。

是一个特殊的组织，美国加州有29个独立生活中心，自1976年创建以来，已为上万的残疾人实现了独立的生活目标。机构的主要服务宗旨是帮助残疾人和老年人实现和维护他们独立生活的需求。住在独立生活中心的残疾人不仅有条不紊地安排物理环境，而且还自觉地承担雇佣照顾者的责任，并满足自己在烹调、房屋清洁和购物等方面的需要。在中心的行政、训练及志愿者等工作人员，有70%—80%是残疾人。独立生活中心为残疾人和老年人提供的支援服务包括：独立生活技能培训和跟进服务，生活必需品和日用设备供应服务，住房申请服务，就业咨询、就业培训和就业介绍服务，社区资源信息服务，在商业建筑和社区机构中修建残疾人的无障碍通道等。此外，独立生活中心还十分重视个体和系统的宣传，参与大量的权益倡导工作，如在地区，州之间提出必要的制度改革；倡导残疾人社会保障和医疗福利政策改革，提供并宣传美国残疾人法案，公平住房法和其他残疾人相关法规，以增加人们对残疾人的关注程度，并改变对残疾人的看法。

(4)圣路易斯 ARC 组织。

是一个为社区残疾人服务的综合性非政府、非营利组织，成立于1950年，现有工作人员140名，有社区代理人员450人。下辖 ARC 儿童发展中心、彩虹村残疾人安养中心等多个分支服务机构。每年为辖区有服务需求的全年龄段内的3500名残疾人提供不同种类的服务，服务对象以智力和精神残疾人为主，也包括少量肢体残疾人。服务项目涵盖居住服务、就业服务、娱乐服务、社区综合服务、儿童发展、短期照料、安全防护和社区教育、家庭支持和网络建设以及法律培训等。该组织设有儿童发展中心、彩虹村住宅区和该组织的管理办公机构。政府每年给圣路易斯 ARC 组织提供1500万美元的工作经费和服务经费，ARC 组织每年还接受社会捐款约50万美元，全部的经费保障了优质、高效和人性化的服务，使有发展潜力的残疾人得到不同程度的改进和提高，以最大程度平等、参与和共享社会成果。①

根据上四个非政府组织残疾人服务机构的服务开展和日常运作的介绍，结合对15家服务机构负责人的访谈分析，我们可以得出美国非政府组织残疾人服务机构健康发展背后的一整套独特的运作模式，可以概括为：以流畅的服务需求信息交换为基础、以通畅的服务资源传递为路径、为科学的服务规范和标准为支撑、以完备的严密的组织架构体系为保障：首先，是完整的服务需求信息交换，这一基础达成的关键是服务从业人员拥有专业化水准和一整套的严格的志愿者培

① 来源于网络资料：http://blog.163.com/wtianlin1954@126/blog/static/5164893620071041659620/。

训制度；其次，是通畅的服务资源传递，这一路径的实现关键是采取了社会化的方式，充分发扬志愿精神，动员社会单位、社区、志愿者的积极参与残疾人服务；再次，是科学的服务规范和标准支撑，这离不开美国残疾人服务的长期发展经验和非政府机构规范化的管理和运行机制；最后，是严密的组织架构体系的支持，这与美国有关非营利组织的界定以及非营利组织理事会作用的发挥紧密相连。

2.美国非政府残疾人服务机构的组织特征

美国的非政府残疾人服务组织，从本质上讲，具有一般非政府组织的共同特点，即正规性、民间性、非营利性、自治性、志愿性和公益性，同时由于其服务对象和服务内容的特殊性，又具有一些独有的特征和功能，这些特征和功能，对于研究美国非政府组织残疾人服务，加快推进我国残疾人服务业发展和残疾人服务体系建设，具有特别重要的现实意义。

(1)机构的规范化、专业化程度比较高。

美国的非政府组织残疾人服务机构，必须得到政府有关部门的认证和批准，严格按照宗旨开展活动，突出为特定群体提供特殊需求服务。据笔者走访的机构负责人介绍，这些机构在成立之初，都向政府提出了书面申请，包括写明机构性质、运作计划、服务宗旨，以及用什么方式实施项目开发等。政府通过严格审核认定后，发给非政府组织资格表，予以登记备案。15家实地考察的机构都把本机构为残疾人服务的宗旨，用最简练的语言写好后挂在机构门口最显眼的地方。如尤金聋人听力语言训练中心门口写着："为交流障碍人士提供最高质量的评估、治疗和教育服务。"服务机构的专业化程度十分高，正式职员都大多都具有大学以上的专业学历，并且与社会专业机构的联系十分紧密，如尤金聋人听力语言康复训练中心与俄勒冈大学建立了良好的关系，该大学语言训练部主任也是该中心的董事会成员，一大批具有专业背景的语训师，为聋人提供一流的服务。

(2)机构服务的社会化、志愿化程度高。

非政府残疾人服务组织与残疾人家庭、社区其他社会组织，如大学、政府机构和教会等维持良好的联系。父母是各种服务计划中很重要的组成部分，许多计划的制订和执行都有父母的参与；社区则是服务的基本平台，尤金聋人听力语言训练中心的设施建设资金和志愿者全部来自社区。志愿者是任何非政府组织残疾人服务机构必不可少的重要组成部分。以开展送餐服务的 Willamalane 老年中心为例,老年中心有7人全职,35人兼职,300名志愿者。每天有30—35名志愿者用他们自己的汽车为85位残疾人和老人提供免费送餐服务。尤金市红十字分会的送餐项目,也依赖志愿者完成,机构只有10%是付费员工,90%是志愿者。在这些非政府残疾人服务组织里,全职者的主要任务是对志愿者进行培训、对服务项目进行统筹管理等。志愿者的使用,不仅大大降低了机构的运转成本,而且拉近了残疾人与社会的距离。

(3)残疾人的自主参与程度和权益意识高。

美国的非政府组织残疾人服务机构十分重视残疾人参与度和自我发展的能力的培养,强调自决权和“增权”对于残疾人个体的重要性。每个非政府组织残疾人服务机构都要成立董事会,执行主席(负责人)由董事会任命。有些残疾人专门服务机构,如波特兰残疾人独立生活资源中心,董事会一半以上的成员是残疾人,甚至是残疾程度比较重的残疾人,通过参与到重大事务决策和机关管理,真正实现残疾人的自主自决。美国西部独立生活中心的行政、训练及志愿者等工作人员,有70%—80%是残疾人。“尤金市创造性房屋解决方案”,要不断听取使用房屋的残疾人参与建设过程,并根据年龄变化,调整房屋设施,提高残疾人自主生活的能力。在Pear Buck中心和Goodwill Industries两个残疾人庇护工场,机构想方设法让智力残疾人有机会进行操作和培训,提高职业能力,走入社会。所以,他们说,“这里不完全是庇护,而是职业发展(progress)、职业康复(rehabilitation)。这与《美国残疾人法案》的理念也是高度一致的。

(4)非营利性特征明显和对外部资金的依赖程度高。

根据美国联邦税法,非政府组织分为两大部分:一部分是为公众服务或使公众受益的部门,不仅其本身免税,向其提供捐赠的捐赠者也享有法定的扣除税金的待遇;另一部分是为会员服务或相互受益的部门,只有其本身可免税,向这类组织提供捐赠的捐赠者不享有扣除税金的待遇。美国的非政府组织残疾人服务机构大部分属于前者,大部分机构对于外部资金的依赖程度高,用一位机构负责人的话说,“必须以90%以上的时间和精力用于筹款,才能维持机构的正常运转。”收入结构不同的机构,运作方式也会有很大差异,但其资金来源不外于以下几种渠道:政府资助、基金会捐款、社会捐赠、个人捐款和少量的服务收费,每年经费从几百万到上千万美元不等。政府除了直接拨款资助外,主要通过税收优惠对非营利组织进行间接支持。还建立了完备的社会慈善捐助公益基金,专门由于资助和救助社会伤残人士和弱势群体。志愿者则可以通过捐赠时间或物资的形式对残疾人服务给予支持。

四、对美国非政府组织残疾人服务的评价和启示

通过对美国非政府组织残疾人服务的发展历程和制度框架的梳理,我们可以发现,美国非政府组织残疾人服务的蓬勃发展,主要源于以下三大因素的推动:一是清教文化影响下的美国社会的残疾人观,经由残疾人权利运动,逐步推动了整个社会对残疾人态度的转变,与美国人民的志愿结社传统一起,为非政府组织残疾人服务的发生、发展奠定了基础,促使残疾人服务做到了有组织、有系统。二是美国"小政府"的政治传统,使得政府在有关残疾人服务的具体的社会事务上,采取了"小政府、大社会"的宏观管理模式,偏重于政策的制定、完善和服务监管,从而为非政府残疾人服务组织的发展让渡了发展空间。三是美国的法治精神为非政府组织残疾人服务提供了完善的法律、制度保障,为政府组织残疾人服务的良性发展提供了长远的支撑。

这种服务的发展格局适应了美国的经济、政治、社会制度和文化传统,对提高美国残疾人福利水平起到了重要作用。我们要充分肯定美国政府组织和非政府组织残疾人服务机构并行发展,协同保障的优势,也要客观地看到美国残疾人事务管理中存在的问题。美国对"残疾"有50多种不同的定义,折射出政府在协调各个部门、各类组织缺乏有力的统筹手段;美国有二分之一的残疾人处于就业年龄段,但是只有三分之一就业,也与就业和社会保障政策不衔接,缺乏强制性就业措施有关。所以,我们要认真分析美国残疾人事务管理方式的利弊,从中国残疾人服务业发展的现实环境和内部要求出发,借鉴国外先进的发展理念和管理经验,为此,提出以下几点意见。

一是加强有关残疾人立法研究,为民间残疾人服务开展营造良好制度环境。要对照美国等国家残疾人运动的新趋势,丰富我们的残疾人事业理论体系,真正确立"以权利为本"和"以残疾人为中心"的理念。要抓紧推进残疾人权益保障的法律体系建设,从发展的总趋势,确定"反歧视"的原则,以限制性而非倡导性的立场,做好残疾人立法工作。在立法过程中要注意充分尊重残疾人的特殊需求,广泛听取残疾人组织和社会的意见,积极宣传残疾人自强、自立形象,推动社会态度的转变。

二是加强对民间残疾人服务组织的扶持力度,探索适合中国国情的非政府

组织残疾人服务机构的发展路子。由于绝大多数残疾人游离于政府主导的社会保障制度之外,这意味着绝大多数的残疾人服务保障必须由残疾人民间组织来承担。政府要加快制定民间残疾人服务组织管理扶持办法。将原本由政府承担的一部分社会服务内容让渡给民间残疾人服务组织,通过政府购买服务、合作经营、经费补贴等方式,支持民间残疾人服务的发展。完善非营利组织税收法制,明确非营利机构与营利机构的划分,在非营利组织与营利组织之间营造公平的竞争空间。支持民间残疾人服务组织提供服务收取合理费用等,使民间残疾人服务组织的资金来源多元化、社会化。

三是加强对民间残疾人服务机构的监管力度,形成较为完善的政府管理、社会监督和民间组织自律相结合的多元监管格局。进一步明确民间残疾人服务组织登记注册的有关规范标准和联系管理。加快研究制定业务主管单位对相关社会组织日常管理的职责内容、管理权限和法律责任,厘清相关法律关系,做到依法管理、依法办事。针对民间残疾人服务组织公信力低、自律程度差的特点,实行培育发展与监督管理并重的方式,逐步完善民间残疾人服务机构的法人治理结构,健全财务会计制度,加强财务审计和社会监督,保证民间组织非营利性。建立完善社会监督体系,完善举报、检查、案件查处、考核、诚信评估等各项制度,理顺民间组织与政府,社会之间的关系。

四是加强民间残疾人服务组织的能力建设,提高民间残疾人服务的专业化、规范化水平。针对民间残疾人服务组织普遍存在人力资源支持不足的现状,积极借鉴国际经验,加大志愿精神的宣传和对社会慈善事业的支持力度,努力实现志愿助残的普及化、日常化、规范化,推动志愿助残服务深入、持久、健康开展。建设专业残疾人社会工作者队伍,建立社会工作专业资质评定制度和社会工作者资格等级制度,促进专业资质的积累。实行规范用工制度,做到各类专业人员实现持证上岗、定期参加专业培训。建立规范的民间残疾人服务的操作规范和服务标准,支持康复医学、辅助器具技术研究,建立职业康复、社区康复、听力语言训练、脑瘫康复训练、孤独症儿童康复训练、居家托养照料等技术标准的研究,提高残疾人服务的质量和专业水准。

参考文献

Charles A.Prosser,“A Federal Program for the Vocational Rehabilitation of Disabled Soldiers and Sailors”,in *Rehabilitation of the Wounded*,Annals of the American

Academy of Political and Social Science, Vol. 80(Nov. 1918), pp.117-122.

Funk R.,"From Caste to Class in the Context of Civil Rights". In A. Gartner & T. Joe, eds., *Images of the Disabled, Disabling Images*. London: Jessica Kingsley, 1987.

Michael O' Nell,"Nonprofit Nation: A New Look at the Third America", *Jossey-Bass*, 2002, p.2.

北京市残疾人联合会、中国人民大学残疾人事业发展研究院:《北京市民办残疾人服务组织发展调研报告》,2009 年。

[法]托克维尔:《论美国的民主》(上卷),董果良译,商务印书馆 2004 年版。

扶茂松:《开放与和谐——美国民间非营利组织与政府关系研究》,上海财经大学出版社 2010 年版。

李培林、徐崇温、李林:《当代西方社会的非营利组织——美国、加拿大非营利组织考察报告》,《河北学刊》2006 年第 2 期。

美国国务院《美国参考》博客:《美国社会保障体系面面观(下):保护弱势群体》,http://blogs.america.gov/mgck/2010/08/page/2/。

[美]Juliet C. Rothman:《残疾人社会工作》,曾守锤、张坤等译,华东理工大学出版社 2008 年版。

[美]贝奇·布查特·阿德勒:《美国慈善法指南》,NPO 信息咨询中心主译,中国社会科学出版社 2002 年版。

[美]彼得·布兰克:《美国社会和法律保护残疾人权利》,美国残疾人法 16 周年电子刊《残疾与能力》2006 年。

潘小松:《非营利部门在美国社会中的作用》,光明网,http://www.gmw.cn/02blqs/2003-07/07/03-C38DD441B7128FFC48256DD7001AB49B.html。

[瑞典]汤姆·R.伯恩斯:《结构主义的视野》,社会科学文献出版社 2000 年版。

王劲颖、沈东亮、屈涛:《美国非营利组织运作和管理的启示与思考》,《社团管理研究》2011 年第 3 期。

王名:《非营利组织管理概论》,中国人民大学出版社 2002 年版。

王名:《民间组织通论》,商务印书馆 2009 年版。

杨伟国、陈玉杰:《美国残疾人就业政策的变迁》,《美国研究》2008 年第 2 期。

赵文学:《论清教主义对美国主流文化价值观的影响》,《东北大学学报(社会科学版)》2008 年第 10 卷第 3 期。

中发[2008]7 号 中共中央 国务院:《关于促进残疾人事业发展的意见》。

中国现代国际关系研究院课题组:《外国非政府组织概况》,时事出版社 2010 年版。

第十四章　加拿大的残疾人保障制度*

残疾是从人类起源开始就相伴随的现象，但是人类社会对残疾概念的理解却是一个发展的过程，这一点在加拿大这种西方福利国家表现得更加明显。对残疾现象的认识和理解决定了对残疾人的社会政策。在对待残疾人的社会救助问题上，加拿大早期深受英国济贫法的影响。1601 年的英国《伊利莎白济贫法》将穷人区分为"值得救助的穷人"和"不值得救助的穷人"。那些身体和心智健全、有劳动能力却不愿意工作的人，被认为是不值得救助的人。而对于那些值得救助的穷人（包括残疾人、老年人和体弱者等），国家有责任照顾他们。在那个时期，残疾人属于值得救助的人在政策理念有几个特点：第一，残疾被看做是个体损伤或疾病的结果。第二，残疾人通常被认为是无法就业、有特殊需求、并且是慈善机构照顾的对象。第三，最小福利供给，并且采用的是机构化和与外界隔离的照顾方式。第四，隔离式的救助和服务导致社会排斥和公民权利意识较弱。基于这种理解，政府对残疾人和不值得救助的人有两种不同的义务，不同的救助义务通过不同的法律和社会差异来实践。

尽管残疾人被归为"值得救助的人"，但是由于残疾人被理解为功能不健全的人，因此他们并没有赋予社会参与等诸多社会权利。特别是第二次世界大战以后，加拿大福利国家建设进一步加剧了残疾人的隔离状态。福利国家强调保障公民权和民主并被看做是加拿大的国家支柱，这种理解成为大规模投资建设福利机构的理论基础。残疾人满足作为一个公民的要求，这些人理应通过福利国家保障予以照顾。由于他们不具备完整的社会功能，福利国家因此为他们建立了与外界隔离的照顾制度。在这种法律和社会体制下，具有社会隔离特征的福利机构、特殊教育机构、职业训练、社区服务投资在战后显著增长。这些设施和制度的目标就是将残疾人从家庭和社区分离出来，他们被认为是不适合在原

---

* 作者：姚建平，华北电力大学人文与社会科学学院副教授。

来的机构接受教育、无法就业、没有资格参加政治投票、没有自我决策权的实践能力。残疾人政策的另一个重大改变是那些原先由慈善机构建立的项目和服务现在纯粹由公共资金资助。例如,原先具有隔离特征的残疾人班级和学校现在由公立学校系统出资,残疾人专用的辅助客运系统也由市政交通部门管理运营。

2007 年,加拿大成为首批批准签署了联合国《残疾人权利公约》的国家。目前,加拿大政府和社会对残疾的理解则更加注重残疾人权利保护,普遍接受残疾是由于各种制度阻碍残疾人参与和融入加拿大社会各领域的结果。这种对残疾的认识已经超出了个体病理学的范畴,并进一步推动残疾人社会政策的发展。如果一个残疾人归因于社会状况而不是生物损伤的话,那么康复服务仅仅满足于让残疾人能够在社区生活是不够的。如果服务和项目的结果是要能够保证残疾人实现其公民权的话,那么"隔离状态下的平等"(Separate but Equal)服务是无法实现这些目标的。① 正是因为对残疾人权利的高度重视,加拿大在无障碍、医疗、康复、教育、就业、社会保障等方面的社会政策建设都非常完善。

一、加拿大残疾人口基本状况

2001 年,加拿大政府作了一个全国性的残疾人调查,即"参与和活动受限调查"(Participation and Activity Limitation Survey,PALS)。该调查定义的残疾人指那些自认为在日常活动中有困难或者由于身体、精神和健康状况妨碍他们进行可能的活动的人。从调查结果来看,加拿大残疾人状况具有以下几个方面的特点。

第一,有 360 万加拿大人在日常活动受到身体、心理和健康状况的限制,这意味着加拿大人的残疾比例达到了 1/12。残疾比例随着年龄增长而增加。0—14 岁的儿童残疾比例是 3%,而 75 岁以上的老年人残疾比例达到 53%以上。总体说来,25 岁以上女性残疾比例稍高于同年龄组的男性。在 0—4 岁的儿童中有 2.6 万残疾人,占该年龄组总数的 2%,发育迟缓是这个年龄组儿童最常见的残疾类型。4—14 岁的儿童中大约 15.5 万人有残疾,占该年龄组的 4%,慢性健康问题和学习障碍是这些学龄儿童最常见的残疾类型。其中大约 6.6 万名学龄儿童患有非常严重的残疾,1/4 的学龄残疾儿童在日常活动中需要帮助,包括洗

① See Puttee, Alan, *Federalism, democracy and disability policy in Canada*, Montreal: McGill-Queen's University Press, 2002, pp.12-16.

澡、穿衣、吃饭或在家的活动。对于这些重残儿童的日常护理有62%是由母亲承担,有30%是由父亲和母亲共同承担,只有3%主要由父亲承担。

第二,大约340万15岁及以上的成年人(占成年人口的15%)有残疾。这些人的残疾程度各异。大约三分之一的成年人(120万人)有轻微的日常活动受限,四分之一(86万人)有中度残疾,另有大约四分之一(92万人)有重度残疾。七分之一有非常严重的残疾(48万人)。男性比女性的轻度残疾比例更高,女性的重度残疾比例比男性高。

第三,残疾人的残疾类型各异。大约250万成年人有与移动相关的残疾,具体表现为走路、爬楼梯、扛东西或从一个房间到另一个房间有困难等。女性比男性更容易患有移动残疾。大约有240万(10%)的成年人有与慢性疼痛相关的活动受限残疾,并且女性比例高于男性。与疼痛相关的残疾在工作人口中更普遍,影响8%的15—64岁的人口。另有230万人(10%)有敏捷性残疾,例如弯腰捡东西、穿衣和脱衣,或者切割食物时有困难。大约100万(4%)成年人有听力相关的残疾,59万成年人有视力困难(占3%),36万人有语言相关的残疾。男性的听力障碍更普遍,而女性更容易患的视觉困难。52万成年人有心理残疾,45万人有学习困难。移动、敏捷性、听力、视力和疼痛残疾随着年龄的增长而增长,而心理问题和学习残疾是45—64岁成年人中最普遍的残疾类型。

第四,加拿大各省的残疾率差异较大。魁北克省为10.4%,新斯科舍省达到20.0%。大西洋沿岸省份的残疾率比西部省份要高一些。2006年,“参与和活动受限调查”首次调查加拿大三个区(Territories)的残疾人情况。育空区的残疾率最高为13.5%,其次是西北区为8.6%,最后是努纳武特区为6.4%。此外,残疾人比例随着人口老龄化还在不断增加。在2001年到2006年间,加拿大的平均年龄从37岁上升到38.3岁。加拿大国家统计局的资料显示,加拿大的残疾人比例已经从2001年的12.4%(360.127万人)上升到2006年的14.3%(441.787万人)。① 由于老年人通常有更高的残疾率,因此不断老龄化的人口自然会有更高的总体残疾比例。与此同时,另一个不容忽视的显著特征是:2001年到2006年间,不管是儿童还是成年人的学习障碍残疾比例也显著增长。

第五,残疾复杂程度较高。残疾本身是一种非常复杂的现象。从医学的角度

① See Statistic Canada. “Profile of Disability in 2001”, *Canadian Social Trends*, No.72, Spring 2004, pp.14-17.

来看,可以根据残疾的状况区分出很多残疾类型。例如,2001 年的“参与和活动受限调查”区分 11 种成年人不同的残疾类型:包括移动性残疾,敏捷性残疾,疼痛残疾,视力残疾,听力残疾,语言残疾,记忆心理残疾(Memory Psychological),学习障碍,发展性残疾和未知的残疾。多种残疾混合现象相当普遍,远超过一般人的想象。大部成年残疾人(82%)都不止只有一种类型的残疾,有 36%的人甚至患有四种及以上的残疾。

首先,一份给加拿大全国视听残疾协会(Canadian National Society of the Deaf-Blind,CNSDB)的报告中显示:加拿大全国共有 3306 人是视听残疾人。而根据加拿大社区健康调查(Canadian Community Health Survey,CCHS)的数据,有 6.98 万人有某种程度上的视听损失,其中只有 1.55 万人有严重的或完全丧失视觉和听觉。两个调查在数量上的差异主要是由于调查使用的筛查问题引起的,但是两个调查结果都表明视听残疾的人数远比先前想象的要多得多。在 34 万成年残疾人中有 17%有某种程度上的视觉困难,尽管这些人可以通过眼镜或隐形眼镜予以矫正,或者说超过 50 万(594350)人有某种程度上的视力损伤而没有采用眼镜或隐形眼镜矫正。大约有 32%的残疾成年人有某种程度上的听力困难,这意味着 110.573 万人有某种程度上的听力损失,其中有 6.759 万使用助听器予以矫正。既然有超过 50 万加拿大有某种程度的视力残疾,超过 100 万人有某种程度的听力损失,因此也不难想象会有相当数量的人属于视听混合残疾。根据“参与和活动受限调查”结果,大约有 7%(24.971 万)的成年人患有视听混合残疾。但是,真正严重或完全丧失视听的残疾人很少。视力和听力有极大困难或完全丧失的成年人只有 1.205 万,相当于加拿大成年残疾人总数的 1%。从年龄情况来看,那些有一定程度视听力损失的人中有 60%是老年人。

除了视听混合残疾之外,移动残疾、敏捷性残疾和疼痛残疾也三种最常见的混合残疾类型,并且这三种残疾很少单独发生。只有大约 4%的患有移动残疾的人只具有这一种残疾问题。移动残疾人中,有 14%带有敏捷性残疾问题(没有疼痛问题),另外 67%有敏捷性残疾或疼痛相关的残疾。疼痛残疾人中,69%同时还有移动残疾和敏捷性残疾。移动、敏捷性和疼痛残疾作为一种残疾混合,大约占所有残疾成年人比例的 48%(164.445 万人)。①

① See Canadian Council on Social Development. “Combinations of Disabilities”, *CCSD's Disability Information Sheet*, No.19, 2005, pp.1-7.

残疾现象的复杂性还表现在残疾本身会时间的变化而发生变化。人们通常会认为残疾是一种永久状态，但是对纵向数据分析表明：一些人的残疾状态会随着时间的改变而改变。1989—1990 年的劳动力市场活动调查（Labour Market Activity Survey，LMAS）是加拿大首次通过不同时间点调查同一个人的数据资料。通过考察 15—64 岁的工作人群获得了以下发现：有 5.7%的人在 1989 年的调查中有残疾，但到 1990 年这些人的残疾问题却消失了。而有 5.2%的人在 1989 年的调查中没有残疾，但到 1990 年却出现了残疾。另外，通过对六年的纵向数据［劳动力和收入动态调查（Survey of Labour and Income Dynamics，SLID）］分析发现，类似的"翻转现象"（Turnover Phenomenon）也很明显。① 重新认为残疾现象变动，对于残疾问题的研究和政策制定具有重要意义。

二、加拿大残疾人保障制度的演变

加拿大残疾人福利政策的发展可以分为三个阶段：第一，传统加拿大残疾人福利是个人主义模式，以社区照顾为特征，家庭承担了残疾人护理的主要工作。第二，20 世纪 70 年代，残疾人团体积极进行权利诉求，个人主义的残疾人福利模式开始转向社会政治福利模式。按照社会政治模式的定义，残疾并非是个人身体损伤的原因，而是社会歧视和社会排斥的结果。第三，20 世纪 90 年代以来，受新自由主义的影响，加拿大开始从福利国家向工作福利国家转变。在工作福利理念下，尽管残疾人仍然被认为是"应该帮助的穷人"，但是对于他们的社会援助大大缩减。

在整个 19 世纪和 20 世纪初期，传染病流行导致了大量疾病和死亡。因此，那个时代的健康往往就是指没有身患疾病，健康的生物模式得到普遍认可。在生物医学模式下，残疾被当成了个人的悲剧，残疾人只能期望得到亲属或邻居的帮助。但此后传染病的发病率大量减少，健康不再仅仅意味着没有生病，而开始同身体、精神和社会福利状态联系起来。与此同时，社会学家开始从社会制度的角度来解释健康。他们认为健康的生物医学模式是对资本主义的反映，医生被看做是保持工人生产能力的看护人。

① See Canadian Council on Social Development."Methodological Issues when using Longitudinal Data:The Disability Status Variable", *CCSD's Disability Information Sheet*, No.2, 2001, pp.1-2.

20世纪初期,工伤保险制度建立以后,残疾工人可以获得收入补偿。而这之前,受伤的工人只能将雇主告上法庭。第一次世界大战结束,退役军人年金制度和医疗护理项目建立。20世纪30年代晚期,很多志愿组织建立起来为疾病患者(例如结核病和癌症)提供服务。第二次世界大战结束后,加拿大各省政府开始给那些不能工作的人提供少量年金,最基本的政策目标是收入维持和职业康复。20世纪60年代晚期,各省康复服务项目以个人定位,并直接面对单个服务对象提供相关服务。这一时期,身体因素、行为原因和职业原因仍被看做是阻碍残疾人完全参与社会的主要原因。但不管怎样政策开始改善,因为残疾人开始和社会层面联系在一起。

1974年,联邦政府公布"加拿大人健康新视角",认为健康受一系列因素的影响,包括生物因素、生活方式、健康护理、社会和心理环境等。这种对健康的认识极大的反映了健康的精神和社会因素,有助于在更广泛的背景上发展健康政策和实践。20世纪70年代,残疾人群体也开始活跃起来要求保障他们的人权,残疾的个人身体和职业模式受到社会政治模式的挑战。人们意识到残疾人面对的主要问题是歧视态度而不是身体功能障碍。与此同时,政府官员开始思考教育过程、就业市场和公共设施等领域是否存在对残疾人的歧视。残疾的个人模式转向社会政治模式对政策发展非常重要。在个人模式下,残疾人主要由家庭和社区照顾。针对残疾人的服务和福利并不减少收入的不平等,也不能减少住房和就业等方面的歧视,并且这些服务(例如教育)可能将残疾人从他们生活的社区分开。相反,社会政治模式强调残疾人就业机会的最大化,提供慷慨的收入维持项目,满足住房、健康、福利和教育等方面的综合需求,根据家庭收入情况进行补贴,政府政治对残疾人负责等。

20世纪80年代以来,随着"福利国家危机"的出现,新自由主义开始在西方福利国家开始占据主流。当代新自由主义的政治逻辑是:通过重建社会项目、政策和实践来取代国家对个人的经济福利责任。新自由主义不再强调社会组织(如当地劳动市场)没有满足公民的经济需求,而是个人没有履行其就业和经济独立的责任。根据这种逻辑,国家的主要角色是训练那些无法就业和经济独立的人,使他们能够进入劳动力市场。学者们造了一个新词"工作福利国家"(workfare state)来描述这种转变。工作福利意味着个人获得国家救助时需要展示他们已经承担了自己的道德责任和政治责任。

在工作福利国家框的架性下,残疾人、儿童、老人作为"值得救助的穷人"的假设仍然存在，并反作用于新自由主义国家理念，使得新自由主义国家重建在现实中比较困难。例如，1997 年安大略省引入了一个残疾人工作福利项目——“安大略省残疾人支持项目”（Ontario Disability Support Program，ODSP）。项目通过更严格资格标准来减轻政府责任，保护和推动大多数公民的福利和权利。在这种情况下，相当多的残疾人由于复杂的申请和评估程序、严格的资格条件，被认为没有资格申请项目的收入援助。不过安大略省政府更愿意认为，“安大略省残疾人支持项目”跟以前的残疾人项目相比是一个进步。因为官方强调项目坚持了残疾人活动家的看法——“肢体损伤并不一定意味着个人永远无法就业”。但总体看来，项目的引入导致国家规则变得不仁慈，同时在残疾人权利改善问题上也没有进步。例如，在收入支持的资格问题上，“安大略省残疾人支持项目”已经缩紧。那些酗酒和吸毒者不再有资格看做残疾人来申请收入支持，那些有业不就的人也不再有资格申请收入救助。尽管这些人实际上可能永远不会就业，但他们仍然被划归为能工作的人那一类。①

三、加拿大残疾人教育保障

加拿大残疾人在教育方面仍然处于劣势，很多障碍使他们难以进一步接受教育。例如，缺少无障碍设施导致残疾人在上学、校园活动、使用设备、做研究工作、使用图书馆和实验室等方面面临很大困难。有调查显示，有 25.2%的残疾人认为他们比大部分同龄人晚上学，55.1%的残疾人认为他们花更长的时间才能达到同龄人的教育水平。

（一）特殊教育与全纳教育

加拿大残疾人享有同健全人一样平等的教育机会。从小学到高中的 12 年免费义务教育阶段，一般残疾学生都同其他学生一起上课。但是，加拿大残疾人教育制度的发展也经过了一个从特殊教育到全纳教育的历史过程。

加拿大特殊教育的发展经历了四个阶段，大体上经历了 200 多年的历史。第一个阶段：艺徒制是早期特殊教育的主要形式，其主要特征让那些身体残疾、有心理障碍或心理疾病的人拜具有某门手艺或专长的人为师，师徒之间签订契

① Chouinard，Vera and Crooks，Valorie.“Because They Have All the Power and I Have None’：Stage Restructuring of Income and Employment Supports and Disabled Women’s in Ontario，Canada”，*Disability and Society*，Vol. 20，No.1，2005，pp.19-24.

约或合同，师傅在向徒弟传授手艺的同时也对其加以严格管教，学成的徒弟也成为手艺人，以获得谋生的本领。艺徒制的最大特点是具有济贫性、慈善性和管教性。

第二个阶段：进入19世纪后，随着科技的进步和生产力水平的提高，大工业生产逐渐取代了手工作坊，慈善机构也逐步替代了艺徒制进行特殊教育的职能。这些慈善机构包括精神病人收容所、聋哑人和盲人医院。同时，各省还建立起对犯罪青少年进行改造和教育感化的学校以及对肢体残疾儿童进行技能培训和工艺劳作学校。

第三个阶段：随着加拿大公立学校运动的兴起，特殊教育的职能也被纳入普通学校教育职能之中。在这同时，也暴露出了很多问题。在加拿大早期公立学校中，面对那些反应迟钝有视觉和听觉障碍而影响学习、或不服从学校管理而同教师对抗、与同学斗殴以及学习成绩不良的学生，教育者起初感到束手无策。因为依据义务教育法，他们不能剥夺这些儿童受教育的权利，而这些学生混杂在普通学生中间不仅自己会成为“落伍者”，而且在一定程度上还会影响其他学生。为此，教育者在普通学校中专设“不分班级制班”，将所有这样的儿童都集中到这样的班中进行专门的教育。

第四个阶段：在20世纪70年代以前，所有特殊教育机构都实施隔离式教育，即将残疾儿童与正常儿童隔离开来。这种隔离式的教育尽管使残疾儿童在与正常人交往中免受身心侵犯，并能充分地实施特殊内容与方式的教育，但它同时使残疾儿童失去了认识社会、了解社会的机会，阻碍了其社会化的进程。更重要的是，由于残疾儿童长期处于被隔离的状态，其自我认知不能从残疾的阴影中解脱出来，这无疑会影响其心理的健康发展。20世纪70年代以来，在“回归主流”教育理论的影响下，加拿大掀起了一股特殊教育与普通教育“一体化”的热潮。“回归主流”教育理论核心是通过特殊教育与普通教育的有机融合，充分利用二者各自的教育职能挖掘残疾儿童的发展潜能，使之尽可能地接近或达到正常儿童的发展水平，并使之摆脱人为的隔离，回到正常儿童中间。① 在这一潮流下，加拿大全纳教育开始兴起。

20世纪60年代，养护机构、特殊学校是当时最主要残疾学生服务组织。与

---

① 陈爱华：《加拿大特殊教育的现状、特点及对我国的启示》，《外国中小学教育》1998年第1期。

此同时,民间反对将所有特殊儿童与同龄人分开的隔离教育。20 世纪 70 年代,人们对特殊班的不满持续增长。1980 年安大略省通过了《82 号法案》(即《教育修正法案》),这是加拿大第一次强制性的特殊教育立法。1987 年,加拿大社区生活协会(CACL),通过设立一个工作组的形式,开展智力障碍者的全纳运动,以保证智障人群的合法权益。20 世纪 90 年代,随着全纳团体和全纳运动的开展,全纳教育思想在加拿大逐渐成为主流。许多家长把轻度和中度听力、视力和智力障碍的孩子送到普通学校读书,和普通学生使用同样的教材。学校聘请有特殊教育经验的教师为这些学生辅导,共同参与教学。① 同时,国际全纳教育发展对于加拿大全纳教育也发挥了重要推动作用。1994 年,联合国教科文组织(UNESCO)在西班牙萨拉曼卡召开了"世界特殊需要教育大会",并通过了《萨拉曼卡宣言》(*Salamanca Statement*),首次正式提出了全纳教育,并号召和鼓励全世界各国广泛开展全纳教育。② 受到国际全纳教育运动的影响,加拿大全纳教育也开始迅速发展。

现阶段全纳教育在加拿大的发展进入完全全纳阶段,重点集中于政策和实践相结合。以学生为中心,在决策时学校、教师和父母亲相结合,从而促进全纳教育的良性发展。加拿大各省教育部有责任为特殊教育发展提供政策保障,提供资金支持和信息支持。由于各省的具体情况不一样,加拿大从立法上和政策上体现了其灵活性,赋予地方辖区和学校对政策和立法的解释权,从而适应本地区的需要。尽管各省特殊教育立法开展的时间、内容上有些差异,但基本原则都是要确保每一个特殊学生不因为其障碍而失去受教育的权利。

(二)高等教育支持政策

加拿大政府充分认识到残疾学生接受高等教育时面临的困难,为此制定了很多政策。"加拿大学生贷款项目(CSLP)"的目的是为那些接受高等教育有经济困难的残疾学生提供帮助。项目通过提供贷款和津贴的方式减少残疾学生的经济障碍,保障他们获得参与经济和社会的知识和技能。项目规定,接受高等教育的永久性残疾学生可以获得 520 个星期的贷款帮助,非永久性残疾学生的贷款时间最多为 340 个星期。项目还给永久性残疾学生提供两种特殊助学金:一是"加拿大永久性残疾学生无障碍助学金(CAGSPD)"。该助学金提供每年最

---

① 参见熊琪、周媛、雷江华:《加拿大全纳教育的实践及启示》,《现代特殊教育》2008 年第 1 期。

② 参见李军胜:《加拿大全纳教育的发展现状及出路》,《外国教育研究》2008 年第 10 期。

多2000加元的贷款用以帮助他们解决住宿、学费、书籍和其他与教育相关经济支出问题。二是“加拿大永久性残疾学生食宿研究助学金(CSASPD)”。该助学金给永久性残疾学生提供最多8000加元的贷款,用以解决与教育相关的给导师、翻译的费用和技术援助费用。2006—2007年度,有1.26万永久性残疾学生获得了总共2340万加元的“无障碍助学金”。另有11965名残疾学生得到总共2030万加元的“食宿研究助学金”。[①]“加拿大学生贷款项目”也提供特殊无息贷款。凡是项目认定的永久性残疾学生,参加工作有困难并且由于残疾原因很难偿还贷款时,可以申请无息贷款。2006—2007年度,有396位学生获得总计45万加元的无息贷款。

为了保证残疾人对图书资料的需求,加拿大高校对于图书馆无障碍建设非常重视。学校通往图书馆的道路一般都有残疾人专用的轮椅走道,通道直接连到电梯口,出电梯后通道又通往阅览室,这样就残疾学生可自由往返图书馆。学术报告和演讲录像一般加配手势语翻译或字幕解说后通过闭路电视为残疾学生放映,教科书教材等则有专门为盲人服务的盲文版图书和有声读物。残疾学生也可利用电脑网络访问馆藏目录,下载复印所需的学习资料。残疾学生服务一个比较复杂和困难的问题是馆藏限制。由于残疾生所学的专业学科不同,涉及的学科教材不可能都有残疾学生所需的版本。如果没有现成的特需版本,一般由残疾学生服务处定做。[②] 加拿大国家图书馆不仅向全国图书馆提供所搜集到的各馆馆藏目录,还专门提供残疾人专用目录。各高校图书馆通过网络访问联合目录,就可查找到现有的残疾人专用的馆藏资源,从而避免了由本馆专门制作残疾人用的资源。

四、加拿大残疾人就业保障

(一)残疾人就业状况

尽管加拿大高度认同残疾人的就业平等权利,各级政府也有大量保障残疾人平等就业的立法和政策,但是残疾人与非残疾人相比仍然处于明显劣势中。这里使用2011年“参与和活动受限调查(PALS)”数据和“工作场所和受雇者调

---

① Government of Canada, “*Advancing the Inclusion of People with disability*”, *2008 Federal disability Report*, 2008, pp.61-65.

② 参见靳艳华:《高校图书馆残疾读者服务工作探析》,《津图学刊》2003年第4期。

查(WES)"数据,来具体描述加拿大残疾人就业情况。

首先,工作场所建筑物结构改造。调查结果显示,就业残疾人中有15%认为工作场所周围的建筑物结构需要改善,包括把手/斜坡、无障碍停车场、无障碍电梯、工作区、无障碍洗手间、交通等。而失业残疾人要求改善工作场所建筑物结构的比例几乎是在职残疾人的两倍。除了工作场所建筑物结构的改善外,很多残疾人认为还需要其他个人的支持,包括职业规划、调整工作时间、人文支持(翻译、职业教练、私人助手)、技术援助(例如声音合成器、便携式笔记本)、带有盲文和宽屏功能的电脑、通讯辅助设备等。

其次,就业稳定性。大约四分之一(22.3%)的在职残疾人说在过去一年中至少有一段时期失业。年龄和残疾程度对残疾人的失业情况影响很大。有27.7%重度残疾人过去一年有过失业的情况,而中度和轻度残疾人分别只有22.2%和19.7%。年轻残疾人比年老残疾人更容易面临失业。有30.5%的15到34岁的残疾人过去一年有失业情况,而这一数字在35—44岁组只有20.6%,在45—64岁组中只有19.9%。残疾人比非残疾人获得全时、全年工作可能性更小。2000年,53.2%男性非残疾人全时、全年就业,残疾男性这一数字只有34.9%,非残疾女性这一数字是37.4%,而残疾女性只有23.2%。①

最后,工资状况。根据"加拿大劳动与收入动态调查统计(SCSLID)"数据,残疾人的工资总体比非残疾人要低得多。年轻残疾妇女(16—34岁)的工资最低,最高的是35岁以上的非残疾男性的工资最高。1998年,残疾女性(16—34岁)最低小时工资平均为11.34加元,而最高的非残疾男性工资为每小时20加元。② 受教育程度高的残疾人通常比受教育程度低的残疾人有更高的工资。但是,不论在何受教育水平上,非残疾人的工资都比残疾人高。工资高低与就业稳定性密切相关。不管是残疾人还是非残疾人,那些全年受雇的人比那些一年只工作一段时间的人工资要高,这种差距在残疾人身上比非残疾人表现得更明显。

(二)残疾人就业保障政策

劳动力市场协议是加拿大保障残疾人就业的重要政策。2004年,加拿大社会服务部长论坛制定和实施了"残疾人劳动力市场化协议(LMAPD)"多边框

① See Canadian Council on Social Development: "Employment and Persons with Disabilities in Canada", *CCSD's Disability Information Sheet*, No.18, 2005, pp.1-8.

② See Canadian Council on Social Development: "Hourly Wages", *CCSD's Disability Information Sheet*, No.4, 2002, pp.1-8.

架，重申了联邦和省政府为保障残疾人参与劳动力市场的承诺。联邦政府与和九个省级政府签订了残疾人劳动力市场协议，提供50%的项目资金资助一系列旨在提高就业能力、增加就业机会，提高现有知识水平的项目和服务。目前每年大约有30万人参加“残疾人劳动力市场化协议”资助的项目，项目和服务通过政府各个部门和第三方提供并执行，优先资助教育和培训、就业参与、就业机会、残疾人就业信息等领域。

残疾人机会基金（The Opportunities Fund for Persons with Disabilities）是一个联邦项目，其目标是帮助残疾人实现就业、维持就业、创业或为就业做准备，以增加他们的经济参与和独立能力。尽管“残疾人劳动力市场协议”和“残疾人机会基金”都为残疾人就业提供培训和支持，但是残疾人劳动力市场协议关注个人就业能力（如，职业康复）的增加，而机会基金给那些准备重返劳动力市场的残疾人提供短期支持和培训，以使他们尽快返回劳动力市场。机会基金资助一系列活动，包括为残疾人组织提供就业、雇主工资补贴、工作经验实习安排、个人技能培训援助、个人创业援助等。机会基金主要通过全国各种组织为残疾人提供相关服务。2007—2008年，项目为4631人提供了帮助，其中1616（35%）人成功就业，3021（65%）人提高了就业能力，168（3.6%）人返校读书。“残疾人企业家项目（EDP）”也是一个政府项目，设立于1997年。项目早期包括两个部分，即城市残疾人企业家倡议和农村地区残疾人企业家项目。2005年，两个部分进行了合并。“残疾人企业家项目”的目标是为了帮助加拿大西部的残疾人。该项目每年给西部城市和农村社区想创立和拓展中小企业的残疾人提供服务，具体包括企业计划开发援助、监管与咨询、企业管理训练、特殊设备检定帮助、提供企业贷款等。在农村地区，项目实施主要通过“社区未来”（CF）办公室来实施。在城市地区，项目实施通过一系列的合作伙伴。①

“残疾人就业能力援助（EAPD）”的目标是联邦政府通过资助各省一系列的项目和服务，以提高残疾人的经济参与水平。“残疾人就业能力援助项目”的前身是“残疾人职业康复项目（VRDP）”。1962年开始实施的“残疾人职业康复项目”是联邦和省/区政府为残疾人提供综合康复性职业康复项目。尽管这些项目在改善残疾人生活方面是成功的，但项目并未实现提高残疾人劳动力市场和

① See Government of Canada. “Advancing the Inclusion of People with disability”, 2008 *Federal disability Report*, 2008, pp.65-73.

经济参与的目标。正因为这个原因,该项目在 1998 年 4 月被"残疾人就业能力援助"项目所替代。通过联邦和省/区之间签订为期 5 年的双边协议,提供成本分享的省项目和服务,为残疾人就业做准备和维持就业。"残疾人就业能力援助"坚持广义上的目标实现,各省可以灵活地采用最适合残疾人需要和劳动力市场的方式开发项目、提供服务。联邦政府和省的双边协议签署后,会建立一个三年的过渡期,以便让省调整项目,反映就业的焦点,避免服务中断。各级政府通过分享相关信息确保项目的有效性,并将重点放在改变项目参与者的短期、中期和长期就业能力问题上。以下以加拿大纽芬兰省为例,具体介绍残疾人就业能力项目在各省的实施情况。

纽芬兰"残疾人就业援助(EAPD)协议"资金由联邦和省分担,由省具体实施一系列用以提高残疾人劳动力市场参与的项目和服务。"残疾人就业援助协议"资助的项目具体由人力资源和就业、健康和社区服务、教育和行政局等部门提供,残疾人可以通过省政府相关部门及其资助的第三部门获得服务,包括四个领域:(1)人力资源与就业。资助一系列服务和项目以帮助残疾人获得职业技能,为准备就业和维持就业。残疾人可以通过训练服务项目获得完成高等教育的服务和支持,可以通过就业支持项目获得就业方面的支持,也可以通过社区伙伴津贴项目找工作或在职培训。(2)教育。教育部门资助教育机构消除残疾人接受高等教育的环境障碍,支持消除障碍的评估和训练。项目给残疾人提供援助和适应性技术、服务人员和导师,以帮助他们参加完成高等教育的训练。(3)健康与社区服务。政府部门资助社区机构给残疾人提供一系列服务,包括帮助适应残疾生活的康复服务、帮助适应工作环境、帮助保持健康、获得辅助技术和住房、提供就业参与和就业咨询、支持找工作和维持就业等。(4)开放项目。开放项目对与残疾人就业相关的省公共部门的人力资源主任、经理、导师和行政人员提供信息、建议和培训。同时也开设职业资源中心,提供一系列残疾人就业援助服务。①

集体协议(Collective Agreement)已经成为保障加拿大劳动者权利的重要手段。集体协议涉及工资、健康与福利、生活成本补贴、长期残疾计划、处方药计划、离职金和退休金等方面的劳动者权利。集体协议中的残疾人条款主要包括

① See Human Resources Development Canada. "Employability Assistance for People with Disabilities", *EAPD National Report*, May 2002, pp.7-11. http://www.ccsd.ca/drip/research/.

以下内容:(1)反歧视条款。在联邦和省的人权法律中,残疾不能作为歧视的理由,集体协议中包含反歧视的内容越来越普遍。(2)残疾人工作权条款。集体协议包含雇员致残后有转岗和待岗权利的条款。(3)长期残疾计划(LTD)。长期残疾人计划由雇主缴费,对于在工作场所受伤或残疾的雇员提供经济保障。(4)雇主缴费的处方药计划(Prescription Drug Plans)。处方药在加拿大非常昂贵。一些残疾人要求长期服药,甚至终身服药。如果没有药品保险,其成本是难以承受的。由于加拿大没有全国性的药品项目,因此雇主缴费的药品计划对于劳动者经济保障就显得非常重要。(5)工作环境。工作环境的规定对于劳动者身心健康保护非常重要,有些集体协议中有需要工作环境的规定。① 当前,残疾人和女性、原住民、非白裔族群、同性恋等弱势劳动力群体的权利保障成为了集体协议谈判的重点。

五、加拿大残疾人医疗保障

(一)残疾人的健康状况

总体看来,加拿大残疾人的健康状况比非残疾人要差得多,预期寿命也比非残疾人短。根据1998/1999年“加拿大全国人口健康调查数据(NPHS)”,只有8.1%的残疾人认为自己的健康状况非常好,而非残疾人这一数字是36.6%。2000/2001年“加拿大社区健康调查(CCHS)”结果显示,残疾人患高血压和心脏病的比例也比非残疾人要高得多。有22%的残疾人患有高血压,而非残疾人这一比例为10%。65岁及以上的男性残疾人患心脏病的比例为36%,而同年龄组的男性非残疾人的比例为16%。65岁以上女性残疾人患心脏病的比例为19%,而同年龄组的女性非残疾人的比例为11%。残疾人也比非残疾人也更有可能患哮喘病。但与其他健康问题不同的是,哮喘病更容易影响非老年残疾人。例如,在12—64岁的残疾女性中19%的人患有哮喘,而同年龄组非残疾女性的比例只有8%。在12—64岁的残疾男性中12%患有哮喘,而同年龄组的非残疾男性这一比例只有6%。② 此外,残疾人在患风湿病、糖尿病、偏头痛和白内障等疾

---

① See Wiggins, Cindy. “Disability Provisions in Collective Agreements in Canada”, *1st National Disability Rights Conference*, November 17-20, 2000.

② See Canadian Council on Social Development. “Persons with Disabilities and Health”, *CCSD's Disability Information Sheet*, No.14, 2004, pp.1-8.

病的比例都比非残疾人要高得多。

残疾人的健康状况差，因此也有更多的健康护理需求。有调查结果表明，14.6%的残疾人认为他们无法获得他们需要的健康护理，而非残疾人这一数字仅为3.9%。更多的残疾人比非残疾人认为他们得到的护理不充分（分别为14.6%和11%），或者由于成本原因放弃所需要的健康护理（分别为11%和4.1%）。① 残疾人在日常生活中也需要更多的帮助。根据2006年的"参与和活动受限调查"数据，63.7%的成年残疾人认为他们需要日常生活帮助，最需要帮助的领域分别是重家务活（69.1%）、购物和赴约（51.0%）、一般家务活（48.2%）。

（二）残疾人相关医疗健康政策

健康可以从两个方面去理解，即狭义的医学模式健康和广义的福利模式健康。研究表明，不管按医学模式理解的健康还是按福利模式理解的健康，残疾人都要比非残疾人糟糕得多。为了保障残疾人的健康，加拿大政府制定很多政策和措施。

加拿大卫生部（Health Canada）在确保加拿大人健康方面有很多作用和责任，包括制定与残疾人直接或间接相关的健康政策。卫生部战略政策处（Strategic Policy Branch）为家庭护理、初级卫生保健服务，安宁护理（Palliative Care），焦躁和自闭症等一系列健康护理问题提供政策咨询。卫生部还和联邦政府其他部门和省/区政府合作开发和共享这些服务领域的知识，改善加拿大人健康护理服务的质量。这些服务对于那些需要持续健康服务和日常生活帮助的残疾人来说非常重要，因为可以帮助他们完全融入社会和参加工作。各个年龄阶段患有肢体残疾、发展性残疾和精神残疾的加拿大人都最终会受到这些服务的影响。

在紧急卫生情况的预防和反应方面，加拿大公共卫生局（PHAC）主要关注慢性病和伤害预防，负责紧急公共健康事件、慢性传染病的处理。考虑到遭受灾难的个人、家庭和特殊群体的特殊需求，公共卫生局紧急预防中心还设立了个人服务项目（Personal Service Program）。项目主要采取三方面的措施促进个人康复：（1）为灾难受害者提供肢体、社会、情感和经济等方面的个人帮助和信息。

① See Canadian Council on Social Development. "the Health and Well-being of Persons with Disability", *CCSD's Disability Information Sheet*, No.9, 2003, pp.1-3.

(2)为灾难受害者提供长期或短期的预防性项目和服务,以帮助减轻个人、家庭和社区康复过程中的持续压力。(3)给那些为满足灾难受害者需求的服务计划者、政策制定者和工作者提供信息和服务。

加拿大健康生活基金(Healthy Living Fund)同全国十个组织(总共11个项目)签订了捐献协议,其中有两个捐献协议服务于残疾人,以帮助他们健康积极的生活。例如,加拿大残疾人积极生活联盟(Active Living Alliance for Canadians with a Disability)中的残疾青少年项目目标包括四个方面:第一,让青少年在健康社区和无障碍社区建设中发挥领导作用。第二,教育残疾青少年认识到积极生活和健康饮食的重要性。第三,评估肢体训练教育和社区创新项目战略。第四,对个人和组织传授知识、进行训练和给予资源,让他们能更好地帮助残疾青少年。

加拿大针对退役军人、老年人、妇女等弱势群体有很多的政策和项目,其中很多跟残疾人密切相关。退役军人项目由加拿大退役军人事务部(VAC)负责管理,涉及健康问题的各个方面:(1)残疾年金和残疾津贴。用于补偿那些因为战争残疾或死亡的军人及其家属。事务部也管理加拿大残疾退役军人的安置,为他们提供因为疼痛、功能丧失、永久性损伤导致的就业能力下降和对家庭影响的一次性残疾补偿。(2)治疗项目。为确保满足退役军人健康需求和提供合理的、及时治疗。(3)独立生活项目。为保证退役军人在家庭和社区的独立和健康,提供家庭照顾、健康和支持性服务。(4)康复项目。主要是为了帮助刚从医疗中心出来的残疾退役军人重新开始生活。健康护理专家帮助他们恢复身体和心智功能,心理社会服务帮助他们恢复独立并根据当前的情况进行调整,确保退役军人能够最大限度地参与家庭、工作和社区。(5)心理健康服务项目。通过持续心理健康服务和政策帮助军人、皇家骑警及他们的家属处理心理健康问题。①

六、加拿大残疾人社会保障与服务供给

(一)与残疾人相关的社会保险

加拿大各省工伤保险项目(Workers' Compensation Program)大约覆盖了全

① See Government of Canada. "Advancing the Inclusion of People with disability", 2008 *Federal disability Report*, 2008, pp.76-87.

国85%的劳动力。在1997年,每16个加拿大工人中就有1人受过工伤,每31个工人中就有1人因为严重工伤而缺席1天以上的工作。2003年,工伤保险委员会支付金额超过52亿加元。如果加入间接成本(未受伤的工人帮助受伤的工人、打击职员的工作积极性、物质和设备损失),那么职业伤害对加拿大经济造成的损失将达到91亿加元,这一数字还不包括那些没有被工伤保险覆盖的人。

20世纪早期,加拿大开始研究德国和英国的工伤保险。1914年安大略省采用雇员无过错、雇主缴费的强制性工伤保险。到1931年,除了爱德华王子岛之外其他所有省都采用了跟安大略省一样的工伤保险制度。工伤保险制度建立的重要原因之一是为了加快解决问题的速度、减少烦琐的法律程序。因为诉讼程序对于雇主和雇员双方来讲都有较大的成本,并且这项花费也受到社会的质疑。但是工伤事件的处理比较特殊,即使从普通的法庭中分离出来了,赔偿的案例始终还是具有审判性质。除了准司法性外,还有保险方面的问题需要处理:即必须从缴费者那里获得资金,对其进行管理,并向客户支付保险金。对这种集行政性、准司法性和准立法性的职能为一身的管理,最好由具有专门技能的代理机构来承担,这比由受制于政治当权者的普通政府部门来承担更好一些。因此,工伤保险计划在加拿大由专门的工伤保险委员会进行管理。

加拿大各省都建有自己的工伤保险委员会,自主管理工伤保险制度。例如,安大略省工作场所安全与保险委员会(WSIB)人员构成分为五个部分,具体包括审计和财经委员、健康与安全委员、人力资源与补偿委员、投资委员、政府政策委员。工伤事故发生后的处理分为四步:第一,如果必要的话,立刻寻求帮助。第二,工人向雇主报告伤情。如果有必要,雇主支付交通费以获得治疗。第三,雇主支付工人受伤期间的工资。第四,雇主三天内向工伤保险委员会报告工伤情况,包括治疗情况、不能工作的时间、工资损失等。每个省的工伤保险委员会都具有公共垄断性,能够独立操作工伤保险的处理过程,决定工伤保险的补偿水平。各省的工伤保险委员会之间的联系非常有限,工伤保险的资格标准、覆盖面和给付水平也差异很大。以覆盖面为例,加拿大工伤保险覆盖面总体超过80%,覆盖面低的安大略省大约为70%,而魁北克省达到95%。不同省的补偿范围也有差别。例如,一些省对于长期抑郁、重复性脑损伤得到的补偿有限,甚至得不到补偿。

大部分工伤保险给付对残疾人都有双重津贴,即针对永久肢体残疾的一次性给付和持续年金(工伤前工资的一定比例,通常是90%)。永久性残疾的最大给付差异非常大。例如,英属哥伦比亚省1998年最大给付年金是42700元,而纽芬兰省只有22300元。一个受伤严重且长期性残疾人可能同时符合工伤保险和年金计划残疾人津贴(CPP Disability)。各省工伤保险委员会处理这种情况差异很大。一些省不削减工伤保险的待遇,这种做法反映雇主应承担工伤事故的责任,并且应当在不考虑其他收入来源的情况下提供工伤补偿。而有些省则全部或部分削减加拿大年金计划残疾人津贴,主要是考虑到两个项目同时实现类似的目标,并且可能导致津贴的给付水平太高。雇主缴费费率通过评估来确定的,缴费率的行业差异通常取决于发生工伤事故的情况。1992年全国加权平均缴费率是工资总额的2.6%。安大略省最高,其平均缴费率为3.2%。萨斯喀彻温省最低,其平均缴费率为1.6%。不同行业的雇主缴费率相差也很大。例如,在魁北克,商业和服务业的雇主缴费为0.7%,而建筑业达到7.9%。①

1965年2月,加拿大政府出台了两个十分相似的养老金法案:"加拿大养老金计划法案"(Canada Pension Plan)和"魁北克养老金计划法案"(Quebec Pension Plan)。"加拿大养老金计划法案"规定,所有18岁以上雇员或自雇者在其工作期间都必须强制性为这个计划缴费。雇员缴费的标准是个人薪水或工资的1.8%,雇主必须匹配这一标准。自雇者缴纳其所得的3.6%。加拿大养老金计划的待遇具体包括:(1)退休养老金。为60岁以上的缴费者按月支付养老金。(2)残疾津贴。为有资格的缴费者及其未成年子女按月支付残疾津贴。(3)遗属津贴。为已故缴费者的配偶、法律意义上的伴侣(Partner)和未成年儿童提供补贴。

"加拿大养老金计划"于1966年开始生效。由于养老金制度是一个联邦和省共同管理的项目,养老金制度的修改(包括残疾人津贴部分)要经过三分之二的省同意(议会通过)才能生效。"加拿大养老金计划残疾津贴"覆盖了大部分劳动者,但是残疾人必须在最近六年中至少缴费四年才符合领取年金的资格。养老金计划采用的残疾定义与工伤保险有一定:一方面,养老金计划只覆盖严重的、长期的残疾,不覆盖暂时和轻微残疾;另一方面,工伤保险的残疾原因必须与工作有关,而养老金计划的残疾原因可能与工作无关。由于养老金计划对于残

① See Puttee, Alan. "*Federalism, Democracy and Disability Policy in Canada*", Montreal: McGill-Queen's University Press, 2002, pp.83-87.

疾的定义比较严格,仅限于那些严重且长期残疾人,并且这些人重返工作岗位的可能性非常小,因此项目的康复功能有限。此外,接受养老金计划的残疾人津贴受益者大都是疾病致残而不是事故创伤致残,因此进一步制约了制度的康复功能。①

"加拿大养老金计划残疾人津贴"是加拿大最大的残疾人长期保险项目,2007 年至 2008 年财政年,有 30.9 万长期重残残疾人及 8.86 万需要抚养的儿童获得了总共 350 万加元的残疾人津贴。2008 年的最高月给付是 1078 加元,平均为每月 790 加元,儿童每月给付为 209 加元。养老金计划目前专注于帮助残疾人工作参与,并采取很多措施支持项目接受者返回工作岗位。例如,从 2005 年开始,那些返回工作岗位的接受者如果由于残疾问题复发而不能工作,将自动延续其受益资格。

就业保险(Employment Insurance)是为帮助所有失去工作的加拿大人重返工作岗位而设立的项目。但就业保险远远不只提供失业保护,它还为符合条件的加拿大人在找工作、技能培训、怀孕、照顾婴儿/重病家庭成员时提供临时性资金帮助。就业保险是典型的联邦管理项目,从 1971 年就业保险大规模扩充以来,就业保险的疾病津贴(Employment Insurance sickness Benefits)就成为了就业保险项目的一部分。"就业保险疾病津贴"为那些由于短期生病、受伤或检疫隔离而不能工作的人提供最多 15 个星期的收入替代。就业保险项目通过与 3.2 万名雇主签订的保险费削减协议,也鼓励为私人部门的工作人员提供就业保险疾病津贴。此外,就业保险疾病津贴还为长期生病的残疾人提供一系列支持,包括帮助建立雇主团体保险计划、加拿大年金计划(CPP)和省/区计划的长期残疾津贴等。② 所有就业保险项目的缴费者在过去 52 个星期至少工作 700 个小时才能被就业保险的疾病津贴覆盖。

(二)残疾人社会救助和服务供给

残疾人是"加拿大救助计划"(Canada Assistance Plan, CAP)中最重要的部分,大约四分之一的救助计划接受者是残疾人。1966 年之前,联邦政府通过几个法案来分担各省帮助某些特殊群体的福利项目成本,包括盲人和残疾人法、失

① See Puttee, Alan. *Federalism, Democracy and Disability Policy in Canada*, Montreal: McGill-Queen's University Press, 2002, pp.87–91.

② See Government of Canada. *Advancing the Inclusion of People with disability*, Federal disability Report, 2008, pp.49–51.

业援助法等。1966年,加拿大通过社会救助法将这些项目和其他联邦与省成本分担的康复性、预防性福利服务项目都归并到加拿大救助计划中来。加拿大社会救助计划法规定,社会救助计划的经费由联邦政府和各省分担(各占50%),这使得使联邦政府承担了更多的责任,社会救助的标准显著提高。更重要的是,“加拿大救助计划”遵从全国标准,有利于缩小各省的受益水平差距,改善残疾人生活。

20世纪60年代,各省通常支持联邦政府介入社会救助制度,并在项目设计等方面发挥决定性作用。但是到1996年,加拿大联邦政府采用“加拿大健康和社会转移支付”(Canada Health and Social Transfer,CHST)项目代替了“加拿大救助计划”中的健康和高等教育部分。这一结果使得健康、教育和社会救济(包括残疾人社会救助)变成了各省的责任。尽管联邦政府的资金通过“加拿大健康和社会转移支付”项目转移到各省,但联邦政府在这些领域不直接地参加各省政府的管理工作。各省残疾人获得社会救助必须先接受资产调查,大部分情况下使用的残疾定义与“加拿大年金计划”的残疾定义相似,必须是严重的且长期的残疾。

加拿大服务局(Service Canada)是政府服务的传递系统,它帮助加拿大人能够迅速便捷地获得他们所需要的服务。加拿大服务局雇佣了两万名职员,并通过分布在全国的320个社区服务窗口(称为服务加拿大中心)为其国民提供政府项目和服务。加拿大服务局的宗旨是让加拿大人通过网络、电话和现场办理等方式为他们提供一站式(One-Stop)、人性化服务。加拿大服务局力求解决残疾人日常生活面临的问题。为了实现这一目标,2006年加拿大服务局启动了一个三年战略,以消除残疾人进入加拿大服务局的办公室、浏览网站、获得申请表、使用电话和邮件等服务的障碍。该战略有三个目标:

(1)通过各种渠道获得服务。加拿大服务局的目标是一站式、便捷性、和个性化服务。为实现这一目标,加拿大服务局确保残疾人不管采用电话、互联网、邮件还是亲自到访的方式,都能获得服务。

(2)通过简化程序和一站式服务消除对残疾人的障碍。作为一站式服务的组成部分,加拿大服务局简化了各种表格和处理程序,建立内部和外部联系,改善残疾人服务过程中的体验。

(3)建立世界一流的政府服务。加拿大服务局启动了一项计划,要在全国建立329个中心、4000个工作站以改善残疾人的服务。工作站提供各种工具以方便残疾人获得信息,包括各种类型的键盘、鼠标和具有“使用说明”功能的感触屏等。

（三）残疾人收入维持

加拿大残疾人的收入比非残疾人低得多。根据“劳动与收入动态调查”(Survey of Labour and Income Dynamics)结果,2005年加拿大残疾劳动者比非残疾劳动者的收入低大约10%。基于这种认识,加拿大政府有很多政策为残疾人提供收入支持。

照顾重残儿童的父母一个重要的担心是:当他们不能再提供收入支持的时候如何保证残疾人的收入来源。为此,2006年加拿大政府专门成立了一个重残儿童收入保障专家小组来处理这个问题。2007年,政府接受专家小组的意见,引入了一个新的“注册残疾人储蓄计划”(Registered Disability Saving Plan)。新计划以现有的注册教育储蓄计划(Registered Education Saving Plan)设计为基础,凡是符合残疾人税收扣除(Disability Tax Credit)条件的残疾人,他们的父母或其他法定代表可以建立“注册残疾人储蓄计划”,具体包括以下措施:(1)父母、受益人和其他希望储蓄的人可以给其注册账号缴费,终生最大缴费额度为20万加元,最多可以缴到59岁。(2)“注册教育计划”根据家庭收入和缴费情况对年度缴费进行匹配,终生最大匹配额度是7万加元。净收入没有超过74357元的家庭,最早缴的500加元匹配率为300%,接下来的1000加元匹配率为200%。当家庭净收入超过74357加元的时候,最初的1000加元缴费匹配率为100%。(3)加拿大残疾人储蓄券(Canada Disability Saving Bonds, CDSB)为低收入和中等收入家庭的“注册残疾人储蓄计划”每年提供不超过1000加元的配款,终生不超过2万加元。家庭净收入不超过2.0883万加元时,每年提供配款不超过1000加元。家庭净收入从2.0883万元开始,配款将逐渐减少,到3.7178万元时配款将停止。只有储蓄计划的受益者或法定代表才允许接受储蓄计划的受益。受益人到60岁时,储蓄计划才开始发放。①

加拿大政府帮助残疾人及其护理者的另一个重要措施是使用税收工具,尤其是通过个人所得税。加拿大国税局(CRA)负责管理现有税收制度,并通过税收方式来实施社会、经济刺激的项目。以下是加拿大政府用税收方式支持残疾

① See Government of Canada. *Advancing the Inclusion of People with disability*, 2007 Federal disability Report, 2007, pp.39-40.

人的主要措施:(1)个人所得税。个人所得税提供很多的税收措施帮助残疾人及其护理者,主要包括:残疾人税收扣除、残疾人税收扣除儿童补充条款、医疗支出扣除、护理者扣除、残疾人支持减免、退款医疗费用补助等,这些税收措施考虑到了残疾人及其护理者与残疾相关的额外支出。还有一些其他税收措施也包含对残疾人及其家属的税收减免条款,例如儿童健康税收扣除、儿童护理支出减免和工作收入津贴等。(2)公司收入税。公司收入税为某些工作场所的无障碍建设支出提供特别税收对待。更准确地说,公司可以为方便残疾人的建筑物改造和翻新、为残疾雇员购买辅助设备等申请税收减免。(3)销售税。销售税为很多残疾人相关的商品和服务提供减税,例如健康护理和个人护理等。此外,很多医疗和辅助设备(例如轮椅和步行器)也可以免除销售税。(4)慈善组织和非营利组织税收优惠。加拿大政府非常注重通过税收手段来鼓励社会捐赠。加拿大政府给很多为残疾人服务的注册慈善组织和捐献者提供税收优惠。个人给这些注册慈善组织捐款可以获得税收扣除,公司捐款则可以获得税收减免。

总体看来,加拿大政府为保障残疾人的经济收入考虑得非常周全,涉及可能出现的种种情况。因残疾而无法工作者,只要有养老保险就可申请养老保险残疾人补贴。如果暂时因病、伤或隔离治疗而无法工作,有医疗证明就可申请就业保险补助。家庭成员因看护残疾亲属而无法工作的,也可申请就业保险陪护补贴。伤残军人养老金项目专为伤残军人而设,伤残军人逝世后,其遗孀和未成年子女可继续申请相关补贴。税收优惠政策也是间接增加残疾人收入的一个重要手段。残疾人可申请“残疾人抵税额”,以减少其收入税。中低收入家庭未成年残疾子女,除和其他家庭孩子一样享受“牛奶金”外,还可申请儿童残疾补贴。因残疾发生的相关医疗费,包括购买助听器、请护工、租用导盲犬等的费用也可减税。如收入低于医疗开支,可申请医疗补贴。很多残疾人用商品如轮椅、专用设备、特别设计的衣服以及一些娱乐项目等都是免税的。此外,加政府还向房产业主提供补贴,鼓励他们对楼房进行改造,以方便居住在那里的残疾人。

七、加拿大残疾人无障碍设施建设

无障碍(Accessibility)是指通过减少或消除制度障碍,创造使残疾人能够在社会各个维度完全平等的参与环境。尽管无障碍关注社区整体,但是残疾人支持根据个人需求进行调整,尽可能地使残疾人实现个人独立。残疾人无障碍建设需要采取措施减少或消除各种障碍，主要包括交通、住房、信息通讯等方面。

（一）交通与住房无障碍建设

加拿大公共场所无障碍设施非常完善，充分考虑到了残疾人的各种需求。大多数残疾人凭医生证明就可以申请驾驶执照，并且在购车时可以根据各自身体条件对车进行改造。学校、机场、火车站、商场等公共场所，除设有残疾人无障碍通道外，还有残疾人专用的卫生间、电动门、购物电动车等。停车场大都设有专门的残疾人车位，并且都选在方便出入的地方，其他车辆禁止停放。飞机、火车或公交车都有专门预留的轮椅位、固定装置以及供他们乘轮椅上下的自动升降梯等。出租车公司也有专门为残疾人服务的车辆。在位置相对偏远的大型国家公园，也都有供残疾人游览的路线，并提供专门的导游服务。图书馆里的书刊、政府法律文件都有大字号、盲文和音像等几个版本，法庭也为残疾人提供手语翻译等特殊服务。根据 2006 年加拿大“参与和活动受限调查”的结果，大约 54%的成年残疾人在过去 12 个月内至少有一次长途私人旅行或商务旅行。在这些进行过长途旅行的残疾人中，有 33%是乘飞机，8%是坐城市公共交通，5%是坐火车。

加拿大交通部（Transport Canada）为改善联邦交通系统（包括航空、市内公交、铁路和海洋运输等领域）中的残疾人无障碍设施状况、消除不恰当的障碍制定政策。交通部维护和更新相关网站，为残疾人旅行提供无障碍交通信息，以使他们享有更便利和更舒适的旅行环境。加拿大交通局（Canadian Transportation Agency）通过制定规则、章程和和标准来处理涉及残疾人无障碍的制度问题。在强调合作、共识和妥协的基础上，加拿大交通局制定各种规章制度来避免较为严重的歧视。残疾人无障碍的规章制度包括航空无障碍、铁路无障碍、码头无障碍、社区无障碍和公共交通站台无障碍五个方面。公共交通站台章程是 2007 年 6 月在蒙特利尔召开的“第 11 届老年人和残疾人移动与交通国际大会”发布的。章程涉及加拿大大西洋沿岸的码头、农村和城市各种规模的火车站、飞机场等。除了对公交站台作详细的技术规定之外，章程还包括很多其他问题，例如：地面交通、登船/登机设施、护送、乘客帮助、提示设施和服务等。

加拿大交通局的另一个重要使命是通过争议处理，建立一个有竞争力、有效率的无障碍交通系统。在联邦司法框架下，投诉处理通常包括三种方式：（1）简化处理（Facilitation），即通过对投诉者和交通服务提供方之间进行协商，迅速解决问题。（2）仲裁（Mediation）。专业机构调解员针对每一种情况进行工作，找出解决问题的方法。(3)正式裁决(Formal Adjudication)。交通局有类似于法庭的权利,可以通过正式判决的方式发布决定或命令。当投诉者认为交通服务提供方对残疾人的活动造成了不恰当的障碍时,就可以启动裁决程序。在2007—2008年度,加拿大交通局处理了67起投诉,其中38起通过简化处理方式予以解决,8起采用仲裁的方式加以解决,10起被终止,11起被撤销,2007—2008年度收到62起新的残疾人交通无障碍设施方面的投诉,将在2008—2009年度解决。① 通过投诉处理,极大地改善了残疾人无障碍建设,促进了加拿大残疾人的权利保护。

住房无障碍也是残疾人无障碍建设的重要内容之一。加拿大房贷与住房公司(Canada Mortgage and Housing Corporation, CMHC)管理一系列有助于残疾人获得住房的项目,包括"残疾人居家康复援助项目(RRAP-D)"、"庇护所改善项目(SEP)"、"老年人独居适应项目(HASI)"和"灵活性住房"(Flex housing)项目等。"残疾人居家康复援助项目"为低收入残疾人户主和房东修缮住房提供无息贷款。对于私有住房房主无息贷款的最大数额根据地域的不同有差异(从南部地区的16000加元到北部地区的24000加元不等)。对于房东的无息贷款最大数额根据地域的不同也有差异(从南部地区的24000加元到北部地区的36000加元不等)。2007年,联邦和各省/区大约有1280个家庭得到大约1500万的无息贷款。"庇护所改善项目"的目标是帮助收容遭受家庭暴力的妇女、儿童、青少年和成年男性的庇护所维修、改造和改善住房条件,以及新建的庇护所。该项目同样也为庇护所里的残疾人改善无障碍设施条件提供资助。对于新建项目,可以承担全部项目成本贷款,但必须要有15年的贷款担保。对于维修项目,最大的贷款额度根据现有床位数和位置有所不同(从南部地区的24000元到北部地区的36000元,边远地区可以增加贷款总额的25%。)2007年,大约有430个庇护所获得联邦和各省/区"庇护所改善项目"下大约730万加元的无息贷款援助。

"老人独居适应项目"于1992年启动,用以帮助私有住房房主对其住房进行轻微适应性改造,以使低收入老年人能够独立和安全的在家生活。项目提供最高额度为3500加元的无息贷款。老人独居适应项目是满足残疾老人需求的

① Government of Canada, "Advancing the Inclusion of People with disability", 2007 *Federal disability Report*, 2007, pp.9-10.

小项目,具体包括楼梯扶手、厨房储藏间或工作区域、门把手、进入浴室的抓条、浴缸抓条以及座位等方面的无障碍改造。只要居住者满足以下条件就符合项目的资格标准:(1)65 岁及以上。(2)由于年老使日常活动有困难。(3)家庭收入低于规定当地的规定线。(4)拥有永久性住房。2007 年,大约有 2060 个家庭得到联邦和各省/区"老人独居适应项目"下大约 620 万加元的无息贷款。① 这些住房无障碍建设项目对于改善残疾人日常生活有发挥了一定作用。

(二)信息和通讯无障碍建设

信息通讯技术给残疾人带来了极大的希望,因为它在减少和消除残疾人工作、学习、购物、银行交易、娱乐,以及和他人交流等方面的障碍具有极大的潜能。加拿大广播电视与通讯委员会(CRTC)是一个负责管理和监督加拿大广播电视和通讯的独立公共机构。为了更好地为残疾人服务,该机构采取很多政策措施。2007 年 5 月,加拿大广播电视与通讯委员会宣布了一项新政策,要求所有的广播电视台为其节目加上字幕。为了保证盲人、视力受损者能收听或观看电视节目,所有电视台和广播台必须提供音频描述(Audio Description)描述性视频(Described Video)技术。除了为盲人、视力受损者提供全国性阅读服务外,委员会于 2007 年 7 月还批准了无障碍频道基本数字服务,该频道所有节目都采用开放格式化描述视频。在电信政策方面,委员会授权了很多相关残疾人服务。例如,信息转接服务(Message Relay Service,MRS)可以为聋人、听力受损者、语言功能受损者通过电子书写器提供标准电话呼叫。在电话公司注册的残疾人可以得到免费查号帮助和拨打电话号码帮助服务。委员会还规定,当电话公司在安装或更换公用电话时必须为残疾人提供更大且更分散的按键,按键板上的字母和数字必须按标准排列,安装明亮且颜色对比强的投币和刷卡系统等。②

加拿大残疾人组织也为保障残疾人信息通讯无障碍发挥了重要作用。加拿大残疾人委员(Council of Canadians with Disability)会成立于 1976 年,是加拿大残疾人最重要的全国性组织,其倡议对全国残疾人无障碍建设有重要影响。委员会认为,残疾人信息通讯无障碍建设包括三个重要组成部分。

第一,尊重残疾人的人权。尊重残疾人的人权不仅意味着消除歧视和障碍,

① See Government of Canada,"Advancing the Inclusion of People with disability", 2008 *Federal disability Report*,2008,pp.26-31.

② See Government of Canada,"Advancing the Inclusion of People with disability", 2008 *Federal disability Report*,2008,pp.32-39.

而且需要在考虑残疾人特征的基础上重新定义人造环境。例如,政府和其他服务提供者需要建设无障碍网络,购买的电话带需要有内置音控使弱听者也可以使用,在制定残疾人政策时要有残疾人参与等等,都是尊重残疾人的人权的重要表现。

第二,尊重残疾人的个人选择。这一原则认为残疾人有自己的决定权,并承担自我选择带来的相关风险。这看起来容易接受,但在实践中却具有重要意义。根据这一原则,信息通讯技术不能强加在残疾人身上。这就意味着一些残疾人倾向于使用信息通讯技术,而另外一些则可能不喜欢使用信息通信技术。因为技术解决方案并不总是最有利于提高残疾人的尊严,关键是看残疾人更喜欢哪种方式。

第三,发展既符合普遍需求又与残疾支持相结合的设计。尽可能发展既满足一般需求又能适当提供残疾人支持的设计,反映了残疾人权利的社会模式。残疾人和非残疾人使用信息通讯技术的差异可能超出一般设计的范畴,这种差异又创造了与残疾人支持相关的信息需求。① 加拿大残疾人委员会的倡导和努力,对于改善残疾人使用信息技术具有重要意义,它代表了残疾人自己的立场和声音。

尽管加拿大在残疾人信息技术使用方面采取了很多措施,但总体看来残疾人使用信息通信技术的情况仍然比较有限。对于残疾人来说,电脑是学习工具、购物助手、与外界保持联系的方式。根据"加拿大统计局的一般社会调查"(Statistics Canada's General Social Survey)数据:2000 年,57.8%的残疾人没有家庭电脑,非残疾人这一数字为 37.2%。15.5%的非残疾人拥有一台以上的家庭电脑,而残疾人这一数字只有 10.3%。残疾人拥有电脑的比例几乎等于他们的电脑使用率(分别为 42.2%和 43.0%)。而非残疾人中,62.8%的人拥有一台及以上的电脑,但是却有 71.8%的人在过去 12 个月内使用了电脑。② 互联网在残疾人获得信息方面发挥着重要作用,但有调查表明:残疾人比非残疾人更少使用互联网。在 15 岁到 34 岁年龄组中,75.9%非残疾人在过去 12 个月使用互联网,而残疾人这一数字只有 69%。在 35 岁到 54 岁年龄组,这一数字分别是 58.6%和

---

① See Aubin, April D., "Working for Barrier Removal in the ICT Area: Creating a More Accessible and Inclusive Canada", *the Information Society*, No.23, 2007, pp.193-201.

② See Canadian Council on Social Development, "Experience with and Access to Technology for Persons with Disabilities", *CCSD's Disability Information Sheet*, No.6, 2002, pp.1-8.

44.6%。在55—64岁组，这一数字分别是35.6%和23.6%。即使在老年人组中，非残疾人使用互联网也是残疾人的两倍（分别是11.3%和6.6%）。① 一些信息技术（例如电脑和互联网）的使用在残疾人和非残疾人之间有很大差距，但也有一些没有什么差别。例如，残疾人使用有线电视和自动取款机的比例和非残疾人非常接近。

信息通讯技术有很大的潜力去改善残疾人的出行，但是有时交通部门引入信息通讯技术可能反而对会残疾人造成障碍。例如，1999年富尔顿（Marjorie Fulton）女士起诉了加拿大航空公司，因为该公司的检票系统需要屏幕互动按按钮才能获得登机牌。这对于像她那样有视力残疾的女性来说，加拿大航空公司给她独立而有尊严的旅行设置了障碍。很多商业行为采用语音互动电话技术联系消费者，这也会对一些残疾人（例如智力障碍残疾人和听力障碍者）形成障碍，使他们很难得到各种公共信息和服务。一些工作场所喜欢使用复杂通讯技术图像，这会给那些视力受损的工作人员造成困难。例如，客户服务岗位的雇员要求使用多个电脑屏幕才能完成工作。

（三）消除社区参与障碍

为了消除残疾人社会参与障碍，加拿大政府也有一些政策和措施。2007年，加拿大政府宣布，“消除障碍基金”（Enabling Accessibility Fund）将在三年内花费4500万加元用于更新无障碍设施。基金资助非营利组织、小型私人部门组织、城市政府、小型私人部门组织、区政府、原住民政府和组织等。资助范围包括为肢体残疾人建设能力中心，在建筑物内外增加扶手，安装轮椅电梯，为社区配备车辆等。

“社会发展合作项目”（SDPP）是加拿大政府消除社区参与障碍的重要项目，其长期目标是改善儿童、家庭、残疾人以及其他弱势群体的生活。社会发展合作项目为实现这些目标给全国的社区伙伴组织提供资助。资金可以用于社区拓展开发、战略规划，改善财政和行政管理等。社会发展合作项目“残疾人部分（SDPP-D）”是加拿大政府残疾人支出的重要组成部分。该项目每年提供大约1100万加元补贴，用以资助残疾人社区非营利部门。其中每年至少500万加元直接通过SDPP-D资助全国残疾人非营利组织。项目资助遵循两个原则：一是

① See Canadian Council on Social Development, “Focus on Technology among Persons with Disabilities”, *CCSD's Disability Information Sheet*, No.7, 2002, pp.1-4.

通过合作与发展(而不是竞争)的方式培养残疾人社区组织。二是项目应该表现出在解决问题、组织发展、投资过程有明显的价值。

“老年人新视野项目(NHSP)”项目是为了帮助老年人通过社会参与,让他们从中受益、提高生活质量。该项目有三种资金资助方式:一是社区参与和领导部分,通过项目资助鼓励老年人在分享技能、智慧和经验的基础上为社区作贡献,以减少社会排斥。二是资金援助部分,为改善社区老年人设施、设备提供资金资助。三是老年人反虐待意识部分,资助全国或地区旨在防止老年人虐待的项目。

对于西方民主社会来说,选举是公民的基本权利,也是日常生活中的一个重要事件。为保证残疾人的权利,加拿大选务局(Elections Canada)也采取了一定措施消除社区障碍。例如,加拿大选务局和视力残疾代表协会密切合作,为视力受损者设计大字体候选人名单,张贴在每个选举站。另外,加拿大选务局也是加拿大政府第一个引入 TEXTNET 系统的部门。该系统是一个服务于有听力问题的选举者软件,使用该系统的选举者允许通过个人电脑在网上发送和接收呼叫。

八、加拿大残疾原住民的社会支持

(一)残疾原住民的现状

加拿大总人口大约 3000 万人,其中大约有 420 万残疾人,相当于总人口的 14%,而自认为有残疾的原住民达到 31%。原住民的残疾人比例不仅比一般加拿大人高,而且面临着多重弱势:他们既是残疾人又是原住民,并且远离城市,而女性残疾原住民被进一步边缘化。残疾原住民的状况比加拿大其他残疾人更严重。有数据显示,有 30%的成年原住民身患残疾,这一数字是全国平均水平的两倍,15—34 岁的原住民残疾人比例是全国平均水平的 3 倍。有 3.9%的残疾原住民接受了大学教育,而非残疾原住民的这一比例是 5.8%。成年残疾原住民的平均家庭收入相当于非残疾原住民收入的 85%。残疾原住民的就业率比非残疾原住民的就业率要低 20%(分别为 41%和 61%)。①

尽管原住民的先天性残疾和其他加拿大人的比例差不多,但是他们的环境

① See Government of Canada, “*Advancing the Inclusion of People with disability*”, 2007 Federal disability Report, 2007, p.85.

残疾和创伤残疾比其他加拿大人要高得多。原住民和非原住民的残疾率差异主要表现在伤害、事故、暴力、自残或自杀、疾病导致的永久性损伤。表1是根据人口普查数据得出的加拿大原住民残疾人比例情况。从表中可以看出，除因纽特人外，活动性残疾是各原住民群体最严重的问题。因纽特人移动性残疾比例低有其特殊原因。因纽特人居住在大西洋沿岸的小社区，残疾人到周围活动对他们来说不是问题。因纽特人的家人之间联系紧密，很容易获得帮助。这同样也适用于解释因纽特人敏捷性残疾与其他群体的差异。原住民的视力残疾是全国平均水平的两到三倍，这可能与他们的Ⅱ型糖尿病患病比例高有密切关系。视力损失会导致隔离与孤独，还会带来与健康护理相关的高昂经济负担。原住民的听力残疾比例也非常高，因纽特人的听力残疾比例是全国平均水平的两倍。听力残疾与生活环境密切相关。由于原住民居住在很狭小的空间内，儿童时期的耳朵感染非常严重，这可能导致永久性听力丧失。此外，因纽特人的狩猎文化普遍使用枪、雪上摩托车、舷外发动机等，这些东西发出的噪音会对人的耳朵造成长期损害。①

表1　成年肢体残疾人比例

	总人口(%)	原住民总人口(%)	保留区原住民(%)	非保留区原住民(%)	美迪斯原住民(%)	因纽特原住民(%)
移动性残疾	45	45	47	45	44	36
听力残疾	23	35	39	33	34	44
视力残疾	9	24	32	21	22	24
敏捷性残疾	44	35	34	36	38	26
语言残疾	10	13	14	13	13	10
其他残疾	37	36	37	37	35	36

资料来源：加拿大统计局。

注：调查关于残疾的定义是自陈式，因此表中的比例代表的是被调查者自己对残疾人的理解的结果。

（二）残疾原住民社会支持

加拿大印第安和北方事务部（Indian and Northern Affairs Canada's，INAC）的主要作用是为加拿大原住民和北部居民建立一个更好的生活环境，为居住在保

① 参见Durst，Doug and Bluechardt，Mary，"*Aboriginal People with Disabilities：A Vacuum in Public Policy*"，载葛忠明、臧渝黎：《中国残疾人研究第一辑》，山东大学出版社2008年版，第20—22页。

护区的原住民提供社会救助和社会支持服务，这些服务也直接或间接地改善了残疾原住民的状况。以下是由加拿大印第安与北方事务部和人力资源与社会发展部、卫生部、公共卫生局等部门管理的直接针对残疾原住民的项目。

（1）生活救助项目。加拿大印第安与北方事务部的生活援助项目设立于1981—1982年，是联邦政府原住民公共政策的一部分，主要目的是参照各省/区的情况给保留区原住民提供护理服务。生活援助项目主要针对由于年老、健康或残疾问题引起的身体功能受限的原住民，帮助他们保持独立、健康和安全的生活。项目有四个组成部分：第一，居家护理（In-Home Care）为非医疗护理提供经济帮助，例如陪护、收拾房间、做饭等。第二，机构护理（Institutional Care）给指定护理机构的护理费做一定的补偿。第三，寄养护理（Foster Care）为那些不需要24小时照顾但又不能独立生活的人提供类似家庭监管和照顾的机构提供资助。第四，残疾倡议（Disability Initiative）为提高保留区残疾人项目和服务的协调性、消除项目和服务的障碍提供资助。

（2）收入援助项目。加拿大印第安与北方事务部的收入援助项目为保留区原住民社区中符合条件的个人和家庭提供资助，以满足他们对食品、衣服、住所、特殊饮食、导盲犬、特殊交通工具等方面的基本需求和特殊需求。

（3）教育与就业。加拿大印第安与北方事务部的特殊教育项目创立于2002—2003年，为生活在保留区的原住民儿童提供特殊需求投资，目标是改善那些有特殊教育需求学生的教育质量和教育水平。原住民残疾人在进入劳动力市场时面临很多障碍。例如，缺少就业机会和就业信息、负面公共态度和标签效应、自尊心低、受教育程度低、缺少职业训练等。加拿大政府有一个帮助原住民劳动参与的项目——原住民人力资源发展战略（AHRDS），资助79个原住民组织设计、开发和实施原住民就业和人力资源项目。原住民人力资源发展战略有一个五年16亿加元的财政预算，资助包括残疾青少年护理服务在内的一系列劳动力市场项目，每年有300加万元用于支持残疾原住民的就业项目和服务。

（4）健康。尽管加拿大原住民只占总人的4%，但不管使用何种指标来评估，他们都比其他群体承受着更大的疾病痛苦。联邦政府虽然有完善的健康护理系统和慷慨的卫生项目，但是原住民的发病率和死亡率仍然显著高于加拿大平均水平。这种状况与他们的经济和社会状况密切相关。地处偏远、难以获得卫生资源、不信任西医、陌生感、种族主义、传统文化和价值的缺失是他们糟糕健康状况的重要原因。[①] 为改善加拿大原住民的卫生状况，加拿大政府建立了一些健康项目。加拿大卫生部的原住民与因纽特人卫生处（First Nations and Inuit Health Branch）为生活在保留区和因纽特社区的原住民提供公共卫生和卫生改善服务，同时也给全国其他地方生活的原住民和因纽特人提供药物、牙齿及辅助性卫生服务。卫生部针对原住民残疾问题的项目主要有：（1）胎儿酒精光谱混乱项目。该项目主要是诊断由于孕妇饮酒对胎儿的影响可能导致的残疾。通过项目实现对原住民残疾的早期诊断和原住民学龄前儿童残疾的介入。（2）原住民糖尿病问题倡议项目。糖尿病并发症治疗不善可能引起一系列残疾，包括失明、心脏病、截肢、神经损伤、肝损伤、性功能障碍和中风等。在加拿大原住民中，美迪斯人和因纽特人的糖尿病发病率显著高于全国水平。原住民糖尿病问题倡议项目通过增加健康服务提供者和训练糖尿病工作人员，提供一系列健康改善、预防、检查和治疗服务，以减少糖尿病的发病率。[②]

九、加拿残疾人保障制度的发展及对中国的启示

（一）加拿大残疾人保障制度面临的困境

过去20年，加拿大经历了两个严重的经济衰退，财政紧缩、赤字削减对公共服务（包括残疾人问题）产生了深远影响。这些事件从广义层面上作用于政策制定的思路，国家开始减少对社会事务的直接介入，并朝着采用市场于段解决社会事务的方向上迈进。相应地，残疾人事务也没有成为未来社会政策讨论的重要部分，甚至连残疾儿童也不再像以前那样受到重视。重要原因之一是1993年以后福利管理不再归卫生与福利部（Health and Welfare Canada），而规划了人力资源与社会发展部（HRDC）。联邦政府对残疾人的责任已经将重心放在就业，强调广义上的“人力资本投资”社会政策。[③] 由于强调工作换福利，必然削减那些有部分劳动能力的残疾人的经济支持。例如，一项针对“安大略省残疾人支

① See Newbold, K.B., "Disability and use of support service within the Canadian aboriginal population", *Health and Social Care in the Community*, Vol. 7, No.4, 1999.

② See Government of Canada, "*Advancing the Inclusion of People with disability*", 2008 Federal disability Report, 2008, pp.91-99.

③ See Prince, Michael J., "Canadian Disability Policy: Still a Hit-and-Miss Affair", *Canadian Journal of Sociology*, Vol. 29, No.1, 2004, p.73.

持项目"的女性接受者研究发现,他们的生活成本已经早就超过项目所能给予的收入支持,越来越难以支付住房、交通等日常生活费用,也几乎没有娱乐活动。由于对工作福利的强调使得残疾人从政府那里获得的收入和服务都大大削减,很多福利服务开始由市场供给。

20世纪90年代以来,加拿大残疾人服务组织及其管理发生了显著变化。过去稳定的福利国家已经在逐渐缩小,特别是财政赤字问题引起了各级政府的担忧。特别是1991年"加拿大救助计划"引入后,加拿大社会保障网的效果显著下降。"加拿大救助计划"最初允许联邦补助各省50%的社会支出。对"加拿大救助计划"的第一个重大破坏是给三个富裕省份的50%的补偿部分(reimbursement)设置年度增长5%的上限,这意味着阿尔伯特省、不列颠哥伦比亚省和安大略省来自联邦的社会救助资金将大幅度减少。五年后(1996年)"加拿大救助计划"被"加拿大健康与社会转移支付(CHST)"取代。在新的制度安排下,各省从联邦政府获得的资金显著减少。

由于"加拿大救助计划"是残疾人获得社会服务的主要途径,"加拿大救助计划"的取消对于残疾人福利服务的供给产生了重要影响。政府和社会必须重新思考由于资金减少而削减的那部分服务如何提供。在这种情况下,私有化人文服务组织开始出现。私有化承认社会福利服务的责任可以从公共部门转移给私人组织、非营利组织和营利组织。但是,公共服务的私有化是一件比较矛盾的事情。朝着更私有化的制度迈进,政府服务必然要和商业化人文服务组织签约承包服务。承包的方式可以减少公共服务的政府支出,并且容易做到"服务到家"(更接近服务需求的地点)。同时,从综合社会服务制度模式转向剩余服务模式也更加符合福利多元化的主流意识。但是,人文服务的私有化也引发了一系列的问题和思考。与政府签约的服务机构必须按非营利组织运作方式提供服务不再有效。相反,他们更加关注市场机制,包括私人收费服务提供方式等。此外,还有一系列值得深思的问题。例如,社会服务机构是否应该营利?当组织是为了营利的时候,他们提供的服务能否保证质量?这种营利的动机会增加残疾人被商品化(commodification)的可能吗?① 私有化改革使残疾人服务更加商品化,并充满不稳定性和不确定性。尽管大量社会运动都在为反对残疾人服务商

① See Pedlar, Alison and Hutchison, Peggy, "Restructuring Human Services in Canada: Commodification of Disability", *Disability and Society* Vol. 15, No.4, 2000, pp.637-639.

品化作斗争，但残疾人服务的商品化已经成为趋势。

残疾人服务商品化改革以后，残疾人服务机构资源面临严重不足。政府、非营利组织和公众非常担心由于财政削减导致残疾人生活质量的退步，能否满足残疾人的需求成为一个社会普遍担心的问题。如果服务提供是以金钱作为动力，那么服务将被减少。残疾人服务商品化意味着服务提供之前就需要先考虑投资回报和可承受能力，这将严重影响服务提供质量。当政府赤字削减优先于残疾人需求时，残疾人的脆弱性将加剧。公共非营利机构收缩预算和残疾人服务需求增长，最终的结果只能是残疾人将面临更长的等待时间。而一旦残疾人进入等待名单，他们很可能难以保证最终将得到相应的服务。① 正是由于以上种种原因，残疾人组织开始抱怨他们没有充足的资金开展活动，呼吁给政府能够给他们提供更多的财政资金，以便能够为残疾人充分提供服务。

残疾人服务商品化也改变了服务提供方式，给残疾人获得服务带来了一定问题。还是以安大略省 1997 年引入的“安大略省残疾人支持项目”为例。与之前的家庭津贴（FBA）/职业康复服务（VRS）相比，“安大略省残疾人支持项目”的实施导致管理上的几方面的改变：第一，相关信息获得困难。工作人员对残疾人的档案了解不深，因此给残疾人提供的信息和提出的建议很可能也不准确。第二，从家庭津贴（FBA）/职业康复服务（VRS）改为“安大略省残疾人支持项目”后，服务对象发现服务质量下降了。在过去，工作人员对于整个项目有很深的了解，并且每个工作人都专门负责为特定的残疾人服务。而在新的制度下，残疾人可能去跟办公室里的任何一个人去谈他们问题。在这种情况下，工作人员对于项目本身、残疾人的背景和需求了解很有限。残疾人会觉得这种服务方式就像沃尔玛超市一样，很难获得他们需要的信息和帮助。第三，在办公环境的设计上，新项目创造了制度化的面孔，缺少友好型的环境。这种环境给人带来困惑、压抑的气氛，残疾人在这种环境下感觉像是罪犯。②

还有一些其他因素也制约着加拿大残疾人保障制度的发展。尽管近年来有所改善，但是残疾人的相关信息（尤其是残疾儿童和残疾青少年的相关信息）已

---

① See Pedlar, Alison and Hutchison, Peggy, “Restructuring Human Services in Canada: Commodification of Disability”, *Disability and Society*, Vol. 15, No.4, 2000, pp.642, 647.

② See Chouinard, Vera and Crooks, Valorie, “Because they have all the Power and I have none’: stage restructuring of income and employment supports and disabled women’s in Ontario, Canada”, *Disability and Society*, Vol. 20, No.1, 2005, pp.28-29.

经过时、不完整,甚至错误。最近20年,精神残疾儿童和青少年的项目和服务一直是加拿大政策讨论的重点,但是这些儿童的相关信息仍然缺乏。残疾儿童的国家项目支出相关数据更是相当糟糕,几乎很难知道有多少公共资源用于推动这些残疾儿童的社会融入和提供平等机会。① 数据是政府政策制定的基础。没有数据或数据不准确,政策制定就无从谈起。20世纪90年代以来,政府和残疾人社区之间的信任关系很差,并且一直处在重建的过程中。大部分残疾人、残疾人家庭和残疾父母组织缺少正常接近政府政策决策者的渠道。这种相对无权状态将残疾儿童和他们的家庭置于高度边缘化的境地,使得他们很难有资源和能力去影响政府和治理体制,获得更多政策支持。

(二)对中国的几点启示

第一,转变残疾观念。目前我国政府和社会对残疾现象的认识总体上仍然停留在医学生物模式层面,对于残疾人的社会歧视和社会排斥仍然是残疾人事业发展的主要障碍。从加拿大残疾人保障制度的发展来看,只有树立残疾人权利意识,充分重视残疾人的权利保护,才能从根本上实现残疾人事业发展的转变。中国是联合国《残疾人权利公约》签署国之一,因此加快实现新残疾人观的转变,把残疾人保障事业纳入社会文明和谐社会建设,也是践行《残疾人权利公约》的重要表现。随着中国人口老龄化的加速,中国老年残疾人口的比例将逐渐加大。因此,残疾人保障将不再仅仅是残疾人的事情,而是涉及我们未来每一个人的事情。从这个层面上来讲,残疾人保障是我们每一个人自己的事业。

第二,建立和健全残疾人相关法律和政策。为确保残疾人权利不受损害,加拿大有十分完善的残疾人保障法律和政策。残疾人如果感到生活中受到了歧视,可以诉诸法律解决问题,这一点极大地推动了残疾人保障事业的发展。尽管我国目前已经有了很多残疾人保障立法和政策,但随着社会的发展残疾人的实际需求必然不断增加。为此,中国需要进一步加大残疾人法律、法规的建设力度,建立包括残疾人教育、就业、扶贫、医疗康复、无障碍等方面内容的长效保障机制。此外,还要逐步建立残疾人权利保障投诉机制,让残疾人能够表达自己的需求,督促政府和社会做好残疾人保障工作。

第三,加强无障碍建设。无障碍环境是残疾人独立和自由的基础。尽管中

① See Prince, Michael J., "Canadian Disability Policy: Still a Hit-and-Miss Affair", *Canadian Journal of Sociology*, Vol. 29, No.1, 2004, pp.73-74.

国近年来在无障碍环境建设取得了显著进步，但是与加拿大等发达国家相比差距十分明显。在加拿大的街上、大学校园、商场、体育馆，快餐店到处都可以看到残疾人，而且基本都是独自一人，与正常人没有任何差别人。加拿大社会的这一景象应成为我国残疾人事业的未来发展方向。但是，中国由于人口众多，基础设施建设薄弱、社会发展水平不充分等原因，残疾人无障碍建设还有一段相当长的路要走。为此，政府和社会应增强“无障碍”意识，加大资金投入，尽快制定相关无障碍法律、政策和标准，提高中国的无障碍环境水平。信息通信技术能够在很大程度上解放残疾人，消除和跨越环境障碍。进入 21 世纪，信息通信技术无障碍建设成为残疾人无障碍建设的重点。但需要注意的是，信息通信技术的引入同时也会对残疾人形成新的障碍，这是我国无障碍建设时需要考虑的重要问题。

第四，普及全纳教育和倡导平等就业。全纳教育已经成为世界残疾人教育模式的主流。我国各地经济发展水平差异很大，加上特殊教育的儿童人数众多，因此中国应根据实际情况因地制宜的发展全纳教育。在全纳教育的经费保障上，不仅要加大政府投入，而且需要动用社会力量，多渠道筹集资金。法律保障对于促进中国全纳教育持续和健康发展至关重要。中国目前还没有一部专门的特殊教育立法，因此需要加紧制定和完善相关残疾人教育立法，推动全纳教育事业的发展。在加拿大，工作福利国家的倡导使得工作在残疾人保障中作用越来越重要。尽管中国残疾人有自强自立的传统，但是如何保障残疾人平等就业权利、消除就业歧视却是一个重大课题。为此，在残疾人参与劳动力市场的每一个环节(包括职业能力培训、劳动合同、工资、社会保险、转岗、休假等)都需要有相关法律保障。

第十五章　巴西的残疾人保障制度*

一、巴西残疾人事业发展的总体状况

1.巴西残疾人的规模与结构①

巴西联邦共和国是拉丁美洲最大的国家，也是发展前景被世界看好的金砖国家之一。其国土位于中南美洲与大西洋之间，是全世界国土面积第五大国，2011年巴西的总人口数为1.92亿。作为金砖四国中唯一的美洲国家，近些年来巴西的经济增长取得了瞩目的成就，巴西2005—2011年人均GDP平均增长率为2.9%，2011年国民生产总值达到4.14万亿雷亚尔，在经济发展的同时，巴西也通过建立和完善相应的公共与社会政策，来应对社会问题，改善国民生活水平，2011年巴西的人均预期寿命为73.7岁。②

作为一个新兴的工业化国家，巴西残疾人的数量增加速度较快。除了风险因素，致残的最大原因就是工伤。2000—2002年间，在社会保障部门登记了10万多个因工伤致残的案例。根据巴西2000年的普查结果，全国有约2500万残疾人，占总人口的14.5%，高于拉丁美洲和加勒比地区的总体水平（在拉丁美洲和加勒比地区，有至少5000万的残疾人，占该地区人口的约10%。）。在巴西，男性的残疾发生率略低，为13.7%，女性为15.3%；65岁以上人口残疾发生率为54%。在巴西的残疾人群体中，48.1%的拥有视觉缺陷，8.3%的拥有智力缺陷，

---

* 作者：鲁全，中国人民大学残疾人事业发展研究院讲师。作者感谢北京第二外国语大学葡萄牙语系张方方女士在文献收集与资料翻译方面提供的帮助。

① 本节数据和资料若不做特别说明，则均来自巴西劳动与就业部的报告 *Trabalhando com a diferença：a responsabilidade social e inclusão de portadores de deficiência*（中文译名为：《与不同的人群共事：社会责任与残疾人的融入社会》），2004年。

② 以上数据均来自于《金砖国家联合统计手册2012》。

4. 1%的拥有身体缺陷,22. 9%拥有运动缺陷,16. 7%拥有听力缺陷。表 1 显示了巴西不同类型残疾人结构与全世界情况的比较。不难看出,巴西残疾人群体中,拥有视觉缺陷的人所占比重最大,且远远高于世界平均水平。

表 1　巴西及全球残疾人类型

全球(世界卫生组织估算)	巴西
智障:50%	智障:8. 3%
体残:20%	体残:4. 1%
听力残疾:15%	运动残疾:22. 9%
多项、综合残疾:10%	听力残疾:16. 7%(7. 2%为全聋)
视力残疾:5%	视力残疾:48. 1%(6. 49%为全盲)

巴西残疾人普查结果显示,从性别分布上看,男性在智障、体残(尤其是四肢残缺)和听力缺陷方面占多数,而女性在运动缺陷(无能力行走和上下楼梯)和视觉缺陷方面占多数。从地域分布上看,东北地区残疾人所占的比重最大(16. 8%),东南部残疾人所占的比例最小(13. 1%)。从年龄分布上看,残疾人的数量随着年龄的增长而增加:比如 0—4 岁的年龄层,残疾人的比率为 2. 3%,在 35—39 岁的年龄层,这个比率为 12. 9%,在 40—44 岁年龄层,20. 1%的人为残疾人,70—74 岁年龄层中 51. 6%为残疾人。在 75—79 岁年龄层,59. 3%为残疾人,80 岁以上的人群中有 70. 3%的人是残疾人。

2. 巴西残疾人的就业与收入

在就业与收入方面,在 2500 万残疾人中,1522 万处于 15—59 岁的劳动年龄阶段,这当中 51%(780 万)拥有工作。在该年龄阶段的健全人中,59%拥有工作。在所有年龄层的残疾人中,900 万残疾人拥有工作,其中男性为 560 万,女性为 350 万。在劳动年龄段的残疾人中,23%的残疾人拥有最低月工资收入。而处于该年龄层的健全人中,15% 拥有最低月工资收入。有调查显示,在所有就业的残疾人中,48. 39%的在服务和商业领域就业,27. 33%在工业部门,有 17. 63%在公共部门。巴西残疾人就业能够取得比较好的效果,主要是因为巴西法律中有一项专门保障残疾人融入工作岗位的立法(第 8213 号法律),该法律规定,在拥有 100 人及以上员工的企业,应为有技能的残疾人或受恢复劳动能力的残疾人保留 2%—5%的工作岗位。

3.巴西残疾人的教育

在残疾人教育方面,20 世纪 80 年代之后,大量以开发智障者的潜力为宗旨的特殊教育学校出现,向有智力缺陷的残疾人提供服务帮助他们融入社会。巴西在 2001 年危地马拉公约中承诺,在十年之内消除所有对残疾人的歧视形式,并确保所有人上学的权利,将联合国发起的“全民教育”行动推向顶峰。根据 2004 年巴西教育部公布的教育普查数据,在全国公立和私立学校就读的残疾人学生从 2003 年的 14. 4 万人增加到 2004 年的 18. 4 万人,增幅为 28. 1%,其中在公立学校就读的增幅为 29. 4%。

但是,在巴西 15 岁以上的残疾人中,仍然 620 万人不会读书写字,文盲率为 28%,而在该年龄段的健全人文盲率为 10%。在 15 岁以上的残疾人中,只有 7% 能够继续上学,健全人中该指标为 19%。残疾人受教育时间比健全人少。在 15 岁以上的残疾人中,25%没有接受过教育或在学校里的时间不超过一年,健全人的该项指标则为 8. 3%。从学习时间上看,23. 2%的残疾人在学校里学习 1—3 年,26. 7%的学习 4—7 年;健全人中该指标分别为 14. 5% 和 32. 2%。9. 8%的残疾人在学校学习 8—10 年,9. 3%学习 11—14 年,2. 6%学习 15 年以上。健全人的该指标分别为:19. 1%,19. 4%,5. 4%。因此,巴西残疾人的总体受教育状况仍待改善。

4.巴西残疾人的社会融入

1986 年联邦政府成立了援助残疾人融入社会国家协调委员会(简称 CORDE),该委员会是巴西总统府人权办公室下属的重要机构,负责残疾人融入社会相关政策的管理。1988 年,联邦宪法颁布,宪法中对残疾人的权利给予明确。次年,颁布了 1989 年第 7853/89 号联邦法律,法律中规定了有关保护残疾人的基本条款。相隔 10 年以后颁布的 1999 年第 3298/99 号国家法令,对相关法律制定规章,规定制定援助残疾人融入社会的国家政策并加强对残疾人的保护。

20 世纪 90 年代初期,在以上这些法律的指引下,社会呈现出援助残疾人融入社会的迹象。这种融入并非指残疾人自己主观上努力,而是社会开始关注并准备援助残疾人参与社会。随着残疾人获得受教育的权利,有关残疾人的话题蔓延到每个巴西国民,对残疾人权利的讨论也不再仅仅局限于法律和科学领域,而是渗透到了人们日常的生活中。比如在 2005 年巴西环球电视台播出的电视剧《阿梅里卡》涉及了盲人融入社会的话题。在 2006 年该台播出的电视剧《家庭纽带》讲述了一个智障儿童入学的故事。由此可见，残疾人的确不再是一小部分人关注的问题，而成为社会广泛关注的群体。

5.巴西的无障碍设施①

无障碍设施建设是残疾人事业的重要组成部分，而巴西则是纳入普遍性的城市可达性计划，这无疑是一种具有进步意义的取向。

2003年1月，巴西政府成立了城市部，以推动全国城市的发展。为了制定和落实城市机动性政策，城市部专门成立了"交通和城市机动性国家委员会"，简称SeMob，将原来分别隶属于交通部和司法部的巴西城铁公司和国家交通司纳入城市部。SeMob的主要任务在于研究并明确"可持续城市机动性"，解决长期以来巴西大城市的机动性危机，在SeMob提出的城市机动性解决方案包括两项全国计划，其中《巴西城市可达性计划》向各州政府和市政府提供多种支持和激励，促使其采取措施，确保老年人和残疾人能方便地达到交通设施，使用公共交通服务。

更为进步的是，《可达性计划》是从促进机会平等和社会包容的角度去考虑针对残疾人的无障碍设施问题。其特点体现在：第一，它从残疾多样性的角度出发，改变过去通过特定的辅助器具和设备使残疾人实现空间的转移的方式，而是考虑残疾人的机动性需求，通过建立多样的交通方式和服务网络组织，使残疾人可以借助多种交通工具实现独立出行。第二，它不仅局限于改善城市的硬件设施，而且强调通过社会动员、协调自然与人工环境以及完善立法等方式从社会治理方式和公众意识方面消除残疾人面临的障碍。第三，它进行了清晰的责任划分，明确了地方、州和联邦政府的权力与义务，充分调动了社会的力量，形成了较为完善的工作机制，包括鼓励残疾者组成社会团体参与该课题的讨论，在项目建设中发展合作伙伴关系，推动新技术的开发以及强化农村地区的环境建设等。

二、巴西残疾人的社会保障制度

1.社会救助制度中的残疾人权益

巴西的社会救助制度建立于20世纪70年代，它由两个部分组成，其中之一

---

① 注：本部分主要参考[巴西]乔瑟·卡洛斯·萨维耶、荷纳多·波阿雷托：《巴西可持续城市机动性政策的实施》，《城市规划学刊》2005年第5期。

是基于家计调查的制度,其对象包括所有65岁及以上老人,以及人均收入低于最低工资1/4的家庭中的残疾人。这是一种对年老或赤贫残疾群体的现金给付制度(简称BPC)。BPC始建于1993年,针对那些严重残疾的人群或老年人,只要家庭人均收入低于最低工资的四分之一(2006年的数字是1美元每天)就可以获得相当于月均最低工资的现金给付(约4美元每天)。65岁以上的赤贫无论残疾与否均可获得给付,其他无法独立生活和工作的残疾人也可获得。每两年,BPC计划受益人会被重新评估一次以确保先前的状态没有改变。

获得BPC的现金给付是要以家计调查为前提的,而在家计调查中,哪些收入应当被计入则具有很大的争议:在2003年之前,任何来自社会救助的基金都会被用于计算家庭人均收入,由此导致得到其他现金给付的残疾人因为超过了规定最低家庭人均收入而得不到BPC的给付;2003年改革之后,人均家庭收入的计算不再考虑其他老年家庭成员收到的社会救济,而类似的对残疾人的改革动议也已经提交国会。对BPC制度的另一个批评来源于对残疾的认定。目前法律所界定的残疾概念产生于1995年:"因为不可逆转的生理伤残使得无法工作甚至无法独立生活"。这与政治选举中的残疾概念相比更为狭义,而实际使用的残疾概念则比这还要狭义。1999年的立法使BPC排斥了一些残障情况的给付,比如严重视觉与听觉障碍、智力障碍等。如果沿革遵守这一规定,则许多患有常见残障的人士都被排除在外。现行制度还规定,那些有多种残障的人员至少要有一种残障属于严重残障才能纳入保障对象,这就使部分多重残障人员被排斥在BPC之外。除此之外,还有精神障碍的问题,虽然精神障碍在1999年的立法中得到承认,但是在具体认定的方式和程序上上还存在很多问题。

BPC的筹资主要来源于工资税,2005年,BPC月均支付2830万美元。BPC采取社会化方法的形式,每月通过银行系统给付一次,包括其分行、邮局、博彩机构等,保证了现金给付的领取地点充足。通过磁卡,受益人可以亲自领取,在无法亲自领取的情况下可以委托他人领取。同时,这笔现金收入是无须扣税的。目前,这一制度覆盖的残疾人群体中约五分之二是24岁以下的青少年、儿童。BPC制度的受益人群在过去五年里每年10%的速度增长。2005年年底,大约有210万人领导了BPC给付,其中有110万人是因残疾而领到的。考虑到65岁以上老人中还有相当部分人残疾,所以实际上BPC对残疾人的给付总人数还更多一些。

2.社会保险制度中的残疾人权益

巴西的社会保险制度初建于20世纪初，最早建立的是工伤保险，之后逐步建立了养老和医疗保险。目前，资方总缴费率在20%左右，雇员的缴费率在8%到11%之间。巴西的社会保险制度由针对私营部门职工的制度和针对公职人员的制度共同构成，虽然从20世纪90年代末开始，由关于进行私营化改革的讨论，甚至建议用完全积累的个人账户制度取代现收现付的制度，但考虑到巨大的转轨成本，巴西并没有像其他拉美国家效仿智利那样选择完全积累的制度，而是在公共社会保险制度中仍然坚持了现收现付的模式。巴西社会保险制度的待遇主要包括退休金、残疾津贴、疾病津贴、医疗保险金、死亡抚恤金、工伤保险金和失业保险金。除了与其他的劳动者享有同样的社会保险待遇之外，残疾劳动者在退休金、残疾年金、疾病津贴和医疗保险待遇等方面还有其特殊的待遇。

一般而言，退休金(Retirement Benefit)的领取条件是符合退休年龄以及累积缴费达到一定年限，但是残疾人退休不受到缴费年限和退休年龄的限制。因工致残和非因工致残的退休者分别可以从养老保险制度和工伤保险制度中领取退休金。巴西的退休金制度采取DB的模式，并且给付水平比较高：当满足了累积缴费年限后，退休金的替代率从70%起步，每多缴费一年，增加一个百分点，残疾人养老金的替代率有时可以达到100%。

残疾年金(Disability benefit)是指当因事故或疾病造成残疾时领取的保险金。当因残疾导致永久不能工作时，可以领取全额残疾津贴，至少需要缴费满12个月，获得残疾津贴需要经过残疾鉴定，如果是因工致残，则津贴的替代率也可以达到100%，如果被保险人需要长期照护，津贴标准将再提高25%。在2005年，260万人领取了残疾年金。

除此之外，当因为疾病而出现暂时性残疾时，可以获得疾病津贴(Illness Benefit)，标准为缴费工资的91%；当需要职业康复时，可以由医疗保险基金(Health Benefit)根据残疾等级进行费用补偿。

除了政府举办的公共社会保障制度外，巴西还有比较发达的补充保险市场，补充保险由劳资双方缴费，其中包括残疾津贴，该津贴的给付没有等待期，且水平为全额的养老金，常常采取一次性趸付的形式。

通过以上分析可以看出，巴西已经初步形成了一个较为全面的、补偿水平较高的，多层次残疾人社会保障体系，该体系的特征主要包括以下几个方面的内容：第一，巴西主要通过社会救助制度和社会保险制度来提供残疾人福利，而并非设立专门的残疾人福利制度。在通过社会救助和社会保险制度为残疾人提供福利时,往往采取一般待遇加特殊待遇的方式,残疾人一方面可以享受与其他人群平等的权利,同时会得到一些特殊待遇,以体现残疾人群的特殊性。第二,巴西残疾人福利水平较高。无论是社会救助制度中针对残疾人的现金转移,还是社会保险中各项险种的待遇水平都明显较高,由此可以推断,在社会保障公共开支的增量中,针对残疾人群体的公共开支一定占有相当大的比重。第三,巴西残疾人社会保障制度较好地实现了责任分担机制,这一方面体现为由政府提供的残疾人公共福利与补充性保险同时发展;另一方面体现为坚持以劳资双方缴费的社会保险制度为残疾人福利制度的主体,从而在实现责任有效、合理分担的同时,有利于促进制度的可持续发展。表 2 总结性地展示了巴西残疾人在不同社会保障项目中的各项权益。

表 2　巴西社会保障制度中的残疾人权益

制度名称	领取条件	待遇水平	资金来源
现金转移支付（社会救助）	所在家庭人均收入低于最低工资的 1/4	按月均最低工资标准给付	工资税
退休金（社会保险）	因残疾而退出劳动力市场,无缴费年限和退休年龄要求	替代率从 70%起步,往往可以达到 100%	劳资双方缴费
残疾年金（社会保险）	因事故或疾病造成残疾而永久不能工作,缴费满 12 个月	与残疾程度有关,因工致残的替代率可以到 100%,若需要长期照护,则标准再提高 25%	劳资双方缴费
疾病津贴（社会保险）	因疾病出现暂时性残疾	缴费工资的 91%	劳资双方缴费
医疗保险金（社会保险）	需要残疾职业康复	根据残疾等级确定	劳资双方缴费

三、巴西残疾人保障的特色:完善的残疾人事业立法

1.联邦宪法中有关残疾人的条款

用法律的形式明确残疾人事业的发展方向与推进策略,明确残疾人的各项社会经济权利,是巴西残疾人事业发展的一个重要特色和值得推广的宝贵经验。

1978年,巴西宪法第一次修订时候就明确规定,“改善残疾人的社会和经济条件,尤其是通过免费的特殊教育这一举措”。

现行的巴西联邦宪法就对残疾人事业的发展以及残疾人权利作了宏观总体的规定,具体包括:第7条规定了残疾人平等的工作权利,禁止在工资和录用标准方面对残疾人持歧视态度。第23条明确规定,关注残疾人的健康、公共援助、保护和保障等问题。同时明确,扶助残疾人是联邦政府、26个州、1个联邦区(巴西利亚)和各市(比州低一级的行政机构)共同的责任。第24条规定,联邦、各州和联邦区具有制定或颁布有关残疾人社会保障和融入社会等法律的权限。第37条规定,为残疾人预留一定比例的工作岗位并明确录用标准。第203条要求为残疾人提供住房、康复等方面的援助,并帮助其参与社区生活。为残疾人提供每月最低工资保障,并为不具备养老条件的老人提供每月最低生活保障。第208条要求保证残疾人接受专门或特殊教育。第227条规定,为残疾人设立专门项目,消除偏见和建筑障碍。国家为儿童和青少年开展健康援助项目,允许非政府机构参与此项目,并遵守如下规定:为在身体、感觉或智力方面存在缺陷的青少年设立专门的疾病预防和治疗项目,为其提供技能和生活方面的培训,帮助他们融入社会,并通过消除偏见和建筑障碍为其享受社会福利和服务提供便利。出行方面,法律明确广场、公用建筑物等的修建标准以及公共交通工具的生产规格,以便保证残疾人的出行便利。第244条,现有的广场、公用建筑物和公共交通工具须作出相应整改,以便保证残疾人的出行便利。

联邦宪法的相关规定,实质上就是明确了残疾人所拥有的主要权利,具体而言,残疾人的权利包括以下几点。

第一,生命权利:联邦宪法中明确了残疾人所拥有的各项生命权利,包括卫生健康、饮食、社会援助、社会保障、工作、教育、体育、休闲、文化、居住、出行、交通工具等。明确残疾人享有与非残疾人平等的机会和待遇参与社会生活,融入社会的权利。同时,宪法规定了对生命权利的保护机制,即如果家庭无法保证残疾人的基本生活条件,则由国家负责解决生存问题。

第二,卫生健康权利:残疾人享受国家统一医疗制度(SUS),享受因工作和交通事故致伤的预防和治疗措施,非住院的严重残疾人享有上门医疗服务,享受居住和康复服务,享有医药、修复术和辅助器具的供应,享有获得自身缺陷以及缺陷将带来的后果等方面的信息的权利。

第三,教育、文化、体育和休闲权利:残疾人享有进行职业培训以从事特殊教育的权利。国家开设专门学校、公立或私立学校，在公共教育机构提供免费的必要的特殊教育。对于在医疗机构或同类机构里住院时间达一年或一年以上的残疾人提供必要的特殊教育。平等对待残疾人学生，包括各种奖励、教材、课间点心、奖学金等。如果残疾人有能力接受普通正常教育，必须为其在公立或私立教育机构的普通专业进行注册。培养盲文、手语的专业翻译以便与有沟通障碍的残疾人的交流。

第四，就业和工作权利：国家为残疾人设立职业化项目，为残疾人职业培训提供援助，禁止歧视，员工达100人以上的企业为残疾人预留工作岗位。

第五，社会保障权利：在社会救助方面，如果残疾人自身不具备维持生活的条件，或其家庭收入等同于或低于最低工资的四分之一而无法维持其生活，可获得持续的福利援助。为残疾人提供居住和就业援助，帮助其融入社会。残疾人有参加社会保险的权利。如果是被保险人的受扶养人，残疾人应得到抚恤金，无论年龄如何，残疾子女被认定为被保险人的受扶养人，如果没有受扶养人，残疾兄弟姐妹可获得抚恤金。

第六，享有无障碍设施的权利：国家应当清除道路、公共场所、城市房屋、楼房施工地、演出或会议场所、公共交通和通信工具存在的障碍。在证实残疾人有相应需要的情况下，为其提供免费的洲际公共交通。搭乘公共交通的优先权。预留停车位。

第七，社会优待的权利：在公共机关、服务公司和金融机构享有接待优先权，即享有便捷的特殊的个人服务。

第八，司法保护的权利：检察院保护残疾人个人和集体利益，作为法律的监督者，检察院督察残疾人保护法的执行情况。检察院应当保护残疾人提起公共民事诉讼和行政诉讼的权利。检察院、联邦、各州、联邦区、各市和所有以保护残疾人权利为宗旨的协会提起有关保护残疾人个人和集体利益的诉讼是合法的。

2.其他有关残疾人事业的法令

除了联邦宪法之外，巴西的立法机构从20世纪80年代开始，加强了残疾人事业发展和残疾人权益保障方面的立法工作，在残疾人就业、教育、社会保障、社会融入以及无障碍设施建设等发面颁布了多部法令，其中的部分内容见表3。

表3　巴西残疾人事业发展与残疾人权利保障的相关法律(按时间顺序排列)

颁布时间	法令号	内容
1982年12月20日	7070	确立了“反应停”①受害者享有相应的特殊津贴、月津贴和终身津贴和其他福利。
1985年11月12日	7405	规定所有建筑物和服务场合使用国际残疾人通用符号,并且门、走廊、通道、公用电话、饮水处、电梯的尺寸遵照法律规定修建。
1986年12月19日	53号补充令	对截瘫患者或身体残疾者的专用车辆免征商品流通税
1989年10月24日	7853号	明确提出帮助残疾人融入社会,建立援助残疾人融入社会国家协调委员会(CORDE),设立对残疾人个人和集体利益的司法监护。保障残疾人参与教育、卫生、职业培训、人力资源和建筑等领域的政府项目。明确了通过联邦协调机构CORDE优先解决有关残疾人的各项事宜。强化检察院在提起公共诉讼、集体诉讼或个人诉讼方面的职能,以确保残疾人的权益。明确了侵害残疾人权益的六种情况及其罚则。
1990年12月11日	8112号	公务员在被认定为患有残疾后,有权以残疾理由办理退休和休病假进行治疗。残疾人如果是受扶养人,应得到津贴或抚恤金。明确规定残疾人有权报名参加公务员考试,为残疾人预留所提供岗位的20%。经正式医生会诊,认为有必要的情况下,可给予残疾人公务员特殊的工作时间。如果公务员的配偶、子女或受扶养人是残疾人,该公务员可享受工作时间补贴。
1991年1月8日	8160号	规定在有可能有聋哑者出行的所有地方使用国际聋哑标志。
1991年7月24日	8213号	规定了社会保险计划。第151条规定,在患有结核病、恶性肿瘤、失明、瘫痪等严重疾病的情况下可办理退休,无须履行剩余的工作。第45条规定,如果残疾人需要他人长期帮助,将其所得的残疾人福利增加25%。如果事故导致的后遗症使被保险人降低工作能力,将获得金额为工资一半的事故补助费。第118条规定,如果遭受工伤,从疾病补助费停发当日算起,确保被保险人至少12个月内工作的稳定性。第16条规定,无论年龄如何,残疾子女都被应当被认定为被保险人的受扶养人,如果没有受扶养人,残疾兄弟姐妹可获得抚恤金。第89条规定,为残疾人提供职业培训,帮助其就业和融入社会生活。第136条和140条规定,无论残疾人是否为被保险人,确保残疾人得到相应的优待。第93号法律规定,具有100员工以上的企业为残疾人预留2%至5%的岗位空缺,按如下比例:100—200员工,2%;201—500员工,3%;501—1000员工,4%;1000员工以上,5%。
1991年12月30日	8383号	有身体障碍的残疾人购买国产127马力以下的客用车辆时免除相关贷款手续。

① 反应停于20世纪50—60年代初期在全世界广泛使用,它能够有效地阻止女性怀孕早期的呕吐,但也妨碍了孕妇对胎儿的血液供应,导致大量“海豹畸形婴儿”出生。

续表

颁布时间	法令号	内容
1992 年 12 月 23 日	8541 号	对因工伤退休、并经专业医师证明患有职业病、结核病、精神错乱、综合硬化症、恶性肿瘤、失明、瘫痪、等病症、艾滋病人群的收入、津贴免征个人所得税。
1993 年 7 月 20 日	8686 号	对 7070 号法令进行调整。规定津贴的调整以相应的社会福利制度标准为基础。沙利多麦综合症患者优先享受辅助器械的供应，并在卫生部门统一提供的手术和治疗中享受优先权。
1993 年 7 月 20 日	8687 号	免征智障残疾人个人所得税
1993 年 12 月 7 日	8742 号	对于月收入低于最低工资的四分之一的残疾人可享受相当于最低工资金额的社会援助。
1994 年 6 月 8 日	8883 号	开展为残疾人服务的竞标活动，经公共行政管理部门证实的不以营利为目的的、具有一定实力的协会可参加竞标，旨在提供相关服务工作或劳动力，雇佣费用以市场价格为准。
1994 年 6 月 29 日	8899 号	对家庭人均收入低于最低工资标准的残疾人家庭发放州际公共交通通行证。
1995 年 12 月 26 日	9250 号	允许降低残疾人个人所得税征收额度，残疾人在医生、牙医、心理医生、理疗师等处就医费用的折扣无具体限度。由联邦、各州、联邦区、各市的官方福利机构和民办福利机构为残疾人缴纳和支付失业保险、生育津贴、丧葬补助、事故补助，免征残疾人获得这些福利收入的所得税。子女、前妻或前夫子女在 21 岁以前，或无论年龄大小因身体或智力障碍无法工作，如果是被扶养人，允许降低其个人所得税的征收额度。
1997 年 12 月 10 日	9533 号	向各市的教育项目提供财政援助，如为残疾人的子女和受扶养人提供课外基础教育的项目、为残疾人提供特殊教育的项目等。
1998 年 6 月 3 日	9656 号	禁止因年龄或残疾原因拒绝其参加私立保险公司开展的健康保险计划。
1999 年 11 月 10 日	9867 号	成立社会合作社，旨在帮助残疾人融入社会。
2000 年 11 月 8 日	10048 号	广场、公用卫生间、公用建筑应遵循相关建造规定，以方便残疾人的通行和使用。要求本法颁布 12 个月后将要生产的公共交通工具应安装或设置便于残疾人搭乘的设施。
2000 年 12 月 19 日	10098 号	制定基本准则以保障和促进残疾人的出行，通过消除道路、公共场所、城市房屋、工地、交通和通信工具的障碍确保残疾人的方便出行。
2001 年 2 月 12 日	10182 号	免除购买残疾人专用车辆时征收的工业产品税，降低这些产品的进口税。2003 年 12 月 31 日对本法进一步补充，免除残疾人购买以任何燃料驱动的车辆的税款。
2001 年 5 月 15 日	10226 号	要求在选举过程中，发放有关为残疾选民选择便利投票地点的介绍。

续表

颁布时间	法令号	内容
2002 年 4 月 24 日	10436 号	对政府和从事公共服务的企业开展手语的使用和推广。在特殊教育、、师范教育、联邦和州立中等和高等教育机构开设手语课程。

四、结　语

作为一个新兴的工业化国家和“金砖四国”中唯一的拉美国家，巴西在过去的十年中获得了令人瞩目的经济发展成就。然而，就像所有处于工业化和城市化进程中的国家一样，巴西也面临着经济发展与社会发展的协调问题，其中，残疾人事业的发展就是一个重要的方面。然而，通过对巴西残疾人事业发展中各个领域的考察，可以发现，随着巴西经济的总体发展，残疾人事业也取得了长足的进步。

残疾发生率的提高是工业化进程中的一个必然趋势，面对不断增加的残疾人群体，巴西通过保护性和开发性的就业政策，较好地解决了残疾人的就业问题，实现了超过50%的残疾人就业率，并通过这种方式维持了部分残疾人的收入水平。在教育方面，巴西政府承诺消除任何形式的歧视，确保所有人上学的权利，这将从根本上改变残疾人群体的状况。在对残疾人进行保护的同时，巴西积极推进残疾人社会融入，尤其是在无障碍设施建设方面所取得的积极进展，不仅体现了在硬件方面为残疾人社会融入创造了条件，而且也通过全社会的共同参与和观点重塑，为残疾人事业发展营造了较好的社会氛围。

残疾人保障制度是巴西残疾人事业发展的重点，其特征是在确保残疾人与其他人群享有平等社会保障权利的基础上，通过专门的社会救助制度条款和社会保险相关项目中的规定，全面保障残疾人的各项福利需求，并将残疾人社会福利水平维持在一个较高的水平；同时，坚持以劳资分责的社会保险制度为核心与主体，有利于实现制度的可持续发展。全面、完善的残疾人法律体系是巴西残疾人事业发展的重要特点和值得推广的宝贵经验，通过法律的形式明确不同主体在各项残疾人事业发展中的权利和义务，显然是巴西残疾人事业发展取得显著成就的重要保障机制。这些宝贵的经验都值得同为金砖国家的中国在加快推进残疾人事业发展过程中认真学习与借鉴。

参考文献

彦允:《阿根廷、巴西的社会福利与救助》,《社区》2001 年第 Z1 期。

[巴西]乔瑟.卡洛斯.萨维耶、荷纳多.波阿雷托:《巴西可持续城市机动性政策的实施》,《城市规划学刊》2005 年第 5 期。

Giambiagi, F. and L. de Mello (2006), "Social Security Reform in Brazil: Achievements and Remaining Challenges", *OECD Economics Department Working Papers*, No.534, OECD Publishing.

Daniel Mont (2007), "Measuring Disability Prevalence", *World Bank Social Protection Discussion Paper*, No. 0706.

Francisco E.B.de Oliveira and Kaizo I.B (2001), "The Brazilian social security system", *International Social Security Review*, Vol. 54, 1.

Marcelo Medeiros, Debora Diniz and Flávia Squinca (2006), "Cash Benefits to Disabled Persons in Brazil: An Analysis of the BPC Continuous Cash Benefit Programme", *UNDP Working Paper*, No.16.

下篇　亚 澳 篇

第十六章　日本的残疾人保障制度*

我国是世界上残疾人最多的国家。2006年第二次全国残疾人抽样调查结果显示，我国的残疾人口数量已经达到了8296万，占全国人口的6.34%，占世界残疾人总量的12.76%，与1987年第一次调查的数据相比，有很明显的上升趋势。与此同时，我国对于残疾人群体的保障并没有随着社会经济的发展和整个社会保障事业的发展得到同步发展，针对残疾人的社会保障制度建设不能适应和谐社会建设的要求，尤其是在养老保障和医疗保障方面。

日本作为中国的邻国，以重视国民社会福利而闻名，其"社会福祉六法"不仅保障了普通国民的日常生活，也对儿童、老人和残疾人等弱势群体作出了较为完善的保障安排。根据《日本残疾人实态调查》，截至2006年，日本的残疾人数量已达到723.8万人，残疾人数量增加的速度很快。日本的残疾人保障以《残疾人对策基本法》为基本法律依据，并且对于不同类别的残疾人还有《特殊儿童抚养补贴法》、《身体障碍者福祉法》、《精神薄弱者福祉法》等作为补充，形成了一个较为完整的法律体系。残疾人社会保障中最重要的养老保障和医疗保障也在该法中得到了体现：残疾人年金和专为残疾人提供服务的公共医疗保健组织是日本残疾人养老和医疗保障的基本方法。

日本在残疾人保障方面成功的经验值得我们深入研究和借鉴。本研究从制度政策与残疾人实际享受到的保障情况两方面对日本残疾人的养老和医疗保障制度进行分析和评价，并对提高中国残疾人保障水平提出政策建议，使得研究不仅具有理论意义，还具有实践意义。研究中，我们还将保障水平和经济发展的相关性列入中日两国相关情况对比，这会更易于把握中国残疾人养老和医疗保障制度改革和发展的方向，由之提出的政策建议也会更便于解决中国的现实问题。

---

* 作者：申曙光，中山大学岭南学院教授、中山大学社会保障研究中心主任。

本项目的目标是研究日本残疾人养老保障和医疗保障的具体制度与政策，了解相关制度和政策的实施状况；同时，对比中日残疾人养老与医疗保障水平的制度与状况，为中国残疾人养老与医疗保障的改革与发展提供政策借鉴。

本项目主要包括四个方面的内容：第一，相关制度与政策的理论分析。主要包括《日本残疾人对策基本法》中关于养老和医疗保障的方向性说明条款，《身体障碍者福祉法》、《精神薄弱者福祉法》和《老年福祉法》等其他法律中的相关条款，以及日本残疾人养老保障和医疗保障的具体方法。第二，实际情况分析。通过查询文献资料等方式了解日本残疾人养老和医疗保障现状，为评价相关制度与政策奠定基础。第三，中日相关情况对比。主要包括中日经济发展水平、相关财政投入、残疾人数量、养老与医疗保障情况等。第四，政策建议。提出对中国的政策建议。

本研究从文献查询开始，搜索政策与制度规定的相关的文献，并且搜集政策与规定具体实施情况的数据等。第二阶段对第一阶段收集的资料进行整理，形成对中日残疾人养老与医疗保障的总体认识。第三阶段进行中日两国残疾人养老与医疗保障的对比。最后阶段得出对中日残疾人养老与医疗保障制度与政策的结论，并在对比分析的基础上提出政策建议，撰写项目报告。

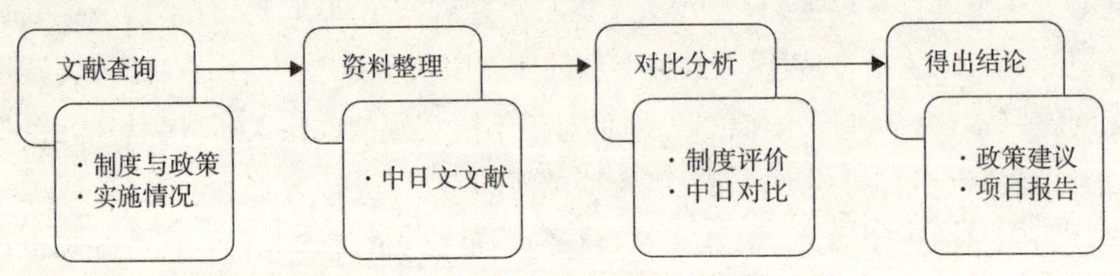

图1　研究思路

本项目主要运用了文献资料法和比较分析法。（1）文献资料法。搜集日本残疾人当前养老保障和医疗保障的制度与政策以及相关的文献资料，通过对文献资料的研究形成对日本残疾人养老保障和医疗保障制度与政策状况的了解。了解日本残疾人养老保障和医疗保障体系的实际运行情况。（2）比较研究法。分析比较日本和中国在残疾人养老保障和医疗保障方面的制度、政策法规、完善程度、实际运行状况等。提出适合中国现阶段国情的相关建议。

一、日本残疾人社会保障概况

(一)日本的政治、经济、社会概况

日本国土面积37.77万平方公里,人口1.27亿,全国设47个都、道、府、县。

日本的政治体制是君主立宪制。保留天皇作为国家主权的象征,但皇室不直接操纵国家权力。国家事务的管理由首相及其内阁承担。国家权利实行行政(内阁)、立法(议会)和司法(法院)三权独立运行。议会分为参议院和众议院,议员来自各个党派。

日本是实行地方自治的国家。日本的政府管理层次分三级:国家、都道府县和市町村。各级地方政府(都道府县,市町村)的首脑也是由民众直接选举(地方全民公选)产生的,不是上级任命的。

日本的经济体制属于资本主义市场经济体制,主要以"株式会社"的形式组织和经营经济实体。在某些特殊行业,也有国有经济成分。日本的GDP总量在世界排第二位(第一位是美国),人均GDP也排第二位(第一位是瑞士)。

日本的工业化和城镇化程度很高,传统意义上的农村已不存在。而且,国家对农业实行很高的补贴,城乡差距很小,农民生活富裕而且安详。其实,日本的各行各业、各地区、各种人群的收入差距都较小,加上社会保障制度健全,所以,社会比较稳定,人们安居乐业。

日本是一个人口老龄化很严重的国家。全国65岁以上老年人口占全人口的比例是18.5%(中国为7.3%),远超过国际通用的65岁以上人口比重达7%以上即为老龄化社会的标准。

日本是一个实行高福利(日语称"福祉")的资本主义国家,母子保健福祉、老人保健福祉、精神保健福祉等方面相当完善,著名的"社会福祉六法"即:生活保护法、儿童福祉法、身体障碍者福祉法、精神薄弱者福祉法、老人福祉法和单亲家庭福祉法是全民福祉的法律保障。同时,日本还有健全的社会保障制度,包括公费的扶助(即公费扶助,如最低生活保障)、社会保险、公费医疗等几个方面。①

(二)日本残疾人基本情况

根据日本《残疾人基本法》的定义,"残疾人"是指身体残疾、智力残疾和精

① 参见夏北海:《日本的医疗保健体系和医疗保险制度简介》,《中国农村卫生事业管理》2004年第6期。

神残疾，并因此对其日常生活或社会生活持续性地受到相应限制的人。

2006年，厚生劳动省对18岁以上且在家中居住的身体残疾人进行了调查，统计结果如下表。

表1　2006年身体残疾人（18岁以上且在家中居住）分类统计结果①

年份	总数	视觉残疾	听觉、语言残疾	肢体不自由	内部残疾	多重残疾
人数（单位：千人）						
2006年	3483	310	343	1760	1070	310
2001年	3245	301	346	1749	849	175
构成比例（单位：%）						
2006年	100	8.9	9.8	50.5	30.7	8.9
2001年	100	9.3	10.7	53.9	26.2	5.4
占2001年比例（单位：%）						
2006年	107.3	103	99.1	100.6	126	177.1

2006年，日本18岁以上且在家中居住的身体残疾人共有348.3万人，相比2001年增加了7.3%。残疾人的构成中，肢体不自由的残疾人超过了50%，内部残疾的残疾人达到30.7%，占了身体残疾人的绝大部分，多重残疾的残疾人相比2001年大幅度增加，增加了77.1%，内部残疾的残疾人也增加了26%，视觉残疾的残疾人有所下降。

2006年，身体残疾人中，残疾程度较重的1级残疾人占了最大的比重33.6%，比2001年增加了37.8%，2级和3级残疾人相比2001年都有所下降，但是4级残疾人相对增加。

① 厚生労働省ネットワークシステム：《2006年身体残疾儿・者实态调查结果》，http://www.mhlw.go.jp/toukei/saikin/hw/shintai/06/index.html. 2008-3-2.表2和表3的数据均与此同一来源。

表2　2006年身体残疾人（18岁以上且在家中居住）的残疾程度　单位：千人

	总数	1级	2级	3级	4级	5级	6级	不明
2006	3483	1171	504	580	713	225	175	115
	100	33.6	14.5	16.7	20.5	6.5	5	3.3
2001	3245	850	614	602	660	260	216	45
	100	26.2	18.9	18.6	20.3	8	6.7	1.4
2006年占2001年比例（%）	107.3	137.8	82.1	96.3	108	86.5	81	257.8

根据2006年残疾人分类统计数据，日本身体残疾人的总数最大，共达到366.3万人，占了总人口的29‰。这个数目不仅包含了在家中居中的身体残疾人，也包含了残疾人设施的入住者。精神残疾人占了总人口的24‰，智力残疾人占总人口的4‰。

表3　2006年残疾人分类统计数据　单位：千人

	身体残疾人	智力残疾人	精神残疾人
未满18岁	98	125	164
18岁以上	3564	410	2858
年龄不详	无	12	6
合计	3663（29‰）	547（4‰）	3028（24‰）

（三）日本残疾人社会保障概况

日本在第二次世界大战后确立了社会保障制度。该项保障制度由国家扶助、社会福利、社会保险、公共卫生及医疗四方面构成。该制度建立初期，根据当时的社会状况，政府实施以救贫和扶贫为中心的福利保障，因此，国家扶助和公共卫生两方面占有很大比重。1961年开始实施全面的公共社会福利制度，为全民提供退休金和各种保险计划，实现了“国民皆保险，国民皆年金”的目标。随着20世纪60年代经济的高速增长，国民对社会福利的意识也发生了很大的变化，随之对福利保障产生了许多新的需求，为了满足这些需求，日本政府从70年代后半期开始对社会保障制度进行调整和改革，增加了一些新的福利，例如，医疗保险和退休福利、改善失业保险以及增设儿童津贴等。1983年，《老年人健康和医疗服务法》开始实施。该法规定老年人的医疗费用不仅由国民医疗保险负担,还要由职工及其他医疗保险计划负担,以减轻国库在国民医疗保险上的指出。随着老龄化的迅速到来和因出生率下降而引起的人口减少,使原来的社会保障制度受到威胁,迫使日本政府不断地对社会保障制度进行改革,如2000年日本政府通过了一揽子退休金改革方案、《长期医疗保险法》和《护理保险制度》等。

日本现行的(广义的)社会保障制度分为以下五类:公共援助、福利服务、社会保障(医疗、退休金、儿童津贴、失业保险以及劳工意外赔偿)、公共卫生、公共服务退休金以及对战争受害者的援助。这五大类分别提供多项计划,有关的支出由政府按照比例拨给各项计划。例如,退休金包括雇员退休金、海员保险以及公务员、农业、林业及渔业从业人员的互助组织。①

在全民保障制度的框架下,原则上在日本拥有住所者都必须加入官方的健康(医疗)保险以及年金保险。日本规定企业有义务为满足一定条件的劳动者投保以下四个险种。劳动者工伤保险:针对劳动者因工作或上下班时发生的伤害和疾病的保险。雇用保险:劳动者的失业救济以及为稳定就业(补贴、奖金等)的保险。健康保险、护理保险:针对医疗、护理所发生费用的保险。公共福利保险:以老龄、死亡、残疾为给付条件的保险。这四个险种都为残疾人提供了不同方面的保障。

日本的残疾人社会保障主要具有如下特点。

一是残疾人法律体系完善。《残疾人基本法》是日本残疾人事业最基本的法律,与之配套的还有《特殊儿童抚养补贴法》、《身体障碍者福祉法》、《精神薄弱者福祉法》等作为补充,形成了一个较为完整的法律体系。各都、道、府、县都有相应的机构制定本地的法律、法规。这些法规政策依据全社会的发展和残疾人需求变化不断进行修订,一般每隔3—5年修订一次。政府在推进残疾人事业方面功不可没。日本从中央到地方政府均设立了专门管理残疾人事务的部门,在日本,依法办事的观念深入人心,这些部门依法履行职能,使得残疾人的相关权益和保障都得到了很好的实现。

二是政府对社会福利事业资金的大力支持。得益于经济社会的高度发展,日本中央和地方政府每年在社会福利事业上投入大量预算,兴建无障碍设施及

① 参见厦门大学日本研究所:《日本社会保障》,http://japan.xmu.edu.cn/website2.aspx? language=gb&research_id=12.2006-9-12。

残疾人康复、教育和就业帮助设施等。2001 年，大阪府社会福利费支出预算为 3000 亿日元，其中，用于残疾人福利经费约占 20%；东京都用于社会福利费支出预算为 5663 亿日元，其中 16% 用于残疾人福利，绝对值折合人民币约为 60 亿元。在日本，政府的财政收支情况透明度很高，项目一旦列入预算，就会严格遵照执行。

三是在扶助的同时倡导自立。日本残疾人福利保障的基本立场是以扶助为主要方式，为减少残疾人在生活上的困难提供更多的方便。并且，日本政府和社会注重对残疾人的自强自立教育，通过各种培训机制发掘和培养残疾人的能力，并通过相关的就业促进政策，促进残疾人自立。日本各地都设有专门针对残疾人的“特别支持学校”，普通中小学设有“特别支持班级”，由具备专门知识和经验的教职工根据学生残障程度的不同进行指导教育，确保残疾儿童接受义务教育。残疾儿童到普通公立学校就学，法律规定学校不得拒收。截至 2007 年 5 月 1 日，日本全国就读于“特别支持学校”、普通中小学“特别支持班级”以及就读于普通班级的残障儿童总数约 26.7 万人。日本社会保障残疾人接受高等教育的权利。日本《残疾人雇佣促进法》规定日本的私人公司、国家或地方的公共团体都必须雇用一定比例的残疾人，有力地保证残疾人的就业机会，促进残疾人自立。

四是对残疾人的关怀已经渗透到了社会的各个角落。在日本，无论走到哪里，都可以看到各式各样的无障碍措施，这些措施极大地方便了残疾人的生活。一方面，政府为残疾人制定了全面细致的优惠政策，充分考虑到残疾人的实际需要和特殊情况；另一方面，在日本有很多专门为残疾人服务的社会团体，通过各种活动为残疾人提供帮助，例如某些团体会向残疾人发放慰问金。此外，日本的一些私营部门也会为残疾人提供各种优惠政策。由于日本国民从小接受良好的教育，普遍养成了遵纪守法、关爱他人的习惯，扶残助残是日本社会的一个良好的风尚，日本残疾人得以生活在一个舒心的社会环境中。

二、日本残疾人养老保障制度

日本残疾人的养老保障以年金制度为主。年金制度设立了专门针对残疾人的给付的残疾年金，本章先从总体上介绍日本的年金制度，再详细介绍专门用于残疾人给付的残疾人年金，主要包括残疾基础年金，残疾厚生年金以及残疾共济年金，并讨论残疾人年金的实际实施情况。

（一）日本的年金制度

1961年日本开始实施全面的公共社会福利制度，为全民提供退休金和各种保险计划，实现了“国民皆保险，国民皆年金”的目标。在这一制度下，原则上在日本拥有住所者都必须加入官方的健康（医疗）保险以及年金保险。

日本的养老金制度有三大支柱：一是公共年金制度；二是企业补充年金；三是个人储蓄养老制度。其中，公共年金制度是法律强制规定国民必须加入的，居于养老金制度的主导地位。企业补充年金是指企业和职工共同存储一定的金额，供职工退休之后作为养老金使用，是公共年金的一种补充，可以提高职工老年生活水平。个人储蓄养老制度是指居民自行储蓄或者按照个人意愿投保，以获得老年养老资金来源的方式。

公共年金是到了晚年、或者成为残疾、遗嘱时能够领取养老金的社会保险制度，在晚年、残疾以及死亡时，均可获得保障。

公共年金由国民年金和雇员年金两部分组成。其中，国民年金又称为“基础年金”，以全体国民为对象，它保证长期无收入的所有社会成员均享受均等的年金收入，目的是保障国民的基本生活。国民年金的金额不因缴费的不同而不同，而是全体国民统一享受一样的国民年金待遇。

雇员年金又称为“报酬比例年金”。根据雇员的类型不同，雇员年金可以分为厚生年金和共济年金。共济年金主要针对公务员、公营企业职工，厚生年金主要针对私营企业。而对于个人，即农民、个体经营者以及家庭妇女等，只享受国民年金，不享受雇员年金。国民年金是公共年金的基础部分，向加入者发放共同的“老年、残疾、遗嘱基础年金”，而雇员年金则向加入者发放国民年金的基础年金上补充的“与收入成比例的年金”。

日本的养老金结构如图2。最底层的国民年金是全部国民都必须加入的，享受最基本的保障。除此之外，企业职工和公务员还可以享受厚生年金或共济年金其中一种雇员年金。加入厚生年金或者共济年金就意味着自动加入了国民年金。

1.国民年金

国民年金是向所有国民支付共同的基础年金的制度。在日本拥有住所的20岁以上不满60岁的人（包括学生），需加入国民年金。每月的保险费为定额（2009年4月—2010年3月为14660日元）。

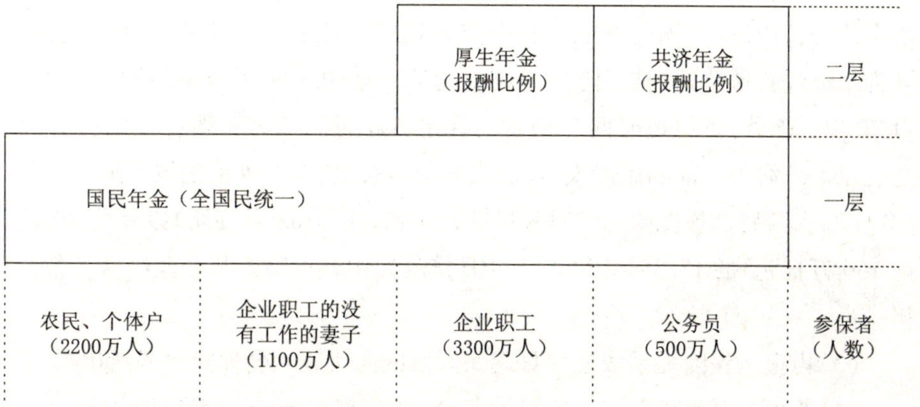

		厚生年金（报酬比例）	共济年金（报酬比例）	二层
国民年金（全国民统一）				一层
农民、个体户（2200万人）	企业职工的没有工作的妻子（1100万人）	企业职工（3300万人）	公务员（500万人）	参保者（人数）

图 2　日本的养老金结构图

为了照顾生活困难的人，国民年金设有保险费免除制度，分为法定免除与申请免除。残疾人、生活贫困者或接受国家生活保护的人，可以按照手续获得法定免除。

原则上，保费缴纳期间与保费豁免期间合计达 25 年以上且年龄 65 岁以上者，可以领取老龄基础年金，2009 年和 2010 年的每月年金金额如下：

	2009 年	2010 年
老龄基础年金：一份	66008 日元	66008 日元
老龄基础年金：夫妻两份	132016 日元	132016 日元

国民年金加入期间，本人因病或事故而丧失劳动能力时，可以领取残疾基础年金，残疾基础年金的取得者，若有受抚养的子女时，还能获得子女加算部分的金额。此外，未满 20 岁的残疾人，当家庭收入低于一定程度时，可以从 20 岁开始领取残疾基础年金。

残疾人根据程度分为两级，残疾级别高的能够领取相对较高水平的养老金，若残疾人有未满 18 岁的子女时，可以获得子女加算。

被保险人、上述老龄年金受益人或残疾基础年金的领取人，因重度残疾等死亡时，其遗属可以领取遗属年金。

2.厚生年金

日本规定企业有义务为满足一定条件的劳动者投保公共福利保险。

(1)适用范围。原则上,强制适用于所有的法人以及有5名以上固定职工的个体经营单位(外国企业的在日分支机构和营业所视为法人、常驻代表机构视为个体经营单位)。被保险人原则上为适用单位企业所雇用的所有员工(超过70岁的除外)。但短时间劳动者的规定劳动时间须为一般职工的大约四分之三以上。海外总部的派遣人员、法人的董事长、负责人等也是被保险人。

(2)保险费。被保险人的月标准收入金额(上限62万日元)以及奖金额(上限150万日元)的15.35%(2008年9月修改),由被保险人与企业经营者各自承担一半。

(3)申报。保险关系成立翌日起5天以内向所属社会保险事务所申报。

(4)给付。厚生年金有老龄厚生年金、残疾厚生年金和遗属厚生年金三种形式的给付。原则上,保费邀请期间与保费豁免期间合计达25年以上且年龄65岁以上者,按其已付保费的金额和期间所计算的金额领取老龄厚生年金。残疾厚生年金,在投保期间被保险人发生疾病和受伤致残时,可领取依据其残疾程度、已付保费金额和已付保费期间等计算的年金或一次性补贴。被保险人、上述老龄年金受益人或残疾年金的领取人,因重度残疾等死亡时,向其遗族发放遗属厚生年金。

3.共济年金

共济年金根据加入者所在单位的类型可以分为五种,国家公务员年金,地方公务员年金,公营企业雇员年金、农林渔团体雇员年金和私立学校教职员工年金。

不同类型的共济年金有不同的保险费率,个人和作为雇主的中央政府都各承担一半的保险费。共济年金的支付以国家公务员为例,分为老龄支付,残疾支付和遗属支付。老龄支付指退休共济养老金,分为一般支付和特别支付两种情形。达到老龄基础养老金支付条件的共济年金参加者,在满65岁时退休,或者在退休后满65岁时,可以获得一般支付。达到老龄基础养老金支付条件的共济年金参加者,在满60岁时退休,或者在退休后满60岁时,可以获得特别支付。特别支付额=退休共济养老金+加薪部分养老金金额。残疾支付包括残疾共济养老金和残疾一次性支付金。只要在参加共济年金保险的期间出诊的残疾,可以根据残疾的程度获得支付,支付额的计算方法为:一级:退休共济养老金额×1.25+加薪部分养老金额;二级:退休共济养老金额+加薪部分养老金额;三级:退休共济养老金额。同时设有最低保障的年金额度。残疾一次支付金的支付条件参照残疾共济养老金，其计算方法为：退休共济养老金额×2，同样设有最低保障额。遗属支付指遗属共济养老金。

（二）日本疾人年金

如前所述，无论是国民年金，厚生年金还是共济年金，都专门设置了残疾人享受的年金，分为残疾基础年金、残疾厚生年金和残疾共济年金。残疾人在缴费时可以享受优惠政策，同时残疾等级较高的残疾人（一级）可以享受高于老龄基础年金的年金水平。此外，年金制度不仅保障残疾人的老年生活水平，对残疾人的家庭也给予了保障，参加国民年金的残疾人可以获得子女加算，厚生年金和共济年金都以残疾人及其家庭成员作为保障对象。

1.残疾基础年金

（1）领取残疾基础年金的必要条件是满足以下条件之一者：一是缴纳保险费的时间（包括保险费免除的时间）达到规定的保险费缴纳年限的三分之二以上；二是20岁前被医生诊断为残疾，且残疾的状态维持到20岁；或20岁以后变为残疾。但是因为这种情况下本人没缴纳保险费，所以有所得限制。如果所得超过398万4千日元（2人家庭），规定只能领取年金额的二分之一；如果所得超过500万1千日元，则不能领取残疾基础年金。

（2）残疾认定的时间从首次接受医生的诊疗开始，经过一年6个月（期间已经恢复或者恢复后）有残疾状态，或在到65岁前变残疾。

例如，从首次接受医生诊疗的日期起一年六个月内，符合以下①至⑦情况的那天即为“残疾认定日”：①进行人工透析疗法的情况下，从接受透析开始3月后的那天。②有植入人工骨头或者人工关节的情况下，植入那天。③安装心脏电子心脏起搏器，或又安装了植入型除细微动容器（ICD）那天。④人工肛门或人造新膀胱，实施尿路变更手术的情况下，动手术那天。⑤由断肢造成的残疾原则上是断肢手术的那天（残疾津贴的残疾认定时间为创面治愈了的那天）。⑥喉咙全摘出的情况下，全摘出的那天。⑦如果进行在家氧疗法，开始在家氧疗法的那天。

（3）2009年残疾基础年金的年金额按照残疾等级给付，残疾等级界定标准见（4）。

【1级】792100日元×1.25+子女加算；

【2级】792100日元+子女加算。

子女加算中，第一个和第二个孩子各227900日元，从第三个孩子开始各

75900 日元。"子女"只限于以下的人:一、在 3 月 31 号那天未满 18 岁的子女;二、未满 20 岁的一级或二级残疾人。

(4)残疾等级的界定标准

一级	两上肢的机能有显著残疾的 两下肢的机能有显著残疾的 两眼的矫正视力和在 0.04 以下的 其他
二级	一上肢的机能有显著残疾的 一下肢的机能有显著残疾的 两眼的矫正视力的和在 0.05 以上 0.08 以下的 其他

2.残疾厚生年金

(1)领取残疾厚生年金的必要条件:由于参保期间首次接受医生诊疗的伤病造成的残疾,并满足领取残疾基础年金的必要条件。

(2)残疾认定的时间:和残疾基础年金的认定方法一样。

(3)2009 年残疾厚生年金的年金额为:【1 级】(报酬比例的年金额)×1.25+(配偶的年金加算 227900 日元);【2 级】(报酬比例的年金额)+(配偶的年金加算 227900 日元),同时设有最低保障额 594200 日元;【3 级】(报酬比例的年金额),年金只针对本人

报酬比例的年金额的计算方法:

报酬比例的年金额 =

(每月平均标准报酬)×7.125/1000×(2003 年 3 月以前的参保月数)

+(平均标准报酬)×5.481/1000×(2003 年 4 月以后的参保月数)

报酬比例部分的年金额是根据上式算出的金额。但是,根据上式算出的金额比根据下式算出的金额少时,则报酬比例部分的年金额为根据下式算出的金额。

报酬比例部分的年金额(物价滑行的特例标准)=

(每月平均标准报酬)×7.50/1000×(2003 年 3 月以前的参保月数)

+(平均标准报酬)×5.769/1000×(2003 年 4 月以后的参保月数)

所谓每月平均标准报酬是指到 2003 年 3 月为止,保险期间作为计算基础的各月标准报酬的总和除以到 2003 年 3 月为止的参保月数所得出的数额。

所谓平均标准报酬,是指 2003 年 4 月以后作为参保期间计算基础的各月标准报酬和标准奖金额的总额除以 2003 年 4 月以后的参保月数所得的数额。

在这些的计算时,过去的每月标准报酬和标准奖金额,为了用最近的工资水准和物价水准进行估价,要乘"再估价率"。如果总的参保时间不满 300 个月(25 年),则按照 300 个月计算。同时,残疾认定日所属的那个月不作为养老金额计算的基础。

(4)残疾等级的界定标准:

1 级	和残疾基础年金相同。
2 级	和残疾基础年金相同。
3 级	两眼的矫正视力在 0.1 以下 其他

3.残疾共济年金

残疾共济年金是对生病或者受伤的人,其初诊日必须在作为互助会会员期间、在残疾认定日因其伤病达到一定程度残疾,并根据其程度而支付的。

(1)残疾共济年金支付的必要条件。作为互助会(日本社会保险制度的一环,为办理公务员等的医疗保险、养老金等,根据特别法建立的组织)会员期间由于有初诊日的伤病,在残疾认定日残疾程度被诊断为一等残疾,二等残疾或三等残疾的状态时,可以领取残疾共济年金。残疾等级达到一级或二级的情况下,由社会保险厅裁定的残疾基础年金也可以领取。

(2)等级区分。残疾共济年金的等级区分与厚生年金保险法的残疾区分是一样的,并且,一等或二等残疾的状态和国民年金法中与残疾基础年金相关的残疾等级,即一级或二级残疾的状态是一样的。在申请残疾共济年金之前必须进行残疾(等级)程度的认定。有关的资料交付之后确定等级,再办理申请手续。

(3)残疾共济年金的支付内容及支付标准。A 相当于国民年金部分的金额+B 相当于报酬比例年金的金额+C 加算的年金额(限于一级或二级残疾)。

根据残疾等级,支付内容不同:一级残疾:(A+B) * 1.25+C;二级残疾:A+B+C;三级残疾:A+B。

如果残疾是由于工作或者上下班路上的事故或者其他原因造成的话,B 有不同的计算方式。一级或二级残疾的领取者有未满 65 周岁的配偶,可以领取加算年金。关于子加算年金额的计算按照残疾基础年金的方法计算。

(4)关于残疾共济年金的在职停止支付。虽然在职期间的缴费就决定年金的数额,但是如果在职期间工资和年金加起来超过一定数额,就会对残疾共济年金的支付进行部分停止支付或全额停止。不过,残疾基础年金即使是在职期间也可以领取。

(5)残疾年金在以下两种情形下将停止支付:残疾共济年金的领取者死亡之后;残疾程度减轻到三等残疾也达不到的时候年金的支付将被停止,当不符合的情况持续三年或者达到65岁,符合两者其一都会失去领取残疾共济年金的权利。

(6)残疾共济年金设置了事后重症制度。对于在残疾认定日认定时不符合一级到三级残疾,只要满足以下的必要条件,也可领取残疾共济年金。初诊日在互助会会员期间;在残疾认定日没有符合残疾等级的残疾;残疾认定日之后到达65岁之前,因其伤病而残疾程度达到一等到三等残疾的,符合任一程度的残疾;到达65岁前申请过残疾共济年金。

(7)残疾一次性支付金是指初诊日在互助会会员期间因非工伤的其他伤病而退职的情况下,又没有达到领取残疾共济年金的残疾程度时的支付。根据地方公共法的年金领取者,根据国民年金法、厚生年金法及其他的共济组织各法的年金领取者;关于伤病,按照地方公务员灾害补偿法,拥有接受因上下班灾害的残疾补偿或者接受相当于此的保障的权利的人;残疾一时金是给没有达到领取残疾共济年金的轻度残疾者的一次性支付金,只限于非工伤致残的。没有为工伤而设置残疾一时金制度是因为有可以从其他途径获得支付,例如地方公务员灾害补偿法中规定支付残疾一时金。初诊日必须是发生在互助会会员期间。如果该残疾人正在领取疗养费,若在五年内症状稳定并没有加重,则不得领取一次性支付金。领取残疾一次性支付金后,若后来伤病严重化,也可以进一步申请事后重症。

4.特别残疾支付金制度

国民年金是法定必须加入的,在国民年金的发展过程中,由于某些特殊原因部分残疾人没能领取残疾基础年金,为了保障残疾人的养老权益,创建了特别残疾支付金制度。

(1)支付的对象:1991年3月以前是国民年金自愿加入对象的学生;1986年3月以前是国民年金自愿加入对象的被雇佣者等的配偶,且当初在没有自愿加入的期间有初诊日,现在符合残疾基础养老金的1级,2级残疾状态,但是没有成为残疾基础年金，残疾厚生年金，残疾共济年金等的领取对象。另外，为了领取支付金，要有社会保险厅厅长的认定。对于致残的伤病，“初诊日”是指首次接受医生或牙科医生诊疗的那天。

（2）支付额：符合残疾基础年金一级残疾标准的人，2009 年每月基本金额为 50700 日元（是二级的 1.25 倍），2007 年的支付额是 50000 日元；符合二级的人，2009 年每月基本金额为 40，560 日元，2007 年的支付额是 40000 日元。特别残疾支付金的金额，每年会根据消费者物价指数的变动而重新修改。申请人取得认定资格后，从申请那个月的第二个月开始支付。

（3）申请手续和办理窗口等。因为特别残疾支付金是在申请被接受后的第二个月开始支付，为了及时领取到支付金，需要提前申请。原则上，必须在本人 65 岁生日的前一天之前申请。不过，因为这一制度是过渡性措施，在实行日（2005 年 4 月 1 日）那天超过 65 岁的人能在 2010 年 3 月 31 日之前申请。另外，对于实行日后不久达到 65 岁的人，过渡性的措施规定超过 65 岁的人在一定期间仍可以申请。申请窗口在所住地的市区政府机关、町村公所，支付的有关事务在社会保险事务所办理。

（三）日本残疾人养老保障实施情况

日本有一个全面并且完善的残疾人养老保障体系，残疾人能够享受到专门针对其设计的年金——残疾基础年金、残疾厚生年金和残疾共济年金。残疾级别高时可以享受更高的年金水平。此外，当收入低于一定水平时，残疾人在 20 岁就可以开始领取年金。对部分残疾人没能够领取残疾人年金的特殊情况，创设了特别残疾支付金制度进行保障。以下从残疾人手册的持有情况，日本残疾年金的保障水平和覆盖情况以及财政支持情况等方面讨论残疾人养老保障制度的实施情况，最后对残疾人养老保障制度进行总结。

1.日本残疾人手册的持有情况

日本的残疾人必须持有残疾人手册才能够享受到相关的残疾人社会保障项目，领取残疾人手册需要经过严格的审核。

2008 年度末日本身体残疾人手册下发总账记载数是 5031683 人、与前一年度相比增加了 85252 人（与前一年度相比增长 1.7%）。由图 3 中可知，领取身体残疾人手册的残疾人总数在 2004—2008 年快速上升。

表 4　身体残疾人手册总账记载数的年度演变　年末数据①　单位:人

	2004 年	2005 年	2006 年	2007 年	2008 年	比前一年	
						增减数	增长率(%)
未满 18 岁	108945	108901	108777	109099	109596	497	0.5
18 岁以上	4563445	4686132	4786633	4837332	4922087	84755	1.8
总数	4672390	4795033	4895410	4946431	5031683	85252	1.7

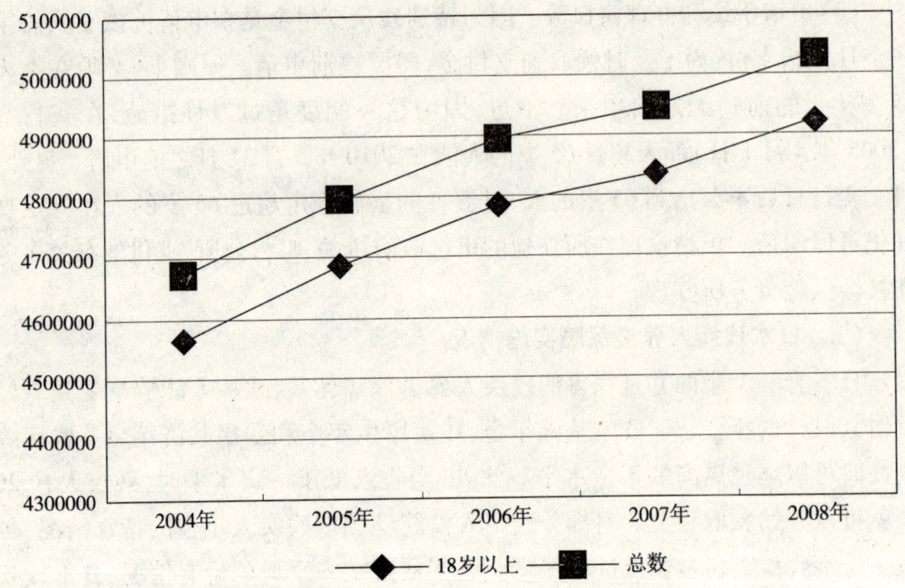

图 3　身体残疾人手册总账记载数的年度演变

疗育手册(主要是智力残疾人领取)2008 年度下发总账记载数是 785720 人、与前年度相比增 28877 人(增长了 3.8%)。

① 厚生劳动省大臣办公厅统计情报部社会统计课:《2008 年度社会福祉行政业务报告》,http://www.mhlw.go.jp/toukei/saikin/hw/gyousei/08/index.html. 2009-10-7,表 14 的数据来源同此。

表 5　疗育手册下发总账记载数的年度演变　年末数据　　单位:人

	2004 年	2005 年	2006 年	2007 年	2008 年	与前年度比	
						增减数	增长率(%)
未满 18 岁	163688	173438	181602	191560	200533	8973	4.7
18 岁以上	505014	525323	546251	565283	585187	19904	3.5
总数	668702	698761	727853	756843	785720	28877	3.8

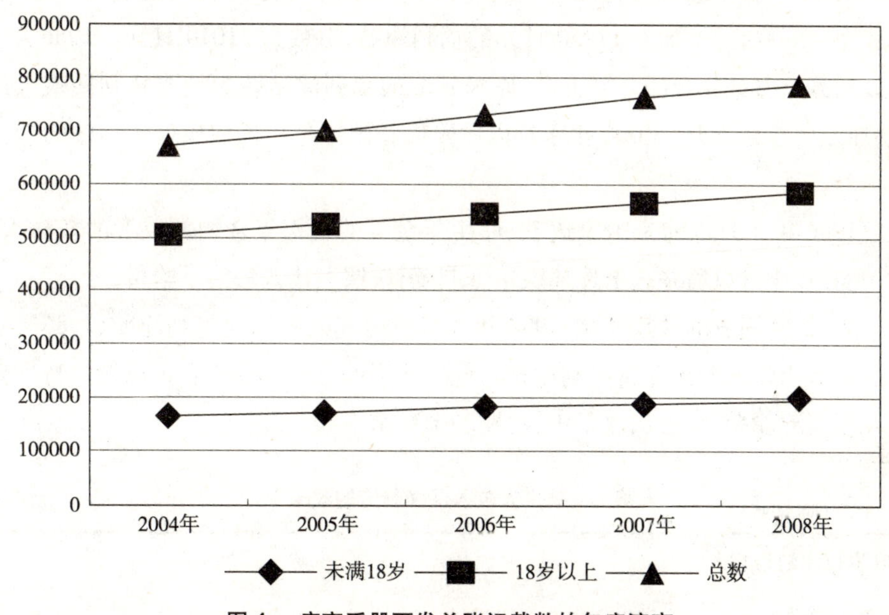

图 4　疗育手册下发总账记载数的年度演变

2. 日本残疾年金的保障水平

关于残疾人维持生计的手段，根据日本内阁府《残疾人对策综合调查》(2008 年)，主要的有养老金 54.9%；工资 19.9%；来自家庭的援助 28.5%；作业工资 2.8%；津贴 1.1%。另外，根据同一调查，大部分的残疾人每月生活在 7 万到 11 万日元之间。

日本的残疾人年金保障残疾人至少享有和普通人一样的年金水平，对于残疾程度较高的残疾人，可以获得更高的年金水平。例如残疾基础年金规定二级残疾人每年可以领取(792100 日元+子女加算)，一级残疾人每年可以领取(792100 日元×1.25+子女加算)，因此，残疾人的子女也可以获得年金的保障。

此外,残疾厚生年金和残疾共济年金都是针对残疾人的家庭设计的,符合支付条件的残疾人在退休后不仅能够领取本人的年金的金额,还能够获得配偶加算。此外,有重度残疾人或者有多个残疾人的家庭,还能够按照规定领取残疾人福利津贴。

日本残疾人年金、残疾儿童及其家庭能够领取到的津贴在1986年以来主要经历了三次改革,随着社会经济的发展和生活水平的提高,残疾人能够享受到的养老保障水平不断提高。

对20岁以上的残疾人,1986年3月以前的残疾年金的领取金额为:残疾基础年金39800日元,加上11250日元的福利津贴,总数为51010日元。1986年4月以后残疾基础年金的金额上升,原来领取的福利津贴转为领取特别残疾人津贴,津贴的金额上升。2006年4月以后残疾基础年金和特别残疾人津贴的金额都上升。

1986年3月以前是国家拨款、厚生年金等的残疾年金的领取者的残疾人,自1986年4月以后并入上述残疾年金制度,按照上述方法给予给付。

未满20周岁的残疾儿童,1986年3月以前本人可领取福利津贴,1986年4月以后改为领取残疾儿童福利津贴。残疾儿童的家长等养育者可以领取特别残疾儿童抚养津贴,在三次改革中,津贴的金额都不断上升。

表6　残疾人收入保障制度的改革①

<table>
<tr><td colspan="7">20岁以上的残疾人</td></tr>
<tr><td colspan="7">1.残疾年金</td></tr>
<tr><td></td><td colspan="2">1986年3月以前</td><td colspan="2">1986年4月以后</td><td colspan="2">2006年4月以后</td></tr>
<tr><td rowspan="3">一级</td><td>总数</td><td>51010②</td><td>总数</td><td>85675</td><td>总数</td><td>108948</td></tr>
<tr><td>残疾基础年金</td><td>39800</td><td>残疾基础年金</td><td>64875</td><td>残疾基础年金</td><td>82508</td></tr>
<tr><td>福利津贴</td><td>11250</td><td>特别残疾人津贴</td><td>20800</td><td>特别残疾人津贴</td><td>26440</td></tr>
<tr><td>二级</td><td>残疾基础年金</td><td>26500</td><td>残疾基础年金</td><td>51900</td><td>残疾基础年金</td><td>66008</td></tr>
<tr><td colspan="7">2.国家拨款、厚生年金等的残疾年金的领取者</td></tr>
<tr><td></td><td colspan="2">1986年3月以前</td><td colspan="2">1986年4月以后</td><td colspan="2">2006年4月以后</td></tr>
</table>

① 参见厚生劳动省:《残疾人施策相关基础数据集——残疾人所得保障等的制度改革》,http://www8.cao.go.jp/shougai/data/data_h21/zuhyo75.html。

② 每月领取的金额,单位:日元。

续表

<table>
<tr><td rowspan="3">一级</td><td rowspan="3">残疾年金</td><td rowspan="3">61817</td><td>总数</td><td>85675</td><td>总数</td><td>108948</td></tr>
<tr><td>残疾基础年金</td><td>64875</td><td>残疾基础年金</td><td>82508</td></tr>
<tr><td>特别残疾人津贴</td><td>20800</td><td>特别残疾人津贴</td><td>26440</td></tr>
<tr><td>二级</td><td>残疾年金</td><td>49450</td><td>残疾基础年金</td><td>51900</td><td>残疾基础年金</td><td>66008</td></tr>
<tr><td colspan="7">未满 20 岁的残疾儿童</td></tr>
<tr><td></td><td colspan="2">1986 年 3 月以前</td><td colspan="2">1986 年 4 月以后</td><td colspan="2">2006 年 4 月以后</td></tr>
<tr><td rowspan="2">本人</td><td colspan="2">福利津贴</td><td colspan="2">残疾儿童福利津贴</td><td colspan="2">残疾儿童福利津贴</td></tr>
<tr><td colspan="2">11250</td><td colspan="2">11550</td><td colspan="2">14380</td></tr>
<tr><td rowspan="3">残疾儿童的养育者</td><td colspan="2">特别残疾儿童抚养津贴</td><td colspan="2">特别残疾儿童抚养津贴</td><td colspan="2">特别残疾儿童抚养津贴</td></tr>
<tr><td colspan="2">一级 39800</td><td colspan="2">一级:40800</td><td colspan="2">一级:50750</td></tr>
<tr><td colspan="2">二级 26500</td><td colspan="2">二级:27200</td><td colspan="2">二级:33800</td></tr>
</table>

3.日本残疾年金的覆盖情况

得益于日本“国民皆年金”的制度设计,日本残疾人有较高的年金覆盖率。从表 7 可知,20 岁以上且在家中居住的身体残疾人有 58.8%在领取残疾年金,有 8.90%的在领取老龄或者遗属年金,共有 67.7%在领取年金;17.8%的残疾人没有领取年金,分别占了作答的残疾人的 79.2%和 20.8%。实际享受残疾年金的残疾人比例接近八成。此外,有 16.60%的身体残疾人在领取残疾人津贴①。由图 6 可知,超过 60%的智力残疾人(在家且 20 岁以上)在领取残疾年金和津贴。

表 7　身体残疾人(在家且 20 岁以上)享受年金的情况(抽样调查)

	残疾年金	残疾年金以外的年金(老龄、遗属年金)	没有领取	无作答
比例	58.80%	8.90%	17.80%	14.50%

从表 8 可知,53%的残疾人只领取国民年金,39%领取厚生或者共济年金,共达到 92%。此外 8%的残疾人领取其他年金或者多于一种的年金。

① 厚生労働省ネットワークシステム:《2006 年身体残疾儿・者实态调查结果》,http://www8.cao.go.jp/shougai/data/h20.html. 2008-3-24。

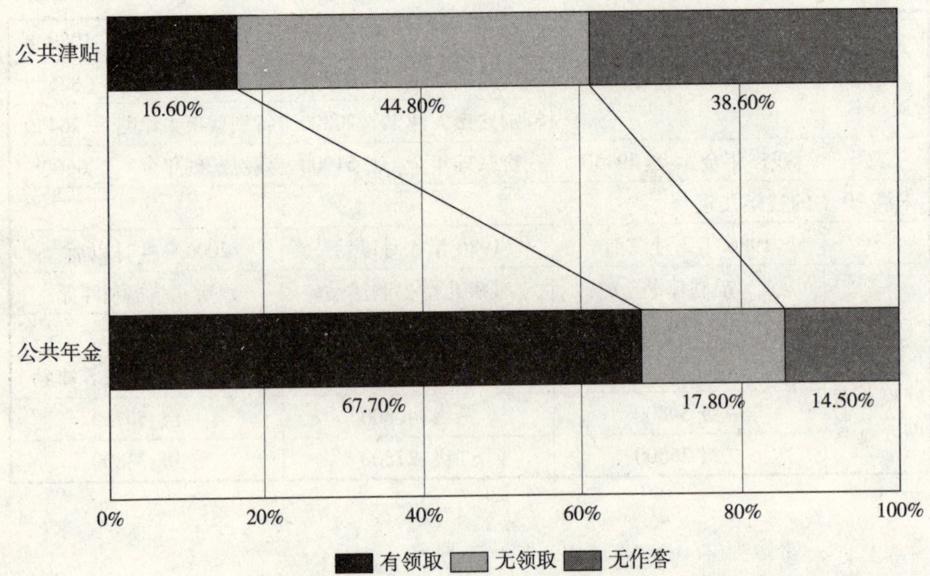

图 5　身体残疾人(在家且 20 岁以上)的年金和津贴领取情况

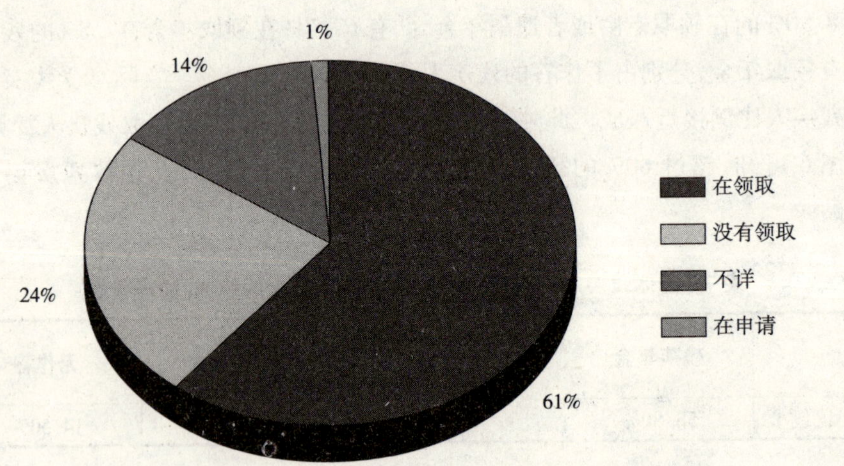

图 6　智力残疾人(在家且 20 岁以上)的年金和津贴领取情况

表 8　身体残疾人(在家且 20 岁以上)享受残疾年金的具体情况(抽样调查)

总计	只有国民年金	厚生、共济年金	其他年金	国民、其他年金	厚生、共济、其他年金
比例	39.53%	53.21%	4.83%	0.80%	1.64%

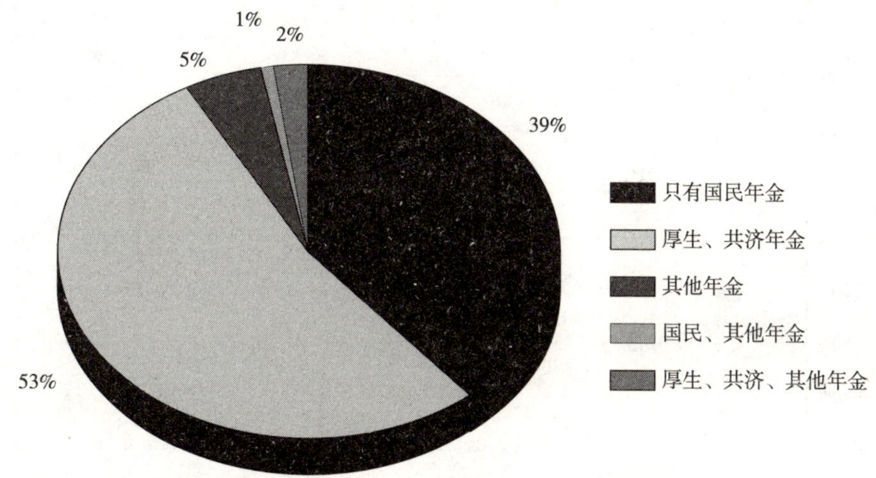

图 7　身体残疾人(在家且 20 岁以上)享受残疾年金的具体情况(抽样调查)

4. 日本残疾人养老保障的社会保障费用支出情况

社会保障费是指政府用于社会保障制度,主要是年金保险,医疗保健,失业保险,工伤保险和最低生活保障制度的支出。其中老龄年金(包括老龄基础年金、老龄厚生年金和老龄共济年金中的财政负担部分)的支出占了 50. 0%,医疗保健支出占了 31. 1%(2007 年数据)。

表 9　2003—2007 年用于残疾人养老保障的社会保障费用①

单位:百万日元

	2003 年	2004 年	2005 年	2006 年	2007 年
社会保障费	84258195	85866002	87782748	89109794	91430462
残疾人养老保障	2178040	2238338	2222655	2561827	2776016
比例	2. 58%	2. 61%	2. 53%	2. 87%	3. 04%

用于残疾人养老保障的费用约占社会保障总支出的 3%,在 2004—2005 年占社会保障支出的比重有一定的下降,在 2005—2007 年占比有了迅速的提升。

给付给残疾人的养老保障费用主要分为现金支付和实物支付两种,现金支

① 国立社会保障 · 人口问题研究所:《第 19 次社会保障费用调查》,http://www.ipss.go.jp/.表 10 的来源同此。

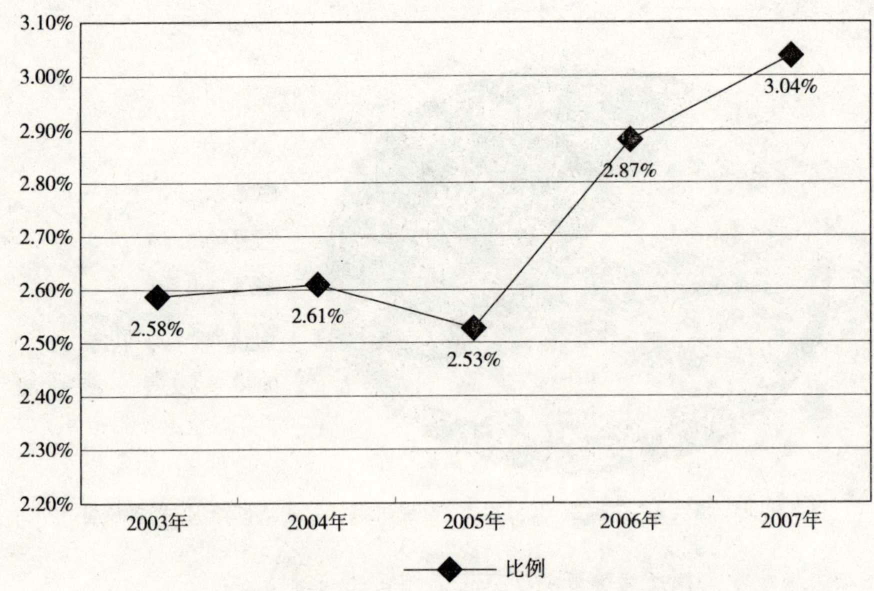

图 8　2003—2007 年用于残疾人养老保障支出的社会保障费用(比例)

付主要有残疾年金、统一支付金和其他现金支付的形式。政府为残疾人提供养老保障的方式主要是残疾年金,约占残疾人养老保障总支出的 70%。在 2005 到 2007 年,这一比例有所下降,但是残疾年金支出的绝对额在上升。

表 10　2003—2007 年给付给残疾人的养老保障费用构成

	2003 年	2004 年	2005 年	2006 年	2007 年
残疾人给付(总数)	2178040	2238338	2222655	2561827	2776016
1.现金给付	1727152	1749186	1772131	1805230	1840826
残疾年金	1680606 (77.16%)	1702198 (76.05%)	1725255 (77.62%)	1758953 (68.66%)	1794075 (64.63%)①
统一支付金	386	381	355	285	308
其他现金支付	46161	46607	46521	45992	46442
2.实物给付	450887	489152	450525	756597	935191

5.日本残疾人养老保障总结

日本残疾人社会保障相关的立法充分考虑了残疾人群体的特殊性,为保障

① 括号中的数值是指残疾年金占残疾人给付(总数)的比例。

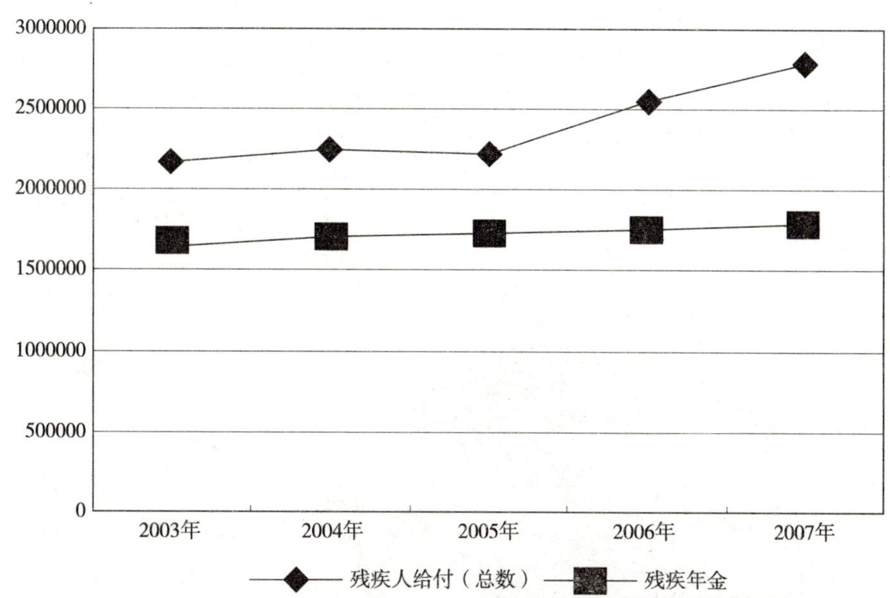

图 9　2003—2007 年残疾年金和残疾人养老保障给付（总数）的变化趋势

残疾人的各种权益提供了全面、具体、细致的法律依据。年金制度制定了针对残疾人群体的一系列特定的优惠政策，例如养老保险的缴费可以按照规定法定免除。并设定了专门的残疾年金，残疾程度高的残疾人可以享受到高于普通人的年金水平。年金政策也考虑到了残疾人的家庭成员，厚生年金和共济年金都将残疾人的家庭成员作为保险的年金的给付对象，领取国民年金时可以获得子女加算，充分考虑了残疾人本人以及其家庭的保障需求。日本残疾人年金的覆盖率很高。此外，残疾人还可以享受一系列的津贴，残疾人享受到的年金水平不断提高，残疾人年金得到了财政支出的有力支持。

三、日本残疾人医疗保障制度

（一）日本残疾人的医疗保障

日本的医疗保险制度主要由两部分组成：一是由所有人都必须加入的国民健康保险；二是企业职工参与的健康保险。

日本残疾人按照法律规定必须加入国民健康保险或者健康保险，因工伤造成的残疾和伤病可以通过劳动者工伤保险获得保障。在人口老龄化的背景下，为了保障老年人的生活,日本实施了老人介护保险制度,高龄的残疾人也可以获得介护服务。此外,符合规定的部分残疾人还可以参加残疾人自立医疗支持制度,提高享受到的医疗服务水平,降低自身承担医疗费用的负担。

在日本,77.7%的残疾人在2005年因残疾而接受医疗机构治疗,接受治疗11至30日以上的残疾人占了最大的比重29.0%,说明残疾人有较大的医疗需求。如下图。

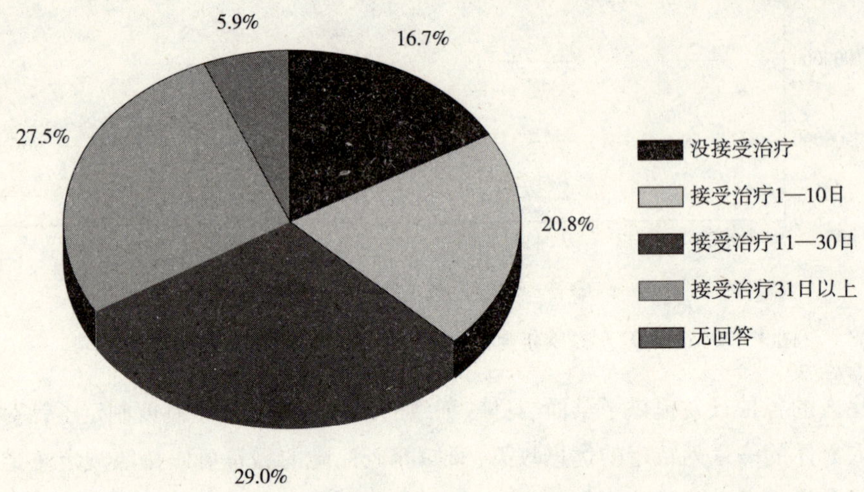

图10　身体残疾人(在家且18岁以上)2005年因残疾接受医疗机构治疗情况①

1.健康保险

(1)适用范围。原则上,强制适用于所有的法人以及有五名以上固定职工的个人经营单位(外国企业在日本的分支机构和营业所视为法人、常驻代表机构视为个人经营单位)。被保险人原则上适用于企业所雇用的所有职工。但是,短时间劳动者的规定劳动时间须为一般职工的大约四分之三以上。海外总部的派遣人员、法人的董事长、负责人等也是被保险人。但是,从美国、比利时、法国、荷兰及捷克派往日本的人员(预计在2009年6月生效),派往日本的人员,这些国家加入医疗保险时,可以免除在日本的投保。主要靠被保险人扶养的直系长辈、配偶、儿孙、弟妹都是此项保险的给付对象。

(2)给付。医疗费的给付:除工作、上下班以外原因导致的伤病、分娩等。

① 厚生労働省ネットワークシステム:《2006年身体残疾儿・者实态调查结果》,http://www8.cao.go.jp/shougai/data/h20.html.2008-3-24。

在保险医疗机构(被指定适用健康保险的医疗机构,日本国内的大部分医疗机构均属于此)所发生的医疗费的七成由保险人直接支付给医疗机构,剩余三成由被保险人负担。也适用于牙科治疗。海外医疗费:海外逗留期间或旅行期间在医疗机构支付了医疗费的,回国后经申请,原则上将其金额折算成日本的医疗费后,由保险人向被保险人偿付七成。如被保险人为外国人,其在本国或其他国家接受的医疗也同样适用。高额医疗费:被保险人在同一月份向同一医疗机构支付的个人负担部分的金额超出一定额度时,超出部分可作为高额医疗费得到赔付。

(3)保险费。健康保险协会的一般保险费率为被保险人的月标准收入金额(上限121万日元)以及标准奖金额(全年合计的上限540万日元)的8.2%、由被保险人与企业经营者各自承担一半(2009年3月修改)。合作社管理的健康保险的保险费率允许酌情设定。其中,月标准收入金额是将工资等月报酬金额按适当区间划分得出的,标准奖金额是舍去奖金中不足1千日元部分的金额。健康保险协会是国家通过社会保险事务所运营的保险制度,合作社管理的健康保险是由一个或多个企业共同运营的健康保险合作社承办的保险制度。

2.国民健康保险

不适用上述健康保险的人可参加由所居住的市区镇村运营的国民健康保险。除部分项目外,国民健康保险的给付与健康保险基本相同。保险费在一定范围内由各市区镇村自行决定。

在日本,有义务参加上述的官方健康(医疗)保险制度,因此打算在外国加入民间的医疗保险后再到日本工作时,可以尽量选择给付内容不与日本的健康保险重复的险种。

3.介护保险

日本人口老龄化严重,高龄老人的比例迅速增多,痴呆的老人越来越多。另一方面,随着妇女受教育程度的提高,职业女性的比例不断增大,能够照顾老人的数量在不断减少。为了保障老年人生活上获得照料,在生病时获得及时的医疗和护理,延缓衰老过程,促进和维持健康状况,从而减少老年人的医疗消费和医疗费用负担,从2000年开始,日本开始实施老人介护保险制度。

介护保险制度规定:承保对象分为两种,一是65岁以上的人可以成为一等被保险者;二是加入医疗保险的40岁至64岁的人可以成为二等被保险者。被保险者可以享受以下几方面的保险服务:家访看护,服务人员定期家访,帮助料理家务等;清洁服务,服务人员定期到到家帮助被保险者洗澡等;家庭理疗,医务人员定期到家服务,帮助被保险者进行身体机能恢复运动等;医务人员家访,进行身体检查和营养指导等;全天看护,在看护设施内为被保险者提供当天的各项服务;痴呆病人的集体设施看护;自费老人设施内的看护;轮椅等医疗器材的使用和及特殊器材的费用补助;医疗所需的住宅改修费用补助;对家庭看护的支持等。

65岁及65岁以上人员的保险费是从这些人的退休金中扣除,由管理医疗保险的官员负责收取;40岁至64岁的被保险者的医护保险费与其健康保险费一同收取,此外还必须承担所接受服务10%的费用。

4.劳动者工伤保险

健康保险和国民健康保险主要对居民非工作时间的医疗保障作出了规定,而劳动者工伤保险制度则主要针对劳动者在工作过程中的医疗保障作出了规定。

原则上工伤保险强制适用于所有劳动者。中小企业的经营者经申请也可以特别加入。因在工作、上下班途中的事故而导致伤病、残疾、死亡时,针对医疗费、缺勤、残疾、死亡给付补偿。保险费原则上以聘用的劳动者工资总额乘以保险费率计算得出。保险费率根据企业的业务种类有所不同,从最高的10.3%(新建水力发电设施、隧道等)至最低的0.3%(金融业、通信业及其他)(2009年4月修改)不等。保险费仅由企业经营者负担。作为石棉灾害拨付金,在上述的保险费率上附加0.005%。保险关系成立翌日起10天以内向所辖劳动基准监督署申报。①

5.自立支援医疗制度

2005年10月成立,2006年4月实施的“残疾人自立支持法”是日本残疾人政策的基础性改革,可以说将带来极大影响,主要体现在今后的残疾人福利方面,另外还有与残疾人相关的保健与医疗、职业、教育等方面。

残疾人自立支持法规定“根据残疾人及残疾儿童所具有的能力和适应性,为能够自立过上日常生活和进行社会生活,给予必要的残疾福利服务相关的支付并进行其他支持,并且在以增进残疾人和残疾儿童的福利为目的的同时,其目的还有,促进不管有无残疾,国民都能够应相互尊重人格和个性,安心生活的地

① 参见《日本残疾人福利手册》。

域社会的建设和实现。该制度的目标为:(1)根据能力、适应性,使能自立过上日常生活,进行社会生活;(2)国民相互尊重人格和个性;(3)以建设安心生活的地域社会为目标。

医疗支付援助对康复(治疗)、培育(治疗),对门诊治疗的援助制度以减轻,除去残疾人的残疾为目的,该制度以前一直根据不同的治疗给予支付。2006年4月开始作为“自立支援医疗”统一起来。受到厚生劳动省大臣指定的医疗机构实施这一制度。该自立支持制度(康复医疗)的支付例子中有心脏手术、肾脏机能残疾者的人工透析等。另外,对于肢体残疾的残疾者所提供轮椅等自此由助行具制度提供,在残疾人自立支持法中作为助行具费支付。

以前与残疾相关的公费负担事业,由精神门诊医疗、康复医疗、培育医疗改为“自立支援医疗”。新体系下的“自立支援医疗制度”2006年4月开始实施,有以下的特征:统一支付认定手续;统一用户负担的结构;引入指定医疗机构制度。另外,使用者负担是按一成的固定比例负担,并不断寻求减轻残疾人负担的政策。

(1)自立支援医疗制度的适用对象。

精神门诊医疗	《精神保健福利法》第五条规定的有精神分裂症等精神疾病的人,需要持续到医院接受精神医疗的人
康复医疗	按照《残疾人福利法》接受了残疾人手册的下发物品或文件的人,由于消除、减轻残疾手术等的治疗且确实有可期待效果的人(18岁以上)
培育医疗	身体有残疾的儿童,由于消除、减轻残疾手术等的治疗且确实有可期待效果的人(未满18岁)

(2)成为对象的主要的残疾和治疗例子。

①精神门诊医疗:精神疾病→精神科药物、精神科日间护理等。

②康复医疗、培育医疗:

肢体不自由——关节拘挛→人工关节置换手术

视觉残疾——白内障→白内障摘除手术

内部残疾——心脏机能残疾→瓣膜置换术、心脏起搏器植入手术

肾脏机能残疾→肾移植、人工透析

(3)利用者负担。

利用者以一成的比例负担医疗费;为了不使比例负担过大,根据收入设定了

每月的自负上限;中等收入层使用培育医疗服务的,必须长期接受高额疗养的人(多次且持续),进一步采取措施减轻其负担。

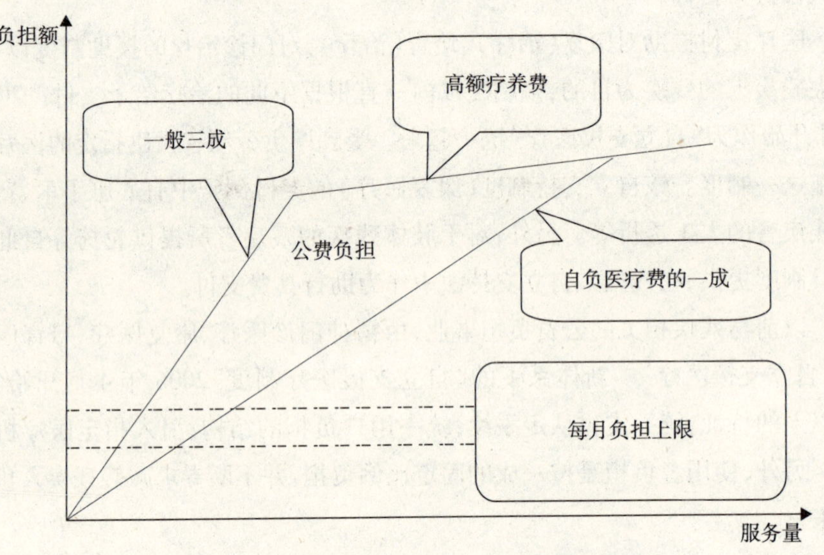

图 11　自立支持医疗制度的利用者负担基本框架

(二)日本残疾人医疗保障的财政支持水平

根据 2007—2009 年日本残疾人对策预算,残疾人对策的预算主要用于残疾人的生活支持,保证其享有最基本的生活水平。残疾人对策预算中的用于残疾人保健医疗的费用约占总预算的 15. 5%,2007 至 2009 年这一比例基本上稳定在这一水平。其中,为残疾人提供高质量和恰当的医疗服务的占了 78. 2%。

(三)日本残疾人医疗保障总结

在"国民皆保险"的制度下,每一个国民都必须加入官方的健康保险,残疾人也不例外。在职的残疾人通过参加健康保险获得医疗保障,此外,对于工作过程中造成的伤病,可以通过劳动者工伤保险获得医疗保障。非在职的残疾人通过参加国民健康保险获得医疗保障。对于低收入的残疾人,还可以通过医疗救护获得保障。残疾人在指定医疗机构就诊后,可以享受比普通人更低的自费水平。除了一般性的制度安排,日本还设立了专门针对残疾人的自立支援医疗制度,为不同类型的残疾人(身体残疾人、智力残疾人和精神残疾人)提供专门的医疗服务。一般性制度与特殊性制度的结合,使得残疾人的医疗需求得到充分的保障。

表 11　2007—2009 年日本残疾人对策预算　　单位:百万日元①

	2007 年	2008 年	2009 年
总计	1122179	1177516	1194799
启发·宣传	129	134	129
生活支援	809316 (72.1%)②	848832 (72.1%)	854685 (71.5%)
生活环境	11347	11401	7655
教育·培训	113300	116611	115964
雇佣·就业	14549	18865	22995
保健·医疗	172781 15.4%③	180907 15.4%	185056 15.5%
其中,为残疾人提供高质量和恰当的医疗服务	131315 (76.0%)④	141442 (78.2%)	144670 (78.2%)
国际合作	6	5	5

四、中日残疾人保障对比分析及政策建议

(一)对比分析

1.残疾人基本情况对比

中国是世界上残疾人最多的国家,据 2006 年第二次全国残疾人抽样调查结果显示,中国的残疾人口数量已经达到了 8296 万,占全国人口的 6.34%,占世界残疾人总量的 12.76%。在全国残疾人口中,城镇残疾人口为 2071 万人,占 24.96%;农村残疾人口为 6225 万人,占 75.04%。

残疾人家庭人均可支配收入远远低于全国平均水平。全国有残疾人的家庭户 2005 年人均全部收入,城镇为 4864 元,农村为 2260 元。12.95%的农村残疾人家庭户年人均全部收入低于 683 元,7.96%的农村残疾人家庭户年人均全部

① 内阁府政策统计局:《2009 年度残疾人施策相关预算的概要》,http://www8.cao.go.jp/shougai/。

② 括号中的数值为用于生活支援的预算占总预算的比例。

③ 括号中的数值为用于保健·医疗的预算占总预算的比例。

④ 括号中的数值为用于为残疾人提供高质量和恰当的医疗服务的预算占保健·医疗预算的比例。

收入在684元至944元之间。①

2006年日本残疾人分类统计数据表明,日本目前有身体残疾人366.3万人,智力残疾人54.7万人,精神残疾人302.8万人,分别占日本总人口的29‰、4‰和24‰。

表12 2007年世界各国GDP排名统计结果

名次	国别	GDP(亿美元)	人均GDP(美元)
1	美国	139800	46280
2	日本	52900	41480
3	德国	32800	39710
4	中国	30100	2280

根据《2007年世界年鉴》2007年最新世界各国GDP排名的统计结果,日本人均GDP为41480美元,居全世界第二。中国的GDP总量居于第四,但是人均2280美元的水平却仅为日本的二十分之一。中国超过70%的残疾人生活在农村地区,经济水平与城市的差距大。此外,无论是在养老和医疗保障的制度建设,具体实施,还是财政支持方面都受限于当地的经济社会发展水平而与城市存在着很大的差距。而日本是个城镇化很高的国家,城乡差距小,传统意义上的农村已不存在。残疾人能够享受到的保障水平存在的差异较小。

2.与残疾人社会保障相关的立法

日本对残疾人进行了细致的分类,残疾人的社会保障制度以《残疾人对策基本法》为基本法律依据,此外,针对不同类别的残疾人,还以《特殊儿童抚养补贴法》、《身体障碍者福祉法》、《精神薄弱者福祉法》等作为补充,充分考虑不同类别残疾人的保障需求,作出了具有针对性的规定,为残疾人提供全面的保障。日本残疾人社会保障形成了一个完整的法律体系,使得残疾人享受保障有法可依。

由于中国的社会保障制度起步和发展均落后于日本,社会保障制度仍存在很多的待完善之处,例如法律的不健全,政策落实不到位等。中国残疾人保障以

① 《2006年第二次全国残疾人抽样调查主要数据公报(第二号)》,中华人民共和国国家统计局,2007年。

《中华人民共和国残疾人保障法》为基础，在其他法律，例如刑法、民法等都对残疾人有相关的特殊规定，但是并没有形成一整套针对不同类型残疾人的不同需求的全面的法律体系。

3.残疾人养老与医疗保障方式

在“国民皆年金，国民皆保险”制度下，同普通人一样，所有残疾人都必须至少加入一种官方的年金，加入健康保险或者国民健康保险；此外，家庭收入低于一定水平的残疾人可以以很低的自负比例得到自立医疗支持服务。在这种覆盖全民的社会保险的体制下，残疾人自然而然地也被包括在了社会保险这张大网下。

养老方面，年金制度设定了专门的残疾人年金，包括残疾基础年金，残疾共济年金和残疾厚生年金，针对缴费期间或者退休后致残的情形给予给付。残疾人年金自成一套保费缴纳以及残疾支付标准的体系，与其他年金区别开来。

医疗方面，除了全体国民法定加入的健康保险或国民健康保险，还设立了专门为残疾人服务的自立支援医疗制度，以满足残疾人特殊的医疗需求。通过公费负担，设定自负上限以及减轻高额疗养费的方式，尽量减少残疾人的医疗开支。

中国目前对于残疾人的社会保障，并未形成一个独立并且完善的体系，对于残疾人的社会保障主要还是以社会救济为主。相关的社会救助主要是最低生活保障制度和医疗救助。

表 13　残疾人养老与医疗保障方式对比

<table>
<tr><th colspan="2">日本</th></tr>
<tr><td colspan="2">以社会公共福利保险制度为主</td></tr>
<tr><td>年金制度：
一般性制度安排
1.残疾基础年金
2.残疾厚生年金
3.残疾共济年金
特殊性制度安排
4.特别残疾支付金</td><td>医疗方面：
一般性制度安排
1.健康保险与介护保险
2.国民健康保险
3.劳动工伤保险
特殊性制度安排
4.残疾自立支援医疗制度</td></tr>
<tr><td colspan="2">社会救助
最低生活保障
医疗救助
福利津贴
特别残疾人津贴、残疾儿童福利津贴、福利津贴、抚养特别儿童津贴等。</td></tr>
</table>

续表

中国	
以社会救助为主	
最低生活保障	医疗救助
社会保险	
养老保险： 1.城镇基本养老保险 2.新型农村养老保险	医疗保险： 1.城镇职工基本医疗保险 2.城镇居民基本医疗保险 3.新型农村合作医疗保险
残疾人补贴	

最低生活保障制度对于收入水平低于最低生活标准的人进行补助，补助方式主要有现金救助和实物救助。贫困残疾人是最低生活保障制度的重点保护对象，因此自然地得到了这一制度的保障。最低生活保障制度以贫困家庭为对象，这也就意味着家庭人均收入水平高于一定水平的残疾人是无法享受到最低生活保障制度的保障。这一制度能够保障的残疾人仅仅是贫困的残疾人，部分没有个人收入但是家庭平均收入高于低保线的残疾人则无法享受低保的保障。

中国已经建立起了覆盖城乡的医疗救助体系，贫困的残疾人和支付医疗费用由困难的残疾人被纳入医疗救助体系之下，医疗救助体系提供最基本的医疗服务，帮助残疾人康复并且减少和避免残疾人因贫致病、因病返贫的恶性循环。

通过政府补贴残疾人参加社会保险的方式，城镇残疾人参加社会养老保险和社会医疗保险，农村残疾人参加新型农村养老保险和新型农村合作医疗的比例在 2009 年有了大幅度的提高。尽管目前真正享受社会保险带来的保障的残疾人仍非常有限，但是随着我国社会保险的不断发展完善，残疾人能够享受到的保障水平会不断提高。

4.中日对比分析总结

通过上文关于残疾人基本情况、与残疾人社会保障相关的立法、残疾人养老与医疗保障方式、保障水平等方面的对比，以及前文对中日两国残疾人养老与医疗保障的实施实施水平的讨论，财政支持情况，对中日残疾人养老与医疗保障制度可以得出以下结论。

中日都存在庞大的残疾人群体，中国的残疾人主要集中在农村地区（超过 70%），日本由于其较高的社会经济发展水平，各地的经济差异发展较小，残疾人因此能够享受到的保障水平相比起中国差异小。

其次,日本对残疾人这一特殊的社会群体有充分的考虑,首先体现为立法方面对针对残疾人康复、就业、医疗、养老、法律等方面都作出了具体的规定,并且随着社会的发展不断完善。中国与残疾人相关的立法并没有形成一个完整体系,虽然不同的法律对残疾人有相关的特殊规定,但是仍没有一个完善的法律体系充分保障残疾人的各种权益。

再次,日本的社会保险制度非常的发达与完善,依托完善的社会保险体系,日本的残疾人几乎人人都可以享受到社会保险的保障。在中国,主要还是以低水平的最低生活保障和医疗救助为主,这两者都主要是针对低收入的残疾人。近年来,随着政策的支持和补贴的落实,残疾人参加社会保险的比例有了大幅度的提高,尽管这一政策仍处于起步阶段,但是随着社会保险制度的不断完善和发展,残疾人能够享受到的养老与医疗保障水平会不断提高。

此外,在日本,残疾人被专门划分出来成为残疾人年金的领取者,残疾人年金每年都占了社会保障总费用支出的 2.5%以上,2007 年达到 3.04%。日本残疾人养老保险最大的特点是以其家庭作为保障对象,且低收入的残疾人从 20 岁就可以开始领取年金;此外,残疾人家庭还可以领取各种津贴。医疗保险中,残疾人能够享受低于普通人的自费比例;此外,对于残疾人患有的慢性疾病,也能够通过医疗保险得到保障,同时日本还建立了专门为残疾人服务的自立医疗支援制度。

相比之下,中国的残疾人养老与医疗保障水平较低,残疾人社会保障的一个重要的特点是碎片化,残疾人只是在享受社会保障时有相关的优惠政策或者特别照顾的规定,没有一个完善的专门为残疾人设计的社会保障体系。

最后,日本政府对残疾人的各项事业给予了有力的财政资金支持,预算额在过去几年不断提高;此外,由于财政预算和决算执行情况较好,财政透明度高,用于残疾人的资金能够保证落实到位。中国残疾人资金来源分散,其中部分来源于各地政府划拨,受各地经济发展水平和财政收入制约,存在城乡和地区上的不平等性,也严重地制约了残疾人事业的发展。

(二)启示与政策建议

1.结合残疾人群体的特殊性和保障需求制定独立的法律法规和政策

日本针对残疾人社会保障制定了一套独立且完善的法律体系,充分考虑到残疾人群体的特殊性,为其提供的全面的保障,使残疾人在享受养老与医疗保障时有法可依。

相关法律法规是残疾人享受到社会保障的基础和前提条件,也是重要的保证。《中华人民共和国残疾人基本法》中关于残疾人社会保障提出了一些原则性的规定,但是缺乏具体的,细致的,可操作性较强的相关的法规与之配套实施。建立一个独立的残疾人社会保障的法律体系,并不断发展完善,是残疾人社会保障事业顺利发展的有力保证。

法律法规的制定应当充分考虑中国残疾人的现状以及残疾人群体的特殊性,中国超过七成的残疾人生活在农村,由于生理上的限制往往没有工作或者只能从事简单的工作,收入水平较低,因此政策制定时应当对考虑农村地区社会保障和法律建制的实际情况给予充分考虑。

2.完善社会救助制度,提高残疾人受益面和保障水平

日本残疾人享受到的高水平社会保障得益于其经济发展的成果,基于目前中国残疾人的城乡分布情况,以及中国的经济发展水平,在短时间内仍旧难以将残疾人养老与医疗保障水平提高很大的幅度。根据目前中国残疾人群体较大,以及残疾人平均收入水平较低的实际情况,在中国建立独立的残疾人养老与医疗保障体系需要一个漫长的过程,在这个过程中社会救助仍是为残疾人提供保障的主要方式。

充分发挥最低生活保障制度的作用。一方面,针对残疾人群体适当降低低保线,使得更多的残疾人可以获得低保;另一方面,提高残疾人可以获得的低保补助水平,对残疾人的子女在教育等方面给予更多的优惠政策。同时,对残疾人的低保政策可以制定得更加精细,例如根据残疾人的生活需要和康复需要,有选择性的给予实物救助,例如为瘫痪的残疾人提供轮椅等。

完善医疗救助体系,提高医疗救助水平。由于残疾人往往患有和残疾相关的慢性疾病,因而对医疗保障的需求比普通人更大。在确定医疗救助的对象时,对残疾人群体的特殊性应当给予充分考虑,适当放松残疾人获得医疗救助的资格要求,合理地提高获得医疗救助的残疾人比例。其次,对残疾人的医疗救助应当根据其医疗需求的特殊性精细化,例如对重度(瘫痪)残疾人、生活不能自理残疾人、多残家庭等,实行医疗救助上门服务。

3.发展与完善残疾人养老保险制度

日本的年金制度设定了专门由残疾人领取的年金,残疾人可以享受到不低于普通人的年金水平,其年金制度针残疾人家庭设计,残疾人还可以获得配偶或

子女加算。日本的年金保险覆盖面广,残疾人实际享受到的保障水平较高。随着中国社会保障的不断发展与完善,通过社会保险的方式为残疾人提供保障是残疾人社会保障事业发展的方向,以提高残疾人获得的保障水平,使得低收入和重度残疾人以外的一般残疾人也可以获得保障。

提高残疾人养老保险的覆盖率,保障残疾人实际享受到养老金;制定残疾人在缴费方面的优惠政策,例如可根据残疾人程度划分等级,不同的等级根据一定的比例获得保险费的法定免除或者部分免除。在给付方面,残疾人除了同普通人一样获得一般的保障需求,其特殊性的保障需求也应该得到制度的保障。对于年龄低但是又没有达到养老金领取水平的残疾人,同时没有劳动能力或者个人收入低于一定水平时,(例如收入低于一定水平的日本残疾人从 20 岁开始就可以领取养老金)可以考虑给予基本养老金的给付,以保障其基本生活,而不以达到退休年龄作为领取养老金从限制。

此外,对残疾人家庭应当给予特殊考虑,即便残疾人家庭的人均收入较高,但是在审核残疾人是否可以获得相关的养老保障应当从残疾人自身的情况出发,例如该残疾人是否具有劳动能力,以及个人收入水平等,以保障该残疾人的基本权益,减轻该残疾人为其家庭带来的负担。并且,对于家中有高龄残疾人或者残疾儿童时应当适当给予残疾补贴。对高龄残疾人的补贴能够提高其养老生活水平,保障其能够支付自身的生活以及医疗费用,为有残疾儿童的家庭提供补贴能够减轻残疾家庭的负担,减少残疾儿童被遗弃的情况,使其可以得到良好的抚养和必要的康复治疗,减轻其残疾程度。

4.发展与完善残疾人医疗保险制度

日本残疾人医疗保障纳入医疗保险的框架,覆盖面广。同时通过一般性制度与特殊性制度安排(自立支持医疗制度)相结合的方式为残疾人提供了医疗服务,满足其一般性需求和特殊性需求,保障水平较高。

在中国建立一般性安排与特殊性安排相结合的残疾人医疗保险制度。

首先仍需要不断提高残疾人医疗保险的参保率,通过政府补贴,保费免除等方式使得更多的残疾人纳入到医疗保险制度这一体系中来,共享社会保障制度发展的成果。

其次,除了保障残疾人享受和普通人一样的保障之外,还应当针对残疾人群体特殊的医疗需求建立专门的制度安排。一方面,根据 2006 年第二次全国残疾人抽样调查统计结果,残疾人的家庭人均收入远远低于普通家庭,因此,残疾人除了在医疗保险的缴费方面应当获得优惠，在医疗费用的报销方面也应当获得优惠，例如降低甚至取消残疾人的起付线，减少残疾人的自费比例。

另一方面，由于残疾人自身往往带着和残疾相关的慢性疾病，需要长期的治疗和康复服务，这一医疗费用开支长期给残疾人带来沉重的经济压力，残疾人应病返贫的情况不在少数，因此对于残疾人群体这一特点应当给予充分考虑。可以考虑对残疾人常见的一些慢性疾病给予报销，建立残疾大病基金，专门用于支付残疾人治疗大病的医疗费。

最后，应当做好医疗保险与医疗救助以及残疾人康复政策安排之间的衔接，建立一个专门针对残疾人医疗和康复需求的一体化的制度安排。

5.加大财政投入与支持，并保证资金的使用效率

日本财政每年都为残疾人养老与医疗保障投入大量的资金，且其资金运用的透明程度高，保证资金真正用于残疾人的保障水平。

中国残疾人社会保障事业发展的资金主要来源于各级财政拨款和国家彩票公益金、残疾人福利基金、企事业单位赞助等项资金。提高社会救助的水平，通过补助等方式帮助残疾人残疾社会养老保险与医疗保险，减轻残疾人的医疗费自付比例等提高残疾人养老与医疗保障水平的措施，都需要财政投入的大力支持。应当加大对残疾人养老与医疗保障事业的财政支出水平，有效管理并且有效使用残疾人事业发展资金，确保资金实实在在地用于提高残疾人的社会保障水平。

参考文献

夏北海:《日本的医疗保健体系和医疗保险制度简介》,《中国农村卫生事业管理》2004 年第 6 期。

吕学静:《日本社会保障制度》,经济管理出版社 2000 年版。

手塚直树 · 加藤博臣:《残疾人福祉论》,京都:ミネルヴァ出版社 2007 年版。

《2006 年第二次全国残疾人抽样调查主要数据公报(第二号)》,中华人民共和国国家统计局,2007 年。

《广州市 2004 年持证残疾人调查基本数据》,广州市残疾人联合会,2004 年。

蔡禾、周林刚:《关注弱势:城市残疾人群体研究》,社会科学文献出版社

2008 年版。

民政部:《关于实施农村医疗救助的意见》,民发[2003]158 号,2003 年 11 月 18 日。

国务院办公厅:《国务院办公厅转发民政部等部门关于建立城市医疗救助制度试点工作意见的通知》,国办发[2005]10 号,2005 年 3 月 14 日。

民政部:《关于进一步完善城乡医疗救助制度的意见》,民发[2009]81 号,2009 年 6 月 15 日。

《2008 年民政事业发展统计公报》,中华人民共和国民政部,2009 年。

广州市人民政府办公厅:《广州市城镇居民基本医疗保险试行办法》,穗府办[2008]22 号,2008 年 5 月 13 日。

广州市人民政府办公厅:《广州市困难群众医疗救助试行办法》,穗府办[2009]21 号,2009 年 4 月 3 日。

厦门大学日本研究所:《日本社会保障》,http://japan.xmu.edu.cn/website2.aspx? language=gb&research_id=12. 2006 年 9 月 12 日。

社会保险厅:《残疾年金》,http://www.sia.go.jp/seido/nenkin/shikumi/shikumi03.html。

公立学校共济组合长崎支部:《残疾共济年金》,http://www.kouritu-nagasaki.jp/nenkin/syokyonen.html. 2010 年 4 月 2 日。

厚生劳动省·社会保险厅:《特别障碍支付金相关资料》,http://www.mhlw.go.jp/topics/bukyoku/nenkin/nenkin/shougai-kyufu.html。

厚生劳动省:《自立支援医疗》,http://www.mhlw.go.jp/bunya/shougaihoken/jiritsu/index.html. 2010-4-6。

厚生劳动省:《生活保护制度》,http://www.mhlw.go.jp/bunya/seikatsuhogo/seikatuhogo.html。

内阁府:《2009 年度残疾人施策相关预算(案)的概要》,东京都,2008 年,http://www8.cao.go.jp/shougai/whitepaper/h21hakusho/zenbun/pdf/sanko.pdf。

新华网:《中华人民共和国残疾人保障法》,http://news.xinhuanet.com/newscenter/2008-04/24/content_8044571.htm. 2008 年 4 月 24 日。

新浪网:《关于调整我市城镇居民最低活保障标准和低收入困难家庭认定标准的通知》,穗府办[2008]4 号,http://gd.sina.com.cn. 2005 年 3 月 3 日。

中国劳动网:《北京率先实现残疾人养老保险全覆盖》,http://www.

labournet.com.cn/ldnews/fileview.asp? fileno=88814. 2009 年 10 月 23 日。

新华网:《中共中央国务院关于促进残疾人事业发展的意见》,http://news.xinhuanet. com/newscenter/2008 - 04/23/content _ 8036156. html. 2008 年 4 月 23 日。

中国残联:《广西城镇居民基本医疗保险普遍惠及残疾人》,http://www.cdpf. org. cn/dfdt/content/2009 - 10/27/content _ 30259038. html. 2009 年 10 月 27 日。

中国残联:《财政部中国残疾人联合会关于印发〈中国残疾人事业五年计划纲要专项资金管理办法〉的通知》,http://www.cdpf.org.cn/cwjj/content/2007-11/19/content_76330.html. 2007 年 11 月 19 日。

大众网:《郑功成:更新发展理念,优化制度设计》,http://www.dzwww.com/rollnews/news/201001/t20100119_5486166.html. 2010 年 1 月 19 日。

第十七章　韩国的残疾人保障制度*

现代国家均在为提高全体国民的生活水平进行着不懈的努力。20 世纪 70 年代起，对福利国家经济缺乏效率性一直存在着争议与批判，虽然如此，仍有很多国家努力进行福利社会建设，旨在保障所有社会成员不受到偏见与歧视，享受到有质量的生活。现代福利国家的社会保障不是单纯的施舍，而是向所有国民提供基本生存权保障的国家层面上的积极义务。韩国宪法第 34 条就体现了对这种社会保障的积极态度："所有国民都有最低限度的、有尊严的生活权利，国家要坚持不懈地增进社会保障与社会福利。"

美中不足的是，韩国的社会福利制度并不是本着这种初衷发展起来的，而是保障军事政变后执政的军事政权政治正当性的一种手段。因此，韩国社会保障制度虽发展至今，然而其中大部分仅是为顺应时代的需求而引入的。这不但不足以适当保障生活在风险中所有国民，而且还不可能充分向生活困难、被排斥的人提供适当的分配。特别是在以经济优先发展为中心的国家政策导向中，像残疾人这种社会弱势群体肯定会是被忽视的阶层。残疾人也有宪法意义上的被保障的、有尊严的人权，国家有义务坚持不懈地增进社会保障与社会福利，从这一意义上来说，残疾人作为弱势群体有权利过有尊严的生活，有权利享受到基本的生活保障，这一点有必要受到关注。

残疾人问题在社会政策层面上受到关注是因为残疾人作为需要维持尊严的个体，很难逾越重重社会壁垒和困难维系他们的基本生活。在自由竞争的市场环境中，残疾人参加经济活动的机会受到制约，因此被排斥在社会之外，最终使得他们的生活环境愈加恶劣。为维持残疾人的基本生活，保障稳定的生活环境，政府有必要进行干预。近年来，韩国在残疾人福利方面有不少变化但韩国的残

---

* 作者：金炳彻，中国人民大学残疾人事业发展研究院讲师。

疾人福利制度建设还是任重而道远。

一、韩国残疾人的人口、社会、经济现状

(一)残疾人口

2005年,韩国的残疾人口为215万人(新增率为4.5%),平均100人中约有5名残疾人(参照表1)。这一数值比WTO(世界保健机构)提出的100人中约有10名残疾人、美国约有20人来说,处于较低的水平,今后可能还会快速增长。在韩国残疾人登记制度首先1988年被导入后直到2009年残疾人登记现状和总人口相对比的各时期残疾人口构成比的变化如下表1。

表1　韩国法定登记残疾人的现状　　单位:千名,%

	1989	1990	1995	2000	2003	2005	2009
总人口	42449	43411	44609	46136	47859	48139	48747
登记残疾人	176	200	324	958	1454	1777	2429
构成比	0.41	0.46	0.72	2.07	3.03	3.69	4.98

资料来源:统计厅,2009年;韩国保健福祉部,2008年。

残疾人登记制度1988年11月1日在全国被扩大实施后,1989年登记的残疾人总数为17万6千名,占当时总人口的0.41%。之后,到1995年为止登记残疾人比率占总人口比率不到1%。不过,以2000年为起点登记残疾人总数为95万8千名,与1995年相比急增了大约3倍,在总人口中所占比率也增加到2.07%。当时残疾登记人口急增的背景主要有对于残疾登记已存社会偏见的减少和对于残疾人的各种福利政策的扩大实施。但是最重要的原因是由于1999年《残疾人福利法》的全面修正,进而从2000年1月1日开始残疾范围由已存的五种类型扩大为十种类型的背景中找到。

以后,2003年7月1日再次扩大了残疾人范围,新增了面部障碍、癫痫病、肠道病、肝病、呼吸系统疾病。因此,登记残疾人在总人口的所占比率达到了3%以上。之后,登记残疾人口不断增加,2009年达到200万以上,所占人口比重也由4.98%接近到了5%。

表2　韩国残疾人口现状

		2000年实况调查		2005年实况调查	
		人数(人)	百分比(%)	人数(人)	百分比(%)
合计		1449496	100.0	2148686	100.0
外部身体功能障碍	小计	1185832	81.8	1752137	81.5
	肢体障碍	605127	41.7	1005618	46.8
	脑病变障碍	223246	15.4	270853	12.6
	视力障碍	181881	12.6	221166	10.3
	听力障碍	148707	10.3	229159	10.7
	语言障碍	26871	1.9	20947	1.0
	面部障碍	—	—	4394	0.2
内部器官障碍	小计	69708	4.8	156255	7.3
	肾病	25284	1.7	40355	1.9
	心脏病	44424	3.1	40007	2.0
	肝病	—	—	13443	0.6
	肠道病	—	—	15508	0.7
	癫痫病	—	—	14756	0.7
	呼吸系统疾病	—	—	30186	1.4
精神障碍	小计	193956	134	240294	11.2
	脑力残疾	108678	7.5	125563	5.8
	发展障碍	13481	0.9	23478	1.1
	精神残疾	71797	4.9	91253	4.3

资料来源:韩国保健福祉部,2006年。

(二)学历水平

在韩国,决定个人社会经济地位的主要衡量指标之一就是学历,而残疾人的学历水平要比全体国民的平均水平低。由学校阶段来看,中学学历的残疾人占到51.5%(国民整体水平为25.4%),高中学历为34.5%(国民整体水平为46.1%),专科以上为14.0%(国民整体水平为28.5%),两个群体的差异绝对不可忽视(参照表2)。残疾人的这种低学历现状,也为他们面临的各种社会经济障碍起到负面影响。

表3　残疾人的学历水平　　单位:%

	残疾人				全体国民(残疾人+非残疾)			
		20—39	40—49	50—64		20—39	40—49	50—64
小计	100.0	100.0	100.0	100.0	100.0	100.0	100.0	100.0
中学以下	51.5	18.7	47.2	70.3	25.4	7.3	34.6	60.3
高中	34.5	54.6	38.7	22.1	46.1	54.2	44.5	27.3
专科以上	14.0	26.7	14.1	7.6	28.5	38.5	20.9	12.4

资料来源:韩国保健福祉部,2006年。

(三)经济活动

2008年,15岁以上残疾人的经济活动参与率为41.1%(统计厅标准),而2005年15岁以上残疾人的经济活动参与率为38.2%,相差3.0%。韩国不具备残疾人的收入保障机制,非但如此,连维持生计最需要的就业岗位都无法充分提供。

表4　残疾人的经济活动

	合计(人)	经济活动人口			非经济活动人口(人)	经济活动参与率(%)	雇佣率(%)	失业率(%)
		小计(人)	雇佣(人)	失业(人)				
15岁以上的残疾人	2071600	850840	780055	70785	1220760	41.07	91.68	8.38
全体	39804000	24032000	23245000	787000	15772	60.4	96.7	3.3

资料来源:韩国保健福祉部,2009年。

(四)就业现状

由工作行业来看,残疾人的就业现状大体上集中在农渔业、公园、陵园、养殖业、单纯劳务等较为3D的工作,即艰难(Difficult)、危险(Danger)及肮脏(Dirty)的行业中,从业率达到64.4%(全国水平为41%),比例较高(参照表4)。尤其是残疾人的单纯劳务工作比例是整体比例的3倍左右,过分集中于特定的行业中,这直接引发月平均收入水平过低的问题,据调查结果显示,就业残疾人的月平均收入为115万韩元,一般劳动者的平均收入为258万韩元。

表5　残疾人的就业现状

单位:%

	议会议员及管理层	专家	技术工人及准专家	白领	服务业	销售业	农渔业	技术劳动者	机械组装劳动者	单纯劳务者	合计
残疾人	1.2	2.8	6.1	7.6	7.8	9.7	12.9	13.5	10.6	27.4	100.0
全体	2.5	7.9	10.1	14.0	12.9	11.4	8.2	10.7	11.1	11.1	100.0

资料来源:韩国统计厅,2006年。

二、韩国残疾人福利的历史

考察韩国残疾人福利的发展历史可以发现,三国时代(高句丽、新罗、百济)就存在针对残疾人的抚恤制度了。据历史纪录,这个时候由国家救济患病或难以自立的人,免除义务事项,还收容保护这些人。高丽时代佛教的慈悲思想、李氏朝鲜的儒教思想的影响使得国家对残疾人的救济有了一些发展。李朝末期,一些外国传教士还对残疾人进行教育。从三国时代到近代开化期,韩国在残疾人救济方面一直进行着持续和多样的努力。

从现代意义上来说,20世纪50年代以后,韩国以残疾军人为对象建立了雇佣制度,其中包括部分残疾人福利,具体对残疾人制度的发展是1977年制定《特殊教育振兴法》。韩国现代意义的残疾人福利与西欧社会的影响共同发展。本文将韩国残疾人福利发展历程大体上分为初创期、转换期、发展期、跃进期4个阶段。各阶段的主要事项如下。

(一)韩国的残疾人福利初创期(建立政府以后—20世纪70年代末)

建立政府以后到1978年,即为现代意义上的残疾人福利初创期。20世纪60年代因朝鲜战争的影响,针对军人或警察等特殊团体的各种制度开始逐步建立。这并不能认为是残疾人福利制度在残疾人福利的层面上建设起来的,而仅是为增进军人与警察的权益而制定的。这与西欧的现代残疾人福利在第二次世界大战以后为应对战争伤员而进行政策应对一脉相承。

20世纪70年代是国际上对残疾及残疾人关注进入高潮的时期。联合国于1971年12月20日提出了关于脑力残疾人权益的宣言;1975年12月9日提出了《残疾人权利宣言》;1976年12月6日主持开启了将1981年定为世界残疾人年的决议会议。这种权利宣言虽然没有法律效力,但对韩国残疾人问题的制度与法令也产生了影响。

整个20世纪70年代,韩国颁布的有关残疾人的正式法令仅有1977年制定的《特殊教育振兴法》。1970年1月1日制定颁布了社会福利事业法,而其中却不见残疾人福利的踪影。简而言之,政府建立以后到20世纪70年代,通过军人、警察等的立法化和《特殊教育振兴法》的制定等,可以发现残疾人福利的初创模式,然而仍然无法确认为是独立的残疾人福利法制建设。

1.完善残疾军人的国家抚恤政策

韩国残疾人福利领域及社会福利领域中,发展最为迅速的就是伤残军警国家保训事业。20世纪50年代制定了《军士援护法》,1951年制定颁布了《警察援护法》。1953年开始向这些受助人支付年金。此外,还有对伤残军警的公交设置、发放无偿乘车券、设置职业康复方面的综合职业辅导等多样的事业开始逐步展开。1961年制定了《军士援护补偿法》,1963年制定了《援护对象职业康复法》。还有对援护对象或国家有功人士的职业培训和创业资金贷款等政策。虽然这些政策仅限于军人和警察,但我们依然无法否定这是特别在制度层面上对残疾人问题进行努力的开端。

2.制定《特殊教育振兴法》

韩国开始提出有关残疾人高中教育机会的歧视和就业歧视方面的社会问题。1977年12月31日制定颁布了法律第3053号《特殊教育振兴法》。此法以视力残疾人、听力残疾人、精神残疾人、脑力残疾人、情绪残疾人、语言残疾人、其他身心残疾人为特殊教育对象,要求国家和地方自治团体提出有关特殊教育振兴的对策。特别是此法保障各级教育对象不会受到权利侵害。这不但给予残疾人教育机会,还是禁止歧视的划时代立法措施。虽然《特殊教育振兴法》在实施,但在大学入学考试中残疾人的大学入学仍受到社会的歧视。

3.制度针对身心残疾人的综合对策

1978年6月17日,保健福祉部发表了针对身心残疾人的综合对策。其主要内容有:在49个保护机构中根据残疾儿童的残疾程度实施教育培训,在49个教育所中自1979年至1981年间开设10个物理治疗室、18个工作治疗室、10个语言治疗室、38个职业培训机构,改善援助物资的数量与种类以提高对机构内残疾儿童的营养供给水平,援助拐杖与辅助器械等,1979年对残疾人的现状进行了调查,在保健社会部内设立了专门机构以建立残疾人保护制度,在国立阁审院设立了研究及培训机构。

（二）韩国残疾人福利的转换期（1981—1987 年）

20 世纪 80 年代可谓是韩国残疾人福利制度的转换期。1981 年被联合国确定为世界残疾人年，1983—1992 年间联合国将其定为世界残疾人十年，1983 年 12 月 3 日联合国制订了《世界残疾人年行动计划》。1981 年 6 月 5 日制定颁布了韩国历史上最初有关残疾人福利的综合法律——《身心残疾人福利法》，此法包括身心残疾人标准及相关服务、政策援助、辅助设施、残疾人福利机构的种类与设立、运营等。这一期间还实施了康复与新设、残疾人就业介绍事业、残疾人辅助设施的义务化、开设国立康复院、残疾人登记示范事业等。

1981 年 6 月 5 日颁布了《身心残疾人福利法》，《身心残疾人福利法》作为韩国历史上最初有关残疾人福利的综合法律具有非常重要的意义。此法规定有身心残疾人标准、康复咨询及医疗机构或身心残疾人福利机构的入院、通院、措施、保障用具的交付、促进就业、优先利用机构、公共建筑、交通、通信等辅助设施、残疾人扶养津贴、身心残疾人的福利机构的种类和设立及运营，辅助用具制度与修理许可等。身心残疾人福利机构可分为脑力残疾康复机构、视力残疾人康复机构、听力语言功能残疾人康复机构、精神发育迟滞康复机构、身心残疾人就业机构、盲文图书馆、盲文出版机构等。

（三）韩国残疾人福利的发展期（1988—1997 年）

这一时期是韩国的残疾人福利正式发展的时期。以经济发展和 1988 年首尔奥运会及残疾人奥运会为契机发展起来的残疾人福利综合政策来应对不断增加的残疾人福利需求，重整了制度框架，力图扩大对家中残疾人的正式服务。

1.召开残疾人奥运会

1988 年 10 月 15 日，第八届残疾人奥运会在首尔正式开幕。1984 年 6 月 4 日，首尔残疾人奥运会组织委员会正式组织成立，通过为期四年的大会准备期共投资了 450 亿韩元建立了机场、竞技场、奥运村、交通设施等基础设施，为残疾人建设了各种基础设施。通过此次大会部分提高了国民对残疾人问题的认识。首尔残疾人奥运会结束后，建立了持有 100 亿韩元基础资产的财团法人——韩国残疾人福利体育会，并建立了以该体育会基金为基础向残疾人运动员提供年金的制度。

2.设立残疾人福利对策委员会

1988 年 8 月 1 日韩国颁布总统令，制定了《残疾人福利对策委员会规定》，并于 1988 年 9 月 15 日设立了总统所属机构——残疾人福利对策委员会。残疾人福利对策委员会具有如下功能：残疾人福利水平评价与突出问题解决、为增进残疾人福利改善各种制度、扩充残疾人福利机构、下达投资基金、转换有关残疾人的认识与理解、扩大残疾人参与社会的机会等。1988—1989 年间，各类残疾人代表通过参与残疾人福利对策委员会，提出了对残疾人问题整体对策，具有历史意义。这项工作受到了联合国“残疾人 10 年行动计划”的影响。以残疾人福利对策委员会的报告书为基础，以《残疾人福利法》替代了《身心残疾人福利法》，1990 年还制定了“有关促进残疾人就业的法律”（现行残疾人就业促进及职业康复法的前身），1991 年进入试行期，此外还配套实施了各种残疾人相关法律的制约解除、修订工作。

3.制定《残疾人福利法》

1989 年 12 月 30 日，以残疾人福利对策委员会的建议为基础，全面修订了《身心残疾人福利法》，制定了《残疾人福利法》。修订后的《残疾人福利法》将脑力不自由者修改为脑力残疾人，将精神薄弱者替换为智力残障，即选择了表现人格尊严的适当词汇。还明确了国家和社会对残疾人福利的各种责任。

4.制定及修订《残疾人就业促进法》

为提高残疾人就业稳定，提高参与社会的机会，于 1990 年 1 月制定实施了《残疾人就业促进法》。此法规定国营企业及 300 人以上的民营企业雇佣 2%的残疾人雇员为企业义务，而负责监督这项义务的机构为劳动部下属机构——“韩国残疾人就业促进机构”。同时为有效促进残疾人就业促进工作，于 1995 年 8 月 4 日修订了《残疾人就业促进法》。这一措施旨在提高中央政府及地方政府有关残疾人就业方面的认识，明确展开教育宣传及就业促进运动中的责任，选定残疾人雇佣模范企业，对这些企业实施优惠政策，提供残疾人职业康复所需的生产设施、原料、技术等，为产品的生产及销售提供援助，通过减免雇主的残疾人雇佣负担而引入各种制度，将残疾人雇佣负担金的缴纳期限由 60 日延长至 90 日。

5.修订《特殊教育振兴法》

1994 年 1 月 7 日颁布了《特殊教育振兴法》，以此来规定义务教育过程。这一法案中明确了统合教育这一词语。其中明确规定一般学校为统合教育创造条件必须建立个别化方案。

6.开设国立特殊教育院

1994 年 5 月 16 日，在教育部长官直属下开设了国立特殊教育院。国立特殊教育院掌管着有关特殊教育的实验研究与学习资料的开发普及，特殊教育担当教员等的培养等，设置并运营了幼儿园课程。

7.制定保障残疾人、老年人、孕妇等群体福利的法律

1995 年 1 月，韩国为保障残疾人使用设施的便利性制定实施了有关残疾人便利设施开设标准的规则，但仍然没有援助依据及违反时的制裁手段。为改善这些问题，于 1997 年 4 月 6 日制定了保障残疾人、老年人、孕妇等群体福利的法律，明确了具体内容和违反规定时的制裁手段。

（四）韩国残疾人福利的跃进期（1998 年以后）

1998 年以后至今，被称为是韩国残疾人福利的跃进期。1998 年以后到 2002 年，建立并实施了《残疾人福利发展五年计划（1998—2002）》。1999 年修订了《残疾人福利法》，1999 年修订了《特殊教育振兴法》，2000 年完成了《促进残疾人就业及职业康复法》的修订，实施四类残疾人相关法令，以此在制度层面上保障残疾人作为社会成员的权利。但这些法律在生活层面和依赖政府的执行过程中，依然表现出各种问题。

1.制订残疾人福利发展五年计划

根据残疾人福利对策委员会于 1996 年 12 月作出的决议，开始在现有残疾人福利政策的基础上推进 1998 年到 2002 年的增进残疾人福利五年计划，以此来达到 OECD 成员国所应具备的残疾人福利水平。2002 年 4 月 19 日由残疾人福利控制委员会就第一个残疾人发展五年计划的推进状况进行评价，设定了第二个五年计划的基本方向，即决定 2003 年到 2007 年的第三世界国家次残疾人福利发展五年计划。

2.修订《残疾人福利法》

1999 年 2 月 8 日全面修订了《残疾人福利法》，修订的主要内容包括扩大残疾人定义范围，设立残疾人福利控制委员会，明确了信息获取权，实施残疾人津贴等。2000 年 1 月残疾人范围扩大到了十类，2003 年 7 月，扩大到了 15 类。

3.修订《特殊教育振兴法》

1994 年修订的《特殊教育振兴法》以实现统合教育为理念，以保障残疾儿童的教育权利为主要内容，1999 年进行了第二次修订。其主要内容包括义务教育事项中包括免费教育。即向在一般幼儿园或高中就读的残疾学生提供免费教育，而且还明确规定有因残疾原因拒绝残疾儿童入学的各种处罚条款及各种教育方法，还规定了巡回教育、统合教育、个别教育、治疗教育、职业出路教育等多

样的教育。

表6　韩国残疾人福利的发展过程

阶段	实施日期	内容
第一阶段：初创期	1950. 4	《军士援护法》
	1951. 4	《警察援护法》
	1960. 12	修订《遗产税法》(有残疾人时,遗产税征收中人均减免50韩元)
	1961. 7	《军士援护对象雇佣法》
	1971. 12	联合国智障残疾人权利宣言
	1975. 12	联合国残疾人权利宣言
	1976. 12	宣布“世界残疾人年”(第31届联合国大会)
	1977. 12	制定《特殊教育振兴法》:试行残疾儿童特殊教育制度
	1978. 6	身心残疾人综合保护对策
第二阶段：转换期	1981	世界残疾人年,第一届增进康复大会,全国残疾人体育大会及竞技大会
	1981. 6	制定《身心残疾人福利法》
	1981. 11	康复与新设
	1982. 7	残疾人就业介绍事业(韩国残疾人康复协会)
	1984. 1	申请成功首尔残疾人奥运会主办权
	1984. 5	残疾人便利设施义务化(建筑法试行令)
	1985	开始实施残疾人福利机构现代化工作四年计划(1985—1987)
	1986. 10	开设国立康复院
	1987. 10	残疾人登记试点工作(首尔冠岳区,忠北 清源区)
第三阶段：发展期	1988. 8	颁布残疾人福利对策委员会规定
	1988. 10	主办第八届首尔残疾人奥运会
	1988. 11	扩大残疾人登记工作
	1990. 9	国立、公立博物馆,故宫及陵园残疾人免费入场
	1989	将《身心残疾人福利法》修订为《残疾人福利法》:支付生活津贴、医疗费,制定残疾人日
	1990. 1	制定有关促进残疾人就业的法律:导入残疾人义务雇佣制度
	1994	全面修订《特殊教育振兴法》:扩大统合教育等特殊教育机会
	1997. 4	制定有关残疾人、老年人、孕妇等群体便利设施的法律
	1997. 8	制定残疾人发展五年计划最终案

续表

阶段	实施日期	内容
第四阶段：跃进期	1998.12	制定并颁布《残疾人人权宪章》
	1999.2	全面修订《残疾人福利法》(自2000年1月1日起试行)
	1999.6	将残疾人福利机构扩大到4大特别援助事业
	2000.1	修订《促进残疾人就业及职业康复法》
	2005	在保健福祉部设立残疾人收入保障机构
	2006.9	提高残疾津贴与残疾儿童抚养津贴等，对残疾学生实施义务教育并保障出行权等，即发表政府主导性"残疾人援助综合对策"
	2006.11	废除援助残疾人车辆LPG税款提高部分制度
	2006.12	参加联合国《残疾人权利公约》
	2007.4	制定禁止歧视残疾人及权利保障方面的法律
	2007.5	制定残疾人等的《特殊教育法》

4.通过《促进残疾人就业及职业康复法》

2000年1月12日通过了《促进残疾人就业及职业康复法》。该法案以一直努力扩大的轻度残疾人为主，强调相对被排斥的重度残疾人的就业促进与职业康复，通过将就业奖励的援助单价设定为轻度残疾人的两倍来强化就业引导政策。在此为残疾人职业康复的各种具体方案与措施提供了法律基础。

5.制定残疾人禁止歧视及权利救济等相关法律

被称为《禁止歧视残疾人法》的这一法律是于2007年4月在国会通过的，并于2008年4月发生法律效力。残疾人禁止歧视及权利救济等相关法律在所有生活领域禁止以残疾为由进行歧视，通过有效保障残疾人的法定权益，使残疾人具备完全的社会参与权，实现平均权来具体体现残疾人的尊严与价值。残疾人禁止歧视及权利救济等相关法律由总则、禁止歧视、提供康复机构和设施、司法行政程度及服务与参政权、抚养权、性、家庭福利机构、健康权、残疾女性与残疾儿童、残疾人歧视矫正委员会及权利保障等共由50个组成项构成。

三、韩国残疾人福利预算

保健福祉部的预算一直持续增长至2004年，2005年因保育、女性福利等相关业务移交女性部,预算额也随之降低。残疾人福利预算也于2005年出现了大幅下降,这是因为残疾人福利事业中有24个业务移交到了地方政府。保健福祉预算中残疾人福利预算占的比重仅为2%—3%,如表6所示。

2006年社会福利服务部分的预算中,残疾人福利领域占到所有服务预算中的21.0%。这是因为韩国的社会福利政策因老年人口迅速增长与女性就业需求,将老年人福利与女性、儿童福利作为重点引起的结果。同时,因家庭结构的变化,单亲家庭的增长使得有关单亲父母的福利关注度也在持续上升,因此在预算中残疾人福利的部分相对降低也是可以理解的。还有其间保健福祉部的预算中国民最低生活保障及医疗保险方面的投资较为集中,残疾人福利预算在保健福祉部预算中所占的比重每年亦无多大变化。

表7　社会福利服务各领域的预算

区别	2003		2004		2005		2006		2007	
	预算	比重	预算	比重	预算	比重	预算	比重	预算	比重
社会福利服务	12.094	14.2	14060	15.2	5527	6.2	8224	8.5	14868	12.8
老年人福利	4011	4.7	5005	5.4	3302	3.7	4034	4.2	6225	5.4
残疾人福利	2552	3.0	3057	3.3	1494	1.7	1823	1.9	4465	3.9
保育事业	3120	3.7	4038	4.4	—	0.0	—	0.0	—	0.0
儿童福利	842	1.0	1012	1.1	137	0.2	218	0.2	734	0.6
单亲家庭福利	177	0.2	178	0.2	227	0.3	271	0.3	320	0.3
其他社会福利	1392	1.6	770	0.8	367	0.4	1878	1.9	3124	2.7

资料来源:韩国保健福祉部,2006年。

2005年,整个社会福利预算中老年人福利预算占到了所有社会福利服务预算的一半以上。这是因为同年,保育事业及家庭福利等业务由保健福祉部移交到女性家庭部而引起的,保育事业及家庭福利方面的预算被排除在社会福利服务预算之外,相对来说,人口老龄化的压力自然会使政府加大对老年人福利预算的投入。

预算援助领域的各年度推移如表所示。保健福祉部预算中残疾人福利预算在1998年为966亿韩元,这是第一个残疾人福利发展五年计划开始的一个年度,而最后一年2002年为2327亿韩元,即增长了2.3倍。2003年起第二个残疾人福利发展五年计划进入实施,而到2005年其预算却出现了下降。这是因为残疾人福利政策的基本目标转换为了社区为中心的服务。即整个残疾人福利事业中24个业务移交地方，中央政府及保健福祉部的残疾人福利预算自然会减少，而相对地社区康复方面所需预算比重自然而然地会增加。

表8　机构残疾人与家中残疾人预算比重

区分	残疾人福利预算(A)	生活机构残疾人福利预算(B)		家中残疾人福利预算(C)	
		预算额	B/A	预算额	C/A
1995	64453	39372	62.1	17379	27.4
2000	147631	65761	44.5	77885	52.8
2004	305701	122563	40.1	167864	54.9

注：除机构残疾人和家中残疾人的比例即为残疾人团体援助及其他预算。

残疾人福利预算随着其事业的扩大在数量上出现了大幅度的增长，但如果区分机构内残疾人与家中残疾人来看待问题，就可以掌握其政府的变化轨迹。如表7所示，传统的残疾人福利预算更侧重在机构内残疾人身上，1999年《残疾人福利法》进入全面修订，实现了残疾津贴的扩大，残疾人事业不断被多样化发展，相对来说，家中残疾人的预算投资方面的比例出现了增长的趋势。

四、韩国残疾人保障制度

(一)收入保障制度

残疾无论其发生时期与残疾程度，都会对当事人与其家庭产生重大的影响，残疾所波及的影响不仅在心理上，还有社会方面及经济方面，可谓是多种多样。残疾的涉及面与结果程度非常严重，因此需要社会给予特别帮助。残疾人收入保障制度是指将公民因由残疾所导致的经济上的负面影响降低到最小，保障他们过有尊严生活的社会政策。收入保障制度的目标在于保障所有人不会因残疾被剥夺有尊严生活的权利，这不是慈善或施舍，而是在制度层面上将经济上的负面影响降低到最小(俞尚厦，2004)。

1.直接收入保障制度

直接收入保障制度有《国民年金法》中规定的残疾年金、残疾津贴、工伤保险等。

首先，残疾年金是向参加国民年金后发生疾病或负伤，治疗完毕后仍在身体或精神上留下残疾的人提供的年金,根据其残疾程度来确定给付。根据《残疾年金法》,残疾年金以“本人和配偶”的收入认定额,在认定额标准以下的人为给付对象。收入认定额的计算方式适用“残疾人年金事业介绍”的标准。根据残疾人年金根据年龄与收入标准每月给付 9 万韩元(不适用减额时)到 15 万韩元。

第二,残疾津贴是指向无他人的帮助无法维系日常生活的生活保障对象中的重度残疾人提供的补助金,其依据是《残疾人福利法》,制度宗旨在于保障低收入残疾人家庭的稳定生活。残疾津贴包括向 18 岁以下的残疾儿童提供的残疾儿童津贴,18 岁以上的残疾人虽然是残疾津贴的对象,而残疾人年金仅向 18 岁以上的残疾人支付。残疾津贴中重度残疾津贴于 2010 年 7 月以后转换为残疾人年金(重度残疾津贴与残疾人津贴不重复支付),此外还有轻度残疾津贴与残疾儿童津贴。残疾津贴的给付金额如下,向轻度残疾人每月支付 3 万韩元,残疾儿童津贴根据其残疾程度(重度与轻度),每月支付 10 万—20 万韩元。残疾津贴适用“国民最低生活保障事业介绍”中的标准,以“家庭”为单位实施收入财产调查。但在次级阶段的选定中不适用抚养赡养义务人标准。即仅以残疾人所属的个别家庭的收入认定额来判定残疾津贴等的给付与否。

工伤保险是指国家根据工伤保险制度代替企业向因公受伤的劳动者提供迅速、公正补偿的制度,并以此来保障负伤后劳动者及其家庭的稳定生活。企业共同负担风险原理,分散支付巨额补偿费用,巨额补偿费用由多数企业共同来负担,以此来保障正常企业运转,并维持和谐产业关系,这是工伤保险作为社会保障制度中一环的重要意义。

这些工伤保险的受助人包括在工伤保险适用单位工作的劳动者,因工作原因负伤、生病、残疾时,劳动者本人或其家属无论其单位是否参加工伤保险,都可以要求保险给付。补偿范围包括劳动者因工作原因负伤、生病、身体残疾或死亡,即因工受伤的补偿对象。工伤劳动者根据工伤保险补偿制度可得到的给付包括疗养补助、误工补助、残疾补助、遗属补助、伤病补偿补助、丧葬特别补助等(朴润真,2004)。

韩国工伤保险给付的这些特点意味着不论任何灾害,灾害规模都根据比例给予补偿。其金额比根据灾害中的被害规模决定金额的民事赔偿低很多。为应对这一问题,工伤保险中特别设立了特别津贴。但特别津贴中存在这样一个问题,必须由雇主承认个人过失,方可由劳动部事后向雇主征收给付额。因此,如果工伤事故是由雇主过失发生的，一般都会由被害劳动者提起民事诉讼（朴润真，2004）。

残疾人收入转移制度中最大的问题是给付对象与给付水平的问题。年金制度或工伤保险等社会保险以货币形式补偿因残疾引起的附加费用，并以因公负伤的经济活动劳动者为对象，因残疾而无法就业或无经济活动的残疾人无法得到社会保险的保障，不少残疾人被排除在保障之列。考虑到给付对象的选定和给付水平的局限性，残疾津贴的受助对象无法被纳入生活保护对象残疾人之列时，直接的收入转移制度几乎是杯水车薪。

2.间接收入保障制度

间接收入保障制度是指并不直接提供现金给付，而由行政机构提供实物或通过各种减免制度来减轻残疾人的经济负担，是最终通过减少费用支出来有效保障收入的一种方式。直接收入保障包括医疗费援助、残疾人子女教育费援助、残疾人创业资金贷款、提供残疾人康复辅助器械、医疗进口物品、减免医疗用具关税、减免残疾人车辆高速通行费用、通信费折扣等。医疗费援助通过向生活困难的低收入残疾人援助医疗费，保障残疾人本人及其家庭成员的生活，而仅覆盖残疾人本人，非残疾的家庭成员不包括在援助范围内。残疾人子女教育费援助是向低收入的残疾人家庭提供子女教育费援助，对低收入残疾人家庭来说，医疗费、教育费、辅助器械购买费用等间接教育费用相对较高。由这一援助来降低该家庭的经济负担，最低限度地保障家庭成员的受教育机会和家庭的稳定生活是引入这一制度的重要原因。残疾人创业资金贷款是向可自力更生的低收入残疾人发放创业资金贷款，帮助残疾人自力更生、稳定生活的制度，可通过金融机构发放贷款，而在家庭单位中设定了上限。残疾人康复辅助器械提供事业是指向生活困难的残疾人提供便于日常生活的康复辅助器械，提高残疾人生活能力并增进福利的制度。残疾人用品进口、残疾用具关税减免制度是指进口以残疾人使用为目的的特殊物品和使用于残疾人诊断及治疗的医疗器械时减免关税，减轻残疾人经济负担的制度。对残疾人使用车辆进入高速公路通行费用减免是为了保障不便于使用公共交通工具的残疾人使用私家车通过高速公路时减通行费的50%。

现在实行的残疾人经济负担减免政策虽然一直逐步扩大发展，但在适用对象或援助范围方面仍有扩大的必要性。登记在册的残疾人中大部分都是低收入阶层，在购买私家车方面仍然具有非常大的局限性。以遗产税的减免制度为例，遗产中房屋占到了非常大的比重，但减免范围仅局限在部分减免范围之内，对房屋继承仍没有公共减免，这一问题一直为人们反复提及。残疾人辅助器械及日常生活用品的开发仍处于微不足道的层面上，但残疾人用品进口的关税减免品目仍局限性于部分，辅助生产用品仍未被纳入关税减免之列。残疾人要购买必要的用品时，还受到昂贵价格的约束。在铁路使用费用方面，优惠政策仅局限于运行频度低、使用频度低的列车中，而且对监护人没有优惠政策，这影响了残疾人旅行与出行。视力和听力残疾人对于收看电视节目面临很大的困难，但电视使用费方面还没有设立优惠政策。要维系残疾人的日常生活，仍需要保障维系日常生活所必需的收入，并减免一些货币支出，致力于稳定残疾人生活。

（二）残疾人医疗保障制度

残疾人与一般患者相比，需要较长的治疗期与康复期，医疗费负担相当大。根据 2005 年残疾人实况调查结果，62.8%的残疾人健康水平非常低。2007 年根据《医疗给付法》对残疾人的医疗费援助中二类有权受助人在一级医疗给付机构就诊时，本人每负担额 1000 韩元中将得到 750 韩元援助，不交付处方或就诊时将根据《药师法》第 21 条 5 项规定直接调剂医药品则每 1500 韩元援助 750 韩元，在第 2、3 级医疗给付机构或国立、公立结核医院就诊时将援助医疗给付可适用本人负担诊费的 15%（癌症、心脑血管疾病时给付额为本人负担诊疗费的 10%），本人负担额中餐费的 20%将不予援助。

残疾人辅助器械中医疗给付适用对象购买辅助器械时，将由健康保险管理机构援助适用品目标准额范围内的全部(1 类)或 85%(2 类)。健康保险对象将在适用品目标准额范围内援助购买费用的 80%，适用对象辅助器械及标准额如表 8 所示。

考虑到残疾人医疗费负担重，医疗给付及健康保险给付期扩大到了 365 天，2005 年，在全韩国范围内设立了 16 个康复医院，目的在于对残疾进行分级、康复治疗、医疗咨询等。康复医院主要是社会福利法人运营的医院，大部分集中在大城市，就满足一般家中残疾人的医疗服务需求而言几乎是微乎其微。因此有必要解决康复医院在地域上过分集中的现状，通过确保残疾人的治疗需求，扩大综合医院中康复专业医疗服务，实现普遍医疗康复。

在残疾人综合福利馆中设立物理治疗室、工作治疗室、言语治疗室、诊疗室、牙科、循环康复服务中心等，实施医疗康复服务。一方面在残疾人生活机构及疗养机构中大部分都不是内科、儿科等康复医学专家，而是资历较浅的委托服务，仅实施着诊疗服务；物理治疗室中虽然设立了较多的设施，但工作治疗室和语言治疗室中的设施仍非常不足。

政府为今后构筑康复医疗服务体系，推进着康复医疗医院体系的导入。即在《医疗法》构筑以重度残疾人中长期康复治疗为中心的康复疗养医院体系，引导难以经营的中小医院将部分病床转换为康复病床。除此之外，还推进康复治疗灵活化各地区康复医院的设立，保障公共医院和保健机构中残疾人治疗及康复功能，持续改善和扩大医疗费援助制度。

表9　适用对象保障器械及标准额

分类	标准额	范围
肢体残疾人用的拐杖	20000	2
拐杖	15000	2
轮椅	480000	5
依赖辅助器械	因类型各有差异	因类型各有差异
视觉残疾用辅助器 眼镜 老花镜 望远镜 隐形眼镜 义眼	 100000 100000 100000 800000 300000	 5 4 4 3 5
盲杖	14000	0.5
助听器	340000	5
体外用人工喉头	500000	5
电动轮椅	2090000	6
电动车	1670000	6
义肢	220000	2

（三）残疾人雇佣保障制度

残疾人雇佣保障制度为残疾人提供可维持生计的就业岗位和可获得收入的职业，向残疾人提供与一般社会成员一样参与社会生活的机会，并向缺乏劳动能力的残疾人提供职业培训，使得他们可以重新参与社会。这些残疾人雇佣政策在大体上可分为一般雇佣与保护雇佣，一般雇佣是指政府提供职业所需的各种援助，以顺应市场经济的流程，保障残疾人与一般人一样拥有就业的机会；保护雇佣是指向重度残疾人提供的援助。

为促进一般雇佣,1990年制定了促进残疾人就业的相关法律,向雇主义务性地推行义务雇佣政策,为促进残疾人就业奠定了基础。2000年7月将现有的《残疾人就业促进法》修订实施为《促进残疾人就业及职业康复法》,因此扩大了重度残疾人与女性残疾人的就业机会,将国家及地方自治团体的残疾人雇佣由劝告事项修订为义务事项,在政府主导下为满足残疾人的就业需求奠定了法律基础。

一方面为促进残疾人保护雇佣而设立了残疾人就业机构和保护康复机构,在一定程度上保护和援助在劳动力市场中难于以一般形式就业的残疾人。但保护就业机构分离为独立机构,然而国家对人力资源的援助非常少,与生活设施合并运营的正常设施运营非常困难,在残疾人生产品的渠道及职业开发方面也缺乏制度性援助,因此需要对这些方面加以援助。

为援助保护雇佣机构的运营,强化公共机构物品的优先发货制度和公共机构的生产品优先采购制度,通过扩大政府财政援助,来缓和损害和确保机构及专业人才等。

(四)残疾人教育制度

残疾人教育制度依据《宪法》第32条中"所有国民根据能力均等地享有受权利"的理念,韩国《特殊教育振兴法》第2章中将特殊教育定义为:通过适用于特殊教育对象特点的教育过程、教育方法及教育媒介等实施教学、治疗及职业教育等。通过这些过程可使残疾人平等地享受受教育权利,提高作为社会成员有效履行其角色的能力。

韩国特殊教育机构在大体上分为以残疾学生为对象的特殊学校和为统合教育而在高中以下设立的特殊班级,2006年,韩国共有143所特殊学校和5204个特殊班级,在此接受教育的学生数为62538人,各年度的特殊学校及特殊班级数、学生数、教员数的发展过程如表9所示。

《特殊教育振兴法》还规定实施负责特殊教育的老师在家庭、医疗机构、学校和其他机构等对特殊教育对象进行直接访问式的巡回教育。2006年4月巡回教育在家庭、机构、医院、学校等以巡回或派遣形式展开,共组织有534班级的785名教员,以3330名残疾学生为对象实施,在特殊学校共有830人,特殊班级有2500名参加。

虽然最近特殊教育的动向是摆脱隔离式教育环境,逐步实现统合教育,然而一般学校的教师或学生依然缺乏认识,残疾人的便利设施也严重不足,特殊教育人力匮乏等都是不利于现实发展的重要阻碍因素。为解决这些问题就需求提出积极对策,例如保证残疾学生毕业后可以自立、组织就业或就学,即构筑一种相互相关的方案,这是必不可少的。

表 10　各年度特殊学校及特殊班级、学生、教员数

区分		2000	2001	2002	2003	2004	2005	2006
特殊学校		129	134	136	137	141	142	143
特殊班级		3802	3846	3953	4102	4366	4697	5204
学生	合计	54732	53896	54470	53404	55374	58362	62538
	幼儿园	1754	1765	1809	1932	2677	3057	3243
	小学	33936	32178	32006	30838	30329	31064	32263
	中学	10968	11086	11356	11055	11326	12493	13972
	高中	8083	8867	9299	9579	11042	11748	13060
教员数		8201	8376	8695	9175	9846	10429	11259

资料来源:教育部,2006 年。

(五)出行权及信息获取权相关制度

1.出行权的相关政策

增进残疾人、老年人、孕妇等便利保障法中明确规定,此法的目标在于为保障残疾人维系正常生活、利用便利设施或设备,以获取信息,为他们参与社会活动和增进残疾人福利而制定。保障残疾人出行权的便利设施是为残疾人一般生活和社会生活提供方便,将残疾人的不方便因素降低到最小的重要部分。实施残疾人便利增进法以后,逐步设立了各种便于残疾人实施出行权的各种设施,但大部分都以法律所规定的公共设施为中心,为残疾人正常出行的社区和个人生活空间中的便利设施处于严重不足的状态。根据 2005 年残疾人实际调查结果,家中残疾人外出不方便的原因中 35.6%是因为"残疾人便利设施不足",还有 44.8%的残疾人认为"正常使用交通工具非常困难"。

韩国确保残疾人出行权始于 2001 年残疾人为保障权利而进行的激烈斗争。这种斗争的结果是 2005 年制定《交通弱势群体的移动便利增进法》,由此"出行权"以法规形式得到了保障。此法实施一年以后人们发现,各地区间出行权保障存在严重差距,需要详细了解交通工具、费用体系中存在的各种问题。因此政府为通过建设无障碍社会来实现残疾人的社会参与和增进福利,致力于以下五个推进课题,努力在制度层面上提高残疾人出行权:提高公共设施的残疾人利用

度，改善对残疾人便利设施的社会认识，扩充生活空间的居住及出行便利设施，持续性的现状调查与评价，通过便利增进审议会进行制度改善等。

2.获取相关信息的政策

残疾人信息化指通过有效使用信息通信技术与服务，实现残疾人与非残疾人社会融合的一切努力。因此残疾人信息化政策不但可以使残疾人适用日常生活，还可以提供职业、教育、社会、文化参与的工具，在使残疾人作为社会成员共享社会信息方面具有非常重要的意义。根据2005年残疾人实际调查结果，残疾人的计算机持有率和利用率相对低于一般国民。以残疾人网络利用率为例（如表10所示），由2003年为27.6%逐步增加到了2006年的46.6%，但如果与国民平均水平相比就是天壤之别了。

政府为消除信息差距于2001年1月制定实施有关消除信息差距的法律。此法保障因经济、地域、身体或社会条件无法正常获取或利用生活所需的信息通信服务的低收入者、农渔村居民、残疾人、老年人、女性等弱势群体，以提高生活质量的法律。例如由国立中央图书馆推进的事业有声书籍分享中心的运营、普及残疾人专用图书馆资料统合管理系统、导入通信费用补贴制度等，有声书籍分享中心即为出版社或作者等在出版新书的同时将电子文件捐赠等国立中央图书馆，而国立中央图书馆将这些变换为可供残疾人阅读的盲文或音像图书等提供给残疾人的事业。2010年国立中央图书馆实现了针对残疾人的替代资料目标信息的标准化，开发出了残疾人图书馆资料统合管理系统，保障所有残疾人可共享图书馆信息。随着这一系统普遍到全国残疾人图书馆，残疾人可在家中通过因特网对全国残疾人图书馆的资料进行检索和享用。与此同时，国立中央图书馆将导入"通信费用补贴制度"，即残疾人通过电话等通信工具使用"残疾人图书馆阅读服务"时可减免50%的通信费用。这一补贴制度的目标是改变现在视力残疾人因经济负担无法正常使用"残疾人图书馆阅读服务"的现状。

表11　残疾人网络使用率及差异

区分	2003年		2004年		2005年		2006年	
	使用率	差异	使用率	差异	使用率	差异	使用率	差异
全体国民	65.5	_	70.2	_	72.8	_	73.5	_
残疾人	27.6	37.9	34.8	35.4	41.0	31.8	_	26.46.69

资料来源：保健福祉部，2006年。

五、韩国残疾人保障制度展望

因迅速产业化、环境污染、交通事故、工伤、老龄化等,韩国残疾人口预计会持续增长。以现在的增长趋势来看,2008 年为 270 万人,2010 年达到 318 万人,预计 2015 年增长到 473 万人(参照表 12)。

表 12　今后残疾人口展望

	总人口中的比例(%)	估计的残疾人数(人)	登记的残疾人数(人)	登记率(%)
2005	4. 59	218686	1699329	79. 1
2006	4. 79	2325030	1905645	82. 0
2007	5. 17	2515729	2137011	84. 9
2008	5. 57	2722729	2396466	88. 0
2009	6. 01	2946625	2687423	91. 2
2010	6. 48	3189092	3013704	94. 5
2015	9. 52	4739206	4639683	97. 9

资料来源:贫富差距歧视矫正委员会,2006 年。

政府需要建立各种残疾人福利政策与制度,以应对残疾人口的迅猛增长。韩国残疾人福利不仅提前应对不断增加的残疾人口,而且通过强化残疾人权利、增加社会参与度,进而促使制度的改善。应对不断变化的残疾人福利环境,韩国残疾人福利的实际措施主要有以下几点。

第一,虽然政府、民间、社会团体、学术界都在为韩国的残疾人福利发展进行着不懈的努力,但现在残疾人的福利充足度仍然远远不足。今后为提高韩国残疾人的福利充足度,最先需要发展本文中提及的各种残疾人福利相关法律,其中最具实效性的是《禁止歧视残疾人法》。

第二,还要由政府和社会共同坚持不懈地努力,以保证残疾人作为大韩民国国民理应享有的、宪法中的基本权—机会均等及生存权、享受幸福的权利、教育权、劳动权、劳动基本权、有尊严的生活权、在舒适环境中生活的权利、有关家庭生活、母性保护及保健的权利等,为此需要建设各种机制。

第三,为了残疾人就业保障和重度残疾人的就业扩大,不仅扩大残疾人的义务就业岗位和就业率,而且通过残疾人的个人需求和来自雇佣单位的培训机会的扩大以及劳动力的派遣,从而强化重度残疾人就业的持续性。

第四,关于残疾人的教育保障,为了提高残疾人的教育水平,扩大支付低收入残疾人和其家庭的教育支出,强化对残疾儿童的福利,从而走向整合教育的建设之路。

参考文献

韩国保健福祉部:2009、2008 年度《残疾人现状调查》。

韩国统计厅:2007、2006 年度《政府预算案统计》。

韩国保健福祉部:2006、2007 年度《预算案相关统计资料》。

俞尚厦:《残疾人福利的理解》,新政社,2004 年。

朴润真:《残疾人社会保障制度》,两书院,2004 年。

教育部:《特殊教育年度报告》,2006 年。

韩国保健福祉部:2006、2005 年度《残疾人现状调查》。

贫富差距歧视矫正委员会:《以就业为主残疾人福利综合对策》,2006 年。

第十八章　(中国)台湾地区的残疾人保障制度*

与祖国大陆仅一海之隔、并且具有相同历史文化渊源的台湾地区,残疾人福利保障制度早在20世纪70年代末就已初步形成,到2007年"残疾人权益保障法"的更名与颁布为止,台湾地区残疾人福利保障制度经历了多次修改并不断完善,残疾人的生活水平和实质福利得到较大提高,取得了较好的社会效果。尽管海峡两岸政治制度和经济体制存在差异,但台湾地区残疾人福利保障的有效做法和成功经验,对于大陆地区进一步改善残疾人福利状况,帮助残疾人平等地充分参与社会生活,共享社会物质文化成果,具有重要的借鉴意义和参考价值。

一、台湾地区残疾人的基本情况

台湾地区残疾人又称为"身心障碍者",其界定范围是指身体系统构造或功能有损伤或不全,影响其活动及参与社会生活,并经医事、社会工作、特殊教育与职业辅导评量等相关专业人员组成的专业团队鉴定及评估,领有残疾人证明者。① 台湾地区残疾人的基本情况与现状如下。

(一)残疾人口总数持续增加

自1980年以来,台湾地区残疾人口总数采用登记认定制,残疾人必须经过鉴定后取得手册,方列入相关的人口统计数据。从近几年来看,台湾地区残疾人口总数在持续增加,残疾人占全部人口总数的比重也在不断上升(见图1、图2)。1999年年底至2010年年底,台湾地区残疾人口总数从648852人增加至1076293人,占全部人口总数的比重从2.94%上升至4.65%。由于台湾地区残

---

* 作者:王鹏,暨南大学经济学院副教授。

① 参见台湾"行政院内政部""残疾人权益保障法",2007年7月11日修正稿,第5条。

疾人福利高于老人福利，许多失能老人纷纷申领残疾人手册，因此残疾人口总数比实际值会略大一些。

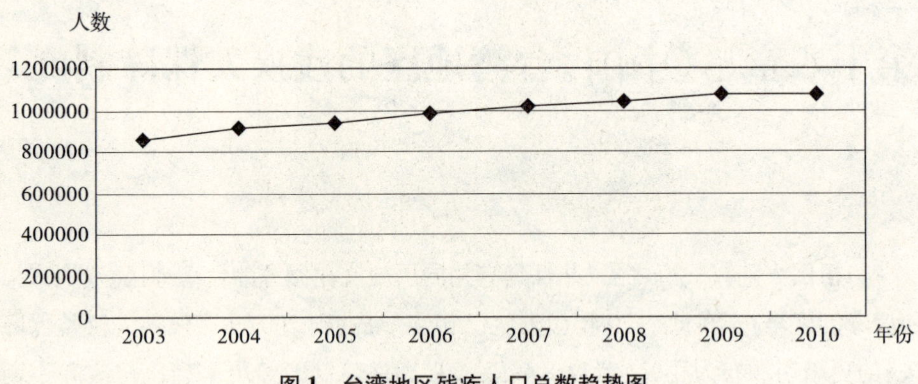

图 1　台湾地区残疾人口总数趋势图

资料来源：台湾"内政部"统计处 2011 年统计年报。

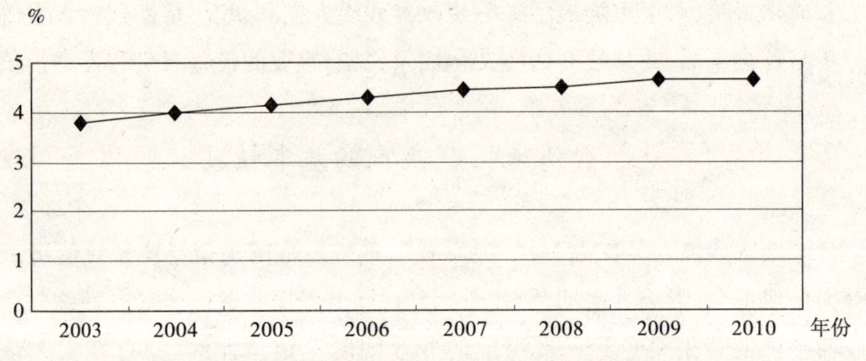

图 2　台湾地区残疾人占全部人口总数的比重趋势图

资料来源：台湾"内政部"统计处 2011 年统计年报。

（二）残疾类别分布上肢残占比最多，慢性精神病患增长最快

台湾地区残疾人分为视觉残疾、听觉残疾、平衡机能残疾、声音或语言机能残疾、肢体残疾、智能残疾、重要器官失去功能、颜面损伤、植物人、失智症、自闭症、慢性精神病患、多重残疾、顽性癫痫症、罕见疾病致残疾与其他 16 个残疾类别。肢残历年来都是残疾人的最大残疾别，占四成多，而听残、重要器官失去功能者、多重残疾者、慢性精神病患者和智能残疾者则各占 10%左右。慢性精神病患者占残疾人的比重呈现持续上升的趋势，1995 年纳入残疾人类别时，该残疾别占残疾人口总数的 3. 05%，到 2005 年年底已达 9. 28%（见图 3）。

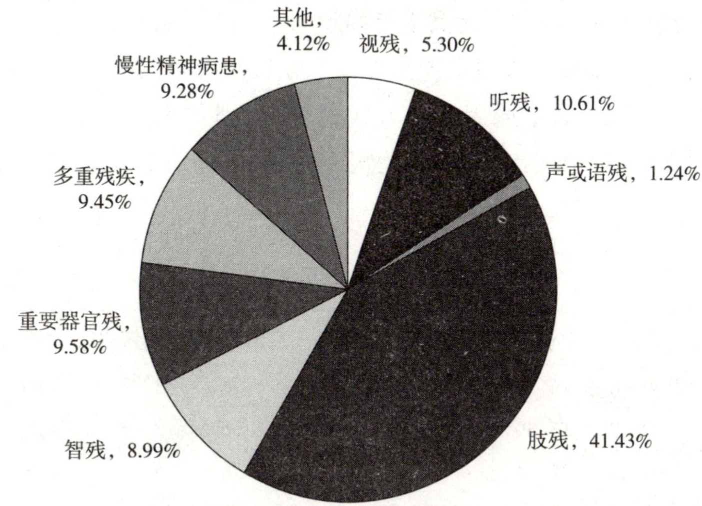

图 3 2005 年年底台湾地区残疾人数分布（依残疾别）

资料来源：台湾“内政部”统计处 2011 年统计年报。

（三）残疾等级分布集中于中、轻度

台湾地区残疾人残疾等级分为极重度、重度、中度和轻度四个等级。其中视觉残疾、听觉残疾、平衡机能残疾、声音或语言机能残疾和颜面损伤的残疾等级只到重度，植物人只有重度一个等级，顽性癫痫症只有轻度一个等级，多重残疾者没有轻度的等级（见表 1）。

表 1 2010 年年底台湾地区残疾人残疾等级分布（依残疾别） 单位：%

	极重度	重度	中度	轻度
视觉残疾	—	10.49	4.57	4.72
听觉残疾	—	9.10	9.54	16.10
声音或语言机能残疾	—	1.82	0.77	1.75
肢体残疾	3.30	26.09	40.26	46.47
智能残疾	7.36	8.35	9.85	8.96
重要器官失去功能	49.11	5.05	4.52	8.87
失智症	1.76	5.84	3.31	1.84
自闭症	0.15	0.72	0.77	1.44
慢性精神病患	1.25	9.87	17.52	6.77
多重残疾	32.77	21.60	8.08	—

资料来源：台湾“内政部”统计处 2011 年统计年报。

（四）中途或后天致残者比例逐年攀升

近年来，台湾地区先天残疾者和因战争导致残疾的比例日益下降，意外、交通事故、职业伤害和其他原因导致残疾的比例，则各维持在8%、4.5%、3%和19%左右，因疾病导致残疾者的比例也逐年攀升，2003年之后已经突破50%（见表2）。

表2　历年台湾地区残疾人残疾成因

年底别	合计	先天	疾病	意外	交通事故	职业伤害	战争	其他
1999	100.00	16.19	48.00	7.93	4.78	3.08	0.64	19.37
2000	100.00	15.39	48.46	7.91	4.68	3.13	0.55	19.88
2001	100.00	15.14	48.85	7.98	4.76	3.18	0.49	19.61
2002	100.00	14.20	49.75	7.91	4.71	3.13	0.43	19.86
2003	100.00	13.93	50.69	7.95	4.78	3.16	0.38	19.11
2004	100.00	13.49	51.71	7.85	4.72	3.12	0.33	18.77
2005	100.00	13.30	53.24	7.72	4.67	3.09	0.30	17.68

资料来源：台湾“内政部”统计处2011年统计年报。

（五）残疾人老龄化情形严重

台湾地区各年龄层残疾人所占的比例随年龄层的增加而增加，而从残疾人人数占总人口数比例来看，残疾率（即每百人有多少残疾人）也随着年龄层的增加而增加。2005年年底，14岁以下的残疾率为1.10%，15—64岁的残疾率为3.46%，65岁以上的残疾率则高达14.78%（见表3），可见残疾人老化的情形比较严重。在各残疾人类别的年龄分布方面，失智症有八成五、听觉残疾有六成以上为65岁以上的老人，是平均年龄最高的残疾别；自闭症有98.98%在29岁以下，是平均年龄最轻的残疾别；其次是其他残疾别，有87.11%在29岁以下；智能残疾和罕见疾病致残疾也是平均年龄较低的残疾别，并且残疾人老化的年龄可能比非残疾人提前10—15年左右。

表3 2005年年底台湾地区各年龄层残疾率

年龄层（岁）	0—14	15—64	65以上	合计
总人口数 a	4259049	16294530	2216804	22770383
残疾人口数 b	46837	563407	327699	937943
残疾率 c（%）	1.10	3.46	14.78	4.12

资料来源：资料来源：台湾“内政部”统计处2006年统计月报。
注：c=b/a。

（六）都会区残疾人数较多，农业县残疾比例较高

从居住地区来看，台北县和台北市是台湾地区残疾人数最多的地区，这两个邻近县市残疾人都超过十万人，离岛地区的残疾人数则比较少。虽然台湾地区残疾人数以都会区为多，但就其占各县市总人数的比例而言，反倒是以台东县、花莲县、云林县、金门县、嘉义县、澎湖县、南投县、宜兰县、屏东县等农业县为高，都超过5%，显然这些县市在社会福利施政上，满足残疾人的需求相对要差一些。另外，残疾人居住于社区的比例和人数也在升高，至2005年已经分别达到98.30%和92万余人（见表4）。

表4 历年台湾地区残疾人居住方式

单位：%

居住方式	1994年	2000年	2003年	2005年
机构	10.53	7.49	6.25	1.70
社区	89.47	92.51	93.75	98.30

资料来源：台湾“内政部”2006年5月统计通报。

（七）残疾人的婚姻状况

台湾地区15岁以上的残疾人中，有配偶或同居者平均占54.15%，其次是未婚者平均占26.33%，丧偶者平均占14.56%，离婚或分居者仅占4.96%。台湾地区男性残疾人未婚和有配偶或同居的比例，均比女性多了将近10个百分点，但女性残疾人丧偶的比例则是男性的将近5倍（见表5）。而有配偶或同居的残疾人，其配偶或同居人的国籍以台湾地区籍45.73%居最多，大陆籍占3.41%，东南亚国籍占1.42%，其他国籍占0.22%。

表5　台湾地区15岁以上残疾人的婚姻状况　　单位:%

婚姻状况	男	女
未婚	30.68	20.39
有偶或同居	58.18	48.66
离婚或分居	5.17	4.68
丧偶	5.97	26.27
合计	100.00	100.00

资料来源:台湾"内政部"2003年残疾人生活需求调查报告。

二、台湾地区残疾人福利保障的法律体系及管理体系

为维护残疾人合法权益及生活,保障其公平参与社会生活的机会,台湾当局以"一辈子照顾、无所不在的保护、全方位的服务"为制定残疾人福利保障政策的总目标,加强整合"政府"与民间资源,规划并推行各项扶助及福利措施,促进残疾人"机会均等,全面参与"的落实。从1970年代的摸索与试办阶段,到2007年《残疾人权益保障法》的更名与颁布,台湾地区残疾人福利保障政策经历了多次修改。尽管还存在一些制度和认知方面的问题,但是台湾地区残疾人福利保障政策给予残疾人的实质帮助与福利在不断增加,各项政策措施也在不断完善,起到了较好的社会效果。

(一)法制体系

海峡两岸同根同源,具有相同的历史文化渊源和福利保障思想,有利于大陆地区最大限度地借鉴台湾地区残疾人福利保障的有效做法和成功经验。两岸同属一个中国,福利保障的"仁政思想"起源于先秦时期,历史上除了由官方组织提供的福利保障外,在民间社会以血缘或地缘关系所构成的慈善事业,也在福利保障体系里扮演着重要角色,如宋朝范仲淹的"义田"、明末清初的"同善会"等。这种传统社会的福利保障形式同中华民族的血缘、地缘及其相关的儒家伦理息息相关。1949年海峡两岸分离分治以后,台湾当局逐步推行"社会救济法",贯彻落实体现民生主义的福利保障政策,残疾人福利保障水平得到了很大提高。

台湾地区对残疾人提供的福利保障措施,最早是采取社会救助的方式,也就是只对低收入残疾人提供生活收养扶助。其中,包括残疾人收养机构免费照顾

与扶养,低收入户按月核发家庭生活补助费,以及急难意外事故时发给急难救助金等。其后,为保障军公教、劳工及农民在工作期间发生伤病,导致丧失全部或局部工作能力,采取提供一次性的残疾给付。因此,台湾地区残疾人福利保障政策的具体落实,就表现在对于残疾人福利法案的制定与修改上。为了落实这些政策,就必须在各种相关法规中明确规定,作为执行的依据。台湾地区残疾人福利保障政策的相关法规有:

1."宪法"

台湾地区"宪法"第七条规定:"中华民国人民,无分男女、宗教、种族、阶级、党派,在法律上一律平等。""宪法"第十五条规定:"人民之生存权、工作权及财产权,应予保障。""宪法"第一百五十二条规定:"人民具有工作能力者,国家应予以适当工作机会。""宪法"增修条文第十条规定:"国家对于残疾人的保险与就医、教育训练与辅导、生活维护与救济,应予保障,并扶助其自立与发展。"台湾地区"宪法"很明确规定了必须保障人民的生存权及工作权,只要人民具有工作能力者,"政府"应该提供适当的工作机会,让全体人民都能够平等地享受到人性尊严的生活。尤其是对于身体上或心理上有缺陷的人民,因其先天上居于弱势的地位,更有必要接受到公平、合理的生活机会,提供种种的扶助,将生理或心理机能的弱势减至最低,使之能够回归社会,过着与社会一般人相同水平的生活。因此在照顾社会弱势族群方面,台湾地区"宪法"增修条文更特别规定对于残疾人的保险、就医、教育训练与辅导、生活维护与救济等,应予以保障,让残疾人能够达到自立与发展的目的。

2."残疾人权益保障法"

台湾当局从20世纪70年代开始摸索与试办残疾人福利保障政策,1980年通过第一个相关法令"残疾福利法",并两度修正部分条文,于1991年重新制定颁布"残疾福利法"。1997年4月23日,台湾当局将"残疾福利法"修正为"残疾人保护法",除明定卫生、教育、劳工、建设、工务、住宅、交通及财政等相关目的事业主管机关权责,并规定医疗康复、教育权益、促进就业、福利服务、福利机构等法定权益及福利。2006年9月27日,台湾"行政院"通过"残疾人保护法"修正草案,对残疾人给予全面的支持与服务。2007年7月11日,台湾当局又将"残疾人保护法"更名为"残疾人权益保障法",并修正了全文。

台湾地区"残疾福利法"制定之初,服务的对象共有七类,包括:视觉残疾者、听觉或平衡机能残疾者、声音机能或言语机能残疾者、肢体残疾者、智能不足者、多重残疾者及其他经中央主管机关认定的残疾者。1990 年修订后增加为 11 类,除前述七类外,新增重要器官失去功能者、颜面伤残者、植物人及老人痴呆患者(现已修正为失智症者)及自闭症,共四类。1995 年,再新增慢性精神病患者一类。1997 年修正后,将残疾类别分为 14 类。2001 年部分条文修正后,又新增顽性(难治型)癫痫症者及经中央卫生主管机关认定,因罕见疾病而致身心功能残疾者,故现行残疾类别共有 16 类。

台湾地区"残疾人权益保障法"第一条规定:"为维护残疾人合法权益及生活,保障其公平参与社会生活之机会,结合政府及民间资源,规划并推行各项扶助及福利措施。"第四条规定:"残疾人的人格及合法权益,应受尊重与保障,除能证明其无胜任能力者外,不得单独以残疾为理由,拒绝其接受教育、应考、录用或予其他不公平之待遇。"因此,台湾地区"残疾人权益保障法"的通过是对残疾人的照顾,由消极的救济转变为积极的扶助,其主要目标是希望通过教育、训练残疾人,让他们能够从依赖人口转变为生产人口。

3."就业服务法"

残疾人面临的最大问题之一就是就业,残疾人真正需要的是一种自力更生的尊严,因而残疾人的就业问题是福利权益的重要内容。台湾地区"就业服务法"第一条规定:"为促进国民就业,以增进社会及经济发长,特制定本法;本法未规定者,适用其他法律之规定。"第三条规定:"国民有选择职业之自由,但为法律所禁止或限制者,不在此限。"第四条规定:"国民具有工作能力者,接受就业服务一律平等。"第五条第一项规定:"为保障国民就业机会平等,雇主对求职人或所雇用员工,不得以种族、阶级、语言、思想、宗教、党派、籍贯、性别、婚姻、容貌、五官、残疾或以往工会会员身份为由予以歧视。"在第五条规定不得歧视的类型中,特别提到残疾。虽然"就业服务法"并没有对残疾作明确的列举,但是由该法第一条的规定中"本法未规定者,适用其他法律之规定",则有关"残疾"就可以援引"残疾人权益保障法"有关残疾人类别的规定。

4."特殊教育法"

台湾地区"特殊教育法"第一条即开宗明义的规定:"为使残疾及资赋优异之国民,均有接受适性教育之权利,充分发展身心潜能,培养健全人格,增进服务社会能力,特制定本法。本法未规定者,依其他有关法律之规定。"第三条第一项规定:"本法所称残疾人,系指因生理或心理之显著障碍,致需特殊教育和相关特殊教育服务措施之协助者。"第二十五条规定:"为提供残疾儿童及早接受疗育之机会，各级政府应由医疗主管机关召集，结合医疗、教育、社政主管机关，共同规划及办理早期疗育工作。”根据有关条文规定，除了对学龄中的残疾人有特别年龄及年限的规定外，台湾地区“特殊教育法”尤其注重及早接受治疗的机会，以提升残疾人能够尽快达到自立的目标。

（二）政策规划

台湾地区残疾人福利保障政策是社会福利政策的重要组成部分，依据“宪法”促进经济与社会均衡发展的原则，台湾“行政院”于1994年颁布“社会福利政策纲领”，作为社会福利发展的重要依据。社会福利政策规划的基本原则有九项：人民福祉优先、包容弱势人民、支持多元家庭、建构健全制度、投资积极福利、中央地方分工、公私伙伴关系、落实在地服务及整合服务资源。台湾“内政部”秉持政策纲领原则，并以“稳健中寻求创新，变革中谋求公平”为原则，推动各项福利工作，合理分配社会福利资源，建构温馨与安全的福利网络，加强妇幼保护网络，提升老人居家服务质量，强化家庭支持体系，并积极维护老人、残疾人、儿童、妇女及低收入者等弱势族群的基本安全与权益。

台湾“行政院”为响应当前人民迫切需求，因应社会经济发展趋势，拟订了2015年经济发展愿景计划，内含四大重点：缩小城乡和贫富差距、强化老人赡养、因应少子女化、促进人民健康。台湾“内政部”则提出多项执行计划，包括：弱势家庭脱困计划、提升社会福利资源运用效能计划、建构长期照顾体系十年计划、推动“国民”年金制度计划、设立人口健康及福利保障研究中心计划、普及婴幼儿照顾体系计划、移民照顾辅导计划、完善教育与照顾体系计划、建构全人照顾体系计划等。

（三）管理机构设置

1.各级社会福利行政组织

台湾地区对于残疾人的社会福利实施要项包括社会保险、社会救助、福利服务、就业及医疗保健等，中央主管机关除“内政部”外，主要有“行政院劳工委员会”、“行政院卫生署”、“行政院退除役官兵辅导委员会”等。目前台湾“内政部”主管的社会福利行政组织层级分中央、直辖市、县（市）、乡（镇市区）等层级。

1999年7月1日之前，台湾“内政部社会司”设有社会福利、残疾人福利、社会救助、社会保险、人民团体、农民团体、合作事业七科。1999年7月1日起，配合台湾当局组织调整计划，“省政府社会处”与“内政部社会司”合并，改设为14科，调整重点如下：“内政部社会司”北部维持七科，分别办理社会福利综合规划、妇女福利、残疾人福利、老人福利、社会救助、社会保险及社会团体辅导等业务。中部办公室(社政)设置五科,分别办理职业团体辅导、社会发展、小区及少年福利、残疾人福利机构辅导及老人福利机构辅导等业务。台中黎明设两科,办理合作事业辅导及合作行政管理等业务。原省属16个福利机构改隶为“内政部”二级机关。

社会福利行政组织的直辖市、县(市)层级主管机关为直辖市、县(市)“政府”的“社会局”,下设课室并附设各类社会福利机构,办理社会行政、福利服务、社会救助、社会工作、合作事业等业务,但连江县“政府”尚未设“社会局”,由“民政局社会课”办理上述业务。

社会福利行政组织的乡、镇、县辖市及省辖市区公所,原设“民政课”办理社政业务,自1999年8月12日“地方行政机关组织准则”公布后,多已单独设立“社会课”办理上述业务。

2.“行政院社会福利推动委员会”

台湾“行政院社会福利推动委员会”成立于2001年5月17日,它的前身是1998年10月3日成立的“行政院社会福利推动小组”。该委员会由“行政院”院长担任召集人,负责有关社会福利政策及重大措施的规划、协调、整合、推动及执行的督导。

“行政院社会福利推动委员会”委员名额共27人,包括“内政部”部长、“教育部”部长、“行政院主计处”主计长、“行政院卫生署”署长、“行政院经建会”主任委员、“行政院农委会”主任委员、“行政院研考会”主任委员、“行政院劳委会”主任委员、“行政院原民会”主任委员、专家学者5人,民间福利机构团体代表11人;另设置委员兼执行长1人,由“政务委员”兼任,办理委员会有关业务;设置副执行长1人,由“内政部”常务次长兼任;幕僚作业由“内政部”指派相关人员兼办。

“行政院社会福利推动委员会”的任务主要包括:

(1)关于社会福利政策及重大措施的协调、咨询、审议及规划事项。

(2)关于社会福利工作执行情形的督导事项。

(3)其他有关重大社会福利事项的协调及推动事项。

3.“内政部残疾人保护委员会”

为整合规划、研究、咨询、协调推动促进残疾人权益及福利保护、审议残疾人权益受损申诉相关事宜,台湾当局制定了《内政部残疾人保护委员会组织规程》，成立“内政部残疾人保护委员会”，研议推动促进残疾人权益及福利保护相关事宜。2006年，该委员会成功推动的重要议题包括：

（1）为持续推动“成年心智残疾者小区居住与生活服务试办计划”，已召开“研修成年心智残疾者小区居住与生活服务试办计划”会议，检讨修订计划内容，并于2006年12月11日修正公布。

（2）为使残疾人福利机构办理残疾人托育养护合理收费，将按残疾人福利服务机构设施及人员配置标准与“行政院主计处”家庭收支表核算的成本，合理调至两万元基准，并明订该基准由中央主管机关依据消费者物价指数上涨程度调整，以符合各类残疾人福利机构成本，并于2006年12月21日函颁收费原则。

（3）为完成多重残疾者残疾类别统计数据的建立，除扩增字段及统计功能外，已先行从2003年以前残疾人历史档中查核出多重残疾人数计6.84万余人。

三、台湾地区残疾人福利保障的原则、内容及现状

（一）台湾地区残疾人福利保障政策的实施原则

台湾地区残疾人福利保障政策在实施过程中，遵循着以下十大原则。

1.社会正义原则

消除社会对残疾人的歧视，合理顾及每一个人的权益，开放平等的机会，积极维护残疾人的权益等是残疾人福利保障的首要任务；尤其是残疾人中相对弱势者，强化更多的支持系统与服务提供。

2.提升自我尊严原则

残疾人及其家庭应与其他社会成员一样，共同追求一个有尊严的生活，其自尊应该因为福利服务的提供而有所提升，而不是因为接受福利而被污名化与标签化。

3.全面参与原则

福利保障政策的制定是为了满足残疾人的需求，因此接受服务的残疾人及其家庭均应被邀请参与福利保障政策的制定，即“政府”应该让福利使用者有表达意见的机会。全面的参与，还包括“政府”、企业、民间团体、小区等参与，才能使残疾人福利服务更加有效。

4.个别化原则

残疾人因不同残疾类别、残疾程度、性别、年龄、社经地位与家庭环境等，其需求存在差异。福利保障政策的制定，应该考虑残疾人及其家庭的需要、意愿、

能力、差异与限制等。

5.小区化原则

残疾人福利服务应该以“在地提供”为原则，让残疾人在自己居住的小区就可以得到服务，不但可以维持原来的生活方式，还可以与其他小区居民一样参与社会生活。

6.多元化原则

残疾人福利保障政策应该针对残疾人的个别差异来提供不同的服务方案，发展多样性的医疗康复服务、教育服务、就业服务、职业训练、居住赡养服务、小区服务、居家服务等种类和模式。

7.整合化原则

为使服务更能切合残疾人的需要，并使资源运用更有效率，执行服务的专业或半专业人员、服务方案或系统的设计、服务资源等应予以协调整合。

8.全面服务原则

残疾人福利保障政策应该方便残疾人取得和使用，并且配合其不同人生阶段的需求持续地提供，并提供转衔服务机制以避免服务断层。

9.无障碍原则

各项软硬件设施设备的无障碍，是残疾人平等参与社会生活的基础。“软件无障碍”指的是残疾人在社会接纳上没有障碍，以及社会参与的渠道畅通；“硬件无障碍”则是指排除残疾人居住、小区、交通、通讯等方面的障碍，让残疾人享受到行动的自由。

10.预防、康复与治疗并重原则

残疾是可以预防的，“政府”应该通过加强公共安全来防范残疾的发生。而一旦残疾发生，除了要透过早期通报与治疗减轻残疾程度外，生(心)理康复也是很重要的，应通过辅具及服务的提供，加强残疾人的社会适应，使其回归社会生活。

(二)台湾地区残疾人福利保障政策的主要内容

残疾人福利保障制度为实现残疾人最基本的生存权提供了物质支持，是实现社会公正的一项重要指标，尤其是在市场经济条件下，该制度是帮助残疾人规避风险的安全网，是保障社会稳定的减压阀，是促进市场机制正常运行的调节器。台湾地区残疾人福利保障政策的主要内容体现在以下几方面。①

① 本节相关统计数据来源于台湾“行政院内政部”统计处:《2010年“内政”统计通报》。

1.经济保障政策

（1）生活补助。台湾当局为维护残疾人权益及保障其经济生活，依据“残疾人生活托育养护费用补助办法”，对于未获收容安置的中低收入残疾人，给予2千—6千元的生活补助费；对于经“政府”转介安置于福利机构的低收入残疾人，给予全额补助。同时，为落实“政府”照顾弱势族群的政策，自2004年1月起调高中低收入残疾人生活补助给付标准，每人每月增加1千元，改善残疾人的经济生活现况并促其自力更生。2009年生活补助发放金额总计为156.5亿元新台币，平均每月受益人数达32.2万人。

（2）社会保险补助。台湾地区对残疾人参加全民健康保险及公务人员保险、劳工保险、农民健康保险、私立学校教职员保险、军人保险及退休人员保险等社会保险所需自行负担的保险费，按照其残疾等级予以补助。该项补助经费由户籍所在地的直辖市或县（市）“政府”负担，但极重度、重度及中度残疾人参加全民健康保险的自付部分保险费补助由中央“政府”负担。台湾“内政部”每年编列经费办理补助措施，2009年编列补助经费为26.6亿元新台币。

（3）福利补助。台湾当局为加强残疾人福利补助，每年均专列残疾人福利经费，“内政部”及直辖市、县（市）“政府”近15年来用在残疾人相关福利经费超过2103亿元新台币，其中“内政部”编列经费高达488亿元新台币。因应残疾人实际需求，台湾地区残疾人福利保障政策将根据残疾人生活需求的调查结果，朝向保障经济安全、托育养护服务、提供无障碍生活环境及促进社会参与等方向规划。

自2001年起，为增进地方“政府”自主性，台湾当局对地方“政府”计划型社会福利经费补助项目，改为“行政院主计处”统筹设算经费给地方“政府”，由地方“政府”办理相关福利服务；对于民间组织参与福利服务者，依照“内政部推展社会福利服务补助作业要点”继续补助办理，结合民间资源共同推广残疾人社会福利。

为了因应社会变迁、法令变更及残疾人实际需要，加强推动各项残疾人福利服务，台湾“内政部”补助各地方“政府”或民间团体共同推广残疾人福利服务的项目，1991年有10个计划项目，至2001年已扩增为兴设机构整扩建房舍暨充实其设施设备、小区照顾服务、个案管理服务、购置或承租商店等低利贷款暨房屋租金与购屋利息补助、生活补助、收养养护补助、辅助器具补助、补助收养机构服务费、各类福利活动补助、充实团体设施设备、专业人员培训、收托交通费用补助、保险费用补助及残疾人福利服务专业人力等15个计划项目。

(4)财产信托制度。为使残疾人在其直系亲属或扶养者老迈时,仍受到应有照顾及保障,增进残疾人、家长了解财产信托的意涵及可行方式,促进残疾人财产有效管理及保障生活权益,台湾"内政部"已完成委托研究——"残疾人财产信托制度建立之研究"供规划参考。[①] 依据信托法及信托业法规定,台湾地区残疾人的财产如需信托,可委请信托业者(如"中央信托局"信托部等)依相关规定办理。目前开办残疾人财产信托的金融单位有"中央信托局"、交通银行、大众银行、安泰银行、华南银行、台新银行等12家金融单位。

2. 生活照顾服务

(1)居家服务。自2001年由台湾"行政院主计处"编列社会福利经费由各县市"政府"办理残疾人居家服务后,依据台湾地区"残疾人保护法"第四十条规定,居家服务的法定项目包括居家照顾、家务助理、友善访视、电话问安、送餐到家、居家环境改善及其他相关的居家服务。2009年各地方"政府"办理各项居家服务措施,累计受益约为240.9万余人次。

(2)小区照顾。为纾解因紧急事故或家庭长期照顾的压力,增加照顾者与其他家庭成员互动或参与社会活动的机会,提升被照顾者生活质量,依据《加强推展居家服务实施方案》及《推展社会福利服务补助作业要点及其补助经费申请补助项目及基准》,台湾有关部门补助地方"政府"办理居家服务、小区照顾服务及短期照顾服务等,并自1999年起补助各地方"政府"办理"残疾人临时暨短期照顾服务计划",委托辖内已立案的残疾人福利机构或团体,针对领有残疾人手册的中、重、极重度残疾人提供临时或短期照顾服务,服务方式采定点式照顾或在宅照顾。

台湾地区残疾人小区照顾服务的法定项目包括康复服务、心理咨询、日间照顾、临时及短期照顾、餐饮服务、交通服务、休闲服务、亲职教育、信息提供、转介服务及其他相关的小区服务。2006年各地方"政府"办理小区服务各项措施,累计受益约为231.1万余人次。此外,为促进小区照顾服务,自2003年起,台湾"内政部"在"推展社会福利补助经费申请补助项目及基准"中增列办理残疾人照顾服务员训练、日间照顾及家庭支持服务相关教育训练工作,以促进残疾人的

---

① 参见王文宇等:《台北市老人及身心障碍者财产信托制度之规划》,《法令月刊》2005年第3期。

照顾服务及减轻家庭照顾者的负担。

（3）福利机构照顾。为保障在福利机构就养的残疾人，能获得最适当的服务，并提升福利机构的服务质量，台湾“内政部”已修订《残疾人福利服务机构设施标准》、《残疾人福利服务机构设立及奖助办法》、《残疾人福利服务机构评鉴办法》、《残疾人福利服务专业人员遴用标准及培训办法》等相关子法，作为各级“政府”及民间办理残疾人福利机构提供服务、设立、辅导或评鉴福利机构提供服务质量的标准。截至2009年年底，台湾地区残疾人福利机构已达270所，可收容数为2.3万床，目前已收容1.79万人，尚余5000多床，主要服务项目有早期疗育、日间托育、技艺陶冶、庇护性就业训练、住宿养护及福利服务等。为因应福利机构提升服务的需要，每年亦宽列经费，依据《“内政部”推展社会福利服务补助作业要点及其补助经费申请补助项目及基准》，补助福利机构采用小型化、小区化方式兴建（购置、修缮）建筑物，充实设施设备，补助收养服务费、收养交通费等相关服务经费，促进残疾人利用的可近性与便利性。

3.辅具补助与服务

（1）辅助器具补助。为促进残疾人辅助器具资源与服务的整合，台湾当局于2002年颁布了“残疾人辅具资源服务整合方案”。该方案以服务窗口、资源配置、信息整合、技术开发、厂商辅导、产品验证、人才培育七项措施为要领，建构以残疾人为核心的辅具服务体系和服务传递模式，方便残疾人有效运用辅具，促进研发资源与成果运用共享，达成残疾人辅具资源与服务整合的目标。

台湾当局为协助残疾人运用辅具克服生理机能障碍，促进生活自理能力，依据“残疾人保护法”第19条规定，制定《残疾人医疗及辅助器具费用补助办法》及《残疾人辅助器具补助标准表》，各地方“政府”根据残疾人鉴定医院专科医师出具的诊断证明书，向户籍所在地乡（镇、市、区）公所申请补助，而地方“政府”依其财政状况，自行增订补助标准。补助残疾人购置生活及康复辅助器具的范围包括点字机、轮椅、拐杖、助行器、传真机、移位机、居家无障碍设备、移位机、计算机辅助器具、助听器等。2009年补助经费计7.0亿元新台币，平均每月受益人数5000人。

（2）辅助器具维修。辅助器具可以帮助残疾人改善和恢复缺失及减弱的功能，提高生活的自理能力和学习的自主能力。① 为有效运用社会资源，延长辅助

① 王钟蕙：《身心障碍者之辅具服务》，《小区发展季刊》2006年第3期。

器具使用年限，保障辅助器具使用的安全，提供维修及再利用，台湾当局提出残疾人辅助器具维修计划，希望通过辅具回收、租借、维修、捐赠、专业咨询及评估等服务，结合民间企业专业人员、志工、善心人士所提供的社会资源，协助残疾人如何装配适当辅具及使用，以避免二度伤害，发挥各类辅具的最大效用。

2002年至今，台湾当局已辅导地方“政府”完成设置24家辅具资源中心及一家视障辅具资源中心，受益人次为30.7万人次，由具有办理意愿且具绩效的残疾人福利团体或机构，聘请物理治疗师或职能治疗师及辅具检修等相关工作人员，并经该地方“政府”申请补助设置，提供残疾人辅具回收、维修、租借、展示、咨询等服务功能，以提供残疾人可近性及便利性的服务。

(3)到宅评估服务。为照顾中低收入重瘫及以上残疾人克服生理机能障碍，促进生活自理能力并减轻照顾者负担及压力，由具有或委托康复专业团队成员(包括职能治疗师、物理治疗师、康复工程师及社会工作师)的台湾地区残疾人福利团体、机构，提出申请计划，针对重瘫及以上的残疾人办理评估及建议与训练，包括移位辅具系统、无障碍物理环境、自我喂食、卫浴类辅具、语言沟通等，以协助长期重瘫卧床的残疾人，克服生活机能障碍，协助残疾人得到所需的持续照顾。

(4)设立辅具资源推广中心。依据台湾地区“残疾人保护法”第十六条规定：“中央应设立或辅导民间设立残疾人康复研究发展中心，以促进残疾人康复及无障碍环境的研究发展整合规划的功能”，各部(会、署)均依上述规定积极规划办理相关辅具研究发展中心。为加强推广现有残疾人辅具服务，普及辅具资源，台湾“内政部”自2001年起陆续成立五大辅具中心，2006年完成建置“辅具资源入口网”，以整合海内外辅具信息，方便各专业领域及民众获得辅具相关讯息。

4.个别化专业服务

(1)专业人员培训。为有效因应社会化需求，台湾当局积极培训各残疾类别的专业人员，以强化工作的表现、技巧、专业成长及提升服务质量。除了补助办理各类残疾人福利专业人员教育训练、亲职教育及家庭照顾者训练计划，协助倡导推广有关业务及提升照顾者知能外，还将推动残疾人福利社会工作人员分科分级训练计划，落实培养不同阶段残疾人社会工作人员专业能力。同时，台湾“内政部”制定《残疾人福利服务专业人员遴用标准及培训办法》及《残疾人福利服务专业人员培训课程标准表》，作为遴用及培训专业人员办理残疾人福利服务业务的参考依据。2009年共委托中华启智工作人员协会等四个单位，开办教保员初级、进阶班、生活服务员班、教保员督导班及手语翻译人员培训班等二类别21班次，开办残疾人福利机构个案管理研习班等五类别11班次等，受益人数计1136人。

（2）开展福利服务活动。为丰富残疾人文化及精神生活，促进社会参与，提升法人团体福利服务设备与质量，依据“内政部推广社会福利服务补助作业要点及其补助经费申请补助项目及基准规定”，台湾当局补助财（社）团法人机构或团体办理各项残疾人休闲、娱乐、研习等福利服务活动，并充实其设施设备，促进服务效能。同时，为了倡导“残疾人保护法”协助残疾人自立的立法意旨，台湾“内政部”除修订《优先采购残疾人福利机构或团体生产物品或服务办法》外，每年还结合残疾人机构、团体办理残疾人福利机构产品联合促销活动，共同唤起社会大众对残疾人的重视与关怀。活动内容包括才艺表演、残疾人艺术创作展、政策倡导嘉年华会、无障碍体验活动、亲子趣味竞赛及巡回影展等，以促进落实“机会均等、全面参与”的政策目标。

（3）推广个案管理服务。为使残疾人获得最适当的辅导及安置，台湾地区各县市“政府”经由专业人员的评估，依残疾人实际需要，提供咨询、社会支持、辅导、安置及转介等服务。各直辖市、县市“政府”委托民间单位或自行办理残疾人成人个案管理服务，运用社会工作方法，并结合医疗、教育、职训、福利等相关服务资源，协助面临多重问题与需求的残疾人解决问题并满足需求。同时，台湾“内政部”为倡导并推广残疾人福利政策，加强了解地方基层及残疾人福利服务机构的意见，建立“中央”与地方及各残疾人福利服务机构沟通协调机制，并提升残疾人福利机构服务质量，以落实残疾人福利服务机构服务工作的执行，提升残疾人福祉，每年均举办残疾人福利机构联系会报。

（4）强化残疾人口基本数据管理。台湾地区残疾人口增长较快，为了有效管理日益增加的残疾人基本数据，促进地方“政府”业务计算机化，提升服务效能，台湾“内政部”于1993年规划建置完成了“残疾人人口基本数据管理系统”，1994年起全面推广普及，并协调户政单位定期提供残疾人异动数据，方便各地方“政府”随时更新“残疾人人口基本数据管理系统”。整个管理系统建置完成后，一方面可以查核残疾人文件数据的正确性，另一方面可以将残疾人鉴定表数据处理作业全面信息化，以提升整体效益。

5.生涯转衔和就业教育服务

(1)整合生涯转衔服务。生涯转衔是指残疾人在不同的人生阶段,随着角色、任务与生活形态变化而发生的生涯规划和衔接教育等。① 台湾"内政部"为推广残疾人全方位生涯转衔服务整合模式,用经费补助"中华民国智障者家长总会"办理"残疾人生涯转衔研讨会"、"残疾人转衔服务管理研讨会";为促进残疾人在不同生涯阶段达到无接缝转衔目标,邀请专家学者、民间团体、"政府"相关单位研商规划,并经"行政院残疾人权益促进委员会"审议通过"残疾人生涯转衔服务整合实施方案";通过定期召开转衔服务联系会报,并积极规划制定转衔服务统一表格数据格式,建置整合式残疾人个案管理系统。透过专业人员互信互助,在办理服务移转时,缴交相关转衔数据,由个案管理专责单位及人员邀请家长共同制订个别化的转衔服务计划,协助促进残疾人生涯转衔服务的有效落实。

为使地方"政府"在办理残疾人接受社会福利转衔时有所依循,台湾"内政部"于 2005 年 11 月 21 日颁布了"残疾人接受社会福利服务转衔实施要点"。为便于相关"政府"部门、地方专业服务组织的转衔数据交换,促进残疾人获得持续而完整的全方位专业服务,台湾当局委外建置"全国残疾人生涯转衔个案服务数据管理系统",并于 2006 年完成 25 县市及中央部会相关人员系统操作的教育训练,并陆续推广至民间专业服务单位(残疾人福利机构)使用。

为协助地方"政府"依照"残疾人生涯转衔服务整合实施方案"办理转衔服务工作,台湾"内政部"拟定"推动地方政府落实残疾人生涯转衔服务辅导计划",聘请专家学者组成辅导小组,实地走访北、中、南各一个县(市),希望透过专业咨询及协助,加强地方"政府"转衔服务机制的建立,提升整合效能,辅导成果则将进一步作为其他县(市)推动残疾人生涯转衔服务的参考。

(2)促进就业和教育服务。台湾地区"残疾人权益保障法"对残疾人就业和接受教育的规定比较详细。在促进就业方面,"残疾人权益保障法"第二十六条规定,各级"政府"应该依照残疾人的残疾类别及等级,提供无障碍个别化职业训练及就业服务;第三十条规定,对于具有工作意愿,但工作能力不足的残疾人,应提供庇护性就业服务;第三十一条针对各公、私立学校、团体、事业机构,在录

① 潘苾莓等:《身心障碍者生涯发展理论结合生涯转衔之运用与省思》,《特殊教育季刊》2005年第9期。

用具有工作能力的残疾人人数作了强制性规定，即所谓的“定额录用制度”①；第三十二条规定各级“政府”机关、公立学校及公营事业机构为录用残疾人，应洽请“考试院”依法举行残疾人特种考试，并取消各项公职人员考试对残疾人体位的不合理限制。这些与残疾人就业相关的各项规定，均在维护残疾人在“宪法”上所保障的工作权，为了让残疾人谋得一份职业，以保障其生活安全无虞。

在教育权益方面，“残疾人权益保障法”第二十六条规定，主管机关应根据残疾人人口调查资料，规划设立各级特殊教育学校、特殊教育班或以其他方式教育不能就读于普通学校或普通班级的残疾人，以维护其受教育的权益；第二十一条规定，各级教育主管机关应主动协助残疾人就学，各级学校亦不得因其残疾类别、程度或尚未设置特殊教育班（学校）而拒绝其入学。

6.推广残疾人无障碍环境

台湾当局为建立残疾人无障碍生活环境，积极改善各项公共设施、建筑物及活动场所的无障碍生活环境。一是修订建筑技术规则，各地方“政府”依辖区实际需求订定分类、分期、分区执行计划及期限公告，对于确有改善困难的场所，督导该建筑物所有权人或管理机关负责人提交替代改善计划，颁布《建筑物无障碍设备与设施改善基金收支保管及运用办法》，专供改善无障碍设备与设施。二是督导设立公共建筑物行动不便者使用设施改善咨询及审查小组，办理辖区公共建筑物无障碍环境相关推动工作，并成立公共建筑物无障碍生活环境中央督导团，定期赴各地方“政府”实地了解并督导公共建筑物无障碍环境的执行工作。三是制订“公共建筑物无障碍生活环境执行情形追踪季报表”，咨询公共建筑物使用不便者使用设施的意见，抽查发现缺失并逐项填报。四是举办无障碍生活环境研讨会，印制《公共建筑物供行动不便者使用设施与设备设计施工手册》，对于使用设施的详细图说、设计实例及使用等，作出详细规范，以改善残疾人生活设施，提升执行工作相关人员的专业能力，加强倡导无障碍生活环境的观念，促进大众尊重维护无障碍设施。五是相关残疾人事业主管机关制定有《残疾人专用停车位设置管理办法》、《电信事业提供残疾人特别服务实施办法》、《公共交通工具无障碍设备与设施设置规定》、《运输场站听障者无障碍通讯设

① “定额录用制度”是指台湾“政府”机关50人以上、民间企业100人以上的，就必须雇用一个残疾人，残疾人的工资由台湾当局发放，资金来源于未足额雇用残疾人的各种机构。参见赵璟瑄：《身心障碍者权益保障法定额录用制度之变革与因应》，《就业安全》2007年第12期。

施规范》及《丰富残疾人文化及精神生活实施办法》等相关法规，促进残疾人积极参与社会活动。

7.其他福利措施

为维护残疾人生活，减轻生活所需的负担，台湾当局的其他相关福利措施还有：综合所得税特别扣除额、免缴汽车使用牌照税、搭乘公民营公共交通工具优待、依法定比例设置残疾人专用汽机车停车位、保留名额优先核准残疾人购买或承租住宅及停车位等。例如，在综合所得税特别扣除额方面，台湾"财政部"已研拟依不同残疾等级的残疾人予以不同额度的特别扣除额；"交通部"亦于2002年3月起实施残疾人专用车牌，以利辨识及维护行车安全；有关残疾人申请购买或承租的住宅，其出租或转让的规定，亦于2001年由"应以残疾人为限"修正为"经亲自居住五年以上，且主管机关公告后仍无人愿承租或受让者，主管单位得将其列为一般住宅，按照各地住宅主管机关所定办法办理"。①

（三）台湾地区残疾人福利保障的现状

至2010年底，台湾地区残疾人共计107.6万多人，残疾人福利服务机构计有276所，较2009年年底增加6所，除提供残疾人夜间型、全日型住宿、日间托顾、部分时制托顾服务外，更提供各类临托、短托、咨询等服务。残疾人福利服务机构中，以私立193所最多，公设民营67所次之，公立仅16所；直辖市以台北市47所最多，新北市31所次之，高雄市26所居第三；县市中以桃园县25所最多，彰化县13所次之，苗栗县11所居第三。

残疾人福利服务机构的工作人员计有9135人，其中女性7485人占81.94%，男性1650人占18.06%；以工作性质分，教保员3283人占35.94%最多，生活服务员2338人占25.59%次之。同期平均每位工作人员服务2.04人，较1998年年底增加0.01人；各直辖市、县市以基隆市2.38人最多、云林县2.35人次之、新竹市2.28人居第三。

残疾人福利服务机构预定可收容23455人，实际安置18598人，以全日型住宿安置12648人占68.01%较多，其他非全日型则占31.99%；全日型可安置量平均使用率为80.39%；直辖市以台北市2216人最多，台南市1931人次之，新北市1735人居第三；县市中以桃园县1271人最多，彰化县815人次之，宜兰县559人居第三。

① 台湾"内政部"：《2010年社政年报》，台湾"行政院内政部"2010年版。

生活补助方面，列为低收入户的极重度、重度、中度残疾人每人每月核领7000元①，轻度残疾人4000元；中低收入户的极重度、重度、中度残疾人每人每月核领4000元，轻度残疾人3000元；荣民兼领就养金者补其差额；以上各项每月不得超过台湾“行政院”核定的基本工资。② 2010年累计补助400万5574人次，补助金额162.48亿元；其中以中低收入补助人次及金额分别占总数之84.03%及75.38%最多，低收入户占15.07%及23.87%次之，荣民补差额部分仅占0.90%及0.75%（见表6）。

表6 台湾地区残疾人福利保障及补助情况 单位：百万元新台币

年份	福利服务机构数	预定收容人数	实际收容人数	补助情况					
				生活补助		托育养护补助		辅助器具补助	
				人次	金额	人次	金额	人次	金额
2000	178	13085	6863	2296774	7409	10898	1697	46744	630
2001	193	14739	7531	2090576	6687	12891	1960	51873	569
2002	223	16664	12611	2370720	7536	13709	2268	58169	641
2003	241	18981	14540	2654420	8250	16429	2659	61223	708
2004	244	20036	15585	2975141	12175	20162	2922	54843	588
2005	244	20095	15905	3273589	13338	21658	3233	45162	478
2006	248	20080	16370	3474205	14120	23771	3536	50817	525
2007	254	20705	17002	3635680	14724	25529	3963	53243	539
2008	264	21958	17457	3712397	14987	26823	4310	55425	539
2009	270	22990	17918	3862823	15653	29847	4755	64138	610
2010	276	23455	18598	4005574	16248	30449	5178	70873	663

资料来源：台湾“内政部”统计处2011年统计月报。

① 本章货币单位如无特别注明，均指新台币。

② 参见台湾“行政院内政部”统计处：《2006年台闽地区残疾人生活状况调查》，台湾“行政院内政部”社会司2007年版。

四、台湾地区残疾人福利保障制度的评价

(一)台湾地区残疾人福利保障政策的特点

台湾地区残疾人福利保障政策的实施,是各级“政府”秉持公平、正义的原则,顾及社会、经济整体均衡发展,并根据各类残疾人和弱势族群的真正需要,结合民间各界资源,给残疾人提供最适当的服务。它的特点主要有以下几方面。

1.强化经济保障制度

台湾地区残疾人福利保障政策除了办理生活、托育、养护及参加社会保险保费补助、重病医疗补助等经济活动外,还加强残疾人的赡养监护、推广财产信托制度及配合年金制度的规划、实施,以保障残疾人的经济安全,改善残疾人的生活质量。

2.加强居家及小区照顾服务

台湾地区残疾人福利保障政策在居家服务方面,除了日间照顾、临时托育、短期托育外,还加强办理低收入户到宅评估、辅助器具服务及康复训练,促进残疾人的生活自理及减轻照顾者的负担。在小区照顾方面,强化建构残疾人小区日间照顾支持服务网络,纾解家庭照顾者的压力。此外,台湾地区残疾人福利保障政策还推广残疾人居住服务实验计划,提供残疾人在尚有独立居住能力及意愿时,除接受安置收养机构照顾训练外,能有独立生活于小区的多元选择。

3.提升福利机构照顾质量

台湾地区残疾人福利保障政策重视残疾人福利机构的辅导查核机制,并帮助福利机构朝向小型化、小区化发展。对有意愿参与残疾人养护服务的财团法人,经依法申请残疾人福利机构设立许可后,依据“内政部”加强推广社会福利服务补助作业要点,给予建筑费、设备费、收养服务费等补助和支持,大大提升了福利机构的服务质量,保障了残疾人的基本权益。

4.加强培训残疾人福利服务专业人员

台湾地区残疾人福利保障政策重视各类残疾人福利专业人员的训练和教育,倡导推广亲职教育及家庭照顾者训练计划,推动残疾人福利社会工作人员分科分级训练计划,残疾人社会工作人员的专业能力得到了很大的提高。

5.促进福利资源的整合

台湾地区残疾人福利保障政策针对整体性的残疾人福利信息系统,推广残

疾人汇报及通报系统，通过专业人员的评估，根据残疾人实际需要而提供服务，并建立个案数据库及落实个案管理制度，以提供整体而持续的个别化专业服务；并持续促进各部会（卫政、教育、劳政等）政策整合机制，加强残疾人福利相关政策评估、方案规划、协调联系等任务的落实执行，取得了较好的实际效果。

6.增加参与社会活动的机会

台湾地区残疾人福利保障政策鼓励民间团体积极规划各项休闲、娱乐活动，积极落实丰富残疾人的文化及精神生活实施办法，让有才艺的残疾人得以充分展现自己，对相关文化活动也给予残疾人公平参与的机会，提升了残疾人全面参与社会活动的能力。

7.积极修订残疾人相关法规

台湾地区残疾人福利保障政策配合“残疾人权益保障法”的修改，陆续修订了许多残疾人相关法规，维护了残疾人的合法权益及生活。

8.促进残疾人就业和接受教育

台湾地区残疾人福利保障政策主要通过制定相关法规，保障残疾人能够获得工作的机会，并和社会大众一样，接受到基本的教育，促进残疾人自食其力。

（二）台湾地区残疾人福利保障政策的主要经验

综合以上论述，我们可以从台湾地区残疾人福利保障的政策及相关制度等方面，总结出诸多经验，其中最主要的经验有以下几方面。

首先，经济保障是残疾人福利保障的重中之重。经济保障制度是残疾人受益最直接、效果最明显的一种福利保障制度，必须不断强化这一制度。台湾地区非常强调对残疾人提供经济保障，除了补助生活、托育、养护、辅具、重病医疗及社会保险保费外，还加强残疾人的赡养监护、推广财产信托制度及配合年金制度的规划、实施。目前，大陆地区对残疾人的各项补助，虽然都是由中央政府制定统一的给付标准，但是各个地方政府在审核发放资格时，由于受到地方财政负担的影响，不发或少发补助的现象时有发生，补助标准也不统一。因此，应借鉴台湾地区残疾人“国民年金”发放的经验，制定一个固定的、各省统一的残疾人经济补助政策规划，以固定周期发送的方式给予残疾人必要的经济保障，为残疾人提供一个稳定安全的经济生活，并不断提高其生活质量。

其次，家庭服务和社会福利照顾必须两者兼顾。海峡两岸在传统伦理道德文化的规范之下，家庭成员之间往往表现出一种生命共同体的关系，生老病死的每一阶段都以家庭作为依附对象。在这种精神的延续中，大多数残疾人选择家庭作为其安身立命的地方。台湾地区残疾人福利保障同时强调家庭服务以及包括小区、福利机构在内的社会福利照顾,既符合了根深蒂固的家庭伦理要求,又可以去除因福利机构收养所导致的负面影响。然而,大陆地区普遍对社会福利照顾缺乏明确认识,残疾人的社会照顾方式仍然停留在以家庭服务为主,导致残疾人经常生活在自哀自怜的内心世界里。因此,应树立残疾人福利保障的全新社会理念,将家庭服务和社会福利照顾相结合,让残疾人在接受家庭收养的同时,建立起对自己的信心,回归到主流社会,在彼此互动和完全参与的社会环境中,很自然地与家人同住、与他人互动,避免产生像过去完全由家庭收养所造成的隔阂现象。

再次,充分保障残疾人接受教育和参加就业。受教育是每个公民在“宪法”上所赋予的基本权利,对残疾人而言则显得更为重要。台湾地区实施的“生涯转衔”计划,能够保障残疾人在不同人生阶段获得新生机会,大陆地区可以借鉴这一有效做法,建立一套完整的教育衔接制度,让在学龄阶段的残疾人能够依据其个别的需要,作出对其个人最有利的选择。另一方面,就业可以使残疾人获得经济收入,提升生活质量,更重要的是,通过工作,可以使残疾人和社会更紧密接触,建立自尊和自信,更好地生活。大陆地区可以仿效台湾地区开设庇护工厂,帮助残疾人掌握一定的技能,辅助其参加就业。政府层面应加大对残疾人就业的扶持力度,推进和加强残疾人集中就业工作,扩大残疾人分散按比例就业的覆盖面。

最后,大力加强残疾人无障碍环境建设。台湾地区在无障碍设施建设和残疾人公共服务的社会环境上做了大量工作,以方便残疾人不受排斥地出入所有建筑场所,实现社会交往和社会参与的无障碍。大陆地区在确保助残无障碍设施硬件建设的基础上,更应注重社会环境和公众意识的无障碍“软环境”建设,尤其要学习台湾地区为残疾人服务的社会意识,即人性化的社会服务。应从学校、社区到全社会,向公众宣传和普及无障碍的基本知识,进一步提高公众对无障碍环境建设重要性的认识;加强公民道德建设,促进公众保护无障碍设施的自觉性,使爱护无障碍设施成为人们自觉遵守的社会公德。无障碍设施既不是技术难题,也不是加大投资的问题,主要是认识问题。应当让全社会每个公民认识到,硬件设施的建设总是有限的,但健全人与残疾人之间的心理障碍是可以消除的,无障碍环境建设是方便残疾人和老年人、服务全社会的事业,是功及社会、利及百年的大事。

五、台湾地区残疾人福利保障制度的启示

（一）台湾地区残疾人福利保障政策的有益启示

经过多年的实践和发展，台湾地区残疾人福利保障政策日趋完善，对残疾人的实质帮助与福利也越发明显。尽管还存在一些制度和认知方面的问题，但台湾地区残疾人福利保障政策的有效做法和经验，对于大陆地区进一步改善残疾人状况，帮助残疾人平等地充分参与社会生活，共享社会物质文化成果，具有重要的借鉴意义和参考价值。

1.残疾人福利保障的提供必须以政府为主导

目前在竞争激烈的市场经济条件下，社会资源还无法做到均衡的分配，导致贫者愈贫、富者愈富的不均现象。而残疾人在社会上是最弱势的群体，在竞争的环境中他们往往处于最不利的地位，为了维持社会公平与正义，就必须由政府介入以改善整体环境，对残疾人提供必要的福利保障。台湾地区“宪法”基于保障全体人民的生活及最基本的人性尊严，尤其是对残疾人的照顾作了详细的规定。台湾地区“宪法”第十五条规定：“人民之生存权、工作权及财产权，应予保障。”“宪法”增修条文第十条规定：“国家对于残疾人的保险与就医、教育训练与辅导、生活维护与救济，应予保障，并扶助其自立与发展。”[①]我国大陆地区和台湾地区尽管政治体制不同，但在政策制定、组织和实施方面，有许多相类似的地方。因此，借鉴台湾地区残疾人福利保障的经验，依据目前社会经济的发展程度，政府层面若要解决残疾人的需求，必须在残疾人福利保障政策的供给面上，提供包括经济、医疗、教育等方面的解决方案，满足残疾人最基本的生活要求。

2.经济补助要有统一的政策规划

台湾“行政院”于2002年通过的“国民年金法草案”中，第二十五条至三十一条规定了残疾人年金的固定周期发送方式，为残疾人的经济生活提供了稳定的安全保障。目前，大陆地区对残疾人的补助方面，包括生活补助、托育养护补助、保险费补助、辅具补助等，虽然都是由中央政府制定统一的给付标准，但是各个地方政府在审核发放资格时，由于受到地方财政负担的影响，补助标准并不统一。因此，为了让残疾人有一个稳定安全的经济生活，必须要有一个固定的、全

① 台湾“行政院内政部”：“残疾人权益保障法”，2007年7月11日修正稿，第2条。

国统一的残疾人经济补助政策规划。

3.医疗康复要有完整的配套措施

残疾人的身体都是因为生理或心理原因而导致功能障碍，所以与医疗康复的关系息息相关。台湾地区自1995年开办全民健康保险以后，残疾人的就医情况获得了很大改善；而大陆地区残疾人医疗康复工作却发展缓慢，对于一些重度残疾者，尤其是一些无法用言语表达的心智方面的重度残疾者，当其就医时无法与医疗人员充分沟通，导致就医权益无法受到完整的保障。因此，在医疗康复方面，除了对残疾婴幼儿的早期预防性工作，以及对于医疗辅助器具的补助外，还必须针对无法正常沟通的残疾人，提供一套完整的医疗检查制度，让全体残疾人均能获得完善的医疗康复服务。

4.教育权益要有合适的选择方案

受教育是每个公民在“宪法”上所赋予的基本权利，对残疾人而言则显得更为重要。因为在接受教育的过程中，可以让残疾人获得新生的机会，作为未来自力更生的基础。以大陆地区目前的教育体制而言，虽然在特殊教育的规定中，残疾人有接受针对性教育的权利，并分为若干个阶段实施。但在各个阶段之间，应借鉴台湾地区残疾人福利保障政策的一些有效做法，建立一套完整的衔接制度，让在学龄阶段的残疾人能够依据其个别的需要，作出对其个人最有利的选择。

5.促进就业要有完整的培训模式

对于残疾人的就业，是一个既重要又最困扰的问题。台湾地区“宪法”第一百五十二条规定：“人民具有工作能力者，国家应予以适当工作机会。”大陆地区相关法规对于各级政府机关、公、私立学校、团体及公（民）营事业机构，也有一定比例录用残疾人的规定，这些规定具有相当强制的执行力。但是有些部门特别是民营企业在雇用残疾人时，尽管有各种积极的政策诱因，仍然无法改变对残疾人的态度。雇主们往往会考虑雇佣残疾人的成本效益，而低工作效率则是一般人对于残疾人的刻版印象，所以残疾人在求职时经常遭到民营企业的拒绝。鉴于此，政府在促进残疾人就业政策时，必须加强残疾人职业培训所需的技能；而职业训练应该实行与企业合作的一套完整模式，一方面让残疾人在接受训练完成后就被企业所雇用；另一方面则可以让雇主在训练的过程中，增加对于残疾人的了解而强化对其工作的信任感，让残疾人可以在就业需求中拥有一份稳定的工作与收入。

6.收养照顾要有全新的社会理念

海峡两岸在传统伦理道德文化的规范之下,家庭成员之间的关系往往表现出一种生命共同体的意识,也就是在生老病死的每一个阶段中,都是以家庭作为其依附的对象。在这种精神的延续中,大多数的残疾人仍然选择家庭作为其安身立命的地方。台湾地区“残疾人权益保障法”第四十条及第四十一条即规定:“政府应提供残疾人的居家服务及小区服务”,在政策的推动中,一方面可以符合人民根深蒂固的家庭伦理要求,另一方面可以去除因福利机构收养所导致的负面影响。但是大陆地区普遍对社会照顾缺乏明确的认识,残疾人的社会照顾方式,仍然停留在以家庭照顾为主,导致残疾人经常生活在自哀自怜的内心世界里。因此,为了让残疾人能够建立起对自己的信心,必须采取“去福利机构收养化”的方式,也就是让残疾人在收养安置的过程中,不要集中在固定的福利机构里,而是让他们回归到主流社会,让他们在接受社会收养的过程,感到自己与一般人没有差别,在彼此互动与完全参与的环境中,很自然地与人互动、与家人同住,不会产生像过去福利机构收养所造成的隔阂现象。

7.福利机构要有合理的管理方式

台湾地区残疾人福利保障政策注重成果管理(outcome management)概念的运用,成果管理是一种新的思考方法,其强调整体与部分并重,是一种应变式的管理,也是某种领导能力的行动过程;它强调不断求改进、探讨个人的责任感,以及学习意愿的一种投入,同时也强调组织关系及机构事务的重要性。大陆地区政府在推动残疾人福利保障政策时,为了充分运用民间社会的力量,往往对于依法设立的残疾人福利机构给予人力及物力的协助。但现在残疾人福利机构数目庞大,服务质量也参差不齐,为了有效管理这些福利机构,提升其服务质量,应该借鉴台湾地区的有关做法,采取成果管理的方式作为衡量标准,让每个残疾人福利机构依据其各自成立的特性,制订一个总目标成果,在每个单项计划中制订一个次目标,在实际运作的过程中随时改进现有的缺失,以实现最后的总目标。政府方面可以对较好地完成总目标的福利机构进行奖励与表彰,以促进整体福利机构服务质量的提升。

8.福利资源要有均衡的分配比例

台湾地区残疾人福利保障政策在执行过程中,经常会出现社会福利经费分配不公的问题,大陆地区同样也存在这一问题。改革开放以来,由于地理条件的差异,以及各地方社会、经济条件的不同,在追求经济发展的过程中,为了生存的需要，造成了就业人口往珠江三角洲地区集中的趋势。人口过度的集中，一方面会因为互相竞争的结果，社会经济会随着效率的提升而蓬勃发展；另一方面则因为人与人之间频繁的交往，增加了彼此之间的摩擦机会，从而产生了更多的社会问题。在这种社会环境下，由于珠江三角洲地区资本急速累积，对于残疾人福利保障的福利资源也相应增加，导致不同地区、城乡之间财政严重的失衡，残疾人福利资源的分配也存在不公的现象。为了让福利资源由全体残疾人所共享，在未来的残疾人福利保障政策规划中，必须制定一套奖励措施，因地制宜地鼓励福利资源投入偏远、贫困地区，让偏远、贫困地区的残疾人能够接受应有的福利服务，以解决因不同地区、城乡之间财政失衡导致的福利资源分配不平衡问题。

（二）对大陆地区残疾人福利保障的政策建议

1.高度重视残疾人福利保障事业，营造良好的“扶残助残”氛围

残疾人群是社会生活中的一个特殊的困难群体，长期以来一直处于社会的最底层，由于残疾人的特殊性，他们在社会中通常处于相对弱势地位，急迫需要政府和社会的关心、扶持。台湾地区残疾人福利保障事业相对发达，与“政府”有关机构长期重视和直接参与残疾人福利保障政策的策划、统筹和推行是分不开的。面对庞大的一个特殊困难群体，各级政府一定要高度重视残疾人福利保障事业，加强领导，制定切实可行的政策，关心和帮助残疾人的康复、生活和就业等，扎实稳步地推进残疾人工作，为建设和谐社会创造条件。当前，大陆地区经济社会正在发生渐进性的演变，制度变迁的进程逐步加快。必须在这一大格局中正确定位残疾人福利保障事业，并确定其发展方向。就未来残疾人福利保障事业的发展而言，必须确立长期发展战略与近期发展规划相结合的方针。根据党的十七大和残疾人事业“十一五”发展纲要对建立残疾人福利保障体系的要求，联系具体实际，今后残疾人福利保障事业的长期发展战略应是：从构建和谐社会的总体要求出发，逐步建立城乡一体化的残疾人福利保障体系，切实保障残疾人的基本生活权益，维护残疾人的社会参与权益，促进残疾人的社会发展权益。具体要坚持三个原则，即保障基本生活和满足特殊需要相结合的原则、共享社会发展成果的原则和以国家为保障主体，国家与社会责任共担的原则。就近期发展规划而言，必须正视大陆地区城乡与地区发展不平衡的客观现实，因地制宜，多层次、有步骤地推进残疾人福利保障政策的实施，切实保障残疾人的基本生活。具体要把握好两个结合：一是国家保障与社会参与相结合，二是保障基本生活与扶持发展相结合。要因地制宜，突出地方特色，在开展多样化、个性化、人

性化的康复服务方面深化细化具体化，避免出现规划“上下一样粗、各地一个样”的倾向。

残疾人由于生理、心理或智力等方面的原因，无法维持正常人的社会生活，他们是最需要社会关注的弱势群体。社会对于残疾人具有无可选择的接纳义务与保障责任。但这种责任需要合理地加以界定，既不能漠视社会责任的存在，更不能借推进社会福利社会化的改革趋向而无限扩大社会对残疾人等弱势群体的保障责任。社会作为主体对于残疾人福利保障的责任和义务，可以通过发展残疾人慈善事业、拓展社区保障、加强家庭保障来构建社会对于残疾人保障的基本机制，以之作为保障制度的有力支持系统。因此，要积极倡导反歧视、平等对待和残疾人优先、特别扶助等基本理念，在全社会营造良好的“扶残助残”氛围，逐步改善残疾人福利保障的社会环境，促进残疾人的社会参与，推动残疾人福利保障事业的发展。台湾地区残疾人福利保障政策有一个特点，即重视对残疾人观念的更新与转变，这值得大陆地区学习与借鉴。要从过去的“宿命”观点、“残疾人无用”观点以及“恩赐”观点转变为认识到残疾人存在的社会价值以及残疾人作为“人”的基本权利。新残疾人观认为，残疾人是人类历史进程中不可避免要付出的一种社会代价，残疾人有作为人的尊严和权利，作为公民，有《中华人民共和国宪法》赋予的合法权益；残疾人是社会物质财富和精神财富的创造者。只有认识到残疾人的社会价值，才能使残疾人和健全人建立新型的人际关系，形成文明的社会风尚，才能使残疾人得到良好的社会服务和福利照顾，使残疾人回归社会主流，平等参与社会生活。要鼓励和支持残疾人参与社会管理和民主政治生活，实现残疾人的公民权利。在各级人大、政协等政治组织中，要设置一定的残疾人代表名额，发挥残疾人参政议政的作用，反映残疾人的呼声，维护残疾人的利益，让残疾人真正融入到大陆地区的政治、经济和社会生活中。

2.加强残疾人福利保障的立法与执法，推进残疾人福利保障制度的建立

台湾地区残疾人福利保障事业快速发展的一个重要的原因在于健全的法制，特别是为保护残疾人的基本权益的法律体制比较健全；而且，法律的权威也得到社会的广泛尊重，法律的执行能得到根本保证。法律是制度最为规范化的体现，立法则是任何制度实现规范化的根本保证。因此，大陆地区残疾人福利保障的制度化与规范化必须通过法制化的途径来实现。一是在《中华人民共和国宪法》层次要明确国家、社会与家庭对于残疾人的保障责任与基本保障方针。二是进一步完善残疾人法规、规章和政策体系，适时修订与完善《分散按比例安

排残疾人就业办法》及《扶助残疾人办法》等法规。三是制定颁布《福利保障法》、《社会保险法》等相关法律，实现残疾人福利保障相关法律的衔接配套；进一步制定或修订与残疾人福利保障相关内容的部门规章与地方规章，落实残疾人的各项福利保障措施。四是认真实施维护残疾人权益的法律、法规、规章和政策，积极配合有关部门开展《中华人民共和国残疾人保障法》及相关法规、规章和政策执行情况的检查工作，依法维护残疾人权益。

推进大陆地区残疾人福利保障制度的建立，必须加强残疾人福利保障法律法规的实施，保证执法的规范与有效性，建立与国情相适应的福利保障体系。《中华人民共和国残疾人保障法》是大陆地区第一部全面保障残疾人权益的法律，对残疾人的康复权、教育权、劳动就业权等方面作出了明确规定。但这部法律是在1990年颁布实施的，受当时社会条件和残疾人事业发展水平的局限，这部法律的相关规定与目前大陆地区残疾人福利保障的需求已产生一定差距，而且规定大都比较笼统，缺乏约束力。因此，应针对具体实际，加快完善残疾人福利保障体系，推进残疾人福利保障的法制化与规范化进程，加大对残疾人福利保障的投入，切实做好残疾人福利保障工作，建立成果共享、和谐共生的福利保障体系，使残疾人与人民一道享受改革开放和经济发展的成果，可以切实保障基本生活、逐步扩大社会参与和适度促进社会发展相结合作为残疾人福利保障发展的方向。残疾人福利保障的基本框架是以政府为依托，尝试建立残疾人福利津贴制度，逐步提高残疾人的社会福利水平。建立残疾人福利津贴制度是对现有残疾人福利保障内容的充实与完善，包括残疾人救助津贴制度和保险津贴制度。残疾人救助津贴制度是配合城市最低生活保障制度，为残疾人设立的一种补充性经济保障制度，主要对象应为中低收入家庭中永久失能的残疾人；残疾人保险津贴制度是对于现有社会保险制度的补充，主要为有工作能力的残疾人提供适度的社会保险津贴，其补助标准可按残疾等级划分。同时，农村及贫困地区应集中力量以扶贫为主，做好邻里互助、村级保障和救灾救济等项工作，鼓励、协助农村残疾人参加农村社会养老保险，帮助解决无业贫困残疾人的基本医疗和基本养老问题，逐步建立残疾人的医疗救助和社会救济等相结合的基本生存保障制度。中等发达地区应在此基础上逐步发展福利生产，兴办福利事业，稳步推进农村社会养老保险和最低生活保障制度，切实保障残疾人的基本生活。经济发达地区则应在此基础上进一步建立健全社会养老保险、最低生活保障等为内容的残疾人社会救助制度，在保障残疾人基本生活的同时适度保障残疾人的社会参与权益和社会发展权益。此外，要加快建立残疾人福利保障制度的实施与绩效评估机制，充分发挥残疾人福利保障制度的功能。政府的相关部门与残联组织要规范福利保障的范围、对象、资金来源、缴费费率、待遇水平发放办法、管理监督程序等，健全残疾人福利保障制度的运作机制，保证残疾人福利保障制度的严肃性、权威性与有效性。

3.建立残疾人社区保障机制，加强社区康复服务

台湾地区残疾人福利保障十分强调社区（小区）服务，社区为残疾人提供包括康复服务、心理咨询、日间照顾、临时及短期照顾、餐饮服务、交通服务、休闲服务、亲职教育、信息提供、转介服务及其他相关服务，使多数残疾人能继续生活在社区，保持与社区近距离的接触，从而有利于残疾人融入社会。大陆地区也应结合和谐社区建设，加快建立残疾人社区保障机制，夯实残疾人福利保障的基础。一是再造社区残疾人保障的管理体制和工作机制。应坚持以政府为主导、社区为依托、有关部门密切配合、社会各界共同参与的原则，形成推进社区残疾人工作的合力，并发挥社区居委会的自治作用，以人为本，逐步建立符合社区发展需求的社区残疾人工作机制。二是调动残疾人的积极性。提高残疾人参与社会的能力，使残疾人与健全人一样共创共享社区和谐生活。三是以社区服务为依托，健全残疾人社区保障网络。应合理规划残疾人社区服务的内容与基本范畴，整合服务网点和服务项目，健全服务功能，逐步建立融康复、就业、教育、文体于一体的微型残疾人社区服务网络。现阶段残疾人社区服务的主要内容应该包括保障残疾人的基本生活，以家庭为基础开展残疾人社区康复，丰富残疾人的文化生活，建设社区无障碍环境，维护残疾人合法权益等方面。四是依托社区残疾人协会，大力发展社区非营利组织，充分发挥非营利组织在残疾人福利保障中的促进作用，引导非营利组织积极开展残疾人福利保障服务。此外，还应该逐步培养职业化的社会工作者，以推进残疾人社区保障工作的专业化和规范化。

社区康复服务具有经济、有效、可行和覆盖面广的特征，是使残疾人就便就近及时享有服务的有效途径，是实现“人人享有康复服务”的必由之路。当前，大陆地区正在加快推行城乡一体化的步伐，在这个背景下，大批农民将变成居民，农村残疾人也将进入城镇生活。所以，社区康复服务永远是我们工作的重点，应重点抓好三支队伍的建设。一是康复管理队伍的建设；二是康复技术队伍的建设，康复技术涉及多门学科，需要运用医疗、教育、职业、工程等手段，需要运用因地制宜简便可行的方式，更需要运用高科技的成果；三是志愿者队伍的建

设,社区护理应以社区内弱势团体(老弱残障)为优先服务的对象,以社区护士、社区医生为主,为残疾人及其家属提供护理的示范、讲解、咨询等;对残疾人指导康复训练方法,并给需要护理的残疾人进行日常护理;开设心理卫生咨询,对残疾人日常生活中的心理问题进行开导和护理。这三支队伍各有所用,互促互补,缺一不可。目前,我们已从医疗康复为主进入训练康复、全面康复阶段,康复机构承担着技术指导和示范服务两大职能,不能把残疾人康复机构办成综合性医院或单纯的医疗门诊部。各级机构要围绕全面康复的内容,通过对下级机构的业务指导,提高各个层面的康复质量;通过运用功能训练为主、医疗康复为辅的手段为残疾人提供实实在在的服务,为下级机构发挥示范作用。应大胆探索康复机构的社会福利性质和市场化运作的结合点,既要讲社会效益也要讲经济效益。在具体操作中,对贫困残疾人要明明白白地提供无偿服务,对有经济能力的人群应清清楚楚地开展有偿服务。大陆地区残疾人社区用品用具供应服务的实践证明,争取社会效益和经济效益双丰收是可行的也是必要的。同时,可以考虑建立残疾人生活保障基金,通过政府补一点,社区筹一点,基层出一点的方式来建立残疾人生活保障基金,重点对特困残疾人家庭实施定点和定期的保障,解决由于经济发展不平衡,政府社保资金缺乏的问题。要进一步加强统筹协调、整合和发挥社会资源的作用,围绕实现满足残疾人各项基本康复需求的目标,加强与各个层面的有关部门和社会力量的统筹协调,进一步整合发挥各方面康复资源和力量,不断促进形成社区康复服务多元化的新格局。

4.大力发展残疾人教育事业,完善残疾人教育支撑体系

受教育是每个公民在《中华人民共和国宪法》上所赋予的基本权利,对残疾人而言则显得更为重要。以大陆地区目前的教育体制而言,虽然在特殊教育的规定中,残疾人有接受针对性教育的权利,但应学习台湾地区残疾人教育保障中公立教育与私立教育相结合的办法,大力开展多种形式的残疾人教育事业。一是加大发展残疾儿童早期教育的力度。大陆地区教育部门应开办残疾儿童早期教育的托儿所、幼儿园,扶持民办的残疾儿童教育机构,提高其教育教学质量,让更多的残疾儿童尽早受到教育。二是切实将残疾儿童少年教育纳入义务教育体系。以随班就读为主体,使适龄残疾儿童少年义务教育入学率在发达地区达到当地健全儿童少年水平,并发展高水平、高质量的残疾儿童少年义务教育。对贫困和边远地区,要进一步采取积极的扶持政策,大力推进残疾儿童少年义务教育的发展,使入学率有大幅度提高。进一步建立和完善国家级的随班就读实验区、

特殊教育示范中心和特殊教育示范学校，发挥以点带面、典型示范的作用。三是努力扩大残疾人接受高等教育的机会。完善普通高等院校招收残疾考生的政策，进行放宽体检标准的试点，要在录取政策、自学考试等方面给残疾人应有的照顾。拓宽残疾学生接受高等教育的渠道，在普通高等院校开设特殊教育学院或特教专业班，采用联合办学的方式，让现有的残疾人学校向高等教育延伸，扩大高等院校对残疾人的招生数量。进一步推动盲人、聋人高等教育自考工作，根据社会人力资源需求和广大盲人、聋人的迫切要求，结合盲人、聋人的生理特点，开考中文、中医、行政管理、法律、英语、心理学等专业的大专学历自考科目。扩大自考招生面，增设盲人、聋人自学考试点，方便盲人、聋人报考和参加辅导及考试等。四是多渠道、多层次、多种形式开展残疾人职业教育与培训。充分发挥职业教育与培训机构在残疾人职业教育与培训中的主体作用，针对残疾人的特点和劳动市场需求、就业去向和就业渠道，开展职业教育与培训。鼓励企事业单位和个人创办残疾人职业教育与培训专门学校和机构，利用社会力量开展残疾人职业教育与培训。五是大力发展残疾人继续教育，大幅度提高残疾人接受继续教育的比例，拓宽残疾人培训的内容。构建残疾人信息网，利用因特网页，提供面向残疾人的行政信息和通信、广播服务信息，把盲文图书馆、盲文出版设施、盲校信息提供设施联通，形成盲校盲文信息网络系统。大力开展远程教育，利用网络和多媒体技术开展教育，使残疾人不受时空限制地学习、交流，为广大农村、偏远地区开展残疾人教育创造条件。

长期以来，残疾人教育的内容往往偏重基础文化知识的传授，而忽视其他技能和能力的培养。残疾人进入社会后，往往难以融入社会。因此，大陆地区特殊教育学校应积极改革残疾人教育内容，加强生活知识、劳动技能和职业技术教育。根据残疾学生的实际情况，把学习基础文化与学习职业技能结合起来，为未能升学的残疾学生提供实用技能培训，使他们具备谋生的技能，能在社会的正常条件下劳动和生活。由于先天、意外的种种不幸，造成残疾人生理、心理上的变异；外界的冷遇和传统观念的根深蒂固，使残疾人陷入隔绝、封闭的心理状态。因此，要加大对残疾人心理健康教育的力度，特殊教育学校应对残疾学生积极开展心理健康教育，指导学生克服自卑感、不良情绪等的困扰，使他们保持平和、开朗的心境，培养他们自强、自立、自信的心理素质。同时，社区是为残疾人提供服务最直接的工作层面，残疾人教育的社区化将成为残疾人摆脱困境、谋求继续发展的新途径。各级地方人民政府在规划和部署社区建设工作时，应将残疾人教育工作列入总体规划，纳入社区建设的内容。此外，还应该建设一支高质量的残疾人教育队伍，采取切实措施办好特殊教育师范院校，有计划地在普通师范院校开设特殊教育专业或课程。各级教育行政部门要将特教师资的培训纳入师资继续教育工程，定期组织开展特教专业培训，聘请有关专家前来讲学。加大对残疾人教育工作者的培养教育，采取党校学习、业务培训、挂职锻炼、干部交流等形式，努力建设一支热爱残疾人事业、恪守“人道、廉洁”职业道德、全心全意为残疾人服务的队伍。此外，要关心特教师资的工作和生活，稳定特教师资队伍。做到在教师工资待遇、职称评定、民办教师转正、评优等方面，对特教教师予以倾斜。

5.拓展残疾人就业空间，营造残疾人就业的支持性环境

市场经济倡导公平竞争，但对于残疾人这样的社会特殊群体，如果没有必要的保障措施，没有特殊的保护手段，单靠市场这只“看不见的手”是无法给处于弱势地位的残疾人一个公平、合理的竞争氛围的，也就谈不上真正意义上的“平等竞争”。尊重残疾人的价值，发挥他们的潜能，保护他们的权利，这是国家和社会义不容辞的责任。就业不但可以使残疾人获得经济收入，提升生活质量，更重要的是，通过工作，可以使残疾人和社会更紧密的接触，建立自尊和自信，更好地生活。台湾地区普遍都开设了庇护工厂，帮助残疾人掌握一定的技能，辅助残疾人就业。大陆地区残疾人就业与社会整体就业水平存在很大差距，残疾人就业形势十分严峻。因此，要实现残疾人充分就业，必须健全和完善残疾人劳动就业保障体系，给残疾人就业以更有力的法律保护、更积极的政策支持和更有效的社会援助。要建立行之有效的残疾人劳动就业服务机制，构建一个比较完善的残疾人劳动服务网络，建立一套科学化、规范化、现代化的职业中介服务体系，将就业登记、职业中介、档案挂靠、法律政策咨询等各项服务功能结合在一起，形成一条龙的残疾人就业服务格局。同时，要适应社会转型的需要，转变残疾人就业观念，拓展残疾人的就业空间。要积极吸收台湾地区残疾人福利保障政策的有益经验，提高残疾人福利企业的市场竞争力，继续推进和加强残疾人集中就业工作，扩大残疾人分散按比例就业的覆盖面，推动残疾人就业工作不断向前发展。

道德是市场经济的支持性资源，是重要的调节手段。大陆地区各级部门在保障残疾人就业的过程中，不仅要给予物质援助和法律、政策支持，还要运用各种宣传手段，给残疾人就业以舆论和道义的支持。由于几千年封建思想的影响和长期不正确地对待人道主义，大陆地区歧视残疾人的社会现象还较为普遍。

因此，要在全社会大力弘扬社会主义人道主义，树立现代文明社会的残疾人观和新的劳动就业观，树立残疾人自强形象和助残典型，形成全社会理解、关心、帮助残疾人就业的社会风尚，为残疾人营造充满关爱的人文环境。政府方面，则应加大对残疾人就业的扶持力度，在政策上实行一定程度的倾斜，并制定相应的优惠措施和扶助政策，促进其平等、充分就业。各普通学校必须招收可以接受普通教育的残疾人儿童；政府对考入中、高等院校的贫困残疾学生进行资助；大力开办特殊教育学校，建立盲校、聋校和弱智学校等；加强残疾人事业信息网络建设，建立残疾人图书馆和残疾人网站。有条件的市、县图书馆，要进行无障碍设计；建立专为残疾人服务的部门，例如图书馆可以收藏盲文图书，建设有声图书、磁带、录像等，为残疾人配备有手语的电视、网络等；培养一批专为残疾读者服务的懂手语和盲文的工作人员。要进一步健全和完善保障残疾人权益的各项法律法规，逐步消除劳动力市场上对残疾人的各种歧视，通过立法和监督来弥补因残疾带来的不利影响，切实保障和实现残疾人的各项权利。对于积极安排残疾人就业的用人单位、工作业绩突出的残疾人、服务残疾人就业的机构和个人进行奖励和表彰；对于因残疾职工而影响效率、增加成本投入的用人单位给予补偿，对残疾人为了工作而多增加的相应付出给予必要补偿，对残疾人因能力原因造成效率低、收入少，给予一定的收入补偿；对不积极安排残疾人就业、不提供必要的帮助、不公正对待残疾职工的用人单位给以行政和经济处罚。

6.加强无障碍环境建设，树立公众全新的残疾人观

台湾地区在无障碍设施建设和残疾人的公共交通服务上做了大量工作，以方便残疾人出入所有建筑物，为残疾人参加各种活动提供公共交通服务。大陆地区近年来在助残基础设施建设上虽取得了很大的发展，但和台湾地区相对完整的助残体系相比较，还存在较大差距，应从制度建设、专业水平、残疾人参与、公众意识等方面进一步加强无障碍的环境建设，为残疾人平等参与社会营造良好的社会环境。针对当前无障碍设施建设中出现的问题，大陆地区主管部门应切实加强管理和监督。首先，应大力改善发展不平衡的局面，争取在更大区域内实现无障碍，为更多残疾人提供生活的便利。其次，确保无障碍设计系统化，不断提高设计人员执行规范的自觉性，真正做好道路和建筑物的无障碍，保证每个环节畅通无阻，方便残疾人使用。再次，严格执行国家关于无障碍设施专用产品的标准，加快专用产品开发生产，加强无障碍设施和设备维护管理，各级建设行政主管部门应对无障碍设施实施统一管理和监督。最后，应加大无障碍改造的

执法力度，明确执法主体，规定严格的执法程序，出台切实可行的执法依据，对拒不履行义务的当事人应根据相关法律法规给予相应的惩罚。此外，要加强残疾人群体在无障碍环境建设方面的话语权，组织听证会，为残疾人提供建言献策，参与决策的机会。鼓励残疾人充分利用辅助自己外出的无障碍设施，走出家门，更多地参与社会生活。加强残疾人交流与获取信息的无障碍建设，例如，影视节目打上字幕、开播更多的手语节目、公共图书馆开设盲人有声读物室、博物馆及旅游景点开设语音和手语解说服务等，增加残疾人参与公共文化生活的机会，丰富他们的精神生活。

在确保助残无障碍设施硬件建设的基础上，我们更应该注重社会环境和公众意识的"无障碍建设"。硬件设施的建设总是有限的，但健全人与残疾人之间的心理障碍是可以消除的，这样残疾人才会时时刻刻感觉到社会对他们的关心。台湾地区的助残设施建设固然能让我们学到很多看得见摸得着的东西，但是我们更应该学习这些地区为残疾人服务的社会意识，即人性化的社会服务。应从学校、社区到全社会，向公众宣传和普及无障碍的基本知识，进一步提高公众对无障碍建设重要性的认识；加强公民道德建设，促进公众保护无障碍设施的自觉性，使爱护无障碍设施成为人们自觉遵守的社会公德；充分发挥志愿者队伍在无障碍环境建设中的作用，志愿者可以在无障碍设施现场进行宣传示范，扩大公众对无障碍设施的认识和了解，营造助残氛围，将关爱残疾人的理念撒播到全社会。同时，志愿者还可以帮助残疾人学习如何使用无障碍设施，目前，很多志愿者利用节假日时间和残疾人朋友一起坐地铁、搭乘无障碍公交车、去盲人电子阅览室等，这些活动深受残疾人朋友的欢迎。增强社会融合，在全社会树立新的残疾人观，这是消除残疾人社会排斥的前提。因此，我们应该用现代社会文明、进步、科学的观念，正确认识残疾人和残疾人问题，从而树立起以"平等、参与、共享"为核心内容的新残疾人观。无障碍设施既不是技术难题，也不是加大投资的问题，主要是认识问题。应当让全社会每个公民认识到，无障碍环境建设是方便残疾人和老年人、服务全社会的事业，是功及社会、利及百年的大事。

7.实现残疾人组织社会化，完善残疾人法律援助制度

台湾地区残疾人组织都表现出明显的社会化倾向，它们或强调政府或当局的宏观调控、微观放权，或重视民间机构的广泛介入，或强调对社会人力资源的开发利用，这些无疑都值得大陆地区借鉴。一是加强政府宏观调控及政策引导。推动残疾人组织社会化，政府应为此做好机构设置、政策法律、制度规范、社会环

境、舆论观念等方面的系统准备。而这一切的实现都有赖于政府宏观调控功能的充分发挥，在总的政策规范下对残疾人组织加以引导。单纯的优惠政策或者某一方面单一政策都不足以完成残疾人组织社会化的转变。对政府来说，这将是一项长期工作。二是组织机构社会化。残疾人组织要保有充分的自主权，不应受到政府机构的行政约束，应向民间化发展。组织机构的社会化还意味着组织机构的基层化，只有基层组织才能直接面对和联系广大残疾人，残疾人组织任一工作的展开也有赖于基层运作，因此只要是在有需要的地方，就应该有残疾人组织的身影。在此过程中，应大力提倡残疾人社区照顾。三是人员配备社会化。当前，大陆地区大部分残疾人组织都由政府安排工作人员，这与现行的组织机构是配套的。实现人员配备的社会化，首先要在人员任用上采取公开招聘和考核的方式；在人员配备社会化过程中，无论是政府还是残疾人组织自身，都应加强对残疾人专业工作者进行教育和培养的重视和投入。四是组织功能社会化。残疾人组织首先要维护和满足残疾人自身的利益和要求，在此过程中，残疾人组织应扩大服务领域并加强服务功能。另一方面，残疾人应充分发挥自身的力量和潜能，充分意识到他们应该而且也有能力承担社会发展的相应义务，在力所能及的范围内，为社会其他群体提供可能的服务，像盲人按摩就是很成功的范例。五是资金来源社会化。残疾人组织资金来源社会化不但可以有效解决资金紧缺问题，而且可以大力推动残疾人组织社会化发展步伐。政府要加强宏观政策引导和扶持，以吸引社会力量投入到残疾人事业发展中来。同时，社会化就意味着竞争，对于残疾人组织来讲，竞争的筹码除了从社会上获得“他助”之外，更重要的还是从内部寻找自生的力量，最终在“他助”的基础上，实现“自助”。

残疾人法律援助制度作为残疾人福利保障政策的一个重要内容，也应引起大陆地区有关部门的高度重视。首先，要建立残疾人法律援助协调机构，协调政府、法院、律协等法律援助实施机构的关系。通过整合现有资源与提高办案效率，鼓励支持民间法律援助事业的发展，加强城市社区（农村乡镇）法律服务站的建设，完善残疾人法律援助网络，壮大残疾人法律援助队伍。其次，广泛开辟残疾人法律援助资源。在人力资源开发方面，要不断壮大法律援助队伍，动员组织优秀的律师、公证员、基层法律工作者以及其他法律服务人员开展法律援助志愿者活动，同时也要动员高等院校法律院系的师生，为法律援助工作贡献力量。在资金资源方面，以政府拨款为主，列入年度财政预算，建立起政府对法律援助的最低经费保障体制；建立各级“残疾人法律援助基金”，主要社会募捐，个人、企业的捐助;还可以考虑通过罚款或者赔偿制度来补充法律援助的资金。例如对于残疾人父母、子女侵权或者父母、子女有能力为残疾人聘请律师而没有聘请的,法院应该判决其支付法律援助费用或者根据情况处以罚款,来弥补法律援助经费的不足。最后,完善残疾人法律援助运行机制,创新性地开展残疾人法律援助工作。加强对残疾人法律、法规的宣传,将残疾人保障法等法律、法规纳入全民普法教育规划,积极营造全社会尊重、理解、关心、帮助残疾人的良好社会氛围,提高广大残疾人的法律意识。同时,完善残疾人法律援助案件的质量监督、检查和信息反馈制度,提高残疾人法律援助的质量。如在审查阶段,实行工作人员回避制度;在律师指派上,实行当事人自愿选择和中心推荐相结合的办法;在庭审阶段,实行案件旁听制,增强律师的责任意识。此外,对残疾受援人实行回访制度,认真听取受援人的意见和建议等。

第十九章　澳大利亚的残疾人保障制度*

一、澳大利亚国情简介

地处南半球的澳大利亚联邦(The Commonwealth of Australia)简称澳大利亚(Australia),面积769.2万平方公里,国土辽阔,物产丰富,作为地球上最小的大陆和最大的岛屿,有“天然的生物博物馆”、“骑在羊背上的国家”和“坐在矿车上的国家”等称号。1814年马修斯·弗兰德斯(Matthew Flinders)出版了《澳大利斯地游记》(*A Voyage to Terra Australis*),在书中使用了“澳大利亚”这个名称,“澳大利亚”从此开始得到广泛认可,拉克伦·麦夸里(Lachlan Macquarie)总督在官方报告中采用这个名称并建议正式采纳。1824年,英国海军部同意将南半球的这块大陆命名为澳大利亚。

(一)澳大利亚人口状况

根据澳大利亚统计局“人口时钟”统计,目前,澳大利亚总人口为2263万多人。① 澳大利亚的原住民是土著人和托雷斯海峡岛民(Aboriginal and Torres Strait Islander),他们已在此至少居住了四万年,甚至可能长达六万年。估计2006年原住民人数为51.7万,约占总人口的2.4%。澳大利亚的其他人都是自1788年欧洲首次移民以后,来自近200个国家的移民或移民后裔。1945年,澳大利亚人口约为700万,从那以后,共有650多万移民前来澳大利亚定居。今天,澳大利亚总人口的43%出生于海外或双亲之一在海外出生,四分之一的人口出生在海外,因而移民是人口增长的一种主要方式。②

目前,澳大利亚总人口的70%居住在城市,绝大部分居住在东南沿海地区。

---

* 作者:张建伟,中央财经大学保险学院副教授。

① See Australian Bureau of Statistics, *Population clock*.

② See The Australian Institute of Health and Welfare(AIHW), *Australia's welfare* 2009.

人口最多的两个州是新南威尔士州和维多利亚州,它们各自的首府悉尼和墨尔本也是澳大利亚最大的城市。澳大利亚人口密度全世界最低,为每平方公里2人,但在主要城市和边远地区之间差别很大。

澳大利亚人均预期寿命较高,在全球排第三位。2003—2005年,出生预期寿命男性为78.5岁,仅次于冰岛和中国香港地区的79岁,女性为83.3岁,仅次于日本和中国香港地区的85岁。澳大利亚目前已进入老龄化社会,在过去20年中,年龄中位数增加了5岁,在2008年达到37岁。0—14岁人口比例从1988年的22.4%下降至2008年的19.3%,同期,65岁及以上人口从10.8%增加到13.3%,2008年为280万,预计2050年将提高至25.7%。

澳大利亚劳动年龄人口的比率相对较为稳定,1988年为66.8%,2008年为67.5%。2006年人均国内生产总值(GDP)为52287澳元,在OECD国家排名第10位。住房自有率达到65%。①

(二)澳大利亚政府结构

1901年1月1日澳大利亚宪法开始生效,标志着由原先六个独立的英国殖民区合并组成的澳大利亚联邦成立。澳大利亚的政体是君主立宪制,联邦政府的权力和程序都由成文宪法规定,实行三级政府管理体制,即联邦政府、州或领地政府和地方政府(市、郡、镇)。

联邦政府,也称为澳大利亚政府,制定全国适用的法律,宪法第51章规定了联邦政府立法的许多领域。联邦政府有三个组成部分:一是国会,即立法机关,依据宪法第51条讨论和表决新的法律;二是行政机构,负责执行立法机关制定的法律,立法机关的某些成员也是执行机关的成员,称为国务秘书,分别对某些领域承担特别责任;三是司法机关,独立地负责法律的执行并决定立法和行政机关是否依法行事。

六个州在宪法第51章没有规定的范围以外有权立法,有自己的宪法,也有立法、行政和司法机关。领地是在澳大利亚领土之内不为任何一个州所拥有的地区,领地可由联邦政府管理,也可以授权组成自治政府,自治政府与州政府类似。宪法允许领地经联邦立法机关批准后转变为州。六个州为昆士兰州、新南威尔士州、维多利亚州、南澳大利亚州、西澳大利亚州、塔斯马尼亚州,两个领地为北领地和首都特区。

---

① See The Australian Institute of Health and Welfare(AIHW), *Australia's welfare* 2009.

地方政府由州和领地政府批准建立,负责大量社区服务。地方政府设有立法和行政机构,没有司法机构,其权力由批准的州或领地政府规定。

联邦政府、州或领地政府以及地方政府分工明确、各司其职,联邦政府负责国防、外交、移民事务、商贸、航空业、邮政电信、就业政策、国家公共建设、社会服务、高等教育等事务;州或领地政府负责本行政区域内的教育、健康、发展、自然资源和环境保护、住房供给、公平交易、消费者事务、防火和其他紧急事务;地方政府负责维护道路、垃圾收集、城镇和建房规划、儿童福利、青年活动中心、老年活动中心、图书馆、公园、游泳池的管理和维护。

(三)澳大利亚社会保障制度概况

澳大利亚是西方国家中平均主义思想比较浓重的国家,把公平放在效益之上,“不患寡而患不均”。《澳大利亚人报》2000年6月进行过一次问卷调查,对“缩小贫富差距”和“加快增加国家财富总量”的选择,70%的人选择了前者,只有28%的人选择后者。① 其实早在1908年,澳大利亚就制定了《残废抚恤金和养老金法案》,是继新西兰之后第二个建立社会福利保障的国家,被誉为“社会福利国家的先驱”。② 1947年,澳大利亚联邦政府制定了第一部社会保障法。20世纪70年代,澳大利亚的经济呈现繁荣景象,社会福利措施也相应地发展到高峰,进入西方意义上的福利国家时代,真正跻身“福利国家”的行列。目前,澳大利亚的社会保障体系是一种以社会救助为核心,辅之以部分社会保险计划主要是养老保障和全民医疗保健计划的独特系统,具体包括养老保障、医疗保障、失业保障、家庭津贴、伤残保障、优待抚恤、住房补助、移民补助、救灾补助以及社区服务等,体系完备,为居民提供了全面的养老和医疗保障。③

二、澳大利亚残疾人的基本情况

(一)澳大利亚对残疾的界定

联合国《残疾人权利公约》(*The Convention on the Rights of Persons with Disabilities*)指出,残疾是一个演变中的概念。残疾是伤残者和阻碍他们在与其他人

① 参见韩锋、刘樊德主编:《当代澳大利亚》,世界知识出版社2004年版,第267页。

② 王德华:《澳大利亚:从移民社会到现代社会》,上海社会科学院出版社1997年版,第102页。

③ 参见蔡社文:《澳大利亚社会保障制度简介》,《中国财政》2001年第7期。

平等的基础上充分和切实地参与社会的各种态度和环境障碍相互作用所产生的结果。残疾人包括肢体、精神、智力或感官有长期损伤的人,这些损伤与各种障碍相互作用,可能阻碍残疾人在与他人平等的基础上充分和切实地参与社会。世界卫生组织在《国际功能、残疾和健康分类》(*International Classification of Functioning, disability and health*,简称 ICF)中认为,残疾包含损伤、活动受限和参与障碍。澳大利亚对残疾有自己的理解。澳大利亚统计局(Australian Bureau of Statistics,简称 ABS)在残疾人、老年人及其照顾者调查(Survey of Disability, Ageing and Carers,简称 SDAC)中这样界定残疾:一般是指身体活动受到限制、障碍或患病持续或可能持续超过 6 个月,并且对日常活动造成影响。所谓核心活动(Core Activities),包括生活自理、行动和交流。① ABS 把核心活动受限的程度划分为以下四种:一是轻微(mild),不需要帮助,在生活自理、行动和交流方面没有困难,但需要辅助设备;二是中等(moderate),不需要帮助,在生活自理、行动和交流方面有困难;三是严重(severe),有时候需要帮助,在理解或被家人、朋友理解方面有困难,能够用手语或其他非语言途径交流;四是深度(profound),不能生活自理、行动和交流,或者必须依赖帮助才能完成。核心活动严重或深度受限,意味着日常生活偶尔或经常需要至少一种帮助,这种状态处于残疾光谱的最末端,澳大利亚残疾人专门服务(Specialist Disability Services)主要是瞄准这类残疾人。第三版的 CSTDA 曾经对残疾这样定义:在 65 岁之前,由于智力、精神、感觉、身体或神经方面的损伤,或者获得性脑受伤,从而导致生活自理、行动和交流等能力中至少一种显著下降,因而需要持续或长期的支持。

在澳大利亚,通常根据健康状况、损伤、行动或参与受限、环境因素、对帮助的需要等情况把残疾分为五种,即智力(intellectual)、精神(psychiatric)、感觉或言语(sensory/speech)、获得性脑外伤(acquired brain injury,简称 ABI)、身体或多重残疾(physical/diverse disability)。

(二)澳大利亚的残疾人统计调查

澳大利亚统计局通过多种途径搜集残疾人信息,如残疾、老龄化和看护者调查(SDAC)、人口和住房普查、一般社会调查(General Social Survey,简称 GSS)。其中,人口和住房普查包含有关残疾问题,一般社会调查是针对 18 岁及以上成年人的家计调查,试图反映社会网络、社区参与、健康和残疾、个人压力、经济压

① See ABS, Disability, *Ageing and Carers*, Autralia: Summary of Fundings, 2009.

力和收入等生活的方方面面，当然，最综合性的残疾人调查还是 SDAC。澳大利亚统计局于 1981 年首次开展了针对残障人士的调查，并在 1988 年、1993 年和 1998 年得以继续，2003 年针对残疾人、老年人及其照顾者开展调查，从 2009 年开始，该调查将每 6 年开展一次。这几次残疾人调查的结果都是可以比较的，但调查本身也在不断发生变化，比如说概念上从“残障”演变为“失能”，1993 年增加了对照顾者这一新目标群体的调查，2003 年增加了计算机和网络使用方面的信息。2009 年在 4—12 月的调查增加了一些内容，包括在家里使用的主要语言，英语熟练程度，残疾人服务、老年人服务以及服务的满意程度，社会融合性，劳动力市场参与度，等等。同时，用来确定照顾者的方法也发生了改变，要求接受照顾的残疾家庭成员确认谁是主要的照顾提供者，而 2003 年接受照顾的人并不参加这个确认过程。

（三）澳大利亚残疾人的总体规模

根据澳大利亚统计局开展的“残疾、老龄化和照顾者调查”（SDAC），2009 年 18.5%的澳大利亚人既约 402 万人患有残疾，21%患有不至于限制日常活动的长期健康问题，60%没有以上两种情况。与 2003 年相比，2009 年澳大利亚的残疾发生率下降了 1.5 个百分点，主要原因在于澳大利亚人因哮喘病、背部疾病等身体因素导致的残疾比例下降。年轻年龄组的下降幅度也特别显著，如 15 至 24 岁人口的残疾发生率从 9.0%下降至 6.6%，25—34 岁人口的残疾发生率从 11%下降到 8.6%，45—54 岁人口的残疾发生率从 22%下降到 18%。但在 65 岁及以上的老年人中，由于背脊问题导致的残疾发生率从 4.9%上升到 6.3%。①

表 1　澳大利亚残疾人规模与比例

年份	残疾人规模（单位：百万）	残疾人占总人口的比例（单位：%）
1993	317.67	18
1998	361.03	19.3
2003	395.83	20
2009	402.62	18.5

资料来源：ABS，SDAC，1998，2003，2009。

根据 2009 年的调查，在报告患有残疾的人当中，87%是生活自理、行动或交

① See ABS, *Disability, Ageing and Carers*, Autralia: Summary of Fundings, 2009.

流等核心活动受限,或者教育、就业受限,78%的残疾人是一种以上核心活动受限。从残疾程度来看,轻微(mild)、中等(moderate)、严重(severe)和深度(profound)的残疾人比例分别为30%、16.2%、15.7%和15.7%。

剔除年龄结构的影响后,近年来残疾发生率的变化很小,1998年是20.1%,2003年是20%,2009年为18.5%;核心活动严重或深度受限的比例变动也很小,1998年为6.4%,2003年为6.3%,2009年下降为5.8%。由于以下原因,残疾人规模不断增加:一是随着年龄的增长,特别是高龄老人的增多,一部分老年人成为新增的残疾人,特别是听力残疾;二是由于人均寿命的延长和医疗卫生水平的提高,原有的残疾人活得更长了;三是由于社会观念的改变,对残疾人的歧视不再存在,许多原来不愿意承认自己有残疾的残疾人,主动登记为残疾人。① 从1981年至2003年,残疾人的数量增加了一倍,其中0—64岁的残疾人增加了90%,约120万;近年来残疾人总数稳中有升,如2003年为395万多人,2009年为402万多人。从1981年至2003年,由于日常的核心活动严重或深度受限因而需要得到帮助的人口增加了173%,约79万人,其中0—64岁增长183%,约44万。2003年、2009年重度残疾人分别为122万多人和127万多人。假设核心活动严重或深度受限的潜在比例保持稳定,由于人口增长和老龄化,估计到2010年大约有150万重度残疾人,2030年将达到230万,几乎相当于2009年西澳大利亚州的总人口。大部分增长主要由老年人贡献,在0—64岁人口中,核心活动严重或深度受限的人口将增加23%,达到83万。

(四)澳大利亚残疾人的结构分布

澳大利亚的残疾发生率在性别、年龄、种族、区域、行业之间存在一定的差别。

身体残疾或多重残疾是65岁以下人口中报告比例最高的残疾类型,2003年为12%,其次是精神残疾和感觉或言语残疾,各占4%。② 男性比女性更容易患上智力、感觉或言语方面的残疾以及获得型脑外伤,女性的比例在身体或多重残疾以及精神残疾方面比男性要略微高一点,但在统计上并不明显。在患有身体或多重残疾的人当中,大约四分之一患有严重或深度的核心活动受限,而在智力残疾人中,该比例为一半。很多人都患有一种以上的残疾,2003年,65岁以下

① 参见孔娟:《澳大利亚的社会福利》,《社会福利》2003年第5期。

② See AIHW, *Australia's welfare* 2009.

的残疾人有一半报告患有两种或两种以上残疾。

残疾发生率在性别间稍微有点差别,2003 年男子为 19.8%,而女子为 20.1%;2009 年男子为 18.1%,而女子为 18.9%。

一般而言,在生命周期中因伤害和慢性健康问题长期作用而形成健康风险积累,成年以后的残疾发生率随年龄增长而提高,从二三十岁时的十分之一提高到五六十岁时的三分之一。同样的,行动严重或深度受限的发生率也从青年期的 2%上升到 60 多岁时的 9%。在澳大利亚,严重或深度的核心活动受限发生率、残疾发生率都随着年龄增长而提高,2003 年,0—4 岁群体分别为 3%、4%,65—69 岁群体为 10%、41%,90 岁以上人口增长到 74%、92%。2009 年这三个年龄组的残疾发生率分别为 3.4%、40%、88%,均有小幅度下降。2003 年,260 万残疾人在 65 岁以下,占 65 岁以下人口的 15%;120 万人核心活动严重或深度受限,其中 70 万在 65 岁以下。

5—14 岁男孩的残疾发生率、严重或深度的核心活动受限发生率,2003 年分别为 12.4%和 6.5%,2009 年分别为 11%和 6.6%,同期女孩的比例分别是 7.5%、3.3%,以及 6.1%、3.0%,男孩的比例差不多是女孩的两倍。

2003 年,在 80 岁及以上年龄组,女性老年人患有严重或深度的核心活动受限的比例为 52%,远高于男性老年人的 34%;2009 年,在 90 岁及以上年龄组,这两个比例分别为 75%、58%。

总体而言,原住民和托雷斯海岛人的重残率是其他澳大利亚人的 2.1—2.4 倍。根据 2002 年全澳原住民和托雷斯海岛人社会调查,15 岁及以上原住民中有 37%,即 102900 人,患有残疾或长期的健康不良。

残疾并不总是与边远地区相联系,残疾发生率在地区之间也是不平衡的,首府城市的普查数据显示,在经济相对欠发达的区域,残疾发生率总是更高。

受雇于农业、林业和渔业的劳动者残疾发生率为 16%,高于所有就业人口的残疾发生率 11%。

(五)澳大利亚残疾人的照顾情况

2003 年,61%的住家残疾人报告他们需要帮助来管理健康问题或应付日常生活,其中有 37%的人的需要完全得到满足,22%得到部分满足,3%根本得不到满足。另外有 39%的残疾人不需要帮助。在核心活动受限的残疾人中,受限制的程度越高,则需要得不到满足的比例越高。在核心活动深度受限的残疾人中,50%的人报告他们的需要只得到部分满足或者根本没有得到满足,同一比例在核心活动严重、中等和轻微受限的残疾人当中分别为41%、26%和16%。在住家而且需要帮助的残疾人中,79%的人从家人、朋友,主要是配偶、父母或者孩子那里得到帮助。只有53%的残疾人从居家护理人员和义工等正式服务提供者那里获得帮助。

据2009年的调查,有280万照顾者为残疾人或老年人提供帮助,占总人口的12%,略低于2003年的13%。29%的照顾者为初级照顾者,为残疾人或60岁以上人口提供大部分非正式的帮助,该比例在2003年为19%,调查方法的改变一定程度上形成了巨大的差异。照顾者中68%为女性。在总人口中承担照顾者职责的比例,女性为13%,而男性为11%,特别是在45—54岁之间,两者差别更大,女性为23%,男性为16%。①

(六)澳大利亚残疾人的健康状况

一般而言,社会经济状况不佳的人健康状况也不容乐观,澳大利亚的残疾人也是如此。残疾人比其他人更容易发生身体或精神方面的问题,更容易受吸烟和体重超重等不良因素的影响,与之相连,看护残疾人也会影响照顾者的健康和福利。

在残疾人的健康问题中,最主要是身体问题,占84%,其余16%为精神或行为失常。然而,精神或行为失常的残疾人核心活动严重或深度受限的比例为46%,而身体残疾的残疾人同一比例仅为29%。在精神或情绪因素导致的老年痴呆症和忧郁症等行为失常残疾人中,56%患有核心活动严重或深度受限,在中风、心脏病等循环系统疾病和神经系统疾病中的比例均为33%。调查还发现,2003年,10%的澳大利亚人使用设备帮助应付身体问题或管理日常生活;15.2%的残疾人报告他们主要的健康问题来自意外事故或者伤害,14%来自疾病或者遗传,11%来自工作环境、工作以及工作过度。

(七)澳大利亚残疾人的教育、就业、收入和社会参与情况

15—64岁的住家残疾人中,有30%完成了12年的学习,其中13%的残疾人取得了学士及以上的学位。相对应的是,健全人的比例分别为49%和20%。

1981年以来定期进行的国民调查显示,与健全人相比,残疾人的劳动参与率更低,而失业率更高。根据2003年对住家的15—64岁残疾人的统计调查,残疾人的劳动参与率为53%,失业率为8.6%,其中核心活动深度受限的人劳动参

① See ABS, *Disability, Ageing and Carers*, Australia: Summary of Findings, 2009.

与率仅为15%,相对应的,健全人分别为81%和5%。在受雇人口中,残疾人更多的是从事小时工等非全日制工作,比率为37%,健全人则只有29%的人做钟点工。

2003年,年龄在15—64岁之间的住家残疾人周收入的中位数是255澳元,正常人一般为501澳元,并且,残疾程度越严重,其周收入中位数水平越低。重度残疾人即行动严重受限制的人,他们的周收入应该是最低的,每周为200澳元。

由于就业状况的制约,收入支持计划成为很多残疾人唯一的或主要的收入来源,或者是补充收入来源。2006年,接受政府养老金或津贴的比例,18—64岁的特殊行动受限人口为51%,核心活动严重或深度受限人口为64%,而没有特定限制的人口为20%;以政府养老金和津贴为主要收入来源的比例,处于工作年龄、患有严重或深度的核心活动受限的人口为57%,特定行动受限人口为42%,而没有特定限制的人口为11%;生活在零就业家庭的比例,18—64岁的特殊行动受限人口约为31%,没有特定限制的人口为8%。一些人本身没有残疾,但如果和残疾人关系密切,比如残疾人的照顾者,其收入也会受到影响。

患有特定行为受限的人更多的生活在低收入家庭,在18—64岁、患有特定行为受限的人生活在最低收入家庭的比例为33%,而行为未受限的人仅为10%。

与健全人相比,残疾人更多的生活在家庭财产少的家庭。家庭财产是家庭成员拥有的资产和负债的净额,包括投资和其他资产,如房产和消费债务等。个人财产的好处能够被其他家庭成员或全家人分享,比如有保障的工作和舒适的住房。所以,家庭财产也是衡量个人经济福利的一个有用概念。核心活动、教育或就业受限的人更多地倾向于住在没有抵押贷款的自有产权房屋中,这反映了生活安排和生命周期的共同影响。房屋自有率随着年龄而增长,55岁及以上人口中超过一半的人住在没有抵押贷款的自有产权房屋中。在特定行为受限的残疾人所在家庭中,约一半的家庭没有任何成员的现金或存款超过1000澳元,超过四分之三的家庭不拥有股份、股票、债券或超级年金。

经济来源比较少的人更容易受到经济压力的影响。衡量经济压力的一个常用指标是为应付重要开支每周收入能否达到2000澳元。根据2006年GSS的调查数据,身患特定行为受限的残疾人达不到该指标的比例为26%,而健全人仅为11%。这意味着很多残疾人不得不为应付突发的医疗开支或者更换大型家庭设施而犯愁。另一个指标是个人是否经历不同类型的现金流问题，如不能按时付账单，不能为住房供暖，吃了上顿没有下顿，典当或变卖家产，或者寻求经济援助等。2006年，在18—64岁、患有特定行为受限的残疾人中有34%在此前12个月内经历了上述的现金流问题，而健全人的比例为18%。14%的人经历过三次以上的现金流问题，健全人的比例为5%；残疾人从福利组织或社区组织寻求经济帮助的比例为7.1%，而健全人仅为1.7%。

对于残疾人来说，经济障碍会限制很多社会参与活动。一方面，残疾人相比其他社会成员而言经济资源更少；另一方面，由于身体残疾不得不承担更多的开销。GSS同时发现，许多残疾人不仅在经济方面而且在社会和社区参与方面也存在很多障碍，比如说，对于18—64岁的在核心活动、教育或就业方面受限的人来说，与朋友或家庭以外的人日常接触更少，在家使用电脑或接触互联网更少，而在交通和获得服务方面困难则更多。

三、澳大利亚残疾人保障立法与规划

1908年颁布的《残疾人抚恤金和养老金条例》成为澳大利亚残疾人福利制度的开端。第二次世界大战后，澳大利亚政府建立了联邦康复服务体系，为伤残人员提供救助。联合国确定1981年为“国际残疾人年”以来，联邦和州及领地政府都开始关注残疾人的福利、权利和社会融合问题，逐渐掀起一阵关注残疾人生存状况、改善残疾人生活环境的浪潮。特别是最近几年来，《联合国残疾人权利公约》、《国家残疾人战略》和《国家残疾人协议》的相继批准将对澳大利亚未来的残疾人事业产生重大影响。

（一）法律

1986年，澳大利亚国会通过了《残疾人服务法案》，内容涉及残疾人公共生活的方方面面，包括就业机会和待遇平等、教育机会的平等、公共场所的平等使用权、体育活动权以及联邦政府法律和项目的使用权等，促进了残疾人服务体系的建立。法案还为提供残疾人支持服务筹集资金，规定联邦政府提供残疾人收入维持服务，直接提供并资助州和合法机构提供残疾人就业服务。法案规定联邦政府提供康复计划。法案以增加残疾人的独立性和促进残疾人与社会的融合为宗旨，成为保护残疾人权益的国家行动纲领。

1987年《平等就业机会法》（*Equal Employment Opportunity Act, 1987*）对于促

进残疾人就业无疑具有重要意义。

1992 年联邦通过《残疾歧视法》，承认残疾人的平等权，并认定基于残疾的歧视是非法的。该法的主要内容有：禁止直接或间接地歧视残疾人及其家庭成员、照顾者和朋友；对残疾进行了宽泛的界定；涵盖了很多生活领域，如就业、教育、联邦法律和项目的管理，商品、服务和设施的提供等；提供了残疾歧视的投诉和安抚机制。

2008 年澳大利亚成为《联合国残疾人权利公约》的第 28 个签署国。该公约传播了残疾人的公民权和主流残疾人服务的重要性，规定了消除残疾歧视的共同责任。所谓主流，意味着政府和服务设施必须考虑残疾人的可及性，交通、保健和教育系统、公共设施和服务、信息和通信技术等，都要顾及和方便残疾人。

（二）专项标准

《残疾歧视法》授权大法官就特定事项制定标准，目前，澳大利亚已制定三项专门标准，分别是 2002 年《公共交通残疾服务标准》（*Disability Standards for Accessible Public Transport, 2002*）（该标准于 2010 年进行了修订）、2005 年《残疾人教育标准》（*Disability Standards for Education, 2005*）和 2010 年《建筑物残疾服务标准》[*Disability (Access to Premises-Building) Standards, 2010*]。

残疾人服务标准。所有 CSTDA 资助的服务必须满足残疾人服务国家标准，各州和领地负责保证按标准提供服务和改进服务。

（三）从《联邦与州残疾人协议》（CSDA）到《国家残疾人协议》（NDA）

1991 年联邦和各州签署了《联邦、州关于残疾人的协议》（*Commonwealth State Disability Agreement*，简称 CSDA），并以法律的形式出台，明确了联邦政府和州政府在残疾人服务体系中的角色和分工，联邦政府负责就业支持服务，州政府则负责住房和社区融合等服务，协议同时规定了融资安排。CSDA 规定了联邦、各州和领地政府在残疾人专门服务的规划、提供和融资方面的责任。联邦政府负责残疾人专门就业服务的规划、政策制定和管理，州和领地政府负责住宿支持服务、社区融合服务、社区支持服务和休整服务的规划、政策制定和管理，两级政府共同承担倡议服务、残疾人印刷服务和信息服务的规划、政策制定和管理，并对残疾人研究和开发事业共同负责。CSDA 先后实施了两期，即 1991—1996 年、1997—2001 年，2002 年更名为《联邦、州和领地残疾协议》（*Commonwealth State/Territory Disability Agreement*，简称 CSTDA），执行期为 2002 年 7 月 1 日至 2007 年 6 月 30 日，为了方便完成对新协议的谈判，CSTDA 被延期到 2008 年 12 月 31 日。

从2009年1月1日起,《国家残疾人协议》(*The National Disability Agreement*, 简称 NDA)取代《联邦、州和领地残疾协议》(CSTDA),开始实施,该协议规定了政府为残疾人提供支持服务的全国性框架和关键领域。与 CSTDA 类似,NDA 关注的核心是残疾人专门服务的提供和筹资,至于服务的可及性则由各州和领地立法机关规定。同时,NDA 也意识到残疾人专门服务应该和主流服务、收入支持措施等相互补充。为了使残疾人能够便利地获得各项服务和作为有价值的成员参与社会,NDA 特别强调各级政府合作的重要性,并承诺在未来五年内拨款53亿澳元用于提供残疾人专门服务。① 协议提出了十项优先改革计划,包括提高对残疾人需求水平的测量、服务规划、简化获得战略、强调在规划和提供服务时强调以人为本等。

协议的宗旨是:不断提高残疾人及其护理人员的生活质量,并帮助他们以平等的公民身份参与社会。预期目标是:残疾人平等地参与经济和社会生活,享有选择、福利和尽可能独立生活的权利,家属和护理人员享有充分的支持和保障。预期成果是:为残疾人提供技能和支持服务,使他们能够尽可能的独立生活;帮助残疾人获得稳定的和可持续的居住环境;为残疾人及其护理人员提供收入支持和保障;为残疾人的家属和护理人员提供服务和帮助。

为了促进目标的实现,协议明确规定了各级政府的职责。各级政府共同承担的责任是:确定全国性的政策和改革方向,以确保协议预期目标的实现;筹集资金和开展研究;共同合作以改善原住民残疾人的生活状况;提供数据,包括为国家最基本数据包提供数据和提高数据质量。联邦政府的责任:为残疾人士提供就业服务;为残疾人、家属及护理人员提供收入支持;为州和领地政府拨款以实现协议所规定的目标和成果;与州及领地政府协商开展残疾支持活动和项目;确保联邦制定的法律法规符合《联合国残疾人权利公约》及本协议的各项决议。州及领地政府的责任是:为残疾人提供除就业促进服务以外的其他专门残疾服务,如制定法规和政策、确保残疾服务质量、实施项目评估、发展劳动力市场等;确保州及领地制定的法规和政策符合全国性政策和改革方向的要求;与联邦政府协商开展残疾支持活动和项目。

为评价各级政府提供各项专门残疾服务及项目的实施效果,NDA 制定了十项评价指标:15—64岁残疾人的劳动力市场参与率;残疾人参与社会和社区活

① See *The National Disability Agreement*.

动的比例；潜在人口获得残疾人专门服务的比例；残疾人对残疾服务范围和质量的满意度；残疾人对残疾支持服务的不满意率；实际获得服务的残疾原住民占潜在需要获得服务的残疾原住民的比例；15—64 岁护理人员的劳动力市场参与率；残疾人的照顾者获得支持服务以更好承担护理角色的比例；护理人员对残疾服务范围和质量表示满意的比例；获得收入支持的残疾人士的比例。

协议还规定了六项评价基准，便于为项目评估提供标杆和准绳：残疾人就业率的提高；潜在人口对残疾支持服务不满意率的降幅；享有个性化残疾服务项目的残疾人数量；享有更宜居的生活环境和多元服务的青年残疾人比例的提高；享有残疾服务项目的残疾原住民数量的上升；所有的残疾服务项目都要符合全国统一标准的质量改进系统的要求。

为创造一个促进残疾人参与经济社会生活、提高其家庭和护理人员支持度的服务系统，协议规定了残疾人服务改革的方向：(1)不断改进针对残疾人的就业技能支持服务，以便他们更好的参与社会、经济和社区活动；(2)确保各项服务以人为本，残疾人能够及时且无障碍地享用；(3)为残疾人在人生各个阶段，尤其是早期和人生转折点上提供系列支持和服务；(4)支持残疾人的家庭和护理人员，并为其提供相应的服务。

协议各方将以下十个领域作为政策和改革方向的主攻点：(1)更好地把握残疾人的需求；(2)制定残疾服务基准；(3)优先为年长护理者提供服务和支持；(4)采用基于残疾标准的质量改进系统；(5)简化服务规划和战略，提高可及性；(6)实施早期干预和预防、终身规划、增强独立性和社会参与度的战略；(7)提高残疾人的劳动力就业能力；(8)增强澳大利亚原住民残疾服务的可及性，确保澳大利亚残疾原住民获得及时、适宜的支持；(9)提高援助和设备的可及性；(10)提高残疾护理的准入度，确保残疾人士获得高质高效的残疾护理服务。

各级政府共同实施六项承诺：(1)制定国家残疾人战略，为所有管辖区域提供政策支持；(2)实施残疾人士无障碍停车计划；(3)实施全国陪同卡计划，免去残疾人参加各种文体活动时陪同人员的单张门票；(4)确保青年退伍军人享有专门残疾服务，即当退伍军人项目无法满足残疾退役军人的需求时，协议将会提供相应的护理和服务；(5)残疾印刷服务现代化，为残疾人士提供获得信息的多种渠道和途径；(6)社区老年护理服务承诺，为住在集体公寓的残疾老人提供必要的支持和帮助。

与 CSTDA 不同，NDA 更注重以人为本提供服务，强调消费者的参与和选择。传统上,政府是通过与服务提供者签署一揽子资金协议来资助残疾人服务,符合条件的残疾人能够便利地接受政府授权提供的残疾支持服务。这实际上是一种个人化的资助,类似于英国和其他经合组织(OECD)国家的消费者导向的护理服务。在真正的个人化资助环境中,残疾人或者代理人能够直接根据自己的需要分配到一笔资助经费,个人有权根据经费使用规定进行自主决定。其他个人化的支持服务受到个人化资助的宽松约束,不需严格遵循这个界定。个人化资助是增加个人选择权和控制权的一种工具,但不意味着让残疾人随心所欲,以人为本的服务是为了让残疾人能够在众多的服务及设施和个人化的或者传统的资助计划中进行选择,以便最好地满足他们的需要和期望。有机会进行选择确实会恶化业已存在的弱势状况,但是真正的目的不是要妨碍选择和机会,而是要确保最穷和处境最不利的人也能获得这些机会。通过个人化的资助和其他个人支持服务可以实现以人为本的服务目的,有利的因素包括:与需要相关的资助水平、社区的态度、残疾人获得交通和住房等基础设施和主流服务的能力。从这个角度来看,个人化的资助强调了以人为本的服务选择标准,其他标准则涉及信息、代表性和参与度、便利性、责任、补偿五个方面。

(四)从《联邦残疾人战略》(CDS)到《国家残疾人战略》(NDS)

1994 年澳大利亚联邦政府制定《联邦残疾人战略》(*Commonwealth Disability Strategy*,简称 CDS),作为联邦政府机构履行《残疾歧视法》规定的各项责任的行动纲领,鼓励各机构:以多种方式提供信息,雇佣残疾人,认同残疾人作为客户的地位,和残疾人磋商发现他们的需要等。CDS 包含五个基本原则:一是平等,主张残疾人有权广泛参与社会、政治、经济和文化生活;二是融合,所有联邦政府的主流项目、服务和设施都要对残疾人开放,并且在开放和提供的全过程中都要考虑残疾人的需求;三是参与,残疾人有权平等参与所有可能影响其生活的决策过程;四是可及性,残疾人应该能够以恰当的方式获得与他们使用的项目和服务有关的信息;五是责任,所有联邦政府机构都有责任保证为残疾人提供的项目、设施和服务是便利的。

根据 1999 年的中期评估,澳大利亚对《联邦残疾人战略》进行了修改并于 2000 年 10 月开始新一轮实施,2004 年开始对战略实施情况进行评估,根据 2006 年 9 月发布的《联邦残疾人战略评估报告》(*Report of the Evaluation of the Commonwealth Disability Strategy*),显示出澳大利亚社会对自 2000 年修订后推出的 CDS 有一系列积极的评价,政府部门在残疾人社会福利事业上主要取得了以下四点进展：拓宽残疾人获取政府信息和服务的渠道，增加残疾人的就业机会，建立了残疾人事务协商机制，为残疾人提供无障碍设施等。

2007年参议院对CSTDA的筹资和执行情况进行调查后建议制定《国家残疾人战略》，2008年公布了讨论稿并公开征求意见，标志着一个吸收了联合国《残疾人权利公约》所倡导的原则来制定澳大利亚残疾人政策的战略开始形成。2011年2月13日公布了新的《2010—2020国家残疾人战略：澳大利亚政府理事会的创新》（*2010-2020 National Disability Strategy*：*An initiative of the Council of Australian Governments*，简称NDS）。

《国家残疾人战略》设定了一个改善澳大利亚残疾人及其家庭、照顾者生活质量的十年期国家规划。该战略包括六个关注的领域：一是建立包容的、可及的社区，硬件方面包括公共交通、公园、建筑物和住房、数字信息和通信技术，以及包含社交、运动、娱乐和文化生活在内的市民生活等；二是保护公民合法权益，建设正义和法治的社会，包括立法保护反歧视措施、建立和完善投诉机制、主张正义、维护选举和司法系统等；三是维护经济安全，促进就业、商业机会、经济独立，对不能工作的人群提供足够的经济支持，提供住房等；四是对个人和团体的支持，包括参加并融入社区、由主流服务和专门残疾人服务提供的以人为本的护理和支持、非正式的护理和支持等；五是学习并掌握各种技能，包括对儿童的教育和关怀、学校建设、继续教育、职业教育、从就学到就业的过渡、终身学习等；六是健康和福利，包括提供健康服务、促进健康素质、健康服务和残疾保障系统之间的密切配合、生活幸福安康等。

在这个十年战略未来的发展、实施和监测中，非常重要的一个方面是残疾人的参与状况。战略实施的第一年将为残疾人及其家人和照顾者、决策者、服务提供者、工会、企业和社区成员提供共同合作的机会，以便通过最佳途径实施战略，并为实现2020年的愿景而努力。另外，该战略最大的亮点就是引入高层次的定期报告，使用趋势数据来跟踪澳大利亚残疾人事业进步的状况。报告将每两年提交一次，并且将使用以战略的六个关注领域为基础的趋势数据。

四、澳大利亚残疾人保障的管理体制

澳大利亚残疾人事务的管理分为联邦、州及领地和地方三个层，通过《国家残疾人协议》划分各级政府残疾人事务管理的权限和责任。在联邦层级的机构包括政策部门和服务机构,与残疾人事务有关的联邦政府机构包括:司法部,负责提供人权方面的法律法规建设,负责反歧视法律事务,负责管理人权与机会平等委员会;教育、就业和工作场所关系部,负责制定支持残疾人在公开劳动力市场就业的具体政策;澳大利亚公共服务委员会,负责制定残疾人在澳大利亚公共服务行业就业的政策并进行监督;国家残疾人管理局(the National Disability Administrators,NDA)是联邦、各州和领地政府负责为残疾人提供专门服务单位的代表机构;家庭、住房、社区服务和原住民事务部(Families,Housing,Community Services and Indigenous Affairs,简称 FaHCSIA),是联邦政府负责公共福利事业的重要部门,也是残疾人事务的主管部门,负责制定残疾人方面的宏观政策;联络中心(Centerlink)、联邦康复服务(CRS Australia)等服务机构则负责运行联邦政府的残疾服务和项目。州和领地政府通过相应部门来管理本行政区域内的残疾事务;地方政府负责管理地方残疾事务和提供本地的残疾服务和项目。州、领地政府在运行残疾人服务项目时可以和联邦政府签署协议,获得资金支持,地方政府的资金来源则主要来自联邦和州/领地两级政府的拨款。

家庭、住房、社区服务与原住民事务部(FaHCSIA)是澳大利亚政府社会政策的制定和提供者,宗旨是将澳大利亚建设成一个充满民族凝聚力的、公正的国家,为个人、家庭和社区创造更多的经济社会参与机会,从而提高公民的生活质量。FaHCSIA 每年管理着约五分之一的联邦预算,并通过与其他政府部门和非政府组织合作,提供和运作一系列旨在提高澳大利亚居民生活质量的服务和项目,其职责包括:收入和住房政策的制定、社区服务、残疾人服务、儿童福利以及家庭支持计划等,覆盖到的人群和领域包括照顾者、妇女儿童、原住民、残疾人、老年人、志愿者、社区、住房、减少赌博和吸毒对社会的不良影响、心理健康和国际合作等。FaHCSIA 同时也是澳大利亚残疾人事务的政府主管部门,通过项目和服务、福利和给付以及赞助和补贴,为残疾人更好地参与经济社会生活提供支持和保障。FaHCSIA 总部设在首都堪培拉,其工作网络包括:设在每个首府城市的州办公室、遍及城乡与边远地区的全国原住民合作中心(Indigenous Coordination Centres,简称 ICCs)、设在北领地的政府业务经理(Government Business Managers,简称 GBMs)和其他地区性机构。FaHCSIA 关键的工作方式包括四种:一是通过 Centerlink 等机构直接向个人发放津贴,如国民年金、残疾抚恤金等;二是与州和领地通力合作,主要涉及住房、残疾服务等领域;三是资助一些社区组织提供广泛的服务;四是政策的发展、领导、建议和协调。

人类服务部从2004年10月开始运行,该部下属5个不同的服务机构,为澳大利亚人提供社会和保健服务,其中两个机构与残疾人服务紧密相关,分别是联络中心(Centrelink)和澳大利亚联邦康复服务(CRS Australia)。

联络中心(Centrelink)是澳大利亚政府在前总理约翰·霍华德(John Howard)的倡议下、于1997年9月24日成立了一个新机构,作为政府出资设立的非营利性事业机构,负责原先由联邦政府社会保障部(Department of Social Security)、教育、培训和青年事务部(Department of Education, Training and Youth Affairs)、学生资助中心(Student Assistance Centre)及联邦就业服务中心(Commonwealth Employment Service)承办的一系列社会工作,涉及对象主要包括低收入人群、退休人士、残疾人士、求职人士、单亲父母以及照顾者,申请人能够享受哪些补贴和服务取决于其个人情况,受家庭与社区服务部委托发放养老金是其主要任务之一。目前Centrelink为联邦政府的9个部提供众多的公共服务。该机构总部设在首都堪培拉,在全澳各地社区有1000多个服务网点,共有22000名职员,提供的服务项目有70多项,每年由该机构支付的费用高达510亿澳元。联络中心的设立,使政府从繁杂的具体事务中解脱出来,形成了一个从中央到地方、从城市到乡村、从社区到家庭疏而不漏的社会服务网。

联络中心在1999年发布了第一份残疾行动计划,并取得了丰硕的成果。澳大利亚政府认为,最好的支持方式是通过有薪工作来实现的。Centrelink的宗旨是促进人们自给自足,并帮助危难中的人。Centrelink帮助民众联络支持服务机构,在为那些由于个人特殊情况而工作困难的民众提供经济支持的同时,还帮助他们寻找工作。享受Centrelink付款的民众,如果具备相关能力就应去寻找工作,或提高自身技术以便日后找到工作。2010—2013年的残疾行动计划将致力于从工作业务、设施和服务提供等方面消除残疾歧视,为所有客户提供高效、公正和便利的服务。联络中心针对不同类别的客户提供详细的使用手册,残疾人可通过两类手册了解具体规定和程序等:一类是生病、受伤或残疾的客户,另一类是年老体弱、生病或残疾的客户。考虑到澳大利亚语言的多元性,使用手册同时提供不同语言的版本,为方便盲人,网站还提供语音服务。

澳大利亚联邦康复服务(CRS Australia)隶属于联邦政府人类服务部,主要职责是为求职者、雇主、保险人和其他客户提供广泛的服务。目前雇有2000名工作人员,分布在全国170家分支机构,确保残疾人士随时可以获得快捷优质的服务。该项目1941年作为平民康复计划起步,后来演变成联邦康复服务(Commonwealth Rehabilitation Services),目标是帮助受伤的男女军人和没有养老金的人重返工作岗位。1998年,联邦康复服务更名为澳大利亚联邦康复服务。其中涉及残疾人的主要有为残疾人和受伤、健康状况不良的人提供职业康复服务,帮助雇主保持工作场所的安全。在提供残疾管理服务方面的基本职能是:帮助残疾人以及受伤、健康状况不良的人选择、获得和保有工作。具体包括:评估康复和就业援助需要;开发和管理个性化的康复计划;与客户共同制订书面的康复计划,并具体到确定详细的执行步骤;与客户共同优化他们的参与能力和就业能力。残疾管理项目则帮助客户适应残疾、伤害和健康问题及其对求职和日常生活的影响。在长达6—12个月的项目执行期间,通过实施短期干预来减少不利影响、增强个人的技能是关键。在该项目中学习的技能将有利于未来的就业和残疾管理。如果一个客户回归到原来的工作中或者找到了一个适合的工作并能保有,那么这个项目的目的就成功实现了。有的客户通过该计划获得一些进步,如学会并运用残疾管理的技能,明确了长期的职业目标,发展了新的求职技巧,或者成为义务劳动的志愿者,这些都被认为是一种成功。

通过提供职业技能康复服务(Vocational Rehabilitation),协助残疾人士获取并保持就业,此服务能帮助残疾人士应对在获取工作的过程中遇到的各种障碍,改善自身健康状况及处理各种与病情相关的问题,此外,还提供撰写简历和如何准备面试等服务。CRS Australia 还与用人单位密切合作,为残疾就业者提供健康和安全的就业环境。

总体上来看,澳大利亚政府为残疾人及其照顾者提供的福利包括残疾人专门服务、促进享受主流服务和提供收入支持。主流服务是把社会视为一个整体而提供的服务。各级政府达成共识,认为专门残疾人服务将由主流服务所补充。在 NDA 框架下,各级政府都同意致力于在各自辖区内确保残疾人能够获得主流服务。各级政府均认识到,残疾人及其家庭、照顾者的生活质量改善程度取决于政府在提供服务方面的合作效果。一些主流服务如公共建筑采取措施优待残疾人,还有一些主流服务如学校教育努力满足残疾人的特殊需要。澳大利亚残疾人、照顾者全国委员会为制定《国家残疾人战略》而提供的咨询报告《排斥:澳大利亚残疾人及其家庭的经历》(*SHUT OUT: The Experience of People with Disabilities and their Families in Australia*)显示,澳大利亚收到750分书面意见书,召开了多次座谈会,有2500多人参与,发现残疾人并不希望享受特别待遇,而是希望像任何其他社会成员一样享有平等的机会。

五、澳大利亚残疾人收入支持项目

在澳大利亚,残疾人及其照顾者享受收入支持和津贴必须符合相应的资格和条件,这些付款和津贴主要包括残疾抚恤金、照顾者付款、照顾者津贴、疾病津贴、交通津贴和残疾儿童援助付款,以及妻子养老金、失能启动津贴和失能青年津贴。

残疾抚恤金(Disability Support Pension,简称 DSP)主要针对因遭受身体、智力或者精神等方面伤害而导致工作能力受损的残疾人和永久失明的盲人,其主要目标是确保残疾人有足够的收入和机会参与社会活动。领取残疾抚恤金的残疾人必须是 16 岁以上、普通养老金(Age Pension)领取年龄以下,同时还要符合居住等其他方面的条件。

表 2　收入支持项目的覆盖范围与支出金额①

项目	覆盖范围 a	支出金额 b
残疾抚恤金	792600	1160
照顾者付款	168900	230
照顾者津贴	508600	150
交通津贴	57300	124
疾病津贴	6700	83.7
残疾儿童援助付款	152400	152.3

说明:a)覆盖范围是截至 2010 年 6 月 30 日的人数,单位为人;
b)2009—2010 年度支出金额,单位为百万澳元。

残疾抚恤金制度经历了比较复杂的变化。1991 年 11 月取消了病人抚恤金和庇护就业津贴后,残疾抚恤金取而代之,到 1992 年 6 月,残疾抚恤金的领取者增加了 13%,创下年度增幅之最。接下来的 12 个月当中,60—64 岁的女性残疾抚恤金领取者从 653 人增加到 3434 人。寡妇养老金 B,为丧偶、离异或分居的老年妇女提供有限的资助,从 1997 年 3 月逐步结束,从 1990 年到 1998 年,60—64 岁的残疾抚恤金领取者增加了一倍。在 2003 年 9 月以前,60 岁以上未达到

① See Productivity Commission, *Report on Government Services 2011*.

老年年金领取年龄的人,如果近期没有工作记录,可以申请领取一笔老年津贴,但此后不再接受新的申请;寡妇津贴,针对近期没有工作记录的丧偶、离异或分居的老年妇女,2005 年起也开始逐步结束。女性领取养老金的年龄从 1995 年 7 月 1 日的 60.5 岁每两年增加 6 个月。

2008 年 6 月有 73.2 万人领取了残疾抚恤金,2007 年 6 月为 71.4 万人。对于很多专门残疾人服务的享受者来说,残疾抚恤金就是其主要收入来源。以 2007—2008 财政年度为例,在 245746 名 CSTDA 资助服务的接受者中,72%的人以残疾抚恤金作为他们的主要收入来源。在规定的年龄范围内,残疾抚恤金领取者所占比例随年龄增加而提高。实际上,过去 20 年来,领取者的规模已经增加了一倍,而 50—64 岁的领取者人数增长了 75%。考虑到人口年龄结构的变化,16 岁及以上残疾抚恤金领取者的比例已从 1989 年的 2.7%上升到 2002 年的 4.4%,并稳定在这一水平,2007 年、2008 年则略有下降,为 4.3%。

照顾者付款(Carer Payment)是针对护理者由于履行护理职责而在相当大程度上不能从事有酬劳动的收入补偿,其领取需要接受收入审查。如果符合相应的条件,可同时领取护理津贴和护理报酬两种福利。从规模来看,领取护理津贴的人要多于领取护理报酬的人。如 2008 年领取护理津贴的人当中有 91%同时领取护理报酬。

照顾者津贴(Carer Allowance),对于在家里为残疾人或者健康状况堪忧的人提供日常照顾和帮助的人来说,这是一笔补充性收入,且不需为此缴税或接受收入、财产审查,领取资格是为以下人员提供护理的人士:16 岁及以上,永久性或持续的残疾或者健康状况恶化;16 岁以下需要抚养的儿童,其残疾属于残疾认可清单所列举的类别,或者不属于,但经儿童残疾评估,认定该残疾导致功能发育低于同龄人。另外,如果符合儿童护理付款(Carer Payment:child)的资格,护理人员可以自动获得护理津贴。

疾病津贴(Sickness Allowance)针对由于不适合的环境造成暂时不能工作的雇员和部分全日制学生;失能青年津贴针对 16—21 岁的残疾人;21 岁及以上的失业人员,如果由于暂时的不适或生病而不能求职、接受培训或康复,不需要经过常规的活动能力测试,就可以领取失能启动津贴。疾病津贴、青年津贴和启动津贴都是短期津贴,且都需要经过收入和财产调查。如果接受者患有的不适应状况导致长期不能工作,可以申请评估,经确定后可以获得残疾抚恤金。从 1999 年 6 月到 2008 年 6 月,疾病津贴的领取人数下降了三分之一。过去十年,失能启动津贴和失能青年津贴的领取人数分别下降了44%和29%。这些变化源自以下因素:在2002—2003年度,免除活动能力测试的规则发生变化,导致领取人数下降三分之一,以及劳动力市场的持续繁荣。

交通津贴(Mobility Allowance)针对处于在业、求职、从事志愿活动或接受相关培训的残疾人,在缺乏实质性帮助的情况下,永久地或较长时间不能使用公共交通工具;交通津贴可以常年领取,不需要经过收入和财产调查。1999—2008年,领取交通津贴的人数增加了差不多80%,其中87%的人同时也领取残疾抚恤金。

残疾儿童援助付款(Child Disability Assistance Payment)为16岁以下残疾儿童每年提供1000澳元,可用于帮助家庭获得支持、帮助、治疗或者延期服务,最重要的是可以帮助家庭获得最适宜的帮助。这笔付款不征收所得税,不计入社会保障或者家庭援助的收入,每年7月由联络中心支付。1974年作为改善残障儿童福利的大批措施之一,残障儿童津贴(Handicapped Child's Allowance,HCA)开始实施,1987年11月残疾儿童津贴取而代之。

妻子养老金(Wife Pension),由男性残疾抚恤金领取者的女性配偶领取,该项目自1995年7月起不再接受新的申请,领取者在过去十年减少了四分之三。

六、澳大利亚的残疾人服务

残疾人专门服务,按照CSTDA的界定,就是为了不断满足残疾人的需要而专门设计的服务或倡议。传统上,残疾人服务主要通过CSTDA(2002年之前是CSDA)、家庭和社区照顾项目(HACC)供款和提供,最近,针对一小部分未能通过前两类传统服务满足服务需要的残疾人,开设新的养老院年轻残疾人服务(YPIRAC)。从2009年1月1日起,这三类残疾人服务都由NDA进行规范。残疾人还以特殊成员的身份享受政府提供的教育、就业等主流服务。

(一)CSTDA/NDA提供的残疾人专门服务

残疾人专门服务主要包括:住宿支持服务(Accommodation Support Services),社区支持服务(Community Support Services),社区融合服务(Community Access Services),照顾者休整服务(Respite Care Services),就业服务(Employment Services),倡导、信息和交流方式多元化(Advocacy,Information and Alternative Forms of Communication),其他支持服务(Other Support Services)。

在2009—2010年度,澳大利亚联邦、州及领地政府共为残疾人专门服务支出57亿澳元,比上一年度增长8.1%,州和领地政府支出了其中的70.8%,联邦政府支出29.2%,包括向州和领地政府转移支付9.04亿。政府直接用于残疾人专门服务(包括管理)的支出是53亿澳元,在州和领地政府直接支出中最大的项目是收容支持服务(48.5%)和社区支持服务(15.7%),就业服务是联邦政府支出中的最大项目(86.7%),相当于全部政府直接支出的11.8%。[①]

根据CSTDA,两级政府共同负责提供八个方面的专门残疾服务。联邦政府负责规划、政策调整和管理残疾人就业服务,其中就业服务包括:公开就业服务,帮助残疾人在公开的劳动力市场获得或保有有偿工作;支持性就业服务,由某一组织提供帮助或就业机会;定向就业支持服务,为残疾人提供结构化培训,支持他们参与社会,为获得或保有付酬工作而提高技能等。州和领地政府负责的服务项目:住宿支持服务;社区支持服务;社区融合服务,即采取个案管理、咨询和早期干预等疗法,帮助残疾人参与和融入社区;休整服务。一些主要的州和领地在有关具体服务的安排上存在些微差别,如有的把对残疾儿童的早期干预服务放在专门残疾服务当中,有的则放在教育服务中来管理。另外,有关倡导、信息和残疾人印刷方面的服务则由两级政府共同承担。在NDA中各级政府的角色和责任与此类似。

联邦、州和领地政府共同为CSTDA和NDA规定的由政府机构或非政府机构提供的残疾人专门服务筹资,其中公开就业服务和就业支持服务差不多全部由非政府机构提供。住宿支持、社区支持、社区融合和休整服务等通常由州政府和领地政府提供,占总数的71%。

在2007—2008年度,有245746人接受了CSTDA资助的专门残疾服务。与2003—2004年度相比增加了31%,年均增长7%。其中,首都领地增长最快,五年内增长176%,其次是北领地,增长97%。全国每1000人中有335人接受了一种以上的专门残疾服务,而2003—2004年度仅为每1000人有273人,主要增长原因是使用休整服务、社区支持服务和公开就业服务的人数不断增加。

在2007—2008年度,CSTDA提供的服务花费了政府48亿澳元的财政支出,其中23亿元用于住处支持服务;共有245746人获得CSTDA提供的残疾支持服务,社区支持是最广泛的一项服务,有42%的人享受该项服务,接下来依次是就

① See Productivity Commission, *Government policy and services to people with disability*, 2011.

业服务(37%)、社区融合服务(22%)和住处支持服务(15%)。

残疾人专门服务的使用者具有以下稳定特征:(1)绝大多数住在私人住宅,7%的使用者即17400人住在CSTDA资助的机构、旅馆或同类者俱乐部(Group Home)。(2)15—64岁的人口就业比例不超过40%,而劳动年龄人口整体就业率为64%。(3)绝大多数劳动年龄的服务使用者认为残疾抚恤金是他们的主要收入来源。(4)有一半人和家人生活在一起,单独生活的人规模可观,达到15%。(5)差不多一半人由亲属或朋友长期免费提供日常看护和帮助,其中65%的护理者是残疾人的母亲。(6)65岁以下原住民获得残疾服务的比例高于其占总人口的比例,2008年分别为4.5%和2.8%。(7)残疾人专门服务的使用者平均年龄在增加。在CSTDA的第三个五年计划期间,残疾人专门服务的使用者平均年龄从30.4岁提高到32.6岁,这主要是由于45—64岁年龄组人口的增加,其所占比例从2003—2004年度的五分之一增加到2007—2008年度的四分之一。(8)残疾人专门服务使用者的文化多样性在增强,出生于澳大利亚以外国家或地区的比例从8%增加到11%,尽管该比例低于在海外出生的人口比例(2006年为21%)。(9)15—64岁的残疾人专门服务的使用者失业率从21%上升到27%,这应该和残疾人专门服务的使用者不在劳动力市场的比例下降有关。(10)CSTDA资助服务的最主要群体,从历史上看是智力残疾人,历年的比例都在三分之一以上。然而,在0—64岁之间核心活动严重或深度受限的人群中,智力残疾人只不过是第四大群体。

(二)家庭与社区照顾(HACC)

根据1985年《家庭与社区照顾法》,家庭与社区照顾(Home and Community Care,简称HACC)是联邦、州和领地政府共同资助的一个致力于为独立生活提供方便、从而减少养老院入住数量的服务项目,为残疾人、体弱老年人及其看护者提供广泛的服务。HACC以服务需求较高的残疾人为主,享受资格不和残疾类型以及起始年龄挂钩。HACC资助的一些服务,如高级护理、联合健康以及帮助和设备的提供等,在CSTDA中是没有的。CSTDA资助的服务着眼于补充和增强其他正式服务项目——包括HACC——的可及性。对于很多能够便利获得所需服务的残疾人而言,专门服务与非专门服务相互配合的方式是非常关键的,然而,在CSTDA和HACC之间有时确实存在矛盾。实际上,如果一个人获得了残疾人专门服务,就不可能从HACC获得其他帮助。例如,HACC提供的帮助和设施会被认为是对CSTDA资助的自理或交通援助等私人服务的替代。而提高援助和设备的可及性正是 NDA 的一个优先改革计划。

在 2007—2008 年度,有 18.2 万 65 岁以下残疾人获得 HACC 的服务,占所有 HACC 客户的 22%。女客户主要集中在 50—64 岁之间,而在其他年龄段,男女比例基本相当。从 2003—2004 年度到 2007—2008 年度,65 岁以下客户增加了 25000 人,增幅为 16%。无论男女,都是 50—64 岁年龄组增加最为明显。年轻的 HACC 客户获得广泛的服务项目,50—64 岁的残疾人更倾向于接受家庭援助或者联合健康照顾,49 岁以下的残疾人更倾向于接受社会支持。

HACC 协议中,联邦政府为 HACC 项目提供 60%的资金,并负责制定战略和政策,州和领地政府提供另外 40%的经费,并负责批准、筹资等管理职责。

(三)养老院年轻残疾人服务(YPIRAC)

养老院年轻残疾人服务(Younger People with Disability in Residential Aged Care)允许一些较年轻的残疾人进入养老院服务得到照顾。由于他们的需求比较高,比如需要全天候的照顾、高级护理或者搬运重物,尤其是 50 岁以下的年轻残疾人比较倾向于入住配备高级护理的养老院。

一般来说,对于较年轻的残疾人来说,养老院并非理想选择。传统的 CSTDA 服务主要适用于智力和精神残疾人,他们大多数行动方便。在 YPIRAC 推出以前,专门残疾服务体系显然没有满足那些行动不便而需要复杂精心护理的残疾人,如获得型脑外伤或者多重硬化症导致的残疾人。残疾支持服务和老年照顾服务接口的缺乏意味着较年轻的残疾人很难获得专门的残疾支持服务。由于较年轻的残疾人不是老年照顾评估项目(ACAP)的目标人群,因此,只有在确实没有其他合适的服务项目可提供时,才会允许他们进入养老院。针对专门残疾人服务、家庭与社区照顾没有很好地满足残疾人群体的服务需求,YPIRAC 填补了残疾人服务的一个空白。截至 2008 年 6 月 30 日,6606 名 65 岁以下的残疾人进入养老院。在 2007—2008 年度,大约 2000 名残疾人成为长期成员,其中 90%的新成员年龄在 50—64 岁之间。2004—2005 年度是增加新成员最多的一年,此后逐年下降。年轻的残疾人也可以暂时使用养老院的服务,2007—2008 年度 2400 名 65 岁以下残疾人成为暂时成员,比高峰期的 2004—2005 年度少 400 人,而与 1999—2000 年度持平。

养老院年轻残疾人服务项目于 2006 年 2 月 10 日由澳大利亚政府理事会建立,联邦政府与各州及领地政府签署了一个五年期项目,联邦政府出资不超过 1.22 亿澳元,各州及领地政府进行配套。该项目的目的,一是将目前住在养老院的年轻残疾人转移到他们愿意前往并能够提供合适的残疾人支持服务的住处，二是将目前将要进入养老院的年轻残疾人转移到更合适的住处，三是对于继续住在养老院或者养老院是唯一能够提供适宜的住宿服务的年轻残疾人，提高专门服务的质量。该项目优先考虑50岁以下的残疾人。

（四）残疾人教育服务

在残疾人专门服务之外，残疾人还享受所有社会成员均需要并享受的教育、保健、交通等服务。实际上，残疾人专门服务的一个基本目标就是帮助残疾人获得并受益于一般服务。一般服务把残疾人当做特殊需求群体，并帮助他们以普通成员的身份参与社会。

根据1992年《残疾歧视法》，从2005年8月开始实施的《残疾人教育标准》明确规定，教育和培训机构有责任保证残疾学生能够平等地接受和参与教育活动。该标准适用于所有政府和非政府的各类教育机构，包括学前教育、学校教育、职业教育和培训、高等教育、成人和社区教育，以及以开发课程为业的各种机构。教育机构在招生、注册以及安排学生活动时需要考虑进行合理的调整，以便残疾学生和非残疾学生一视同仁。当然，教育机构只是被要求做出合理的调整，如果因调整而导致不正当的痛苦，则不必调整。

一般来说，一个残疾学生只有在经过专业人士的正式评估后才有资格享受专门的援助。家庭成员和学校教师也参与决定何种援助方案适合学生。评估的核心就是确定在校园环境中，孩子的残疾怎样和在多大程度上影响到生活和学习。资助金额和款项安排会因地域而不同，经费直接拨付到学校而不是分发给学生个人。澳大利亚通常把残疾学生分为以下大类：智力或学习能力残疾、身体残疾、精神残疾、听力或视力受损或失能、孤独症等。

绝大多数残疾学生都接受普通教育（Mainstream School）而不是特殊教育（Special School），2008年公立学校的残疾学生有82%、私立学校的残疾学生有94%都是接受普通教育。州和领地政府会拨付专门经费用于资助有较高或特殊需要的残疾学生，这些经费主要花费在普通教育领域。各地的政策不尽相同，在新南威尔士、南澳大利亚、塔斯马尼亚和北领地的公立学校，90%以上的残疾学生接受普通教育，而在维多利亚和西澳大利亚该比例分别为55%和59%。2008年全澳有15万残疾学生，占所有在学校注册人数的4.6%，其中政府举办的学校该比例为5.1%、非政府举办的学校为2.8%。

残疾学生也能获得支持以便接受高等教育。高等教育残疾支持项目

(Higher Education Disability Support Program)拨款给符合条件的高校,以便提供资源、培训和专职人员来帮助残疾学生消除各种障碍,主要内容包括三个项目。一是残疾学生附加支持项目(Additional Support for Students with Disability),资助为残疾学生提供费用高昂的教育支持及相关设施,同时鼓励提高这些设备设施的使用效率。二是拨款维护澳大利亚残疾人教育培训交易网(the Australian Disability Clearinghouse on Education and Training),这是一个为残疾人进行各种实践活动提供信息和资源的综合性网站。三是基于效果的残疾支持基金(Performance-based Disability Support Funding),目的是鼓励高等教育机构实施吸引和支持残疾学生的战略,2008 年有 38 个高等教育机构获得 130 万澳元该专项资助。①

(五)残疾人就业服务

根据 2003 年的 SDAC,有三分之二以上的劳动年龄残疾人经历了一次以上的就业危机。一些人再也不能工作了,一些人通过特殊帮助获得就业,或者在工作类型和工作时间方面受到限制。促进残疾人参与经济活动是各级政府的重要目标,资助残疾人就业则是实现该目标的一个重要渠道。基于残疾人面临的就业障碍,以及残疾人实现就业对于社会融合议程的重要性,澳政府制定了全国精神健康和残疾就业战略(the National Mental Health and Disability Employment Strategy),作为澳政府社会融合议程的重要组成部分,致力于消除残疾人在求职、保有工作方面遭遇的困难以及精神疾病导致的障碍,采取的措施包括:改善残疾人就业服务。

除了通过联络中心(Centerlink)获得主流就业服务,残疾人还通过 CSTDA 资助的服务来求职和保有工作。劳动力市场援助项目可以分成两大类:一类专为残疾人设计;另一类不论残疾与否,所有求职者均能获得。残疾人专门就业服务包括:(1)残疾人就业网络(the Disability Employment Network,DEN),为中等和重度残疾人提供就业服务。(2)澳大利亚残疾人企业(Australian Disability Enterprises,以前被称为企业服务,Business Services),为需要特殊帮助才能工作的残疾人改造就业环境。(3)另外一项针对残疾人的专门服务是职业康复服务(Vocational Rehabilitation Services),帮助残疾人、受到伤害和健康状况长期不佳

① See DEEWR. *Higher Education Disability Support Program*. Canberra: DEEWR. Viewed 11 March 2009.

的人提高就业能力、实现就业，它与 CSTDA 提供的残疾人就业服务各自独立。

残疾人还能享有其他主流就业服务：(1)职位搜索服务(Job Search Support)，这是“就业网络成员”提供的最广泛的一种服务，为求职者介绍职位搜索技巧和就业计划，提供职位搜索设施。(2)就业安置服务(Job Placement Services)。将求职者的技能与岗位进行匹配，指导求职者。(3)新企业激励计划(the New Enterprise Incentive Scheme)，帮助失业者创业。(4)为领取救济金而工作(Work for the Dole)，对于一些失业者而言，工作经历是一种共同责任。(5)深度支持(Intensive Support)，为失业 3 个月以上的求职者提供一对一的辅导，非常弱势的人或者失业一年以上的人能够获得附加帮助或者个性化的援助。(6)个性化的支持项目(the Personal Support Program)。为面临残疾、精神疾病、无家可归、毒品和酒精问题、家庭暴力等很多非职业障碍的非常弱势的求职者提供帮助，该计划的目的在于帮助人们获得经济社会的双重进步，如就业、学习和培训，又如稳定的住处、提高生活技能和社区融合等。尽管该项目不是专门的残疾人服务，但是实际参与者很多都是残疾人。

工作福利改革计划(the Welfare to Work reforms)是联邦政府为了帮助残疾人摆脱对收入维持计划的依赖、更多地通过工作获得收入而设计并从 2006 年 7 月 1 日开始实施的。对残疾人而言，最重要的变化就是残疾抚恤金(DSP)的领取资格和为促进就业提供附加 DE 就业服务。就业服务方面的变革从 2009—2010 财政年度开始实施，主要措施包括：采用一种新的综合性残疾人就业服务取代残疾人就业网络、职业康复服务，用就业网络项目下的主流就业服务取代澳大利亚就业服务。

在 CSTDA 资助的残疾人专门服务中，公开就业服务最近明显增加。从 2005—2006 年度到 2007—2008 年度，接受公开就业服务的人数增加了 29%。自从工作福利计划实施以来，在 CSTDA 之外的以残疾人为服务对象的劳动力市场援助项目也增加了不少。从 2006 年 7 月至 2008 年 6 月，职业康复服务接受的新客户增加了 69%，而个人支持项目的新成员增加了 75%。与此同时，主流就业服务的新增用户却下降了，下降的幅度分别为职位搜索支持 31.3%、就业安置服务 9.5%、深度支持 1.7%、新企业激励计划 1.8%、为领取救济金而工作 19.9%。

澳大利亚残疾人企业(Australian Disability Enterprises)是为残疾人提供就业的企业组织，曾被称为企业服务。2008 年 12 月 28 日，澳大利亚残疾人企业的名称、标识和目录在墨尔本发布，从此形成了统一的国家品牌。

澳大利亚残疾人企业起源于20世纪50年代，当时一些家庭为残疾的家人建立了庇护工作场所来提供职业活动，面向残疾人的工作机会是非常有限的。1986年，联邦残疾人服务法案明确规定了为残疾人提供服务的原则和目标，此后，传统的庇护工作场所模式转变为企业服务模式，促进残疾人就业也成为联邦政府优先考虑的事情。1996年，联邦政府宣布采取系列改革，如提高服务质量，对接受就业援助的残疾人进行资金配套，并把资助和就业成效挂钩。从此以后，澳大利亚残疾人企业系统进入改革时代，通过立法制定质量保证标准，并以通过独立评估作为从联邦政府获得持续拨款的前提条件。将拨款与个人的支持需求挂钩。

澳大利亚残疾人企业除了像其他企业一样运营、生产产品或提供服务外，还雇佣残疾人，并提供有支持的工作环境。"有支持"意味着如果需要的话，帮助是确定的，以便每个人都能顺利完成工作。比如，一个行动受限制的人需要把工作台的高度调整到够得着工具，或者一个学习有障碍的人需要经常性地从监护者那里得到提醒该做什么了。

全澳有335家残疾人企业，由联邦政府家庭、住房、社区服务和原住民事务部提供资助，为近两万患有中度以上残疾、需要持续支持以维持就业的残疾人提供就业援助。在残疾人和儿童事务国务秘书 Bill Shorten 的推动下，2009年4月24日，澳大利亚残疾人企业开通了网站，为销售产品和服务提供便捷。

残疾人企业不是避难工作场所，而是真正的企业，为广泛的客户提供合格的产品和服务。每家澳大利亚残疾人企业都是一个独立的企业，只不过具体经营范围不同而已。人们可以在这里从事很多工种，如包装、生产产品、园艺、物质回收、清洁、制作木质产品、邮件分类、准备食品、销售衣服和书籍等。残疾人企业必须和其他企业一样遵守联邦和各州的法律和规定，如职业健康和安全法。还必须遵守残疾服务标准，以便为雇员提供合规的照顾和帮助。最后，雇员会接受定期的评估，以便检查他们是否得到顺利完成工作所需要的帮助，确保愉快、安全和高效的工作。

在残疾人企业工作的残疾人能够像其他人一样拥有一份有意义的工作；学习新技能；获得薪水；得到胜任工作随需要的正确帮助；收获有价值的工作经验；增强自信；提高独立性，结交新朋友等。

七、近年来 FaHCSIA 在残疾人服务和项目方面的主要进展

（一）提高残疾津贴

为残疾抚恤金（Disability Support Pension）及照顾者付款（Carer Payment）的领取者提高公共事业津贴（Utilities Allowance）的给付额度，单身人士从每年 107.2 澳元提高到每人 500 澳元，有配偶人士从 153.6 澳元提高到每人 250 澳元。此外，还提高了通讯津贴（Telephone Allowance），从 88 澳元上升到 132 澳元。为了帮助养老金领取者应对生活成本持续上升的压力，将给单身残疾人士支付 1400 澳元、有配偶的残疾人士支付 2100 澳元的一次性补贴。①

（二）制定残疾人出入公共建筑标准

与大法官以及创新、产业、科学和研究部长（Minister for Innovation，Industry，Science and Research）合作起草残疾人出入公共建筑标准（Draft Disability Standards for Access to Premises），于 2008 年 12 月 2 日正式列入议会的议程，并提交给法律和宪法事务委员会（Committee on Legal and Constitutional Affairs）进行审核。此标准将会为残疾人和相关行业提供确切的标杆，并将覆盖新的无障碍公共建筑和更新改造后的建筑。

（三）实施全国残疾人宣传项目

全国残疾人宣传项目（The National Disability Advocacy Program，简称 NDAP）旨在帮助残疾人克服各类潜在的困难，例如进入公共建筑、歧视、虐待等。澳大利亚财政部门还为在 NDAP 下实施宣传项目的机构引入了独立的第三方质量保证系统（Quality Assurance system），确保 NDAP 和承办机构的效率并满足残疾人士对宣传的需求以及澳大利亚政府对项目分析和评价的需要。2008 年，FaHCSIA 还通过额外赞助 10 个地区性宣传项目和 5 个城市宣传项目，扩大全国残疾宣传项目的范围，确保残疾人士获得更强大的宣传支持，让他们不再受到歧视、虐待和忽视，从而能够更好地融入社会。

（四）帮助残疾人士参与劳动力市场

与劳动就业部（Minister for Employment Participation）合作，鼓励已获得残疾抚恤金的残疾人士在不影响他们既得养老金的前提下积极参与工作能力评估和

---

① See FaHCSIA，*The Year in Disability 2008，2009，2010*.

就业活动，两部门还通过协商制定出《全国心理健康和残疾人就业战略》(National Mental Health and Disability Employment Strategy)来鼓励残疾人士积极参与劳动力市场。在澳大利亚残疾人企业(Australian Disability Enterprises)增设了250个就业岗位，为重度残疾人参与就业提供了有效支持；修订《联邦政府采购指导》(Commonwealth Procurement Guidelines)，为澳大利亚政府部门和其他机构简化从企业采购商品的程序；定期与用人单位会面，鼓励雇主提高对残疾人士的雇佣率、不断改善工作设施以期提高残疾人士的可操作度。

(五)为残疾人士护理人员提供支持和服务

加大对12—18岁残疾学生课外护理(包括上学前、放学后、假期)的支持力度。并承诺在未来5年内投入2360万澳元为12—18岁的残疾青少年提供户外和假期护理支持，使得家长和护理人员能够参与劳动力市场和其他社区活动。此外，在2008—2009年度，额外增加200万澳元来资助重度残疾青少年护理人员休整项目(Respite Support for Carers of Young People with a Severe or Profound Disability Program)，该赞助使2000位护理人员获益，此项目总额度为930万澳元，获益护理人员总数达8000人次。

(六)成立自闭症特别早期教育和护理中心

自闭症特别早期教育和护理中心(Autism Specific Early Learning and Care Centre)在2009年和2010年陆续运行，在澳大利亚政府的资助下，未来还将会成立260个中心，为自闭症患儿提供早期干预治疗服务。如今，已成立六家自闭症早期教育和护理中心；已有超过4300名自闭症儿童获得早期干预；近万名患者从新的自闭症治疗方案和相应护理中获益；62处为自闭症患者设立的游戏中心已经建立；超过30个配备老师的专业发展研讨班也开始运行。

(七)发布全国心理健康和残疾人就业战略

全国心理健康和残疾人就业战略(National Mental Health and Disability Employment Strategy)将拨款12亿澳元用于推动残疾人就业服务的新需求；680万澳元残疾抚恤金就业激励计划将用于鼓励雇主招聘残疾人；4100万澳元的创新基金(Innovation Fund)将会为困难的残疾求职者提供帮助，该项目从2009年6月1日运行至2012年6月30日；从2009年至2011年，将投入49亿澳元启动新的就业服务项目(Job Services Australia)。

(八)制订国家残疾人战略和国家残疾人长期护理和支持计划

通过和其他政府部门的合作，着手制定国家残疾人战略，该战略旨在尽可能消除残疾人士遇到的种种困难,帮助他们更好地参与社会生活。此外,委托生产力委员会(Productivity Commission)承担国家残疾人长期护理和支持计划(National Disability Long-term Care and Support Scheme)的可行性研究,该研究于2010年初开始,通过分析计划的成本、效用、可替代性,检验计划是否能为重度残疾人士提供所需服务和支持。研究还将分析实施无过错社会保险(No-Fault Social Insurance)在澳大利亚是否可行。

(九)与残疾人士进行交流和沟通

2008年,国务秘书(Parliamentary Secretary)代表部长与500多个残疾人团体和35000多位残疾人士进行交流和会谈,了解残疾人士的需要和需求,从而为他们提供更人性化和贴心的服务。2009年,向超过2500人征询意见和建议并收到750多份建议书,为2010年发布的国家残疾人战略的制定提供发展方针和路径,该战略将列入澳大利亚政府改革议程。此外,还发布了澳大利亚残疾人士和他们的家庭成员的体验报告,此报告用通俗易懂的语言向人们展示了在澳的残疾人士在设施、服务、住房、交通、教育、就业等方面的心声和亲身体验,是研究澳大利亚残疾人生存状况不可多得的资料。

八、澳大利亚残疾人保障制度的特点与启示

第一,澳大利亚把发展残疾人福利作为促进社会融合的一个重要举措,普遍认为残疾是社会问题而不是个人问题。在澳大利亚讨论残疾人话题离不开社会融合原则,意味着减少不利,增加社会、民事和经济方面的参与,增强个人和社区的能力,优先开展早期干预,参与式服务,以及政府采取一揽子解决方案进行综合治理等。中国政府致力于构建社会主义和谐社会,促进人民共享改革发展成果,发展残疾人事业,增进残疾人福祉,是构建和谐社会的必然选择。

第二,创造条件让残疾人尽可能享受主流服务是澳大利亚社会的普遍期望,也是各级政府业已达成的共识。中国政府正致力于促进基本公共服务均等化,发展残疾人事业,增进残疾人福祉,必须坚持以残疾人为本,坚持普惠政策与特惠措施相结合,把健全残疾人社会保障体系和服务体系作为基本公共服务体系建设的优先领域,把保障残疾人基本需求作为保障和改善民生的重点任务。

第三,按照澳大利亚的残疾人标准,残疾人所占比例在20%左右,远高于世界平均水平10%,表明澳大利亚的残疾标准比较低,更多的人享受了残疾人福

利。我国残疾人约占总人口的6.34%，是一个比较低的水平，随着人口老龄化进程加快，残疾发生率必将持续上升，在综合国力不断增强的前提下，我们有能力放宽残疾标准，让更多的公民享受相关的福利待遇。

第四，1981年以来，澳大利亚已进行了六次残疾人及其照顾者的专项调查，及时掌握残疾人最新情况，为制定和调整残疾人福利政策提供了准确的依据。中国已进行了两次残疾人抽样调查，为掌握残疾人基本情况、制定法律政策和促进残疾人事业发展奠定了坚实的数据，随着人口老龄化进程加快，经济社会结构不断调整，残疾人的基本情况和需求也在不断变化，为了提高政策的针对性、有效性，需要定期开展相关主题调查和统计。

第五，澳大利亚重视残疾人权益的立法和规划，通过制定法律、标准和战略，以及签署协议等方式，保证了残疾人福利事业的发展。近年来，中国发布《关于促进残疾人事业发展的意见》，修订《残疾人保障法》，批准联合国《残疾人权利公约》，制定实施《残疾人就业条例》和残疾人社会保障、特殊教育、医疗康复等领域的一系列政策法规，为发展残疾人事业、保障残疾人权益奠定了法律制度基础，最近，国务院同意并批转了《中国残疾人事业"十二五"发展纲要》，必将促进未来五年残疾人事业的快速发展。

第六，澳大利亚各级政府通过签署协议的方式明确各自的责任，并由不同的机构分别承担残疾人福利的政策制定和服务提供，形成了"各级政府责任共担、不同部门分工明确"的残疾人管理服务格局，充分调动各方面力量积极发展残疾人福利事业。《中国残疾人事业"十二五"发展纲要》要求，各地区要制定当地残疾人事业发展纲要，各部门要制定配套实施方案，各地区、各部门要将残疾人事业发展的主要任务指标纳入当地国民经济和社会发展总体规划、民生工程及部门规划，统一部署、统筹安排、同步实施。

第七，澳大利亚残疾人福利项目多、水平高、体系完备，有力地促进了残疾人作为有价值的社会成员平等参与社会。中国残疾人社会保障与服务已明显改善，还存在着体系不完备、覆盖面较窄、城乡区域差别较大、投入不足、服务设施和专业人才队伍匮乏等问题，必须发挥政府、社会、市场的合力，不断健全残疾人社会保障体系和服务体系，使残疾人生活总体达到小康，参与和发展状况显著改善。

第八，澳大利亚非常重视发挥残疾人照顾者的作用，不仅对照顾者进行专门调查，还为照顾者提供收入支持和相关服务，实际上是间接提高了残疾人的福利水平。中国人的家庭观念比较强，家庭的保障功能历史上也是比较强的，在残疾人的社会支持体系中发挥着不可替代的作用，当然，残疾人家庭的负担也是沉重的，建议加大对残疾人家庭的经济支持和服务供给。

参考文献

The Australian Institute of Health and WelfareAustralia Welfare 2009.

Australian Bureau of Statistics, *SDAC 2003, 2009.*

The Council of Australian Government, *The National Disability Agreement, 2008.*

The Council of Australian Government 2010-2020 National Disability Strategy: An initiative of the Council of Australian Government.

FaHCSIA, *The Year in Disability-2008, 2009, 2010.*

Productivity Commission, *Government policy and services to people with disability*, 2011.

Lenny Roth, *Government policy and services to support and include people with disability*, 2007.

SHUT OUT: *The Experience of People with Disabilities and their Families in Australia.*

《中国残疾人事业“十二五”发展纲要》。

后 记

这是一本立足于国际视野的残疾人事业研究著作，是国家社会科学基金重大项目“我国残疾人事业发展的理论与政策研究”（09&ZD060）的阶段性成果，同时由曾宪梓先生设立的助残研究基金资助出版。它自2009年年底国家社会科学基金正式立项开始启动，前后耗时两年多才得以完成。

作为中国人民大学残疾人事业发展研究院组织编辑、出版的“中国残疾人事业发展研究系列”之一种，本书的框架与研究思路由“我国残疾人事业发展的理论与政策研究”（09&ZD060）首席专家郑功成教授亲自确定，然后由多位作者分工完成，是一项集体成果。在作者队伍中，孙树菡教授、宋宝安教授、申曙光教授、关信平教授等多位专家都是我的师长辈，其他各位作者也均有较为丰富的残疾人事业发展研究成果。作为统筹本书内容并做编辑加工的项目责任人，历时一年多的编辑与校对过程其实也是我学习的过程，它明显地拓展了我的研究视野，获得了许多新的知识。一年多来，我与各位作者保持着联系，并依据出版社要求对所有成果进行核对与体例编排，亦就部分成果的内容修订反复打扰过部分作者。在此，我要向各位作者表示衷心的感谢，同时还要表示我的歉意。

残疾人事业是一项伟大的人道主义事业，随着对各国残疾人政策的进一步了解，本人亦深深感觉到我国残疾人事业任重而道远！同时也坚定了从事残疾人研究、为推动我国残疾人事业发展贡献绵薄之力的决心！

相信我国残疾人事业会得到健康、持续的发展，并成为国家步入现代、文明的富强之国的亮丽风景。

相信明天会更好！

谢 琼

2012年8月28日